中华文明发展通论

General Theory of
the Development of Chinese Civilization

徐海荣　沈　琦　主编

光明日报出版社　　杭州出版社

目　录

上　卷

引　言

　　进入 21 世纪的中国人民，有一份为中华民族担当的责任感。不乏有识之士，就新时代中华文明建设的一些理论话题，进行专门研究，并拟将此研究成果结集出版。开题为：中华文明发展通论。

　　这支研究团队，有学界精英、在学才俊，还有卡点民众。他们壮怀激烈，各具风采，可谓"百花齐放"。他们都有一颗爱人类、爱文明的赤诚之心。他们来自五湖四海，皆为社会基层一线的实践者与见证人。调研所获成果虽无高大上的学理和推论，但却不是泛泛而谈，而是真实可信，很接地气。

　　在许多人看来，这样的大题目应该是政府或理论家该做的事，其实不然。因为，无人能置身于其外。

　　由于世界多元文化的交流与碰撞，各种冲突和对价值观的挑战在所难免。处理不当，会引发局部或全面的社会动荡。因此，构建一个尊重、包容、融合、和谐的社会文明秩序，是维护社会稳定、促进人类共同进步的重要保障。

　　当今，人类正面临世界格局的变化、地缘政治的紧张、霸权主义的横行以及国际秩序遭破坏的世界性困境。所以，国际事务的处理需要建立一个公平、透明、互利的规则和机制，以实现和平共处，共同发展。

另一方面，全球气候变暖、环境污染、自然灾害频发、生物多样性减少等现状，严重威胁着地球的生态平衡和人类的生存发展。构建人与自然和谐共生的生态文明，是人类必须直面的一个严峻问题。

认真审视和研究构建新时代文明秩序，是为了在世界的千变万化中夯筑稳定的基石，为人类的未来走出一条可持续的发展道路。这不仅是时代的呼唤，更是我们每一个人的使命与责任。

讲文明，首先要认知文明。中国人对文明要有自己的见解，不能只由西方人说了算，要东西方互鉴。那么，什么叫文明呢？文明就是：人类社会由低级走向高级的一个过程。换言之，人类社会在发展过程中所表现出的真善美就叫文明。西欧有个思想家叫孟德斯鸠，思想深邃，学问广博，其社会政治理论，对18世纪法国资产阶级革命运动产生过巨大而深刻的影响。他关于"人类社会十恶"的论述，切中时弊，至今值得我们警醒。

回顾中国共产党100多年的发展历程，实行人民民主，接受人民监督。坚持从严治党，修正错误。以维护人民的根本利益为前提，获得长治久安，确保了社会的稳定、国家的繁荣和发展。坚持人民至上，是贯穿习近平新时代中国特色社会主义思想的一条红线，深刻体现这一重要思想的根本价值取向，推进了社会文明发展架构的建成。其文明指数提高的表现形式：一是推动了社会资源较为合理分配，保障了医疗、教育、就业等领域的公平发展，提高了整个社会的发展质量。二是解决人民群众最现实的利益问题，如住房保障、环境保护、食品安全等，增强了人民的获得感、幸福感和安全感。三是确保出台政策的针对性和有效性，更好地满足人民的需求，推动社会的稳定与和谐。四是极大丰富了人民的精神文化生活。如文化设施、公共服务等的建设，且覆盖面广。五是精准帮扶了贫困群众，通过一系列扶贫政策和措施，减困脱贫，实现共同富裕。六是面对自然灾害或公共卫生等突发事件时，能够迅速满足人民之需求，保障人民生命财产安全，展现出强大的应对能力和人文关怀。七是促进了民主制度的发展和法制建设的完善，使人民能够更广泛地参与社会治理和决策的过程中，实现人民当家作主。

我们党坚持以人民至上原则开展各项工作，贯穿了社会发展的各个领域和层面，对于推动社会进步、保障人民福祉、促进公平正义发挥着不可替代的作用。需要我们用心去倾听，用创新去提升，用公正去维护，用行动去落实，始终把人民的利益放在首位。

《中华文明发展通论》是一部开创性的、以人民群众为主体的文明理论著述，亦是集众人智慧而成的应时之作。来自民间，通俗易懂，没有装腔作势，脚踏实地坚守着自己的一份初心。旨在为中华文明的延续发展探源立论，使我们每个中华儿女对自己的文化不仅知其然，更要明白其所以然，让中华文明发扬光大、生生不息。

中华文明发展，不是高高在上的空中楼阁，而是源自社会、民众内心的创造。文明不是一句口号，也不是之乎者也的夸夸其谈。文明是社会发展最强有力的基石。因此，文明是宣言书，号召世人通过行动来达成；文明是起跑线，在已有文明基础上创造更高形态的文明；文明是新形态，是人类文化最高境界的体现；文明是精神源，是推动社会发展的原动力。以基石为保障，以人民为中心，以行动为落实，以精神为力量，以思想为引领，以宣言为号角，成为构建新时代中华文明发展的良性循环体系。

文明的繁盛，决定人类的进步。只有开放包容，才能求同存异，同放异彩。人类在文明与无知的两端，都留下了回声。当第一缕阳光投向世界大地，人类是否有所醒悟？我们最终选择把暮色留在了后面……

第一章

中华文明发展的思想

习近平总书记在庆祝中国共产党成立 100 周年大会上的讲话中指出："我们坚持和发展中国特色社会主义，推动物质文明、政治文明、精神文明、社会文明、生态文明协调发展，创造了中国式现代化新道路，创造了人类文明新形态。"〔1〕在中国共产党第二十次全国代表大会上，习近平总书记又指出："中国式现代化的本质要求是：坚持中国共产党领导，坚持中国特色社会主义，实现高质量发展，发展全过程人民民主，丰富人民精神世界，实现全体人民共同富裕，促进人与自然和谐共生，推动构建人类命运共同体，创造人类文明新形态。"〔2〕百年以来，中国共产党领导中国人民自觉融入世界历史进程，创造了人类文明新形态，在历史趋势、发展道路、交往方式等方面实现了对马克思恩格斯文明理论的守正创新，彰显了人类文明演进的正道逻辑。今天，我们提出建设中华现代文明，这是为创造人类文明新形态贡献中国智慧，必将有力促进中华文明与世界其他文明的交流互鉴，极大丰富繁荣世界文明百花园。

〔1〕 习近平：《在庆祝中国共产党成立 100 周年大会上的讲话》，人民出版社，2021 年，第 13—14 页。
〔2〕 习近平：《高举中国特色社会主义伟大旗帜 为全面建设社会主义现代化国家而团结奋斗——在中国共产党第二十次全国代表大会上的报告》，人民出版社，2022 年，第 23—24 页。

第一节 文明演进的意识

人类文明的演进是一个从低级到高级、从简单到复杂、从落后到先进的历史过程；文明形态的历史嬗变在一定意义上表现为社会形态的更替，这是人类文明发展进程中不以个人主观意志为转移的永恒的历史规律。在人类历史上，文明既指人类社会发展的历史过程，也指人类社会发展所达到的历史成就，更重要的是表达了整个人类的社会存在的理想。

一、"人类命运共同体"概念的认同

习近平在第七十届联合国大会一般性辩论时指出："不同文明凝聚着不同民族的智慧和贡献，没有高低之别，更无优劣之分。文明之间要对话，不要排斥；要交流，不要取代。""要尊重各种文明，平等相待，互学互鉴，兼收并蓄，推动人类文明实现创造性发展。"习近平还指出："和平、发展、公平、正义、民主、自由，是全人类的共同价值，也是联合国的崇高目标。目标远未完成，我们仍须努力。当今世界，各国相互依存、休戚与共。我们要继承和弘扬联合国宪章的宗旨和原则，构建以合作共赢为核心的新型国际关系，打造人类命运共同体。"[1]这就是说，相互尊重、和衷

---

[1]《携手构建合作共赢新伙伴 同心打造人类命运共同体 习近平在第七十届联合国大会一般性辩论时的讲话》，《人民日报》2015年9月29日，第2版。

共济、和合共生是人类文明发展的正确道路，标志着我们党对中国特色社会主义文明建设规律的认识达到了新高度，表明我们党的历史自信、文化自信达到了新高度。

什么是文明？关于文明的内涵众说纷纭、莫衷一是。人类文明始于何时，这要看对文明如何定义了，或者说什么才算是文明的开始。在中国学术界，这是个颇有争议的问题，因为它涉及中华文明什么时候开始。而在西方学术界，它的标准简单而且清晰，即阶级的产生和城市的出现意味着人类文明的开始。按照这个标准，没有阶级的原始社会谈不上文明。事实上，"文明"一词，英文为 Civilization，拉丁语为 Civilitatem，源于词根 Civil，即"城市"的意思。另一个同源词 Civic，中文译作"市民"，本义是不同于野蛮人和原始人的人。因此，大部分学者都认同这个观点，即一种文明的开始必须有城市的遗迹为佐证。文明的另一个佐证是文字的记载，对于没有文字记载的历史，我们常常称之为"史前"。所以，与地球的年龄相比，与人类今后要走的路相比，人类的文明史其实是很短的。

作为现代社会意义上的文明概念具有三重含义：第一，文明指人类社会发展的历史过程，也就是社会成员得到教化、社会财富实现增长和社会秩序进一步改善的过程；第二，文明也指人类社会发展所达到的历史成就，包括政治、经济、文化等全方位的社会发展成就；第三，文明最重要的是表达了整个人类的社会存在的理想，彰显了人类自身对美好生活的向往。[1]

世界上所有的文明都起源于大河之畔。人类文明若从古埃及开始立国算起，距今大约 6000 年。非洲大陆的尼罗河孕育了世界上最早的文明——古埃及的农业文明。在最开始的 2000 年到公元前 20 世纪里，古埃及和美索不达米亚的文明程度明显高于其他地区，这之后的 2000 年（从公元前 20 世纪到公元元年），出现了多个文明的并存和相互竞争。古埃及和美索不达米亚的文明依然在发展，而波斯和希腊则显示出更强的后劲。在东方，中国和古印度的文明开始比肩环地中海的诸多文明。

中国杭州良渚文明遗址的发现，把中国的文明史向前推进到距今约 5300 年，被实证为中华 5000 多年文明史的最具规模和水平的地区之一，是中华民族和东方文明的起源圣地。值得深思的是，在公元前后几个世纪里，罗马人曾经一枝独秀，但是他们的辉煌持续时间并不长，从他们在第二次布匿战争中击败迦太基、控制地中海开始，到西罗马帝国灭亡，也不过维持了 6 个多世纪。而中国从秦汉统一到工业革命开始之间的 1800 多年时间里，对世界文明的贡献是其他任何一种文明都无法相比的。1275 年，威尼斯人马可·波罗来到中国，可谓是欧洲放眼望洋看东方的第一人，他将中国文明介绍到欧洲。虽然他看到的只是经历了近 50 年宋元

---

[1] 王庆丰：《文明的内涵及其意识形态》，《晋阳学刊》2023 年第 1 期，第 77—84 页。

战争破坏后剩下的一点南宋繁华浮影，但是对这位来自当时欧洲最强大、最富有的城市共和国的富商来说，他觉得就像是进了天堂。在他的笔下，杭州居民住宅雕梁画栋，建筑华丽。老百姓穿着丝绸衣衫，穷人也有肉吃，而贵妇人们穿金戴银，打扮得花枝招展。这样的文明，简直比当时的欧洲要先进好几个世纪了。

人类文明是一个大家庭，在这个大家庭中存在着多种多样的文明表现形式与文明发展形态。对世界上不同文明而言，它们不仅在文明伊始存在时间上的不同，在发展进程中也存在发展阶段与发展速度的差异。所以，当人们在纵向的历史视域中，谈论古代文明、现代文明和未来文明的时候，或在横向的地理视域中，谈论欧洲文明、亚洲文明和美洲文明的时候，不免会思考与发问：为什么在工业革命以前，是古老的中华文明成为世界文明的典范？

马克思、恩格斯基于唯物史观，对文明问题进行了半个多世纪的思考，涉及文明的起源、发展和命运、前途。马克思认为，对于文明的理解，必须把它同人类的物质生产和精神生产联系起来，把文明看作一个反映物质生产成果和精神生产成果的总和、标示人类社会开化状态和进步状态的范畴。站在历史唯物主义的原则和立场上，他们全面、科学地对现代资本主义文明进行了审视，揭示了资本主义文明的二重性。一方面，马克思、恩格斯毫不讳言资本主义文明的功绩及其历史进步作用：相较于之前的一切文明形态而言，在资本成为"普照之光"的资产阶级社会，机器化生产的运用和普遍交往的发展，极大地提高了劳动生产效率，激发了个体的主体意识和独立诉求，促进了社会各领域的进步与开化，使一切物质的和精神的"基本面"摆脱狭隘与局限，由封闭走向开放。另一方面，马克思、恩格斯又批判性地指出了资本主义文明的历史局限：资本主义文明是以资本运行规律为前提的文明形态，而资本的本质"不是物，而是一定的、社会的、属于一定历史社会形态的生产关系"[1]。因此，正如恩格斯所言："文明时代是在'恶性循环'中运动，是在它不断地重新制造出来而又无法克服的矛盾中运动，因此，它所达到的结果总是同它希望达到或者佯言希望达到的相反。"[2]资本主义文明不可调和的矛盾悖论，证明了其生命的历史暂时性，注定了其否定自我、必然走向文明的对立面，进而被更高文明形态所取代的历史宿命。

与西方国家不同，中华文明从来都没有殖民的痕迹。1405年至1433年，中国航海家郑和奉明成祖（朱棣）及宣宗（朱瞻基）命令，率庞大船队（2万多人）七下西洋，和平造访了30多个国家和地区（爪哇、苏门答腊、苏禄、彭亨、真腊、古里、暹罗、榜葛剌、阿丹、天方、左法尔、忽鲁谟斯、木骨都束等），目前已知最远曾到达东非、红海。郑和下西洋，一方面通过多种形式与当地开展双边贸易，平等互利，互通有无，把中国的丝绸、瓷器、

---

〔1〕马克思、恩格斯:《马克思恩格斯文集》第七卷,人民出版社,2009年,第922页。
〔2〕马克思、恩格斯:《马克思恩格斯文集》第三卷,人民出版社,2009年,第532页。

茶叶、漆器、麝香、金属制品和书籍等运往国外，换回当地的香料、药材、动植物、珠宝及生产瓷器所需原料等多种货物。这种贸易活动，推动了中国和这些国家的经济发展。另一方面传播中华文明，向海外传播科学文化、典章制度、文教礼仪、宗教艺术等中华文明，将中国在建筑、绘画、雕刻、服饰、医学等领域的精湛技术带入亚非国家，向当地人民传授凿井、筑路、捕鱼技术，推广农业技术和农作物栽培方法，推行货币、历法、度量衡等。同时，亚非国家的文明成果也传入中国。郑和七下西洋，在中外文化交流史上写下了辉煌的篇章。郑和下西洋，始终奉行"共享太平之福"的对外政策，推行亲仁善邻，发展与各国的友好关系，在中国与亚非国家之间架起了友谊的桥梁，进一步树立了中国的和平友好形象。虽然明朝中期的中国，是一个综合实力走在世界前列的强国，但中国人没有恃强凌弱，郑和下西洋是世界上公认的和平之旅。

2021年3月22日，习近平总书记在福建武夷山考察时强调："我们走中国特色社会主义道路，一定要推进马克思主义中国化。如果没有中华五千年文明，哪里有什么中国特色？如果不是中国特色，哪有我们今天这么成功的中国特色社会主义道路？我们要特别重视挖掘中华五千年文明中的精华，弘扬优秀传统文化，把其中的精华同马克思主义立场观点方法结合起来，坚定不移走中国特色社会主义道路。"[1]习近平总书记在这里明确提出,中国特色社会主义的"中国特色"是什么?那就是中华五千年文明,中华文明是中国特色社会主义的历史根源。应该说中华文明这个"文明",其政治意义、经济意义等是极为宽广的。2023年6月2日,习近平总书记出席文化传承发展座谈会并发表讲话。讲话围绕建设中华民族现代文明这一体系,分析了中华文明的突出特性,重点指出建设中华民族现代文明怎么贯彻"两个结合",以及"两个结合"对于建设中华民族现代文明的意义。最后他提出要更好担负起新的文化使命,讲了文化建设的一些具体做法,是对"中华民族现代文明"的一种具体化的、更进一步的表达。可以说"中华民族现代文明建设",在这个讲话里面有多种不同的类似的表达,如中华民族现代文明,包括中华文明的现代形态,还有中国式现代化的文化形态,这些都从不同角度刻画了同一个奋斗目标。[2]

可见,中国的"文明"概念没有自我特殊化的特征。从字源学的意义看,汉字"文"就像是一个人面对天地敞开自我的形象,文明意味着开启自己,是把自己内在的天地之德显现出来的过程。天地之德是克服自我中心的德行,因此,汉字的"文明"所表达的文明观,就是克服自我中心,是从根本上消除文明等级的文明观,

---

〔1〕《习近平考察朱熹园谈文化自信:没有中华五千年文明,哪有我们今天的成功道路》,人民网,2021年3月23日,http://jhsjk.people.cn/article/32058284。

〔2〕陈来:《习近平文化思想初论——陈来教授访谈录》,《浙江社会科学》2024年第1期,第124—131页、第160页。

是面向世界、接纳世界的文明观。

所以从学理上看，中华文明有着深刻的内涵，是和谐性、友善性和建设性的文明。中华文明的文化传承特别强，主张一代传一代，传续不断，是讲究传承、讲究学圣法古的文明；中华文明又是融合性特别强，不殖民、不掠夺、不歧视、不霸权的文明。这种文明完全是自发性的，不由自主的，完全是靠人自己从心里去爱上的文明，是希望所有人都能美好生存下去的文明。

"这个世界，各国相互联系、相互依存的程度空前加深，人类生活在同一个地球村里，生活在历史和现实交汇的同一个时空里，越来越成为你中有我、我中有你的命运共同体。"[1]2013年3月，习近平在俄罗斯莫斯科国际关系学院的演讲中，首次向世界阐述人类命运共同体理念。什么是人类命运共同体？2017年12月，他在中国共产党与世界政党高层对话会上的主旨讲话中又这样精练概括："人类命运共同体，顾名思义，就是每个民族、每个国家的前途命运都紧紧联系在一起，应该风雨同舟、荣辱与共，努力把我们生于斯、长于斯的这个星球建成一个和睦的大家庭，把世界各国人民对美好生活的向往变成现实。"[2]当今世界面临着百年未有之大变局，政治多极化、经济全球化、文化多样化和社会信

[1]《国家主席习近平在莫斯科国际关系学院的演讲》，中央政府门户网站，https://www.gov.cn/ldhd/2013-03/24/content_2360829.htm。

[2]《携手建设更加美好的世界 习近平在中国共产党与世界政党高层对话会上的主旨讲话》，《人民日报》2017年12月2日，第2版。

息化潮流不可逆转。一方面,中华文明建设需要借鉴世界其他文明,正如社会学家费孝通所说:"我们应该以一种开阔的心态,面向全人类各种文明中蕴藏的智慧,像印度文明、伊斯兰文明……都包含着人类长期积累的高度智慧,值得我们去深入研究、借鉴和吸收。……人类的各种文化中,都可能隐含着很多永恒的、辉煌的、空前绝后的智慧,我们要学会欣赏它们、理解它们、吸收它们,这也是我说的'美人之美、美美与共'的本意之一。"〔1〕也就是说,中华文明需要广泛认识和借鉴世界各种文明智慧。另一方面,我们不能只盯着所谓"西方",当下人类文明的建构有值得互相借鉴的特殊智慧,有顺应时代的共同基础,但更为重要的是,中华文明源远流长,今天中国人所崇尚的社会主义核心价值观——富强、民主、文明、和谐、自由、平等、公正、法治、爱国、敬业、诚信、友善,不仅是中华文明所追求的目标,更是全世界有志于建设人类命运共同体的有识之士都不会否认的共同价值。

人类只有一个地球,各国共处一个世界。构建人类命运共同体的重大倡议,深刻回答了世界向何处去、人类应怎么办的重大命题,在历史转折关头彰显出璀璨的真理光芒,指引着中国和世界前进的正确方向。

构建人类命运共同体理念的提出,传承了中华传统文化"天

---

〔1〕 费孝通:《试谈扩展社会学的传统界限》,《北京大学学报(哲学社会科学版)》2003年第3期,第5—16页。

下大同"的理想追求，赓续了马克思主义"自由人联合体"的思想光辉，为动荡变革的世界廓清了迷雾，为人类破解发展迷思提供了思想武器，是对传统文明理论的超越，也是为创造人类文明新形态作出的重大贡献。

二、社会秩序治理的有效规范

中华文明建设，贵在实践。如何把中华文明建设的理论、方针、路线、政策，转化为广大人民群众的实践活动，就需要采取动员体制，动员和吸引全国各族人民群众广泛参与到中华文明建设中来。而要把宏伟的中华文明建设转化为人民群众的实际行动，就要实现社会秩序治理的有效规范，尊重群众的首创精神，不断总结经验，把中华文明建设引向更大的广度和深度。

基于科学精神，之所以采取动员体制来推动中华文明建设，是因为从世界现代化浪潮说起，必须具有历史的意识和眼光，将有效的社会秩序治理规范置于世界现代化进程的历史长河之中。

迄今为止，人类社会经历了三次现代化浪潮：第一次开始于18世纪后期，这是一个由英国工业革命开始并逐渐向西欧扩散的过程，主要涉及英国、荷兰、葡萄牙、西班牙；第二次是19世纪下半叶到20世纪初，在这次浪潮中，现代化扩展到整个欧洲以及北美和日本，典型国家是日本、德国、美国、俄罗斯；第二次世界大战之后，世界现代化进入第三次浪潮，典型特征是广大亚非拉国家取得了民族独立，然后纷纷高举现代化大旗。[1]显然，中国的现代化在世界现代化史上属于第三次浪潮。从表面上看，不同的现代化浪潮只是时间上的差异，但从社会学的角度来说，时间的差异意味着社会行动者所面临的政治或社会机会结构不同。如果说，欧美先发现代化国家在推进现代化之时，因世界体系尚未完全形成，国家与国家的竞争比较小，加上当时殖民主义和帝国主义大行其道，故拥有相当大的自由选择及发展空间。而现代化起步晚、起点低的发展中国家，甫一独立即面临强势的甚至压迫性的外部环境。内外交困之下，唯一的选择就是用国家力量去弥补市场和社会力量的不足。第二次世界大战之后新独立的发展中国家普遍倾向于采取动员体制，中国也不例外。当然，相对于其他发展中国家，中国的动员体制是最为典型和成功的。这表现在：一是追求赶超型发展的愿望最为强烈；二是国家的规划、组织和实施最为强势和严密；三是国家对社会的改造和动员最为广泛和深入。正因为如此，中国在体制选择上就面临不同的机会和条件，从而走上不同的现代化道路。总的来说，一个基本的规律是，越是先发现代化的国家，越倾向于采用放任体制；反之，则越倾向于采用动员体制。放任体制主要是通过自发的市场和社会行动来推动现代化，而动员体制则主要依靠国家主导的社会改造来推动

---

[1]　参见罗荣渠：《现代化新论》，北京大学出版社，1993年，第131—141页。

现代化。[1]

所以，对当代中国的社会治理来说，一方面，改革开放以来的中国经济和社会以惊人速度发展，从这个意义上说，中国确实走出了一条属于自己的道路，以动员体制推进赶超型发展的现代化战略是成功的。但另一方面，中国道路仍将面临"发展与秩序"这个根本性、全局性矛盾的挑战，快速而卓有成效的社会发展反过来对国家的强力领导和既有的政治秩序提出了新的课题与任务。建立适合广大人民群众参与的多种多样的中华文明建设载体，就是社会治理转化过程中的一个重要环节。以人民群众广泛参与为主体的中华文明建设活动，让人民在活动的实践中接受现代化文明的陶冶，潜移默化地引导人们积极向上、陶冶情操，提高自身的文明程度，并对社会各个行业的文明建设起到引领辐射作用。

从实际的历史进程来看，中国共产党一直自觉地把努力推动现代化进程、实现中华民族伟大复兴作为统率一切政治思考和实践的出发点、落脚点和制高点。从目标来说，加快发展是广大人民的共同期盼，也是自立于世界民族之林的根本，中国道路的基本特征是追求赶超型发展；而从手段来说，则是在整个社会的组织模式上采取动员体制以推进赶超型发展。

推进社会治理现代化，必须更加自觉地坚持党的全面领导，

---

[1] 参见冯仕政：《中国道路与社会治理现代化》，《社会科学》2020年第7期，第9—17页。

把加强和完善党的领导贯穿于社会治理的全领域、全过程、全环节，并着力抓好新的重点任务。包括完善正确处理新形势下人民内部矛盾有效机制，及时排除、预警、化解各类矛盾隐患和风险，保持社会安定，促进社会和谐发展；完善社会治安防控体系，坚持专群结合、群防群治，提高社会治理立体化、法治化、专业化、智能化水平；健全公共安全体制机制，坚持人民利益至上，为人民安居乐业、社会安定有序、国家长治久安编织全方位、立体化的公共安全网，打造公共安全人人有责、人人尽责、人人受益的命运共同体；构建基层社会治理新格局，健全党组织领导的自治、法治、德治相结合的城乡基层治理体系，健全城乡基层社区的管理服务机制，加强社区文化建设，注重发挥家庭、家教、家风在基层社会治理中的作用；完善国家安全体系，坚持总体国家安全观，实施国家安全战略，不断提高国家安全能力。[1]

此外，中国也积极参与全球治理现代化的进程，不但为完善全球治理贡献了中国智慧和力量，成为推动全球化发展的一支重要力量，也从全球治理中获得更多的和平发展机遇，促进了国内改革。尽管中国在参与全球治理的过程中遇到了一些困难和问题，但是中国很认真地提出问题并解决了问题，积极与世界其他国家一道，互利合作，共同发展，积极维护世界和平。中国参与全球

---

[1] 魏礼群：《大力推进社会治理现代化》，《学习时报》2020年2月19日。

治理，秉承的是共商共建共享的全球观，是为了积极参与全球治理体系改革与建设，推动全球治理朝更加公平合理、包容发展、权责共担的方向发展。中国提出的共建"一带一路"机制，得到了世界上越来越多国家的支持和积极响应。通过"共商、共建、共享"，实现共同发展，共享发展，携手发展，"一带一路"已成为中国推动全球治理的重要工具，成为构建多层次全球化的有力手段，有助于真正实现全球治理，为更多的国家和人民提供创新的合作平台，从而推动区域一体化发展。这是中国深度参与全球治理的又一重大举措，是构建新型世界秩序的重要内容。

三、"和"为中华待人之道

中华文明的底蕴就是强调以和为贵、以和为本的处世之道。在中国文化中，和的概念包括了和睦、和谐、和气、和顺等含义，既是支配社会结构调整的内在动力，又是治国安邦的统治哲学，是人际关系和社会群体发展的理性规范，也是个人道德修养的标准。是中国人在处理人际关系、社会关系和国际关系时所秉持的一种价值观念和处世态度。对"和"的崇尚也一直是中华传统文化的主流。

"和"作为中华传统文化的核心理念，贯穿于我国千百年来的历史进程。"和"古文作"咊""龢"，本指歌唱的相互应和，后被引申为不同事物相互兼容,代表事物多样性的统一。具体来看，"和"

具有三方面的内涵：一是"和实生物"，用辩证的观点论"和"。《国语·郑语》中史伯说："夫和实生物，同则不继。以他平他谓之和，故能丰长而物归之。若以同裨同，尽乃弃矣。"[1]不同的事物相互聚合而得其平衡，故能产生新事物。二是"太和"，就性命道德论"和"。《周易》中提道："乾道变化,各正性命。保合大和,乃利贞。"[2]万物各正性命，不相悖害，是谓太和。三是"中和"，就宇宙精神论"和"。《中庸》云："发而皆中节谓之和。"又曰："致中和，天地位焉，万物育焉。"[3]

　　"和"为中华待人之道的根源，也可以追溯到中国古代的儒家思想。在儒家经典中,和的概念被视为一种高尚的品德和处世原则。儒家强调人与人之间应该和睦相处，尊重他人，包容他人，以和为贵。《大学》中"修身齐家治国平天下"的论述，强调了个人修养与家庭和睦、国家治理与世界和平之间的内在联系。儒家思想对中国人民的价值观念和行为准则产生了深远的影响，使得"和"成为中国文化的一种基本精神。

　　"和"是人际伦理关系追求的最高目标。儒家强调"礼之用，和为贵"，指出在复杂的人伦关系中，"礼"是"和"的方法，"和"是"礼"的目的。如何实现"人和"？儒家还提出了仁、义、礼、

〔1〕　徐元诰集解；王树民、沈长云点校：《国语集解》，中华书局，2002年，第470页。
〔2〕《十三经注疏》整理委员会整理：《十三经注疏·周易正义》，北京大学出版社，2000年，第8—10页。
〔3〕〔宋〕朱熹：《四书章句集注》，中华书局，2012年，第18页。

恭、宽、信、敏、惠、智、勇、忠、恕、孝等一系列实现人伦和睦的道德准则与行为规范。《礼记》云："大道之行也，天下为公。选贤与能，讲信修睦，故人不独亲其亲，不独子其子，使老有所终，壮有所用，幼有所长，矜、寡、孤、独、废疾者，皆有所养。"孟子曰："人人亲其亲，长其长而天下平。"[1]《中庸》云："中也者，天下之大本也；和也者，天下之达道也。"以上均旨在通过"克己复礼"，达到修己安人，实现和谐有序，维护社会安定。

"和"的理念深刻地影响了中国人民的日常生活。中国人民在日常生活中注重尊重长辈、关爱子女、团结邻里、乐于助人，重视家庭和睦，强调个人与社会的和谐共处。在待人接物方面，则注重以和为贵，尊重他人的感受，保持和气、和顺的态度，避免冲突与争吵，努力营造和谐的人际关系。注重团结友爱，尊重他人的权利，保持社会秩序与和谐稳定，共同维护社会的和睦。在当代中国，尽管社会发生了巨大的变革，不同的价值观在碰撞，难免出现与"和"相违背的现象或问题。比如，一些人视家庭责任为负担，家庭观念淡薄，亲情观念缺失，家庭不和谐就会导致社会的不和谐。再如，现在的年轻人多数为独生子女，他们中有些人"独"的性格特征明显，如过分强调自我、一味追求个性发展，而忽略他人感受和团体利益，甚至无法融入集体。政府不断强调

---

[1]〔宋〕朱熹：《四书章句集注》，中华书局，2012年，第287页。

"和"为中华待人之道的重要性，正是旨在倡导社会的和谐稳定，提倡人与人之间的和睦相处，鼓励人们秉持"和"的理念，共同营造和谐的社会环境。

为此，我们应该进一步营造多元文化交融发展的氛围，既留足社会发展空间，又要进行价值观的有益引导。要加强对于"人和"的引导，提倡"躬自厚而薄责于人"，这种谦和宽厚的"和"文化精神无一不是对"友善"的追求，对于提升公民个人道德修养、培育社会主义核心价值观起到积极作用。[1]"和"在化解社会矛盾和平衡社会关系方面具有积极作用，既倡导人们达到身心的和谐，也倡导家庭、社会关系和谐，以崇高的价值观协调社会矛盾。同时，"和"也是实现多元文化融通发展的黏合剂，以其强大的包容性促进中华文明多元价值的形成，"和"在世界文明发展史上功不可没。

习近平曾指出："和"指的是和谐、和平、中和等。"贵和尚中、善解能容，厚德载物、和而不同"的宽容品格，是我们民族所追求的一种文化理念。习近平将中华文化当中的"和"思想运用到外交理念当中，积极推进我国外交工作的创新实践。[2]中华民族历来讲求"天下一家"，主张民胞物与、协和万邦、天下大同，憧憬"大道之行，天下为公"的美好世界。我们认为，世界各国

〔1〕 刘硕：《"和"的文化内涵与现代意义》，《半月谈》2014年第20期，第9—11页。
〔2〕《习近平外交思想中的"和"与"合"》，央广网，https://news.cnr.cn/native/gd/20180622/t20180622_524278804.shtml。

尽管有这样那样的分歧矛盾，也免不了产生这样那样的磕磕碰碰，但世界各国人民都生活在同一片蓝天下、拥有同一个家园，应该是一家人。[1]

当然，"和"并不是单一、静止、无差异、无竞争。中国古人说"和实生物，同则不继"，意思是说：世间万物因为有了差异性和多样性，才能通过互相竞争、互相补充、互相促进产生新的成果；如果只有同类聚合，排斥异己，那么就会丧失活力，窒息生机。所以，"和"不是完全相同、毫无二致，而是在尊重差异性和多样性的基础上通过良性竞争和协调发展而达成的更高层级的和谐统一。北宋初年大儒张载说："有象斯有对，对必反其为；有反斯有仇，仇必和而解。"自然界和人类社会充满了差异性和对立性，所以必然产生矛盾和斗争，但是斗争的双方最终还是要走向一个更高层级的统一体。这就是中国人对于世界的对立统一性的认识，也是中华待人之道的底色。

总之，"和"为中华待人之道，是中国传统文化中的重要理念，它不仅是中国人民在日常生活和社会交往中所追求和倡导的一种美德，更是中国社会和谐稳定的重要基础。相信在中国人民的共同努力下，"和"为中华待人之道的精神将继续传承下去，成为中国社会和谐稳定、世界安定和平的重要保障。

---

[1]《携手建设更加美好的世界 习近平在中国共产党与世界政党高层对话会上的主旨讲话》，《人民日报》2017年12月2日，第2版。

四、"忍"为中华修身之法

中华文明蕴含着谦和、宽容与忍耐的特性。所谓"忍"，它强调了在面对矛盾和冲突时应该保持忍让与宽容的态度，在面对各种困难和挑战时应该保持沉着冷静、坚忍不拔、不轻言放弃的精神，以此来修身养性，提升个人修养。忍，是大智大勇的表现，不计较一时得失，而是胸怀全局，着眼未来；忍，是一种美德，以宽广的胸怀、无私的心灵去容纳人、团结人、感化人；忍，是一种修养，面对荣辱毁誉，不惊不喜，心静如水。"忍"者从不苛求小节，"水至清则无鱼，人至察则无徒"，一个人过于苛求，就会让他人感到难以亲近。只有以宽容为怀，容忍他人的过错，才能赢得他人的尊重和信任，从而建立良好的人际关系，而自己也得到安身立命的基础。这种修身处世的道德理念是中国人民内在的精神气质，也是新时代坚持和发展中国特色社会主义先进文化的深厚根基。我们应充分吸收中华优秀传统文化中修身处世的道德理念，结合新的时代条件加以继承和发扬。

"忍"所包含的"玉汝于成"之意，实不失为可供今人借鉴的一种思想资源。因为现代社会中，成功与风险交织，市场无情，瞬息万变，这就更需基于理性前提下的胜不骄、败不馁以及愈挫愈奋的精神，必须能经得起成功的喜悦，也能担当得起失败的打击，百折不挠，愈挫愈奋，方能有成功可言。并且生活中有许多矛盾和冲突都是由小的不和所酿成的，如果在风起青蘋之末时就能以容忍、谦让的精神处理，问题或许就能化解，许多人间悲剧和不幸也许就不会发生。我们的时代仍是需要这种厚德载物的宽厚精神的。从更为宏观的视角来说，"忍"也表现了"化成天下"的文明进步，本质上，"忍"是理性战胜本能的结果。文明不仅表现在技术的发明和物质财富的丰沛上，也表现在人类自身的精神生长和进步中。谦让、优容的传统之"忍"，有利于人与人之间关系的和谐，有利于构建人际的信任与融洽。

在过去很长一段时间里，有些国人对中华传统修身之法"忍"有曲解，视之为丧权辱国之祸根，大加诟病，完全将"忍"所包含的修身之法与处世智慧加以否定，这显然是失之偏颇的。从表面上看，忍多为柔弱的表现，也正是因为从态势上看处于柔弱一方才要忍或不得不忍，否则就会招致利益的损害甚至性命之危。因此，忍总是发生在弱者身上，即使是强者的忍也常被误视为柔弱无能。俗话所说"打不还手，骂不还口"这样逆来顺受的忍，还有影视剧中常见的善良柔弱的正义之士忍受恶人之辱等，都是因为事态双方不处在同一个势力强度上，因而忍常常发生在势弱的一方。百年来，中华民族在外敌入侵的铁蹄之下，不得不忍辱割地赔款，这是因为国家处于弱势而挨打。所谓"弱国无外交"，就算在当今开明世界，同样有一些弱小的国家不得不忍受某些强国的欺凌。久而久之，忍在某种意义上就被看作柔弱的代名词了。其实，忍除了有柔弱的一面，还有坚毅的一面。许多表面看似柔弱之忍，其背后却是坚毅的志向和博大的胸襟，从古人对忍的解释也能说明这一点。

《说文解字》中"忍"，释为"能也"；《广雅·释言》认为"忍，耐也"。两者合之则为忍耐之意，忍即是受得住，耐即是经得起，所以忍耐本身就包含一种韧性。《孟子》有言："故天将降大任于是人也，必先苦其心志，劳其筋骨，饿其体肤，空乏其身，行拂乱其所为，所以动心忍性，曾益其所不能。"[1]《荀子·儒效》中也说："志忍私，然后能公，行忍情性，然后能修。"[2]可见，作为能耐之忍，既体现一种自我克制的能力，也包含一种坚毅的人格力量。这种忍并不是示弱，而是一种处事的权宜之计，是将坚毅的力量隐藏于柔弱的外表下，以便寻求在恰当的时机有更完美的表现。正如唐代诗人杜牧的诗句"包羞忍耻是男儿"，很明显，他所说的"包羞忍耻"绝不是胆怯、苟且偷生，而是一种更为坚强的人格品质。其忍辱退让不是由于惧怕和柔弱，而是出于更远大目标与理想的考量，这才忍受当下的屈辱与磨难。

"忍"是传统文化中一个很突出的价值取向。"忍"在现代汉语中其本义是"含怒如怀刃"，即自我把持的自抑、忍让与谦和。古代社会崇尚"忍"的文化特质，主要表征有三：一是古代各种家训中弥漫着对"忍"的叮嘱，诸如"忍人所不能忍，容人所不

〔1〕〔宋〕朱熹：《四书章句集注》，中华书局，2012年，第355页。
〔2〕〔清〕王先谦：《荀子集解》，中华书局，1988年，第145页。

能容，处人所不能处""与人相处之道，第一要谦下诚实。……宁让人，勿使人让；宁容人，勿使人容；吾宁吃人亏，勿使人吃吾之亏"之类的家教，可谓比比皆是；二是民间出现了种种专门颂扬"忍"的文本，像《忍经》《百忍图》《百忍歌》等；三是世俗格言中也盛行着对"忍"的唱颂，像"忍气饶人祸自消""退一步海阔天空"；等等。[1] 尽管这种忍受形似懦弱，但其底蕴却是明确的人生信念、刚强的人格精神和强大的抗打击能力。家喻户晓的韩信忍胯下之辱，终封王拜将；勾践卧薪尝胆，而后以三千越甲吞吴；关公忍刮骨之痛，谈笑自如，成世人标榜；蔺相如忍廉颇，避车礼让，成千古佳话；玄奘忍万里艰难，终取真经；张骞忍大漠跋涉，不辱使命，青史流芳……这些无不表现出忍的能耐和坚毅。[2]

此外，"忍"作为中华修身之法，强调了在中国古代儒家思想中主张人们要以仁爱之道来处理人际关系，要保持忍让和宽容的心态，不轻易与他人发生冲突，以和为贵，共同维护社会的和谐稳定。元朝的著名学者许名奎就著有《劝忍百箴》一书，以"忍"为话题分别从道德、修身、读书、安贫乐道、教子、忠孝和节俭等方面，揭示为人处世之真谛。古人云："人生不如意事，十之八九。"而面对生命中的苦难挫折，我们若想泰然处之，就需要豁达的胸怀和非凡的气度了。

〔1〕 胡发贵：《论中国传统文化之"忍"》，《社会科学战线》2003年第4期，第20—24页。
〔2〕 李次春：《中国传统"忍"文化哲学辨析》，《文化学刊》2019年第2期，第62—64页。

近代以后，中国人民饱受列强侵略之害、饱经战火蹂躏之苦，更是深深懂得战争的残酷、和平的宝贵。《论语·卫灵公》曰："小不忍，则乱大谋。"[1]历史反复证明，动辄对抗不仅于事无补，而且会带来灾难性后果。新中国成立以来，我们没有主动发起过一场战争或冲突，没有侵占过别国一寸土地。中华民族血液中没有侵略他人、称王称霸的基因。历史告诉我们，和平是需要争取的，和平是需要维护的。今天的中国，已经成为一个具有保卫人民和平生活能力的伟大国家。国人之"忍"，满含对未来生活与对下一代强烈的热爱，这种忍具有强烈的生生不息之意愿。弓过盈则弯，刀过刚则断，忍所当忍，行所当行，正是中华文明"忍"之修身之法的典型显现与高度概括。

事实上，在当今社会文明高速发展、利益竞争日益剧烈、全球合作不断深入的时代背景下，中国传统"忍"文化蕴含着的谦和、坚毅、精进的精神和智慧更加显现出必要性。在中华文明发展的历程中，我们一方面需要一种坚毅、精进的勇气去战胜各种挑战和困难，尤其是中国在当今世界资本主义国家林立的时代环境下，建设有中国特色的社会主义国家，特别需要继承和发扬中华民族忍辱负重的坚毅民族品格和精神信念。另一方面，对于还处于发展阶段的国家和民族而言，由于意识形态的差异、观念标

---

[1]〔宋〕朱熹：《四书章句集注》，中华书局，2012年，第168页。

准的不同，利益的竞争难免会给合作带来一定的摩擦，甚至导致
各种矛盾与冲突，"忍"之谦和与包容的精神，则是化解矛盾、平
和冲突，达到求同存异、互利双赢的精神利器。因此，在我们建
设中华文明乃至提出要构建和谐世界之际，倡导谦让、优容的传
统之"忍"，是有利于人与人之间、国与国之间关系的和谐，有利
于构建人际和国际的信任和融洽的。只要以科学的态度，弃"忍"
之糟粕，承"忍"之精华，我们就能从这种"忍"的文化思想中汲
取滋润心灵、启迪智慧和激扬意志的精神和品质。

要言之，传统之"忍"，虽然是历史的，但我们今天仍然可以
从中汲取滋润心灵、启迪智慧、激扬意志的素养。苏轼云："夫君
子之所取者远，则必有所待；所就者大，则必有所忍。"[1]"忍"是
千年的智慧精华，是安身立命的生存宝典，是永不过时的中华修
身之法。

第二节　传统文明模式的升华

文明的演进升华总是与社会发展同步的。传统文明模式的升
华，就是传统文化、价值观念和生活方式等在现代社会中得到发
扬光大和传承的过程。通过对传统文明模式本质内涵的阐释和升

---

[1] 曾枣庄、舒大刚主编：《苏东坡全集》（全八册），中华书局，2019年，第3831页。

华，重新定义现代化的文明形态，展现不同于西方现代化模式的中华文明新图景，必然引领文明形态向更高水平跃迁。

一、国家是社会的堡垒

国家与社会的关系，是人类社会现代化进程中一个重要问题，也是中国式国家治理研究中的一个重要议题。不同的社会制度、不同的社会发展阶段，有着不同的国家与社会的关系类型与模式。一般国家与社会的关系是指，在一定社会制度下，国家政权的社会治理与社会自治的关系。[1] 理解二者的关系，需要建立在清晰概念的基础上，学界对"社会"概念的理解存在明显的分歧，不利于形成有效的对话。从词源来看，古汉语中的"社会"与现代汉语中的"社会"有着完全不同的内涵。古汉语中的"社会"意义十分丰富，既代表着自上而下创造的古老风俗，作为治民基层组织"社"的集合，又是民间蓬勃生长的迎神赛会，作为日常生活的"社会"。在自由主义的语境中，社会被理解为原子化的自足个体的集合。多维视域下的社会概念，包括社会组织中的基层社会主体；有明确空间指向的城乡社区；社会学本土化研究中的基础性结构，如家庭本位和伦理本位；中国特色情境中，国家、党和

---

[1]　房宁、周少来：《正确认识中国特色社会主义条件下国家与社会的关系》，《人民日报》2010年6月10日，第7版。

社会三者关系下的社会 ;等等。〔1〕概而言之，广义的社会包括社会组织、公民意识、公民行动等。

在古典和新古典自由主义经济学里，要求的是国家"干预"最小化，让市场经济的"看不见的手"自然运作，毫无疑问是将国家和社会经济二元对立起来。然而在中国，我们认为国家是社会的堡垒，国家和社会从来不是对立、非此即彼的。

传统中国社会是家国同构的特殊形态，"中国的国家、社会和文化是异常超绝的统一体。中国本无社会一名称，家国天下皆即一社会"〔2〕。改革开放前,我国实行集中统一的计划经济体制和相应的社会管理体制。在这一体制下，各种社会资源高度集中于政府手中,社会管理集中度高,社会生产和生活具有较高程度的同质性。在城市，人们基本上都隶属于某一个政府机关或企事业单位，在农村，人们都归属于人民公社组织。可以说，那时我国的国家与社会是高度重合的，即人们都在不同程度上活动于具有统一性的国家体制中。

改革开放后，随着社会主义市场经济的发展，我国社会发生了巨大变化。社会主义市场经济在改变原有计划经济体制的同时，也带来社会管理体制、社会生活方式以及人们思想观念的深刻变

〔1〕 武廷会、赵守飞:《国家与社会之关系的"元议题":何谓"社会"?——中国式国家治理研究中"社会"概念的多维性》,《天府新论》2023年第2期,第88—97页。

〔2〕 钱穆:《略论中国社会学》,载钱穆《现代中国学术论衡》,生活·读书·新知三联书店,2005年,第196页。

化。首先，人们的身份发生很大变化，大多数人由原来的公社社员、国有企业职工变成了独立经营的农民、多种所有制企业中的工人以及个体户、工商业者和其他自主创业择业的劳动者。这一现象被我国社会学界形象地描述为"走出了单位的'城堡'"。其次，与身份变化联系在一起的一系列收入分配、职业生涯、社会保障等的改变，导致以往那种被统一管理和单一组织固定下来的社会模式被打破。最后，思想意识的变化，人们的自主性、独立性空前增强。由于上述变化，我国社会也出现大量的社会自治、群众自我服务的社会组织。按老百姓的说法，不少人从"国家的人"变成了"社会的人"。这种巨大改变形成一种新的社会结构，成为大量新的社会关系、新的社会现象产生的基础。[1]

转型期中国的国家与社会关系呈现出动态、复杂而又多变的具体形态，尤其在社会建设领域，这种互动关系更为集中、频繁与微妙。需要认识到两者间关系的并存、拉锯、矛盾、互动、相互渗透、相互塑造等。国家虽不再对社会活动进行完全的控制，但这并不意味着国家完全从社会领域退出，国家始终占有相对强势的主导地位，只不过其具体强度和方式方法会因环境变化而变化。国家的作用在于如何处理好纵向整合与横向协调机制之间的有效衔接，即以何种方式能够推动公众参与并形成有效的社会协

---

〔1〕　房宁、周少来：《正确认识中国特色社会主义条件下国家与社会的关系》，《人民日报》2010年6月10日，第7版。

商，在激发社会内在活力的同时，强化纵向秩序的合法性，实现有效的社会整合，最终使得社会力量在参与能力、服务能力与自治能力等方面都得到提升。[1]还通过强化渗透能力渗透到基层社会的发展中；对社会组织实行分类管控，并进行选择性培育；社区正取代单位成为基层社会的组织单元，政府的社会管理触角日益向社区覆盖并不断强化；等等。概言之，国家通过具体的社会体制、机制构建，确保社会力量的生长和发育空间，并且能够让组织化的利益冲突在国家引导下得到有效整合。

我们不能将国家或政府理想化，同样也不能将社会理想化，尤其在我国处于社会主义初级阶段，社会发展需要一个强有力的国家或政府的情况下，这要求政府在发挥主导作用的前提下，建立政府与社会良性互动的机制，当社会力量逐步成长起来时，国家的作用便更多地体现在维护社会稳定与社会秩序，提供国家与社会良性互动的制度基础，在国家与社会的合作中保持更大的灵活性等方面。[2]这种建立在国家有效服务社会与成熟中的社会分担现代国家治理压力之上的良性循环局面，也正体现出了社会主义国家治理体系的巨大优势。

国家作为社会的堡垒，承担着维护社会稳定和秩序、保障社

---

〔1〕郁建兴、关爽：《从社会管控到社会治理——当代中国国家与社会关系的新进展》，《探索与争鸣》2014年第12期，第7—16页。

〔2〕韩冬雪：《理解现代治理体系中的国家职能》，《国家治理》2014年第15期，第23—28页。

会公平和正义、促进社会发展和繁荣的重要责任和使命。社会中存在着不同的利益诉求和矛盾冲突，如果没有国家的维护和调解，这些矛盾很容易演变成社会动荡和冲突。国家承担着保障社会公平和正义的重要责任。如果没有国家的干预和调节，社会的资源分配和权益保障就会出现不公平和不正义的现象。国家还通过建立社会保障体系、加强对弱势群体的帮扶和保护，确保社会的公平和正义。国家承担着促进社会发展和繁荣的重要使命。社会中存在着各种各样的发展需求和潜在机遇，如果没有国家的引导和支持，社会的发展就会受到限制。同时，国家还通过加强对经济、科技、教育、文化等领域的投入和支持，促进社会的全面发展和繁荣。

国家作为社会的堡垒，致力于解决社会的主要矛盾。社会主要矛盾在根本或本质上，就是需要和供给之间的矛盾关系。进入21世纪以来，国家密集出台了一系列有助于解决社会问题、缓解社会矛盾、促进社会公平、推动社会发展的政策措施，社会建设成为当代中国的重要政策议题。国家统筹推进风险治理和应急处置，注重公共安全，统筹开展现实社会治理与网络社会治理，同时，社会心理服务体系建设也受到重视。城乡社区成为社会治理的重心反映了当前社会治理的新特点与新趋势，是社会治理建设的时代性要求，也是从新时代社会主要矛盾出发，适应我国经济社会现代化、市场化、技术化、城市化的新要求。只有这样，才能充分发挥国家的堡垒作用，才能进一步推动中国发展的整体转型升级，迎来强起来的伟大飞跃，才能担当起实现中华民族伟大复兴的历史使命，才能日益走近世界舞台的中央，避免出现颠覆性的错误。

二、自由社会就是责任社会

自由从来都是人类追求的理想，是值得为之奋斗、为之流血、为之牺牲的最崇高的价值之一。可是有人却将自由看轻了、看小了、看窄了，以为为所欲为就是自由，以为与众不同就是自由。自由社会是一个允许个人自由发展和追求幸福的社会形态。然而，自由并不意味着放任和不受约束，相反，自由社会也是一个强调责任的社会。在自由社会中，个人的自由和权利与社会的利益和责任是相辅相成的。因此，自由社会就是责任社会。

人们对自由的阐发，总是习惯于对其作一种抽象的理解，而很少或者不能把对自由的认识提升到当代人类社会发展的现实高度，致力于揭示自由问题的当代价值。追求自由的过程贯穿了整个人类发展史，从远古时代，人们联合起来抵御自然灾害，获取相对自由，到奴隶社会、封建社会时期，只有少数人享有自由，再到资本主义社会提出抽象的自由概念。[1] 人生来就在枷锁之中，无论是自然的约束还是社会关系的束缚，人无时无刻不在争取自由。当今，一个

---

〔1〕 彭波：《自由，从心所欲不逾矩》，《人民日报》2014年9月10日，第6版。

全球意义上的风险社会已经来临，这也应成为我们思考自由社会的新视域。

回顾历史，中国人民追求自由社会的道路是漫长而坎坷的，甚至经过了血与火的斗争，但同时也取得了丰硕的成果。近代中国沦为半殖民地半封建社会，深受外国列强的侵略和奴役，国家主权沦丧，人民的自由失去了起码的保障。新民主主义革命，实现了民族独立和人民解放，为广大人民个人自由的实现提供了民族和国家基础。新中国成立后，废除了压迫人民的旧制度和旧习俗，建立了社会主义制度，在政治上实行人民民主专政制度，从根本上消除了阻碍全体人民享有自由的社会政治经济制度，从此，中国人民走上追求自由和权利的新阶段。政治上，不断完善民主选举、民主决策、民主管理和民主监督的相关机制，使人民能够广泛地参与政治决策过程。法律上，明确规定和保障公民的基本权利，使广大人民都能享有选举权和被选举权及言论、出版、集会、结社、游行、示威的自由等政治权利和自由。不断完善社会建设，加大对教育、科技、文化、卫生等社会事业的支持力度，有效扩大了人民的社会、经济、文化权利和自由。[1] 这一切，都为实现人的自由全面发展的终极目标奠定了牢固的基础。

不可否认的是，中国目前仍是一个发展中国家，仍然存在不

---

[1] 郭建宁主编:《社会主义核心价值观基本内容释义》,人民出版社,2014年,第78页。

少制约人自由和权利的因素，如社会建设相对滞后，社会保障体系不完善，产生看病难、住房难等民生问题，未能满足人民实现生存发展自由的基本前提；经济社会发展不平衡，城乡之间、区域之间、行业之间、居民之间差距大，从而造成保障生存和发展自由的资源分配不平等；民主法制尚不够健全，一些政府和执法机关尊重人权和公民自由的意识比较薄弱，在执法过程中对公民人身自由造成侵犯；等等。[1]但自由的实现是渐进过程，是不断改善和增进的过程。

自由与责任实不可分。"一个自由的社会，人的行动应当为责任感所引导，而这种责任在范围上远远大于法律所强设的义务范围；一般性舆论应当赞赏并弘扬责任观念。"[2]责任作为对自由的一种限定，规定着自由的合理性。绝对自由观之所以错误，就在于其忽视了自由的责任问题。自由不仅意味着个人拥有选择的机会并承受选择的重负，而且还意味着他必须承担其行动的后果，接受对其行动的赞扬或谴责。在自由社会中，个人的自由应当与他人的权利和利益相协调，不能以自由的名义侵犯他人的权利和利益。这就是个人责任在自由社会中的体现。

从另一种意义上来说，绝对至上性的自由其实本身就包含着它的反面——不自由，其实质上是否定了人的道德责任，同时也

---

〔1〕郭建宁主编：《社会主义核心价值观基本内容释义》，人民出版社，2014年，第82页。

〔2〕〔英〕弗里德利希·冯·哈耶克：《自由秩序原理》，生活·读书·新知三联书店，1997年，第89页。

否定了人的意志自由。人在进行自由选择的时候，必须承担责任，并受制于责任带来的不自由的压力。当一个人自由地追求自己的有意识、有目的的活动的时候，这种对自由的肯定同时也就意味着一种责任意识的共在。[1] 在自由社会中，个人需要为社会的繁荣和稳定负责，需要尊重社会的规则和法律，需要为社会的公共事务作出贡献。这就需要个人具有社会责任感，不仅关注自己的利益，还要考虑他人的利益和社会的整体利益。这就是社会责任在自由社会中的体现。

责任社会，不仅主要在人与人之间的关系中展开，也涉及人与自然之间的责任问题，对于人类的发展至关重要。埃里克·詹奇指出："从现在起，我们每个人都对宏观系统负有责任。不仅对我们的社会系统负责任，而且对具有生态有序的整个行星负有责任，也许很快还要对超出我们行星的太空负有责任。"[2] 自由社会实现方式的发展借助于生产实践的形成、变化和发展，只有人类认识了世界的客观必然并且敢于自觉摆脱片面和短视的功利目标之后，才可能提出并实施对人与自然关系的合理调节，实现自由社会。

过去，由于受社会历史条件、生产力发展水平、人的素质等多种因素的制约，人们在社会中实现自由的方式比较落后，主要

---

〔1〕 贾英健：《自由、风险与责任——自由的风险生成及超越》，《山东社会科学》2011年第8期，第5—12页。

〔2〕 〔美〕埃里克·詹奇：《自组织的宇宙观》，中国社会科学出版社，1992年，第199页。

满足较低层面上的物质和精神需求。如今，随着社会生产力的发展，人们实现自由的方式有了很大的改变。但是，人们改造世界能力的增强却给人类社会的发展带来诸多"人造风险"。诸如全球变暖、臭氧层的消耗、跨国界的大气污染、全球性物种的减少等全球性问题已经把整个世界变成一个彼此紧密相关的整体。人们既不能将自己置身这场危机之外，又不能无视这种危机可能给人类带来的灾难。况且，这些问题也绝不是哪一个区域、国家和人所能独自解决的，而是需要全球的共同参与和努力。为此，人们不仅要确立一种人与人之间的公共责任意识，而且要在人与自然之间建立一种可持续的公共责任意识。树立可持续的责任社会观，认同人自身存在和发展的持续性，也要使人类能够持续存在和发展，保证可持续发展战略的有效实施。[1]

责任是一种融合剂，增强社会的凝聚力、维护社会的稳定；责任是一种力量，推进民族的发展和社会的进步。从长远来看，一个可持续发展的社会，应该是充满活力又富于秩序的。自由社会就是责任社会，在自由社会中，个人需要为自己的自由和权利付出责任和义务，需要为社会的繁荣和稳定作出贡献。只有在实现自由的过程中，牢牢兼顾责任意识，社会才能实现自由和公正，全球才能实现和谐共进。

---

[1] 贾英健:《自由、风险与责任——自由的风险生成及超越》,《山东社会科学》2011年第8期,第5—12页。

三、民主是包含着集中的民主

"民主"这个词在中国古已有之，现存《尚书·周书·多方》里就有"天惟时求民主，乃大降显休命于成汤"[1]之说，这是中国历史典籍中关于"民主"的最早记载。尽管这里的民主一词与今义迥异，是指具有民主素养和民主作风的"民之主"之意，但也足以证明中华民族对民主范畴具有独立的创制权。与西式民主过于强调个体人权不同，中国式民主更重视集体人权。

其实，原始社会特色的民主从更早的原始部落时代就开始实行了，当时个体的力量无法战胜来自自然界的威胁，必须集体作战才能生存，中国自上古三皇时期起，燧人氏、伏羲氏、神农氏等华夏伟大的人文初祖，都是善于发扬民主、汇聚民智、集中民意、凝聚民力的伟大人物，因而都取得了不同凡响的伟大成就。应当说，这种源于生存本能需要的原始民主是中华民族民主实践的历史源头，为促进中华民族原始社会的发展繁盛起到了巨大的历史推动作用。但是，毫无疑问，是黄帝轩辕氏把这种原始民主变成了生动活泼的社会治理实践，使之定型化，为我们中华民族在历史上进行了创立民主制度的最早探索，可以说，民主是中华民族与生俱来的传统，也是人类政治文明史中民主的神圣曙光。[2]

---

〔1〕 金兆梓：《尚书诠释》，中华书局，2010年，第228页。

〔2〕 刘玉辉：《中华民族传统政治文明中的民主基因及中西民主观的异同》，《政工学刊》2017年第1期，第82—85页。

中国古代政治中一向具有倾听民声、考察民情、注重民意、以民心向背为政治导向的优良传统，这是我国古代政治实践中一直存在的最宝贵的民主因素，历代开明的统治者创造了如纳谏制、举荐制、朝廷决策制、群臣合议制、弹劾制等民主治理手段，对于维护中国古代广大劳动人民的利益曾发挥过积极的历史作用。中华民族历来注重运用集体的力量，讲究发挥多数人的智慧，强调尊重群体的意志。

民主和集中似乎是两个相互矛盾的概念，但实际上它们并不是完全对立的。民主是一种政治体制，它强调人民的参与和权利，追求公平和公正。集中则是一种管理方式，它强调权力的集中和高效的决策。在实际的政治实践中，民主和集中往往是相互交织的，两者并不是非此即彼的关系。"民主绝对不是无政府状态，集中也绝对不是独裁的意义。不民主的集中才是独裁，不集中的民主才是无政府状态，两者都是要不得的。"[1]首先，民主体制中也存在着一定程度的集中。虽然民主强调人民的参与和权利，但在实际的政治运作中，政府和行政机构往往需要集中权力来进行有效的管理和决策。例如，一些民主国家，总统或首相拥有较大的权力，能够在一定程度上集中决策权，以应对复杂的社会问题和国际事务。这种集中并不是对民主的否定，而是为了保证政府的有效运

---

[1] 邹韬奋:《事业管理与职业修养》,学林出版社,2004年,第21页。

作和决策的高效性。其次，集中也可以促进民主的实现。在一些情况下，过分分散的权力可能导致政治决策的混乱和效率的低下，从而影响民主制度的运作。因此，适度的权力集中可以帮助政府更好地应对挑战，确保公民的权利得到保障。例如，在应对紧急情况或重大政策变革时，政府需要集中权力来作出迅速而果断的决策，以保障国家和人民的利益。

　　中国式民主的兴起和发展，为世界范围民主的演进发展注入了活力、带来了清新，理应受到人们的尊重和欢迎。然而，却有人对中国式民主指指点点、不以为然。在他们看来，中国式民主算得上民主吗？他们更怀疑和诘难，中国式民主究竟能走多远呢？世界上的民主，模式是多种多样的。这是因为在实现和发展民主的进程中，由于各国采用的途径、方式以及建立的民主制度与别国不同，从而具备了一套系统的、稳定的鲜明特色。中国式民主的兴起和发展，完全是适合于中国国情的一种新型的民主模式，是世界民主模式多样性的生动体现。[1]中华人民共和国宪法规定，"中华人民共和国的国家机构实行民主集中制的原则"。民主集中制包括民主和集中两方面，两者互为条件、相辅相成，缺一不可。民主是正确集中的前提和基础，离开民主讲集中，集中就成了个人专权专断。集中是民主的必然要求和归宿，离开集中搞民主，

---

〔1〕许耀桐:《中国式民主的兴起和发展》,《新视野》2016年第2期,第5—10页。

就会导致极端民主化和无政府状态。中国共产党实行的民主集中制，是又有集中又有民主、又有纪律又有自由、又有统一意志又有个人心情舒畅生动活泼的制度。[1]

然而，民主和集中之间的关系也需要谨慎处理。过度的集中可能导致权力滥用和民主权利的受损，而过度的分散可能导致政府无法有效地管理和决策。因此，在实践中，需要在民主和集中之间寻求平衡，确保政府既能有效地管理国家事务，又能充分尊重公民的权利和参与。在民主和集中之间寻求平衡的关键在于建立健全的制度和规则。这包括建立有效的监督机制，确保政府行使权力的合法性和透明度。建立独立的司法系统，保障公民的法律权利和司法公正。建立有效的民主机制，鼓励公民参与政治决策和监督政府行为等。只有在这些制度和规则的保障下，民主和集中才能得到有效的结合，为国家的发展和公民的权利保障提供坚实的基础。

从根本上说，集中有着两种不同性质的形态：一种是与民主相联系的、从属于民主制度的集中，即民主的集中；另一种则是与专制相联系的、从属于专制制度的集中，即专制的集中。由于有着这样两种性质不同的集中，对集中的规定和要求也就截然不同。把民主集中制的"集中"与民主相联系，使之从属于民主制度，

---

[1]《万山磅礴有主峰［习近平新时代中国特色社会主义思想学习问答(50)］——关于坚持和加强党的全面领导》，《人民日报》2021年9月28日，第5版。

然后才能在民主基础上进行集中。而且，在实行民主基础上的集中时，必须实行多数决定的民主原则和民主程序，即要求少数人去服从多数人的主张，当然多数人也要尊重和保护少数人的权益。反之，如果把集中与专制相联系，使之从属于专制制度，这样的集中必然无视民主，它也无须顾及民主原则、民主程序，搞的当然就是"一个人或少数人说了算"那一套，恰恰要求的是多数人去服从少数人，甚至是服从于某一个人，这就势必造成"一言堂""家长制"的局面。这样的集中，必然使民主集中制变质走样。[1]

民主集中制一方面要实行民主，另一方面又要实行集中，这就要求必须妥善处理好民主和集中的关系。把民主当作生命来看待，以民主为中心，才能更好地实现民主基础上的集中，达到民主的根本目的。从历史上看，民主集中制在实践中之所以出现偏差，就是因为总是过分强调集中，即不是从民主出发谈集中，使集中真正成为民主基础上的集中，而是从集中角度谈民主，在集中的前提下讲民主，颠倒了民主和集中的关系，以致民主被排挤，失去应有地位。因此，在贯彻执行民主集中制时就必然要立足和围绕"民主"这个中心。这一个思路完全符合在民主基础上的集中和在集中指导下的民主这两个先后过程，即先从民主到集中，再由集中到民主，使民主既成为民主集中制的出发点，也成为民主

---

〔1〕《民主集中制 何谓"民主"何谓"集中"》，中国网，http://news.china.com.cn/18da/2012–10/22/content_26870846.htm。

集中制的落脚点。[1]

四、平等是服务他人的体现

在当代中国社会前所未有的深刻变化中，平等的理念正在成为一个越来越突出的热点。平等是一种基本的人类价值观，也是一种服务他人的表现。在人类社会中，平等是指每个人都应该拥有相同的权利和机会，不受种族、性别、宗教、社会地位等因素的影响。而在服务他人的过程中，平等则意味着不偏袒任何一方，对所有人都给予同等的关爱和尊重。

在中国文化里，对于平等的呼唤，有社会宏观层面的制度平等，有个人实际层面的人格平等，更有生命自然层面的众生平等。先秦时期真正具有平等观念的是墨家。墨子主张要改变现实社会贫富不均、两极分化的现象，在社会相互关系中，提倡"有力者疾以助人，有财者勉以分人，有道者劝以教人"[2]。因为平等是天道的要求，"譬之日月，兼照天下之无有私也"，"天兼天下而爱之"。每个人在天面前都是平等的，"天下无大小国，皆天之邑也；人无幼长贵贱，皆天之臣也"。墨子提出兼爱是爱无差等。尽管社会上存在着贵贱、亲疏、贫富等实际上的不平等，但这并不妨碍人

---

〔1〕 许耀桐：《中国共产党发展民主集中制的百年历程》，《中共中央党校(国家行政学院)学报》2021年第1期，第24—34页。

〔2〕 吴毓江：《墨子校注》(全2册)，中华书局，1993年，第98页。

们去以爱相待，倘若人们都能怀着一种普通的人类之爱去从事社会活动，就可以超越客观上的不平等，达到人人平等。故此，墨子提出"兼以易别"的主张，即以平等取代不平等，这里的"别"就是儒家所强调的尊卑贵贱亲疏等级。"官无常贵，民无终贱。"墨子的这种平等思想在中国古代历史上是少有的，表达了下层人民要求政治平等的强烈愿望。[1]

对"平等"这个概念论述较多的，还有佛家。中国佛学里强调的"平等"，早已超越了世俗概念，甚至超乎物种的限制，讲"众生平等"。众生，包括"有情众生"，即有感情的生命体，比如，人类和动物；也包括"无情众生"，植物、微生物乃至山川石矿等没有情识的物体。大乘佛法说众生平等，是认为一切事物都会受轮回之苦，也都具有佛性，"一切众生皆可成佛"，所以"视众生无有差别"。在佛学的影响下，"众生平等"的理论也推衍到了社会生活中，演化成一种德行标尺。如果认同众生的地位平等，就该尽可能维护每一个物种生存共处的权利；如果承认众生的法性平等，就该尽量地遵从每一样事物自然而然的状态。人类对于万物，不该以霸占之心、掠夺之心去强求和破坏；人类之于世界，该是以平等之心、善念之心去尊敬和平视。这就像道家所言"天地不仁，以万物为刍狗"，上天没有偏爱私心，把世间万物都看作草扎成的

〔1〕　周其明：《中西平等观念的比较及平等权的历史起源》，中国法学网，http://iolaw.cssn.cn/flxw/200509/t20050920_4597063.shtml。

狗一样，在天地苍穹的怀抱中，万事万物都经历着平等的存在与平等的消亡，都遵从着平等的规律法则和平等的因果循环。在大自然的眼中，"万物并作，吾以观复"，万物都是平等地生发衰落、平等地循环往复。

在"众生平等"的佛学感悟和哲学思索下，也许我们与他物有着境遇差别，但是没有优劣差别，不该以轻蔑之心傲视天地；也许我们与他人有着境地差别，但是没有等级差别，不该以轻慢之态目空一切。怀有慈悲心性，就是能对他人他物的苦乐以平等心去感同身受。[1] 一个人具有何种天赋，出身于何种家庭，成长于怎样的社会环境，这些因素并不是可以自主决定的。但是，正是这些偶然性因素会对个人生活目标的设定和实现产生重要影响。一个平等的社会应该通过相应的制度安排来减少偶然性因素对个人生活前景的破坏，特别是应该考虑到那些由于自身无法控制的原因而处于不利地位的人，使他们在追求其生活目标的道路上能够获得一个公平的起点。就此而言，在满足生存发展所需的基本条件面前，每一个人都应该是平等的。[2]

平等是服务他人的体现，在现代社会中，平等的概念越来越受到重视，因为只有当我们真正平等对待他人时，才能够为他人

---

〔1〕 曹雅欣：《国学与社会主义核心价值观——平等》，人民网，http://opinion.people.com.cn/n/2014/0819/c1003-25494843.html。

〔2〕 张贤明、高光辉：《公正、共享与尊严：基本公共服务均等化的价值定位》，《吉林大学社会科学学报》2012年第4期，第5—12页。

提供真正的帮助和服务。平等不仅仅是指在法律上对所有人平等对待，更是指在日常生活中对他人的尊重和关爱。一个公平的教育体系可以为每个孩子提供平等的学习机会；一个平等的就业环境可以让每个人都有发挥才能的机会；一个平等的社会保障制度可以让每个人都享受到基本的福利。在服务他人的过程中，平等更是至关重要的。只有在平等的基础上，我们才能真正理解他人的需求，才能真正帮助他人解决问题。如果我们在服务他人的过程中偏袒某一方，甚至歧视某一方，那么我们所做的服务就会失去意义，甚至会带来更多的伤害。这种关怀不分阶层和地位，无论对方是贫穷的流浪者还是成功的商人，我们都应该以同样的态度对待他们，每个人都应该受到同样的尊重和关爱。这种关爱不仅仅是指物质上的援助，更是指精神上的支持和鼓励。

当我们以平等的态度去服务他人时，会激励他人也去关心和帮助他人，这种良好的服务氛围将会在社会中蔓延开来，形成一种良性循环，人们会更加和睦相处，互相帮助，社会的整体氛围也会更加和谐。以志愿服务为例，志愿服务是志愿者的自主选择，是志愿者以平等的姿态，以自己的技能和爱心，用自己的时间和资源为服务对象提供力所能及的帮助，让志愿服务对象过上有尊严的生活。志愿服务在行为过程中秉持公正平等的态度，志愿者和服务对象之间都是有尊严的个体，志愿者不能用任何强制手段要求服务对象一定要接受帮助，或者接受帮助后要予以相关回报或回应。只有在程序上实现了公正平等，才能真正推进结果的公正平等。

因此，平等不仅是一种道德准则，更是一种服务他人的基本原则。然而，实现平等并不是一件容易的事情。在现实生活中，我们经常会面临各种各样的不平等现象，比如，种族歧视、性别歧视、贫富差距等。这些不平等现象不仅会影响到个人的生活质量，也会影响到整个社会的稳定与和谐。因此，我们每个人都应该努力去消除不平等，努力去实现真正的平等。在全世界，国家内部和国家之间仍存在收入、年龄、性别、性取向、种族、肤色、出身、职业、宗教和机会的不平等。这些不平等长期威胁着社会经济发展，妨碍减少贫穷，并且损害人们的成就感和自我价值感。这反过来会导致犯罪、疾病和环境恶化。最重要的是，如果人们被排除在机遇和服务之外，并且没有机会过上更好的生活，那么我们就无法实现可持续发展，也不能让这个星球变得更好。总的来说，只有在平等的基础上，我们才能真正实现对他人的服务，才能真正实现人类社会的和谐与进步。让我们共同努力，在为人服务的过程中让平等的阳光照耀每一个角落。

第三节　文明践行中的定位思考

现代化实践构成文明或文化发展的基础和动力。中国式现代化蕴含的独特的历史观、文化观、价值观、宇宙观等，表达了中国式现代化建设提出的文化诉求，也反映了传统文化观念向现代化观念的转化。中华民族现代文明，不是中华民族传统文明的"自然延续"，而是在新时代的"守正创新"，要在传统和现代之间、民族和世界之间把握中华民族现代文明的定位和走向。

一、延绵的历史观

对一个人来说，失去记忆等于迷失自我，责任和使命便成空白；对一个国家、一个民族而言，一旦丧失历史的共同记忆，现实和未来就没了依凭，更谈不上文化的积累、智慧的叠加、发展的延续。面对延绵不绝的时间长河，面对蓬勃发展的时代大潮，诚如李大钊所言："故历史观者，实为人生的准据，欲得一正确的人生观，必先得一正确的历史观。"[1]"欲知大道，必先为史"，历史是一本"看成败、鉴得失、知兴替"的教科书，我们回顾历史，是为了总结历史经验、掌握历史规律，提升运用历史眼光把握前进方向、指导现实工作的能力。历史不仅仅是事件和人物的记录，更是历史观念和价值内涵的凸显。历史观是人们关于人类社会历史的总的看法和根本观点。"坚持正确历史观""让历史说话，用史实发言"，正是要提醒世人，以什么样的角度、什么样的眼界去考察历史，决定着我们能从史实中构建出怎样的意义世界。

---

[1] 李大钊：《李大钊文集》（下），人民出版社，1984年，第264页。

延绵的历史观和历史意识至关重要。延绵的历史观是中华民族文化自信的深厚底蕴，也是中国文化创新的宝藏，还原中华文明从涓涓溪流到江河汇流的发展历程，构建完整的中华文明发展体系，是带领人民走中国特色社会主义道路的关键一环，既有利于从中提炼中华文明的精华，阐明中国道路的深厚底蕴，寻找中华民族延绵不绝的源头活水，也为人类文明新形态实践提供有力的理论支撑。延绵5000多年的中华文明展现了中华民族强大的创造力和生命延续力，呈现出不同于世界其他文明体的独特魅力，所昭示的中华民族共同体发展和多元一体演进格局，阐释的讲仁爱、重民本、守诚信、尚和合、求大同的精神特质和发展形态，积淀的"四大发明"、农耕水利、天文历法、壁画石窟、文学艺术等物质和非物质文明成果[1]，无一不是中华文明的智慧结晶和精华所在，包含了中华民族非凡的思想精华和道德精髓，是中国人的底气与骨气，滋养着中国人民的历史观。

历史的纵深，铸就了时代的高度。"述往事，思来者"，中国传统思想家始终把过去、现在、未来视为一个连续不断的整体。一代又一代中国人因此具有把自身的社会活动，置于"古""今""后"相联系的历史长河中加以看待的自觉自律意识。如唐太宗李世民

---

[1] 张丽秀:《以历史思维浇灌中华文化之花》，甘肃组工网，http://www.gszg.gov.cn/2022-09/09/c_112898
8639.htm。

所言：“勉励终始，垂范将来，当使后之视今，亦犹今之视古。”[1]
拂去历史的尘埃，不难发现，一个强盛的时代也往往是注重历史
的时代。汉武帝开疆拓土的金戈铁马声里，太史公呕心沥血完成《史
记》的著述；贞观之治给后世树立了盛世的典范，同时也留下了《晋
书》等二十四史中的 6 部正史；北宋中期，政治清明、贤才辈出，《资
治通鉴》《册府元龟》应运而生。其他如明代的《永乐大典》，清
代的《古今图书集成》《四库全书》等彪炳史册的文化硕果也都与
国力强盛、社会安定的盛世气象有着密切的关联。[2]

　　用延绵的历史观看待中国式现代化，就是在中国式现代化的
历史视野中，要有 5000 多年中华文明史，500 多年世界社会主义史，
中国人民近代以来 180 多年斗争史，中国共产党 100 多年的奋斗
史，中华人民共和国 70 多年的发展史，改革开放 40 多年的实践史，
新时代中国特色社会主义 10 多年取得的历史性成就、发生的历史
性变革。[3]只有树立这样的历史观，才能把中国式现代化的本质和
历史趋势看清楚，才能掌握以中国式现代化全面推进中华民族伟
大复兴的历史主动。中华文明之所以具有突出的连续性，很重要
的一点就在于中华文明具有突出的创新性，创新是一个民族进步
的灵魂，是一个国家兴旺发达的不竭动力。中华文明能够守正创新，

[1]〔唐〕吴兢著；裴汝诚等译注：《贞观政要译注》，上海古籍出版社，2016年，第178页。
[2]　户华为、靳晓燕：《不忘历史才能开辟未来》，《光明日报》2017年7月14日。
[3]　牛先锋：《中国式现代化蕴含的历史观》，《学习时报》2023年5月31日。

具有守正不守旧、尊古不复古的进取精神，具有不惧新挑战、勇于接受新事物的无畏品格。如《周易·系辞》云："日新之谓盛德，生生之谓易。"[1]

唯物史观认为，人们自己创造自己的历史，但是他们并不是随心所欲地创造，并不是在他们自己选定的条件下创造，而是在直接碰到的、既定的、从过去承继下来的条件下创造。先前历史所积累的物质财富和精神财富，先前的生产力发展水平及其生产方式，先辈所形成的生活习俗、文化传统、人口规模，包括国家所处的地理环境以及自然禀赋，都直接影响着一个国家和民族现代化的发生与发展。

我国内聚的地理环境、广阔的疆域和众多人口，是中华历史延绵的外在条件。持续沿用的汉字以其广泛适用性、文化附加功能、高度组词能力、形音义一体功能、文化固化功能等，是中华历史持久传承的坚固载体。农耕文明与游牧文明、海洋文明的水乳交融，丰富了中国历史的形式和内涵。中央集权的政治制度，以儒家学说为主导的意识形态，为历史文化发展繁荣创造了条件。丰富的、多层次的教化体系，为历史传承提供了持续稳定的保障机制。独特的史学传统，铸就了赓续延绵的历史文化传承意识。[2] 中华民族

---

[1]《十三经注疏》整理委员会整理：《十三经注疏·周易正义》，北京大学出版社，2000年，第319页。
[2] 李国强：《讲好中国历史 向世界传播中华优秀传统文化》，《人民日报》(海外版)2023年7月12日，第5版。

的历史沿着适合自身特点的道路不断前行，生生不息，薪火相传。

人类文明的多样性始终是一个客观现象，文明之间并没有高低优劣之分。在人类历史的长河中，有很多文明辉煌之后就被湮没，目前学术界普遍承认的古文明中，中华文明是唯一完整延续至今的原生文明。只有中华文明保持 5000 多年连绵不断，从远古一直延续发展到今天，这可以说是人类文明发展的奇迹。历史不能割裂，当代中国是历史中国的延续和发展。独特的文化传统，独特的历史命运，独特的基本国情，从根本上决定了中华民族必然走自己的路。如果不从源远流长的历史连续性来认识中国，就不可能理解古代中国，也不可能理解现代中国，更不可能理解未来中国。历史，诉说过去、定义现在、引导未来。"历史、现实、未来是相通的。"我们敬畏历史、尊重历史，就要让历史告诉未来。

坚持延绵的历史观和历史意识，用历史唯物主义观察分析问题，从历史的百科全书中汲取智慧和力量，"增强做中国人的骨气和底气"。数千年文明史上的无数事实证明，历史能教人遇事温故而知新，慎思明辨，判断是非，或法或戒。历史对于培养人的理想、信念、道德和情操，对于国家的治乱兴衰、得失成败，意义深远，故刘知几宣称其"乃生人之急务，为国家之要道"[1]。一个国家因为有了记忆而更加厚重，一个民族因为有了记忆而得以延续。诞生

---

[1] 白云译注：《史通》，中华书局，2022年，第658页。

在这片国土上，我们一出生就与国家、民族命运紧紧相连，人们也必须明白，离开了对承载民族共同记忆的历史文化的知识梳理、价值提炼和社会普及，民族精神家园的建设只能是空中楼阁。在中华民族伟大复兴征程上，秉持延绵的历史观，才能擦亮一切历史沉淀的精神瑰宝。

二、浓厚的文化观

英国人类学家泰勒在《原始文化》一书中提出："文化或文明，就其广泛的民族学意义来说，乃是包括知识、信仰、艺术、道德、法律、习俗和任何人作为一名社会成员而获得的能力和习惯在内的复杂整体。"[1]将文化与文明看作同义语，指称作为人类活动的整体成果。

文化是一个国家、一个民族的灵魂。历史和现实都表明，一个抛弃了或者背叛了自己历史文化的民族，不仅不可能发展起来，而且很可能上演一幕幕历史悲剧。几千年历史中创造和延续的中华优秀传统文化，兼收并蓄、博大精深，是中华民族的根和魂，是我们在世界文化激荡中站稳脚跟的根基，也是我们实现中华民族伟大复兴必须珍惜的重要财富。其中蕴含的思想观念、人文精神、道德规范等，给了中国人无穷无尽的滋养，深刻影响着当代中国

---

〔1〕〔英〕爱德华·泰勒：《原始文化》，连树声译，广西师范大学出版社，2005年，第1页。

人的精神世界。随着中国特色社会主义进入新时代，人们应该树立与之相匹配的思想意识、文化观念，使之与中华民族伟大复兴相适应。特别是面对西方文化的全球蔓延，中国更需要保持自己的思想独立性与文化主体性，不能跟着西方亦步亦趋。我们需要立足于文化观念与民族复兴的内在关联性，不断省察自身的文化观，树立符合时代要求的文化观念，即浓厚的文化观。

晚清以来，面对三千年未有之变局，中国人围绕"中国向何处去"这一问题开始不断反思自己的文化传统，从器物、制度到伦理、思想，从基于维护中国文化之"体"的洋务自强与变法维新运动，逐渐转变为激进的政治革命与文化革命。在这期间，志士仁人提出了诸多救亡主张，如"中体西用论""托古改制论""全盘西化论""返本开新论"等。在这些思潮中，流行性、主导性的观念还是向西方学习，输入西方学理。这一文化主张，表现为西化、反传统等文化观念，视西方文化所提供的价值理念、制度规范为普遍的标准，以西方之理、西方之术作为评判中国社会的尺度、标准。然而，这种西化的文化观念隐含着一种文化优劣的等级观念，即以西方文化为优，以中国文化为劣，把西方文化理想化，把中西文化之别简单地视为"古今新旧"的差别，对中西文化作出非此即彼的判定。

西化的文化观，过于突出"传统"与"现代"的"断裂性"，也没看到文化传统自身的浓厚性与连续性，又忽视了传统文化的独特价值。当代中国的和平崛起，一举改变了近代中国的贫弱境遇，改善了中国人的生活方式与生存状况，在一定程度上也解构了西化的文化观念，影响了中国人的价值追求。但经济领域的工具理性、效益原则又不断渗透到人们的生活世界。人们行动的根据、原则，渐趋理性化、合理化，正当性观念、合理化原则被功利化。经济领域效益的优先性与正当性原则被放大和置换到人们的日常生活中，消解着传统中国人的"义利"观念、"道德"观念。面对负面社会思潮的冲击与人文精神的失落，当代中国人应当坚守文化立场，而不是陷于物欲、财富中不能自拔。[1]因此，浓厚的文化观念，还须观照当代人的精神生活状况。

中华文化蕴含着天人合一的宇宙观、协和万邦的天下观、和而不同的社会观、与人为善的道德观，展现出寻求"天下大同""人间正道"的大格局大气象。中华优秀传统文化、革命文化、社会主义先进文化，一脉相承、生生不息，贯通中华民族的过去、当下与未来，共同垒铸了中国人民精神上的万里长城，支撑起中国人文化自信的雄伟大厦。诸子百家、经史子集、礼乐伦常、诗词歌赋，绘就了精彩纷呈的中华文明巨卷。从讲仁爱、重民本、守诚信、崇正义、尚和合、求大同的精神特质，到自强不息、敬业乐群、扶正扬善、扶危济困、见义勇为、孝老爱亲等传统美德，中华文

---

[1] 马军海：《新时代需要树立什么样的文化观念》，人民论坛网，http://theory.people.com.cn/n1/2019/03/18/c40531-30980745.html。

明所蕴含的价值理念、人文精神、道德理想，使中华民族在治国安邦、修身齐家、知常达变、开物成务、建功立业过程中形成了有别于其他民族的独特标识。诸如，"先天下之忧而忧，后天下之乐而乐"的志向抱负，"天下兴亡，匹夫有责"的家国情怀，"富贵不能淫，贫贱不能移，威武不能屈"的浩然正气，"鞠躬尽瘁，死而后已"的献身精神等[1]，有着跨越时空、超越国度的永恒魅力。

中华文化历经沧桑洗礼，由多种因素共同促成，比如，地理环境、农业文明、宗法制度等，而且它们之间相互影响、彼此渗透，共同成为文化创生的土壤，塑造了中国传统文化浓厚的气质，形成了积淀深厚的独特价值体系和发展形态。

一部中华文化发展史，也是一部展现中华民族非凡智慧和巨大创造力的奋进史。从造纸术、指南针、火药和活字印刷术等四大发明，到农耕、水利、陶瓷、冶金、纺织、漆器、造船、医药及天文、历法、数学等方面的成就；从甲骨竹简、秦砖汉瓦、壁画石窟、古建史迹，到汉字、书法、绘画、音乐、文学、民间艺术等文化遗产，极为丰厚的物质和非物质文明成果令人叹为观止。从张骞出使西域、玄奘西行取经，到鉴真六次东渡、郑和七下西洋，再到开辟陆上和海上丝绸之路，无不是中华文明兼善天下、海纳百川的历史见证。

---

〔1〕 雒自新、雍刚:《传承中华文明 坚定文化自信》,《解放军报》2022年7月11日。

　　浓厚的文化观与中华民族伟大复兴相匹配，超越西化与复古、传统与现代的二元对立，立足于中华文化的连续性与人类文明的新形态，实现民族性与时代性相结合、传承与发展相结合、借鉴与包容相结合，确立自信自觉的文化理念，为中国人的生活作出前瞻性而非跟随性的理念设计。浓厚的文化观念不仅对当前中国经验有所领会，也有其超越性。这种超越性主要表现为一种前瞻性的理念引领。这种理念引领，主要体现在它对时代变迁及其精神转向的洞察与自觉，而且对中国道路的持续推进有所观照。新时代中国特色社会主义的理论和实践，不仅广泛地影响和改变了中国人的日常生活世界，而且也正在深刻地影响和改变着世界格局和秩序。这充分彰显了中国特色社会主义文化的活力和魅力，也增强了中国人的自信，点燃了人民对美好生活的希望。

　　中国式浓厚的文化观传承中华优秀传统文化基因，彰显"万物并育而不相害，道并行而不相悖"[1]"贵和尚中、善解能容、厚德载物、和而不同"等中华优秀传统文化观念，主张通过兼容并包把现代性和传统性有机结合起来，探索创造具有包容性的人类文明新形态。这为在世界现代化进程中充分尊重文明多样性，推动文明交流互鉴，推动世界文明朝着平衡、积极、向善的方向发展贡献了中国智慧和中国力量。坚持新时代文化观，加强对中华优

----

[1]〔宋〕朱熹：《四书章句集注》，中华书局，2012年，第38页。

秀传统文化的挖掘和阐发，要讲清历史渊源、发展脉络、基本走向，讲清独特创造、思想理念、鲜明特色，阐明中华文化自身独有的发展规律，阐明文化基因和精神血脉传承的时代价值。要采用与时俱进的表达形式展现新时代传统文化内涵，推动中华优秀传统文化与社会主义社会相适应、相融合，激发中华优秀传统文化的蓬勃生命力。[1]要怀着平等、互鉴、对话、包容的态度与其他国家积极开展文明交流，增强中华文明的传播力和影响力，让中华文化在世界的瞩目下开出更加芳香四溢的花朵。

三、大气的价值观

从哲学层面讲，价值观是我们基于一定的思维认知，对事物发展作出的判断或抉择，一经形成便具有导向性、稳定性和持久性，成为推动事物朝着正确方向发展的重要因素，表现为人们的价值信仰、信念、理想，以及价值原则和价值规范。而大气是一个人做人做事的风范、态度、气质、气度，是一个人综合素质向外散发的一种无形的力量。大气是纳百川、怀日月的气概，从容大方、自然天成、胸有成竹的气量，成熟宽厚、宁静和谐的气度。没有刻苦修炼、百炼成钢的意志，就难有大气；没有坚忍不拔、锲而不舍的毅力，就难有大气；没有雄厚的知识底蕴和高瞻远瞩的目光，

---

〔1〕 张丽秀：《以历史思维浇灌中华文化之花》，甘肃组工网，http://www.gszg.gov.cn/2022-09/09/c_112898 88639.htm。

就难有大气；没有藐视困难、敢打必胜的自信，就难有大气。

　　大气的价值观，不仅仅是一种道德准则，更是一个人或一个社会对待他人和世界的方式。大气的价值观涵盖了道德、伦理、责任感等方面，对于个人的成长和社会的和谐发展都具有重要意义。一个大气的人，不仅仅是指他的外表或社会地位，更重要的是他内心的修养和品德。大气的价值观使他能够以平和的心态对待他人，不轻易发怒，不轻易嫉妒，不轻易放弃。他能够宽容他人的过失，包容他人的不足，从而建立起良好的人际关系，受到他人的尊重和信任。大气的价值观对于社会的和谐发展也具有重要意义。一个大气的社会，是一个充满尊重、理解和包容的社会。在这样的社会中，人们能够和谐相处，互相帮助，共同进步。大气的人们能够在困难面前团结一致，共同克服困难，实现共同的目标。这种价值观能够促进社会的稳定和繁荣，使每个人都能够享受到和平与幸福。

　　中华民族独特、大气的价值观，强调个人对他人、社群甚至自然界所负有的责任，体现出强烈的责任意识。现代文明大气的价值观，摒弃对外军事扩张、殖民掠夺和意识形态输出的做法，倡导弘扬和平、发展、公平、正义、民主、自由的全人类共同价值，与各国合作共赢，为推进世界现代化进程提供了共同价值纽带、指引了正确价值方向。人类生活在同一个地球村里，越来越成为你中有我、我中有你的命运共同体，任何人、任何国家都无法独善其身。当今世界，百年变局加速演进，全球发展深层次矛盾更加突出，和平赤字、发展赤字、安全赤字、治理赤字加重，世界向何处去？我们怎么办？尽管各个民族、国家、地区的价值观是不同的，具有相应的地域性或民族性，但并不意味着这些价值观完全对立、水火不容。毋庸置疑的是，大家共同生活在唯一的地球家园里，利益交融，安危与共，存在一些事关共同体乃至世界整体的基本价值。各个民族、国家、地区的文化价值观既具有特殊性和差异性，又具有一定的共通性和普遍性。只要秉持开放、包容精神，就不存在什么文明冲突。我们要本着对人类前途命运高度负责的态度，做全人类共同价值的倡导者，以宽广的胸怀理解不同文明对价值内涵的认识，尊重不同国家人民对价值实现路径的探索，把全人类共同价值具体地、现实地体现到实现本国人民利益的实践中去。[1]

中国是一个有着 14 亿多人口、56 个民族的大国，改革开放以来，由于经济体制深刻变革，社会结构深刻变动，利益格局深刻调整，人们的价值诉求和价值取向呈现多样化，价值矛盾和价值冲突不可避免。置身当今世界百年未有之大变局，在世界思想文化交流交融交锋的形势下，面对改革开放以来"多元并存、互相竞争"的价值观图景，虽然在一定范围内不可避免地存在着信仰

---

〔1〕 吴向东:《习近平新时代中国特色社会主义思想蕴含的价值观》,《党建》2023 年第 8 期。

缺失、道德失守等现象，但是将兼收并蓄、大气的价值观"内化于心，外化于行"，就能转化为人们文明的情感认同和行为习惯，就能在尊重差异中强化社会认同，在包容多样中形成思想共识；就能使社会系统得以正常运转，社会秩序得以有效维护；就能帮助青少年扣好"人生的第一粒扣子"，培养能够担当民族复兴大任的时代新人；就能凝聚不同阶层、不同人群的意志，巩固全国各族人民团结奋斗的思想道德基础。[1]

在中华文化和中华价值观看来，个体不能离群索居，一定要在群体之中生存生活，其道德修为也要在社群生活中增进，大气价值观形成的社会基础也是基源于此。超出个体的最基本社群单位是家庭，扩大而为家族、社区以及各级行政范畴，如乡、县、市、省，直至国家。中华文化和中华价值观特别重视家庭价值，而家庭是个体向社会发展的第一个社群层级。中华文化和中华价值观强调个人价值不能高于社群价值，强调个人与群体的交融、个人对群体的义务，强调社群整体利益的重要性。我国古代思想家没有抽象地讨论社群，而是用"家""国""社稷""天下"等概念具体表达社群的意义和价值；"能群""保家""报国"等众多提法都明确体现社群安宁、和谐、繁荣的重要性，凸显个人对社群和社会的义务，强调社群和社会对个人的优先性和重要性。在表现形式上，

---

[1] 孙伟平：《中国与世界发展的价值遵循》，《中国社会科学报》2023年5月31日。

对社群和社会优先的强调还通过"公—私"的对立而得以体现：个人是私，家庭是公；家庭是私，国家是公；社群的公、国家社稷的公是更大的公，最大的公是天下的公道公平公益，故说"天下为公"。孟子讲君子"其自任以天下之重也"。从先秦的士君子到汉代的士大夫，都突出责任意识，强调个人对天下国家的责任。明代士人提出"家事国事天下事事事关心"，明清之际顾炎武提出"天下兴亡，匹夫有责"，清代林则徐提出"苟利国家生死以，岂因祸福避趋之"，都为人们所熟知，对大格局价值观的形成具有重要意义，对社会带来深远影响。

毫无疑问，中华优秀传统文化内在地从本体论上规定着中国式现代化的文化底蕴和价值追求，而中国式现代化也激活了中华优秀传统文化的精神基因，使其大气的价值观得以彰显。例如，中华优秀传统文化强调的"水则载舟，水则覆舟"等价值理念为我们这样一个人口规模巨大的国家实现现代化提供了传统文化启迪；"仓廪实而知礼节，衣食足而知荣辱"的道德规范为建设物质文明和精神文明相协调的现代化提供了传统文化基础；"道法自然"的生存理念为建设人与自然和谐共生的现代化提供了传统文化智慧；"为万世开太平"的大气天下情怀为走和平发展道路的现代化提供了传统文化支撑。[1]

---

〔1〕 王虎学：《中国式现代化蕴含的独特价值观》，《光明日报》2023年6月23日。

　　中国式现代化大气的价值观，也突出体现为坚持人民至上的根本立场和科学方法，本质性地彰显了在全面建设社会主义现代化国家、全面推进中华民族伟大复兴新征程上所特有的价值指向、价值目标和价值情怀。[1]中国式现代化以实现人自由而全面的发展为最终目标，追求人民至上的价值导向，让现代化更好回应人民各方面诉求和多层次需要。[2]梁漱溟认为，中国人大气的价值伦理特别强调义务感，这种义务感是开放的，从家庭可以放大到宗族、社区，再到郡县、国家、天下、宇宙。以义务为基本取向的德行不强调张扬个人权利，而主张努力承担对他人的义务、履行自己肩负的责任。这种义务取向特别表现为如何对待自己与他人的关系。在他看来，中国强调义务为主，尊重对方，"从个人本位出发则权利的观念多，从尊重对方的意思出发则义务的观念多"[3]。

　　总之，大气的价值观是当今社会中不可或缺的一部分。只有拥有大气的人和大气的社会，才能够实现和谐共处，共同进步，为中华文明的建设添砖加瓦，迎接更美好的未来。

---

〔1〕 包心鉴：《中国式现代化蕴含的价值观》，《学习时报》2023年5月3日。

〔2〕 张怡恬、何民捷、赵渊杰：《深入研究中国式现代化蕴含的世界观、价值观、历史观、文明观、民主观、生态观》，《人民日报》2023年3月27日，第9版。

〔3〕 陈来：《充分认识中华独特价值观——从中西比较认识中华独特价值观》，《人民日报》2015年3月4日，第7版。

四、磅礴的宇宙观

宇宙是一个神秘而又广阔的领域，人类对宇宙的探索始于古代，宇宙意识的产生是人类迈入社会历史进程的重要标志。在生产生活需要的推动下，先民逐渐开始有意识地规划自己的空间体系和时间体系，这意味着在宏大宇宙中人"自我"意识的觉醒和文明的萌芽。[1]宇宙观是一个深刻而复杂的问题，它涉及人类对宇宙和自然的认识，也涉及人类对自身的认识和理解。它不仅仅是哲学、宗教、科学等领域的问题，更是关乎人类整体的问题。人类的宇宙观在过去2000多年里发生了多次飞跃，它的发展历史就是一部在认识宇宙过程中人们不断质疑、不断试错的历史，是科学精神的生动体现。在宇宙观中，有一些重要的概念和观点，比如，宇宙的起源、结构、演化等。不同的文化和宗教，对这些问题的看法会有所不同。比如，基督教中神创造宇宙的观点；佛教中，诸行无常、诸法无我、涅槃寂静的观点；科学中，大爆炸理论、黑洞理论、相对论等。与此同时，宇宙中仍然存在着许多未解之谜，比如，暗物质、暗能量等，这些问题仍然困扰着人类。树立正确的宇宙观并不是要求掌握最新的宇宙学知识，而是要领悟到好奇心和质疑精神才是推动科学进步和理解宇宙演化的重要动力。磅礴宇宙观视域下，我们需要更深入地思考宇宙的奥秘，并且不断

---

〔1〕　隋云鹏：《从考古看中华先民的宇宙观》，《学习时报》2023年4月28日。

地努力去探索宇宙的未知领域。

宇宙的磅礴性体现在它所涉及的范围之广与程度之深。宇宙是一个包含着无数星系的庞大系统，它的广阔和复杂程度远远超出了人类的想象。在宇宙观的研究中，我们需要面对宇宙的无限性和绝对性，这对我们的认知能力提出了极大的挑战，对我们的思维方式和方法、情感和精神也提出了更高的要求。同时，宇宙的深度也是宇宙观研究的一个重要方面，它涉及宇宙的起源和演化等一系列问题，在这个过程中，我们需要不断地提出新的假说和理论，摒弃传统的观念和思维定式，接受新的科学理论和发现。同时，不断提高自己的情感和精神境界，不断开拓思维的边界，以便更好地理解和把握宇宙的奥秘。

中华传统宇宙观源远流长，反映了中国人民对世界与存在的认知，具有极为丰富的内涵，包括整体联系的宇宙认知观念、天人合一的生态和谐追求等。中国古代思想家强调整体思维，将整个世界视为一个有机联系的整体。《庄子》写道："之人也，之德也，将旁礴万物以为一。"《周易》中，对宇宙观的基本阐释就是阴阳相生，阴阳的出现产生了宇宙天地，阴阳之间的相互作用生成了万物。世界的生成不是孤立的，而是从天地起始层层演化，逐渐生成复杂的万物系统。中国人往往将天地宇宙连用，或者直接用"天"代表宇宙，人与宇宙的关系就成为天人关系。在中华传统宇宙观中，有着极为丰富的关于人和天地自然之间关系的论述。在宇宙的产生思想中，中国古人认为人是天地所生，是天地宇宙的一部分。"有天地然后有万物，有万物然后有男女"，天地万物生成有序，人类也是自然发展过程中的一部分。"天生烝民,有物有则"（《诗经·大雅·烝民》），"人以天地之气生，四时之法成"（《黄帝内经·素问》），"天地之塞,吾其体;天地之帅,吾其性"（《正蒙·乾称》）。人的生命本身、人的生命价值、人的生命法则等，都是上天所给予，人与天是物质和精神相连相通的整体。同时人作为宇宙之灵，又可以认识、把握乃至融入天地宇宙，实现天人合一。[1]

中华传统文化中的宇宙始终具有一种价值意蕴，对于宇宙的探索，关注的不仅仅是其本身的原理，更多的是其背后所蕴含的意义。天人合一首先是一个本体论问题，也就是说，人与整个宇宙是一个生命整体。天地人共居一域，其运行规则完全一致，于是便产生了"道"的范畴。"道"产生了天下万物，"天下万物生于有，有生于无""道生一,一生二,二生三,三生万物"的宇宙生成模式,以"道"为本原和发展动力，揭示了宇宙的发展规律。"道法自然"也是中华宇宙观内在的生存理念。中国古人认为，人的行为需要顺应客观的自然规律。《道德经》有言："人法地，地法天，天法道，道法自然。"这里的"自然"指的是自然而然或自身本然。老子认为世界的本原是道，万物的本然状态是最好的状态。

---

〔1〕 彭菊花:《天人合一的宇宙观及其时代价值》,《湖北大学学报(哲学社会科学版)》2023年第1期,第48—55页。

人在宇宙中将"道"作为效法的对象，仰观俯察天地万物，遵循天地万物中的规律，并以之作为人类的自律。[1]"道之尊也，德之贵也，夫莫之爵，而恒自然也"[2]，主张万物的生长发展要顺应自然规律，人也应该符合"道"的规律，才能生生不息，反之则走向毁灭。由此可以看出，中华民族形成天人合一的宇宙观，主张人与自然既是地位平等的个体，又相互影响、相辅相成。这种宇宙观所蕴含的意境和情感，是人类对自然的敬畏和对未来的向往。正是这种壮美和磅礴，激励着人们不断探索、不断创造，为人类文明的发展注入了无穷的动力。

磅礴的宇宙观，在今天具有重要价值。"苟日新，日日新，又日新。"历史的车轮滚滚而来，人类探索的脚步从未停止。古往今来，人们痴迷于未知的宇宙，共同憧憬着"飞天"梦想。从屈原的《天问》到翟志刚的太空漫步，从"夸父逐日"到天问一号在轨飞行，从"大鹏一日同风起，扶摇直上九万里"到嫦娥五号在月球背面成功着陆并顺利返回。一代又一代中华儿女，用顽强的毅力、执着的探索和不弃的梦想，寻觅日月星辰的奥秘。回望来时路，我们经历过磨难与荆棘，也看见过阳光与彩虹，中国老一辈航天人发扬"两弹一星"精神，默默奉献，为生活在神州大地上的人们铸造了一

---

[1] 杨晶：《中华传统宇宙观与科学社会主义价值观主张的高度契合性》，学习强国（云南学习平台），2023年5月24日。

[2] 杜伟民：《帛书〈老子〉解读》，文汇出版社，2013年，第16页。

个又一个"大国重器"。和大自然数亿年形成的地貌景观相比，再古老的事物，在广袤无尽的银河面前，都仿佛孩童般年轻。我们既是无限空间里的微尘，也是无限时间里的一瞬。宇宙足以承载所有的想象与思考，寄托全部的情绪和感伤，赋予人类一种超绝的勇气和莫大的释怀。伴随着人类航空航天技术的发展，推动人类文明进程的、关于世界观和格局的发展方向就是科学的进化论与磅礴的宇宙观，因而一定是不可阻挡的人类历史的发展潮流。

磅礴宇宙观建立在对人与天地万物一体同源的体悟之上，其中蕴含着人与自然万物共存共生的生命共同体意识，将天地万物视作同自己紧密相连的存在。不存在所谓绝对独立存在的客观自然，宇宙不是外在于人的"他者"。人与天地自然万物与宇宙是共存关系，相即相容、相互依存、和谐共生。在磅礴宇宙观指引下，人类按照宇宙规律活动，对宇宙心存敬畏，实现人与宇宙和谐共生，这为中国寻求永续发展之路提供了重要实践论启示。在广袤无垠、无边无际、无数无量的宇宙中，个体人只能合理地参与宇宙万物的演化发育之中，并以自己的力量促进宇宙和谐生长。中国人对于星辰的向往，古往今来，始终如一。赴九天，问苍穹，从叩问星辰到造访星辰，在人类未来的宇宙观中，留下中国人书写的篇章，实现我们的中国梦。

第四节　文明进步的精神特质

文明是人类社会特有的现象，是一定社会经济基础和上层建筑的综合体。中华民族在长期的生产实践中形成了具有中国特色的道德规范、精神品格和文化观念，并由此创造了灿若星辰的中华文明。中华文明的精神特质与发展形态是相互依存、相互促进的整体，两者的互动关系构成了中华文明数千年来从未中断的内在驱动力。

一、弘扬优秀传统的康庄大道

中华民族是世界上古老而伟大的民族，在 5000 多年不间断的文明史中积累形成了解决人与物、人与自然、人与自身、人与社会等关系问题的独特智慧，源远流长，丰富深刻，影响持久广泛。时至今日，我们依然可以触摸 5000 年前的良渚文化，辨识 3000 多年前的甲骨文，漫步 600 多岁的故宫。[1] 这些珍贵的文化遗产体现着中华文明的连续性、创新性、统一性、包容性、和平性。

中华文明体现着中华民族世世代代在生产生活中形成和传承的世界观、人生观、价值观、审美观等，其中最核心的内容已经成为中华民族最基本的文化基因，这些最基本的文化基因，是中

---

[1]《焦点访谈：康庄大道 守正创新铸心魂》，央视网，https://news.cnr.cn/native/gd/sz/20231006/t20231006_526441725.shtml。

华民族和中国人民在修齐治平、知常达变、开物成务、建功立业过程中逐渐形成的有别于其他民族的独特标识。中华优秀传统文化对中华文明形成并延续发展几千年而从未中断，对形成和维护中国团结统一的政治局面，对形成和巩固中国多民族和合一体的大家庭，对形成和丰富中华民族精神，对激励中华儿女维护民族独立、反抗外来侵略，对推动中国社会发展进步、促进中国社会利益和社会关系平衡等，都发挥了十分重要的作用。[1]

中国式现代化是一项前无古人的开创性事业，是亿万人民的共同事业。中国式现代化的五个特征，即中国式现代化是人口规模巨大的现代化，是全体人民共同富裕的现代化，是物质文明和精神文明相协调的现代化，是人与自然和谐共生的现代化，是走和平发展道路的现代化。这五个特征都有着深厚的优秀传统文化底蕴。比如，中华优秀传统文化强调的"政之所兴，在顺民心；政之所废，在逆民心"[2]等，为我们这样一个人口规模巨大的国家实现现代化提供了文化启示；中华优秀传统文化强调的"治国之道，富民为始"，为建设全体人民共同富裕的现代化提供了传统文化底蕴；中华优秀传统文化强调的"仓廪实而知礼节，衣食足而知荣辱"[3]等，为建设物质文明和精神文明相协调的现代化提供了传统

---

〔1〕 李锐：《为什么要弘扬中华优秀传统文化》，《光明日报》2019年3月28日。

〔2〕 黎翔凤：《管子校注》，中华书局，2004年，第13页。

〔3〕 〔汉〕司马迁：《史记》卷六二《管晏列传》，中华书局，2014年，第2132页。

文化基础；中华优秀传统文化强调的"斩伐养长，不失其时"[1]等，为建设人与自然和谐共生的现代化提供了传统文化智慧；中华优秀传统文化强调的"协和万邦"等，为建设走和平发展道路的现代化提供了传统文化支撑。[2]

优秀传统文化是一个国家、一个民族发展的根本，如果丢掉了，就割断了精神命脉。在新的历史时期，应深刻认识和准确把握中华优秀传统文化的丰厚底蕴，既不能盲目自大，厚古薄今，走入文化保守主义的误区；更不能自惭形秽，妄自菲薄，陷入抛弃传统、崇洋媚外的境地。对历史文化特别是先人传下来的道德规范，要坚持古为今用、推陈出新，有鉴别地加以对待，有扬弃地予以继承。全面深入了解中华文明的历史，读懂古老而伟大的中华民族何以生生不息，领悟源远流长的中华文明何以博大精深，从中华优秀传统文化中寻找创作的源头活水。把工匠精神贯穿内容生产全过程，不断挖掘中华优秀传统文化的哲学思想、人文精神、价值理念、道德规范，努力打造更多具有思想穿透力、文化影响力、艺术感染力的精品力作。[3]

传承和弘扬中华优秀传统文化既是增强文化自信、建设社会主义文化强国的应然之义，也是全面建设社会主义现代化国家、

---

〔1〕〔清〕王先谦：《荀子集解》，中华书局，1988年，第165页。

〔2〕 韩振峰：《中国式现代化的传统文化底蕴》，《经济日报》2023年5月10日。

〔3〕 余俊生：《高质高效传播弘扬中华优秀传统文化》，《人民日报》2023年11月1日，第9版。

推进实现中华民族伟大复兴的实践前提。[1]在新的历史起点上，我们应更好担负起传播、弘扬中华优秀传统文化的职责使命，不断扩大优质文化产品供给，要在深挖底蕴内涵、注重创新表达、紧扣时代脉搏上下功夫，更加生动地展现中华优秀传统文化的历史厚度、文明广度、精神高度和现实温度，更深层次地增强人们对中华优秀传统文化的认同感和归属感。

推动中华优秀传统文化创造性转化、创新性发展，需使其与现代社会相协调、与人们精神文化需求相契合，需要在创新表达形式上下功夫，以人们喜闻乐见的形式把中华优秀传统文化推广开来、传承下去。一方面，让表达形式和传播渠道跟上时代发展。适应群众的文化需求、审美情趣、生活习惯，通过文学、美术、音乐、电影等各种形式，运用报刊、电台、电视台、互联网等各种载体，借助文化馆、博物馆、群艺馆、美术馆等各种机构，大力弘扬中华优秀传统文化，有效吸引群众、感染群众，让群众在潜移默化中受到中华优秀传统文化的熏陶。另一方面，增强人民群众的参与感、认同感、获得感，营造有利于传承弘扬中华优秀传统文化的良好社会氛围。比如，面向基层、面向大众，深入实施中国传统节日振兴工程，加强礼仪教育，挖掘和整理家训家书，开展节俭养德全民行动等文化活动，让人民群众在实践中体悟中华优秀

---

〔1〕　杨玢:《传承和弘扬中华优秀传统文化的三重指向》,人民网－理论频道, http://theory.people.com.cn/n1/2023/0106/c40531-32601157.html。

传统文化，不断增强对中华优秀传统文化的认同感。[1]

没有中华优秀传统文化的继承与弘扬、转化与创新，中国式现代化与人类文明新形态便会黯然失色。中华民族伟大复兴固然要立足于本民族的历史发展，但从根本上说是一个国际视域下的目标追求，没有国际比较就失去了意义。[2]在"中国优秀传统文化同世界各国优秀文化一道造福人类"的壮阔实践中，中国智慧、中国理念在哲学、艺术、美学、宗教乃至法理、政治、道德等方面都绽放出令世界惊艳的一面。五年一届、被称为哲学界奥林匹克的世界哲学大会，自1900年以来一直由西方哲学唱独角戏。1987年，中国哲学家汤一介在加拿大蒙特利尔世界哲学大会分会场上指出，中国哲学的主题和精义是天人合一、知行合一、情景合一，分别与真善美相对应。2013年的雅典世界哲学大会上，中文不仅被作为永久性工作语言，清华大学陈来教授还第一次用汉语做了主题演讲。中国还获得了第24届世界哲学大会（2018年）的承办权。经历了创新性发展的中国哲学，已然在世界最高哲学舞台迎来自己的主场。如果说中国哲学在全球舞台的展现，让世界知道了"学术中的中国""理论中的中国"，那么在更加具有大众性的日常文化和文化消费层面，走向世界的中国元素则已经蔚为大观。

〔1〕 孙雷：《坚持创造性转化、创新性发展 传承弘扬中华优秀传统文化》，《人民日报》2021年2月18日，第1版。

〔2〕 杨凤城：《立足大历史观对待传统文化》，《北京日报》2024年1月29日。

　　推进中国故事和中国声音的全球化表达、区域化表达、分众化表达，增强国际传播的亲和力和实效性，让中华优秀传统文化的独特魅力和普遍价值得到更充分展现、更广泛认同。以传播媒介表达乡土中国视角，让纪录片《舌尖上的中国》在全球刮起了一阵中华美食旋风；以国际化视角展示中国哲学，让中英联合摄制的大型纪录片《孔子》在海外广获好评；以现代魔幻电影的魅力塑造中国英雄，让动画电影《西游记之大圣归来》创造了中国动画片海外销售纪录。同样，中华医药、中华烹饪、中华武术、中华典籍正以各种创新性的方式走近各国人民；中国戏曲、民乐、书法、国画，正以文化的方式向世界讲述中国故事。全方位、多层次、宽领域的中华文化传播格局的新模式下，中国智慧、中国资源和中国技艺，在实现"洋为中用"的同时，也通过"中为洋用"，彰显出中国"为人类作出新的更大的贡献"的大同情怀。[1]

　　中国传统文化之流浩浩汤汤，正走在中华民族伟大复兴的康庄大道上。康庄大道并不等于一马平川。当前，我国发展面临新的战略机遇、新的战略任务、新的战略阶段、新的战略要求、新的战略环境，推进中国式现代化我们具有无比光明的前景，同时也要准备经受风高浪急，甚至惊涛骇浪的风险挑战。要以"咬定青山不放松"的韧劲锚定战略目标，保持"乱云飞渡仍从容"的

---

〔1〕　关铭闻：《浚通中华文化的源头活水——党的十八大以来中华优秀传统文化传承发展述评》，《光明日报》2017年2月23日。

战略定力。[1]中华优秀传统文化传承发展的热潮，既彰显出民族文化与民族精神的持久凝聚力，也勾勒出中华文明赓续发展的光明前景。更重要的则是，它以一种无声却有力的方式，表达了中国从独特历史命运和文明历程中走出自己现代化道路的必然性，印证了当代国人在传统文化中取精用宏、固本开新的能力。

二、不惧挑战和勇于超越的奋斗精神

回顾中华民族文明史，夸父追日、女娲补天等神话所展示的无畏勇气，"天行健，君子以自强不息""苟日新，日日新，又日新"所表达的不懈追求，"穷则变，变则通，通则久"所体现的创新使命等，激励着中华民族迎接挑战、应对困局和破解难题。[2]中华民族历史上经历过很多磨难，但从来没有被压垮过，而是愈挫愈勇，不断在磨难中成长、从磨难中奋起。其中一个重要原因在于，中华民族具有不惧挑战、勇于超越的奋斗精神。中国人民自古就明白，世界上没有坐享其成的好事，要幸福就要奋斗，伟大奋斗精神是一种超越自我的自由体验。奋斗，自然不是一件容易的事，必须直面艰苦，但并不止于艰苦，奋斗指向更高远的目标和更美好的将来，指向成功，指向幸福。

---

〔1〕 沈若冲:《把中国式现代化的美好图景一步步变为现实》,人民网－观点频道, http://opinion.people.com.cn/n1/2024/0226/c223228-40183168.html。

〔2〕 夏文斌:《以无畏品格推动中华文明历久弥新 不惧新挑战 勇于接受新事物》,《人民日报》2023年7月24日,第9版。

伟大奋斗精神是诉诸改造世界的实干精神。中华文明历来讲求知行合一，"纸上得来终觉浅，绝知此事要躬行"谈的就是实践和实干的重要性。在物质层面，中华民族创造了一个又一个文明奇迹。比如，陶器、青铜器、铁器等的生产发明，体现着中华民族改造自然的智慧和勇气；耒耜、石犁、青铜犁、铁犁、直辕犁、曲辕犁的耕具更替，见证着农业技术的进步与生产力的提高；都江堰、坎儿井等伟大工程，是中华民族不屈服于恶劣自然条件的生动写照。[1]中国人民投身于艰苦卓绝的斗争，克服重重艰难险阻，实现了站起来、富起来到强起来的伟大飞跃，靠的就是伟大的实干精神。今天，我们要实现伟大中国梦，尤需敢于涉险滩、啃硬骨头的实干精神，不惧各种阻力，奋力扫清障碍、铺平前进道路，以早日实现人民期待的幸福美好生活为我们的奋斗主旨，以实干笃定前行。

奋斗精神让平凡人成就不凡，《列子·汤问·愚公移山》中愚公立志攻坚克难之坚韧执着的精神，不仅激励更多有志之士加入其中，更能感天动地。1945年，毛泽东解读愚公移山，指出中国共产党人决心要挖掉中国人民头上的两座大山：帝国主义和封建主义。"我们一定要坚持下去，一定要不断地工作，我们也会感动

---

[1] 夏文斌:《以无畏品格推动中华文明历久弥新 不惧新挑战 勇于接受新事物》,《人民日报》2023年7月24日,第9版。

上帝的。这个上帝不是别人，就是全中国的人民大众。"[1]中国人民正是靠着这种遇河架桥，遇山开路的坚韧和立志克服各种艰难困苦的执着，不畏艰辛与牺牲，胜不骄败不馁。[2]奋斗精神是一种积极向上的精神状态，无论顺境逆境，前行的步伐从不停止，因为内心的坚守，对未来美好前景的憧憬和笃定。一如周恩来在年少时就立下"为中华之崛起而读书"之宏愿并以毕生努力来诠释，展现其为国家和民族奋斗的伟大精神和责任担当。周恩来始终坚信中国的革命事业是正义的事业，是符合时代发展潮流和中国人民核心利益的崇高伟业，是与亿万中国人民日思夜盼的幸福生活关联在一起的光明事业，所以不畏艰难险阻，以奋斗精神谱写其光辉一生。

伟大奋斗精神是一种勇往直前的坚韧执着。通往成功的途中都有可能遇到艰险，艰险如一面镜子，照出弱者的怯懦和强者的坚韧。要干事业就难免会有牺牲，牺牲自己的时间、精力乃至生命，只为事业成功后更多人受益。一如塞罕坝建设者们将自己的青春与力量都撒播在治沙的坚守中，抗击新冠病毒时逆行的医务工作者为保卫更多人的安康将自己的生命与安全置于危险之中，革命年代无数中国人为取得中国革命成功不惜献出自己宝贵的生命。

---

〔1〕《〈愚公移山〉——毛泽东在中共第七次全国代表大会上的闭幕词》，摘自《毛泽东选集》第三卷，人民出版社，1991年，第1102页。

〔2〕 韩雪青：《新时代青年如何理解和把握伟大奋斗精神》，《光明日报》2020年5月19日。

新时代是奋斗新时代、建功新时代、兴业新时代。要树立奋斗志向，中华民族伟大复兴绝不是轻轻松松、敲锣打鼓就能实现的，而是离不开持之以恒、充满韧性的伟大奋斗，要有长期奋斗、艰苦奋斗、不懈奋斗的思想准备；要提升奋斗本领，注重增强适应新时代中国特色社会主义发展要求的本领，敢于走出舒适区，勇于超越自己，做到既政治过硬又本领高强；要保持奋斗姿态，要以功成不必在我的精神境界和功成必定有我的历史担当，在百舸争流中劈波斩浪，在千帆竞发中勇立潮头，以新担当新作为，开创中国特色社会主义更加美好的明天。

我国航天事业起步时，曾被讥笑"那么穷，还搞导弹"。中国航天从"两弹一星"的伟大事业中起步，"自力更生""艰苦奋斗"的精神信念，一开始就成为中国航天的底色。那时，我国经济基础薄弱、工业水平低下、物质条件艰苦、没有外援，同时还要面对西方国家的技术封锁，可谓困难重重。但面对困难阻碍，钱学森等第一代中国航天人满怀"科技强国"的信念，义无反顾地投身到祖国的航天事业中。无数的无名英雄，他们"以场为家，以苦为荣，死在戈壁滩，埋在青山头"。数以万计的科研工作者、解放军指战员、学生、干部、工人奔赴大西北的草原、荒滩。他们住帐篷、吃野菜，不计较个人得失，"宁肯饿肚子，也要挺直腰杆子"，为国家争一口气，为共和国的和平发展争抢一个有利的环境。

2020 年 6 月 23 日 9 时 43 分，北斗三号最后一颗全球组网卫星发射升空。一瞬间，云雾翻飞，一枚火箭带着人们无限美好的憧憬，伴随着无数人的目光，飞向了太空。这一刻，很多两鬓斑白的科研人员，红了眼睛。是什么让中国坚持20多年，投入大量人力物力建造北斗卫星系统？1993年，美国借口我国货船银河号向伊朗运送化学武器，利用他们对于GPS的控制权，关闭了银河号的GPS，使银河号彻底失去了方向。当时没有自主卫星导航系统的中国束手无策，银河号在公海待了整整33天，找不到方向。这是莫大的耻辱啊！自此，中国科技工作者立志要打破垄断，建造一个属于自己的卫星网络，让我们拥有自己的"眼睛"。1994年，北斗一号系统工程启动，直至今天，北斗卫星全部升空。中国从原先的花费巨资请他国帮忙发射卫星，到如今核心元器件百分百国产化，"连一颗螺丝钉都是我们自己的"，甚至能一年生产15颗卫星。

国外的科技封锁让我们意识到，不惧挑战，做到科技自力更生，才能真正独立自主，不受制于人。从4G时代开始，华为奋起直追，到了5G时代，华为终于领先。为了遏制华为的崛起和发展，一些国家出台政策，抵制华为。但他们对华为的惧怕正有力证明了中国在科技领域的崛起和超越！为应对制裁，华为"南泥湾计划"已提上日程。科大讯飞被列入了美国实体清单，禁止其与美国企业合作。但随后科大讯飞回应："已全面超越，不惧制裁。"这份自信是科技自主的自信，这份自信是实现科技强国后的昂首挺胸。

他国的制裁只会更坚定我们实现科技独立自主的信念。

世界上哪有一蹴而就的事情，唯有反复淬火才能百炼成钢；哪有平白无故的幸运，唯有经受磨砺才能收获良机。努力奋斗者，体现着永不言弃、百折不挠的意志力。这种力量源自信念，离不开"自信人生二百年，会当水击三千里"的勇气；贵在恒久，离不开"咬定青山不放松"的专注；难在坚持，离不开"千磨万击还坚劲"的顽强。[1]奋斗需要超越自我的淬炼。奋力拼搏方能实现可贵的自我超越。这种超越，是一种不惧挑战的勇毅，可谓"越是艰险越向前"；是一种战胜自我的奋起，"不用扬鞭自奋蹄"。历史与现实同时昭示我们：事业的成功，总是孕育在奋力搏击、敢于奋斗的征途上。

三、守望相助形成万众一心的力量

中国人民始终团结一心、同舟共济，建立了统一的多民族国家，形成了守望相助的中华民族大家庭，也孕育了团结奋斗的伟大精神。中华文明中蕴含的"二人同心，其利断金""上下同欲者胜""人心齐泰山移""天时不如地利，地利不如人和"等朴素道理，体现着中华民族自强不息、团结奋斗的思想观念、价值取向、精神风貌和社会风尚。[2]乡土中国绵延数千年的生活方式，不仅塑造了中

---

〔1〕 马祖云：《拼搏是最美的人生状态》，《人民日报》2022年2月17日，第4版。
〔2〕 魏梦璐：《从中华优秀传统文化中汲取立德树人的智慧》，《浙江日报》2024年1月29日。

华民族共同的价值基础，也在时间的积淀下形成了民族的"集体人格"——万众一心。"千人同心，则得千人之力；万人异心，则无一人之用。"[1]一个民族，人口再多，如果拧不成一股绳，就无法称其为强大；一个国家，疆域再大，如果是一盘散沙，都难以被视为大国。历史从正反两方面反复证明一个道理，团结才有力量，内讧必然衰败。

"守望相助"，出自《孟子·滕文公上》："死徙无出乡，乡田同井。出入相友，守望相助。疾病相扶持，则百姓亲睦。"守：防守；望：瞭望。指邻近的村寨为了防御外来的侵害，协同看守瞭望，遇事互相援助。乡里之间，互相帮衬，使彼此亲近和睦。守望相助后来成为一个成语，在语义演变中，引申为邻里和睦、同舟共济、共同应对挑战、互相关爱和帮助之意。这是一股在中国历史文明长河中澎湃不已的文化脉动。中国人民是具有伟大团结精神的人民。同舟共济、万众一心，是中华民族一以贯之的文化基因。"积力之所举，则无不胜也。"守望相助的精神力量，来自亿万人民聚沙成塔、握指成拳的爱国之志，彰显了中华民族风雨同舟、患难与共的家国情怀。

我国周边外交的基本方针，也是坚持守望相助，突出体现亲、诚、惠、容的理念。讲平等、重感情；常见面，多走动；多做得

---

[1] 何宁：《淮南子集释》，中华书局，1998年，第1071页。

人心、暖人心的事，使周边国家对我们更友善、更亲近、更认同、更支持，增强亲和力、感召力、影响力。诚心诚意对待周边国家，争取更多朋友和伙伴。本着互惠互利的原则同周边国家开展合作，编织更加紧密的共同利益网络，把双方利益融合提升到更高水平，让周边国家得益于我国发展，使我国也从周边国家共同发展中获得裨益和助力。这些理念，首先我们自己要身体力行，使之成为地区国家遵循和秉持的共同理念和行为准则。当下的中国，人民的自信心、凝聚力空前增强。在一如既往努力办好国内事情的同时，中国必将继续在力所能及范围内对其他国家和国际组织提供必要的人道主义援助，以守望相助形成万众一心的力量，创造人类更加美好的共同生活。

中华民族是守望相助的大家庭，长久以来，我国各族人民胼手胝足、披荆斩棘，在推进各民族守望相助、培育中华民族共同体意识层面都留下了显著的成就，形成了追求团结统一的民族精神，铸就了各民族团结进步的辉煌事业。有学者曾总结，和与合，是中国文化精神之元。前者意味着尊重包容、求同存异，后者则意味着齐心协力、同向而行。这两者，共同构成了"中国之为中国"的深层文化心理结构。从"二人同心，其利断金"的朴素智慧，到"万人操弓，共射一招，招无不中"的金玉良言，再到"一箭易断，十箭难折"的谆谆教诲[1]，正是这种民族精神，让中国文化在与周边各地区、各文化的交流对话中，成为"一个有着强大向心力的旋涡"；让中华民族在交织交融中，共同缔造了统一多民族国家，形成了"多元一体格局"。

2020 年，也是人类历史上规模最大、力度最强的脱贫攻坚战迎来收官时刻，我国向深度贫困堡垒发起总攻，啃下了最难啃的"硬骨头"，如期完成了新时代脱贫攻坚目标任务，解决绝对贫困问题取得历史性成就。历经 8 年，现行标准下近 1 亿贫困人口实现脱贫，全国 832 个贫困县全部摘帽，兑现了党和政府向人民的郑重承诺，也为实现第一个百年奋斗目标打下坚实基础。这一令全世界刮目相看的重大胜利，是我国社会主义制度的政治优势的有力体现，是中国各族人民万众一心、同甘共苦的团结伟力的生动展示。[2]

四、兼收并蓄的求同存异胸怀

中华文明是兼容并包、多姿多彩的人类文明。历来以"天无私覆，地无私载，日月无私照"[3]为理念，展现出海纳百川、有容乃大的胸襟。这就从根本上决定了中华民族交往交流交融的历史取向，决定了中国各宗教信仰多元并存的和谐格局，决定了中华

[1] 陈凌：《守望相助的力量无坚不摧——激发新时代的民族精神伟力》，《人民日报》2018 年 3 月 29 日，第 5 版。

[2] 周珊珊：《万众一心、同甘共苦的团结伟力的生动展示》，《人民日报》2021 年 1 月 5 日，第 5 版。

[3] 胡平生、张萌译注：《礼记》，中华书局，2022 年，第 2013 页。

文化对世界文明兼收并蓄的求同存异胸怀。

中华文明自古就以开放包容闻名于世，在未间断的文明传承中兼收并蓄、创新升华。在"求同"、重"和"的基础上"存异"，以开放性促进事物之间的相济相生。韩愈在《进学解》中讲："玉札丹砂，赤箭青芝，牛溲马勃，败鼓之皮，俱收并蓄，待用无遗者，医师之良也。"[1]这是说高明的医师会把不同类型的东西都收存起来以备不时之需，兼而有之、兼容并包之意。兼收并蓄也是一种胸怀，体现在文明上就是保持开放心态，积极借鉴人类文明一切优秀成果，博采众长，为我所用。[2]集千古之智，纳四海之慧。展开历史长卷，从赵武灵王胡服骑射，到北魏孝文帝汉化改革；从"洛阳家家学胡乐"到"万里羌人尽汉歌"；从边疆民族习用"上衣下裳""雅歌儒服"，到中原盛行"上衣下裤"、胡衣胡帽，以及今天随处可见的舞狮、胡琴、旗袍等，我国各民族在文化上相互尊重、相互欣赏，相互学习、相互借鉴，共同创造了丰富灿烂的中华文化。[3]

中华文明具有兼收并蓄的求同存异胸怀，有着深刻的历史原因。古代中国有超大规模的人口与地域，经济发展水平长期领先，与其他国家和地区经贸往来频繁，最突出的就是形成了陆上丝绸之路与

---

〔1〕　马其昶校注：《韩昌黎文集校注》，上海古籍出版社，2018年，第146页。

〔2〕　冯颜利：《博大精深 历久弥新 中华文化具有兼收并蓄的开放胸怀》，《人民日报》2023年8月7日，第9版。

〔3〕　本报评论部：《展现"包容性"，保持兼收并蓄的开放胸怀(人民观点)——深刻把握中华文明的突出特性⑤》，《人民日报》2023年6月19日，第5版。

海上丝绸之路。这些经贸往来，不仅促进了经济繁荣，也带来了中国与其他国家科技、文化、艺术的交流交融。中国人以天下看待世界，认为天下理应一家。古代经世致用的思想，倡导"知行合一、躬行为务"，反对空谈，主张解决实际问题。因此，对社会发展有利、对民生改善有效的方法和手段都可以学习，可以拿来为我所用。这样就形成一种致用为上、积极进取的心态。当人们接触到国外优秀文化、制度、艺术时，就更加愿意去学习借鉴。

对世界不同文明兼收并蓄，为文化发展不断注入活水，是成就中华文明绵延不断的重要原因之一。如佛教在中国长期演化，儒释道三教合流，给中国人的宗教信仰、哲学观念、文学艺术、礼仪习俗等留下深刻影响。明代徐光启与来到中国的西方学者利玛窦共同翻译《几何原本》，被认为是西方科学传入中国的象征之一。明清时期，一批精通儒释道的伊斯兰学者，将伊斯兰文化与儒家文化结合，对促进伊斯兰教中国化产生了深远影响。中华文明始终在兼收并蓄中历久弥新，不仅为中华民族提供了丰厚滋养，而且为世界文明贡献了华彩篇章。

兼收并蓄的求同存异胸怀，是一种宽广包容的心态，是一种超越差异、寻求共同点的理念。在当今社会，人们之间的差异性越来越明显，不同的文化、宗教、价值观念在碰撞中产生冲突，而兼收并蓄的求同存异胸怀是一种解决这些冲突的有效途径。多元乃繁荣之奥秘。一个社会越是向前发展，就越需要多样的个性表达，越需要整合各种意见形成统一意志的能力。以包容心对待不同声音，在"存异"中"求同"，我们的社会就不会成为"一袋各不相干的马铃薯"，而会在思想的交流碰撞中不断凝聚、升华。[1]求同存异的目的就是"把一切能够联合的都联合起来"，把各方面社会成员的力量凝聚起来，围绕一个目标共同奋斗。例如，在抗日战争时期，中国共产党为了实现团结抗战，对国民党暂时妥协，求同存异，建立了抗日民族统一战线，为战胜日本帝国主义奠定了基础。又如，在社会主义制度建立时期，对民族资产阶级采取求同存异的政策原则，保留定息、维持其生活方式不变，转化了消极因素，顺利完成对资本主义的社会主义改造。在处理民族关系中，充分尊重少数民族的政治权利、语言文字、生活习俗和利益要求，最大限度地尊重差异性，贯彻实行民族平等政策，制定民族区域自治制度，确立了平等团结互助的社会主义民族关系，从而增强了民族之间的和睦团结，维护了国家统一。[2]

在全球化的今天，各种文化之间的交流日益频繁，而兼收并蓄的态度能够让人们更加开放地接纳和尊重他人的文化差异，从而促进文化之间的相互理解与融合。只有在尊重差异的基础上，不同文化才能够和谐共存，实现共同发展。兼收并蓄的求同存异胸怀有助于化解社会矛盾与冲突，也能够带来个人的成长与进步。

---

〔1〕　本报评论部：《以包容心对待"异质思维"》，《人民日报》2011年4月28日，第14版。
〔2〕　周宁：《努力求同　善于存异》，《人民日报》2013年8月21日，第20版。

包容就是一种兼收并蓄的求同存异胸怀！每个人都有自己的思考方式，但是即使思维方式有别，我们还是可以同席而坐。任何人都有自己对人生的看法和体会，若是我们能够尊重他们的知识和体验，就能够一团和气。若是我们能够体悟到各自互异的本质，那么便会对彼此的互异成趣感到快乐，并且在接触不同文化、不同观念的过程中，不断地开阔自己的视野，拓展自己的思维，从而提高自己的综合素质和能力。只有在不断学习和接受新事物的过程中，才能够不断完善自己，实现个人的成长与进步。

总之，兼收并蓄的求同存异胸怀是一种宝贵的品质，它能够促进文化交流与融合，化解社会矛盾与冲突，促进个人的成长与进步。在当今多元化的社会中，我们应该树立开放包容的态度，尊重他人的差异，寻求共同点，共同推动社会的发展与进步。继续保持兼收并蓄的开放胸怀，不忘本来、吸收外来、面向未来，立时代之潮头、发时代之先声，我们一定能不断创造中华文化新的辉煌，建设中华民族现代文明，推动建设更加美好的世界。以博大的开放胸怀汲取先进养分，以宽广的人类情怀拓展无限的发展空间，由此必将推动中华文明在兼收并蓄中历久弥新，重铸辉煌！

保持兼收并蓄的求同存异胸怀，既是全人类共同价值的题中应有之义，也是造福人类命运共同体的必由之路。"求同"和"存异"是构建人类命运共同体的题中应有之义。中国始终倡导，国际社会要从伙伴关系、安全格局、经济发展、文明交流、生态建设等方面作出努力，要坚持对话协商，建设一个持久和平的世界；要坚持共建共享，建设一个普遍安全的世界；要坚持合作共赢，建设一个共同繁荣的世界；要坚持交流互鉴，建设一个开放包容的世界；要坚持绿色低碳，建设一个清洁美丽的世界。[1]只有如此，人类命运共同体才能最大限度地凝聚所有国际社会成员的共识，团结每个成员的力量，推动人类文明不断进步。

五、交流互鉴的和平性品质

中华文明中对于和平的热爱和追求，源远流长。《淮南子》中有这样的记载："昔者，夏鲧作三仞之城，诸侯背之，海外有狡心。禹知天下之叛也，乃坏城平池，散财物，焚甲兵，施之以德，海外宾伏，四夷纳职，合诸侯于涂山，执玉帛者万国。"这个故事所表达的是，中国人对治国理政者的政治智慧和政治能力的最高评价：化干戈为玉帛，止兵戎致和平。《左传》中也记载了一则中国古人对于战争与和平关系的深刻认识——"止戈为武"。意思是说，"武"并不意味着征伐占领、耀武扬威，"武"的真精神是结束战争、迎来和平。中华民族之所以数千年来坚定不移地热爱和追求和平，是因为富有智慧的中国人很早就明白了一个朴素而深刻的道理：和平是国泰民安的基石，和平是发展繁荣的前提。[2]

---

〔1〕　路磊：《求同存异实现全人类共同价值》，《中国教育报》2022年1月6日。
〔2〕　田嵩燕：《中华文明交流互鉴的和平性》，《学习时报》2023年6月30日。

交流互鉴，是指不同文化、民族、国家之间在各个领域展开交流和学习的过程。这种交流不仅有利于增进彼此之间的了解和友谊，更能够促进和平与发展。在当今世界，各种文化之间的交流互鉴已经成为一种必然趋势，对于维护世界和平与稳定起着重要作用。中华文明具有突出的和平性，从根本上决定了中国不断追求文明交流互鉴而不搞文化霸权。中国始终是世界和平的建设者、全球发展的贡献者、国际秩序的维护者，决不会把自己的价值观念与政治体制强加于人，中国坚持合作、不搞对抗，不搞"党同伐异"的小圈子。在人类文明发展中，尽管出现过和存在着不同文明之间的冲突，但多样文明间的平等交流始终是不可阻挡的历史潮流，人类文明发展史本质上就是一部不同文明之间交流交融、互学互鉴的历史。中华文明为人类的发展和世界文明的进步贡献了中国智慧、中国方案、中国力量。新时代新征程，要传承弘扬各美其美、美美与共的文化传统，秉承天下情怀，跨越单边主义、霸权主义，在推动人类文明交流互鉴、不断汲取世界其他文明精华中，推动中华民族现代文明建设不断走向深入。[1]

推进文明交流互鉴是构建人类文明发展健康生态的必然要求。文明交流不是以独尊某一种文明或者贬损某一种文明为前提，更不是一种制度替代另一种制度、一种文明替代另一种文明。而是

〔1〕 张凤莲：《深入推进中华民族现代文明建设》，《光明日报》2023年10月27日。

坚持弘扬平等、互鉴、对话、包容的文明观，以文明交流超越文明隔阂，以文明互鉴超越文明冲突，以文明共存超越文明优越，推动构建人类命运共同体。在漫长的历史长河中，人类创造和发展了多姿多彩的文明。中国在公元前100多年，张骞通西域开辟了历史上的丝绸之路，向西打开了中国与外部世界交流的大门。唐代中国通使交好的国家达70多个，玄奘赴天竺取经，推动了印度佛教经典在中国的译介和传播。鉴真东渡日本，将唐朝的先进文化传至东瀛。明代著名航海家郑和七次远洋航海，促进了中外贸易流通和文化交流。明末清初积极学习借鉴西方的现代科学技术。

世界上有200多个国家和地区、2500多个民族、多种宗教。不同历史和国情，不同民族和习俗，孕育了各式各样的文明。众多文明，彼此交相辉映、相得益彰。文明韵味各不相同、文明样式丰富多彩。多样性是人类文明的魅力所在，更是世界发展的活力和动力之源。"万物并育而不相害，道并行而不相悖。"[1]文明的繁盛、人类的进步，离不开求同存异、开放包容，离不开文明交流、互学互鉴。历史呼唤着人类文明同放异彩，不同文明应该和谐共生、相得益彰，共同为人类发展进步提供精神力量。"一花独放不是春，百花齐放春满园"，坚持世界是丰富多彩的、文明是多样的理念，让人类创造的各种文明交相辉映，编织出斑斓绚丽的图画，

---

〔1〕〔宋〕朱熹：《四书章句集注》，中华书局，2012年，第38页。

共同消除现实生活中的文化壁垒，共同抵制妨碍人类心灵互动的观念纠缪，共同打破阻碍人类交往的精神隔阂，才能让各种文明和谐共存，让人人享有文化滋养。[1]

交流互鉴促进文化多样性的繁荣。通过与不同文化的交流学习，人们可以了解到不同文化的价值观念、传统习俗和生活方式，从而增进彼此之间的理解和尊重。这种文化多样性的繁荣有助于打破文化隔阂，减少误解和偏见，促进世界各国之间的友好合作，也有助于促进经济的繁荣与发展。不同国家之间的经济交流可以促进资源的共享和优势互补，推动世界经济的全球化和一体化发展。通过经济交流，各国可以共同应对全球性挑战，实现共同繁荣与发展。这种经济互鉴不仅有利于提升各国人民的生活水平，更能够促进世界和平与稳定。此外，交流互鉴还可以促进科技创新与发展。不同国家之间的科技交流可以促进科技成果的共享和交流，推动科技创新与发展。通过科技交流，各国可以共同应对全球性挑战，实现科技进步与发展。这种科技互鉴不仅有利于提升各国的科技水平，更能够促进世界和平与稳定。

交流互鉴要讲好中华文明故事。要立足中国实际，讲好中华文明故事，讲清楚中华文明是什么样的文明、中国是什么样的国家，讲清楚中华民族的宇宙观、天下观、社会观、道德观，展现

---

[1] 王德军:《交流互鉴是文明发展的本质要求》,《深圳特区报》2023年6月6日。

中华文明的悠久历史和深厚底蕴，让世界读懂中国、读懂中华民族、读懂中华文明。创新中华文化国际传播的话语体系，精准提炼中国议题话题，着力打造融通中外的新概念新范畴新表述；创新中华文化国际传播的手段，坚持以先进技术为支撑，加快推动传统媒体和新兴媒体优势互补、一体发展，积极构建分众化、差异化的传播格局，有效拓展传播平台渠道，努力推进海外合作和本土化建设，有效提升和拓展中国声音的国际传播影响力；发扬历史主动精神，主动地回应国际社会关切，在重大问题和热点问题面前敢于亮剑、善于发声，积极展现中国的大国情怀和责任担当。[1]

近年来，随着共建"一带一路"机制的提出并在国际社会广泛推进，"丝绸之路"一词也更为世人所知。实际上，共建"一带一路"机制的文化根基在于历史上的丝绸之路对文明交流互鉴和商品互通有无所留下的强烈而鲜明的时空印记。[2]丝绸之路受到各国重视的原因：第一，丝绸之路作为贯通亚欧的大动脉，是世界史发展的中心。它把欧亚大陆各地区加以连接并使之相互依存地发展起来，起到了犹如人体动脉那样的作用。第二，丝绸之路是世界主要文化的母胎。尤其是在这条路的末端部分曾经产生了美索不达米亚文明、埃及文明、花剌子模文明、印度河文明、中国文明等许多古代文明。自古以来还出现了祆教、基督教、佛教、

〔1〕 张凤莲：《在深化交流互鉴中推动人类文明不断进步》，《学习时报》2022年12月26日。
〔2〕 张志洲：《文明交流互鉴与全球秩序的重塑》，《当代世界》2023年第4期，第29—35页。

摩尼教、伊斯兰教等宗教。这些宗教向东西方传播并给予各地的人类文化以极大影响。第三，丝绸之路是东西文明的桥梁。出现在丝绸之路各地的文化，依靠商队传播至东西各地，同时接受着各种不同的文化，促进了各地的文明发展。[1]丝绸之路是东西文化交流的动脉，这充分说明了丝绸之路在人类文明交流互鉴中的作用及其对现代国际秩序构建的影响。

文明因交流而多彩，文明因互鉴而丰富。文明交流互鉴，是中华文明几千年连续发展的重要动力，也是推动人类文明进步和世界和平发展的重要动力。深刻把握中华文明突出的和平性，深入理解中华文明同其他文明交流的历史传统，对于建设中华民族现代文明、促进世界和平发展具有重要意义。[2]我们要通过深化人文交流消除隔阂与误解、促进民心相通，推动构建全球文明对话合作网络，丰富交流内容，拓展合作渠道，努力架起人与人之间情感沟通的桥梁，拉紧国与国之间加深理解和信任的纽带，共同建设一个开放包容的世界。[3]

〔1〕 引自〔日〕长泽和俊：《丝绸之路史研究》，钟美珠译，天津古籍出版社，1990年，第3页。

〔2〕 邢丽菊：《历久弥新 绵延不断 中华文明在交流互鉴中繁荣发展》，《人民日报》2023年8月14日，第9版。

〔3〕 冯颜利：《博大精深 历久弥新 中华文化具有兼收并蓄的开放胸怀》，《人民日报》2023年8月7日，第9版。

第二章
中华文明发展的新型业态

中华现代文明的内涵极其丰富。从大的范畴来看，当代中国共产党领导人民所进行的一切创造，包括物质文明、政治文明、精神文明、社会文明、生态文明和党的政治文化、军事思想、外交思想等，都属于中华现代文明。从实践的角度看，中华文明建设，必须以文化创新和文明进步为先导和基础，它不是对传统中华文明简单继承或者否定，而是以马克思主义为指导，坚守中华文化立场，立足当代中国现实，结合当今时代条件，努力构建新的知识体系、价值理念、道德规范，形成新的关于国家发展的指导思想、理论体系、制度体系，创造新的科技发明和社会生产力，建设新的文化内容和样式，形成新的社会生活和文化条件等。

第一节　乡村与城市统筹的发展形式

着力做好乡村振兴、弘扬核心价值观，彰显"绿水青山就是金山银山"的新魅力，这是在广袤的农村土地上打造文明必须坚持的理念。为此，通过实施富民政策、传播主流价值观，实现乡村与城市的统筹发展、人与自然和谐共生，形成田园乡村与现代城镇各具特色、交相辉映的城乡发展的文明形态。

一、乡村振兴的富民国策

中国共产党一贯重视农业、农村问题。新中国成立后，党和政府在农村先后多次调整生产关系，大都促进了经济的发展。虽然我国农业农村发展取得了历史性成就、发生了历史性变革，然而总体来说，我国地域广阔，乡村分布广泛，资源禀赋、产业基础、发展程度等因素复杂，资源的稀缺性和趋利性，导致资源与效益的冲突，农民收入水平相对较低和农村发展相对落后的情况依然存在；在实现共同富裕的新征程中，短板弱项仍集中在农民农村。全面建设社会主义现代化国家，实现共同富裕，最艰巨最繁重的任务在农村。中国地域广大，乡村人口众多，"三农"既是我国数千年执政的中心思想，也是实现民族振兴的重要课题。因此，农村是实现共同富裕目标的关键和难点，探究乡村振兴与共同富裕的内在逻辑及理论议题具有必要性。

中共十一届三中全会以后，以邓小平为核心的第二代中央领导集体制定立国之本，把经济建设摆在首位，其目的在于强国富民。这不仅为党和国家的大政方针指明了方向，而且在一整套循序渐进、切实可行的富民政策付诸实践的过程中，形成了带领广大人民群众勤劳致富、共同富裕的战略思想。2017 年 12 月中央农村工作会议首次提出乡村振兴理念，主张在城乡一体化建设中优先农业农村发展，让农业成为有奔头的产业，让农民成为有吸引力的职业，让农村成为安居乐业的美丽家园。换句话说就是，农业产业化、农民职业化、农村生态化，加上乡村现代化，就是现代中国乡村"新四化"。

乡村振兴国策的总体要求，就是"产业兴旺、生态宜居、乡风文明、治理有效、生活富裕"20个字，标志着中国式现代化的乡村振兴进入新阶段，在下大力气培育内生动力的同时，要为乡村振兴提供更多反哺和外力支持，通过经济形态、社会文化、社会治理等多个层面的转型向城乡融合和一体化发展，从根本上改变城乡二元结构和治理体制，走出了一条自发城镇化的发展道路。因此，乡村振兴已不再是在乡村原有基础上的升级改善，而是要在乡村全面启动"产业振兴、人才振兴、文化振兴、生态振兴、组织振兴"的实施路径，使乡村具备产业自我成长内生动力，切实解决发展不平衡和不充分问题，弥补乡村振兴的不足，推进产业、人才、文化、生态和组织的全方位发展，让城乡居民享受平等的发展机遇和公平的发展环境，在新时代创造性地建设社会主义新乡村。

乡村振兴，必须以农村精神文明建设和乡村文化建设为前提。从2018年到2024年的中央一号文件，都对此提出了目标要求，给出了任务指示。自乡村振兴战略实施以来，党中央先后提出"文明乡村""和美乡村"的建设发展目标。虽说不同时期、不同阶段的目标侧重点各异，但贯穿其中不变的是"乡风文明"的目标追求。由此可见乡风文明建设在乡村振兴战略中的重要地位和作用。

乡风文明在乡村振兴战略总要求中居于重要地位，它推动农村物质文明和精神文明建设的双维互动发展，也为乡村振兴战略的施行营造健康文明、和谐美丽的乡村社会氛围，构成乡村振兴的"灵魂"。乡风文明蕴含丰富的文化内涵和健康的风气习俗，坚持培育和践行社会主义核心价值观，以先进文化引领乡村文化的前进方向，从根本上提高农民群众的思想道德素质，推进农村精神文明建设高质量发展，是乡村振兴战略中最基本、最深沉、最持久的力量。乡风文明的价值力量深深内嵌至乡村振兴战略的实施全过程，为振兴乡村奠定坚实的思想基础，积聚深厚的文化力量，提供重要的精神保障。[1]

道德建设与公共文化是乡村振兴战略中的重要内容，是重振乡风文明的重要举措。乡风文明囊括了农民的个体思想重塑、道德理念重建、行为操守的规范，以及人与人、人与自然、人与社会之间的耦合关系梳理。从农村现代化发展进程来看，当前我国农村在"人"的现代化上还面临主体意识、理想信念、精神文化等领域的挑战。从市场经济的负面效应来看，受到市场经济及各种不良思潮的冲击，传统乡村秩序式微，社会伦理规范弱化，乡村文明的保护和传承面临危机。从乡村文化面临的断代性风险来看，乡村文化的"空心化"间接导致了乡村社会的文化断层、价值危机和秩序失衡，这给乡村文化传承与治理带来了巨大冲击。有知识、有文化、有见识的农村青年群体大多数都进城，留守农

〔1〕 白萍、王幸媛：《乡村振兴战略下乡风文明建设：价值意蕴、实践难题与优化进路》，《四川轻化工大学学报(社会科学版)》2023年第5期，第29—40页。

村的多为年长者，他们文化知识水平较低，观念有待更新。因此，要以社会主义核心价值观为根本，将乡村公序良俗营造的准则融入农民生产、生活的各个层面，由内到外，内化农民的精神追求，外化农民的主观践行力。在实施乡村振兴的各个阶段，积极利用乡村媒体资源，发挥其功能价值，大力褒奖宣扬农民个人的高尚行为、基层村干部勤奋踏实的工作态度、党员身先力行的牺牲精神等，以"听""看""讲""动"等方式，于细微处传文明，于默化中行文明，将文明融入各个维度。

乡村振兴的富民国策，体现了全党工作的重中之重就是要解决好"三农"问题，把脱贫攻坚作为全面建成小康社会的标志性工程，组织推进人类历史上规模空前、力度最大、惠及人口最多的脱贫攻坚战，启动实施乡村振兴战略，推动农业农村取得历史性成就、发生历史性变革。乡村振兴的根本就是从产业、生态、风气、文化、治理、脱贫、人才等多方面攻克，尽早解决"三农"问题，实现人民的共同富裕。其中优秀传统文化的弘扬与传承便属于文化环节的重要内容，既要对传统文化进行梳理，又要在这一基础上提炼创新，使之与新农村、新农民的乡风文明更为契合，加速城乡融合，实现文明风气一体化，以文化作为乡村振兴战略计划的精神要领。这一环节也是对不文明乡风的肃清和对文明乡风的弘扬。

乡村振兴富民国策的实施，使乡村百姓仓廪实而知礼节，乡风文明蔚为大观。在许多农村，发展生产变成了产业兴旺，村容整洁变成了生态宜居，管理民主变成了治理有效。这就意味着：第一，广大乡村正在逐步实现经济长期、稳定、快速发展；第二，乡村治理的基本模式正在脱颖而出，推进了乡村建设高品质发展，促进了城乡统筹发展，让城乡居民享受平等的发展机遇和公平的发展环境；第三，乡村振兴的不足正在得到弥补，发展不平衡和不充分问题正在得到有效解决，从而切实推进了产业、人才、文化、生态和组织的全方位发展。

农民农村共同富裕是乡村振兴战略的行动指引和根本所在，乡村振兴和实现共同富裕始终是今后一段时间中华文明建设的重点，正确理解两者的内在联系，是促进社会和谐发展的重要前提。实现乡村振兴和共同富裕，一是要解决城乡差距问题，实现城乡协调发展，主要是促进城市更多的生产要素流向农村地区，提升农村地区的发展活力和发展机会。二是要缩小区域之间的差距，实现东中西部平衡发展，重点是推动中西部农村地区快速发展。加大对中西部地区农村产业支持力度，立足当地资源状况，发展具有当地特色的产业。三是要缩小农村内部人群之间的收入和生活质量差距，实现发展成果人人共享，重点是构建针对弱势群体的帮扶措施和制定合理的收入分配机制。农村弱势群体主要有老年人、残疾人、大病病人、儿童和城镇中工作不稳定的农村流动人口。"加强和完善城镇居民最低生活保障制度，并且抓好开发式扶贫，解决城乡生产、生活困难的群众的实际问题，把工作做到千家万户。这些非常明确而具体的社会安全网构建举措，充分地体现了党和国家对人民的高度负责精神。"[1]

共同富裕是一个复杂的系统工程，是一个多维度、多层次、全社会、中长期的动态目标，它正在不断满足人民群众日益增长的经济、政治、文化需求，创造人民的幸福生活和美好未来。落实富民战略，广大人民群众的生活将更加殷实。

二、回归本源的新农村礼堂

农民群众是中华文明建设的参与者，社会主义核心价值观的践行者，也是中华文明建设成果的受益者。越是急剧变化的时代，越需要发挥核心价值观的支撑和引领作用，实现"物质富裕了，精神更要富有"。富裕起来的农民群众在享受了经济发展的成果之后，精神文化生活、思想道德建设等层面的需求日益增长。乡村公共文化建设是乡风文明延续的内动力，也是农民满足感和幸福感提升的关键。

经济强省浙江省自 2013 年起，在全省农村地区把建设农村文化礼堂列为乡村文明建设的重要载体。中共浙江省委办公厅、浙江省人民政府办公厅在《关于推进农村文化礼堂建设的意见》(浙

---

[1] 张敏杰：《中国弱势群体研究》，长春出版社，2003年，第248页。

委办发〔2013〕37号）中将农村文化礼堂定义为：以"文化地标、精神家园"为主题，按照有场所、有展示、有活动、有队伍、有机制标准建设的，承担着礼仪、学教、娱乐功能的农村文化综合体。按照"文化礼堂、精神家园"的定位，各地农村文化礼堂按照"一村一堂"建设规制，在礼堂、讲堂，村史廊、民风廊、励志廊、成就廊、艺术廊等"两堂五廊"的"标配"基础上，还依托本地人文地理资源，大力凸显"一村一色""一堂一品"等特色文化品牌，拓展出了善行义举榜、家风家训廊、民俗风情厅等更多的"高配"，蔚然形成了色彩斑斓、各具特色的"礼堂文化"大观，已成为农村文化建设的新抓手。以中华文明建设为蓝本，农村礼堂高扬社会主义核心价值观的精神旗帜，将社会主义核心价值观的丰富内涵和实践要求充分融入农村思想教育、道德建设、科学普及、继续教育、生活娱乐等方方面面，顺应了农民群众对美好生活的新向往，通过寓教于乐"接地气"的文化浸润活动，推动单纯文化活动场所向综合精神家园"华丽转身"，面向农民群众广泛开展理论政策宣讲、乡风文明弘扬、文明礼仪教化、文化知识传授等活动，着力丰富和充实农民群众的精神世界。

建设乡村文化礼堂，对乡村各个时期的记忆资源进行深层挖掘、广泛收集并梳理整合，进行全方位展示，宣传教育与文化休闲并行，才能让广大农民群众有一个心有所系、情有所依的心灵家园。因此，各地往往利用春节、元宵、端午、中秋、重阳等传统节日，举办各具特色的舞龙、灯会、戏曲、赛龙舟等传统民俗活动。为配合精神文明建设，各地还开展礼仪活动，坚持古为今用、推陈出新，丰富春节祈福迎新、重阳敬老、儿童开蒙、成人仪式等礼仪活动。此外，有的地方还结合现代主流文化，推出了民俗风情、红色文化、生态文化等特色活动。这些特色文化都已形成品牌，如一抹亮色，被人青睐，已逐渐成为文化礼堂活动中的"亮点"。虽然浙江省各地文化礼堂有不同的功能，却都有以下一致的特点[1]。

文化礼堂改变了传统"送文化"的方式，始终坚持农民的主体地位，充分尊重农民的主体性，积极引导他们参与文化礼堂的建设。以民为本，突出主体，就是要把满足农民的文化需求、适应农民素质提升的现实需要作为农村文化礼堂建设的重要原则。农村文化礼堂突出农民这个主体、注重农民的现实需要、强化价值引领，为农民搭建了提升素质、提高修养的文化平台。这是浙江省实现文化大省的重要步骤，是整体文化大发展的内在必然。

文化礼堂注重内容，形式多样。始终着眼于提高广大农民的思想道德素质、科学文化素质和职业技能素质，在设施建设的基础上，注重内容建设，开展形式多样、丰富多彩的文化活动。遍布全省各地的农村文化礼堂，成了农村党团活动的阵地，成了议事、

---

[1] 朱佩伦：《浅析浙江省农村文化礼堂建设现状》，《神州》2019年第11期，第256页。

调解、交流的阵地，成了青少年传统文化传承体验阵地，成了未成年人安全教育、课程辅导课外实践阵地，成了丰富农民业余文化生活的阵地。一系列丰富而鲜明的农村文化活动拓宽了农民的视野，丰富了农民的精神文化生活。在浙江农村，农村文化礼堂的吸引力越来越大，走进文化礼堂的农民人数越来越多，农民参与的积极性越来越高。无疑，农村文化礼堂已经成为农民生活中不可缺少的精神家园。

文化礼堂建设立足本村，特色鲜明。"一方水土养一方人"，立足本村，充分挖掘地方特色，挖掘当地的自然资源和历史文化资源，实现传统文化与现代文明的融合创新，形成独具地方特色的文化礼堂。在核心价值观的引领下，有的充分利用礼堂开展讲坛、文体活动，有的展示村史、村情、乡风民俗、最美人物等，有的组织节庆礼仪、评选创建、教育培训、文化娱乐……全省各地都根据一方文化特点以及农民的生活习俗创造性地设计和开展文化项目，使农村文化有场地、有展示、有活动、有队伍、有机制、有特色，可以说是百花齐放、百家争鸣。

农村文化礼堂建设充分发挥了文化惠民作用，把培育和弘扬社会主义核心价值观与文化惠民有机统一起来。一方面，强化菜单式的"送"，把群众"要"文化和政府"送"文化匹配起来，推进"菜单式"公共文化服务配送平台建设，明确政府要提供什么、提供多少文化服务，做到全省"一张网"。另一方面，致力于自主性的"种"，广泛开展"种"文化活动，支持群众自办文化团体，组织开展各类群众性文化活动，引导群众在文化活动中自我表现、自我教育、自我服务，培育和弘扬社会主义核心价值观。农村文化礼堂不但成为承载农村基层公共文化服务标准化均等化、缩小城乡公共文化服务差距的有效载体，而且成为在农民群众中培育和弘扬社会主义核心价值观的有效载体[1]。建设农村文化礼堂，既是实现精神富有，打造"精神家园"的有效载体，也是建设文化强省的重要基石，更是巩固农村思想文化阵地的重要保障和提升农村文化建设水平的重要举措。

随着社会主义新农村建设的深入，文化建设作为新农村建设的灵魂，是推进农村乡村文明发展的重要措施，有力地保障了农村的经济发展，促进了农村生活水平的提高。值得注意的是，农村文化礼堂作为农村综合文化活动的主要场所，是传承农村历代优良文化以及礼仪精华的有效载体，将非物质文化遗产融入农村文化礼堂的建设中，具有重大的意义。

非物质文化遗产作为文化建设的一部分，是中华民族数千年来优秀文化传承的体现。农村的非物质文化遗产包含着农村历代的文化精神，也体现出了农村的礼仪传承，经过数千年历史的洗刷，得以传承下来，是农村文化的精华所在，将其整理后融入农村的

---

[1] 葛慧君：《打造弘扬核心价值观新阵地——关于浙江省农村文化礼堂建设的实践与思考》，《人民日报》2014年8月17日，第5版。

文化礼堂的建设中，一方面提升了农村文化礼堂的内涵，另一方面能够保证其得到更好的保存和传承。农村的文化礼堂作为农村文化活动的主要聚集地，将非遗的活态内容融入农村的文化中，丰富了农村文化活动的内容。例如，在杭州市西湖区的蒋村文化礼堂，摆放着多艘精雕细刻、装饰华丽的"满天幢"龙舟，蒋村人端午划龙舟这一民间习俗由来已久，龙舟胜会更是蒋村百姓根植于心的一份水乡情结。2009 年，蒋村"龙舟胜会"经过层层申报被列入国家级非物质文化遗产名录。又例如，建德市梅城镇的"板凳龙"已经传承了 300 多年，也是非遗文化项目，龙头和龙尾由传承人制作而成，龙身由板凳连接而成，"板凳龙"活动的高潮当属"盘龙"时 100 多条板凳组成的"长龙"，穿村绕庄游行，给乡村增添了热闹的气氛，十分吸引眼球。将这些非物质文化遗产引入农村文化礼堂建设，既进一步提升农村文化礼堂的内涵，丰富了文化活动的内容，又提升了农村文化礼堂建设的层次，使其更具有历史感，从而增添了乡村文化的魅力。这不仅能够弘扬中华民族的优秀文化，还能从根本上提高农民的文化素养，满足农民精神文化需求，促进社会主义新农村文化建设的进程。

三、口袋满、头脑富的新时代村民

在实现共同富裕目标的引领下，中国踏上了实现第二个百年奋斗目标建设的新征程。行进在以中国式现代化全面推进中华民族伟大复兴的道路上，农民是农村进行中华文明建设的主体，培养现代新型农民是社会主义新农村建设与中华文明建设的突破口。

新时代的村民究竟应该是什么样子？人们通常提出有文化、懂技术、会管理的素质三要素，以有别于传统农民。一般来讲，传统农民指凭借传统的简单工具从事仅仅用于满足自己和家人生存需要的生产活动的那些人。对于新型农民的界定，理论上归纳起来主要有以下观点：其一，新型农民是新型的农村知识分子，即具有乡村自治志向和技能的新型人才；其二，新型农民是具有新观念、新素质、新能力、新品质的现代劳动者；其三，新型农民是具有自立意识、合作精神、法制观念、创业本领的新型农民；其四，新型农民是所谓的农村"能人"，即有文化、懂技术、讲文明、会经营的新一代农民，是技术经营管理骨干示范力量，是建设社会主义新农村的中坚力量，是我国农业专业化生产和产业化经营的高素质的劳动者和科技教育带头人。一言以蔽之，就是劳动方式现代化、生活方式现代化和精神品质现代化的新一代的乡村居民。

从劳动方式现代化看，新时代村民有可能是"机械化自耕农"，是自驾现代农机，在自己经营的土地上，从事农业生产的家庭农场主。家庭农场以农民家庭成员为主，从事适度规模经营，主要依靠农业获得家庭收入。家庭农场的背后，有着快速发展的科技支撑，有完善的农业服务体系保障。他们也可能是农业企业的经营者——农业企业家，由他们带领分散的农户通过规模化、企业化的农业生产，增强抗御市场风险和自然风险的能力，对当代农村经营方式进行改革，实现土地、劳力、技术、资金等生产要素的优化组合，促进山、水、田等农业资源的综合利用和开发，最终促进农业生产的集约化和规模化经营，促进农业生产力的提高。新时代村民也有可能不再从事农业生产与农业经营，而在工业、商业、交通运输等非农领域成为农村致富带头人，推动农村经济社会发展。

从生活方式现代化看，社会流动与城市体验是农民现代性成长的重要途径。大量研究表明，现阶段我国农民流动十分频繁，农民从农村向城市的流动并在城市从事非农产业，农民居住在城市，体验城市生活，对农民文明自觉的培养起着决定性的作用。因为流动可以促进农民增加对社会变迁的适应性和谋生的能力，可以扩大农民的生活空间，建立超越地缘和血缘限制的各种新型关系。流动还有助于农民脱离土地的束缚，开阔眼界，降低行为的保守性和心理封闭性。

从精神品质现代化看，很多地方在大力开展劳务输出、结构调整的同时，着眼根本，放眼长远，精心组织实施了"文明育农"工程，提高了广大农民的思想道德和科技文化素质，着力培育思创业致富、有知识技能、讲文明诚信、守法律法规的现代农民，加快了全面建成小康的进程。许多实证研究发现，"文明育农"培养了农民的风险意识、商品意识、市场意识，增强了他们的自我意识和自我效能感，也提高了农民对新事物的接受度，尤其是对异己事物的宽容度，降低了农民的心理封闭性。农民的乡土主义、保守主义、平均主义、封闭主义和功利主义等传统小农意识大大减弱，扩大了农民的生活半径，为他们建立超越地缘和血缘限制的各种新型的社会关系打下基础。

据国务院发展研究中心农村经济研究部的调研，随着农村居民收入的增长和农村商业物流服务体系的持续完善，农村居民消费支出快速增长，结构不断优化升级。2022 年中国农村居民人均消费支出为 16632 元，比 2012 年增长 149.47%，年均增长 9.57%，年均增速较城镇居民快 3.66 个百分点，城乡居民人均消费支出倍差从 2012 年的 2.57 缩小到 2022 年的 1.83。农村居民发展性、享受性和服务性消费较基本生活消费更快增长，反映了农村居民生活更加丰富、更有品质。2022 年农村居民人均居住、交通通信、医疗保健和文教娱乐支出分别为 3503 元、2230 元、1632 元和 1683 元，较 2012 年分别增长 153.66%、211.02%、191.43% 和 148.6%，分别较食品衣着支出增速高 67.79 个、125.15 个、105.56 个和 62.73 个百分点；2022 年农民人均服务性消费支出为 6358 元，较 2012 年增长 154.78%，较食品衣着支出增速高 68.91 个百分点。[1]

农村生活环境的全方位改善有力保障了农村居民生活质量获得全面提升。我国在农村基础设施、人居环境和基本公共服务等

---

[1] 程郁、宁夏、殷浩栋：《多维度看农村居民生活质量的改善》，《农民日报》2023 年 12 月 27 日。

方面持续加大投入，农村生产生活环境发生了改变，农村居民民生福祉不断增进，口袋满、头脑富的新时代农村居民正逐步过上现代文明生活。

以地处钱塘江南岸的杭州市萧山区航民村为例。航民村一直把工业作为经济发展的主要载体，已成为以印染为主，纺织、染料、热电相配套的现代印染生产项目集聚区。生产技术和设备达到世界一流水平，四分之一的产品销往国外市场，每天印染各种布匹达150余万米，印染成品从村里往北可以铺到北京，被誉为"航民印染，一日千里"，成为全国规模最大的纺织品印染基地之一。村里的重点企业航民集团已发展成为拥有全资、控股、参股工商企业21家，拥有总资产达30亿元，职工1.2万人的大型企业集团。航民集团还投入过亿元，补贴村民建成了拥有300多套整齐划一别墅的新村。航民村还投资1800万元建设了6000平方米的文化中心，免费对村民和外来员工开放，建造了职工公寓2.7万平方米，使外来员工安居乐业。

再以嵌在奉化城区与溪口镇之间的浙江省宁波市奉化区滕头村为例。滕头集团公司已经跨入全国最大经营规模、最高利税总额乡镇企业的行列。它根据"扩大规模、完善功能、优化环境、提高品位"这一总体要求，坚持可持续发展战略，牢固确立"既要金山银山，又要绿水青山"的科学发展观，结合旅游业景点开发，把生态环境和村庄建设紧密结合，实现村庄环境的持续优化。

通过"生态农业""立体农业""碧水、蓝天"绿化工程，别具匠心的村庄规划和园林营造，自然与人类的巧妙结合，演绎成现代都市的一首田园牧歌，形成别具一格的生态旅游区，在国内外享有盛名。不仅如此，滕头村曾入选上海世博会"城市最佳实践区"，成为全球唯一入选的乡村案例，被誉为"中国生态第一村"。

随着工业化和城镇化的推进，中国农民正在走出文化转型的阵痛，以科学、理性和辩证的思维看待传统乡土文化，弘扬社会主义核心价值观，推动乡村文明与时俱进。从历史发展维度看，中华民族5000多年的历史就是农村文化不断发展创新的历史，漫长的农耕文化中凝聚着中国人最深沉的民族情感，滋养着人类文明弥足珍贵的精神根系，也折射出不同时代农民的精神智慧和美好期盼。乡村是农耕文明之根，培育了历史深厚、样态独特、内容丰富的乡土文化。

作为口袋满、头脑富的新时代村民，从价值意义角度看，他们通过日常融入、积极参与、文化自治等方式不断增强文化自觉意识和主体意识，充分认识乡土文化是滋润物质生活富裕的精神之泉。在党中央坚持把解决好"三农"问题作为全党工作重中之重的当下，坚持农业农村优先发展，高度重视农民增收和促进农民农村共同富裕，持续加大强农惠农富农政策力度，农村生产生活条件全面改善，农村居民收入和消费水平不断迈上新台阶，农村居民生活质量获得跨越式提高。

治国之道，富民为始。共同富裕与精神生活提升是促进农村现代化更基本、更深沉、更持久的动力。中华文明建设是全方位的，把文化振兴作为乡村全面振兴的重要内容，唤醒沉潜于乡野民间的文化自觉意识，接续起绵延于历史时空的千年优秀文脉，激发出蕴藏在农民心中的文化创造热情，推动农民的精神文化生活朝着更加文明、更加理性、更加高雅的方向发展，从而不断提升农民的获得感、幸福感，促进人的全面发展取得更为明显的成效。

四、21 世纪城市居民的"后现代"生活

增进民生福祉，不断改善人民生活品质，增强人民群众的幸福感，促进人的全面发展和社会全面进步，是政府执政的初心。对人民幸福感的重视和提升，体现了"以人民为中心"的根本立场。随着社会的发展，人们逐渐认识到以往片面追求经济规模扩大的发展模式，客观上忽视了人们对于生活的主观感受，就是对初心的背离。

2010 年 5 月 1 日至 10 月 31 日，上海世博会创造了世界博览会史上最大规模纪录，并且在世博会历史上第一次提出"城市，让生活更美好"的主题，追寻探求人类生活水平提高的途径，符合世界范围内城市化加快的历史进程。在上海世博会场馆内，有246 个国家和地区参展，各个国家和地区尽情展现不同国度、不同民族、不同地域、不同文化、不同时空之间对于未来城市和生活

的美好愿景。信息化时代引领人类社会创新、发展文明，未来美好的城市化生活正在迎面走来。

上海世博会作为一项由中国政府组织举办的有较大影响和悠久历史的国际性博览活动，各参展国都致力于向世界展示当代的文化、科技和产业上有正面影响的各种生活范畴的成果，反映21世纪城市居民的"后现代"生活。中国的国家馆在世博会园区居中矗立，主体建筑以大红色为主要元素，充分体现了中国自古以来以红色为主题的理念，更能体现出喜庆的气氛，让游客叹为观止。整座建筑以城市发展中的中华智慧为构想，层叠出挑，成为凝聚中国元素、象征中国精神的雕塑感造型主体——东方之冠；表现出了"东方之冠，鼎盛中华，天下粮仓，富庶百姓"的中国文化精神与气质。中国馆内各地区馆水平展开，以舒展的平台基座的形态映衬国家馆，成为开放、柔性、亲民、层次丰富的城市广场；国家馆和地区馆二者互为对仗、互相补充；整体布局，隐喻天地交泰、万物咸亨，共同组成表达盛世大国主题的统一整体。

"城市，让生活更美好"，很多国家和组织不约而同选择了"城市"作为他们展馆的诉求点。的确，在城市飞速发展的今天，人们的城市生活也越来越面临一系列挑战：高密度的城市生活模式不免引发空间冲突、文化摩擦、资源短缺和环境污染。如果不加控制，城市的无序扩展会加剧这些问题，最终侵蚀城市的活力，影响城市生活的质量。因而，"城市"是全世界共同关注的一个话题。走进上海看世博，上海，一座极具魅力的东方大都市正以惊人的发展速度和神话般的变化引起整个世界的瞩目，它具有现代气息而又不失中国传统特色，是一个令人神往的地方。走进世博了解中国，在"人民城市人民建，人民城市为人民"理念指引下，中国的城市居民生活已呈现品质化、休闲化的特点。

恩格尔系数是食品支出总额占个人消费支出总额的比重，联合国粮农组织据此对世界各国（地区）生活水平的发展阶段提出一个划分标准：恩格尔系数60%以上为贫困，50%～60%为温饱，40%～50%为小康，30%～40%为富裕，30%以下为最富裕。目前欧美等发达国家的恩格尔系数一般为20%左右。官方公布的恩格尔系数显示，1981年我国城镇居民恩格尔系数为56.7%，2022年城镇居民恩格尔系数为29.5%。城镇居民恩格尔系数的下降，标志着中国居民生活水平进一步提高。[1]

城市的核心是人，人是城市发展的主导者、推动者，也是城市发展成果的享受者。城市发展要以满足人的需求为根本出发点，以实现人的发展为落脚点。城市发展最终以个人价值的充分实现为福祉。因此，在解构和建构城市居民生活逻辑时，必须从城市中人的获得感的角度来考量。当下城市居民的"后现代"生活可以从居民可支配收入（居民可用于最终消费支出和储蓄的总和，

---

[1] 王恩博：《十年间中国居民恩格尔系数下降3.2个百分点》，中国新闻网，https://www.chinanews.com.cn/cj/2022/10–11/9870632.shtml。

即居民可用于自由支配的收入，既包括现金收入，也包括实物收入。按照收入的来源，可支配收入包括工资性收入、经营净收入、财产净收入和转移净收入）、居民消费支出（指居民用于满足家庭日常生活消费需要的全部支出，既包括现金消费支出，也包括实物消费支出。消费支出包括食品烟酒、衣着、居住、生活用品及服务、交通通信、教育文化娱乐、医疗保健以及其他用品及服务八大类）得到真实反映。

据国家统计局公布数据，2023 年一季度城镇居民人均可支配收入 14388 元。按收入来源分：工资性收入 8714 元，经营净收入 1761 元，财产净收入 1538 元，转移净收入 2375 元。人均消费支出 8303 元；按消费类别分：食品烟酒 2536 元，衣着 546 元，居住 2038 元，生活用品及服务 444 元，交通通信 1005 元，教育文化娱乐 779 元，医疗保健 719 元，其他用品及服务 236 元。[1]中国历来有"民以食为天"的说法，实质反映了历代中国人对于饮食文化的重视，当前居民食品消费质量提高、品种丰富、营养更加全面，居民生活水平逐年提高。

《中共中央关于加强社会主义精神文明建设若干重要问题的决议》指出："实现以思想道德修养、科学教育水平、民主法制观念为主要内容的公民素质的显著提高，以积极健康、丰富多彩、服

---

[1] 国家统计局：《2023 年一季度居民收入和消费支出情况》，国家统计局门户网站，https://www.stats.gov.cn/sj/zxfb/202304/t20230418_1938712.html。

务人民为主要要求的文化生活质量的显著提高，以社会风气、公共秩序、生活环境为主要标志的城乡文明程度的显著提高；在全国范围形成物质文明建设和精神文明建设协调发展的良好局面。"[1]居民休闲生活是美好生活需要的重要组成部分，也是城市居民"后现代"生活的重要环节。不言而喻，党和国家已把人民群众的生存质量及其利益提到了十分突出的地位，同时也为我们的休闲生活指明了方向。

2023 年以来，各地特色文旅产品推陈出新，形成波浪式消费热潮，全国在线旅游销售额增长两倍多，限额以上住宿业单位客房收入保持两位数增长。2023 年入冬以来，以"冰雪经济"为代表的文旅消费呈现爆发式增长，旅游、文化、体育等消费业态深度融合，形成多元化复合型增长新优势。居民幸福感的提升，引领了高质量发展的社会节奏，缔造了高品质的居民生活。人民群众幸福感提升标志着中华文明发展的新高度。

五、社区现代化服务的智能世界

推进城乡社区现代化建设，是一张蓝图绘到底、一体推进城乡迈向现代化的重大举措，是全社会共同参与中华文明建设的聚焦重点。推进城乡社区现代化建设，就是要着力建设现代化服务

---

[1] 转自《中国共产党第十四届中央委员会第六次全体会议公报》，中华人民共和国中央人民政府门户网站，https://www.gov.cn/test/2008-07/11/content_1041972.htm。

的智能社区，构建"舒心、省心、暖心、安心、放心"的幸福共
同体，打造高质量发展、高标准服务、高品质生活、高效能治理、
高水平安全的人民幸福美好家园。

（一）智慧城市理念的提出

"智慧城市"这一理念是伴随着科技的进步和国家政策的提出
演变而来的。纵观国内外历史，一次又一次的科技革命为经济发
展提供了源源不断的动力。进入 21 世纪以来，以互联网为标志的
科技革命开展得如火如荼。而互联网这种新型的科学技术也越来
越多地被应用到城市建设中来。自 2008 年 IBM 公司提出"智慧地球"
这一理念以来，国内外学者根据此概念和其他国家出台的一系列
有关城市发展的政策，创造性地提出了"智慧城市"理念。随着
城市化的不断发展，城市建设将成为地球未来发展的重点。

智慧城市是实现智慧地球的重要途径，是继数字城市、智能
城市之后城市发展的又一新阶段。智慧城市就是以互联网、物联
网和云技术等信息通信技术手段为核心的新型治理模式，使得政
府、企业和人们的交往更加便利。它可以对包括居民生活、环境
保护、公共安全、城市服务、工商业活动在内的各种需求给出智
能响应，使城市管理更有效率，居民生活更加美好，从而实现城
市的可持续发展。

智慧城市与数字城市、智能城市相比有 4 个主要的特征：一
是全面透彻感知。运用物联网、大数据等信息通信技术对城市中

的各个物理空间进行全面透彻的感知。二是互联互通。利用互联网建立物与物、人与物、人与人的信息交流网络，极大地方便了信息的获取，使个人、组织和政府之间的联系更加紧密。三是应用广泛。随着智慧城市理念的提出，出现了很多建立在此理念上的应用，如智慧城管、智慧交通、智慧公安、智慧医疗等，这些应用提高了城市管理效率，使得人民的生活变得更加便利。四是深度融合。实现了互联网、物联网、电信网等多个网络平台的深度融合。[1]

随着城镇化的不断发展，我国城市建设面临着环境污染、交通拥堵、人口膨胀等严重问题，而智慧城市可以帮助城市很好地解决这些问题，目前我国已有上百个智慧城市建设的试点，北京、上海、杭州、南京等发达城市是试点城市的主要代表。

（二）社区现代化服务的实践

城市是人类文明发展的产物，社区是其最基本的组成部分，社区作为城市居民生存和发展的载体，随着时代进步、信息技术的发展，社区居民的需求也在不断改变，其智慧化是城市智慧水平的集中体现。智慧社区从功能上讲，是以社区居民为服务核心，为居民提供安全、高效、便捷的智慧化服务，全面满足居民的生存和发展需要。

---

〔1〕 肖沁霖：《智慧城市理念对我国未来城市发展的影响研究》，《现代盐化工》2018年第4期，第38—39页。

在互联网的快速发展下，网购给人们带来了非常大的方便，也已经成为城乡居民习以为常的购物渠道，而网购的兴起也让快递行业悄然发展，如于 2013 年应运而生的"菜鸟驿站"，既方便了消费者，又方便了快递员；有了这种代收点，快递员既不用一直等用户签收，用户也不用焦急赶回家收快递了。经过 10 年的布局，现在"菜鸟驿站"已经拥有 17 万家网点，覆盖了全国 200 多个城市的社区，300 多个城市的 3000 多所院校，服务了上亿的消费者，并且发展成为一个具有全球范围内端到端能力的智慧物流网络。随着时代的发展，"菜鸟驿站"也在不断地创新，现在不仅可以寄件取快递，还有很多智能化的服务，如共享充电宝、"驿站洗衣"服务等，还可以进行社区团购，甚至还发展了衣服修补、中介信息等各种各样的服务，已经成了一个真正的万事屋。"菜鸟驿站"长期坚持着数字化转型战略，始终致力于发展多元化的社区服务模式，社区商业生态已经逐渐建立起来。

智慧社区由高度发达的"邻里中心"服务、高级别的安防保障以及智能的社区控制构成。"智慧社区"正是基于这样的理念思考而出现的一种社区建设新模式，即充分利用物联网、云计算、移动互联网等新一代信息技术的集成应用，为社区居民提供一个安全、舒适、便利的现代化、智慧化生活环境，从而形成基于信息化、智能化社会管理与服务的一种新的管理形态的社区。

幸福平安在社区文明建设实践中是一个根本性的价值标准导

向。社区长治久安、稳定有序,居民则安居乐业。在当今社会转型期,不同阶层、不同价值观的人们对于幸福的认识可能有各种不同的解释和体验,在大力推进未来社区建设的背景下,教育、就业、治安、环境、社会保障等诸多社区居民普遍聚焦的民生问题都会影响到居民的幸福指数,影响社区的稳定和发展。社区居民的需求表达及满足程度与社区发展和建设密切相关,毋庸置疑,社区已成为解决民生问题的前沿阵地。

　　社区现代化服务的实现,需要业主在自由意志的基础上,通过平等协商来确定社区生活的形式。在居民参与社区建设程度逐渐提升的过程中,个人不再仅仅是整体中的一个附庸物,而是一个具有权利的理性的存在。自由的个人要求在自己的权利领域内,能够自由地创造和获取财富,独立地处理私人事务而不是由政府官员包办代替。为了确保个人自由,公民社会必须成为一个独立的私人生活领域,在政治国家之外实现自治。一方面,自治意味着公民个体对自己生活的主宰,这种自主决定的习惯有助于增强公民的独立自主意识;另一方面,自治可以增强公民对自己的行为和决策负责的观念,从而在潜移默化中培养公民的责任感。[1]社区建设的要求和目标就是在社区创造人心归依的感觉,人人在社区中都能找到幸福快乐的位置,人人都有心理宣泄、情感支持的

---

[1]　张敏杰:《住房改革进程中的公民社会发育——以杭州F社区为例》,《浙江社会科学》2008年第5期,第30—35页。

空间，使社区不仅成为现代人安居乐业的舒适人居场所，而且真正成为现代人共有的精神家园。

近年来，浙江许多城市都把"智慧社区"列为"智慧城市"的有机组成部分，把"智慧社区"建设作为城乡社区治理现代化的重要任务之一，提出建立"和谐、法治、智慧、活力"的现代新型社区，使居民不出社区就能享受便捷的政务服务，实现了社区管理、服务居民、民主自治等资源共享功能，极大地提升了居民满意度。智慧社区包括基础环境、基础数据库群、云交换平台、应用及其服务体系、保障体系五方面，已从最初的摸索到如今的大范围落地，发展趋势越来越明朗化，中国的社区生活已经发生了天翻地覆的变化。一个以人为本的智能管理系统，有望使人们的工作和生活更加便捷、舒适、高效，从而推动社会发展。如杭州市将"智慧社区"纳入"智慧城市"的总体部署，充分发挥信息经济资源集聚优势，在社区层面，立足实际，通过微信公众号、APP 等惠民生、接地气的形式，进一步提升社区治理服务的能力。同时积极整合优势资源，加大与阿里巴巴集团、中电海康集团等高新企业的战略合作，积极支持其参与"智慧社区"建设，走出了一条有杭州特色的"智慧社区"建设之路。社区治理智能化是社会治理智能化的重要组成部分，也是促进城乡社区治理体系和治理能力现代化的重要手段。

实现社区现代化的智能服务，要更加尊重居民多样性，实现包容性发展，形成人人参与社区发展过程、人人共享社区发展成果的包容理念。所谓多样性，是因为"以人为本"中的人是具有独特性的个体人，具有个体差异，人和人的能力不同、机遇各异，对社区发展的贡献有大小之别，因而其需求也各不相同，社区发展就需要满足社区居民多层次的需求，体现的是承认社区居民的主体性，尊重差异和多样化的存在，提高居民参与的主动性和广泛性。所谓包容性，既在于社区居民共建共享社区发展的成果，更在于社区发展不排斥、容忍不同个体和不同需求。因此，包容性至少应是非排他性的，强调"以人为本"中的人是"全体人"，社区服务囊括了社区所有的人，是从不同的层面满足社区各阶层居民的不同需求。发展的目标不仅在于让社区每个人在物质层面上受益，更要在价值层面上体现社区发展的价值追求。即改进每个人的福利，体现的是人人平等理念，最终是为社区居民的自身全面发展创造一个更好的社区环境。

第二节　跨越物理的生存空间

人类只有一个地球，各国共处一个世界。地球为人类的生存与发展提供了空间资源和环境资源，这些资源与我们的衣食住行紧密相连，是人类文明与生活方式赖以存在与发展的物质基础。如果没有这些资源，人类将无法生存。在人类 21 世纪的起跑线上，文明的晚霞和朝霞交互辉映。在全球化时代，人类命运是相互关联、彼此影响的，我们有理由对中华民族的文化、智慧和生命力充满信心，对我们赖以生存的家园更加充满热爱，对正在成长的新一代充满爱心。

一、丰衣足食的田园场景

乡村是中国的根脉，是国家治理体系的"神经末梢"。"乡村治，则天下安。"农业、农村、农民的问题是关系国计民生的根本性问题，解决好"三农"问题，是全党工作的重中之重。过去十年，从夺取脱贫攻坚战全面胜利，到开启乡村振兴新征程，中国农村发生了翻天覆地的变化，9900万农村贫困人口脱贫，12.8万个贫困村的面貌得到脱胎换骨的转变。2018年中央一号文件以乡村振兴战略为主题，文件指出：乡村振兴，生态宜居是关键。良好生态环境是农村较大优势和宝贵财富。必须尊重自然、顺应自然、保护自然，推动乡村自然资本加快增值，实现百姓富、生态美的统一。

（一）"美丽乡村建设"促进城乡融合发展

在2013年年底召开的中央农村工作会议上，"中国要强，农业必须强；中国要美，农村必须美；中国要富，农民必须富"的愿景一再被强调；2013年中央一号文件明确提出加强农村生态建设、环境保护和综合整治，努力建设美丽乡村；此后多年的中央一号文件都对美丽乡村建设作出了具体部署，《乡村振兴战略规划

（2018—2022 年）》把建设生态宜居的美丽乡村作为一项重要任务。

美丽乡村建设，是乡村振兴的重要任务，持续深化美丽乡村建设具有重要意义：一是推进美丽乡村建设有利于改善农村基础设施、公共服务，加快补上短板，进一步提升广大农民群众的获得感、幸福感和安全感；二是推进美丽乡村建设有利于打造人与自然和谐共生的宜居乡村，通过治理农村垃圾、污水、粪污等，加快乡村生态保护与修复，改善农村面貌，促进全面建成小康社会；三是推进美丽乡村建设有利于吸引资金、技术、人才等各类要素进入农村，促进城乡融合发展，形成合力推动乡村振兴的有利局面。

美丽乡村建设，缘起于 2003 年浙江的"千村示范、万村整治"工程，这个项目于 2018 年 9 月获得了联合国"地球卫士奖"。在美国纽约举行的颁奖典礼上，浙江省村民代表裘丽琴代表浙江省委省政府上台领奖，并发表了获奖感言。她感慨道，浙江开展"千村示范、万村整治"后，每一个乡村的生活垃圾都得到了分类、生活污水都得到了净化、村容村貌都得到了美化，农民的生活富裕了，乡村文化也得到了发展，百姓的生活越来越好，相信中国将来会有更多这样的绿色奇迹出现。据介绍，浙江"千万工程"经历了三个阶段：2003—2007 年"示范引领"，1 万多个建制村率先推进农村道路硬化、垃圾收集、卫生改厕、河沟清淤、村庄绿化；2008—2012 年"整体推进"，主抓生活污水、畜禽粪便、化肥农药等面源污染整治和农房改造建设；2013 年以来"深化提升"，启动农村生活污水治理攻坚、农村生活垃圾分类处理试点、历史文化村落保护利用工作，美丽乡村创建全面铺开。20 年来，浙江省久久为功，扎实推进"千万工程"，造就了万千美丽乡村，取得了显著成效。不仅在安吉、德清、富阳、临安等浙北县区，丽水、衢州、绍兴、诸暨等地乡村面貌也焕然一新，美丽公路串起"美丽乡村创建先进县示范县""整乡整镇美丽乡村""精品村""美丽庭院"等，带动浙江乡村整体人居环境领先全国。[1]

浙江清华长三角研究院认为，从生态功能上看，城乡是一个统一的整体循环，美丽乡村这一环必不可少。从经济功能上看，乡村已经不只是农业生产，旅游、民宿、采摘等很多服务产业活动，不少是在乡村进行的。从文化功能上来看，集中、高效、频繁的社会互动等是现代城市生活的基本特点，但人的生活需要松弛有度，人的精神需要大自然来涵养，美丽乡村是人类重要的精神家园。美丽乡村不仅仅是环境美，还需要体现生活美、产业美、人文美，实现生产、生活、生态的良性循环。要以发展农业生产、改善人居环境、传承生态文化、培育文明新风等为途径，构建与资源环境相协调的农村生产生活方式，不能走牺牲资源环境推动经济发

---

〔1〕 殷淼：《浙江"千村示范、万村整治"工程获联合国"地球卫士奖"》，人民网，http://world.people.com.cn/n1/2018/0927/c1002-30316820.html。

展的错误路径。[1]

美丽乡村建设，要坚持抓好"硬件""软件"两方面。在"硬件"方面，重点是改善农村基础设施条件，特别要推进农村人居环境整治，聚焦农村垃圾、污水治理和厕所革命，集中力量解决农村最直观、最突出的"脏乱差"问题。在"软件"方面，重点是提升农村公共服务水平，促进乡风文明建设。美丽乡村建设，要坚持物质和精神一起抓，不光要注重看得见的外在美，还要抓好内在美，不仅要让外来游客看得好、吃得好、玩得好，也要让本地村民有赚头、有奔头，融田园风光、人文景观和现代文明为一体，推动乡村"面子""里子"统筹发展，实现乡风文明和基础设施改善互促互进。

美丽乡村建设是一项复杂且漫长的工程，不可能一蹴而就，它需要我们在不断的实践中，推动中华优秀传统文化和现代文明在乡村的创造性转化和创新性发展，保障农村精神文明与物质文明建设高质量推进，进而达成美丽乡村建设之目的。

（二）"田园综合体"发展带动乡村丰衣足食

乡村的发展问题引起党和国家的高度重视，农业农村部于2020年7月印发《全国乡村产业发展规划（2020—2025年）》，提出要发掘乡村功能价值，强化创新引领，突出集群成链，培育发

---

〔1〕冯华：《美丽乡村，到底应该怎么建？》，人民网，http://www.people.com.cn/n1/2020/0706/c32306-31772564.html。

展新动能，聚集资源要素，加快发展乡村产业，为农业农村现代化和乡村全面振兴奠定坚实基础；还提出要"继续大力发展田园综合体，完善配套设施建设"。田园综合体集循环农业、创意农业、农事体验为一体，以空间创新带动产业优化、链条延伸，有助于实现一二三产业深度融合，打造具有鲜明特色和竞争力的"新第六产业"，实现现有产业及载体（农庄、农场、农业园区、农业特色小镇等）的升级换代。农民通过提供土地、劳动力等方式参与田园综合体的建设和发展，从某方面来说这是双赢的结果，既能够为农民的资产添砖加瓦，又能够切实解决在农村的村民就业难问题。

田园综合体是集现代农业、休闲旅游、田园社区于一身的乡村综合发展模式，目的是通过旅游助力农业发展、促进三产融合，是一种可持续性模式。田园综合体的发展为农村经济发展提供了重要力量，有力地促进了农村经济的发展。只有农民的口袋鼓起来，才能够进行更多的消费与投资，从而展现属于农民的活力。

田园综合体因为其独特的文化内涵，可以满足人们日益增长的旅游需求，使人们能够近距离欣赏自然美景，并与乡土文化结合，提升审美情趣，进一步满足人们更高层次的心理需求。田园综合体的规划和设计不仅包括建筑的美感，还包括各地区独特的地域美、对自然景观的深刻理解和乡村文化的相互作用，以及文化的融合寓意，将乡村文化融入田园综合体的规划设计，尽可能地满足游客"看山、看水、想家"的需求，提高乡土美学价值。田园综合体建设不仅需要关注基础设施建设，更要充分发掘当地文化中的优秀之处，并加以传承，赋予田园综合体独特的灵魂，在此基础上，与当地的农林景观相结合，形成一种能让人感受到舒适、放松的乡村旅游氛围。

当前，各地区大力推广试点项目的积极性很高，这就更加需要注意现存的问题，并采取预防性措施，为建设田园综合体提供科学的和建设性的建议，以确保田园综合体的快速健康发展，为振兴乡村提供更好、更稳定的动力。未来，在乡村振兴战略的正确指引下，田园综合体的建设模式将会更加成熟，农村将会出现更多传统乡村向田园综合体模式转化的典型，也必然会实现"休闲农业＋乡村旅游"的有机结合，带动乡村经济快速增长。[1]

2017 年，浙江省被列入全国首批田园综合体建设试点省份。安吉县"田园鲁家"田园综合体和柯桥区"花香漓渚"田园综合体入选 15 个国家级田园综合体试点范围。以此为契机，浙江省结合自身实际，按照高起点、高水平、有规模、有特色的要求，紧扣农村供给侧结构性改革这一主线，认真谋划、积极作为，不断增强贫困村的自我"造血"功能，制订具有浙江特色的田园综合体实施方案，积极探索乡村振兴的有效途径。

---

〔1〕 施永娟、龙蔚、赵鸭桥:《中国田园综合体发展分析》,《农业展望》2021年第12期,第120—125页。

二、假日休闲的观光胜地

（一）休闲是衡量社会文明的重要尺度

使人民生活更加幸福美好，是建成社会主义现代化强国的题中之义。假日休闲、观光旅游作为一种融合了物质、文化和精神消费的"全维"消费实践，对于人的幸福的增进效应已成为社会广泛共识。研究表明，中国拥有丰富的自然地理景观和厚重的历史文化，拥有众多的各类型旅游目的地；旅游业成为中国增长最迅速的消费点之一，休闲旅游已经成为国民幸福生活的刚需，成为衡量生活水平的重要参考。休闲作为一个国家生产力水平的标志，是衡量社会文明的尺度，是人类物质文明与精神文明的结晶，是文化发展的基础，是人的一种崭新的生活方式、生活态度，是与每个人的生存息息相关的领域。

中国自 1995 年 5 月起，开始实行五天工作制，从而意味着人的三分之一的时间将在闲暇中度过。中华文化博大精深，有很多传统节日，为了弘扬中国传统节日文化，国家又规定元旦、春节、清明节、劳动节、端午节、中秋节、国庆节为普通法定节假日，全国人民一同放假；此外，还有妇女节、青年节、儿童节、中国人民解放军建军纪念日为特殊节假日，特殊人群可享有放假资格。目前，我国一年已有法定假日 116 天，它意味着国人的三分之一的时间将在闲暇中度过。不言而喻，休闲质量的高低，将直接影响社会的全面进步，影响人能否完整、全面、健康地发展自己。

随着我国经济的高速发展、人民生活水平的不断提高以及可自由支配的收入和闲暇时间不断增加，现代社会人们已不满足于物质层面的享受，而更加注重精神层面的休闲娱乐。居民休闲意识不断增强，休闲需求也日益旺盛，尤其是人们越来越意识到休闲对于提升生活品质的重要性，休闲能提升居民幸福感的观念也日益受到重视。政府部门也越来越重视休闲。早在 2013 年年初，国务院就发布了《国民旅游休闲纲要（2013—2020 年）》，并推出了一系列国民旅游休闲活动，鼓励发展健身休闲产业，推动中国休闲城市建设等。2016 年，国务院发布的《"健康中国 2030"规划纲要》指出，应积极促进健康与养老、旅游、互联网、健身休闲、食品融合，将康体养生、养心休闲上升为国家战略。同时，许多地方政府和机构也重视对居民休闲娱乐满意度、幸福感的研究。在新时代，我国的社会主要矛盾已经转化为人民日益增长的美好生活需要和不平衡不充分的发展之间的矛盾。休闲娱乐作为当前人民日益增长的美好生活需要之一，越来越引起各级政府的重视；积极地引导人们文明、健康、科学地休闲度假，也成为广大人民群众的向往与追求。

为了解当前公众的休闲娱乐现状、政府休闲娱乐设施建设状况以及公众对休闲娱乐的满意度，《人民论坛》问卷调查中心曾在 2020 年发起"新时代公众休闲娱乐状况调查"。调查结果显示，大多数公众将休闲娱乐看作是自我提升、休息放松和满足社交的途径，喜欢积极能动型的休闲娱乐活动，最爱体育运动、修身养性和旅游。超六成公众认可休闲娱乐的重要性，时间多集中在周末和节假日，喜欢多人参与且重视合理消费。超半数公众认为近年来自己及周围人的休闲娱乐方式、时间、内容、意识和消费均在变化且不断充实、增多、丰富、提高和增加。约半数公众进行休闲娱乐活动的主要目的是自我发展、兴趣爱好和强身健体，多数偏好体验性、户外性活动。多数公众对休闲娱乐生活和休闲娱乐环境都比较满意，对休闲娱乐生活带来的身心放松和审美方面的满意度较高。[1]

（二）休闲在我国源远流长的历史中曾占据重要的文化位置

节假日是中国传统文化的重要组成部分，特别是以士大夫为主的休闲方式具有深厚的文化内涵，是中国传统文化重要的组成部分，它与自然哲学、人格修养、审美情趣、文学艺术、养生延年等许多方面有着极为密切的联系，是中国传统文化不断绵延的载体。在几千年的历史进程中，形成了独特的休闲风格。节假日的形成，与古人常说的"岁时"有着紧密的关系。自先秦以来，与农作、休闲、天时变化、宗教信仰、政府管理等需求相关，一年四季按照岁时节令分派的节假日已逐渐形成，其中既有休息、娱乐、庆典、祭祀等活动的时间安排，也有特殊的文化意蕴和精

---

[1] 贾晓芬:《新时代公众的休闲娱乐状况调查》,《人民论坛》2020年第9期,第112—117页。

神活动，具有多重表现形态，最终成为整个社会约定俗成的共同活动。

在我国优秀的传统文化宝库中，记录休闲文化的内容也十分丰富。从《诗经》《楚辞》、唐诗、宋词、元曲到清代文人的《秋灯琐忆》，都记述了古人追求自由幸福的休闲生活的内容。例如，宋代继承前代典制，革故鼎新，顺势而为，建立起制度化的节假体系，惠及社会诸群体。宋代各种节假活动丰富多彩，像立春打春牛、上巳祓禊、清明扫墓、端午竞渡、七夕乞巧、仲秋赏月、重阳登高、冬至进履、小年扫除、除夕守岁、新年祝福等，呈现时序性节日娱乐化、宗教性节日商业化特点，极大地促进了消费经济发展，形成繁荣昌盛的节日市场及假日经济。正如《东京梦华录》序记都城开封节假气象时所写："时节相次，各有观赏。灯宵月夕，雪际花时；乞巧登高，教池游苑。举目则青楼画阁，绣户珠帘，雕车竞驻于天街，宝马争驰于御路，金翠耀目，罗绮飘香。新声巧笑于柳陌花衢，按管调弦于茶坊酒肆。八荒争凑，万国咸通。集四海之珍奇，皆归市易；会寰区之异味，悉在庖厨。花光满路，何限春游，萧鼓喧空，几家夜宴。"[1]《东京梦华录》还记录了清明休假、踏青游春的盛景："四野如市，往往就芳树之下，或园囿之间，罗列杯盘，互相劝酬。都城之歌儿舞女，遍满园亭，抵暮而归。"[2]

---

〔1〕〔宋〕孟元老撰；伊永文笺注：《东京梦华录笺注》，中华书局，2006年，第626页。
〔2〕〔宋〕孟元老撰；伊永文笺注：《东京梦华录笺注》，中华书局，2006年，第1页。

揭示了宋代假日文化的博深精邃，构成了一道绚丽多彩的节假风俗长廊和人文景观，并催生了绚丽多彩的节序文学，形成了璀璨夺目的节假文化。

（三）以假日休闲制度为代表的国家政策促进了文明新形态繁荣发展

20 世纪 90 年代中后期，为进一步拉动消费，党中央、国务院把旅游业确定为国民经济新的增长点，国务院于 1999 年 9 月 18 日修订发布了《全国年节及纪念日放假办法》，开始实施黄金周制度，极大地激发了人民群众的旅游热情，国内旅游空前火爆；其后又于 2007 年 12 月 14 日和 2013 年 12 月 11 日两次对《全国年节及纪念日放假办法》进行修订，形成了春节、国庆两个 7 天长假和元旦、清明、五一、端午、中秋五个 3 天的长周末的假日格局。黄金周假日旅游经历十几年的发展，在我国旅游业中占有重要的地位。

截至 2021 年 9 月，中国共有 56 个世界文化和自然遗产列入《世界遗产名录》，其中世界文化遗产 38 个、世界自然遗产 14 个（位列世界第一）、世界文化与自然双重遗产 4 个（与澳大利亚并列第一）。全国各地景区景点 3 万多个，红色旅游经典景区 300 个，国家级旅游度假区、国家生态旅游示范区近 200 个，旅游法人企业约 4.5 万家，其中星级饭店有 1.16 万家。改革开放以来，中国旅游业规模迅速扩大。国内、出境、入境三大旅游市场同步快速增长。

从入境市场看，中国已成为世界上重要的旅游入境接待国。从出境市场看，中国也已成为世界第一大出境旅游消费国，同时还是全球增长最快的客源输出国之一。从国内市场看，中国已经实现从短缺型旅游到初步小康型旅游大国的转变，成为全世界国内游客数量最多的国家，同时也是最大的国内旅游消费市场。与之相对应，旅游者的休闲度假需求在不断增加。随着国内居民个人收入的快速增长、闲暇时间的增加、观念的更新，中国旅游业正从观光游览型向休闲度假型转变。

中国旅游热度创新高，彰显中国消费市场活力，也助推全球旅游业加快发展。英国路透社报道说，中秋国庆"双节"期间，中国民众的消费支出引发经济学家关注。数据显示，2023 年 9 月 29 日，中国铁路发送旅客超 2000 万人次，创单日旅客发送量新高。西班牙埃菲社报道说，中秋国庆黄金周旅游业的相关数据显示出"中国消费增长和经济回暖"。除了国内游需求增长旺盛，假日期间出境游也大幅增长。西班牙旅游业新闻网援引航空旅行数据分析平台 OAG 的研究表示，尽管全球其他地区夏季的高需求期已结束，"但得益于中国黄金周旅游市场需求暴涨的刺激，全球航空运力不降反升"。新加坡《联合早报》注意到，中国中秋国庆假期，新加坡本地景点和商铺迎来游客潮。到访新加坡的中国自由行旅客增多，不仅带动本地景点观光，还刺激了消费。法国《创业》杂志以《中国国庆假期彰显中国经济的强大韧性》为题发表文章认为，中国黄金周假期促进了消费潜力充分释放，对于提振消费、助推经济增长具有重要意义。[1]

值得一提的是，随着2023年冬天的到来，哈尔滨的冰雪大世界，凭借着天时、地利、人和的优势，用造型各异、宏大雄伟、创意多彩的巨型冰雕，靠着热情奔放、爽朗好客、喜乐欢快的人文情怀，吸引了来自全国各地的游客。随着哈尔滨旅游的火爆，位于哈尔滨的侵华日军第七三一部队罪证陈列馆，也迎来了来自全国各地的游客。这些游客中的绝大多数，都是充满朝气和希望的中国年轻人。于是人们看到，寒冷的天气里，陈列馆外却排起了望不到头的长队。这场参观，注定使每一个参观者的心头无比沉重，也让他们心中燃烧起永不熄灭的火焰，铭刻下"勿忘国耻、爱我中华"的誓言。

总之，休闲旅游作为一种现实存在，它的价值不在于实用，而在于文化。它使我们的精神在自由放松中历经审美的、道德的、创造的、超越的生活方式；它给我们一种文化的底蕴，支撑我们的精神，守护我们的精神家园，使我们的心灵有所安顿、有所归依。它还以特有的价值追求赋予人的行为以真实的意义，并与社会中占主导地位的政治、经济或科技力量保持一定的距离，形成真正的人格力量。

---

[1] 许海林、颜欢：《〈人民日报〉：外媒关注中国假日经济强劲增长》，《黑龙江金融》2023年第10期，第9页。

三、多元发展的未来社区

从 20 世纪后期开始，以人类社会进入高度现代化阶段和科技革命为背景，社区研究和实践领域开始出现了一些以未来社区为目标的观点及实践。政府、市场、社会等来自不同方面的力量，开始同时指向"未来社区"建设，试图努力克服现代城乡社区良性运行和发展所面临的问题。

"未来"一词指向某种即将到来的时间维度，是相对于"过去"与"现在"而为人们经常使用的时间概念。"未来"并非一个脱离人而存在的、自在运动的客体，而是人类通过思想和技术突破创造的。"未来"介于可控与不可控、可知与不可知之间。憧憬未来是人类的本性。"未来"也不是一个孤立的个体概念。无论是个人还是群体在谈及今后的发展时，"未来"的语境总不免和社会挂钩。个人无法在真空中抵达未来。只有考虑到城市、民族、国家等集体层面，人们才能形成更具共识、宏大的对"未来"的想象。因此，"未来"是人类对于自身群体发展所展开的集体想象。脱开现实的羁绊，每个人都可以从自己的角度展开对未来的联想和阐释。在实践领域可以将"未来"大致划分为远未来和近未来。"远未来"动辄 50 年、100 年，作为实在的规划方案和政策，未来社区聚焦于"远未来"显然是不切实际的。我们应该关注的是"近未来"，即 5 年、10 年之内的社区发展愿景。[1]

2016 年，以色列希伯来大学教授尤瓦尔·赫拉利的新作《未来简史》，以宏大视角审视人类未来的终极命运，甫一出版就在全球掀起一股关注未来的风潮。该书阐明世界进入 21 世纪后，曾经长期威胁人类生存和发展的瘟疫、饥荒及战争已经被攻克，智人面临着新的待办议题：永生不老、幸福快乐和成为具有"神性"的人类。在解决这些新问题的过程中，以大数据、人工智能为代表的科学技术日益成熟，人类将面临从进化到智人以来的一次大改变。在《未来简史》中译版的扉页，作者特意手写了这样一段英文："When facing the ultimate question of this chaotic world, we need Chinese readers to contribute their wisdom."[2]翻译为中文，就是"当这个充满喧嚣的世界正在面对终极问题的时候，我们需要中国读者提供他们的智慧"。

确实，在当前这样一个迅速变化的社会，很多人都不太清楚未来十年二十年整个社会将向什么方向发展。正如处于 17—19 世纪的人类，不可能想象 21 世纪智能时代的出现；同样处于 21 世纪头 20 年的我们，虽然每天离不开电子产品和互联网，已经分享了前人不曾想象过的社会经济发展成果，同样不可能想象当下 AI

---

[1] 城市中国著；崔国主笔：《未来社区：城市更新的全球理念与六个样本》，浙江大学出版社，2021年，第13—15页。
[2] 〔以色列〕尤瓦尔·赫拉利：《未来简史：从智人到智神》，林俊宏译，中信出版社，2017年，扉页。

人工智能发展对人类生活的影响与挑战，也不能想象下个时代的人类将会以怎样的方式凌驾于数据之上，凌驾于人工智能之上，谱写出新的未来故事。这种因为不确定性而带来的焦虑，正在社会的各个阶层中蔓延。在这样的背景下，世界需要中国人提供他们的智慧，这将有助于人们正确解读"未来"，于我们领会"未来社区"的内涵也有着特别重要的意义。

"未来社区"中的"未来"有两层含义：一是状态维度，未来社区是适合现代化发展需求和满足人民美好生活需要的社区新范式，也是一种社区建设的新模式；二是过程维度，指未来社区建设是不断调整优化、迭代更新，适应城市现代化与人的现代化发展需要的过程。通过未来社区建设，实现"未来可期,幸福有望"[1]。

浙江省政府牢牢把握满足人民对美好生活向往的初心，2019年3月20日，印发了《浙江省未来社区建设试点工作方案》（以下简称《试点方案》），标志着浙江省未来社区建设试点工作全面启动。《试点方案》将未来社区概括为"一个核心、三大价值、九大场景"，即以服务人的全面发展为根本遵循，紧紧围绕促进人的全面发展和社会进步，突出高品质生活主轴，把满足人民美好生活向往作为"一个核心"，打造群众生活满意的人民社区；把人本化、生态化、数字化作为"三个维度"的价值坐标，彰显以人为本、

---

〔1〕 蒋廷令：《未来社区建设指南：理念与实践》，中国经济出版社，2021年，第23页。

生态低碳、智慧运营的社区价值；以未来邻里、未来教育、未来健康、未来创业、未来建筑、未来交通、未来低碳、未来服务和未来治理"九大场景创新"应用场景为载体，构建人民美好生活向往的新型人居空间。[1]

浙江省开始未来社区建设试点后，各地积极开展首批未来社区试点申报工作，经对各地申报项目多轮评审、综合比选，形成浙江省首批未来社区试点创建项目名单。4年来，浙江省未来社区建设聚焦人本化、生态化、数字化三维价值坐标，以和睦共治、绿色集约、智慧共享为内涵特征，突出高品质生活主轴，构建以九大场景创新为重点的集成系统，打造有归属感、舒适感和未来感的新型城市功能单元，促进人的全面发展和社会进步，吹响社区范畴内围绕文明建设的新号角，引发了诸多关注和热烈讨论。正如党的十九大明确提出，"人民对美好生活的向往就是我们的奋斗目标"。社区作为"城市让生活更美好"的社会基底，是人民安居乐业的基层平台，社区品质直接决定人民生活质量。打造"未来社区"顺应人民群众过上美好生活的愿望，具有引领带动产业转型升级、促进政府改进提升社会治理和服务水平等多重功效。

未来社区的构建需要综合考虑人与技术的关系、社区居民的多样化诉求和城市发展的战略规划。从社区内部性特征而言，现

---

[1] 参见戴建明、徐海荣主编：《中国未来社区构建的理论与实践》，光明日报出版社，2022年，第62—64页。

代社区的居民构成较为单一，且倾向于统一的价值标准，而未来社区的"复数性"特征包含了尊重差异和达成共识两方面。与传统的机械整合不同，未来社区居民的团结协作不是依靠外在强制力，而是出于自发的认同感和公共生活的需要。现代社区一般只需处理人与人之间的关系，而未来社区还需要协调人机关系，由于技术的联结和权利的让渡，其公域和私域边界互相嵌套、偏向模糊。现代社区以政府为主导，由政府配置资源，而未来社区则依靠技术更新、信息交互和居民需求来自我革新。从社区外部性特征而言，现代社区集中于微观的、单一的功能形态布局，未来社区立足于一体化视角和多功能协同，综合考虑经济、社会、文化、环境、安全等因素，实现社区生命周期价值的最大化。未来社区相较于现代社区在平面固定的建筑构型方面的最大转变在于，通过装配式建筑、零碳建筑、绿色建筑等新型建筑模式营造多层次、立体式、可变化、可持续的居住生活空间，推动人们生活方式的绿色转变和智能迭代。在基础设施方面，除了传统的硬件设施外，未来社区充分体现智慧化、信息化、精准化，通过大数据集成平台、智能家电、智慧物业、社区智慧大脑等智慧化基础设施的推广应用，联结数字社会和现实社会，全面提升社区治理的智慧化水平。[1]

　　未来社区具有全面性和可持续性的特征。在未来社区，人的

---

[1]　曾智洪、陈煜超、朱铭洁：《城市未来社区智慧治理面临的五大挑战及其超越》，《杭州师范大学学报(社会科学版)》2020年第4期，第130—136页。

需求始终被放在最核心的位置，一切规划与设计都将围绕人的便利、人的健康、人的安全、人的尊严、人的幸福等进行考虑。所以有别于传统社区仅仅关注人的住房问题，未来社区是围绕人的全方位需求进行考量设计的家园；住房仅仅是载体，真正以人为本，把人的幸福与邻里间的关系、人与自然环境的协调统一起来才是关键。而可持续性，则体现为未来社区作为居民向往的美好生活的承载之地，不能是短期的形象工程。生态建设与智慧建设是实现未来社区可持续发展的两大驱动力。生态建设致力于人的健康与可持续发展，智慧建设则致力于人的便利、安全及服务等，两者结合有助于推动未来社区在整体形态、价值观念、生产方式、生活方式等方面实现全面重构，社区将更加感知自然、感知社会、善用资源与服务百姓。

未来社区还具有前沿性特征。未来社区建设主要是将社区纳入未来发展的视域之下，引入技术、生态、社会、生活等变量，运用整体、综合性的观念和行动来超前性地解决城乡社区所面临的各种各样的问题；在建设过程中，未来社区将是先进科学技术、商业模式、产业形态的试验场、应用场与转化场，是集合未来产品与服务的前沿阵地。由此，未来社区在国内语境下体现了人们致力于对美好生活方式的新追求，即追求跨越简单居住模式的新的生产—生活—生态耦合模式，致力于社区经济、社会、文化、生活环境等各方面发生具有积极意义的变动，进而使得城乡社区生活获得长远而持续的改善和提高。

四、在世界格局中眼观六路

世界格局，也叫国际格局或国际政治格局，是指一定时期内国际上各种基本力量对比所形成的相对稳定的结构或体系。其重要特征是它的相对稳定性，包含两层含义，即世界格局一旦形成，就不会轻易发生变化，因而具有稳定性；但这种稳定又是相对的，因为世界上各种力量毕竟发生着此消彼长、重组等变化。当然，这种变化有一个较长的过程，一旦从量变发展到质变，世界格局就会发生变化。

（一）世界格局与中国发展的历史性交汇

决定世界格局的基本因素有两个，一是实力分布，二是国家之间的关系结构。实力分布的相对稳定性决定了世界格局的相对稳定性。国际政治学通常以"极"为单位称为世界格局，如单极、两极、多极格局等。"极"的实力由多种要素构成，体现的是综合国力。其中经济实力、军事力量是综合国力的基础，国家"软实力"也日益成为衡量"极"的重要指标。

目前，世界面临百年未有之大变局，我国发展仍处于并将长期处于重要战略机遇期，这是习近平总书记对世界发展大势和中国自身发展作出的重大判断。深入理解世界百年未有之大变局的理论内涵和历史演进趋势，深刻认识世界格局与中国发展之间的历史性交汇，有助于我们在世界大变局之下更好维护和延长中国发展的重要战略机遇期，更好应对世界大发展大变化大调整背景下中国面临的外部风险和挑战。

美国耶鲁大学历史学教授保罗·肯尼迪（Paul Kennedy），重点研究和讲授当代战略和国际关系，所著《大国的兴衰》自 1988 年出版以来，至今仍畅销不衰。在中国，对该书的引进也算迅速，当年便有中译本面世；跨入 21 世纪后，又两次再版。该书虽然有这样那样的问题，但它作为一部开先河式的作品，作者那种以整体看待全球格局，并加以全局分析的方法，即使以今天的标准看也不乏借鉴意义。他系统比较了"平衡发展的中国"与"相对衰落的美国"，认为"从长远来看，中国代表着一种政治和战略势力，它是如此重要，以至于既不能把它看作是莫斯科或华盛顿的附属物，也不能把它简单地看作是一种中间力量"，对美国而言，"头号强国都面临着共同的困境：尽管它们的相对实力都在下降，但对其地位日益增多的挑战却又迫使它们拿出越来越多的人力和财力投入军事领域，从而挤掉了生产性投资；随着时间的流逝，还将导致低增长和重赋税的徘徊不去，加深国内对重点开支项目的分歧，削弱其承担防卫负担的能力"[1]。

同样，已故美国哈佛大学费正清东亚研究中心主任傅高义（Ezra F. Vogel）在为中国学者编著的《中国的第二次革命——西方学者看中国》一书写的序言中，也感慨道："对所有国家来说，任何强

---

[1]〔英〕保罗·肯尼迪：《大国的兴衰：1500—2000 年的经济变革与军事冲突》，王保存等译，中信出版社，2013 年，第 274 页。

国的崛起都会引起世界的注意，而正在崛起的强国与已经形成的
强国之间的关系，则是一个最具挑战性的问题……我认为，世界
在 21 世纪初期所面临的最重大问题之一，将是崛起的中国与诸如
美国、日本这样一些现存强国的关系问题。美国和日本，作为老
牌的发达国家，由于对中国发展的良好态势和巨大前景具有戒心，
因此对中国持有严重的误解。同样，中国由于在 19 和 20 世纪曾
饱受帝国主义列强的蹂躏，也对西方国家极不放心，甚至过度敏感。
现在，中国与西方国家间的关系仍存在着许多基于不同利益而存
在的问题与紧张。西方强国，如果能适应中国的崛起，就像 19 世
纪末美国迅速发展时英国所做的那样，西方国家与中国之间就能
较好地相互了解，便能最大限度地减少双边关系中存在的摩擦与
紧张，并能在 21 世纪一起走向和平共处与合作发展的目标。"[1]

　　确实，当中国终于从被西方列强边缘化而成为被寄予厚望的
大国之时，中国的复兴具有世界意义。傅高义毫不含糊地写道："中
国自 1978 年实行改革开放政策以来，终于走上了一条具有本国特
色的现代化发展道路，这场改革被邓小平称为'中国的第二次革
命'。在改革中，中国致力于从社会主义计划经济过渡到以市场为
主的较为开放的商品交换经济的转型，这是现代世界最难解决的
问题之一。如何采取更大的灵活措施，既减少改革引起的阵痛，

---

[1]　张敏杰主编：《中国的第二次革命——西方学者看中国》，商务印书馆，2001年，第2—3页。

又加快经济的进一步发展，这正是许多社会主义国家 70 年代以来努力的方向。然而在苏联和东欧，共产主义骤然间解体了，经济则迅速地开放了。在中国，共产党坚如磐石，经济却像野火一样迅猛地增长，已经顺利地纳入世界经济体系之中。"[1]

（二）中华文明与和平崛起

中华民族是热爱和平的民族。中华民族对和平的热爱，体现在有着几千年文明渊源的思想之中。中国历史上影响最大的思想家孔子的思想核心是"仁"，他主张"仁者，爱人""己所不欲，勿施于人"，主张以爱人之心、"和而不同"调整社会及人际关系；孔子还为未来世界描绘了"大同"的美好图景。战国时期的墨家创始人墨子，主张"兼爱""非攻"。"兼爱"就是爱一切人，"非攻"就是反对战争，尤其是掠夺性战争。新中国成立后，中国共产党历来主张中国应走和平建国、和平发展的道路，和平处理国与国之间的关系，中共几代领导人在处理对外关系时一脉相承的思想也体现为一个"和"字。早在 20 世纪 50 年代，中国就提出了和平共处五项原则，作为处理对外关系的基本准则。进入 80 年代以后，邓小平提出了和平与发展是当今世界两大主题的著名论断。可见，中华民族几千年来一脉相承的思想主线就是仁爱、和平，这是未来中国角色定位的思想基础。

---

[1] 张敏杰主编：《中国的第二次革命——西方学者看中国》，商务印书馆，2001 年，第 1 页。

"和平崛起的大国"定位，其现实基础取决于一个国家在国际社会中的角色定位，取决于其综合国力的强弱。综合国力是指一个主权国家生存和发展所拥有的全部实力（物质力和精神力）及国际影响力的合力，包括政治力、经济力、科技力、军事力、文教力、外交力、资源力七方面，其中经济力和科技力是基础。改革开放40多年来，中国取得了举世瞩目的成就，经济实力明显增强。2005年，中国的GDP（国内生产总值）为2.229万亿美元，在世界上排名第四。2006年10月，中国的外汇储备超过1万亿美元，超过日本成为全球外汇储备第一大国。2010年中国国内生产总值达到了40万亿元人民币，成为世界第二大经济体。

在政治上，中国是联合国的常任理事国，在国际事务中拥有一票否决权。中国的军事实力也不容小觑。科技方面，航天技术也居于世界前列。继载人航天飞船神舟五号、神舟六号成功飞天后，神舟十一号载人飞船和天舟一号货运飞船又分别于2016年10月、2017年4月发射，并与天宫二号空间实验室对接；2023年10月26日，神舟十七号载人飞船由长征二号运载火箭在酒泉卫星发射中心点火发射，成功进入预定轨道，航天员乘组状态良好，发射取得圆满成功。空间实验室任务标志着我国载人航天事业进入应用发展新阶段，承前启后，意义重大。

文化教育方面，中国的影响越来越大，全球掀起的"汉语热"显示了各国对中国发展的乐观与期待。以推广汉语、传播中华文化为宗旨的孔子学院自 2004 年 3 月于韩国开办第一所起，到 2023 年年底已达 476 所，遍布全球 127 个国家和地区。世界主要国家学习汉语的人数与日俱增，全世界学习汉语的外籍人总数已达 4000 万。

中国的崛起是一个历史性的现象，中国在经济、科技、文化等多个领域无疑取得了显著的成就。作为一个负责任的大国，中国在国际事务中也发挥着越来越重要的作用。就综合国力而言，中国已算得上是大国了，而且是世界多极化结构中的重要一极。正如邓小平所说："所谓多极，中国算一极。中国不要贬低自己，怎么样也算一极。"[1] 但是，我们应当清醒地认识到，中国在许多方面离真正的大国、特别是离全球性大国的实力还有很大的差距。2020 年中国的 GDP 总量只相当于美国的 71%，人均 GDP 更低；中国的人口受教育程度和科技发展的总体水平也较低。因此，如果说中国是一个大国的话，也只能算是一个正在崛起中的大国，并未完成崛起。因此，我们需要继续努力，提高综合国力，为承担更多国际责任奠定基础。

在构建人类命运共同体的大背景下，虽然世界格局与秩序正在发生根本性变化，但是回到世界舞台中心的中国"强而不霸"；中国的文明性力量不仅体现在新型国际关系、人类命运共同体等

---

[1] 邓小平：《邓小平文选》第三卷，人民出版社，1993 年，第 353 页。

新理念中，也充分体现在共建"一带一路"机制的具体落实中。如果说西方有的大国提出"本国优先"，想的是如何"让自己更美好"，而中国提出的共建"一带一路"机制则是"让世界更美好"。中国在崛起后坚持"不称霸"，是中华民族的文化基因使然，是中国特色大国外交的"特"与"大"所在。

作为一个历史悠久、文化底蕴深厚、负责任的大国，中国需要在自身实力的基础上，稳步前行。中国应关注国内问题的解决，确保国家长治久安。民生问题、环境保护、社会治理等方面都是中国在发展中需要克服的难题。只有国内问题得到妥善解决，国家综合实力不断提升，中国才能在国际事务中发挥更大的作用，为世界和平与发展作出更多贡献。在这个过程中，我们要始终秉承和平发展、互利共赢的原则，与世界各国友好交往。在国际化进程中，中国一直致力于推动全球治理体系的改革和完善，为世界和平与发展作出贡献。

中国应保持谦虚、务实的态度，切勿盲目自大。在全球化的背景下，各国之间的联系日益紧密，中国的发展离不开世界各国的支持。与此同时，中国也要关注到自身在国际舞台上的角色，发挥积极作用，为全球治理贡献力量。

纵观中华民族几千年文明史，交流互鉴一直在进行着；国家之间的交流，最深层次一定是文明的相互理解、相互学习和相互借鉴，国际传播也必定会触及文明交流的层面。我们眼观六路，意识到中国依然是发展中国家，实现"强起来"还要补足短板，无论是格局转变还是秩序转变，首先要增强中国以及发展中国家的综合实力，要秉持欣赏所有文明之美的心态，不断拓展战略远见、保持战略定力、强调战略运筹，以文明交流超越文明隔阂，以文明共存超越文明优越，为人类社会贡献更多中国方案和中国智慧，在国际秩序的发展完善中彰显中国的责任和道义，这是化解"文明冲突"、弘扬人类共同价值的正确路径。

五、谱写文明的外溢新篇章

旅游目的地形象在游客旅游决策中扮演着重要的角色，其往往是决定潜在游客是否选择该旅游目的地的直接因素，自然成为政府开展旅游目的地营销工作的关键环节。为满足入境游客的旅游需求，旅游目的地国家往往通过政策宣传和营销为其提供信息指引，这在一定程度上容易在客源地居民中产生广告效应以及高品质、友好的旅游目的地形象，形成引力光环，吸引客源地游客前往，形成从光环效应到旅行偏好的传导路径。[1]中国幅员辽阔，从南方到北方，包含了大海、山川、高原、草原、森林、湖泊等各式各样的自然景观。中国上下五千年的历史，使得这里蕴含着丰富的文化；960万平方千米的国土上有56个民族，他们都有各

---

[1] 张应武、郑雪梅：《过境免签政策的入境旅游效应及其内在机制——以中国57个主要旅游城市为例》，《旅游学刊》2023年第8期，第134—147页。

具特色的服饰和建筑风格……中国是世界许多国家和地区的人们向往的旅游目的地。

然而，面对中国的崛起和中华文明对西方体制的挑战，西方媒体和政客如芒在背，他们必须面对这样一个事实，西方体制和文明的优越性不再是不证自明的，西方的意识形态自由主义也不再具有"普世价值"。这是西方政客和媒体无法回答的问题，为此，西方政客和媒体以意识形态对立评判一切，沉迷于地缘政治博弈，对中国进行污蔑抹黑，渗透出骨子里的虚伪与冷酷。这种抹黑通常都是拙劣的谎言，充满颠倒是非黑白的污蔑。如对于在中国共产党领导下的中国近几十年来在民生、经济乃至文化教育、医疗养老等方面取得的诸多成就，不但像选择性失忆一样看不见，还对中国的内政说三道四；污蔑中国在全世界范围内进行信息监视和审查，并企图拉拢盟友建立所谓"数码权利基金""网络军事学院"以"围堵"中国；炮制涉华的所谓"人权政策法案"，极尽污蔑之能事，百般抹黑中国人权状况；等等。

西方媒体和政客如此抹黑中国，我们也必须有所回应才行。有句话说得好，最好的打脸方式，不是正面回击，而是侧面甩脸。中国的做法就很典型，那就是进一步打开国门，欢迎各国人民来中国感受中国社会的真实状况，让更多的外国人实地了解中国，见识当今中国的现代化、科技感，特别是了解中国式现代化所取得的成就，这对国际交往和国家发展意义重大。

近两年来，为便利中外人员往来交流，在免签政策之前，中国已推动多项优化签证政策的新举措持续落地，包括减少签证申请表填报内容、阶段性调减签证费、简化来华留学审批手续、免采部分申请人指纹、免签证预约等，进一步破解外籍人员来华的难点、堵点。随着中国的外国人免签政策持续优化，从免签"朋友圈"扩大，再到最近全面实施邮轮入境免签 144 小时、扩大邮轮口岸过境免签范围，国家移民管理局陆续出台了多项措施，放宽签证要求，越来越多说走就走的外国游客和博主进入中国，在全球互联网社交媒体上，掀起了一股"我们在中国"的热潮。根据国家移民管理局发布数据，2024 年上半年全国各口岸入境外国人 1463.5 万人次，同比增长 152.7%。其中通过免签入境 854.2 万人次，占比 52%，同比增长 190.1%。过境免签政策被视为我国新的"顶级名片"，正在让 China Travel 更加魅力四射。[1]基于免签便利，一些外国游客更纷纷化身中国游"特种兵"。去哪儿平台上，一位俄罗斯旅客半年内到访了北京、天津、上海、杭州、日照、宁波等 16 个中国城市，另一位土耳其旅客则先后打卡了广州、深圳、珠海、济南、青岛等 12 个城市。在中国旅游，外国人比想象中踏足更广，包括一些特色小城也吸引了不少老外——黑河成为俄罗斯人网购的"收货地"，韩国游客扎堆游览张家界；云南元阳梯田、

---

[1] 刘星彤：《144 小时过境免签覆盖 54 国，"China Travel"热爆了》，《羊城晚报》2024 年 7 月 7 日，转引自新华报业网，https://www.xhby.net/content/s668a348de4b03f2293aa673e.html。

被誉为"最窄县城"的云南昭通盐津、七彩丹霞甘肃张掖等小众目的地，都出现在外国游客的视频中。

"不来华就不知华。"当这些游客亲自到中国旅行、接触当地文化、了解人民生活后，他们可能会更客观地评估中国的发展、社会进步和人民生活水平，就会改变以往在西方媒体报道下形成的对中国的偏见和刻板印象。他们亲眼所见的中国，基础设施建设完善，街道干净整洁，人民热情友善，高楼大厦肩并肩，智能支付秒到账，高铁飞驰如穿越，连小吃街的煎饼果子都能扫码付！更让老外们惊掉下巴的是，夜晚的中国，到处是灯火辉煌的安全港湾——公园里，大爷大妈跳广场舞；桥底下，吉他少年弹唱歌谣；街头没有流浪汉，更没有随处可见的垃圾，丝毫不用担心治安问题。他们的眼睛里闪烁着对中华文化的渴望，就像是找到了新大陆的探险家，准备在这里挖掘宝藏。这种直接的体验和感受往往比媒体报道更具有说服力和深远影响，特别是在当下所处的互联网时代，真相如光速传播，越来越多的外国旅游博主在社交媒体上分享在华所见所闻，生动展现了东方国度的风采和现代文明，进一步激发了全球观众的兴趣。他们晒中国，秀幸福，让屏幕那头的网友直呼："这不是我认知中的中国，分明是未来之城啊！"也有外国博主写道："中国是一个充满惊喜和活力的国家，只有亲自来感受，才能真正了解它的魅力。对于那些还抱着偏见不放的人，我只能说，你们错过了太多。"

中国接连扩大免签国范围，是主动扩大对外开放的表现，以国内大循环为主体，不是关起门来封闭运行；当前的国际局势下，贸易保护主义盛行，大国竞争加剧，中国坚定推进高水平对外开放，主动对部分国家免签，释放出便利中外人员往来，服务高质量发展和高水平对外开放的积极信号。[1]入境游客数量的急剧增加、中国旅游业的蓬勃发展，反映了中国在全球的影响力和吸引力不断增强，表明中国作为旅游目的地的吸引力正在显著提升。这一趋势不仅反映了中国丰富的文化遗产、美丽的自然风光和先进的城市发展，也与全球经济一体化、交流增加以及人民生活水平提升等因素密切相关，更彰显了中华文明的自信与强大的外溢效应。正如德国智库席勒研究所创始人兼主席黑尔佳·策普·拉鲁什所说，中国扩大免签政策是一个很好的举措，"不仅让德国和其他国家的公民去旅游并探索中国文化变得更为便利，而且有助于深化双边经济合作"，"到访中国、亲身体验中国经济发展成就、感受中国人民友善的人越多越好……外国人的亲身经历将使抹黑中国的言论徒劳无功"。[2]

国之交在于民相亲，民相亲在于心相通。正是在这个意义上，入境旅游的发展对于提高文化软实力、提升国家吸引力、展示中

---

[1] 陈珂：《中国免签"朋友圈"持续扩容》，《中国报道》2024年第4期，第82—85页。

[2] 李洁、康逸、王湘江、孟鼎博、李超、袁享瑞、杜哲宇、汪艺、毛鹏飞、程一恒：《中国扩大免签政策给相关国家民众带来实在便利》，新华网，http://www.xinhuanet.com/2023-12/08/c_1130014982.htm。

华文明建设新成就、塑造大国形象等具有不可替代的重要意义。

西方人总是鼓吹所谓的"自由"，但普通西方民众却活在媒体包装的谎言中，对真实的中国一无所知。所以，越是原汁原味展现中国平民生活的视频，越能激起外国人的兴趣。比如，一位年轻的美国黑人女博主，她在上海居住了 3 周，在 Tik Tok 上分享了所见所感，直言中国是她所去过的最棒的国家。通过她的视角，我们可以理解为什么那么多外国人喜欢来中国旅游了。最吸引她的就是中国良好的治安环境，在这里她可以晚上一个人在公园慢跑,完全不用担心人身安全,这在美国根本无法想象。就连路边"禁止戏水"的小小警示牌，都让她感慨万分，直言"中国至少活在2040 年"，比美国领先太多了。更让这位博主感动的是，中国人从不会因为她黑人的身份而歧视她，人人都给予了足够的尊重。

这些外国人来到中国后，亲眼所见令他们大吃一惊。他们这才意识到，被西方媒体编造了那么多谎言的中国其实是如此繁华现代！看到我国无现金支付、高速互联网、智能出行等高科技应用场景时，他们更是对这个国家的发展速度感到难以置信。那些世界级的高铁网络、国际机场、高速公路等基础设施，让这些外国人对强大的中国肃然起敬。而悠久的历史文化和丰富的自然风光，也是一直吸引着外国朋友们。良好的社会治安和旅游环境，再加上我们的热情好客，都让外国友人在华感受到了宾至如归的体验。这些来自五湖四海的外国朋友，通过亲身经历成为中国最好的"代言人"。他们在各自的社交平台上向全世界讲述自己的所见所闻，架起了中外文化交流的桥梁，让更多人真正理解和认识中国。他们用自己的语言和视角，帮助海外观众跨越了文化差异，看到了一个真实、和平、充满活力和发展潜力的中国。他们的正面评价，也推动着我国旅游业提升服务质量，开发更多元化的旅游产品，以满足国际游客的需求。

正是这样，众多外国游客的亲身经历和正面评价，引发了全球对中国形象的认知转变。他们的声音在一定程度上修正了外界对中国的误解，维护了公正全面的中国形象，赢得了国际社会的理解和支持。这种由个体体验汇聚而成的认知转变，将推动全球多元文化加深交融，开启国与国之间合作与友谊的新篇章。

第三节　真善美的中国现象

真善美是人们对生活的一种真实美好的追求，存在于人们的意象世界；真善美又融合在人们的生活中，存在于生活世界中。"真"指的是真实、诚实、真诚，强调的是坦诚对待他人和自己。"善"意味着"善良""慈善"，强调对他人和社会表现出善意、关切。"美"包括外表美、内在美，是高级形态的文化情感，是人对自身体察到的感受的表达，是人感知的一种美好和谐愿景。真善美通常用来形容一个人的德行和品质，是人类和社会文明的真实体现。所以，真善美是风雨同舟、患难与共的守望相助；真善美是逆行而上、攻坚克难的主动担当。在神州大地弘扬真善美，在全社会激发正能量，正是推动中华文明建设的重要内容。

一、人性本善的价值取向

"人皆有恻隐之心""人之初，性本善"是中国人耳熟能详的句子。西方文明的主流宗教基督教的"原罪说"明确认定人性本恶，所有人生来皆有罪，需用一生的时间去忏悔与自我救赎。善对应着文明与进步，恶对应着野蛮与退步。中华文明传统上倾向于从人性善出发，更重视扬善，扬善意味着发挥正能量；西方文明传统上倾向于从人性恶出发，更重视抑恶，抑恶意味着抑制负能量。虽然对于人性到底是本善还是本恶很难有定论，争论也没有意义，但是，中国的传统伦理观历来主张人性本善的价值取向，中国人几千年都秉持儒家的观念，认为性本善是中华文明的基础。

人们常说"良心发现"，这个俗语便是"性善论"最好的注脚。孟子提出"水信无分于东西，无分于上下乎？人性之善也，犹水之就下也。人无有不善，水无有不下"（《孟子·告子上》），他相信每个人都有仁义之心，即良心。孟子还提出"四心说"，认为人皆有"恻隐之心""羞恶之心""辞让之心"和"是非之心"。这种"良心"是与生俱来的，所谓"天命之性"。因为人性本善，所以孟子说："人皆可以为尧舜。"人性向善论不仅揭示人与万物的差异，而且肯定教育学习与社会规范之意义，同时保存内在良知的特殊价值，以之界定人格的尊严与人生的幸福。

善是我们社会的一种资源、一种财富，它推动着我们每个人向好人、有良心的人发展，也推动着我们这个社会更好、更健康、更良性地发展。把"向善"作为中华文明建设的共同价值观，实际上是一种最本质、最人性、最重要的道德诉求，确定了我们的道德标准和价值取向。

《三字经》中说"人之初，性本善"，每个人心灵中都有天使的一面，积德行善就是把自己天使的一面开发出来。"勿以善小而不为，勿以恶小而为之。"如今，有些人仰望着那些被神化了的"贤者"自叹不如，却不愿做一件小小的善事，殊不知，为小善，方能至千里。在国家和民间道德力量的引领下，长城内外、大江南北，从东南沿海到西藏、云南、新疆边陲，"善"已在中国成为一道亮丽的道德建设风景线。"向善"的最高要义就是实现社会文明，人人做有修养的人，做文明人。社会的爱心善意和政府的有效激励使人性本善的价值观不断得到弘扬，使积德行善实现从"典型效应"到"社会效应"的蜕变，对治疗社会转型期人们的浮躁心理和道德失范、培养公民素质、提高公民文明程度有很强的针对性和适用性。

不久前，一个专做网络直播的意大利小伙子来到中国重庆，应西方网民要求通过秘密的现场直播项目检测中国人是否善良。

这场测试在傍晚开始，他对现场进行了布置之后，把一辆价值不菲的电瓶车推到了一处大商场附近的停车点，车上面故意放置自己的昂贵行李，并且将电瓶车的钥匙插在钥匙孔里，随后就躲到附近一个隐蔽的地方，举起了直播摄像机开始悄悄播放所记录的情景。此刻，外国网民纷纷在直播中发表自己的预测："我敢打赌一定会有人把行李箱拿走的，瞧瞧这多么贵重啊！"也有人幸灾乐祸地期待："到时候他不仅赔了行李，就连电瓶车都要被人带走！"然而接下来的情景却令在直播平台上的数万名观看者难以置信，虽然有很多人从电瓶车面前行走经过，却没有一个人在意那个显眼的行李箱。在测试过程中，放在电瓶车上的头盔被行人无意中碰撞掉落，引起恰巧在旁扫地的女清洁工的注意。她的出现让网友们对赌了起来："你们押多少，我赌这个女人一定会带走头盔的！""她肯定知道这个头盔的价值，一定会拿走的！"可是令所有人都没有想到的是，这位女清洁工仅仅是把掉在地上的头盔捡了起来，擦拭一番后，很郑重地把头盔放到了电瓶车上面，同时她似乎注意到了电瓶车钥匙也没有拔。随后，她作出了一个令外国网友十分不解的行为：她直接拔出了电瓶车钥匙，并把它放在了电瓶车篮子的最下面，还不知道从哪里找来了一张纸，写上了歪歪扭扭的字，把纸放在电瓶车里，便离开了。意大利小伙赶紧过去查看，却惊喜地发现，纸上所写汉字翻译成英文后的大概意思就是："钥匙在车篮底下，下次注意拿走。"顿时，直播间里沸腾了起来，无数的外国网友感慨道："这在我们国家几乎是不可能的事情，中国人真是善良文明！"

中国人是善良文明的，也是充满爱心的。2018 年 7 月去世，享年 99 岁的香港企业家、慈善家田家炳，视慈善工作为第二事业，本着"留财予子孙不如积德予后代"的中华行善传统美德，捐资创办"田家炳基金会"，专事捐办教育、医疗、交通、文娱等公益事业，泽荫海峡两岸暨香港、澳门，被誉为"中国百校之父"。他认为兴国之道在于人才，而人才培育始于教育"立人"。为了"立人"，在他的捐赠下，一座又一座以"田家炳"命名的大、中、小学和幼儿园，成了各地一道道亮丽的风景。他说："我选择教育作为回报社会的方式之一，开始是为家乡大埔县每个镇和梅州市每个县兴建中学，后来就扩大到为全省每个市和全国每个省兴建中学，还为每个省的师范大学兴建一所教育学院。我相信只要好学校、好老师、好校长越来越多，中国的教育事业就一定会兴旺发达起来，人口素质也一定会得到提高。"他的爱国爱乡的慈善情怀和助教兴学的满腔热忱，感动了无数人，他无愧为国人敬仰和推崇的行善楷模。[1]

在党和国家的高度重视下，中国慈善事业在近 30 年的发展中取得了长足进步。成立于 1994 年的中华慈善总会，广泛动员社会

---

[1] 张敏杰：《从田家炳的"立人""立己"观想起》，《观察与思考》2007 年第 20 期，第 58 页。

各界爱心力量，多方筹措慈善款物，实施慈善项目，开展慈善活动，在紧急救援、扶贫济困、安老助孤、医疗救助、助学支教等多个领域成效卓著，业已形成一个遍布全国、规模庞大的慈善援助网络。截至 2021 年年底，共募集慈善款物价值达 1400 多亿元，使数以千万计困难群众得到不同形式的救助，成为推动国家慈善事业发展的一支重要力量。近年来，中华慈善总会重点推出全国性慈善项目——"幸福家园"村社互助工程和"善济病困"工程，为助力乡村振兴、参与社会治理、推进共同富裕作出了积极贡献。又据了解，2023 年中国企业家慈善榜的上榜门槛为 100 万元，其中慈善公益投入总额在亿元以上的企业家共有 27 位，京东商城创始人以 149 亿元人民币的慈善公益投入总额位列榜首，成为 2023 年中国首善。

"向善"就是要求我们养成一种文明习惯，传扬文明作风，做文明的使者，以文明言行教化他人，美化社会。通过点对点的典型教育、面对面的活动开展、心贴心的为民办事、实打实的氛围营造等举措，塑造人人向善、人人从善、人人扬善的社会风尚，形成以向善为核心的社会文明，构建起共同的精神家园。

二、一方困难时八方汇真情

人是一切社会关系的总和。人的存在与发展需要各种社会关系的支撑，离开了现实社会中各种各样的关系，人的存在是不可思议的。纵观人类社会发展的全过程，人类在长期共同的生产劳动过程中，日渐积淀形成的相互帮助、互相扶持的互助精神，是人类社会存在和发展的重要条件，也是古今中外广为传颂的社会美德。不论是在过去、现在还是将来，生活在社会中的人们，总会遇到一些自己无法克服的困境或难以预料的灾难，迫切需要他人的帮扶和社会的关怀。一个国家、一个地区也难免会在某个时期遭遇突如其来的天灾人祸，迫切需要他方的支援。因此，"一方有难，八方支援"的互助精神，维护、追求和关切人的尊严、价值和命运，强调人与人之间的帮扶和支持，不但体现了人类社会世代称颂的互助美德和文明精神，也是衡量一个民族、一个地区文明程度的重要尺度。

在我国传统儒家伦理思想中，和谐、仁爱、互助的道德观念备受重视，如"礼之用，和为贵""家和万事兴""敬业乐群"等，就是强调家庭、社会的和谐与发展都需要互助精神来维系。孔子所追求的"老者安之，朋友信之，少者怀之"（《论语·公冶长》）的人生理想，也反映了他对互助精神的高度崇尚。孟子作为孔子思想的继承者，更是将互助精神提升到了事关国家安危的层面，他说："天时不如地利，地利不如人和。"荀子也说："上不失天时，下不失地利，中得人和，而百事不废。"在此，孟子和荀子共同认识到了"人和"在社会稳定、国家发展中所处的重要地位。可见，实现"人和"的关键在于人与人之间互助精神的弘扬。

"一方有难，八方支援"的互助精神，承接中华民族的优良道德传统，弘扬了伟大的中华民族精神。中华民族有着源远流长的互助精神传统，互助合作是中华民族 5000 多年来生生不息、不断发展壮大的精神动力。从同事、朋友之间的同舟共济、患难与共，到各兄弟民族之间的携手共进、互帮互助，无不反映了中华民族对人与人之间互助精神的关切与重视。2008 年汶川大地震，全民万众一心抗震救灾，有钱的出钱，有力的出力，千千万万中国人当时都在心中呐喊"汶川，我们在一起"。2020 年武汉出现新冠病毒感染，全国各地的医护人员都在第一时间赶到武汉，再一次体现了"一方有难，八方支援"的家国情怀。2021 年夏的一场特大暴雨袭击河南，造成郑州等地道路积水，交通不便，大面积停水停电，受灾区域群众生活物资紧缺。但是暴雨无情人有情，一方有难，八方支援，全国各地的爱心救援物资源源不断发往河南灾区，风雨同路，万众一心。

互助是一种境界、一种胸怀，更是一种自觉的品性。对群体而言，这种境界、品性就会汇集成为强大的精神力量。虽然当前高效快速反应的生活和工作节奏已让许多人无暇顾及家庭琐事，他们回到家里希望得到更多的休息和放松，但是许多平时很少见面，甚至互不认识的邻里往往能在关键时刻向身处困境、需要帮助的弱者伸出有力的援手。如杭州白金海岸小区的女童高楼坠落被救事件就感动了许多人。当时，一个 2 岁女童翻出自家阳台，在 10 楼高空突然坠落，正在楼下的一个年轻妈妈在千钧一发之际，奋不顾身地冲过去，用双臂接住了孩子，这个发自本能的动作，令她当场昏迷，手臂多处骨折，但也挽救了女童的生命。正是在灾难和突发事件面前，"一方有难，八方支援"的互助精神化为齐心协力、同心同德、共克时艰的强大动力。通过提倡团结互助，有利于化解种种社会矛盾，把各种社会力量组织起来，把各种积极因素调动起来，推进和谐社区的构建；有利于促使人与人之间团结友爱，互相关心，互相帮助，形成新型的社会主义人际关系。"一方有难，八方支援"的互助精神，展现了中华文明的普遍性和优越性，彰显了中华民族的强大凝聚力和向心力。

在全球化时代，世界各个国家或地区被紧密地联系在一起。任何国家、任何地区都不可能在封闭的状态下求得生存与发展，都需要与其他国家和地区进行交流、沟通，在互相帮助、互通有无中谋求自身的进步与发展。全球化使整个世界的地域日益缩小。国与国之间、地区与地区之间、国际组织与国际组织之间的相互帮助、共同进步已经成为世界经济与社会发展的必然要求和共同趋势。国际社会中"南南合作""南北对话"的不断推进以及各种区域经济合作、文化合作组织如雨后春笋般涌现，这足以说明：当今世界也在呼唤着互助精神。最典型的是 2020 年，新冠病毒在全球所有国家都不能幸免的时候，中国政府除了安顿好本国人民的健康安全之外，还为意大利提供了急需的口罩、防护服、呼吸机、核酸检测试剂盒等医疗资源，还多次派遣经验丰富的医疗队，让意大利民众感受中国大爱。面对塞尔维亚总统的求助，中国也第一时间援助物资并派遣专家组，并专机送去救援物资。面对中国医疗团队的到来，塞尔维亚总统带领塞尔维亚国防部部长、财政部部长、卫生部部长亲自迎接。塞尔维亚居民激动不已，纷纷对医疗队成员表示感谢。

在国际关系方面，中国一贯主张的就是国家不分大小一律平等，始终秉承"人类命运共同体"的理念，同样也是"一方有难，八方支援"。2024 年 2 月 7 日的日本《日经亚洲评论》刊登了牙买加外交外贸部长约翰逊·史密斯在东京接受采访的报道，她说牙买加于 1972 年与中国建立外交关系，牙中一直保持友好关系。自2019 年与中国签署《共建"一带一路"合作谅解备忘录》以来，牙买加受益于建设关键设施的中方资金，包括中国援建的牙买加外交外贸部大楼以及多条高速公路，并在中国援助下建造了英语加勒比地区最大的儿童医院。约翰逊·史密斯说："中国的基础设施支持，是在许多国家没有提供此类支持时来到（牙买加）的，这对我们国家的增长和发展是至关重要的。"[1]这些充分体现出中国政府是一个能为世界承担责任，能为其他国家提供帮助的负责任、有担当的大国形象。

---

〔1〕　Akira Kitado:《牙买加外长驳斥中国"债务陷阱"担忧：中国的支持至关重要》，丁玎译，环球网，https://oversea.huanqiu.com/article/4GVlp920th4。

　　总之，一方困难时八方汇真情。在历史的长河中，任何一个政党、一个国家、一个民族，要生存、发展，都需要孕育互助合作的美德，彰显互助合作精神的力量。全球化的世界，是一个地球村，人类面临着共同挑战，从气候变化到恐怖主义，从各种疫情的先后出现与蔓延，到明天未知的公共危机和灾难，没有任何国家可以独善其身，置身事外，唯有团结合作才能共克时艰。"山川异域，风月同天。"在世界联系日益紧密的今天，各国身处国际大家庭中，面对困难，更应团结合作。

三、共建共享理念指导

　　中共十八届五中全会明确提出要"坚持共享发展，必须坚持发展为了人民、发展依靠人民、发展成果由人民共享，作出更有效的制度安排，使全体人民在共建共享发展中有更多获得感"[1]，揭示了共建共享和人民之间的辩证关系，顺应了民意，也符合社会经济健康发展的基本要求。

（一）共建共享理念的提出顺应了民意

　　进入21世纪，中国经济飞速发展带来社会急剧转型，国家治理体系和国家治理能力面临新的机遇和挑战。一方面，多元主体新的利益诉求和利益格局发生了变化，群体、行业、地区的发展

---

[1]《中共十八届五中全会在京举行》,《人民日报》2015年10月30日, 第1版。

差距拉大，各个利益群体鸿沟加深，资源分配不均导致有些地区部分群众产生了失落感和相对剥夺感。另一方面，改革开放所带来的自由与竞争拉大了区域的贫富差距，城乡二元结构使农村发展落后于城市，资源的分配不均既表现在经济红利、科技红利的差异，也包括公共社会产品的差异。强势群体进行优势的代际转移，弱势群体边缘化，造成社会阶层固化，基尼系数居高不下，容易导致社会问题，不利于人民安居乐业、社会安定有序和国家长治久安。

民生问题是当前中国社会的最热点话题。一家权威机构不久前在中国东、中、西部地区 15 个省市进行的分层抽样调查显示，公众最关注的热点话题依次是：物价上涨、反腐倡廉、医改方案、就业问题、收入分配、社保养老、住房保障、司法公正、劳动者权益保护和教育公平。十大热点中，有九项直接与广大人民群众的切身利益紧密相连。与往年调查结果相比，物价、医改和就业问题、住房保障等民生议题的社会关注度呈上升趋势。

为什么民生问题成为民情民意汇流激荡的焦点？民生无小事，群众的柴米油盐、衣食住行，看似小事，实为满足人民群众日益增长的物质文化生活需要的大事，更进一步说，是关系到人民幸福安康、国家长治久安的大事。为适应新时代的发展，必须加快转变政府职能，推进基层治理能力现代化，增强人民获得感。在此背景下共建共享理念的提出，透露出一个强烈的信号：在中国发展的关键时期，在经济建设取得举世公认成就的同时，要协调社会关系，建立和谐社会，使经济建设与社会协调同步发展，这是 21 世纪中国社会的重要发展目标。

历史告诉我们，中华文明是人民群众所创造的，只有激发广大人民群众的活力与创造力，让人民群众真切体会到社会主义制度的优越性，人民群众才能从内心拥护中国共产党领导的核心地位，认识选择中国特色社会主义制度是正确而明智的，建立对中国特色社会主义理论体系的足够自信。中华文明才能与现代社会相适应、相融合，才能更好焕发生命力。共建共享的根本宗旨在于人民增强获得感。人民增强获得感有助于增进人民福祉，维护国家长治久安，增强共产党执政权威。也只有党领导的全面深化改革释放出越来越多的惠民正能量，打造各种老百姓看得见、摸得着、感受深刻的民生工程，给人民群众真正带来利益，才能获得人民的拥护与好评；即使改革过程中一部分人利益可能受损，或者需要调整利益关系时，人民群众也会理解和支持，更加坚定未来发展的信念和积极向上的心态，相信只有中国特色社会主义道路才能引领中国进步、实现人民幸福。

（二）以"共建共享"的理念推动中华文明建设

共建共享必须以人民为主体，人民获得感增强对共建共享具有积极的促进作用。建设和谐社会是以"人"为中心的发展战略，是以追求生活条件改善、生活质量提高为核心的发展战略。它要求平等地保障最广大人民群众的根本利益。无论是代表先进生产力的发展要求，还是代表先进文化的前进方向，归根结底要落实到代表最广大人民群众的根本利益。否则，"以人为本"的和谐只能是一种善良的愿望[1]。

在共建共享理念的引领下，要构建服务型政府，为人民增强获得感提供机制保障；要推进民生普惠，作为人民增强获得感的决胜要素；要促进基层治理能力现代化，完善人民增强获得感的网格网络；要推动公共产品供给，打通人民获得感的"最后一公里"。我们要改变以往"政府说了算，群众听和看"的现象，始终贯彻决策共谋、发展共建、建设共管、效果共评、成果共享的群众路线工作机制。在实践活动中，政府要自上而下、大胆探索，让广大人民群众了解"政府在做什么、想让百姓参与什么"，使中央的政策理念更接地气、更加贴近基层现实，社会职能更加充分展开。

在共建共享理念的引领下，人民对美好生活的向往在物质与精神上进一步地具体化，涉及国计民生的水、路、电、网等基础设施日益完善，基本养老、卫生医疗、社会保障制度等也正向着城乡基本公共服务均等化的方向发展，人民群众的生活质量、健康指数等迅速提升。把促进人民群众全面发展和社会全面进步作为治国理政的重点，让全体人民共同享有经济社会发展成果，让

---

[1] 张敏杰：《渴望和谐：当代中国社会的追求》，《观察与思考》2005年第2期，第15—17页。

广大人民群众尤其是农村居民实实在在地获得幸福感。要让企业获得公平竞争的营商环境，创业者获得商事制度改革的便利效益，农民在缩小城乡差距中获得收益，人民获得良好宜居的生态环境，居民在社区治理中获得生活质量改善，病人在医药卫生改革中收获实惠，等等。[1]

在共建共享理念的引领下，中华文明建设阐发的共建原则，意味着世界各国不分大小强弱都应主动而平等地参与全球生态环境保护和治理以及绿色可持续发展，作出基于各自能力的贡献。"共享"所强调的是，全球生态环境改善和绿色可持续发展带来的物质福利与生态福祉，理应在全世界范围内被更加公平地分配，即人类命运共同体发展的成果共享、各国人民互信互敬的共识形成，以及和谐安宁幸福生活的理想达至。与此同时，通过合作领域的深度拓展，以建设项目和合作重点的多元，联结全世界人民命运与共的价值宗旨，并在实践中通过文化导航以更加开放的态势拓展人类命运共同体建构的发展空间。

四、西方人头脑里有关中国的想不通

近百年来，西方文明被某些西方人崇拜为人类文明的标杆，成为东方走出"野蛮"、开化国民的法宝。德国学者诺贝特·埃利亚

---

〔1〕 邵雅利、杨臻煌：《共建共享理念下增强人民获得感的路径研究》，《西昌学院学报(社会科学版)》2017年第4期，第23—27页。

斯直言"文明"概念源于西方的主动构建，认为当下世界所热议的文明表现的就是"西方国家的自我意识……它包括了西方社会自认为在最近两三百年内所取得的一切成就，由于这些成就，他们超越了前人或同时代尚处于'原始'阶段的人们"。这一概念无非是表现着"他们的技术水准，他们的礼仪规范，他们的科学知识和世界观的发展等等"[1]。虽然这种文明的标准深深印刻着西方文明"优越而高雅"的形象，但这种偏见毕竟因文明隔阂和差异所致，对此我们可以根据文明史实拨乱反正，也可以通过文明互鉴、文明交流达到拨乱反正，厘清人类文明发展的主流和基本脉络。在现代科学技术领域，近代以来的西方文明确实功不可没，对全人类文明作出了巨大贡献。可即便如此，中国对文明成果的利用与发展也达到令西方人惊讶的程度。

Quora 是一个问答 SNS 网站，被称为美版"知乎"，任何人都可以在该网站提出感到困惑与想不通的问题，由网民或请专家回答。我们曾看见一个美国记者不久前在中国待了两个月之后，在 Quora 提出问题，称有三大怪现象想不通。那到底是什么现象呢？

第一个想不通，是中国高铁发达到让他吃惊，4 万多公里的高铁旅程是全球第一的，遥遥领先于只有 3000 多公里的日本。在中国想去哪儿几乎都能坐高铁。这个美国记者觉得，如果按照资本

---

[1]〔德〕诺贝特·埃利亚斯(Norbert Elias):《文明的进程:文明的社会起源和心理起源的研究·第一卷:西方国家世俗上层行为的变化》，王佩莉译，生活·读书·新知三联书店，1998年，第61—62页。

家的思维，这高铁是绝对不可能通到贫困地区的，因为一公里造价是 1.3 亿元，完全就是亏本的买卖；甚至中国铁路一年的亏损高达 500 多亿元，但是为了方便老百姓出行，让原本偏远闭塞的人们有机会出来致富，中国亏钱也要干这个事。

第二个想不通，是中国电网全球最便宜。放眼全球，中国是全世界唯一一个能够让所有贫困地区都能用上电的国家，这放在国外也是完全不可能的，因为资本不做亏本生意；不说把高压线电塔建起来要花多少钱，设备日常维护的费用就已经是一笔大数目了，所以看似营收丰厚的供电业务的亏损肯定是高达天价，因为欧洲的生活用电最高是 10 元钱 1 度，而中国是六角钱 1 度，而且已经 20 年没有涨过价了。但是中国为了点亮万家灯火，坚持向偏远农村便宜供电。

第三个想不通就是中医经方药少而精，疗效惊人。所谓经方，是指汉代以前经典医药著作中记载的方剂，方义隽永，药味精当，耐人寻味。进入近代社会后，虽然中医频繁遭打压，但是不可思议的是，中医在国内外广为传播，尤其在西医发达的日本被尊为汉方，而且他们传承的主要是汉方当中的经方（指张仲景《伤寒论》和《金匮要略》的方子），其对日本汉方医学影响深远。尤其想不通的是，经方医学能历经数千年仍保持旺盛的生命力，而且既省钱又好用，一服药花钱不多；即使不花钱买药，也可以选择针灸推拿按摩，甚至可以在山野之中采集草药进行治疗。

中国的文明与文明建设成就在全世界确实是有目共睹的。上述美国记者的三个想不通，只是西方人对中国文明诸多想不通的几个，其实他们还有许许多多想不通。最近，美国有线电视新闻网CNN转发了《纽约时报》的文章，《"隐形杀手"：北京净化了有毒空气。为什么新德里不能？想想？》（"CNN Headlines: 'An invisible killer': Beijing cleaned up its toxic air. Why can't New Delhi? Thoughts?"），引起了网民的关注与讨论。有印度网友问："为什么中国可以治理雾霾？印度的治理却毫无效果？"结果引起很多外国网民参与发帖。

有人写道："中国是强大的、有组织的；印度社会松散，混乱不堪。""在印度，政治家演讲：'我们需要改善空气！请给我你的一票！'工厂主说：'为何不先控制烧秸秆的农民？'印度农民表示：'贫困农民为何受到欺凌？'反对党说：'他们是骗子，他们想掏空我们的口袋！我会保护大家，请投我一票！'每个人都只是想保护自己的利益，并希望别人先作出努力。时间在争吵和对抗中流逝，每个人都是对的。几年后，北京的孩子们在干净的公园里玩耍，在蓝天白云下奔跑，而新德里的孩子们还在雾霾中咳嗽。""印度商人申请数千万卢比的贷款，声称购买污染物减排设备，但用这些钱来炒股或投资房地产，在北京他们将面临法律的审判。"

也有人写道："北京的污染治理并不是那么容易的。不得不说，中国人比较有责任心。执法实在是太严格了。我父亲在2019年新冠疫情暴发之前就去过中国。他提到，他们的执法人员比印度同行更加严格和纪律严明。他们表现得好像他们是军队或其他什么的一部分。中国人关闭了无数的工厂，还有无数的工厂被勒令整改。他们甚至用无人机和人造卫星巡视农田上的焚烧物。他们种植了数百万棵树木。北京市在多年前就已经不允许人们购买普通燃油汽车，如果人们要购买汽车，基本只能购买电动汽车。中国人付出的经济和社会代价难以想象，也有许多反对声音。但是他们意志坚定，想法统一，最终把事情做成功了。"

还有人写道："完成这项任务需要高度的社会组织能力和坚定的决心。因为每一项措施都会带来负面影响。例如，要求工厂升级会提高企业成本，引发工厂主的抗议；控制汽车尾气、限制使用，会引发普通居民的不满；控制焚烧秸秆会引发农民不满；控制工地粉尘会降低施工效率。每个环节都需要经济、行政、法律、技术手段来应对和解决。这是一项巨大的社会工程。要说服的人太多，要协调的利益太多……所有负面影响要么通过适当的方法抵消，要么强制执行。所有反对者都成为政治错误的一方，受到舆论强烈谴责或受到法律制裁。中国人民遵守法律并亲自配合。""芝加哥大学能源政策研究所的一份报告显示，2023年中国的空气污染水平比2013年下降50%。报告赞扬了中国在控制污染方面取得的惊人成功。如今，北京早已从世界污染最严重的城市名单中消失。而与北京形成鲜明对比的是，印度首都新德里本周初再次位居雾霾榜首。一座城市的雾霾不是一个人、一辆车、一个工厂造成的。

这是一个系统性问题。对发展中国家来说，解决这一问题需要全社会的共同行动。"

其实，知道外国人对于中国的感觉以及各种想不通，对今天的中国人来说并不那么重要了，我们没有必要通过引述外国人提出的问题与所作出的回答来自以为了不起。中国曾经是一个文明古国，现在也是一个经济大国。我们有最齐全的工业体系，最庞大的消费市场，通过移动支付建立的物流体系，不出意外也可以最先进入完备的数字经济时代，实现经济领域的弯道超车，甚至引发数字革命。只不过，"文明"概念的定义、文明观的全球输出以及文明史的书写话语权长期以来牢牢掌握在西方学者手中，致使当下的文明史书写存在严重的西方中心倾向，对东方文明，尤其是对中国文明的书写存在史实不符、歪曲贬低、盲目跟风、亦步亦趋等问题。可以说，某些西方人士对中国有偏见，毕竟确有文明隔阂和差异。有偏见或许是必然的，对此我们可以根据文明史实拨乱反正。

今天，我们已经开启了中华文明建设的大闸门，西方意识形态所制造的只有经由资本主义才能最终实现现代化的主观臆想和虚幻想象，已经被中国发展的巨浪所冲决。中国另辟蹊径地开启了区别于西方现代化模式的独特发展道路，创造了世所罕见的经济社会发展奇迹，展示了世界历史和现代化发展道路的多样性，并为发展中国家走上现代化道路提供了多样化的路径选择。

第四节　和谐温馨的公共家园

一、城乡融合发展的 30 年历程

城乡融合主要是指城乡一体化，在市场机制的调节下，在城市公共服务设施建设、供给主体、财政投入等各种要素达到饱和状态时，城镇和农村在收入、教育、医疗、就业保障等方面实现协调融合，目的在于推动新型城镇化建设，实现乡村振兴。乡村振兴战略的实施是我国社会发展的必然要求，要实现全面小康就必须解决好农村发展落后的问题。

（一）城乡融合的内涵

文明产生以来的人类社会，由乡村与城市两部分组成。其中城市是工业文明的主体，占据着技术资源与资本资源的优势，乡村是农业文明的主体，占据着农业资源与空间资源。乡村的优势空间资源是城市技术资源与资本资源发挥效用的场所，尤其在工业化过程中，城市发展所需的大量土地空间，都依赖于乡村优势空间资源的提供。城市和乡村的分工促进了社会生产力的发展，但在私有制社会中表现为对立关系，一般集中表现为城市统治阶级和乡村劳动群众之间的对立关系。

中华人民共和国成立初期，国家集中资源推进工业化，迫切需要农业为工业提供原始积累。为此，先后建立了统购统销制度、户籍管理制度、人民公社制度，并不断强化相关政策，最终形成

了具有中国特色的城乡二元体制。城乡之间存在着巨大的差别，主要体现在以下几方面：

1. 收入差别。收入差距是城乡差别的一个显著的表现。2020年5月28日，我国国家领导人在回答中外记者提问时讲道："中国是一个人口众多的发展中国家，我们人均年可支配收入是3万元人民币，但是有6亿中低收入及以下人群，他们平均每个月的收入也就1000元左右。"[1]专家认为，这6亿人绝大多数都是农村居民。换言之，广大农村居民不仅相对和绝对的收入水平都较低，而且低收入群体规模实际上非常庞大。

2. 消费差别。据调查，我国农村居民消费占全国居民消费总量的比例要远远低于城镇居民。

3. 教育差别。目前，我国城乡教育水平差距仍旧比较大，甚至呈两极分化状态。特别是中西部边远地区及其农村教育发展滞后，整体薄弱的状况没得到根本性转变。农村教育在发展规模、办学水平、经费投入、师资队伍、教育质量等方面与城镇教育相比还存在很大差距。

4. 医疗差别。中国农村大部分地区公共卫生服务提供不足，农村卫生事业费用投入远不能满足8亿农民的需要。由于公共卫生供给的短缺，再加上医疗价格大幅度攀升，农村有不少地方出

---

[1]《国务院总理李克强回答中外记者提问》，新华网，http://www.xinhuanet.com/politics/2020-05/28/c_1210637126.htm。

现了因病致贫、因病返贫的现象。

5. 就业差别。城市就业机会较多，城镇居民的职业收入和社会地位明显高于农村居民，即使农民进城也只能从事相对艰苦低薪的体力劳动。

6. 政府公共投资差别。一方面，大多数城镇居民在受益于经济发展的同时，越来越多地分享到社会发展和公共品有效供给的好处；另一方面，许多农村地区在经济迅速发展的同时，社会、环境发展和农村公共品供给的增长却出现了相对停滞，甚至出现退化或边缘化的局面。

马克思认为："消灭城乡之间的对立，是社会统一的首要条件之一，这个条件又取决于许多物质前提，而且一看就知道，这个条件单靠意志是不能实现的。""社会革命将怎样解决这个问题呢？这不仅要以时间地点为转移，而且也同一些意义深远的问题有关，其中最重要的问题之一就是消灭城乡对立的问题"；"消灭城乡对立的最重要条件是，不仅使工业生产资料归社会公有，而且使农业生产资料归社会公有"。[1]

在建设中国特色社会主义的关键时期，通过关注"三农"问题中的农民民生问题，厘清城乡融合发展视域下城乡公共服务的差距，分析城乡公共服务融合发展的现实困境，对有序推进城乡

[1] 马克思、恩格斯：《马克思恩格斯全集》第二十二卷，人民出版社，1959年，第804页。

基本公共服务均等化发展、促进新型城镇化统一协调发展具有重要意义。

城乡融合发展概念内涵要义之一，就是要在"存异"基础之上实现融合，进而实现城乡交互关系的转变。城乡融合发展，不仅仅是单纯通过鼓励城市生产要素的"下乡"来对农村进行所谓现代化的建设与改造，更重要的是要在推进乡村自身产业链升级延伸与乡村传统价值体系传承保留的基础上，实现城乡间要素资源的科学融合与流转发展。也就是说，城乡融合发展并不是通过城市的硬性扩张去无限制地吞并乡村、同化乡村直至消灭乡村，而是要在结合城市与乡村各自产业特点、发展规律的基础上实现乡村与城市在生产要素、生活资源方面的同质化发展。城乡融合发展概念的另一个含义就是在"求同"的基础上实现对城乡体制关系的转换，进而推进城乡在融合基础上实现对现代化发展的追求。

城乡融合发展，核心就是要为城市与乡村的现代化发展创造各方面的条件，从而使其在"求同"目标的指引下实现发展。所谓"同"，就是指城市现代化与乡村现代化的发展是同属于国家整体现代化发展的两方面，并终将会在国家现代化发展体系的建构进程中得以完成。城乡融合发展概念内涵的核心要义，就是要在"共赢"的基础上实现城乡利益关系的转轨，在实现城乡地位平等、要素资源互通、发展利益共享的基础上构筑城乡间的命运共同体与利益共同体，最大限度地提升农民利益的获得感与幸福感。这既是城乡融合发展的现实起点，也是城乡融合发展的价值落点，也是对"城乡融合"概念内涵的历史性超越。[1]

（二）从城乡二元到城乡融合发展

1978 年农村改革掀起了中国改革的大幕。尽管在改革初期，并没有将破除城乡二元体制明确为主要目标，但改革开放 40 年实际上也是逐步破除城乡二元体制，城乡关系完成了由城乡二元发展、城乡统筹发展、城乡一体化发展进而转向城乡融合发展的历史性跨越的过程。

根据国务院发展研究中心农村经济研究部课题"城乡融合发展的制度框架和政策体系研究"的成果，这一过程大致可以分为以下阶段：

1. 1978—2002 年，以推进城乡商品市场一体化为主。在此阶段，放开城乡集贸市场，促进城乡商品流动。取消统购统销制度，恢复农产品的市场属性。发展乡镇企业，为城乡商品市场一体化奠定物质基础。1984 年中央一号文件首次提出"允许务工、经商、办服务业的农民自理口粮到集镇落户""允许农民和集体的资金自由地或有组织地流动，不受地区限制"。此后，各种限制劳动力流动的制度逐渐放开，农民工规模迅猛扩张。

2. 2003—2012 年，以推进公共资源城乡均衡配置为主。在农

[1] 翟昕：《新时代城乡融合发展的内涵探析》，《太原理工大学学报(社会科学版)》2020年第1期，第17—23页。

村医疗保险、养老保障、社会救助、教育、交通、水电基础设施建设配套等诸多涉农领域推出一系列重大方略，农村公共服务和基础设施建设加快，农村劳动力进城的制度障碍也被进一步清除。城乡公共服务均等化的推进，使农村很多公共服务实现了从无到有，农村生产生活条件大大改善，并为后来农村电商、休闲旅游等新产业、新业态的发展奠定了坚实的基础。

3. 2013—2016 年，这一时期以城乡要素市场一体化改革探索为主，党中央提出推动城乡发展一体化，形成以工促农、以城带乡、工农互惠、城乡一体的新型工农、城乡关系。对健全城乡发展一体化体制机制作出部署。此后，以土地为核心的城乡要素市场一体化改革迈出新步伐，城乡公共服务制度开始并轨。

4. 2017 年后，从城乡发展一体化向城乡融合发展。2017 年，党的十九大在总结国内外城乡发展经验的基础上，着眼于当前城乡关系发展实际和未来城乡关系发展趋势，提出实施乡村振兴战略、建立健全城乡融合发展体制机制和政策体系。当年年底召开的中央农村工作会议进一步提出，加快形成工农互促、城乡互补、全面融合、共同繁荣的新型工农城乡关系。我国城乡发展战略，由统筹城乡发展、城乡发展一体化，再次上升到城乡融合发展。[1]

公共服务城乡融合发展制度体系需要城市和农村根据自身发

---

〔1〕 金三林、曹丹丘、林晓莉：《从城乡二元到城乡融合——新中国成立 70 年来城乡关系的演进及启示》，《经济纵横》2019 年第 8 期，第 13—19 页。

展特色共同完成，不可能由城市或农村单方面独自承担。城乡公共服务差距是我国新型城镇化发展过程中必然存在的问题，这是中华人民共和国成立初期所制定的城乡二元经济结构及户籍制度等城乡间不同的发展道路所造成的，这不是城市或农村单方面能解决的问题。城乡公共服务均等化发展需要城市和农村双方各行为主体通力合作，共同承担城乡公共服务发展的建设任务，因地制宜解决农村群众教育、医疗、文化等公共服务问题，缓解城市公共服务压力，最终建立一种能够满足城乡居民不同公共服务需求的、多元行为主体广泛参与的、实现城乡社会融合互惠民生的新型城乡公共服务发展制度体系。

城乡融合发展，可以让城乡居民更广泛、更公平地享受公共服务带来的惠民服务。关于城乡基本公共服务共享，从基本公共服务内容维度出发，主要包括教育、医疗、社会保障、基础设施的共享；从基本公共服务要素维度出发，涉及人员、资金、制度的共享。全方位的共享可以提高学生受教育水平、改善医疗环境、丰富群众生活，进而促进城乡融合发展。共享的核心是共赢。提高农村公共服务供给水平、满足农民对美好生活的向往是推进公共服务城乡融合发展遵循的原则与理念。但是，在我国城乡关系复杂、城乡相互依存发展的前提下，依靠农村现有资源单方面发展农村公共服务几乎是不可能的。实现城乡融合发展首先要做到资源向农村倾斜，要形成全覆盖的城乡公共服务供给体系，建立双向沟通渠道，考虑农村居民内在诉求，形成城乡一体化发展体系。绝不能单从政府层面一味地为农村提供公共服务资源，要考虑农民实际需求及周围城市公共服务发展水平，实现城乡公共服务资源的双向流动，最终达到城乡共同繁荣。城乡公共服务"共商共建共享"是对全球治理理念的创新，目的是按照乡村振兴发展战略对城乡公共服务的要求，实现城乡良性互动，提升农村公共服务水平，缩小城乡差距，为新型城镇化建设及美丽乡村建设助力。"三共"原则在改善城乡关系中是一个有机整体，缺一不可。共商是基础，共建是动力，共享是平台。总之，以"三共"原则为核心的新型城乡融合发展原则能够优化城乡关系，促进公共服务城乡融合发展，最终实现美丽乡村建设。[1]

到 2022 年，城乡融合发展体制机制初步建立。城乡要素自由流动制度性通道基本打通，城市落户限制逐步消除，城乡统一建设用地市场基本建成，金融服务乡村振兴的能力明显提升，农村产权保护交易制度框架基本形成，基本公共服务均等化水平稳步提高，乡村治理体系不断健全，经济发达地区、都市圈和城市郊区在体制机制改革上率先取得突破。

城乡融合发展是国家现代化的重要标志，是中华优秀传统文化得以传承延续的有效途径，也是中华文明建设的题中应有之义。

〔1〕 王凯、卫舒晨、岳国喆：《公共服务城乡融合发展现实困境、发展原则及推进理路》，《改革与战略》2019 年第 3 期，第 57—67 页。

中华文化根植于农耕文明，乡村作为中华文化的核心载体，更多地体现在对民族、国家传统的历史特色文化的保留与传承，而城镇的文化功能更多地体现在对多元化、多样化文明的包容和融合。乡村振兴战略背景下的城乡融合发展，不仅仅是实现社会治理、产业结构上的融合发展，更为重要的是在对传统乡土文化与现代文明吸纳融合的基础上实现对新时代城乡文化体系的培育与建构。

二、未来社区对城镇化基因的改造

随着政企分开和单位人向社会人的转变，社区居民从以往的单位人逐步转变成为社区人，社会事务逐步转移到社区中，社区成为社会管理的最基本单位。社区建设作为提高人们生活质量，推进社会全面进步的重要途径，越来越成为社会瞩目的焦点。

（一）城市社区的分型

城市居住区一般称社区，是城市中集中布置居住建筑、公共建筑、公共绿地、生活性道路等居住设施，为城市居民提供生活居住，从事社会活动的场所，是城市的有机组成部分。20世纪上半叶，中国城市社区基本上都是传统式街坊社区。20世纪50年代初开始，各地出现了规模不同、居民成分同质性高的单位社区。1978年计划经济时期结束、中国进入转型期后，混合式综合社区、房地产主导的物业管理型社区获得发展，社区建设进入崭新阶段。

1.传统式街坊社区。20世纪上半叶，中国城市社区基本上都是传统式街坊社区，主要是分布在城市的旧区和老街区。这类居民区历史悠久，老式住宅保存较为完整，居民一般多为世代在此居住繁衍的本地人；与自给自足的产业结构相对应，如上海的弄堂、北京的胡同、广州的街巷等。受历史继承性的影响，街坊社区多是方格网状的空间布局，一般是低层独立式较破旧的民居。住房分布密集，基础配套设施较差，绿化面积少，生活环境质量较差，已成为现代化城市短板，迫切需要改造。

2. 单一式单位社区。20 世纪 50 年代初，先是在一些党、政、军机关和工矿企业集中的城市中，出现了一块块被圈在一定地域范围内的单位社区，以"军队大院""干部大院""工人新村"等形式出现。单位社区具有两方面的主要特征：其一是单位社区居住家庭的高度同质性，其二是居民对单位有高度的依赖性，对所面临的居住问题、邻里问题、环境问题和生活问题等都无不需要通过单位来协调和解决。高度的同质性和依赖性，使单位社区内的居民对于社区的公共事务很少关心和参与。

3. 混合式综合社区。新中国成立初期，国家开始建设普通居民住宅，砖木结构的房屋占了较大比重，虽然功能简单，但是由此形成了新的居民区，对于改善城市居住条件的作用明显。20 世纪 80 年代后，由国家和企业投资开发的住宅小区在城市边缘如雨后春笋般出现，其中既有以普通群众为对象的经济适用房，也有较高档的住宅区。但是，在城市郊区化和郊区城市化的迅速推进过程中，郊区的许多村落逐渐被城市化的浪潮所吞噬，成为城市化社区，但由于其生活方式和生活习惯仍然是乡村性质的，因此被称为"都市里的村庄"或"城中村"。"城中村"的住宅往往见缝插针，没有统一的规划和配套设施，"各自为政"现象突出，各种服务设施匮乏，生产和生活功能又紧密交织，导致个别地方因管理治安不到位而成为问题社区。

4.房地产主导的物业管理型社区。进入 20 世纪 90 年代后，在市场经济和住房制度改革的推动下，房地产开发获得蓬勃发展。这种房地产主导的物业管理型社区，通常由物业管理公司和业主委员会共同管理。业主委员会是比较典型的居民自治组织，居民的社区意识较强，参与社区活动的积极性也较高。由于居民不同的职业和社会背景，邻里关系比较淡漠，但不同阶层居民要求完善健全小区配套设施的呼声很高。[1]

（二）未来社区开创了城镇社区治理与改造的新路

改革开放 46 年来，浙江经济社会发生了天翻地覆的可喜变化，城市物质生活极大丰富，社区建设具备了坚实的基础；农村社区建设也同样走在前列谋新篇。2011 年杭州市被确定为"全国社区治理和服务创新实验区"，以"全国领先、全省示范"为目标，走出了一条以"赋权增能、协商共治、复合联动"为特色的社区智

---

〔1〕 参见戴建明、徐海荣主编：《中国未来社区构建的理论与实践》，光明日报出版社，2022年，第61—73页。

慧治理和服务模式。在浙江省 2019 年的《政府工作报告》中，浙江省首次提出"未来社区"这一理念。

未来社区与传统社区相比，主要有以下转变：一是社区功能布局的转变。传统社区以住宅功能区为主，未来社区则更注重多种功能的集成配置，实现信息化、低碳化、智能化等。二是社区运行方式的转变。未来社区中的交通流、能源流、废物流、信息流、自然雨水流等方面表现得更加智能、环保和生态，更加凸显出以人为本的核心理念。三是建筑方式的转变。未来社区的多功能集成配套设施的建筑施工方式、建筑材料、建筑功能、建筑安装内容与方式更加现代化。四是规划建设方式的转变。未来社区的规划将更加融入城市建设的整体中，采用新的建设方式、资金投入方式、建设管理方式等。

经过多年的未来社区试点、调研、培养与打造，浙江省政府办公厅于 2023 年 2 月印发了《关于全域推进未来社区建设的指导意见》，提出到 2035 年基本实现未来社区全域覆盖，联动推进未来社区建设和城镇老旧小区改造，将城镇老旧小区改造项目优先纳入未来社区创建项目范畴，鼓励城镇老旧小区与未来社区一体化改造建设，鼓励相邻的城镇老旧小区成片联动创建未来社区；要加快补齐城镇老旧小区公共服务短板，通过盘活存量建设用地增建公共服务设施、改造利用既有建筑植入公共服务功能、依托周边新开发用地配建邻里中心等方式，推动落实各类公共服务和普惠服务，打造共建共享高品质生活的浙江范例，从而开创了城镇社区治理与改造的新路。

（三）未来社区是城镇文明的体现

未来社区要求形成九大场景，包括：邻里场景、教育场景、健康场景、创业场景、建筑场景、交通场景、低碳场景、服务场景、治理场景。未来社区建设内容涵盖了未来社区的方方面面，并与之前火热的"特色小镇""美丽乡村""智慧城市"互相映照，成为城镇文明的新亮点。

未来社区与特色小镇，两者都着眼未来，有很多相似属性，都集中体现了小空间大集聚、小载体大创新的独特魅力，实现生态、形态、文态、业态高度融合。然而，未来社区与特色小镇的定位有着明显的区分。特色小镇注重的是特色产业，未来社区注重的是品质生活，未来社区是未来现代化城市的细胞，也是未来城市的缩影。

未来社区与美丽乡村相得益彰，各有其美。从定位上看，未来社区建设的功能定位、发展阶段和规划方向有别于美丽乡村建设，体现为未来社区属于"城市单元"；创建美丽乡村是农村现代化的样板和模式，在未来社区试点成熟的基础上，美丽乡村的评价体系和创建标准可吸收借鉴未来社区场景设定。

未来社区是与智慧城市相对应的"城市社区"。未来社区建设要围绕社区全生活链服务需求，根据"人性化、生态化、信息化"

理念，做好未来社区建设的顶层设计和总体规划，科学布局邻里中心、教育、健康、创业、建筑、交通、能源、物业和治理等各个板块，形成可持续的智慧化服务社区生态圈。

当前，我国的城市发展已进入由大规模增量建设转为存量提质改造和增量结构调整并重发展，即从"有没有"向"好不好"转变。可以看到，我国城市更新与城镇化建设相伴而生，贯穿于城市发展的各个阶段，城市更新在推动新型城镇化高质量发展中的作用日益凸显。因此，我们要立足新发展阶段，秉承新发展理念，坚持高质量发展，即不断转变城市发展方式，切实完善城镇化格局，推进城市健康、宜居、安全发展，推进城市治理体系和治理能力现代化，以人的全面发展和幸福作为基础及目标促进全面城镇化，把城市建成更健康、更安全、更绿色、更宜居、更文明的高品质生活空间，实现新型城镇化高质量发展。

三、中国乡村的幸福方桌

从人类文明诞生之时开始，粮食就是人类文明和社会发展的根基。农耕文明是人类史上的第一种文明形态，没有充足的粮食支持，社会就得不到发展，国家更难以富强。只有在充足的粮食供应下，文明才能得到长足的发展。同样，历朝历代无论朝野，"民以食为天"的理念深深刻在中国人的脑海里。1938年，毛泽东在抗日军政大学演讲时说："民以食为天，就是吃饭第一，务必要解决好'肚先生'问题。"[1]立足当前，"民以食为天"给予我们诸多启示。一是粮食问题、吃饭问题十分重要；二是解决好农村农业农民问题十分重要；三是实现好维护好发展好人民群众的根本利益十分重要。民生无小事，枝叶总关情。解决好民生，最根本的就是满足人民群众的美好生活需要。

（一）民为国基，谷为民命

中华民族是个古老而富有智慧的民族，在几千年的历史积淀中，中华文明创造了灿烂的饮食文化，形成了许多璀璨的文化明珠，其中有凝聚了民族语言之精华的中华谚语和成语。谚语作为民间口耳相传的量大面宽的民俗文化珍品，意境深远而富有哲理，言简意赅，真实而又生动，朗朗上口而为大众广泛接受，被相沿袭用，流传广远。从古到今，中华文明产生了许多与饮食相关的民谚成语。它们中既有丰富的经验总结，也充满了智慧和哲理，能更好地传承饮食文化，弘扬饮食文明。如"国以民为本，民以食为天""人生万事，吃饭第一""开门七件事，柴米油盐酱醋茶""人是铁饭是钢，一顿不吃饿得慌""三日不吃倒在床，七日谷水不进见阎王"等。这些在历史上脍炙人口的谚语，都说明了饮食在人们生活中的重要性，认为吃饭问题是国计民生中最大的事情，强调饮食关系民生，在民众生活中事关重大。

---

[1] 参阅商志晓：《民以食为天》，《光明日报》2022年3月21日。

确实，悠悠万事，吃饭为大；民为国基，谷为民命。新中国成立前夕的 1949 年 7 月，当时的美国国务卿艾奇逊，曾有过一个"预言"说："人民的吃饭问题是每个中国政府必然碰到的第一个问题。一直到现在没有一个政府使这个问题得到了解决"。其含意就是，中国的吃饭问题，共产党领导的新中国也解决不了。新中国成立以来的实践证明，艾奇逊等人的预言早就彻底落空了。粮食既是关系国计民生和国家安全的战略物资，也是人民群众最基本的生活资料，保障粮食安全，稳定粮食产量，才能让中国人民的"饭碗"端牢端稳。从历史看，我国粮食增产大体可分为 3 个阶段：

第一个阶段是新中国成立之初到农村改革。1949 年至 1978 年，我国粮食产量从 2263.7 亿斤增长到 6095.3 亿斤。但"大跃进"和人民公社化这些违背农业经济规律的大试验，曾直接导致粮食产量大幅度下降。1962 年 9 月，《农村人民公社工作条例修正草案》出台，粮食产量恢复持续上涨。

第二个阶段是农村改革到 20 世纪末。1978 年至 1998 年，我国粮食产量从 6095.3 亿斤增长到 10245.9 亿斤。1978 年党的十一届三中全会之后，我国以农村制度变革为先导拉开改革开放大序幕。到 1984 年年底，全国已有 99% 的生产队、96.6% 的农户实行了家庭联产承包责任制，我国粮食产量稳步上升。

第三个阶段是 20 世纪末到现在。20 世纪 90 年代中期，我国粮食连年丰收，粮食供大于求，出现结构性过剩，粮价下跌。

2003 年以来政府加大投入，我国进入历史上少有的粮食连续增产阶段。国家统计局数据显示，"2023 年全国粮食总产量 13908.2 亿斤，比上年增加 177.6 亿斤，增长 1.3%，连续 9 年稳定在 1.3 万亿斤以上，再创历史新高"[1]。这份丰收答卷可谓来之不易。这个新高，是国家因势而谋，出台城乡融合、美丽乡村建设等一系列利好政策的成果。这些利好政策的实施，为农民吃下了"定心丸"，极大提高了农民种粮的信心，也极大地改善了城乡居民的生活方式与生活质量。

（二）幸福方桌，爱心助餐

当代中国正在为实现中华民族伟大复兴而不懈努力，在国家实施乡村振兴战略形式下，农业、农村、农民问题成为时下大家关注的热点。随着农村劳动力大量外出，乡村留守老龄人口急剧增多，为积极应对人口老龄化，特别是积极应对农村老龄化，中国许多乡村开拓创新，从农村老年人最基本的需求出发，着力破解农村老年人"做饭愁、吃饭难"的养老难题。

饮食是人类最基本的生活需要，是人类文化起源的一种奠基性活动。"吃"在中国无论是在民生还是在国政中，历来被当作第一要务。与其他民族相比，中华民族的历史文化，有更为鲜明和典型的"饮食色彩"。饮食文化是整个民族的群体行为和责任，与中国传统文化的起源有着千丝万缕的联系，是中华文明发展水平

---

[1] 邱海峰：《2023 年全国粮食总产量 13908.2 亿斤》，《人民日报》(海外版)2023 年 12 月 12 日，第 1 版。

的历史标志。对民众一日三餐是否重视，是考察政府与官员是否履职、是否亲民的重要指标；饮食也可以体现一个国家的文明程度，是考察一个民族的历史文化与心理特征的社会化石。一米一饭，关系当前和长远，联通国家稳定和人民幸福。解决好人民的吃饭问题，在今天依然是头等大事。2003年，时任浙江省委书记习近平在杭州市西湖区翠苑一区社区调研时，了解到老年人就餐困难，便建议社区办一个面向老人的食堂。当年9月，翠苑一区老年食堂正式开办，浙江老年助餐服务由此起步。2018年，助餐、配送餐服务列入当年浙江省十方面民生实事，提出助餐、配送餐服务覆盖50%以上的城乡社区。

杭州建德市李家镇是"幸福方桌"的发源地。李家镇地处偏远，村内人口分布相对零散，通过将老年食堂选址在人口聚集、交通便利的村中心，采取"中央厨房＋助餐点＋就餐点"三级助餐服务体系，建立全职、兼职和志愿者相结合的送餐队伍，解决食堂场地、运营、配送难题，实现助餐服务全覆盖。有效整合资源，因地制宜、以点带面建设村党支部领办的"幸福食堂""幸福方桌"等老年人及其他居民的供餐场所，为解决农村养老问题、为农村发展提质增效等起到了重要作用。这种供餐模式既是老年人实际需求的产物，也是政策支持的结果。

《杭州日报》记者曾对建德市大洋镇的"幸福方桌"进行过调研。据报道，这家食堂是2023年12月10日开办的，和以往老年食堂只服务于所在村老人不同，该中心食堂还面向周边三个行政村的老人，可以同时容纳54人就餐。大洋镇牢牢盯住群众关心的关键"小事"，为打造中心食堂群策群力，聚焦优化布局、争取资金、提升服务三方面，调动党员干部、乡贤人才等多元主体下基层、跑民生，召开三方协同会议，专题研究"幸福方桌"运维事宜，探索打造"1+N"（1家集成式中心食堂辐射 N 个助餐服务点）的为老助餐模式，解决助老资源分布不均、不平衡等问题。为保证老年食堂的长效运行，大洋镇还推出了上级补助、镇级配套、乡贤捐赠的"幸福方桌"长效筹资模式。有了资金的支持，老年食堂也开拓出了更多功能：在非用餐时间，餐桌会布置成书桌、茶桌、就诊台，小食堂在提供"爱心餐"的基础上，延伸出"小诊所""小舞台""小报亭"等"微服务"，可以让老人们以"饭桌"为起点，实现老有所养、老有所乐。[1]

建德市在农村大力构建养老助餐服务体系，从星星之火到生生不息。全市实行"一镇一方案、一村一措施"，构建布局合理、形成覆盖全员的老年人助餐服务网络。由于老年食堂具有贴近群众的优势，很多村镇建立了干部陪餐、每月固定"幸福方桌日"、每季一活动等联系服务群众机制，村镇书记纷纷到食堂陪餐，在监督食堂运行的同时，摸清民情、送去温暖、改进作风，在提供堂食基础上，组建党员"爱心送餐队"，为超出助餐点就餐范围、

---

[1] 参阅陈琪：《建德：大洋镇 一张"幸福方桌"凝聚幸福味道》，《杭州日报》2023年12月27日。

行动不便、失能的老人提供送餐上门服务，兜牢刚需群体用餐，将食堂打造成老年人身边"接地气、有温度、小而精"的宣传站、议事点，引导老年人发挥正能量，助力镇村工作，从解决吃饭问题向美好生活进阶。与此同时，为了办好"幸福方桌"，实现了开源节流、有序监管，从政府主办向多方助力转变，积极探索财政补一点、村社贴一点、社会捐一点、个人掏一点、自产助一点"五个一点"运行模式，从靠政府唱"独角戏"向社会"总动员"转变。通过出台《关于进一步推进"幸福方桌"扩面提质工作的通知》等系列政策，实行"建设＋运营"双补机制，新建老年食堂最高可补助 8 万元，运营补助最高可补助 24 万元／年，新增助餐点运营补贴、送餐人员人身意外伤害保险，为老年人助餐服务提供坚实支撑。引入市场运营，提升造血功能，打造老年食堂的"爱心菜地"，鼓励社会机构参与助餐项目，制定收费指导意见，实行年龄差异化收费，积极推动有条件的老年食堂向社会开放，稳定就餐人员、扩大用餐规模，增强自我造血功能，从而将助餐服务与老年人探访、关爱、精神慰藉相结合，形成"人人助老、人人尽力、多方受益"的共富共赢格局。

浙江省景宁畲族自治县是典型的山区县，有 70.6% 的乡村分布在海拔 600 米的山上，全县常住人口 11 万多人，60 周岁以上常住老年人 2.5 万人。居住分散、资源缺乏、交通不便，一个村只有十几户人家，邻村之间相隔十几公里的山路，在景宁十分常见。

山区老人收入低，且消费能力和意愿也比较低，观念较落后，吃饱吃好是他们的第一刚需。为此，景宁盘活农村资源，一些乡村农家乐、小餐馆设立了邻里助餐服务点，附近老人吃饭就有了着落；一些有能力的乡村党员干部、山区"养老管家"，设立家庭邻里助餐点，为本村老人提供就餐服务。"流动帮帮车"和"流动供销致富车"，为助餐点免费配送食材，降低采购成本。2022 年下半年，景宁成为浙江省首批养老服务"爱心卡"试点之一。借助"爱心卡"，景宁为全县常住老人提供助餐、助浴、助洁、助乐、助学、助聊、助购等养老"十助"服务。2023 年，景宁县养老服务"爱心卡"开展服务共 27 万余次，其中助餐服务 20 余万人次，占七成以上。[1]

夕阳无限好，人间重晚晴。像浙江建德市这样的"幸福方桌"食堂，以及景宁县"爱心卡"助餐服务等项目的兴起，积极践行"老有所养、老有颐养"理念，推进"幸福方桌"建设，解决老年人吃饭的"爱心助餐桌"，正向着掌握民情、密切干群关系的"走亲连心桌"，热爱家乡、共树发展理念的"和美乡风桌"，惠利于民、共享发展成果的"共同富裕桌"进阶，成为美丽乡村建设与城乡融合的新亮点。

---

〔1〕 参阅张伟群：《跨山越海，精准"滴灌"，一餐热饭送到老人眼前》，《浙江老年报》2024 年 1 月 26 日。

四、为乡村医疗赋能，助推健康绿色发展

新中国成立之初，中共中央和卫生部就高度重视医疗卫生工作，强调必须把卫生、防疫和一般医疗工作看作一项重大的政治任务。甚至在特定条件下，医疗卫生工作不仅仅是政治任务，更是十分紧迫而严重的战斗任务。在这种语境下，农村医疗卫生事业成为重中之重。这项事业之所以被高度重视，是因为它事关新中国人民当家作主的政权性质，也关乎国家经济建设总的战略安排。首先，农村医疗卫生事业能否办好，关系"面向工农兵"的工作方针是否真正落实。"面向工农兵"是在新中国成立初期就确立下来的卫生工作"四大方针"之一，它明确回答了新中国卫生工作为什么人服务的问题，突显了新中国人民当家作主的政权性质。但现实的问题在于，我国80%以上的人口是农民，由于城市与农村的医疗卫生资源存在不合理的分配，因此农村患病居民在医疗资源缺乏的农村得不到好的治疗，农村病人不能就地看病，必须辗转到中心城区大医院就诊，而长途求医不只会拖延治疗的最佳时间，还会增加许多就医负担。

党和政府始终高度重视基层医疗卫生服务发展，以农村为重点的医疗卫生服务建设是党第一个百年进程中的重要指导方针，推动我国建成了世界上最大的医疗卫生服务体系。在向第二个百年奋斗目标进军的关键时刻，党的二十大再次提出"坚持农业农村优先发展"，把农村医疗卫生体系建设置于重要战略地位成为新时代新征程的必然要求。为巩固拓展农村脱贫攻坚成果，并同乡村振兴有效衔接，中共中央办公厅、国务院办公厅于 2023 年 2 月印发《关于进一步深化改革促进乡村医疗卫生体系健康发展的意见》，意见指出：要把乡村医疗卫生工作摆在乡村振兴的重要位置，加快县域优质医疗卫生资源扩容和均衡布局，要改革完善乡村医疗卫生体系运行机制，推进紧密型县域医共体建设，让广大农民群众能够就近获得更加公平可及、系统连续的医疗卫生服务，为维护人民健康提供有力保障。

早在 2009 年 9 月，浙江省建德市人民政府发布《建德市村卫生室规划建设实施意见》，提出以科学发展观为指导，坚持预防为主、农村为重点、中西医并重的原则，重点加强村卫生室建设，促进农村卫生资源的优化配置和有效利用，建立健全适应建德市农村经济社会发展的新型农村医疗卫生服务体系，构筑 20 分钟医疗卫生服务圈，满足农民不同层次的医疗卫生服务需求。为此，要求按照中央提出的每个行政村都有一所村卫生室要求，因地制宜，适应需求，方便群众，合理规划布点村卫生室；乡镇（街道）卫生院和社区卫生服务站所在的行政村不另单独设立村卫生室；充分利用现有资源，避免重复建设，提高利用效率。村卫生室规划建设具体到乡镇（街道）、村（社区），使农村居民可以就近获得医疗服务。在改善硬件条件的同时注重提升软件，改善公共卫生服务功能。在资金方面，多方投入，多措并举，坚持政府主导，上下联动。政府投入采取上级财政出一点、市级财政出一点、乡镇（街道）财政出一点的途径筹集。鼓励社会参与，建立多元筹资机制，共同推动农村医疗卫生服务体系的健全。

为了打通农村山区百姓就医"最后一公里"，建德市试点"未来乡村卫生室"建设，包括五方面的内容：

一是一间"健康屋"，破解村卫生室逐渐消亡难题。"健康屋"要添置视频系统、智能药柜、自助检查一体机等现代化设备，接入医保、医疗机构等多部门、多层级系统，搭建视联网远程问诊系统，联通交互市、镇中心卫生院数据，打造标准化智慧未来健康屋，激发乡村卫生室活力。

二是一名"管理员"，破解偏远山区村医缺失难题。要培训健康管理员，协助患者与乡镇、市级医疗机构开展视频问诊，帮助患者完成网上挂号、报告上传、医保结算等就医流程，成为新一代乡村健康"守门人"。

三是一个"云诊间"，破解看病难、看病远问题。打通视联网远程问诊系统，打造线上"云诊间"，为当地村民提供上级医院挂号预约、健康报告讲解分析等服务，让乡村百姓"就医一件事"在家门口实现。同时，开辟线上问诊新模式，连线属地乡镇卫生院签约医生或市医共体专科医生，医生在线根据患者病情，开具药物、检验处方，指导就医。

四是一格"储药柜"，破解配药烦、取药慢问题。除了智能药柜中的药品，其他药品在完成在线付费后，可通过顺丰快递将药品送到家门口，提升乡村患者就医获得感。

五是一张"健康网"，破解传统医疗服务壁垒。依托建德市县域健康数据治理平台，全面上线血压评估、血糖评估、心率评估等11项村民自助健康检测模块，智能随访、慢病管理、预约转诊等6项健康管理服务模块，打通全市医疗机构健康数据共享网关，实时更新患者电子健康档案、费用线上结算等功能，实现农村"两慢病"筛查、评估、管理"一网通办"[1]。

建德市乾潭镇梅塘村医疗站，自创办以来，始终坚持合作医疗，基本上解决了小伤、常见病不出村，随叫随到，深受群众欢迎。医疗站的吴光潮医生曾被评为"全国优秀乡村医生"，50多年如一日，坚持全心全意为村民治病服务的医德医风，使农村一些常见病、多发病都能在医疗站解决；群众看病只掏一元钱的挂号费，在本村医疗站看病的医药费全免，出村、镇、市适当补助报销。吴光潮医生是建德市第十四届人大代表，他先后提交了《关于要求给予任职多年的退职村干部更多关怀的建议》《关于要求将卫生系统回归公益性质单位的职工身份纳入事业编制的建议》等议案，均得到答复和解决。

---

〔1〕《建德市以"未来乡村卫生室"改善偏远乡村群众就医条件》，杭州市卫生健康委员会官网，http://wsjkw.hangzhou.gov.cn/art/2022/2/16/art_1229597902_58929574.html。

建德市之江村卫生室建于 2006 年，承担着之江村整个辖区的基本医疗、基本公共卫生服务工作，满足了基层群众"小病不出村"的诉求。

以县级医院为龙头、乡镇卫生院为枢纽、村卫生室为基础，构建三级联动的县域医疗服务体系。2021 年 9 月，国家发改委国际合作中心发表研究专报，提出"借鉴推广浙江建德未来乡村卫生室创新经验"，为维护人民健康提供有力保障。

当前，健康中国战略的实施是全面建设社会主义现代化强国、奋力实现中华民族伟大复兴的题中应有之义。人民健康是民族昌盛和国家富强的重要标志。作为一个发展中大国，中国的卫生改革还在路上，解决好医疗卫生问题不是一件容易的事。但是，通过推进城乡融合和区域协调发展，将基层医疗卫生事业与保障纳入国家治理体系现代化和经济体系现代化的总体框架内，保持卫生健康领域与经济发展战略设计同步部署，保持经济领域创造的物质文明与卫生健康领域造就的精神文明相协调，体现了以人民为中心的基本理念，将不断提升中国人口的质量水平，助推健康绿色发展的现代化，使中华文明在生生不息的传承发展中赋予中国式现代化以深厚底蕴，为人类文明注入中国智慧，贡献中国力量。

第五节 "厕所革命"践行文明的发展

2012 年，联合国提出"厕所革命"千年发展目标，全球基础卫生设施实现千年发展目标所需的 75％ 覆盖率。作为联合国安理会常任理事国，厕所文化已成为考量中国文明程度的又一个标准。厕所是人类生活的必需空间，厕所问题不是小事情，厕所文明已经成为大国文明的有机组成部分。从某种意义上说，人类若管理不好厕所，也就管理不好一个社区和一个国家；人类若处理不好自己的排泄物，就无法避免大规模的公共卫生危机的出现。因此，厕所不仅是文明的标志，也与人类的生死存亡息息相关。

一、"厕所革命"的由来

厕所是衡量文明的重要标志，厕所卫生状况直接关系到一个国家人民的健康和生存环境状况。根据世界厕所组织（其英文名 World Toilet Organization，简称 WTO，恰好与世贸组织相同）提供的数字，每个人每天上厕所 6 至 8 次，一年就是大约 2500 次，实在是每个人生命中的一件大事。由此，成立一个正式的国际组织来研讨几十亿人的"如厕"问题，怎么也不能认为是"小题大作"。从某种意义上说，人类对"如厕"及厕所的重视，乃是随人类文明进程的必然。可以认为，在旱厕没有完全绝迹之前，人类不能算是实现真正的文明。

厕所革命是指对发展中国家的厕所进行改造的一项举措，最早由联合国儿童基金会提出。2001年，"第一届世界厕所峰会"在新加坡召开，30个国家、500多个代表讨论了有关厕所的广泛议题，同时决定每年11月19日为"世界厕所日"。2016年11月19日，由国家旅游局主办的"世界厕所日暨中国厕所革命宣传日"活动在北京举行，中国的"厕所革命"由此兴起。2017年11月，习近平总书记就"厕所革命"作出重要指示："厕所问题不是小事情，是城乡文明建设的重要方面，不但景区、城市要抓，农村也要抓，要把这项工作作为乡村振兴战略的一项具体工作来推进，努力补齐这块影响群众生活品质的短板。"[1]温暖人心的话语，体现了习近平总书记对人民美好生活需要的高度关注，也对进一步深化"厕所革命"提出了新的更高要求，加速了中国"厕所革命"的步伐。2021年，习近平总书记对深入推进农村厕所革命作出重要指示，强调"十四五"时期要继续把农村厕所革命作为乡村振兴的一项重要工作，发挥农民主体作用，注重因地制宜、科学引导，坚持数量服从质量、进度服从实效，求好不求快，坚决反对劳民伤财、搞形式摆样子，扎扎实实向前推进。各级党委和政府及有关部门要各负其责、齐抓共管，一年接着一年干，真正把这件好事办好、实事办实。[2]

---

〔1〕《习近平：坚持不懈推进"厕所革命"努力补齐影响群众生活品质短板》，新华网，http://www.xinhuanet.com/politics/2017-11/27/c_1122016619.htm。

〔2〕《习近平对深入推进农村厕所革命作出重要指示》，新华网，http://www.xinhuanet.com/politics/leaders/2021-07/23/c_1127686090.htm。

　　2015 年的《政府工作报告》把"厕所革命"作为督办事项。在接下来的几年里，关于推动"厕所革命"的文件、方案相继出台。2018 年 1 月 12 日，国家住房和城乡建设部颁发《关于做好推进"厕所革命"提升城镇公共厕所服务水平有关工作的通知》；同年 2 月，中共中央办公厅、国务院办公厅印发了《农村人居环境整治三年行动方案》，将农村环境整治视为一项重要任务，把农村"厕所革命"作为实施乡村振兴战略的一项具体工作。2021 年 1 月，《中共中央国务院关于全面推进乡村振兴加快农业农村现代化的意见》再次针对"厕所革命"作出新的指示，提出"分类有序推进农村厕所革命，加快研发干旱、寒冷地区卫生厕所适用技术和产品，加强中西部地区农村户用厕所改造。统筹农村改厕和污水、黑臭水体治理，因地制宜建设污水处理设施"。《中华人民共和国国民经济和社会发展第十四个五年规划和 2035 年远景目标纲要》提出"支持因地制宜推进农村厕所革命"。2021 年 12 月 5 日，中共中央办公厅、国务院办公厅印发《农村人居环境整治提升五年行动方案（2021—2025 年）》提出要"扎实推进农村厕所革命"，内容包括逐步普及农村卫生厕所、切实提高改厕质量、加强厕所粪污无害化处理与资源化利用等，体现了对农村"厕所革命"的新认识和实践的新进展。新认识和新实践表现为："厕所革命"不再套用一个模式，而是要因地制宜，宜水则水、宜旱则旱；农村厕所改造不仅要考虑厕所卫生，还要综合考虑厕所卫生与污水治理的关系，要积极推动卫生厕所改造与生活污水治理一体化建设；农村厕所改造不能满足于粪便的处理及排放，还要考虑粪污的资源化利用。[1]这一方面说明我们的经济社会发展达到了一定的高度，到了该推进"厕所革命"的时候了；另一方面也说明我们的社会文明程度达到了一定的高度，客观上迫切需要我们推进这样一场"革命"。

但是，完成这样一场"革命"，提升国家的文明程度，不是一个简单的过程。虽然联合国《2023可持续发展目标报告特别版》提出2030年所有人都能享有安全的厕所卫生设施的目标，但是"国际厕所与卫生环境的确不容乐观。数十亿人仍无法获得安全饮水、公共卫生和个人卫生等方面的服务。以塞内加尔达喀尔为例，该市拥有近300万人口，这里1/3的居民还在使用坑厕和化粪池，只有28%的废水被污水处理系统收集并处理"。就目前来看，要实现"厕所革命"的目标，世界必须以平均高于现在五倍的速度推进。[2]

二、厕所变化轨迹彰显文明的不同寻常

中国是一个历史悠久的文明古国，它的文明自然也涵盖了卫生文明。放眼中华大地几千年发展史，厕所同样经历了长期的演变过程。厕所的变化，直接对应着人类文明前进的脚步，也彰显

---

〔1〕　陈永森、贺振东：《中国"厕所革命"的成就与经验及其对社会文明的促进作用》，《福建师范大学学报（哲学社会科学版）》2023年第1期，第29—38页。

〔2〕　李萍：《"厕所革命"背后的世界难题：全球35亿人面临"如厕挑战"，如何快速推广"新世代厕所"？》，《21世纪经济报道》2023年11月24日。

了中华文明的历史悠久与不同凡响。

在漫长的农业文明时代，除了游牧、游猎、游耕族群外，中国绝大部分的农村地区基本上用"坑厕"，这种"坑厕"有些是独立的，有些则与猪圈连在一起（称作"连茅圈"），有些是泥土房或砖瓦屋，有些则用篱笆和茅草遮挡，个别偏远地区甚至是露天的。

我国最早的如厕记载在西周，说的是古人爱好掘地为厕。随着文明的进步，"露天坑"这样的形式开始预示着人类在大自然中有了较为固定的方便场所。从西周到春秋，厕所多与猪圈并排，再将排泄物作为农耕肥料，促进庄稼生长。古人对卫生的重视有时到了"悲壮"的地步，即使是在战争频频的春秋战国时期，身处被围成铁桶一般的孤城里，守城军民也不忘厕所卫生。据《墨子》载，在城头上要"五十步一厕"，周遭以垣墙围之，"垣高八尺"，守城军民不分男女都必须到公厕便溺。城下则"三十步而为之圂，高丈，为民圂，垣高十二尺以上"。

汉朝是一个厕所大发展的时代，汉朝第一次出现坐便。考古学家在河南永城芒砀山汉梁孝王王后陵墓内就发现了雕刻精美的石质坐便器，这可以说是现代坐便器的雏形。到了唐宋时期，人们意识到人类的排泄物是一种很好的农用肥料，于是家里建造的厕所，就需要方便囤积粪便，当时的厕所一般是在坑或大缸上架一木架，人们上厕所时蹲在上边就可以了。这种形式的厕所，一直到现在很多农村地区还在使用。

到了宋朝，城市里坑厕逐渐减少，马桶更加普遍。可移动的马桶，用桐油或上好的防水朱漆加以涂抹，还有一个盖子，来防止臭味散发。当年的马可·波罗就曾对中国的卫生设施叹为观止。在宋代，繁华的杭州城里就出现了专业的清除粪便人员，他们沿街过市，专门上门收集粪便。到了清朝，厕所设计已经强烈地表现出以人为本的理念。使用的便器包括便盆、恭桶等，存放便器的地方叫作净房。大便时在便盆里装满炭灰，大便后倒进恭桶里，小便时则不用炭灰直接倒进恭桶，然后盖上盖子。以上都表明中国曾有过相当程度的"厕所文明"。

2023年2月考古人员在陕西秦汉栎阳城遗址发现一处距今约2400年的厕类遗存。考古人员介绍，这是中国历代宫城考古中发现的唯一一例厕类遗存，也是我国考古发现的第一个"冲水式"厕所。这处厕所遗迹由台基上的室内厕位和房外排污坑两部分组成，便器与弯管都是陶制。虽然受晚期遗存破坏，厕位上部结构不存，无法确定上半部分是什么样子，但陶便器的下面是个斜槽，又连着陶弯管，位置又在室内，所以可以肯定是用来冲水的；由此可以判断这是我国考古发现的第一个"冲水式"厕所。[1]关于冲水马桶起源于哪儿的问题，很多人认为冲水马桶是外国人发明的，但该文物遗存的出土，可能会改变这一认知。美国有线电视新闻

---

[1] 吴采倩：《陕西秦汉栎阳城遗址发现约2400年前"冲水式"厕所》，新京报网，2023年2月16日，https://www.bjnews.com.cn/detail/167654517114236.html。

网专门撰写了一篇关于中国发现"冲水式"厕所遗迹的报道，称中国的考古学者发现了距今 2400 年前顶级的"奢侈品"。由此观之，厕所之发展，几与人类文明同步，其间甚或可折射出一个时代的经济、科技、社会、军事、人文之状态，一部厕所的编年史或可称为一部另类的人类文明进步史。

清末的康有为在他著名的《大同书》里，充满憧憬而又无限神往地描绘未来厕所："以机激水，淘荡秽气，花露喷射，花香扑鼻，有图画神仙之迹，令人起观思云，有音乐微妙之音，以令人科平清静。"看起来，康有为幻想的马桶不就是抽水马桶吗？如今康有为的幻想成为现实。新中国成立以来，党和政府一直推动厕所改造，但是真正意义上的"厕所革命"始于 20 世纪 80 年代开始的改革开放以后，特别是 2004 年，"第四届世界厕所峰会"在北京举办，会议认为"不注重厕所卫生的国家，没有文化与将来"，中国政府在这次峰会上向世界表达了在 2008 年北京奥运期间要加速中国城乡的厕所转型的决心。各级政府把"厕所革命"作为基础工程、文明工程、民生工程，厕所革命加速推进。

中国政府对"厕所革命"的持续推进是中国共产党人"不忘初心，牢记使命"的生动写照。中国"厕所革命"取得的成就极大提升了我国的社会文明水平。[1]不仅公厕数量不断增长，日益壮

---

[1] 陈永森、贺振东:《中国"厕所革命"的成就与经验及其对社会文明的促进作用》,《福建师范大学学报(哲学社会科学版)》2023年第1期, 第29—38页。

大的"公厕开放联盟",也进一步为市民打开了"方便"之门。很多城市的市区沿街商铺、加油站、机关单位等独立式厕所也实行定时免费向社会开放。"厕所革命"要让厕所蕴含厚重文化。今天,一些设施较好、管理较好的厕所,都很注重文化建设,如"靠近一小步,文明一大步"的温馨提示,就让人感到亲切又蕴含哲理。厕所墙上张贴一些小故事和箴言,也会让人在片刻之间接受知识的熏陶,既放松紧张的情绪,也得到文明的启迪。

加强厕所卫生管理,增加打扫次数,公示当班负责打扫卫生的值班人员及联系电话,确保"随时保持干净、卫生",按照人性化需求进行设施设置,如设置无障碍设施,配备镜前洗手台等,加设残疾人士专用的盥洗室和母婴洗手间,添置物件挂钩,设置醒目路牌等,方便游客、方便行人。用"厕所文化"体现人性化关怀。在一些旅游景区,一些公厕的洗手台墙面引入自然景观,有的增设了透气花格窗和雨棚,一厕一景,增加了人们的幸福愉悦感。

随着人们对文明社会的要求越来越高,人们生活品质的提升,厕所已成为一个城市文明的象征,人类幸福指数的符号。现代科技可以让厕所最大限度消除"脏臭湿",还可弥漫缕缕温馨的香味;对残疾人也设有专用小厕,便于轮椅靠近、上下扶助;此外,还有手纸随取、热水供应、紧急呼救、婴儿座椅、充电插座等人性化的功能设计。这类厕所,其人性化、享受化程度很高,兼顾了不同年龄、不同人群的多样化需求。

在互联网上，经常能看到各地网民自发上传的家庭卫生间、公共厕所的照片与视频，正如有人所说，想体验一座城市的文明程度要从公厕开始，所以我们也能看到许多来自异域的外国人对中国公共厕所发表的体验与感想。有位俄罗斯少女安娜来到西湖观光的时候，就拍了段视频发到外网上赞美西湖公厕，自述被西湖的公厕惊到了，不但厕所非常干净，内部还有冰箱、微波炉和能显示实时蹲位的电子屏，各种能让游客感到便利的高科技这里应有尽有！她感觉中国的厕所非常现代智能化，对比了中国的公厕，感觉自己国家和其他国家的公厕都很一般。没想到这段视频却引来了外网网友的围观，有人说自己对中国太缺乏了解，存在许多偏见，对 5000 多年的中华文明几乎无知；也有人反过来说自己国家的公厕真的太差，上厕所的时候会感到恶心和讨厌。其实，在西湖风景区不仅厕所的厕位、便器、配套设施都完成了提升，而且寻找公厕也很方便，人们只需要在手机上输入厕所的中英文单词进行搜索，立刻就会显示出西湖所有的厕所位置。还有欧洲游客因为新奇去了西湖所有景区里的厕所，并且发布到网上，他表示所有的厕所都非常干净整洁，厕所里有很多高科技产品，不仅可以扫码取纸，还有很多的日用家电。现在，浙江省各地的景区、高速公路休息区、医院、学校、酒店、超市等场所内的公共厕所，都为市民提供了更大程度的便利，而且极大改变了中国的城乡面貌，改善了人民的生活品质，方便了人民群众，减少了传染病的传播，从而极大提升了中国的社会文明水平。

三、中国"厕所革命"对中华文明的促进作用

厕所是文明的尺度，也是国家发展的注脚。回望新中国 75 年壮阔征程，厕所映射着国人卫生习惯的改变，影响着亿万群众的出行，关系着美丽乡村建设的全局。"厕所革命"所承载的意义，要比人们想象中的更宽广。而中国强有力的举国体制，保障着"厕所革命"这项民生工程顺利推进，同时也将中华文明推向了新的高度。

（一）促进了如厕文明的进步

公共厕所既是公共空间不可或缺的要素，也是展现文明风采的重要窗口。它从某种程度上标志着一个景点、一个区域甚至一个国家的文明程度。厕所虽小，却是一种全世界通用的嗅觉语言和视觉语言，是文明沟通中最短的直线，是衡量人类文明的标尺。"厕所革命"最直观的变化就是如厕行为的文明进步。

20 世纪 80 年代末，中国农村依然遍布旱厕，有些旱厕甚至没什么遮挡。如今，屋外的旱厕基本消除，人们再也不需要在隐蔽性差甚至四面透风的茅坑如厕了，如厕真正成了隐私行为；抽水马桶逐步普及，如厕者再也看不到那些污秽不堪的景象；由于有了更多的公共厕所，随地大小便的行为越来越少见了；由于厕所管

理的逐渐完善和公民道德水平的提高,厕所环境整洁,不堪入目的"厕所文化"也消失了。一个社会的文明水平不仅表现在制度和意识形态层面,也表现在具体的生活场景中,公民如厕行为的进步透露出整个社会物质文明和精神文明水平的提高。[1]有的地方还为"父母子"设置专用厕所,让携带婴幼儿的父母一起进去,帮助孩子方便。这些细节,皆体现出一个社会人性化的程度,使公民感到被关心和被尊重。与此同时,好的厕所环境也提升了市民爱护公共卫生、尊重他人劳动成果的意识,促进全民素质的提升,使文明使用厕所蔚然成风,从而形成强大的社会文明推动力。

(二)促进了卫生文明的进步

联合国设立"世界厕所日"就是为了倡导人人享有清洁、舒适及卫生的如厕环境,提高全人类的卫生健康水平。虽然中国目前尚无准确数据评估"厕所革命"多大程度上减少了"粪—口"传播疾病,但过去的一些数据可能说明一些问题。2009—2011年农村改厕项目综合效益评估显示,实施改厕项目地区"粪—口"传播疾病的发病率明显下降,由 37.5/10 万降至 22.2/10 万,其中痢疾、伤寒和甲肝发病人数分别下降 35.2%、25.1% 和 37.3%。特别是在血吸虫病疫区,建设卫生厕所已成为血吸虫病传染源控制的重要措施和手段,血防地区改厕村的血吸虫感染率明显下降。厕所由此成

---

[1] 陈永森、贺振东:《中国"厕所革命"的成就与经验及其对社会文明的促进作用》,《福建师范大学学报(哲学社会科学版)》2023年第1期,第29—38页。

为延长人类寿命的最重要因素。

（三）促进了生态文明的进步

中国地域辽阔，各地经济发展不平衡，生活习惯不同，处于不同背景下的村民对厕所条件要求是有区别的。"厕所革命"因地制宜，关系到居民身体健康和生活品质，关系到农村生态环境改善和村容村貌提升，是一项基础工程、文明工程、民生工程。"厕所革命"改善了农村人居环境，也开启了粪便新的资源化利用方式。浙江省开化县地处钱塘江源头，生态环境优美，是国家级生态县、国家生态旅游示范区、国家公园试点区。多年来，按照《开化县"厕所革命"建设方案》，开化在"厕所革命"中，统一了公厕面积、外观和标志标识；规定了乡村旅游精品线路沿线、美丽乡村精品线路沿线及精品村等重点区域建设星级旅游公厕，使一批又一批设计新颖、富有地域特色的公厕，成为乡村旅游的"金名片"，也成为国家公园的旅游标志。在开化县芹阳办事处十里铺村的池塘，一股"清流"沿池壁泻入，成群的鱼儿在水中嬉戏。这个水是从村生态公厕里流出来的，经过沉淀发酵，并经污水处理终端处理后，进入池塘的水质可达一级 B 标准，既是景观用水，又可绿化灌溉、养鱼养荷。

尽管中国的"厕所革命"取得了举世瞩目的成就，但中国的"厕所革命"起步较晚，仍任重道远。除了需要资金、政策、技术等方面的硬件支持外，也需要人们端正态度，重视和理解厕所文明，把关注点重新放到改善卫生条件和生态生活环境上来，通过全社会的共同努力让我国的厕所也能成为一个景区、城市乃至国家的文明标志。同时，推进"厕所革命"的诸多中国经验对于发展中国家具有借鉴价值。我们有充足的理由相信，"厕所革命"的践行，将使中华文明得到进一步的光大，美丽中国的形象将更加深入人心。

第三章

中华文明发展的经济杠杆

　　马克思主义发展理论认为，经济文明是人类文明最重要、最根本的表现形式，也是政治文明、精神文明等其他各种人类文明形式发展的物质基础。当今中国，随着传统产业新型化、新兴产业规模化、优势产业链群化、战略产业自主化的"四化"为特征的产业文明进入新的发展阶段，经济文明也因产业文明发展进步而呈现新的表现形式，并由此带来全社会物质生产方式、资源利用方式、社会生活方式、社会制度体系和组织管理模式的全方位重构。这些改变表明，一个新的经济文明形态已经到来，这种新形态就是新经济。

　　新经济是相较于"旧"经济即传统经济而言的新的经济形态，不同历史时期存在不同的内涵和特征。如何对"新经济"进行定义，学术界众说纷纭，可归纳为以下四种：一是"现象说"，认为新经济是指"一高两低"（高增长、低失业率、低通胀率）的经济繁荣现象；二是"驱动说"，认为新经济是指以 IT 产业为代表的新技术驱动的生产率增速加快的经济形态；三是"范式说"，认为新经济是指以信息网络技术和基因工程为中心的新技术经济范式；四是"形式创新说"，认为新经济是经济持续增长，传统经济理论无法解释的非常规经济现象。综合国内外研究者的观点和分析，结合近年来世界各国特别是主要发达经济体新经济发展所表现出来的特征分析，我们认为，新经济概念可以定义为以新质生产力为核心、以新技术为支撑、以创新为驱动力的可持续发展经济。

　　"新经济"一词最早出现在 1996 年美国《商业周刊》的《新经济的胜利》（"The Triumph of the New Economy"）一文中，作者 Michael Mandel 率先提出了"新经济"（New Economy）这一概念，该概念一提出便得到全球各界的广泛关注。研究者通过对美国从 20 世纪 90 年代末至 21 世纪初 20 多年经济发展演进历史的总结，把新经济的主要特征概括为：实际 GDP 和公司利润高速增长、失业率低、通货膨胀率低、进出口之和占 GDP 的比例上升，以及高科技产业成为经济主导产业等方面。早在 1999 年，国内就有学者指出："新经济标志着一种新的经济调节机制和一个新的经济发展时期的出现。"[1]进入 21 世纪，国内学术界对新经济研究渐入高潮，众多学者对新经济形态从理论到实践的系列问题展开深入探讨，收获不少高质量研究成果。

第一节　文明互鉴的新经济理念

　　文明互鉴是中国新经济的一个鲜明特质，也是中国新经济观与西方国家新经济观的最大区别。与西方政客奉行的"赢家通吃"、零和游戏、丛林法则，甚至搞脱钩断链、"小院高墙"发展方式不同，中国新经济不主张"吃独食"和"以我为先"，而是秉持天下大同、

---

[1]　林水源：《新经济自由主义与美国的"新经济"》，《世界经济》1999 年第 6 期，第 24—31 页。

美美与共原则。认为人类同处一个地球，是命运共同体，全球化是历史必然，无法阻挡，因此主张"己所不欲，勿施于人"，提倡文明互鉴，互通有无。其包罗万象、开放包容的文明个性，彰显了合作双赢、共同发展的中国式思维和中国式新经济理念。

一、"一带一路"助推国际经济协同发展

2013年，习近平总书记在出访中亚和东南亚国家期间，先后提出共建"丝绸之路经济带"和"21世纪海上丝绸之路"的重大倡议。自此，共建"一带一路"倡议逐步走向国际舞台，奏响新时期国际合作交流的新乐章。共建"一带一路"倡议展示了中华文明追求合作共赢的民族特性，其和平合作、开放包容、互学互鉴、互利共赢的丝路精神正是助推国际经济协同发展的力量源泉，也是中国新经济发展题中应有之义。

（一）推进新时代人类命运共同体构建

习近平总书记在共建"一带一路"倡议中提出："在'一带一路'建设国际合作框架内，各方秉持共商、共建、共享原则，携手应对世界经济面临的挑战，开创发展新机遇，谋求发展新动力，拓展发展新空间，实现优势互补、互利共赢，不断朝着人类命运共同体方向迈进。"[1]经过十年建设，习近平总书记擘画的蓝图已

---

[1]《习近平在"一带一路"国际合作高峰论坛圆桌峰会上的开幕辞》，人民网，http://jhsjk.people.cn/article/29276920。

经或正在变为现实，"一带一路"正在成为各国人民思想交流的平台，友谊传播的桥梁，团结合作的舞台，权责共担、利益共享平等理念孕育的摇篮，彰显了中华文明和美与共的文明智慧，体现了共建国人民对人类命运共同体命题理念的认同和对人类发展的共同关切。在中国共产党第二十届中央委员会第三次全体会议中，习近平总书记更是明确指出，要完善推进高质量共建"一带一路"机制。

"一带一路"是共同发展之路。自习近平总书记首次提出共建"一带一路"倡议以来的十年，是以美国为首的西方发达经济体逆全球化沉渣泛起，单边主义、贸易保护主义抬头，国际正常经济交流合作受到冲击的十年，也是世界局势和经济交流的不确定性和不稳定性加剧，发展成本增加，全球分裂加深，人类命运被蒙上新的阴影的十年。在复杂多变的国际环境里，"一带一路"倡议为人类命运共同体构建注入了一针强心剂。"一带一路"倡议主旨是共商共建，主张规划与各国发展战略对接，规则由各国共同制定，成果与各国共同分享，发挥各国资源禀赋优势，开展交流合作，为各方提供中国超大规模市场的发展机会。十年来，共建"一带一路"倡议拉动全球近万亿美元投资，形成 3000 多个国际合作项目，为沿线国家创造 42 万个工作岗位，让将近 4000 万人摆脱贫困[1]，"一带一路"助力发展的成果有目共睹。"一带一路"倡议顺应经济全球化历史潮流，表达世界人民要和平要发展的正义呼声。"一带一路"倡议通过公平的规则协议，恢复国际经济合作交流正常秩序。通过投资、贸易和人员、科技交流，促进国际经济朝着更加开放、包容、普惠、平衡、共赢的方向发展。"一带一路"以开放的胸襟、合作的理念、共商的方式和共赢的理念，契合沿线各国人民对发展经济、过上更加美好生活的共同期待，因此深受国际社会欢迎。

"一带一路"是合作共赢之路。"一带一路"倡议为世界经济发展提供了中国方案、世界平台和发展选择。十年实践说明，倡议使更多的国际资源汇聚到"一带一路"平台上，通过平台的催化反应，结出改善民生福祉的累累硕果。"一带一路"缩减了国家间时空差距，降低了货物和服务贸易成本，提高了资源利用效率，极大释放了增长潜力。通过市场融合、资本融合、信息互通，更多国家和地区融入经济全球化，同时获得更多发展利益，形成多方共赢局面。时至今日，"一带一路"已经成为全球最受欢迎的公共产品之一。在非洲，库内内－奥马坦度变电站的建成，让纳米比亚有了更充足的电力供应；在欧洲，十年来，日夜驰骋在亚欧大陆上的中欧班列，源源不断地为沿线国家运送经济生活所需，

---

[1] 徐占忱：《持续高质量共建"一带一路"》，《经济日报》2023年8月8日。

为中欧经贸关系保持稳定提供动力，也为世界经济发展注入了活力。在近邻，印度尼西亚雅万高速铁路通车，让印尼百姓享受到高铁速度。国家统计局数据表明，2023 年我国与"一带一路"共建国家的货物贸易额达 19.5 万亿元，增长 2.8%[1]，2024 年上半年中国对共建"一带一路"国家合计进出口额同比增长 7.2%[2]。稳定的货物贸易为各国经济发展提供了可靠动力，为世界各国实现多方共赢提供了保障。"一带一路"把世界各国紧紧地联系在一起，物流、资金流和人流川流不息地在"一带一路"上自由高效"奔跑"。可以说，"一带一路"为新时代构建人类命运共同体铺就了光明大道。

（二）增进世界人民福祉

"一带一路"追求的是发展，方法是共商、共建、共享，目的是把蛋糕做大，让世界各国人民共享发展红利。这是"一带一路"倡议所提出的构建人类命运共同体理念成为国际社会广泛共识并多次被写入联合国文件的内在逻辑。

"一带一路"是惠民之路。能给民众带来好处的倡议才是好倡议。"一带一路"倡议正是把人民利益摆在首位，以民为念，为民着想，由此成为参与国人民一致拥护的好倡议。以粮食生产为例，解决温饱问题，保障粮食与营养安全是众多发展中国家政府面临的难题。

〔1〕 孙昌岳：《高质量共建"一带一路"走深走实》，《经济日报》2024 年 2 月 22 日。

〔2〕《国家统计局新闻发言人就 2024 年上半年国民经济运行情况答记者问》，国家统计局网站，https://www.stats.gov.cn/sj/sjjd/202407/t20240715_1955622.html。

而解决粮食与营养安全问题并不仅仅是一国一家之事，而是全球性议题，需要国际社会通力协作才能解决。历史上，个别发达国家利用资本操控全球粮食生产和销售，进而造成全球粮食产能过剩而部分国家却粮食短缺、粮价高企，以致这些国家常常出现"闹"饥荒的怪异现象。为打破这一困局，在"一带一路"框架下，中国秉持人类命运共同体理念，利用自身农业技术优势，持续向有需要的国家和地区提供农业技术支持，帮助缺粮国家发展粮食生产。自1979年起，中国杂交水稻远播五大洲近70个国家，使受援国水稻产量大幅提高，一些国家由此实现粮食自给。在帮助共建国增加粮食生产的同时，在粮食加工方面的合作，也使当地农民受惠颇多。在赞比亚，中国建造的太阳能磨坊厂使缺电地区的老百姓也能吃上质优价廉的玉米面粉，丰富了当地玉米产品的产业链。同样的惠民举措还表现在基础设施建设领域，如位于斐济雷瓦省托加区的托加大桥，原桥因建造标准低，无法满足丰水期通行要求，每到雨季，附近的村落就会成为"孤岛"，居民有病无法外出就医，孩子也无法上学。随着大桥重建被列入"一带一路"合作建设项目，中国企业用新技术、新方法、新材料为其进行了重建，一条高标准纵横南北的钢铁大桥很快顺利贯通，附近居民从此免遭洪水袭击，彻底告别"望河兴叹"的日子。

"一带一路"是富民之路。开放是一个国家经济持续发展的重要驱动力。"一带一路"正是以其开放的姿态和务实的举措，为共建国发展、百姓生活改善提供新的机遇。"一带一路"倡议把富民作为目标，在基础设施、工业项目、农业技术、教育医疗、减贫扶困和生态环保等诸领域广泛开展国际合作，促进共建国人民生产生活条件改善。十年来，各共建国在开放中合作，在合作中发展，共同走向繁荣富民进步大道。2024年2月25日，中央电视台经济频道《高端访谈》栏目播放了塞尔维亚总统武契奇接受记者专访。镜头里，武契奇总统在回顾2016年河北钢铁集团有限公司收购斯梅代雷沃钢铁厂，使这个百年老厂避免倒闭破产悲剧发生时深情地表示："他们帮5200人保住了工作，挽救了这些人的未来，我们永远不会忘记这一刻！"河钢集团收购塞尔维亚的斯梅代雷沃钢铁厂，不仅为该厂提供了资金和技术支持，还提供了市场、管理经验和发展的机会，积极履行社会责任和环保承诺，为塞尔维亚的经济社会发展、稳定民众信心发挥了积极作用。河钢集团的收购不仅救活了塞尔维亚钢铁厂，也使自己成为一个名副其实的大型跨国钢铁企业。无独有偶，在"一带一路"倡议推动下，中国菌草技术走出国门，走到100多个共建国家，走进千家万户，成为数十万人民的"致富草"。众多诸如此类的务实合作项目实实在在地惠及共建国的百姓。

（三）推动世界经济大循环

大变局时代，逆全球化思潮持续蔓延，世界经济复苏仍然乏力，全球贸易受保护主义和民粹主义冲击影响仍将持续，世界经济发展遇到重重困难。为了冲破阻力，国际社会积极寻求对策。习近平总书记提出的构建人类命运共同体倡议恰逢其时，为全球发展尽快走出困境提供了全新思路。

世界经济大循环与"一带一路"倡议"志同道合"。马克思主义认为，商品生产的国际化、劳动分工的国际化和商品交换的国际化是市场经济发展到一定阶段的必然产物。人类社会已进入第四次工业革命时期，随着信息技术的普及和交通便利化程度的提高，任何国家都不可能闭关自守发展经济。只有充分利用国际大市场，参与国际经济大循环，提高经济发展质量和效率，才能实现更好更快发展。为此，世界各国各地区踊跃加入世贸组织（WTO）、亚太经合组织、金砖国家组织、上海合作组织等国际经济合作组织，以加强与其他国家（地区）和组织的经济联系，并且这种联系将随着国内生产力水平提高而愈加加深，所以说，世界经济大循环是人类社会生产力发展的结果。如今，外贸已成为不少国家发展的主引擎，据世界银行统计，2022 年全球范围内外贸依存度超过50% 的国家和地区有 161 个，占比最高的如中国香港为 383%[1]，可以说，外贸已经成为这些经济体的主要支柱。各国经济运行也越来越依赖世界经济大循环，据联合国贸易和发展会议数据，2022 年，全球贸易总额为 32 万亿美元，创下历史新高。其中，全

---

[1] 世界银行数据库，data.worldbank.org。

球货物贸易总额为 25 万亿美元，同比增长约 10%；全球服务贸易总额为 7 万亿美元，同比增长 15%。[1] 可以预见，随着时间推移，这些数据还将不断被刷新。随着世界各国的经济联系越来越紧密，实现"一带一路"倡议，构建人类命运共同体已成为不可逆转的国际经济关系演进主要路径。

　　世界经济大循环有利于构建"一带一路"。发展是世界各国的共同需要，参与国际经济大循环理应成为推动各国发展的必然选择。把世界上更多的国家和地区纳入大循环机制中来，就必须多搭台、不拆台；搞全世界经济"大合唱"，而不搞少数国家的"小合唱"。"一带一路"共建机制和人类命运共同体的构建为世界搭建了共同发展的最优平台，将对世界经济发展和人类自身发展产生不可估量的深远影响。马克思在《经济学手稿》中对国际商品流通规律作了揭示，认为一个国家对外贸易的程度部分取决于外来影响的程度。加入国际经济大循环，就要按国际规则标准办事，就必须完善国内制度法规，提升产业竞争力。随着法规完善和产业竞争力增强，一国对外贸易收益也将随之增加，国民经济福利水平也将因贸易收益的增加而提高，这种社会经济外部性将最终传导到国家经济发展水平和综合国力提高上。同时，完善法规、提升产业竞争力的过程，也是一国经济更加深入广泛地参与

---

〔1〕 驻瑞士联邦大使馆经济商务处：《2022 年全球贸易总额创下历史新高》，商务部网站，http://ch.mof com.gov.cn/article/jmxw/202303/20230303398613.shtml。

世界经济大循环的过程。在外部影响的持续作用下，一国经济与
国际经济大循环联系将更加紧密。以我国为例，在 2024 年 1 月 12
日举行的国务院新闻办新闻发布会上，海关总署相关负责人介绍，
2023 年我国货物贸易进出口总值 41.76 万亿元人民币，相较于十
年前 2013 年的 25.83 万亿元人民币，增加 15.93 万亿元人民币。
中国已成为 120 多个国家的第一大贸易国。中国乘联会发布的数
据显示，2023 年中国汽车出口 522.1 万辆，同比增加 57.4%[1]，继
打败美国、德国后，首次超越日本成为全球第一大汽车出口国。
这一事件被国际经济分析人士视为具有标志性意义的世界性事件，
全球汽车产业格局将发生重大变化。事实上，自 2010 年起，中国
制造业规模便稳居全球首位。中国不断完善国内经济法规制度，
使其与国际规则相衔接，融入国际规则体系，参与世界经济大循环，
在为世界各国提供丰富的商品和服务的同时，也发展壮大了自己
的经济实力。

二、优质低价商品惠及国际民生

与资本主义主导下的商品交换以及由西方大公司主宰世界经
济的理念不同，中国新经济主张公平正义、互利共赢，因此中国
对外贸易不寻求以大欺小、以强凌弱、牟取不当利润，也不谋求

---

[1] 李婕：《2023 年出口超 520 万辆，同比增长 57.4%——中国汽车出口有望跃升全球第一》，《人民日报》（海外版）2024 年 1 月 16 日，第 3 版。

控制和操作市场，不设局打压竞争对手，不挑战国际规则和秩序。而是本着平等协商、合作交流和互利互惠原则与各国做生意，共同发展经济，提高民生福祉。加入世贸组织以来的中国经济发展历程表明，中国之所以能够在短短的十多年时间里发展成为全球第一大货物贸易大国，中国商品之所以广受世界各国人民的普遍欢迎，答案只有四个字——优质低价。

传统产业低价实惠常常让人难以置信：中国新经济理念是要让发展惠及每一个"地球人"，把像智能手机、智能汽车等过去只有少数人用得起的奢侈品做成"百姓价"，让普通人能够买得起、用得好。以传统产业为例，传统产业是我国之所以成为世界工厂，并用低价质优产品惠及国际民生的底气所在。据国家统计局数据，2023年，中国进出口贸易规模已达41.76万亿元人民币[1]，是世界第二大贸易体。2024年上半年，货物进出口总额同比增长6.1%。[2]外贸结构分析表明，中国出口商品的前五大类分别是电脑及零部件、服装及衣着附件、手机、集成电路及纺织纱线、织物及其制品，大多是传统产业，而这些产业和产品之所以具有价格竞争力，依靠的是我国长期形成的全产业链布局和规模效应。如具有质优低价美誉的义乌小商品，是我国传统产业获得强劲竞争力的最好

---

[1] 李婕：《2023年进出口总值达41.76万亿元——中国货物贸易有望保持全球第一》，《人民日报》（海外版）2024年1月13日，第3版。

[2] 潘洁、魏玉坤、申铖：《透视2024年中国经济"半年报"》，新华网，http://www.xinhuanet.com/fortune/20240715/fb1229cd245b461db9e2820513552c74/c.html。

说明。海关数据显示，2023年全年义乌进出口总值5660.5亿元人民币，同比增长18.2%。[1]查阅小商品城线上销售平台（chinagoods.com）发现，一个新款萌宠猫爪暖手宝批发价仅15元，一个陶瓷水杯批发价仅需10元，如此低价，放眼全世界，别无他选。以义乌小商品为代表的传统产业不仅价廉物美，而且富有创新性，这里汇聚了全球最新颖的新品、最时尚的款式、最齐全的小商品门类品类。难怪有网友调侃道："外国商人可能不知道杭州，却都知道义乌。"据统计，义乌小商品城汇集了26个大类、210多万种商品，与230多个国家和地区建立贸易往来，每年到义乌采购的境外客商超过56万人次，来自100多个国家和地区的1.5万多名境外客商常驻义乌，义乌市场关联带动全国3200多万人员就业。义乌小商品作为中国传统产业的一个缩影，不断述说价廉物美、造福世界人民的传奇故事。

新兴产业让普通百姓享受奢侈的"味道"。新兴产业给人的印象是高端、大气、上档次，其产品价格也往往不菲，甚至一些事关老百姓生命健康的必需品，如特效药品、专用医疗设备等，其价格也常常高到令人咋舌，普通民众只能望而却步。但是，近年来，随着中国高新技术产业的发展进步，这一状况正在逐渐被改变。以信息产业为例，2011年小米发布旗下第一款智能手机，以1999

---

[1] 杜羽丰、何贤君、共享联盟·义乌、吴峰宇：《2023年义乌外贸出口额首次突破5000亿元大关》，新华网浙江，http://www.zj.xinhuanet.com/20240125/3f7273374d2e4301a965ef081900bae4/c.html。

元的价格给"上班族"带来惊喜。随后，众多国产品牌蜂拥而起，智能手机这一"贵族玩具"大量走入寻常百姓家，成为世界各国特别是发展中国家普通民众的大众消费品。又如，新能源汽车产业，作为关乎人类能源安全和地球生态安全的新兴产业，中国自主品牌新能源汽车成功换道超车，新能源三电系统（电池、电机、电控）技术领先全球。从此，中国新能源汽车以质优价廉风靡全球，一跃成为第一大汽车出口国后，传统跨国汽车巨头再也难以在全世界攫取超额利润，汽车成为许多发展中国家普通家庭都能买得起、用得起的普通交通工具。另外，还有太阳能、风能、储能等新能源产业也都因质优价廉，广受世界各国消费者青睐。

当然，如今我国新兴产业的发展成就已远不止智能手机、新能源汽车等少数产品，在医疗、交通、能源、电子等多个领域的许许多多高科技产品的质量和性能都达到了国际先进水平，而价格与国外同类产品相比存在比较大的价差。如据公开报道，核磁共振仪，以前进口的德国产品每台花费 3000 万元人民币，实现国产后，同质同类产品价格每台仅需 290 万元人民币。盾构机因技术含量高，全世界只有德国、日本等个别国家能够制造，以前我国进口一台德国制造的二手盾构机要花三四亿元人民币，实现国产后只要 2000 多万元人民币就能购买一台新机，且性能更优。[1]

---

[1]　矫阳、刘莉、李坤：《掘进，一路向前——中国盾构机走向世界始末》，《科技日报》2023 年 11 月 9 日。

激光切割设备以前中国只能从国外进口，一台激光切割设备要花费300万元，实现国产后价格降到几十万元，且性能和稳定性得到提升。石墨烯依赖国外进口的价格每克要花5000多元，实现国产后价格降为每克一元。还有用于尖端装备制造的氮化镓、奢侈食材鱼子酱、"葡萄中的爱马仕"阳光玫瑰葡萄等，类似的优质价低的新兴产业产品数不胜数。支付宝、微信等移动支付APP更是以免费方式为全世界用户提供服务。无数事例说明，中国发展新兴产业，坚持以人民为中心理念，为民众福祉着想，不仅着眼经济发展，同时关注地球生态和自然资源利用、环境保护等全球性问题，担当起大国责任，为人类经济文明发展进步和命运共同体构建作出积极贡献。

与中国以低价优质商品惠及全世界做法背道而驰的是，国际强势主体常常利用其优势地位，以垄断、技术压迫等手段操控物价，大肆掠夺弱势主体。强势主体是指具有产品定价权的国家（组织）或企业。纵观强势主体发家史，不乏靠创新和有效经营管理获得财富的案例，但依仗垄断地位或通过不正当交易手段攫取财富的案例也屡见不鲜。例如，据公开报道，在2023年第六届中国国际进口博览会上，某西方著名农作物科学公司又首次对外发布了三款玉米种子新品，这仅仅是该公司每年推出的200～300个农作物种子新品的冰山一角。人们不禁会问，农民需要这么多新种子吗？农民为什么不自留种子呢？答案让人愤愤不已。农民当然不希望年年换种子增加不必要的经济负担，但是做不到！因为他们用的种子是经过终止子基因技术"绝育"过的，其果实无法用于来年再种，农民不得不年复一年地购买新种子以维持生产。国际种业巨头正是通过垄断和寡头局面，滥用现代科技和专利权，无情剥夺千百年来农民的留种权。更为可恶的是，新种子往往价格高得离谱，如以色列海泽拉公司推出的番茄种子"189"，每克在100元以上，一克种子相当于一克"铂金"。[1]我国西蓝花种子被日本坂田公司垄断的那个时期，2角钱一粒（每克15元）的种子让我国菜农每年多掏十多亿元种子费，直到相关科研单位攻克这一种子"卡脖子"技术问题后，这种无奈的局面才得以终结。遗憾的是，除我国以外，许多发展中国家并无技术自主能力，缺乏种子供给自由，且世界上绝大多数国家的种子市场已经被跨国公司垄断和瓜分，任凭强势主体宰割。

西方强势主体巧取豪夺手法远不止垄断和专利权限制，技术阻断、科技打压、贸易限制、金融操作、市场操弄、人才吸引、法律纠纷，甚至动用国家力量打压别国优势企业等，无所不用其极，目的都是维持其强势地位，攫取高额利润。与中国优质低价商品惠及国计民生相比，堪称天壤之别。

---

[1]　杨辉：《外资进入视野下我国种子产业安全法律制度研究》，硕士学位论文，华中农业大学，2017年。

三、第二大经济体撑起世界经济的"半边天"

世界经济论坛（World Economic Forum）网站发文指出，在人类面临着一系列共同挑战大背景下，中国是全球事务的关键参与者，在全球众多领域发挥着关键作用。[1]世界的发展离不开中国，中国有能力为世界发展作出更大贡献。据国家统计局数据，近年来，我国经济持续保持稳健发展态势，对世界经济增长的贡献率一直保持在30%以上，中国是世界经济名副其实的"火车头"，对世界经济发展起到无可替代的"半边天"作用。

（一）国内国际双循环格局为世界经济带来新活力

国内国际双循环是以高质量发展为根本出发点，为应对世界百年未有之大变局构建的经济运行体系，是中国新经济的重要表现形式。这种经济模式通过自身改革创新，推动产业升级和消费升级，实现国内经济规模的良性扩张。同时，通过更高质量、更高层次的对外开放，扩大对外交流，推动更多中外产品、服务和经验参与国际交流合作。双循环格局为构建"你中有我,我中有你"的利益共同体，促进世界文明互鉴、携手共赢打开了新的发展空间。

一国市场再大,也不过是国际市场的一部分;一国技术再先进,也不可能在所有产业和领域占尽优势。世界各国无论大小，都有自己的资源禀赋优势和劣势，瞄准国际大市场，发挥本国要素禀

---

〔1〕 金观平:《中国经济为世界增添确定性》,《经济日报》2024年1月19日。

赋比较优势，弥补不足，才能把本国及国际经济蛋糕做大。从欧美发达国家及我国加入 WTO 的经验看，构建双循环格局的过程，首先是国内产业和消费得到升级，生产力水平显著提升的情况下，相对先进的国内生产力开始向国际市场外溢的过程，也是国内生产力发展到一定水平后其潜能向国际市场释放并推动世界经济扩张的过程。国际经验表明，世界经济因各国经济内外循环顺畅而日渐兴旺发达。在全球化与逆全球化博弈加剧，世界经济交流出现诸多困难和阻碍的重要历史关节点上，中国主动扛起促进经济交流合作大旗，布局双循环战略，为世界经济发展创造了新的经济发展平台和机会。据统计，2023 年，中国全行业对外直接投资 1.04 万亿元人民币，吸收外资 1.1 万亿元人民币[1]，双向投资带动了产品、技术、管理和服务的国际交流合作，加深了中外友谊和国际团结，为全球化注入了正能量，也为世界经济蛋糕做大贡献了关键增量。

（二）产业变革和转型升级为世界经济催生新动能

改革开放以来，我国产业结构不断转型升级，一二三产业占比发生显著变化，1978 年我国三次产业比例为 27.7 ∶ 47.7 ∶ 24.6，到了 2023 年，这一比例变为 7.1 ∶ 38.3 ∶ 54.6。[2][3]一产大幅下

〔1〕商务部合作司：《2023 年我国全行业对外直接投资简明统计》，商务部网站，https://m.mofcom.gov.cn/article/tongjiziliao/dgzz/202401/20240103469616.shtml。

〔2〕尹伟华：《"十四五"时期我国产业结构变动特征及趋势展望》，《中国物价》2021 年第 9 期，第 3—6 页。

〔3〕国家统计局：《中华人民共和国 2023 年国民经济和社会发展统计公报》，国家统计局网站，https://www.stats.gov.cn/sj/zxfb/202402/t20240228_1947915.html。

降，二产占比稳中有降，三产迅速上升，我国产业结构的趋势性变化，折射出生产力水平不断提高，产业转型升级持续取得进展，以及经济发展质量和效益不断提升。从三次产业发展的具体状况看，第一产业的基础地位不断巩固。农业系统作为食物供给来源、工业原材料、劳动力和二三产业的市场提供者，其基础地位和"稳定器"作用深入人心。通过农村基本经营制度和激励机制持续改革创新，农业生产力得到极大解放，基本解决 14 亿人的口粮供应问题，告别千百年来中国人"靠天吃饭"的历史。通过持续加强设施投入、科技投入、管理投入和制度创新，农业改变了传统的生产方式，智慧农业、绿色农业、订单农业、机械作业、设施农业成为中国农业的高频词语，农业产业发展质量和效益稳步提升。根据国家统计局相关数据，第一产业增加值由 1978 年的 1019 亿元提高到 2023 年的 9 万亿元，中国人正在从"吃得饱"向"吃得好"转变。第二产业发展动力强劲。中国是第二次世界大战后少数几个成功转型为工业化的国家之一，经过 40 多年艰苦努力，工业增加值已从 1978 年的 1622 亿元提高到 2023 年的 48.3 万亿元。有 200 多种产品的产量在全球工业制造业中居世界第一，拥有联合国工业大类目录中的全部产品门类，是名副其实的"世界工厂"。强劲的工业产业动能不仅为壮大国家综合实力奠定雄厚基础，也为世界贡献了价廉物美的工业产品，中国正在从制造大国向制造强国迈进。第三产业支撑作用凸显。改革开放以来，服务业快速发展，产业增加值已由 1978 年的 905 亿元增加至 2023 年的 68.8 万亿元，一跃成为主导产业，为中国经济增长方式转变、价值链提升、科技创新能力增强以及建设创新型国家发挥了支撑和保障作用。40 多年来，通过一系列改革和政策完善，金融、电信、交通、房地产及居民生活性服务等现代服务业迅速成长，已成为吸纳就业的主阵地、经济主战场。服务业的发展不仅推动国内经济发展，也为国际经济交流打开了新的窗口，为世界经济注入了新活力。

（三）融合发展为世界经济注入新动能

新经济是融合经济，融合催生产业转型迭代，推动创新创造。在数实融合方面。随着信息化深入推进，数实融合进入集中爆发期，2023 年中国数字经济规模超过 50 万亿元，占 GDP 比重达到41.5%。[1] 万物互联、万物智能向大制造、大交通、大能源、大食物、大健康、大金融等行业深度渗透，原有产业不断被分化、重构和转型，继而产生新的产业、业态和模式。物联网、云计算、大模型、智能驾驶、5G、人工智能等数字科技在自身升级迭代的同时，广泛嵌入一二三产业。[2] 截至 2024 年上半年，中国拥有超过 46.3 万家高新技术企业，工业机器人装机量占全球比重业已超过 50%。在海量数据、丰富应用场景的加持下，我国制造业成本

---

〔1〕　中国信息通信研究院政策与经济研究所、中央广播电视总台上海总站：《中国城市数字经济发展报告（2023年）》，央视网，https://sh.cctv.cn/2024/01/15/ARTIgYP2DVlY8sxPtnZKitc3240115.shtml。

〔2〕　孙青、有之炘、陈露缘：《2024年中国经济"半年报"释放这些信号》，新华网，http://www.news.cn/fortune/20240717/ee923a7ebda74354b1a9e1b7229ed0d1/c.html。

和效率优势更加凸显，产业韧性和抗风险能力增强，并推动中国经济由人口红利逐渐向人才红利、创新红利转变。在新的成本红利、效率红利、创新红利激励推动下，数实融合不断在供给侧和需求侧发力，促进了以制造业为主体的实体经济加速发展。据专家预测，到 2035 年，我国数字经济规模可能超过 160 万亿元，占 GDP 的比重可能达三分之二左右。[1]数实融合已成为引领和支撑新经济发展的核心驱动力。在产业融合方面，通过产业渗透、产业交叉和产业重组，不同产业间的传统边界变得模糊，形成"你中有我、我中有你"的状态。以农业为例，通过与二三产业融合，农业产业链得到延长，价值链得到提升，利益链更加完善。随着二三产业生产要素向农业产业跨界配置形成趋势，农业与二三产业真正形成了联动、集聚和相互渗透的农业产业新格局。产业融合拓展了农业产业经营范围，扩大了产业功能，提升了产业层次，也迫使农业产业转变生产方式和组织方式，并不断衍生出农业产业的新业态、新技术、新商业模式和新的产业空间，农民增收途径更加广阔。农家乐、乡村游、乡村民宿、乡村康养基地、乡村休闲俱乐部、"村超"、农机合作社、无人机植保互助组等等各类生产方式、经营模式和组织形式纷纷出现，农村生态物理空间价值得到释放，极大活跃了农村经济与农业业态。由此可见，产业融合

---

[1] 盛来运、郑鑫等：《增长之源——中国中长期经济增长动力研究》，商务印书馆，2021年，第310页。

是新经济的重要特征，融合产生的创新效应和竞争效应，倒逼产业自身转型升级和技术创新，有力促进经济发展。在城乡融合方面。城乡融合是我国新经济的阶段性特征，对于开发农村经济价值洼地，促进农业产业转型升级，实现共同富裕具有重大意义。党的十八大以来，党中央多次强调要顺应城乡融合发展大趋势，破除妨碍城乡要素平等交换及双向流动的制度壁垒，促进各类生产要素和政府服务更多下乡，率先在县域内破除城乡二元结构。通过十多年努力，城乡融合发展取得巨大成绩，要素流动更加顺畅高效，农业转移人口市民化进展顺利。至 2023 年年底，城区常住人口 300 万以下城市的落户限制基本取消；城乡基本公共服务均等化步伐加快，城乡学校共同体、县域医共体及覆盖全民的社会保障体系建设取得实质性进展，农村居民满足感、幸福感增强；城乡基础设施一体化水平明显提高，水、电、气、宽带网络、快递物流等生产生活设施加速普及自然村；二三产业落地农村的主体和项目大幅增加，农民就近城镇化和城乡要素跨界融合条件越来越完备。城乡融合所取得的成就，为扩大国内循环、实现经济协调发展，维护社会稳定和城乡经济社会文明共同进步，更好地利用自然资源和保护生态环境都发挥了重要作用。

四、华夏强则世界昌

进入新时代，中国致力于践行新发展理念，构建双循环格局，推动高质量发展，为世界经济发展作出更多贡献。中国经济的强势崛起对世界产生了巨大溢出效应。世界政治经济格局变化说明，华夏越强，则世界越稳定，越繁荣昌盛。

（一）中国发展为世界经济提供强劲动力

据国家统计局公布的数据，2023 年中国全年国内生产总值（GDP）超 126 万亿元，比上年增长 5.2%，仍高于全球 3% 的平均增速。按可比价计算，一年的经济增量超过 6 万亿元，相当于一个中等国家一年的经济总量，对世界经济增长的贡献率超过 30%。这一数据表明，中国仍是世界经济增长的最大引擎，中国经济的"火车头"地位随着中国经济创新能力、技术水平提高和国内消费潜力释放而不断提高。如按国际货币基金组织的分析估测，中国经济增速每上升 1 个百分点，其他国家的增速将上升约 0.3 个百分点，拉动其他国家经济增长 1.5 个百分点。[1]为此，国际主流经济学家纷纷赞扬中国对世界经济发挥的无可否认的"火车头"作用。2024 年上半年，中国国内生产总值达 61.7 万亿元，继续保持 5.0% 的中高速增长。根据中国政府的规划和安排，未来中国仍将把扩大国内消费摆在重要位置，扩大外国商品进口，加大引资力度，放宽市场准入，提高对外开放水平，这些都为世界经济发展注入了信心和动力。

---

[1] 樊宇、商婧：《动力澎湃的中国将为推动全球经济复苏释放更多利好》，新华网，http://www.news.cn/fortune/2023-03/15/c_1129434092.htm。

中国已成为全球产业链重要环节。由于中国具有全世界最大的消费市场和商品市场，具有庞大的科学家、工程师和技术工人等产业人才队伍，具有高效优质的政府效率，同时基础设施发达，供应链顺畅高效，长三角、珠三角已经形成全世界最强大的工业制造能力及全世界最为完整的配套产业体系。再加上中国社会稳定，在中国投资办企业不用担心因治安、人为阻扰等因素影响生产的问题。多因素叠加作用下，中国形成了世界第一的全要素全门类全产业链集成的超大规模经济体，制造业总量已连续 14 年保持全球第一。全产业链各环节之间形成的相互嵌套、相互共生的产业链集群，为中国制造赢得成本优势、产品迭代优势和技术创新优势。一部智能手机只需 1 小时便可配齐 95% 的零部件；新能源汽车上万部件可在 4 小时内找到；电力机车的上万个零部件可在半小时实施供应，诸如此类案例数不胜数。放眼全球，也只有中国才能够做到。丰富完整的产业链是中国经济高质量发展的底气所在，也必将继续为世界商品供应链稳定作出重要贡献。

中国低碳经济为全球实现"双碳"目标树立标杆。党的十八大以来，中国越来越重视保护生态环境，经济社会发展逐步向生态友好型经济转型。2024 年 3 月 5 日，国务院总理李强在十四届全国人大二次会议上所作的《政府工作报告》又一次强调，要"加强生态文明建设，推进绿色低碳发展"。中国经济向"双碳"转型以来，中央及地方通过一系列政策支持绿色经济发展。早在 2011

年 10 月，北京、上海、广东等省市就已启动了地方碳排放权交易市场试点。2017 年 12 月，全国碳排放权交易市场建设启动并于 2021 年 7 月开市。2024 年 1 月，国务院公布《碳排放权交易管理暂行条例》，绿色经济发展进入新发展阶段。据生态环境部网站信息，自全国碳排放权交易市场启动交易至 2023 年年底，累计成交碳配额 4.4 亿吨，成交额约 249 亿元。[1]2024 年 4 月，中国新能源汽车以 50.4% 的市场渗透率首次超过燃料汽车。[2]我国太阳能、风能发电装机总量占全球一半以上，同时风、光、新型储能，动力电池和新能源汽车等低碳技术引领全球。中国正在以绿色低碳发展的突出成就，成为全球可持续发展的重要推动力。

中国新质生产力发展为世界经济注入新动力。习近平总书记曾指出："实现社会主义现代化，实现中华民族伟大复兴，最根本最紧迫的任务还是进一步解放和发展社会生产力。"[3]进入新时代，党和政府深刻认识到发展新质生产力对中国式现代化建设的重大战略意义，以及对国家物质文明和精神文明建设的关键基础性作用，已采取一系列重大举措主动谋划布局，积极推动措施落实，努力实现从科技强到产业强、经济强、国家强的强国闭环。近年来，

〔1〕李海媛:《解读 2024 政府工作报告 绿色低碳经济大有可为》，北京商报网，2024 年 3 月 5 日。https://m.bbtnews.com.cn/article/339497。

〔2〕袁璐:《4 月上半月新能源汽车市场渗透率超 50%》，京报网，https://news.bjd.com.cn/2024/04/24/10755775.shtml。

〔3〕《习近平:切实把思想统一到党的十八届三中全会精神上来》，《人民日报》2014 年 1 月 1 日，第 2 版。

通过持续高强度科技投入和技术创新，一大批代表先进生产力的科技研发成果相继问世，国产大飞机 C919 实现商业飞行、旋转爆震航空发动机研发成功、超导量子计算刷新世界纪录、国家太空实验室成功运行、人体免疫系统发育图谱绘制完成、世界首款异构融合类脑计算芯片"天机芯"成功研制、"爱达·魔都号"大型邮轮投入商业运行、"九章三号"量子计算机投入使用，高铁、核电、特高压输电技术领先世界。我国人工智能技术与美国并跑于世界前列，中国新能源汽车的产业链、核心技术和市场规模已经独步全球。中国桥梁、中国航天、中国交通、中国超算、中国电商、中国物流、中国 5G 等均已成为世界各国追赶的目标。中国新质生产力正在以肉眼可见的速度加快形成，有力推动了国内经济提速增效。

中国经济数字化转型助力世界新经济跑出"加速度"。改革开放以来的短短 40 多年，中国经历了从农业经济到工业经济的跨越，并正处在从工业经济向数字经济转型的重要关口。随着数字技术应用在多领域"遍地开花"，数字经济也同步进入加速发展状态。据专家预测，到 2025 年，我国数字经济规模将超 60 万亿元，且未来十年还将保持 5% 的复合增长，到 2035 年相关研发人员数量将突破 1000 万人[1]，成为世界数字经济领域第一大研发人员全

〔1〕 胡鞍钢：《中国与世界百年未有之大变局——基本走向与未来趋势》，《新疆师范大学学报(哲学社会科学版)》2021 年第 5 期，第 38—53 页。

时当量之国。截至 2023 年 9 月，涉及云计算、大数据、人工智能等数字技术的企业超过 53 万家。[1] 如今，智能手机、智能驾驶、智能物流、移动可穿戴设备、工业及家用智能机器人、智能商品和服务已在全国加速普及，并持续升级换代。随着数据要素价值日益凸显，我国数字产业正向更高层次发展。数据要素已快速向一二三产业渗透融合，未来产业、未来社区、数字产业园、数字治理以及传统产业的数字化转型正在成为城市数字经济未来发展的重点领域，数字经济无疑将主导中国经济发展未来。数字经济的快速发展，同样也为我国开展数字技术国际交流和数字基础设施对外投资创造了有利条件，必将为消除世界数字经济鸿沟贡献力量。

合作共赢发展理念为世界经济航船照亮前进航向。应该看到，世界经济正处在发展、合作、共赢和停滞、脱钩、双输的激烈博弈之中，各种矛盾相互交织、错综复杂，地缘冲突此起彼伏，单边主义、保护主义死灰复燃，西方某些势力试图对我国搞"脱钩断链"，在贸易、科技、舆论等领域反复打压，人为扭曲国际经贸格局。面对波谲云诡的国际环境，中国始终秉持合作共赢和人类命运共同体理念，以互惠互利原则与各国开展贸易往来，展示维护世界经济正常秩序的大国担当，为世界经济合作与和平发展注

入正能量。据海关统计资料，截至 2023 年年底，中国已成为 140
多个国家和地区的主要贸易伙伴，关税总水平已降至 7.3%。[1]我
国对外贸易自由度和对外开放程度在不断提高，国际社会频频发
出"与中国同行，就是与一个持续开放的广阔市场的光明发展前
景同行"的呼声，反映了国际社会对中国合作共赢理念的认可和
赞赏。中国在推动中间品贸易、绿色贸易，促进数字经济、健康、
减贫等方面的合作努力，为世界经贸交流打开了新的合作领域和
发展空间。

（二）中国经验为各国发展提供借鉴

习近平总书记在党的十九大报告中明确提出："中国特色社会
主义道路、理论、制度、文化不断发展，拓展了发展中国家走向
现代化的途径，给世界上那些既希望加快发展又希望保持自身独
立性的国家和民族提供了全新选择，为解决人类问题贡献了中国
智慧和中国方案。"[2]新时期，中国现代化的成功，既反映了人类社
会发展的一般规律，也体现了中国独特的制度设计成果及中国特
色，其经验可以概括为以下七方面：

一是坚持中国共产党领导和中国特色社会主义制度，坚守发
展为民初心。经过一个多世纪的艰难探索，历史和人民最终选择

---

[1]　董雪：《外交部：中国经济高质量发展利好世界》，新华网，http://www.news.cn/world/20240118/2e8c7
91c77654dda98b6c66f6d05c8b5/c.html。

[2]　《习近平：决胜全面建成小康社会 夺取新时代中国特色社会主义伟大胜利——在中国共产党第
十九次全国代表大会上的报告》，人民网，http://jhsjk.people.cn/article/29613458。

了中国共产党。中国共产党的领导地位和走中国特色社会主义道路的制度选择，既是中国现代化建设的最大特色，也是最重要的中国经验。党的集中统一领导和长期执政，能有效协调各阶层关系，最大限度地照顾民众的普遍利益，统一全社会思想和行动。能科学处理长远发展和短期目标的关系。推进举国体制建设，实现科技自立自强。党的领导为现代化建设提供方向指引和政治保障。中国特色社会主义制度能有效矫正纯市场机制自身无法克服的有损社会公平、两极分化加剧等机制性缺陷，提高经济运行效率，促进共同富裕。中国共产党以人民为中心的发展思想能有效团结民众并充分激发其投身社会主义建设的积极性、主动性和创造性，发挥新型举国体制的优势，有效防范和处置像新冠病毒感染、经济制裁、金融风暴等重大风险。中国共产党在帝国主义、资本主义压迫和自然灾害威胁面前所表现出的不妥协、不低头、勇往直前的精神品格已转化为全国人民的集体意志表达与国家力量象征。因此，阐述中国经验无法回避中国共产党的领导和中国特色社会主义制度本身。

二是坚持全过程人民民主的政治制度，充分发挥民众智慧和力量。从根本上说，中国的成功经验还在于全过程人民民主的制度保障。国家通过行政和司法手段，把共产党的民主价值和理念转化为科学的制度安排及具体的民主实践。全过程人民民主强调人民当家作主的主体地位，做到以人民为中心，一切为了人民、一切依靠人民，实现最广大人民的根本利益。这种制度具有解放和发展生产力的巨大潜能及创新优势，通过集中力量办大事和实现各种资源的最优化配置，为实施国家重大工程建设、开展重大科技创新提供资源保障。通过强调国家权力属于人民，重大决策事项由人民共同协商确定的原则，能统一思想，形成全国上下一条心、一盘棋格局；能打破团体、区域及系统之间的局部利益界限，实现互补共享、统筹协同的发展格局。通过推进全过程人民民主的制度化和法治化建设，不断完善人民代表大会制度和基层民主制度，基层社区的村社自治制度，让人民充分享有对国家和社会事务的知情权、参与权、表达权、监督权，给予人民依法有序参与政治的权利，保障人民通过各种途径参与立法活动、参与政府决策、参与基层治理，充分行使民主权利，从而为每个社会成员实现自身价值最大化创造自由空间，形成共建共享共治的社会治理格局，持续保持社会和谐稳定，为经济发展创造良好社会环境。中国的民主实践为世界树立了榜样。

三是坚持以经济建设为中心的执政观和方法论，确保经济发展不犯方向性错误。"以经济建设为中心"是改革开放以来中国共产党总结正反两方面社会主义建设经验教训得出的深刻结论，基本逻辑是要把"经济蛋糕"做强做大，让老百姓有蛋糕分。因此，党始终强调发展是党执政兴国的第一要务，更是硬道理。要排除各种意识形态干扰，专注于发展，专心于经济建设。以实事求是的态度不断从发展中总结经验，发现问题，改进策略。在规划经济发展战略上，既有分步走的长远目标，也有经济社会发展五年规划和年度工作安排的短期计划，并严格组织实施。强调发展经济要敢闯敢试，不"戴帽子"，不"抓辫子"。强调发挥国内国外两种资源两个市场作用，形成以国内大循环为主体、国内国际相互促进的发展新格局。强调坚持满足人民对美好生活的向往的执政理念。中央和地方重大发展战略都以规定的程序问计于民、问效于民，以百姓满意为政府工作的出发点和落脚点，把人民群众的幸福感、获得感作为发展的绩效目标，从而赢得民众信任，为经济发展创造良好社会氛围。中国坚持以经济建设为中心的执政观和方法论得到了世界有识之士的高度赞扬。

四是坚持理顺政府和市场的关系，为改革发展扫清障碍。中国特色社会主义市场经济强调尊重市场规律，减少政府对资源配置的干预，持续推进市场化改革，探索资源配置最优方式。加快全国统一大市场建设，清除一大批有关市场壁垒和地方保护性土政策，惩处各类违法行为，保障经济发展有序有效。40多年来，中央政府率先简政放权，给各类市场主体松绑，为经济增添活力。各级地方政府也大力开展"放管服"改革，转变政府职能，精简行政审批程序，活跃地方经济。控制政府对经济活动的不当干预，为市场主体发展营造健康的外部环境，打造"有效市场"。同时，也强调政府对市场的宏观调控能力建设，注重提高政府的宏观调控、收入分配调节和监督管理水平，发挥政府在市场经济中的服务、保障和监管作用，让政府真正成为有为政府，使"看不见的手"和"看得见的手"有机结合，共同促进市场经济有序发展。

五是坚持守正与创新有机结合，把握改革的正确方向。正确把握守正与创新的关系，是中国共产党领导经济的突出亮点。党的二十大报告中指出："我们从事的是前无古人的伟大事业，守正才能不迷失方向、不犯颠覆性错误，创新才能把握时代、引领时代。"中国共产党坚持守正，就是不忘记中国式现代化的本和源、根和魂，坚持中国式现代化的中国特色、本质要求和重大原则，坚持"三个基本"，即党的基本理论、基本路线、基本方略，坚持党的十八大以来的一系列重大方针政策。中国共产党坚持创新，就是在事关经济发展的重大理论、实践、制度问题上不拘谨于条条框框，力求有新的发现、新的突破。中国共产党善于识变应变求变，敢闯敢干。善于顺应时代发展大势，在第三、四次科技革命大潮中，找准定位，扬长避短，发挥优势，将中国发展进步的命运牢牢掌握在自己手中。40多年的改革开放历程说明，中国共产党既坚守马克思主义政党本色和中华文化传统，也积极转变思想观念、思维方式、行为方式和工作方法，汲取世界先进科学技术和管理经验，成为守正的示范者，创新的优等生。

六是坚持正确处理发展与稳定的关系，为改革发展创造良好环境。正确处理发展与稳定的关系是中国经验不可或缺的重要内容，中国政府十分重视一手抓经济发展，一手抓社会稳定，善于把握处理改革、发展、稳定三者之间的关系，把改革的力度、发展的速度和人民群众可承受的程度结合起来，做到先后有序、张弛有度。放眼世界，发展与稳定的关系问题始终是困扰一些国家政府首脑的难题，阿根廷、巴西、泰国等一些发展中国家都曾因为没有处理好发展与稳定的关系，片面追求经济增长而忽视社会公平而出现贫富差距拉大，社会矛盾激化，最终导致社会动荡并陷入"中等收入陷阱"，教训十分深刻。把共同富裕作为经济发展的最终目标和归宿，走共同富裕的发展道路是中国的基本国策，把"致富"和"脱贫"结合起来，实施脱贫攻坚国家工程，长期持续开展大规模脱贫帮困，帮助数千万人口实现脱贫，使中国社会稳定发展的基础始终牢固。中国的发展经验表明，只有在发展路径和模式选择、成果归属等问题上，既注重效率，又兼顾公平，特别是照顾最广大人民群众的利益，求得最大社会公约数，才能实现社会长期和谐稳定，才能为改革发展创造良好社会环境。

七是坚持合作共赢理念，努力构建开放型经济。对外开放是中国经验的又一重要内容。习近平总书记曾深刻指出："以开放促改革、促发展，是我国发展不断取得新成就的重要法宝。"[1]20世纪70年代末，中国汲取闭关锁国教训，毅然决然打开国门，拥抱

---

[1]《习近平主持中共中央政治局第十九次集体学习并发表重要讲话》，人民网，http://jhsjk.people.cn/article/26161930。

全球化。40多年来，无论遇到什么曲折，甚至在遭遇保护主义和民粹主义抬头，技术、贸易甚至优秀企业受到无理打压，以及受逆全球化思潮影响，全球化赤字有增无减的困难条件下，仍然坚定不移地推进对外开放，坚定不移推进人类命运共同体构建，向世界展现了中国负责任大国的形象。世界经济发展史说明，弱肉强食、零和博弈、"丛林法则"，是世界经济的"怪胎"，与人类文明格格不入。中国的对外开放，奉行互利共赢原则，让经济全球化朝着公平正义、包容和可持续方向前进，因而被世界广泛认同。中国的对外开放不是权宜之计和简单打开国门，而是积极参与全球治理的担当行为。中国的对外开放既积极主动参与全球化实践，又始终坚持独立自主原则，坚定维护国家主权和经济安全，走和平发展道路。中国在推动建立更加公平合理的国际政治经济秩序、更好地维护世界和平稳定、促进全球发展繁荣中所积累的经验是世界文明的重要精神财富。

第二节　创新经济的动力源泉

进入21世纪，世界各大国都在积极强化创新部署，如美国自金融危机后时任总统奥巴马提出了以创新为重点的所谓"新经济战略"，德国提出以信息化技术促进产业变革的工业4.0战略，英国则提出"人民的想象力是国家的最大资源"等，都把创新经济作为国家发展的重大战略来抓。中华民族是富有创新精神的民族，在5000多年的历史长河中，勤劳聪慧的华夏子孙创造了辉煌文明成就，其创新性的文明特质，为世代传承。新时代，中国更加重视创新对经济发展的驱动作用，更加注重理论和实践创新，实现自我超越，不断丰富和发展人类经济文明的新形态。

一、改革开放的大政方针

（一）改革开放是当代中国最伟大的制度创新

习近平总书记指出："改革开放是……实现中华民族伟大复兴的关键一招"，"创新是改革开放的生命"。[1] 1978年12月18日召开的党的十一届三中全会，开启了改革开放和现代化建设新征程。从思想解放到理论创新、实践创新，再到经济奇迹发生，短短40多年，我国成功实现从计划经济体制到社会主义市场经济体制、从封闭落后到全方位对外开放的历史性转折，谱写了一曲中华民族创新史上的不朽篇章。40多年的改革开放历程，是不断创新求变的过程。经济体制改革以解放思想为先导，通过解放思想，否定"两个凡是"，冲破教条主义思想禁锢，为经济体制机制改革铺平了道路。从"包产到户"到国企改革，从价格放开到全国统一大市场形成，从恢复高考到"大众创业、万众创新"，改革开放

[1]《习近平：在庆祝改革开放40周年大会上的讲话》，人民网，http://jhsjk.people.cn/article/30474794。

与制度创新始终如影随形，改革开放推进到哪里，制度创新就跟进到哪里。改革开放的每一个成果都意味着体制创新、机制创新、科技创新、文化创新上点的突破。如果把改革开放作为时代的主旋律，创新便是这个旋律的主音调、最强音。制度创新犹如汩汩清泉，源源不断为经济发展提供动力。

（二）改革为创新经济提供原始动力

改革意味对原有体制机制和政策规定的否定或扬弃。设计出台适应新的形势和环境条件的政策法规、体制机制，需要站在新的时空环境对原有事物进行重新审视，找到影响发展的体制机制障碍，提出克服障碍的办法，这种"提出"的过程就是改革创新的过程。改革开放以来的历史实践一再表明，激发经济动能，需要改革破局；增强经济内在动力，需要改革破题；实现经济转型升级，更需要改变发展思路和方式。而所有这些因改革而引发的经济结构调整、机制体制转变、发展方式改变等都需要创新推动，没有创新就没有中国经济的今天。因此，从这个意义上说，改革的有效推进就是创新成果的不断体现，改革的本质就是创新。回顾以往，从计划经济向商品经济和市场经济的体制切换；从行政计划配置资源，到市场配置资源为主；从政府统筹统管统分，到简政放权，深化行政审批制度改革，压减政府审批事项，都仰仗于改革的不断深化，改革是各项事业发展的动力源泉。40多年来中国经济文明实践是一个"改革举措出台—创新方法落地—发展成果验证—新问题新矛盾再现—新的改革举措再出台"循环往复、螺旋式向上演进的过程。

（三）对外开放激发创新活力

不拒溪流，方成大海。改革开放以来，中国打开国门，聚四海之灵气、借八方之神力，一手抓自主创新，一手抓对外开放，走出了一条"开放—引进—消化吸收—再创新"的发展之路，并最终把中国推向世界经济舞台中央。高水平的对外开放为思想碰撞提供了必要的国际环境，启发了国人的创新潜能，为经济社会变革注入了新的思想力。中国共产党是一个具有开放传统的政党，许多早期领导人如朱德、周恩来、邓小平等都曾远赴欧洲留学，学习马克思主义先进思想和先进科学技术。新中国成立之初工业经济的快速发展，也是在向苏联等社会主义国家开放合作中取得的。改革开放后，中国更加重视利用相对有利的国际环境，扩大对外开放，加大引进技术和管理经验力度，有力促进国内经济发展和技术进步。以高铁技术为例，2004 年 1 月 7 日国务院批准我国历史上第一个《中长期铁路网规划》时，中国的高铁技术基础几乎为零。为了尽快掌握技术，我国向日本、加拿大、法国和德国等国开放引进技术，在此基础上进行集成消化再创新，最终形成属于自己的高铁技术产权和高铁标准。截至 2023 年年底，我国境内高铁运营总里程已达到 4.5 万公里，中国标准也已开始走向世界。中国高铁建设发展不仅使高铁线路不断延长，与之相关的高铁运营管理经验及上下游产业链也得以建立并不断丰富，对国民经济起到强劲拉动作用。中国现代化建设的历史表明，开放为创新提供了重要人才、技术和物质基础，为国内外创新资源的交流和合作提供了机遇，为增强创新实力、建设创新型国家创造了条件。因此，创新是强国之本，开放为强本之基，开放与创新相辅相成，是永恒的时代主题。

应当认识到，今天我们讲开放，不仅要讲对外开放，还要讲对内开放，省际、市际之间的开放交流合作对于创新经济发展同样重要。必须继续发挥社会主义制度优势，打破陈旧观念和本位主义思维，破除本地区有碍人才流动、物流畅通、信息沟通的各种壁垒，主动融入全国创新网络体系和统一大市场，最大限度用好全国资源，提升本地区在全国创新格局中的位势，唯有如此，中国的创新经济前景才会更加光明。

二、一往无前的坚定信念

习近平总书记指出："对马克思主义、共产主义的信仰，对社会主义的信念，是共产党人精神上的'钙'。"[1]信念是一党一国乃至一个民族的精神支柱，是发展的力量源泉。中国共产党是一个有着9000多万党员的大党，共产党员作为民众中的普通一员，早

---

[1]　习近平:《在纪念陈云同志诞辰110周年座谈会上的讲话》,《人民日报》2015年6月13日,第2版。

已把自己的信仰信念通过政治、经济和社会实践润化为全体中国人的共同价值追求，中国特色社会主义、共同富裕等共产党人的理想信念早已成为全社会集体价值观的一部分。

（一）坚定的信念凝聚无穷力量

邓小平同志指出："要团结就要有共同的理想和坚定的信念。我们过去几十年艰苦奋斗，就是靠用坚定的信念把人民团结起来，为人民自己的利益而奋斗。没有这样的信念，就没有凝聚力。没有这样的信念，就没有一切。"[1]中国特色社会主义信念是中国人民经过长期血与火的斗争，艰难探索找到的唯一正确道路，是最好的主义。它以人民之心为心，一心一意为人民谋幸福，为中华民族谋复兴。它既把发展经济看作"硬道理"，千方百计提高发展效率和质量，同时又照顾最广大人民群众的利益和关切，追求经济发展的公平正义，走共同富裕发展道路。中国特色社会主义信念，把党在社会主义初级阶段的目标、国家的发展、民族的复兴与个人的幸福生活有机联系在一起，最大限度地体现人民群众意志，集中反映人民群众的利益诉求和共同愿望，得到最广大人民群众的拥护。坚定中国特色社会主义信念，就能比较容易地处理好短期发展目标和长远发展目标的关系，比较容易地协调好个人财富增加与国家财富积累之间的关系，从而更好地维护安定团结局面。

---

[1] 邓小平：《邓小平文选》第三卷，人民出版社，1993年，第190页。

坚定中国特色社会主义信念就是对广大劳动人民的最大尊重，就是为劳动人民兑现劳动成果，实现人的自身发展，获得应有的社会尊严，其丰富的内涵感召和凝聚着全体中国人民向着民族复兴伟业前进。

（二）坚定的信念激发发展潜能

信念是指一个人内心深处坚定不移的信仰和追求，它是人们心灵的支柱和行动指南。中国特色社会主义信念是中国人民的精神依托和能量之源。信念并非是虚无缥缈的东西，在现实生活中，信念无时无刻不在散发着力量的光芒。据著名导演张艺谋透露，在 2008 年北京奥运会的开幕式《活字印刷》节目表演中，因操控字模的一个机械把手意外掉落，为防止支点随之掉落而使节目演出失败，负责操控支点的一名战士，竟然用自己的小拇指代替螺丝插到孔中，在长达 4 分钟时间里忍着血肉模糊的剧痛操控完成所有动作，在全世界观众面前避免了一场重大失误，世界为之惊叹。作为一名部队士兵，他用自己的行动实现了"为人民利益赴汤蹈火"的誓言，用自己的牺牲践行了"国家利益高于一切"的坚定信念。回望中国共产党和中国人民的奋斗历史，无数中华优秀儿女，不顾个人利益甚至愿意牺牲个人生命坚守社会主义、共产主义信念，以视死如归、前仆后继的气魄书写了一曲曲为信念而战、为信仰而死的悲壮战歌，并由此孕育出伟大的井冈山精神、长征精神、延安精神、雷锋精神、焦裕禄精神、抗洪精神，这些精神像一座座灯塔，照亮中国式现代化大船前进的航向。李大钊、方志敏、赵一曼等无数先烈为了信仰信念牺牲个人生命的大无畏英雄气概，新中国建设时期涌现的铁人王进喜、造林书记杨善洲、侦察英雄丁晓兵、大凉山马背邮递员王顺友等无数英模人物为信念而无我的精神境界，钱学森、黄大年、黄旭华等科技先锋为信念与各种艰难险阻作斗争的超凡勇气，永远激励中国人民为强国建设而不懈奋斗。

（三）坚定的信念汇聚中国式现代化建设澎湃动力

邓小平说过："人民，是看实践。人民一看，还是社会主义好，还是改革开放好，我们的事业就会万古长青！"[1]党的十八大以来，中国式现代化建设突飞猛进，国内生产总值从 2012 年的 51.9 万亿元增长到 2023 年的 126.1 万亿元，11 年增长 1.4 倍。建党百年之际，党中央郑重宣布，中国完成脱贫攻坚、全面建成小康社会的历史任务，实现第一个百年奋斗目标。十多年来，我国"神舟"相继成功发射、"北斗"服务全球、国产航母服役、"天眼"投运，北京冬奥会、杭州亚运会成功举办……中国不断向世界展示着蓬勃向上的大国风貌。更难能可贵的是，这样的成绩是在遭遇重大新冠疫情、社会面停摆，受到美国科技、贸易打压以及自然灾害多发的背景下取得的。它像一面镜子，折射出中国人民不怕困难、

---

[1] 邓小平：《邓小平文选》第三卷，人民出版社，1993年，第381页。

不怕牺牲、敢于斗争、敢于胜利的拼搏精神，中华民族自强不息、百折不挠的优秀品格，以及中国经济超强的韧性和巨大潜力。也向世界展示了中国特色社会主义的信念力量和中国人民长期执着地坚守信念的价值。中国人民之所以在成绩面前总是能够做到不骄不躁、再接再厉，在困难和挫折面前，总是能够做到万众一心、众志成城、越挫越勇，归根结底还在于坚定走中国特色社会主义道路的共同信念。中国特色社会主义信念像大力神手，推动中国经济大船破浪向前。

三、学习创新是发展的后劲

学习创新不是创新的学习，而是通过学习和练习习得创新能力的过程。是关于如何学会更好地创新的学问，即研究通过学习获得更高质量和更高效率的实践。回顾改革开放以来的创新发展轨迹我们可以清晰地看到，通过学习创新，我国的综合创新能力快速提升，创新指标全球排名已从 2012 年第 34 位跃升到 2023 年第 10 位 [1]，学习创新成为我国经济发展、社会进步的主要推动力。

（一）理念创新

理念是行动的先导。理念是否务实先进，决定一个人、一个单位、一个企业甚至一个国家发展的成败。新中国的发展历史表

---

[1]　张蕾、杨舒：《〈国家创新指数报告 2022—2023〉发布——我国创新能力综合排名上升至第十》，《光明日报》2023 年 11 月 22 日。

明，什么时候理念科学，发展就顺利，什么时候理念脱离现实，有悖生产力发展实际，什么时候发展就会受挫。改革开放后，在实事求是思想指引下，中国人民开始投入前所未有的思想解放运动和理念创新活动中。家庭联产承包责任制、城乡劳动力自由流动、农村集体土地"三权"分置、由市场主导资源配置等新理念、新举措层出不穷，极大激发了发展潜力。尝到理念创新甜头的中国人民，再也离不开理念创新，学习创新、研究创新、规划创新，以创新引领改革发展的科学思维模式伴随经济建设全过程。从一定意义上说，改革开放的成功首先是理念创新的结果。以习近平同志为核心的党中央更加重视理念创新，通过身体力行带头开展理念创新，对中国经济社会高质量发展起到了领航掌舵作用。现如今，"绿水青山就是金山银山"理念、"创新、协调、绿色、开放、共享"的新发展理念、因地制宜发展"新质生产力"理念、"一带一路"倡议的合作共赢理念、人类命运共同体理念等重大原创理念，正引领中国和世界向着更加光明的未来迈进。

（二）技术创新

中国人对"技不如人"的后果有切肤之痛，早在晚清时期就有人提出"西学东渐""师夷长技"，但由于连年战乱，均渐成空谈。新中国成立后，国家十分重视科学技术发展，通过自主创新和向东欧社会主义国家学习，科学技术事业取得长足进步，先后爆炸成功原子弹、氢弹，成功发射人造地球卫星，人工合成结晶牛胰岛素，建造大亚湾核电站，培育籼型杂交水稻等，一批具有世界先进水平的科研成果相继问世。改革开放后，随着国力增强和国门打开，科学技术的"春天"如约而至。在"科学技术是第一生产力"思想鼓舞下，科技工作者怀着科技兴国坚定信念，以"匍匐在地，擦干祖国身上的耻辱"为己任，勇攀科技高峰，科学技术进步神速。经过短短 40 多年的发展，我国已迈入创新型国家行列。在科研投入方面，据国家统计局公布的数据，我国全社会研发经费 2023 年已达 3.3 万亿元，成为世界第二大的研发投入国。在人才储备方面，我国研发人员 2022 年达到 635.4 万人，稳居世界首位。顶尖科技人才国际学术影响力持续提升，入选世界高被引科学家数量 2022 年已达 1169 人次，排名世界第二。在科技生态方面，我国高新技术企业已达 40 万家，拥有的全球百强科技创新集群数量世界第一。2023 年，我国全年发明专利授权数为 92.1 万件，雄居全球第一。如今，我国科技创新能力已从量的积累向质的提升，从个别方向先进向全方位跃进、多方向领先迈进。在尖端科研领域，我国与前沿的距离越来越近，在许多工业行业领域已经没有代际差距，在载人航天、探月探火、深海深地探测、超级计算机、卫星导航、量子科技、核电技术、新能源技术、大飞机制造、生物医药等技术领域，我国甚至已经取得部分领跑的优势。

（三）制度创新

著名新制度学派经济学家诺斯认为，经济史与经济发展的核心问题就是解析推动生产力提升的政治与经济制度的变迁过程[1]，也就是说对一个国家的经济发展来说，制度创新是至关重要的，甚至是决定性的。中国共产党执政70多年来的历史经验充分验证了这一观点。同样的山水田地，同样的男女人群，新旧社会、改革开放前后，经济发展表现却存在天壤之别。在农村，早在新中国成立初期，中央政府为了变革封建落后生产关系带来的各种社会矛盾和问题，展开了一系列制度创新，从废除地主阶级封建剥削的土地制度，实行农民的土地所有制，建立户籍管理制度，建立粮食统购统销制度，到对农业进行社会主义改造，实行土地社会主义集体所有制和农村社会主义集体经济制度。在城市，从公私合营到对城市工商业进行社会主义改造，建立了以国营经济主导的多种经济主体共存的经济制度，极大激发了劳动者的生产积极性，国民经济得到迅速恢复和发展，建立了相对独立完整的以军工为重点的工业体系。但是，随着时间推移，僵化落后的计划经济体制所固有的弊端渐渐表现出来。为了拨乱反正，自1978年开始，中国又一次展开了从国民经济运行体制机制到市场微观主体身份定位的制度创新，推进社会主义市场经济的经济体制改革。建立农村家庭联产承包责任制，破除城乡二元经济结构壁垒，促成大量农村劳动力向城市转移，成为城市产业工人主体。企业由

---

〔1〕 张世定：《道格拉斯·诺斯经济思想的再思考——基于〈经济史中的结构与变迁〉的文本分析》，《生产力研究》2016年第4期，第23—28页。

国有或集体经营的单一主体到国有、集体、私营、个体、外商以及混合主体等各类经营主体并存。中国特色社会主义市场经济体制初步建立，制度创新的效率和速率史无前例，经济活力得到空前释放，推动中国经济渐渐驶向快车道，使中国一举成为世界第二经济大国，并正在向第一经济大国挺进。

进入新时代，制度创新面临新局面、新挑战。我国经济总量已稳居世界第二，产业发展水平已从中低端徘徊迈向中高端突破的爬坡过坎新阶段，改革进入"无人区"。西方国家顽固坚持霸权思维和霸道行径，不愿意看到中国崛起，千方百计从经济上"脱钩断链"、贸易限制，科技上阻扰打压，建"小院高墙"进行全方位围堵，企图孤立中国，扼杀中国经济发展和科技进步。在这样的背景下，我国高质量发展可供借鉴的东西越来越少，对外开放的路子愈加艰难，过去的创新思维和方法有的可能已经行不通，形势和任务促使我们必须重新认识学习创新，尽快掌握在新的环境和条件下继续进行高水平创新的能力，促进新质生产力加速生成，更好地推动新经济发展。

四、整合产学研的经济闭环

产学研是产业、高校或科研机构的合称。通过产学研深度合作或融合，形成从技术到产品的经济闭环，是发达国家产业经济发展的重要经验，也是高新技术领域创新的世界主流模式。我国经济已进入高质量发展新阶段，促进产学研深度融合，构建产学研经济闭环体系，对于新质生产力培育和壮大，助力中国式现代化建设具有重要意义。

（一）找准短板

我国是工业门类最为齐全的产业大国，也是专利生产大国。但是，如何把专利产出优势转化为产业创新优势，助力现代产业体系建设，却存在明显短板。《2022年中国专利调查报告》显示，我国有效发明专利产业化率高校仅有 3.9%，而美国为 50%。[1] 无独有偶，美国兰德公司在《面向 2020 年的全球技术革命》报告中分析了中美两国"科技成果转化效率"指标，美国为 100%，而中国只有 6%。中外权威机构分析结论都指明，我国大部分专利成果并没有转化成为实际生产力。人们不禁会问，原因到底在哪儿？专家学者一致认为，我国科技创新活动长期存在的重研究、轻转化思想，以及人才培养、知识产权保护和成果转移转化机制不健全，没有打通产学研闭环是造成成果转化率低的主要原因。针对产学研经济闭环存在的短板，近年来，政府、企业、科研院所和社会机构都在积极行动，整合科研成果转化各要素资源，创新转化新方法新模式，构建产学研的经济闭环，寻求成果转化应用上的新突破。

---

[1] 王海龙、朱伽豪：《高校科研成果转化存在的主要问题及对策研究》，《沈阳工程学院学报(社会科学版)》2023年第3期，第123—128页。

（二）搭好平台

用一体化科技成果转移转化平台填补产学研经济缺环，是近年来我国科技创新领域出现的新动向。2022 年 8 月 18 日，在天津滨海新区，由华为海关和港口军团，天津港集团，多家知名高校、科研院所与行业头部企业等联合成立的智慧港口全球创新实验室揭牌，该实验室旨在打造国际一流的智慧港口科技创新基地。与传统实验室的最大不同是能够实现从"技术攻关"到"应用落地验证"及实现"商业价值"的产学研用完整闭环，从而有效发挥共建单位个体优势，解决科研成果转化难落地的"老大难"问题。该实验室运行一年多来，得益于产学研用的闭环运行，全球首个"智慧零碳"码头内涵发生了质的变化，港口作业效率得到显著提高，提送箱在港作业时间减少 26%，远洋干线船舶在泊船时效率提升28%。[1] 相较于以目标需求为导向的天津滨海新区智慧港口一体化平台，东莞市集成电路创新中心则是以效率为导向，由政府引导的又一种一体化科技成果转化模式，特点是由政府来整合共性技术研究、公共服务、人才、产业培育、供应链管理等创新要素，提供一体化"保姆式"服务平台。该中心按照"政府引导、产学研联合、企业化运行"的模式，由专业研究院牵头，产业链相关企业参与建设。在这里，院校的科研成果可以与企业或产品（技术）

---

[1]　林红梅、叶昊鸣、王井怀：《打造世界一流智慧港口、绿色港口——来自天津港的见闻》，新华网，http://www.xinhuanet.com/fortune/20240122/50162e1841a746b88cddf3daf3abb258/c.html。

直接对接匹配。遇到困难可以直接向科研人员寻求帮助，创新主体在平台可以轻松获得融资支持。企业做产品升级或技术迭代可以与科研团队组建创新联合体。科研产品需要测试，这里的测试验证工程中心可提供精准服务。中心 2023 年年初成立后，东莞市的集成电路产业新增注册企业数量从 2022 年全年的 2000 家猛增到 2023 年上半年的 7600 多家。

不仅在天津和东莞，现如今，在北京、上海、深圳、杭州、武汉、福州等城市，类似的一体化创新成果转化平台也大量涌现。在大力发展新质生产力号召指引下，各地把打通成果转化堵点作为新质生产力形成的关键来抓，相关政策举措纷纷出台，有效弥补了长期以来困扰产学研经济闭环形成的缺憾。

（三）强化激励

有效激励是激发产学研经济闭环的内生动力，构建闭环的重要抓手。抓闭环管理必须建立和完善激励机制，激发产学研各方面积极性、主动性和创造性。第一是产权激励，科技成果是科研人员在科技活动中辛勤劳动的结晶，如何让科研人员有效保护自己的劳动成果，合理兑现劳动价值是激发科研人员创新激情和创造力的关键。因此必须合理合法地借助市场化手段，明晰科研人员在科技成果上的所有权、处置权、收益权等权属利益，尤其要在资本与技术博弈中注意保护科研人员的权益。深圳、广州、武汉等地在产权激励方面已首先出招，它们根据中央政策，从确权、维权到商业化为知识产权权益落地提供全链条服务，满足多样化的知识产权落地需求。全国其他地方也纷纷推出类似的知识产权保护政策规定，有效激发了科技人员的创新积极性。第二是机会激励。随着 2019 年 6 月 13 日科创板正式开板，为科创企业打开了全新的成长空间，也为科技人员创业创新带来发展机遇，一大批学术型企业家应运而生。另外，自 21 世纪初以来，各地纷纷成立未来科技创业园、海外高层次人才创新创业园（"海创园"），为各类人才创造了优越的宜创宜业环境，科技人得到轻松上阵搞创新的机会。中央一系列相关文件出台为科技人员实现技术和知识价值兑现提供了新选择。第三是帮扶激励。各地为激发创新潜能，还纷纷制定各类专项财政支持政策，设立政府专项科研帮扶基金和科技创新基金，对自主创新、成果转化、战略性新兴产业培育给予重点支持，科研活动的要素服务保障得到持续加强。第四是精神鼓励。通过给予有突出贡献的科研人员以精神和物质奖励，在全社会进行广泛宣传褒奖等措施，增强科技人员的荣誉感和自豪感。第五是容错免责。通过宣传教育，使全社会认识到创新是一项高风险劳动实践，科研人员的劳动强度和工作压力大，必须在收入分配和其他福利待遇安排上，充分体现科研人才资源的稀缺性特征，以及科研劳动对经济社会发展的开创性价值。在全社会形成尊重知识分子、尊重科研工作，允许试错、宽容失败的创新环境。

（四）当好"助产师"

发达国家科技发展经验表明，提高科技成果转化率，必须发挥好第三方机构在产学研经济闭环中的"助产师"作用。例如，转化公司这个概念对我们中国人来说可能感到陌生，但早在 20 世纪 50 年代，在牛津大学的校园里就有一个叫 ISIS 的转化公司，该公司通过向研究人员提供商业咨询、专利申请和法律咨询等业务，促进科技成果转移转化。ISIS 掌握牛津全校的知识产权，开展技术成果的评估、保护和市场化工作，成为牛津大学科技成果转化不可或缺的第三方机构。如今像 ISIS 转化公司这样的第三方成果转化机构在发达国家创新体系中已是标配。在我国，类似的转化公司也已崭露头角。在深圳，政府为帮助不同阶段的创新创业主体实现技术突破、产品落地，连接原创成果从"0"到"1"的关键断层而搭建的技术服务机构平台也迅速增加，有效克服了科研单位与企业在技术发展和产品推销阶段因信息、动机的不对称，以及技术与商业之间存在的机制障碍，出现科学研究与企业产品开发之间存在"死亡之谷"问题。[1] 如以概念验证为目的的"深圳柔性电子概念验证中心"，为把想法变成产品搭建了一条快捷通道。截至 2023 年年底，类似的概念验证中心在深圳已增加到 31 家，中小试基地 38 家。在中央及地方政府部门一系列有关科技成

---

[1] 李瑞、梁正：《发展型网络国家何以跨越科技成果转化的"死亡之谷"——美国先进制造产业联盟解读》，《科技进步与对策》2021 年第 23 期，第 1—9 页。

果转移转化实招硬招的政策推动下，近年来，名目繁多的科创中心、未来科技园、未来产业园、科技产业孵化器、大学科学城、创新产业园、创新街区等等在全国各地竞相涌现。政府和民间设立的创新创业投资基金得到迅速发展，据中国证券投资基金业协会统计，截至 2023 年年底，我国登记备案的私募股权投资基金和创业投资基金管理总计规模为 14.3 万亿元，已经达到同年 GDP 的 11.4%，创投基金已名副其实地成为科技成果转化的"助产师"。

概言之，构建产学研经济闭环是个系统工程，科技成果转化只有在技术、产品、市场、定价、营销及售后服务等全周期各环节做到齐心协力，环环相扣，科技成果才能发挥出应有的经济效益和社会价值。无论是实现从"0"到"1"的创新突破，还是从"1"到"N"的产业化发展，都必须破除科技成果转化的关隘，疏通产学研闭环，我国科技成果转移转化效率才有条件向发达国家发起追赶。

第三节　发展经济是国家力量的基石

经济实力是实现国家独立和政权稳固的基础。邓小平在总结东欧剧变教训时曾深刻指出："世界上一些国家发生问题，从根本上说,都是因为经济上不去。"〔1〕中国共产党始终把发展作为党执政兴国的第一要务,坚定不移地坚持以经济建设为中心,一心一意谋发展,为中华民族伟大复兴不断夯实物质基础。

一、经济发展形态的多样性

经济发展形态是指经济发展所依靠的要素以及由这些要素所组成的各种模式。多样性是世界经济发展的一般规律,是经济文明的重要特征。只有多样性发展才能不断涌现新的经济增长点,呈现"东方不亮西方亮"的发展魅力。才能满足社会多样化、多层次的消费需求,才能实现充分就业。中国式现代化是多元、开放、包容的现代化,也是形态多样的现代化。中国经济形态的多样性主要体现在以下方面:

(一)以公有制为主体的所有制结构

改革开放以来,逐步确立了以公有制为主体多种所有制经济共同发展的所有制结构形态。40 多年来,围绕所有制改革和结构调整的步伐始终没有停滞,在坚持公有制主体地位和国有经济主导地位的同时,大力支持个体经济、私营经济、外资经济、混合经济等市场主体发展。与此同时民营经济得到快速发展,截止到2023 年 9 月底,全国登记在册的经营主体达到 1.81 亿户,其中个

〔1〕 邓小平:《邓小平文选》第三卷,人民出版社,1993年,第354页。

体工商户就达 1.22 亿户。多样性不仅表现在多种所有制结构上，同一所有制的资本结构也呈现多样化特征。如国有经济中国有资本、集体资本、非公有资本等交叉持股、相互融合的混合所有制经济在全国已十分普遍，混合所有制实体在沿海发达城市已达 60% 以上，全国平均数也已超过 50%。在我国，国有经济的布局主要在事关国民经济命脉、百姓日常生活和国家安全等重要领域。通过一轮又一轮改革，国有经济和国企的竞争力、创新力、市场力不断加强，公有制经济得到巩固和发展，公有制的主体地位更加牢固。同时，政府也积极鼓励、支持、引导非公有制经济发展，出台一系列支持民营经济、外商投资企业发展的法律法规和政策制度，为各种所有制经济发展提供平等权利、机会和规则。在中国共产党第二十届中央委员会第三次全体会议上，再一次明确了："毫不动摇鼓励、支持、引导非公有制经济发展。"[1] 通过法制和行政手段为非公有制主体经营创造了平等使用要素资源、公开公平公正竞争、同权打官司的市场环境，非公经济得到迅速成长。据浙江省统计局资料，2024 年前两个月，民营企业进出口同比增长 20.5%，占浙江省进出口的 80.7%。[2] 农村集体经济是改革开放以来变化最大、多样性最为集中的部门，通过深化农村集体产权制

〔1〕《中国共产党第二十届中央委员会第三次全体会议公报》,新华网, http://www.news.cn/20240718/97de33614e3644eea992747b65228ce5/c.html。

〔2〕夏丹、周琳子、赵琛璋:《国家发改委在温州开现场会,聚焦民营经济如何进一步发展壮大:"不要低估我们解决问题的决心"》,《浙江日报》2024 年 3 月 23 日。

度改革，完善农村基本经营制度。现代农业产业体系、生产体系、经营体系和社会化服务体系建设得到提速。农村经济所有制结构已经从单一集体所有制转变为以集体经济为主体的国有、集体、私有、股份、个体和混合经济的多样性所有制结构，有力促进了现代农业发展。

（二）数字经济引领的新经济样式多样

毋庸置疑，数字经济是当今中国经济的核心组成部分。根据国家互联网信息办公室发布的《数字中国发展报告（2022年）》，2022年中国数字经济规模达到50.2万亿元，占国内生产总值比重为41.5%，总量居世界第二。同时，我国始终没有放弃发展实体经济，特别是制造业。持续推动传统制造业转型升级和自主创新，合力攻关"卡脖子"技术，"世界工厂"、制造业大国地位不断巩固。2023年，我国制造业总值已占全球制造业总值的35%。另外，我国也在不遗余力地促进低碳经济发展，新能源汽车实现换道超车，成为拉动经济发展又一新的增长极。据国家统计局数据，2023年我国新能源汽车产量944.3万辆，占全球新能源汽车总销量的60%。太阳能、风能、水能、地热能、生物质能发展在全球处于独领风骚地位。以光伏为例，据中国光伏行业协会（CPIA）公布的数据，2023年我国光伏新增装机达216.88GW，同比增长148.1%，占全球总装量的56%。另外，现代农业经济、新型海洋经济、生态经济、休闲娱乐经济、银发经济、民宿经济、低空经济等名目繁多的新经济样式层出不穷，展现出千姿百态的繁荣景象。

（三）以市场为主导的资源配置方式形成

党的十八届三中全会审议通过的《中共中央关于全面深化改革若干重大问题的决定》指出："经济体制改革是全面深化改革的重点，核心问题是处理好政府和市场的关系，使市场在资源配置中起决定性作用和更好发挥政府作用。"党的二十大报告又一次做了强调。这就为现阶段我国社会主义市场经济配置资源的多样性提供了理论依据和实践指导。从宏观层面看，资源配置存在三种主要方式，即市场配置、计划配置和混合配置。根据西方古典经济学理论，靠价格和竞争来实现资源配置是最优方案，基本逻辑是价格以及利润信号传导给生产部门，使产量与市场需求相匹配。随着产量增加，市场又会出现饱和或过剩并导致价格下跌，利润减少，生产下降，又造成供不应求，价格上涨，利润增加，生产扩大，如此往复。但是，这一理论没有解释因竞争导致市场垄断，从而打击创新，造成资源配置出现错配漏配和市场失灵问题。因此，正如习近平总书记所指出的："在市场作用和政府作用的问题上，要讲辩证法、两点论，'看不见的手'和'看得见的手'都要用好，努力形成市场作用和政府作用有机统一、相互补充、相互协调、相互促进的格局，推动经济社会持续健康发展。"[1]中国特色社会

---

[1]《习近平：正确发挥市场作用和政府作用 推动经济社会持续健康发展》，《人民日报》2014年5月28日，第1版。

主义市场经济重视发挥市场机制的作用，同时也重视发挥政府对市场监管和用行政计划手段配置资源的作用，使计划与市场两种资源配置手段相互补益、相互协调。这既是我国资源配置方式多样性的体现，也是中国特色社会主义市场经济制度实行以来没有出现经济金融危机的秘籍所在。除市场和计划两种手段外，混合配置是党的十八大以来用得越来越普遍的一种手段，如扶持产业发展的政府补贴、国企参股民企的安排等。还要指出的是，由我国举国体制经验传承而来的"价值配置"（或行政命令式配置）方式在经济发展中也扮演了重要角色。如以"笃定的共同意愿、合理的目标体系和强大的国家能力"[1]为前提的脱贫攻坚资源配置方式，围绕我党价值目标、全体人民的共同意愿和国家意志配置资源的实践，产生了巨大经济和社会效益。这种价值配置资源的方式，是中国经济文明对人类文明的又一重大贡献，对中国经济社会长远发展，实现共同富裕将产生深远影响。

（四）双循环格局下的全球化经济发展路径

双循环发展理论的提出，为全球化时代中国经济发展拓展了新思路。双循环发展路径也是多样的，首先是以内循环为主的发展方式。曾经，我国经济把外贸出口作为拉动增长的主要措施来抓，采取退税减费和产业扶持政策促进外贸发展，特别是在2001

---

[1] 谢宜泽、胡鞍钢：《意愿·目标·能力——论新型举国体制的实践前提》，《云南民族大学学报(哲学社会科学版)》2023年第5期，第5—11页。

年加入 WTO 后，出口形势更是一派向好，在 2006 年中国出口占 GDP 之比达到历史峰值的 35.21%。但随着出口数量的增加，贸易摩擦、贸易纠纷等贸易矛盾随之增加，中国意识到必须转变发展方式，要走"双循环"发展并以内循环为主的发展道路。随着保民生、保就业，保护生态环境，发展节能减排产业，大力投资"铁、公、基"等重大基础设施，大力开展大众创业、万众创新活动，发展低碳经济，促进制造业转型升级，提高居民消费水平等一个个激发内循环动力的举措不断出台见效，内循环经济起步向好，GDP 中的外贸占比逐渐下降，2023 年已降至 18.8%，国内投资消费对 GDP 的拉动效应逐步显现，国民经济内生动力明显增强。其次是参与全球经济竞争的融合发展。经济全球化是历史发展大势，谁也阻挡不了。经济全球化的过程是科技、贸易与政策相互融合的过程。长期以来我国投入大量人力、物力、财力发展科技，为经济全球化提供技术支持，人工智能、互联网、新一代移动通信技术的普及使世界各个角落的企业和人员能够开展实时信息沟通或达成交易。贸易使各国优势互补，优化资源配置。政策协调促进贸易自由化，降低贸易壁垒，加强知识产权保护，完善投资环境。我们比较好地利用国际市场、国际人才、国际技术和国际资源为中国式现代化建设服务。再次是国际竞争倒逼的内循环发展。通过参与国际竞争形成的倒逼机制推动自主创新，是新发展阶段我国经济发展的新路径。创新力是参与国际竞争的根本，比较优势是参与全球化的入场券。近年来，我国紧盯国际前沿，不断创新，比较优势持续扩大，竞争实力、抗压能力不断增强，使我国经济面对各种"脱钩""断链"及科技贸易打压等复杂情况也能"登峰造极"。最后是外循环多元化。改革开放使我国对外贸易逐渐多元化，对外贸易不再看西方脸色。2023 年，中国与东盟贸易规模达 6.4 万亿元，东盟已连续 4 年保持我国第一大贸易伙伴地位，美国则降为第三大贸易伙伴。[1]中国积极参与国际经济合作，其中由我国主导的"一带一路"倡议，参与国家已达 151 个。多元化的铁矿石、粮食等大宗商品进口和石油等能源供给渠道，为中国经济大船稳定前行提供了可靠保障。

（五）以城市化为主导的发展方式凸显

未来社会是城市化主导的社会，未来经济发展形态也是以城市化为主导的经济发展形态。国力竞争越来越向城市竞争集中，城市总体发展水平代表着一个国家的发展水平。以英国伦敦为例，2022 年伦敦的国内生产总值为 6789 亿美元，占英国全国比重为22%。在我国，以省会城市为代表的大城市群对国家经济社会发展同样具有举足轻重的作用。细观我国城市经济，异质化、多样化发展是中国经济呈现你追我赶，欣欣向荣景象的归因所在。主要体现在：一是产业发展多样化。各大城市根据自身要素资源条件，

---

〔1〕 李欣怡：《东盟连续 4 年保持中国第一大贸易伙伴地位》，人民网，http://world.people.com.cn/n1/2024/0114/c1002-40158550.html。

大力发展比较优势产业，形成异质化发展格局。如深圳凭借改革开放积累的电子产业基础，瞄准与电子产业关联度高的5G、芯片、半导体、新能源汽车及互联网发展，形成"富可敌国"的超大规模经济体。而杭州作为全国重点创新型城市，则集中发展电子商务、人工智能、云计算等数字产业，带动一大批科技型企业成长。合肥利用当地人力资源和高校人才资源优势，在量子技术应用、汽车制造、新能源等领域发展新兴产业。总之，差异化带来多样化，多样化促进高质量发展。二是依托资源禀赋发展的多样化。我国幅员辽阔，南北城市自然禀赋差异巨大，沿海城市人口集中，经济发达，但土地资源、矿产资源、电力资源不足。而西部城市则相反，土地、矿产、电力资源丰富，但科技创新实力不足，自然禀赋的多样化为城市异质化发展提供了广阔空间。宁夏、青海等地发挥当地风、光和矿产资源优势，新能源产业发展势头良好。云南、贵州地区的城市利用旅游资源丰富的优势，大力发展文化旅游业，有效带动了其他产业发展。三是文化支撑多样化。文化和经济发展关系密切，我国西藏、新疆、海南等地，地域文化特征明显，为发展旅游、健康休闲产业以及地方特色产业创造了得天独厚的条件。文化多样性也为人才和产业交流合作创造了良好条件，文化搭台、经济唱戏的发展样式在这些地区屡试不爽。

总之，多样性是经济发展的原有底色，中国政府充分认识多样性的重要性和存在意义，积极利用多样性发展经济，有效避免了同质化发展和低水平重复建设问题，有力推动了经济迈向高质量发展轨道。

二、民生需求的普遍性

党的二十大报告指出："中国式现代化是人口规模巨大的现代化。"这一重要论述揭示了我国社会主义与西方资本主义在民生理念方面存在的根本区别，那就是民生的主体范围和如何保障民生的核心问题。改革开放，特别是党的十八大以来，党和政府采取一系列政策举措，理顺经济发展与保障民生关系，科学回答发展为了谁、如何发展等重大民生关切，协调推进经济发展与城乡居民社会保障水平同步提高，促进共同富裕，保持社会繁荣稳定和经济健康发展。

（一）发展是最根本的民生

习近平总书记在参加十四届全国人大一次会议江苏代表团审议时指出："人民幸福安康是推动高质量发展的最终目的。"[1]让老百姓家家户户都有 21 世纪"新三样"（房子、车子、票子），改善城乡市政基础设施，让城乡环境更优美，实现老百姓对美好生活的向往，都要靠经济发展。发展是最大民生，没有发展，什么事也办不了。中国式现代化是 14 亿人的现代化，因此中国坚持在

[1]《习近平在参加江苏代表团审议时强调 牢牢把握高质量发展这个首要任务》，《人民日报》2023年3月6日，第1版。

发展中体现民生的广泛性。科学平衡地区间、阶层间及城乡间的利益关系，让全体人民共享发展成果，是中国共产党科学发展观的鲜明特点。党的十八大以来，党中央把消除贫困作为重大国家战略来抓，举全国之力开展脱贫攻坚，终于在 2020 年年底现行标准下的 9899 万农村绝对贫困人口全部脱贫，832 个贫困县全部摘帽，这一人类反贫困壮举，折射出中国共产党为绝大多数人民群众谋利益的不变初心。在促进平衡发展中保障民生。中国政府正视地区间、城乡间发展水平差异和不平衡现实，强调"先富带动后富"，实现平衡发展。在民生政策法规制定上，通过向欠发达地区和困难群众的经济帮扶，体现发展成果的共享性。如我国长期实施的财政转移支付制度，为经济欠发达地区和困难家庭支起了民生福祉的保护伞。我国举全国之力长期实施对口支援西藏、新疆、黔西南、三峡库区、汶川地震灾区等举措，帮助受援地区恢复发展经济，形成自我造血功能，提高民生福祉水平。在满足百姓诉求上增进民生。"创新、协调、绿色、开放、共享"的新发展理念正确回答了发展为了谁、如何发展的根本问题。党的十八大以来，通过淘汰或升级改造高耗能、高污染落后产能，把绿色、创新、高质量作为发展主基调，回应人民群众对碧水蓝天、山青草绿、和谐安宁的优美自然环境的诉求，让老百姓感受到经济发展带来的民生获得感、生活幸福感。

（二）收入分配的规范

收入分配关乎民生根本，是人民共享发展成果最重要最直接的方式。经过46年改革开放努力，中国一举成为世界第二大经济体，在温饱问题得到彻底解决后，随着国力增强和人民生活水平提高，"分好蛋糕"成为民生事业新的重大课题。为克服因"分蛋糕"不合理而加剧发展不平衡不充分、收入差距拉大等问题，党的十八大以来，政府不断推出改革完善"分蛋糕"举措，有效缓解了"两不一拉大"（发展不平衡、不充分，收入差距拉大）的状况。一是深化收入分配制度改革。十八大以来连续三次党的全国代表大会报告都对收入分配制度改革作出战略部署，每年的中央经济工作会议也都就收入分配改革作具体安排，出台并不断修订完善《民法典》《城市居民最低生活保障条例》《失业保险条例》等一系列有关收入分配调节的法律法规，收入分配秩序得到规范，分配不合理现象得到遏制。二是加大国民收入的二次分配力度。中国政府一再向世界表明，中国走现代化发展道路，不是为了追求GDP成为世界第一和争夺世界霸权，更不是为了造就少数人的暴富，而是为了帮助14亿中国人过上更加美好的幸福生活，实现中华民族伟大复兴。为此，政府以共同富裕为收入分配政策导向，通过加大税收、社保、转移支付等调节力度，扩大中等收入群体比重，增加低收入群体收入，合理调节高收入，打击非法收入，使国民收入逐步形成中间大、两头小的橄榄型分配结构，为保障各类人群的民生需求，促进社会稳定发挥了重要作用。三是防止资本无序扩张冲击收入分配的公平秩序。资本无序扩张的后果是形成资本对市场的垄断，使资本资源错配，百姓财务风险增加，购买力及生活水平下降。资本无序扩张加剧经济发展不平衡、不充分，让一部分人产生不平等的压抑感，进而演变成为阻碍改革发展的不稳定因素，不符合社会主义民生观立场。为此，党的十九大以来，中央进一步强调"两个不动摇"，即公有制主体地位不能动摇，国有经济主导作用不能动摇，坚持民生的公益性属性，指出"房子是用来住的，不是用来炒的""让金融回归服务实体经济本源"等等，并采取针对性措施限制资本无序扩张，取得明显实效，有力维护了老百姓的民生福祉。

（三）就业是民生之基础

就业是民生之本，是老百姓赖以生存和发展的希望所在。一些国家暴乱、冲突甚至战争频发，就业问题，特别是年轻人的就业问题往往是主要原因之一。我国政府高度重视就业保障，政府部门、大学校园都设有促进就业的专门机构，并把就业率纳入政府、大学绩效评价体系之中。自2013年始，面对平均每年1300多万的新增就业人口，党和政府一手抓经济发展，一手抓充分就业，帮助解决就业这一最大的民生问题。十多年来，我国城镇调查失业率始终稳定在5%左右。可以说一部改革开放史就是一部不断探索符合国情的就业体制机制，实现经济发展与充分就业相互促进的历史，也是一部以就业保民生、保稳定的就业发展史。改革开放以来，我国就业规模不断扩大。国家统计局数据显示，我国城镇就业人数从 1978 年的 0.95 亿人增加到 2023 年的 4.7 亿人。2023 年全国总就业人数达 74041 万人，全年新增城镇就业 1244 万人。就业结构不断优化。1978 年，城镇就业人员只有 9514 万人，仅占全国就业人数的 23.7%。而到了 2023 年，城镇就业人数比例则上升到 63.5%，农村就业比例则下降为 36.5%。大学生择业方向已不局限于政府单位、国企、事业单位等，九成以上的大学生选择民营企业就业。2023 年在创业机构从事创业活动的人才已经超过 1500 万。就业质量明显提高。改革开放初期，由于劳动力市场放开后进城务工人员大量增加，造成城市劳动力供应过剩，工人工资收入降低，甚至拖欠农民工工资现象也屡见不鲜。党的十八大后，在国家行政强制干预下，城乡职工基本养老保险覆盖面持续扩大，至 2023 年年底总人数已达到 5.2 亿人，参加失业保险人数 2.4 亿人，参加工伤保险人数 3 亿人，覆盖绝大多数就业人群，亿万家庭得到基本民生保障。

（四）社会保障为民生托底

大家也许还记得，2020 年 3 月 18 日在美国白宫记者会上，有记者问："为什么那些无症状的职业运动员能够优先得到检测，而其他人却要排队、无法得到检测呢？有关系的人就能排在前面吗？"时任总统特朗普回答："也许这就是人生，有时候是会发生这样的事。"[1]这句广为流传的特朗普式回答，鲜明反映了当下美国政府的民生观，那就是解决民生问题往往依靠金钱和地位来说话。与此形成鲜明对比是，中国共产党的民生观以"人民幸福"为标志[2]，强调人民是发展民生事业的出发点和落脚点，强调生命权人人平等，没有贵贱先后之分。保障民生权利、发展民生事业要以平等、均权、共富为原则，特别强调政府有责任把普通民众的民生需求摆在重要位置，做到民有所呼、我有所应，民有所求、我有所为。并且，政府十分重视残疾人关爱服务体系建设，围绕残疾人的基本民生需求和美好生活需要，以残疾预防、社会保障服务、无障碍环境等为重点，制定出台了200多项残疾人服务国家标准，彰显了社会主义民生事业的人民性和文明性。

（五）公共服务供给是民生保障

政府提供什么样的民生公共产品及服务，是检验一个国家民生平权化程度的重要内容。政府提供的公共产品与服务的民生特性越强，则民生平权化程度越高。反之，如果政府提供的非民生性公共产品（如贵族学校、高尔夫球场、私人游艇码头等产品）越多，就表示它的特权化程度越高。因此，民生公共产品与服务的均等化是检验一个政府行政能力和社会平等的标志。从形式上

［1］《美国有钱有势的人能优先检测新冠肺炎 特朗普默许不公存在：也许这就是人生》，央视网，https://m.news.cctv.com/2020/03/20/ARTISCAvNxrK5OJ5GCq7OpGA200320.shtml。

［2］ 杨永照：《习近平新时代民生观三维度》，《民生周刊》2018年第21期。

看，公共产品与服务是让老百姓最有公平感、平等感的产品，因此政府提供充足的公共产品与服务可以快捷地消除不平等效应。大量的专为"少数人"服务、亏损运营的公共服务设施屡见报端，它们为百姓提供了更多的选择与保障。在安徽省六安市霍山县，有一条"703线"公交，每天早晨5点从离县城最远的太平畈乡出发，途经50多个小站，到达终点站霍山县医院站。乘车的旅客不少是进城看病的村民，尤其是对需要血液透析的尿毒症患者以及糖尿病、高血压等慢性病患者来说，这更是一条离不开的"生命线"。在长白山深处也有一条被当地群众称为"小康线"的4343/4344次绿皮火车，开行速度只有80公里/时，逢站必停。这趟方便又便宜，被当地人亲切地称为"小慢车"的火车线路，为沿途村民进城卖货带来了极大方便。1995年以来票价没涨过一分钱，成人最低票价只需2元，全程401公里，有的车站上下客少时只有一两位。"小慢车"解决了沿途群众出行难题，成为当地百姓联通外界的重要渠道。还有在福建沿海，人们看到的为小岛开通的"水上公交"以及岛民外出就医开通的"紧急通道"。在祖国南海，过往船只看到的5G基站。在四川省凉山彝族自治州木里藏族自治县马班邮路上人们看到的马背邮递员。这些被某些人视为"低经济效率"，甚至应当予以"彻底淘汰"的公共服务设施实际上承载着党和政府为基本民生需求托底服务的责任使命，体现了中国共产党以人民为中心、以人民幸福为宗旨的民生观。

随着我国经济社会的持续发展，各级政府一手抓公共服务软硬件设施的升级改造，提高服务水平和质量，一手抓边远山乡、落后地区公共服务供给，查漏补缺，不断满足边远地区、落后乡村群众对健康、便捷、舒适、安全的基本民生需求，在推进公共产品的均等化、城乡社会保障一体化上不断取得新进展。

三、变革时局的迫切性

习近平总书记多次指出："当今世界正经历百年未有之大变局。"[1]环顾海内外，我们正面临西方强国资本的威逼、恐吓和压榨，霸权与反霸权、制裁与反制裁、控制与反控制斗争异常激烈，近乎白热化的大国竞争与经济博弈迫切需要我们加快变革时局。

（一）风险挑战倒逼变革

严峻复杂的国际国内经济环境，使我国经济发展面临诸多风险和挑战，主要表现为：全球贸易保护主义、逆全球化思潮抬头。因加征关税、采取非关税壁垒等导致的贸易摩擦不断，全球化进程受阻。从国际上看，世界贫富差距和社会不平等现象加剧，一些国家和地区因发展滞后，无法充分分享全球化的红利，导致社会不稳定，为国际经济交流合作带来变数。从国内情况看，消费和有效需求不足、部分行业产能过剩、社会预期偏弱、国内大循

---

[1]《习近平在中国共产党与世界政党领导人峰会上的主旨讲话》，人民网，http://jhsjk.people.cn/article/32150529。

环存在堵点、房地产等行业的经营风险依然存在等，我国经济持续健康发展受到不少新问题新矛盾困扰。国际国内经济时局的严峻复杂挑战，都迫切要求党和政府作出妥善应对，坚定不移推进改革开放，确保百年未有之大变局中，中国经济发展大船乘风破浪，继续行稳致远。

战略机遇呼唤变革。当前，经济全球化面临单边主义、封闭主义重重阻碍，个别西方霸权国家纠集传统盟友从经济上、外交上、科技上对我国进行疯狂"围剿"，企图阻滞我国发展。面对复杂时局，党中央总揽全局，沉着应对，排除保护主义、逆全球化以及经济、科技打压干扰，稳住经济大盘和发展势头，在国际国内大风大浪考验面前站稳了脚跟。一是充分利用新的战略机遇。中央一再提醒全党全社会，当前的国际时局处在国际权力结构转化期、全球发展格局调整期与科技革命蓄势期的三大历史长周期叠加之际，我国发展的战略机遇仍在，并在新变化中出现新的机遇，为此必须坚定不移推进国内改革，围绕解决发展不平衡、发展不充分问题，优化完善有利于新经济发展的体制机制，革除与新质生产力发展不相适应的生产关系，推进经济高质量发展。二是继续坚持对外开放合作。继续唱响"人类命运共同体"共赢曲，完善推进高质量共建"一带一路"机制，以合作共赢应对人类可持续发展进程中出现的种种危机和挑战。中国将继续寻求冲破信息、资金、产品、产业和人员往来等种种阻力，开辟国际经济新的合作空间，重塑国际经贸格局。

（二）斗争精神支撑变革

中华民族是富有斗争精神的民族，不屈不挠、自强不息是我们民族的精神特质。新中国成立以来，我国曾遇到过内有天灾人祸，外有西方列强封锁和帝国主义军事入侵等严峻时局，但都被敢于斗争、善于斗争的中国人民战胜了。改革开放后，我国也曾遭遇过强权国家和地区霸权国家的军事威胁，以及国际金融危机、重大全球疫情等内外部风险考验。每当遇到艰难时刻，中国人民都紧紧地团结在一起，坚决同一切挑战和困难作斗争，最终都化险为夷。新中国所经历过的艰辛特别是改革开放以来所经历的曲折，为我们战胜前进道路上遇到的新的困难和挫折积累了经验，增强了信心。当今中国综合国力早已今非昔比，如今比以往任何时候都有克服困难、战胜强敌的底气和实力。虽然新时代新时局世界仍面临许多不稳定、不确定风险，但只要我们继续发扬斗争精神，抓住机遇变革时局，就一定能在时局变革中赢得主动，真正实现中华民族伟大复兴。

（三）创新发展拥抱变革

生产力决定生产关系，时局变革，要靠生产力推动，关键是发挥好新质生产力的核心推动作用。作为世界第二大经济体，中国经济庞大的体量使得经济发展难以依靠传统数量模型模式继续发展，必须依靠创新培育新的增长动力和竞争优势，才能实现可持续发展。党的十八大以来，国家高度重视创新发展，更加重视基础研究。正如习近平总书记指出的："我国面临的很多'卡脖子'技术问题，根子是基础理论研究跟不上，源头和底层的东西没有搞清楚。"[1]政府部门和专家学者都意识到经济发展进入新阶段，技术引进难和可供引进的技术少的困局一时难以改变，必须依靠自主创新、原始创新发展经济。必须尽快克服长期存在的重应用研究轻基础研究的错误思维，补齐基础研究短板，投入更大的人力、物力、财力发展基础研究，提高原始创新能力。为此，国家出台了《国家重点基础研究发展计划（973计划）》，基础研究投入从2012年的499亿元提高到2023年的约2212亿元，占全社会研发经费比重由4.8%提升至6.7%。随着政策落实到位和投入强度的提高，一大批具有自主知识产权的核心技术、关键技术和"卡脖子"技术被突破，基础研究成果捷报频传。更加注重成果转化。为扭转科研成果转化率低的状况，2015年8月29日第十二届全国人大常委会第十六次会议修订出台新的《中华人民共和国促进科技成果转化法》。党的二十大后，国家发改委、财政部、国家税务总局纷纷出台配套政策规定，鼓励支持科技成果转化。各省市也相继出台促进科技成果转化的具体措施细则，有力促进科技成果转化应用。例如，据浙江省科技信息研究院发布的《2023浙江科技成果转化

---

[1]《习近平：在科学家座谈会上的讲话》，人民网，http://jhsjk.people.cn/article/31858756。

指数》，从基期 2020 年到 2022 年，浙江成果转化总指数从 100 提升至 136.08，浙江的科技成果转化效果对全国而言可谓窥一斑而知全豹。新型创新体系加快构建。2023 年 3 月，中共中央新组建了中央科技委员会，各省市闻风而动，对标在党委系统成立科技委员会，为进一步统筹推进国家创新体系建设和科技体制改革提供重要组织保障。以国家实验室、国家重点实验室和国家企业技术中心为引领，省市级创新实验室和大型民企产业创新实验室（技术创新中心）为基础的"中国特色的实验室体系"正在形成。以华为、比亚迪、宁德时代等为代表的一批具有国际竞争力的创新型领导企业正在走向世界，同时，一大批中小微"专精特新"企业蓬勃发展。

四、突破瓶颈的引领性

新经济发展进程不可能一帆风顺，总会遇到这样或那样的困难和问题，这些问题和困难就像瓶子的颈部一样是一个关口，在找到突破方法之前，经济发展可能暂时处于停滞或半停滞状态。瓶颈具有阶段性，不同的经济周期存在不同的发展瓶颈。回顾历史，新中国成立特别是改革开放以来的经济史就是一部不断突破瓶颈，实现增长，又出现新的瓶颈而再次突破的螺旋式向前演进发展的历史。中国经济每上一个台阶，背后都有突破瓶颈、自我革命、凤凰涅槃的故事，突破瓶颈是引领发展、引领未来的唯一选择。

（一）以人民为中心的发展思想突破经济伦理发展瓶颈，引领人类文明新未来

近代中国，封建半封建私有制生产关系是国家发展的最大瓶颈，中国共产党从成立那天起，就把消灭私有制、为劳动大众谋利益作为党的政治经济主张，并为从根本上结束2000多年的封建半封建经济关系，建立代表最广大人民群众利益的社会主义新型经济关系，确立以工人、农民为主导的经济制度而前赴后继地奋斗。随着制约经济发展的封建半封建生产关系瓶颈被突破，人民群众当家作主成为引领时代的主旋律，经济得到飞速发展。但是，由于缺乏社会主义建设经验，僵化封闭的生产方式遭遇新的发展瓶颈，改革开放为突破不符合中国国情与时代要求的旧的发展模式创造了条件。随着"三个有利于"发展思想得到深入贯彻，"一大二公"生产关系又一次被突破，"包产到户"引领发展新阶段，经济又一次腾飞。进入21世纪，党中央又进一步把人民利益置于崇高位置，提出在发展目标和发展路径上要体现代表最广大人民群众根本利益思想，不以牺牲人民的生命健康和生态环境遭到破坏为代价发展经济，进一步明确经济发展为人民的价值取向，是中国共产党对发展观理论的又一突破。习近平新时代中国特色社会主义思想进一步明确"以人民为中心"的发展思想，极大丰富了人本主义发展观的时代内涵，经济发展的人民性得到进一步强化。以人民为中心的发展思想把人民幸福作为发展的目的和归宿，把

人民群众利益放在党和政府最高位置，做到发展为了人民、发展依靠人民、发展成果由人民共享。兼顾效率与公平，人的发展与财富增长之间相互协调、相互促进。与西方经济主义发展观只关注财富增长，不关心人的全面发展，放任资本唯利是图，无视贫富"两极分化"形成鲜明对比。以人民为中心的发展观强调发展的目的是增进人民福祉和人类健康，这一思想从经济伦理和人类文明高度突破了束缚发展的意识形态瓶颈，必将引领人类经济文明发展的未来。

（二）新发展理念突破经济哲学瓶颈，开辟中国式现代化发展新路径

经过改革开放40多年持续高速发展，中国经济发展出现新的瓶颈，高消耗、高投入和高污染的发展模式带来资源、环境及人民群众生命健康受到威胁等严重社会和生态问题，旧的发展模式的不可持续性和新的发展方向不确定的经济哲学瓶颈明显表现出来。理念决定思路，思路决定出路。经过不断探索实践，中国共产党人对国家发展规律的认识和理解日益加深，习近平总书记提出"创新、协调、绿色、开放、共享"的新发展理念[1]，为新一轮经济发展指明了方向，标志着我党关于经济哲学的又一瓶颈被突破。新发展理念提出的创新发展，摒弃规模扩张和量的增加驱动

〔1〕　习近平:《共担时代责任，共促全球发展》，人民网，http://jhsjk.people.cn/article/31967487。

经济发展的陈旧思维，把创新作为经济发展的内生动力，为发展动力转换开辟新路。协调发展理念对于解决城乡、区域、一二三产业以及国内外市场、人与自然、经济与社会发展不平衡、畸重畸轻问题提供了全新思路，是发展着力点和方式方法的新突破。绿色发展理念的提出，科学回答了发展为了谁、如何发展等经济发展的本质要求问题，是发展方式选择的重大转变。绿色发展理念为实现让祖国的天更蓝、山更绿、水更清，克服先污染后治理的发展弊端，防止经济发展的同时对自然环境造成破坏指引了方向。新发展理念中的开放发展理念强调发展经济以国内循环为主体，对外开放与对内开放要相辅相成，相互促进。对外开放不再单纯追求出口增长，同时也欢迎外国商品向中国出口，形成货物资金双向流动，互惠互利贸易格局，为突破国际经贸发展不平衡困局赢得主动。共享发展理念为解决人类发展出现的贫富两极分化，经济发展与穷人生活水平提高相互脱节的不公平现象提供了新选择，为人民群众分享发展成果，增强获得感、幸福感、安全感提供了根本指引。总之，正如习近平总书记提出的："发展理念就是指挥棒、红绿灯。"[1]新发展理念为中国式现代化提供了价值引领，也为世界经济发展突破哲学瓶颈、克服发展障碍提供了理念借鉴。

〔1〕《习近平：准确把握和抓好我国发展战略重点》，人民网，http://jhsjk.people.cn/article/28098105。

　　合作共赢理念突破二元对立旧思维，引领经济全球化发展新方向。贸易摩擦和贸易保护主义，顽固坚持零和博弈、你输我赢的二元对立旧思维是当今世界经济增长的最大瓶颈之一。以美国为首的一些西方国家制造各种借口与竞争对手搞贸易摩擦，以自身利益最大化为目标实施贸易保护主义政策，使全球贸易壁垒增加，市场规则扭曲，国际贸易成本加大，跨国投资减少，对全球经济增长和国际合作带来不小阻碍，受到全世界唾弃，国际社会纷纷呼吁各国采取行动，抵制这一倒行逆施行为。在这样的背景下，中国提出的合作共赢理念成为驱散雾霾的一股清流，备受国际社会关注和好评。合作共赢理念之所以成为国际社会广泛共识，是由于它蕴含了平等、包容、共同发展的人类普遍的价值追求和对和平、和谐发展的共同渴望，它反映了世界人民对人类文明发展的新诉求。揭示了当今世界，不同文明之间、不同国家之间只有秉持人类命运共同体理念，坚持合作交流，共同发展，共同应对世界性难题和挑战，世界经济才会有前途的客观规律。

　　马克思主义发展理论认为，生产力的发展水平决定着人的社会交往范围。如今世界生产力发展水平已经进入全球场域下的社会化大生产阶段，人类社会交往活动也必将在世界范围内展开，地域性的经济发展模式必将被全球化发展模式所替代，全球范围的人文大交流、产业大合作、资源大整合成为历史的必然。在这样的历史背景下，信奉"丛林法则"，搞唯我独尊，搞经济附庸，对他国搞经济压榨、胁迫，操控他国发展，必然遭到反抗和抵制，以殖民扩张为本质特征的西方地域性文明发展理念越来越不符合世界发展潮流，终将走向衰微。合作共赢理念承认各种文明之间存在的差异性，主张平等对话和相互包容，不把自己的文明理念强加于人，相信通过彼此间的真诚平等交流，总能找到共同利益的交叉点，找到共同发展的基础，自然会受到世界各种文明的拥护和接受，必将引领人类经济文明发展新方向。

第四节　新经济是中国社会发展的"红景天"

"高原神草"红景天不仅具有保持身体机能处于正常状态的作用，还具有抗缺氧、抗高原反应的功效，用途甚广。清代康熙皇帝亲率大军到西北平叛，不料进入高原后不少将士出现高原反应，战斗力大减。正是藏民献上的红景天药酒，使士兵克服高原反应，恢复元气，最终赢得平叛大战胜利，红景天也因此被康熙帝称为"仙赐草"。

如今，中国社会发展已经进入新的历史阶段，据国家统计局公布的数据，我国 2023 年人均 GDP 已经达到 8.94 万元人民币，居民人均可支配收入达到 3.9 万元。2024 年 3 月 4 日，著名经济学家林毅夫在接受新闻媒体采访时表示："只要保持每年 5% 以上增长，快则一两年，慢则两三年，这个门槛一定能跨过去，成为高收入国家。"[1] 很显然,中国经济社会发展已向世界最高峰发起冲击,渐渐进入"高原缺氧"的"无人区"。经过长期理论和实践探索,我们终于找到了克服经济社会发展"高原反应"的"红景天"——新经济。

一、新经济时代的标志

习近平总书记指出:"谁能把握大数据、人工智能等新经济发展机遇,谁就把准了时代脉搏。"[2]《中华人民共和国国民经济和社会发展第十四个五年规划和2035年远景目标纲要》也提到,要"激活数据要素潜能,推进网络强国建设,加快建设数字经济、数字社会、数字政府,以数字化转型整体驱动生产方式、生活方式和治理方式变革",这些论述深刻揭示了信息化和数字化对于新经济时代的标志性意义。

信息化、数字化作为新经济时代标志的基本逻辑表现在:一是信息化、数字化时代的产业数据,通过进入生产和消费过程,使生产效率大大提高,产品市场适应性大大增强,消费成本大大降低,从而促进消费升级扩容。因此,在信息化、数字化时代,数据是继土地、劳动力、资本、技术之后的第五大关键生产要素[3],是国

---

〔1〕吴阳:《专访全国政协常委林毅夫:快则一两年,慢则两三年,中国一定能跨过高收入国家门槛》,红星新闻,https://baijiahao.baidu.com/s?id=1792671856504631002&wfr=spider&for=pc。

〔2〕《习近平在金砖国家领导人第十四次会晤上的讲话》,人民网,http://jhsjk.people.cn/article/32454893。

〔3〕王延川:《良法善治促进数字经济蓬勃发展——透视地方数据立法热》,《光明日报》2023年3月25日。

家重要的战略资源。数据是生产要素、是资源的定论，使数据的作用和意义被改写，并颠覆了传统经济学对生产力要素构成的认知，具有划时代意义。二是以信息化、数字化为核心的数字经济，成为新经济的核心驱动力。根据《中国城市数字经济发展报告（2023）》，2023年我国数字经济规模已超过50万亿元，占GDP比重提升至41.5%。随着数据要素价值日益凸显，产业数字化和数字产业化将继续向更高水平、更广领域拓展，数据要素在新经济未来产业中将发挥更加强大的推动作用，信息化、数字化率已经成为新经济区别于传统经济的关键指标。三是以信息化、数字化为驱动力的新经济，具有传统经济无法比拟的生产效率。以我国为例，2018年至2023年，GDP年均增加约7万亿元，相当于一个中等国家（如荷兰）一年的经济总量。在投资强度降低和消费率不足的条件下，取得如此骄人成绩，主要仰仗于信息化、数字化推动下的全员劳动生产率的显著提高，这也是信息化、数字化的经济魅力和潜力所在。信息化、数字化主导的新经济改变了单纯依靠投资拉动和量的规模化扩张的经济发展方式，实现以信息、数据、技术等内生性驱动力拉动的经济增长，生产效率得到极大提高，人的个体劳动强度大大降低。通过发展个性化服务和产品，发展定制经济、虚拟经济，社会多样化需求得到满足，人民群众幸福感、获得感得到增强，这些都是传统经济所无法实现的。

二、新经济时代的形式与标配

新经济之所以新，是由于相对于传统经济模式（"旧经济"），新经济通过数字经济的放大、叠加、倍增效应，形成经济全面转型升级后的新产业、新业态、新商业模式。我国当前时期的新经济是以新一代信息技术、数字技术和人工智能为基石的"新的科技经济形态"，以网络化、个性化、差异化和时效性为特征的经济形式。综合业界学者的观点，按经济构成和属性划分，新经济形式至少可以概括为五种具体形式，分别是数字经济、智能经济、共享经济、可持续发展和全球化经济。其中，数字经济占主导地位，智能经济是数字经济发展的高级阶段，共享经济以数字技术为支撑，赋能实体经济，可持续发展是新经济的常态，全球化经济是新经济的本质要求和必然选择。

数字经济是指把数据作为资源并用来引导资源发挥作用，从而推动生产力发展的经济形态。数字经济做到或基本做到产品的非物质化，这种具有类资源价值的数字在生产和服务过程中其边际成本几乎为零，是"零边际成本"经济。它既包括大数据、云计算、物联网、区块链、人工智能、5G 通信等创新科技，也包括"新零售""新电商""新服务"等创新模式。我国现有网民规模超过 10 亿人，高质量发展必须以数字技术作支撑，满足民众对数字生活的多样性需要。由于数字技术在社会生活各领域、各场景的运用，将催生各种新的业态，创造新的就业岗位，提供更多产品与服务，因此发展数字经济也是实现共同富裕的需要。据中国信息通信研究院发布的《全球数字经济白皮书（2023 年）》，2022 年，全球 51 个主要经济体数字经济规模为 41.4 万亿美元，占 GDP 比重为 46.1%，并仍将以高于 GDP 增速继续发展。

智能经济是指虽不能完全做到去物质化，但通过数字化导入使生产和服务实现智能化，以提高生产力和社会福利，并改善环境效益的一种经济形态。这种经济形态实际上是利用数字技术对传统产业的改造和提升。具体包括智能交通、智能家电、智能物流等。随着"人工智能 +"在各领域的广泛运用，中国正迎来智能化高质量发展新阶段。截至 2023 年年底，我国智能制造装备产业规模超 3.2 万亿元[1]，智能制造为我国制造业由大变强提供重要支撑，是实现优质、高效、绿色、安全制造的基础，智能制造的持续迭代升级重塑了制造业技术体系、生产模式、产业形态和价值链，是我国新经济发展的主攻方向。

共享经济是指有偿让渡属于单位（含机构、政府部门）或个人的资源使用权给公众选择使用，从而创造更多社会经济价值的一种经济形态。本质是所有权和使用权相对分离及有偿交换，旨在提高资源利用效率，方便群众生活。商业特征是"不求所有但求所用"、以人为本、集约发展。它包括共享数据、共享交通、共

---

[1] 申佳平：《工信部：我国智能制造装备产业规模超3.2万亿元》，人民网，http://finance.people.com.cn/n1/2023/0711/c1004–40033053.html。

享医疗服务、共享办公等新商业模式和产业形态，是信息化、数字化技术发展到一定阶段的产物。共享经济在降成本、稳就业、保民生、促低碳等方面都发挥显著作用，典型例子如当下遍布大街小巷的共享单车、共享充电宝等。

可持续发展经济是指通过实施可持续发展战略，使社会经济得以形成可持续发展的模式。它本质上是一种现代生态经济和人与自然和谐共生的绿色发展模式，它追求经济系统、社会系统、生物系统之间相互协调和可持续发展，目标是通过建立生态农业和生态工业，使全社会生产、消费、流通各环节都符合可持续发展经济要求，实现人类发展与自然资源、环境的承载能力相适应。

全球化经济是指世界经济活动跨越国界，通过国际贸易、国际资本流动、国际技术转移、提供服务等方式进行国际经济合作，在世界范围内形成相互依存、相互联系、共同发展的一种经济形态，具体表现为市场经济体系在全世界的扩张，这一形态已成为新经济的常态，并将继续向更加紧密的方向发展。

三、"四新"经济是时代的创新

"四新"经济指新技术、新业态、新模式、新产业，是新经济时代的标配。通过新技术的突破、新业态的培育、新模式的运用、新产业的崛起，为经济转型与高质量发展注入新活力。

新技术是指在现有技术基础上，通过创新和改进形成的新的技术或工艺方法。特点是能够解决现实问题或提出解决问题的方法，并且往往效率更高、成本更低、性能更好，且广泛应用于产业、科学、生态环境、医疗、教育等领域。基本特征是前瞻性、创新性和实用性。新技术往往能够推动经济转型升级，实现发展动能转换，引领变革、替代传统。新技术是劳动生产率提高和经济持续增长的重要源泉，因此，我国政府历来重视技术创新，视科学技术为第一生产力，特别是在西方国家叫嚣技术脱钩背景下，推动关键领域核心技术的攻关突破，成为当前我国科技和产业领域技术创新的重中之重。在举国体制的推动下，近年来我国科学技术大踏步向前，在航空航天航海、基因生物、5G、人工智能、大数据、云计算、纳米科技、机器人及智能装备、高端医疗器械、先进材料、智能电网等一批辐射力强、带动力大、附加值高的科技创新、产业创新技术方面取得了一大批技术突破成果，为新经济发展注入了强劲动力。

新业态是指在经济活动中，因新技术广泛应用而出现的新的经营形式和样态。不同国家和不同发展阶段，由于技术创新能力和技术发展水平存在差异性，因而新业态也呈现不同的样态。在我国，近十年来，因互联网、大数据、人工智能等新技术发展而催生出的新业态层出不穷。如在电子商务领域的直播电商、跨境电商、社交电商正加速替代传统电子商务；在文娱产业领域出现的数字游戏、流媒体、数字电影、沉浸式体验、全息甲板等新业态正在重塑影视娱乐业格局；在物流交通领域，智能驾驶、无人配送等业态已日臻成熟；在医疗教育领域，移动医疗服务、云医院、网络学校、虚拟现实教学已经成为公众喜闻乐见的好去处。

新模式是指企业在原有商业模式的基础上，利用新技术手段，通过技术融合、产业结合、业态整合等方式形成的新的商业模式，亦即新的赚钱方式方法。如山姆会员店、快捷酒店、网约车等商业经营方式，B2B（Business to Business）和 B2C（Business to Consumer）等电子商务形式都是与传统商业有很大区别的新的商业模式。又如，在电子商务这个新产业基础上，电商直播是这个产业发展中出现的新业态，电商直播有传统销售所无法比拟的直观性、时效性、传播度，是电子商务的新模式。这些新模式有一个共同特点，那就是比旧模式更好、更便宜、更快。更好意味着能够提供比旧模式更多的优质服务，更便宜意味着比旧模式更省钱、消费成本更低，更快意味着消费者能得到"说到就到"的服务。

新产业有两层含义，一是指因新技术应用，使原产业转型升级成为新型产业，如现代农业、现代制造业、现代服务业等。二是指因技术突破在某行业出现的新兴产业，如大数据、云计算、机器人、新能源汽车、动力电池、无人机产业等。新产业是新经济的重要特征和表现形式。新经济之所以具有澎湃动力，根本原因在于有新产业迭出，新产品不断推陈出新，关键在于技术创新创造。经济发展历史经验表明，只要新技术能够顺利实现从概念到产品（或解决方案）再到最终用户直至创造价值，新产业就会不断出现。中国改革开放的实践证明，新产业与综合国力、科技发展水平呈正相关，相辅相成、互相促进。只有国力增强，才有可能全方位加大科研投入，提高技术创新能力，新产业才会不断涌现，国家才能实现持续高质量发展。同时，只有经济发展了，科技创新才会获得足够的基础保障。

四、实体经济本源的回归

实体经济是指生产、销售物质产品和精神产品并提供相关服务的经济活动，是生产商品、创造价值的基本形式。按照经济学理论界的定义，实体经济囊括第一、第二产业及除金融、房地产以外的第三产业，既包含农业、工业、交通通信业、商业服务业、建筑业、文化产业等物质生产和服务部门，也包含教育、文化、知识、信息、艺术、体育等精神产品的生产和服务部门。实体经济始终是人类社会赖以生存和发展的基础，是我国经济发展的根基和财富创造的源泉。世界各国的发展经验表明，实体经济发展得越好，对国民经济支撑拉动作用越强，社会越稳定，贫富差距越小。

相对于实体经济，虚拟经济是以资本化定价为基础的，以特定价格体系运行的经济形式。虚拟资本本身并没有价值，它表达的仅仅是数字上的财富，因此美国著名管理学大师彼得·德鲁克（Peter Drucker）将虚拟经济称为"符号经济（Symbol Economy）"，意为以数字符号表达资本的运动、外汇率和信用流通的经济形式，它既包括金融、房地产、收藏等产业，也包括无形资产。适度发展虚拟经济有利于实体经济发展壮大，但是，虚拟经济领域又往往是资本兴风作浪的博弈场，任其泛滥又将对实体经济产生"挤出效应"甚至产生危害。因虚拟经济恶意操作造成的 1997 年亚洲金融危机和 2008 年美国金融危机，至今仍让人心有余悸，以至于后来有人谈"虚"色变。不得不说这是一种误会，实际上，虚拟经济通过金融化工具可以向实体经济转移资本，促进实体经济发展。协调发展虚拟经济，有利于实体经济从资本市场获得融资和市场，帮助实体经济高效、快速成长。虚拟经济与实体经济之间是对立统一、协同发展的关系，是经济发展中的"车之两轮、鸟之两翼"，都是经济发展不可或缺的部分。

然而，虚拟经济所具有的跨越时空的即时快速流动特性，决定了虚拟经济具有实体经济所无法达到的运行效率，这种高效快捷、即时兑现的运行方式表现在资本投资领域，在回报率相当的条件下，资本的逐利本性会驱使实体资本向虚拟经济流动，使实体资本被"挤出"转向虚拟资本，这种"挤出效应"在经济运行中不时发生。据国家统计局数据，2013 年至 2019 年，我国实体经济在国民经济中的占比从 87.1% 下降到 85.2%，而虚拟经济从 12.9% 上升到 14.8%，此消彼长势头明显，引起了决策层的高度重视。为此，习近平总书记 2019 年 9 月在河南考察时明确指出："中国必须搞实体经济,制造业是实体经济的重要基础。"[1]党的二十大报告又进一步强调:"坚持把发展经济的着力点放在实体经济上。"中央高层的号召吹响了实体经济回归的号角,我国实体经济已经重新焕发勃勃生机。

（一）新型工业化进程加快

党的十八大后,以推动新型工业化和工业现代化带动实体经济发展的战略路径逐渐清晰。中央多措并举推动新型工业化发展,在人才培养、产业体系建设、产业创新能力提升、数字技术与制造业融合、新产业培育以及市场环境构建等方面不断加强政策供给,新型工业化建设驶向快车道。国家统计局数据显示,2023年,我国工业增加值达到39.9万亿元,比2012年增长90.9%,制造业总体规模连续14年保持全球第一。主要工业产品特别是高技术含量、高附加值的工业产品产量快速增长。2023年,全国集成电路进口数量4795.6亿个,同比减少10.8%,进口金额达3493.8亿美元,同比下降15.4%。同时,海关总署发布的数据显示,2024年前4个月,集成电路出口达3552.4亿元,增长23.5%。集成电路产业的一减一增,反映了国内集成电路产业创新升级步伐加快,这样的成绩在十年前是难以想象的。尤其可喜的是新能源汽车、动力电池、光伏产品等出口"新三样"代替了传统服装、家具和白色家电"老

---

[1]《习近平:一定要把我国制造业搞上去》,人民网,http://jhsjk.people.cn/article/31359524。

三样"，高技术含量、高附加值工业产业取得长足进步。从 2012 年至 2023 年，全国新能源汽车产量从 12552 辆增加到 958.7 万辆，增长 762.8 倍；工业机器人产量从 2.3 万台增加到 42.95 万台，增长 17.7 倍。更为重要的是，这一时期中国工业化发展的技术支撑能力和可持续发展能力明显增强，绿色低碳转型成果捷报频传，水电、核电、风电、太阳能发电等清洁能源发电量 3.1 万亿千瓦时，比 2012 年的 1.1 万亿千瓦时增长近两倍，新能源为国家能源安全提供了重要保障。

（二）新质生产力加速形成

正如宏观经济学家、上海财经大学校长刘元春 2024 年 3 月接受访谈时提出的那样，决定国家经济增长的不是消费，而是技术进步和产业升级，说到底就是新质生产力的形成和发展效率。[1]近年来，中央和地方政府把发展经济的注意力集中到培育壮大新质生产力上来，通过创新引领、制度支撑、资源保障，新质生产力从生产工具到基础研发投入得到快速提高。从生产工具变化看，近年来，我国大力促进生产工具质变，一二产业的生产工具的传统大机器正在被自动化机器、无人化机器、智能机器、数字工具快速替代。从新型生产关系改革看，各地频频出台关于产业组织体系与管理方式改革，分配制度、劳动关系调整以及经济体制改

---

[1]　王慧：《刘元春：中国转型关键期蕴含巨大潜能，不懂行的只看到风险》，观察者网，https://www.guancha.cn/LiuYuanChun/2024_03_01_726822.shtml。

革、科技体制改革、行政体制改革、环保体制改革、用人体制改革与制度型对外开放等改革举措，创造有利于新质生产力形成的一整套系统集成。从科技投入看，近年来，我国高度重视科技创新，财政投入持续加大。根据国家统计局数据，2023年，我国全年研究与试验发展（R&D）经费支出占国内生产总值比例达2.64%，其中基础研究经费占比达6.65%，新质生产力发展所需要的创新生态日趋完善。

（三）未来产业的超前布局

中国经济即将登上世界经济之巅，在"一览众山小"的经济主峰，在渐渐失去追赶目标和借鉴模仿对象的背景下，如何继续发展实体经济，保持制造业优势，党中央及时作出规划和部署。2024年年初，工业和信息化部等七部门联合印发《关于推动未来产业创新发展的实施意见》，提出到2027年，未来产业综合实力显著提升，部分领域实现全球引领。北京、上海、江苏、浙江等地也出台了培育未来产业的地方性政策文件，向未来产业进军的号角已经吹响。在未来产业技术领域，我国已经具备一定实力，如中国空间站、蛟龙潜水器、"中国天眼"FAST、大直径盾构机、民用多轴无人机、高铁、新能源汽车、新材料等一大批具有颠覆性或高价值创新技术不断取得突破。还有一大批如生物制药、新一代通信网络、新一代人工智能和机器人技术、新一代无人飞行器、时速达600公里及以上的高铁也已布局成势，有的已取得阶段性成果。在政策强力推动和科研、产业部门的共同努力下，我国将成为未来产业发展的重要策源地。

五、后现代化思潮的反哺

在后现代化时期，由于科学技术不断进步、经济全球化加速推进，以及人文交流日益加深，世界范围内的文明碰撞、文化交融、经济交流比以往任何时候都要紧密。在物质财富高度发达，文化日益多元的今天，人类有更加强烈的意愿和能力思考发展的目的和正义性，反思因工业文明带来的人口、粮食安全、污染和不可再生资源耗竭问题的归因，批判毒品经济、色情经济、暴力经济的不道德性，纠正经济文明发展的失衡失偏现象。

什么叫后现代化思潮的反哺？一般认为，后现代化思潮是指对现代社会经济文化进行批判和反思的一种思想潮流，是对传统现代化理论的反思和超越，它强调经济文化多元性、相对性以及传统与现代边界的模糊性。反哺是指子文化对母文化的反向影响，是一种逆向文化传递过程。后现代化思潮的反哺（以下简称"反哺"）是指后现代化时期人们通过对现代化的反思、批判甚至是超越，进而影响现代化进程的现象。反哺加速经济社会变革，促进创新，推动发展，使经济社会进步更符合人类共同的价值追求和人类文明的现代性要求。

（一）反哺促进人的素质提高和社会进步

现代化是一个复杂的过程，涉及人类思想和行为领域，以及社会整体层面各方面的变化。从世界现代化发展历程看，现代化的过程也是物质、精神、技术、制度、人的自身素质等方面综合发展的过程。由于后现代化相对于现代化，在生产方式上已经演进为主要由信息技术、数字技术等高新科技推动的现代化，科技在经济发展中变得尤为重要。人的综合素质发展代替经济增长成为社会发展的中心。因此，中国式现代化建设始终秉持"科技是第一生产力，人才是第一资源，创新是第一动力"理念，把经济竞争力放在人的素质全面提高上。这既是主动作为，也是现代化倒逼所至。随着经济结构转型升级，城乡社会向知识型社会转型加快。城乡居民"被"数字化、"被"城市化、"被"电子商务化现象越来越普遍，数字化生存成为包括老年人在内的全体社会成员的不二选择。在此背景下，代际反哺、文化反哺、城乡反哺、工农反哺等等现象成为一种必然，其结果不仅使得全体人民的知识、信息获取能力得到提高，数字化生存能力得到增强，在思想道德素质、法律意识方面也得到增强。知识眼界更加开阔，社会更加和谐。以代际反哺为例，如今的年轻人不仅教长辈如何使用智能手机，使用手机购物，还教年长者如何种地，讲解法律法规和社会知识，通过一系列手段消除"数字鸿沟"，潜移默化地改变老一辈人的生活方式和价值观，使得全社会因反哺推动而变得更加文明美好。

（二）反哺促进经济发展

后现代化时代，人们利用信息化和智能技术等新质生产力对传统生产力进行否定、扬弃、超越，促进了科技创新和产业革命，催生新质生产力加快形成，从而推动经济发展。中外经济发展史表明，只有新技术不断对旧技术进行否定、超越，旧技术才会不断被淘汰，生产力水平才能不断提高。[1]而且这种否定越彻底，技术演进效率越高，对经济发展的促进作用越显著。没有对旧技术的否定和超越就没有技术进步，日本丰田汽车一度对电动汽车这一汽车产业新业态持漠视态度，最终导致其在未来汽车产业发展中处于被动落后的尴尬境况就是一个典型案例。反哺推动供给侧和需求侧变革和创新，在供给侧，随着技术进步和用户对产品的意见反馈，在新品生产和产品类型上，不断调整创新产品设计和功能，带动新的消费热点和趋势，促进经济增长。在需求侧，由于人们对消费观念不断进行反思和改变，如年长者更加注重实惠耐用，而年青一代则更加注重个性化和多元化，这种消费观念的改变将影响并逐渐扩散到全社会成员，从而促进需求侧呈多元化状态，为经济发展注入新动力。在产业发展方面，后现代化思潮的反哺，能够促进产业结构的升级和转型，使得经济更加适应时

---

[1]　戚聿东：《深度赋能劳动者、劳动资料和劳动对象 发展新质生产力要发挥数字技术作用》，《人民日报》2024年6月4日，第9版。

代的需求和发展趋势。

（三）反哺促进人类文明进步

富民厚生、义利兼顾是中华民族传统的经济伦理主张，也是后现代化思潮所关注的重要内容。在工业文明高度发达的现代社会，经济活动做到义利兼顾，在一些资本家眼里，是不可能做到的事情，他们往往为利舍义，甚至见利忘义。例如，在美国，人们一次又一次上街游行声讨枪支经济的血腥，为不断上升的死伤人数而惶恐不安。面对仅仅 2023 年一年美国发生的大规模枪击事件就高达 650 起，超过 4.2 万人死于枪支暴力的骇人数字[1]，无数民众和有良知的议员纷纷要求对枪支经济采取最严厉的管控措施。然而在美国，控枪就是断了军工复合体的财路，动了利益集团的奶酪，是不可以的。但正义之声从来不会消失，面对一次又一次控枪呼声，在某些州，对枪支使用的限制已越来越多，在一定程度上体现了后现代化思潮对滥用枪支行为的反哺。又如，在墨西哥，由于资本的力量，原本紧张的水资源被可口可乐公司大量控制用于生产可口可乐饮料，导致一瓶纯净水市价是一瓶可口可乐的数倍。普通百姓无奈，只能把可口可乐当水喝，使该国可口可乐销量高企不下的同时，因过多饮用可口可乐而患上"可口可乐病"（高血糖症）的人数也居高不下，同时这种"可口可乐病"出现了在

---

[1]《美枪支暴力痼疾难消》，海外网，http://news.haiwainet.cn/n/2024/0823/c3544276-32784445.html。

儿童中扩散发展的趋势。墨西哥高血糖危机引起包括世界卫生组织和该国部分政治精英的关注，政府通过制定"加工食品和饮料的健康警告"及广告宣传，呼吁人们减少糖饮消费。但是，在墨西哥控糖是一场复杂的政治和经济博弈，这场博弈也许还将持续下去，但是人们有理由相信，正义一定能战胜邪恶，墨西哥人民最终一定能喝到比可口可乐还廉价的纯净水。

善于总结、自我反思、自我批判是马克思主义所固有的精神品格。在推进中国式现代化进程中，中国共产党坚持批判思维，及时总结、反思改革开放和现代化建设的经验教训，不断发现和解决问题，并在解决问题中推进现代化进程。党的十九大提出要发挥市场对资源配置的决定性作用和发挥政府作用，这一创新理论深刻批判了市场与政府关系难以协调的观点，从而结束了长期以来关于市场和政府在资源配置中的作用争论。"创新、协调、绿色、开放、共享"五大发展理念的提出，是对我国长期以来粗放型发展模式和"GDP论英雄"观点的否定和纠正，开创了中国式现代化建设理论的新境界。从文化生活到社会实践，从经济运行到国家治理，通过后现代化思潮的反哺，我国现代化建设的步子越来越稳，质量越来越高，更具持续性和增长潜力。

（四）反哺是实现新经济文明的举措

新经济最主要的特点是创新能力强、创新周期短、技术创新传播快、外部性延迟现象明显。在新经济形态下，往往出现生产力层面的创新速度加快，而生产关系层面的国家法律法规和管理体制机制、管理模式往往跟不上创新发展步伐，进而出现因外部性延迟导致的一系列矛盾冲突（如日新月异的人工智能、自动驾驶技术发展运用中遇到的法律和管理问题等）。因此，新经济希望立法节奏加快，制度更替加速。同时，新经济又是人与自然和谐共生，进取向上，让"世界变得更美好"的经济。在价值创造过程中，更注重生态可持续性、资源利用高效性和地球生命系统健康性，完全或部分弥合生命世界和经济世界之间存在的"物质转换裂缝"[1]，因此，新经济更具包容性。新经济形态所表现的"经济增长"，不仅是量的扩张，更有质的提升；不仅体现在生产力水平提高和社会进步，还在于对自然、生态和人类自身更为友好。

新经济对国力提升的巨大影响已经引起中国决策层的高度重视，习近平总书记在 2014 年国际工程科技大会上就新经济话题发表重要讲话，对我国发展新经济作出前瞻性指引。在 2015 年 12 月的中央经济工作会议上他又进一步指出，新一轮科技革命和产业变革正在创造历史性机遇，催生智能制造、互联网＋、分享经济等新科技、新经济、新业态，蕴含巨大商机。随后在 2016 年的全国"两会"上，"新经济"一词被首次写入政府工作报告。正如习近平总书记在 2018 年指出的那样："世界正在进入以信息产业为主导的经济

---

[1] 〔英〕约翰·萨卡拉(John Thackara)：《新经济的召唤：设计明日世界》，马谨、马越译，同济大学出版社，2018 年，第 17 页。

发展时期。"[1]2019 年 10 月第十九届中央政治局第十八次集体学习时又对新经济发展作出新的具体规划部署。在中央的倡导推动下，我国新经济建设得到快速发展，以信息技术、数字经济为代表的"轻"质 GDP 成为中国经济新的增长亮点。人工智能、5G、新能源、生物技术、航空航天等新技术革命所带来的新质生产力表现出澎湃推动力。新产业、新业态、新商业模式大量产生，信息化与产业化融合不断加深，商业模式和体制机制创新速度加快。我国经济越来越明显地表现出经济结构转型升级加速、人力资本投入效率提高和非物质生产比例降低等新经济发展特征。中国新经济正在以丰富的创新内涵与内生动力，助推经济高质量发展提速增效，新质生产力集群突破周期缩短。在新经济推动下，我国生产力水平显著提升，大量传统产业、商业模式得到数字经济赋能，新的有效供给和投资消费需求不断产生，城乡生产生活方式得以重构，新经济已成为促进中国式现代化发展的重要引擎。

---

[1] 习近平：《在中国科学院第十九次院士大会、中国工程院第十四次院士大会上的讲话》，《人民日报》2018 年 5 月 29 日，第 2 版。

第四章

中华文明发展的科技革命

科技，是科学技术的简称。所谓科技革命，是不同于以往历史上的科技的渐进式发展，而是翻天覆地、彻彻底底的科学技术的改造。特别是在 21 世纪的今天，世界的科技得到了前所未有的进步，也是自古以来最高级别的科技领域的发展。

两三千年来中国历史上涌现出许多杰出的科学家、发明创造家，流传下的科技典籍数量大、内容广，涉及数学、天文学、农学、医学、生物学、化学、物理学等基础学科和冶金、机械、建筑、水利、印刷、纺织等各个技术领域。有人统计，中国古代数学著作约有1000 种，中医书多达 7600 种。中国传统的科技典籍在流传中多有散佚，但保存下来者多为精品，总结和记录了中国古代的科技成就。[1]在中国古代，人们对于"科学"是没有明确而一致的定义的，到了近代，欧洲才出现科学理论、实验方法、机构组织、评判规则等一整套东西。在中国传统语汇中甚至没有"科学"。[2]

尽管如此，我们对技术的追求也达到很高的境地，如《考工记》。这是我国目前最早的手工业技术文献，书中保留有先秦大量的手工业生产技术、工艺美术资料，记载了一系列的生产管理和营建制度，一定程度上反映了当时的思想观念。该书在中国科技史、工艺美术史和文化史上都占有重要地位，在当时世界上也是独一

〔1〕 陈薛俊怡：《中国古代典籍》，中国商业出版社，2015 年，第 87 页。
〔2〕 江晓原：《科学外史》，复旦大学出版社，2013 年，第 87 页。

无二的。[1]

如今，中国科学技术得到广泛认同与长足发展，并且有了独特的内涵和特征，包括了中华民族现代化的物质条件、生产方式、生活方式、制度体系、价值观念、文化艺术以及人们的行为习惯和精神状态等。在此新的社会文明下，中国的科技革命，体现了社会活力与精神追求，表现了更多的创新性、中国式现代化与社会主义文化。

这时候的科技革命，在文化层面：强调多元文化共存，尊重和包容不同的文化传统和价值观。同时，它也倡导创新和改革，以适应时代的变化和发展。在价值观层面：中华现代文明倡导以人为本，尊重人的尊严和权利，追求个人自由、平等和全面发展。同时，它也强调社会责任和公共利益，倡导公平、正义和互助精神。在行为方式层面：中华现代文明倡导开放、透明、诚信和负责任的行为方式，鼓励人们通过合作、交流和分享来解决问题，从而促进社会进步。[2]

由此可见，中华现代文明建设的科技革命，对于推动中华民族伟大复兴、实现社会主义现代化强国目标具有重要意义。它不仅能够提升国家文化软实力和国际影响力，还能够促进人民精神生活的丰富和发展。

---

[1] 陈薛俊怡：《中国古代典籍》，中国商业出版社，2015年，第115页。

[2] 参阅辛向阳、钟君：《共铸中华民族现代文明》，湖南人民出版社，2024年。

第一节　人类文明的崛起

所谓文明，是与蒙昧相对而言的。人类的发展经过数万年的漫长历史，才慢慢地从蒙昧状态发展到文明社会，即使到文明社会阶段，文明也不是一蹴而就的，需要消除纷争、文治教化等一系列的努力来改变落后的传统、愚昧的文化等等。

所谓人类文明的崛起，就是说文明的到来，不是个别人的有意而为之，是人类发展到更高一级的社会形态，是人类社会高度发展的一种质变。

人类文明是指人类所建立的物质文明和精神文明，包括文化、科技、道德、法律、制度等方面。人类文明的进步和发展是人类社会不断演变和进步的过程，也是人类不断探索和创新的过程。人类文明的发展经历了原始社会、奴隶社会、封建社会、资本主义社会和社会主义社会等阶段，每个阶段都有其独有的特征和贡献。人类文明的发展不仅推动了人类社会的发展和进步，也对人类社会产生了深远的影响。

人类文明未来的发展趋势会受到多种因素的影响，包括但不限于以下几方面。1. 技术进步：随着科技的不断发展，未来将会有更多的新技术出现，如人工智能、大数据、云计算、物联网等，这些技术将会对各行各业产生深刻的影响，带来更多的机遇和挑战。2. 可持续发展：随着全球环境问题的日益严重，可持续发展已经成为全球的共识，未来将会有更多的企业和组织致力于环保和可持续发展，推动绿色经济的发展。3. 消费升级：随着人们生活水平的提高，消费者对高品质、个性化的产品和服务的需求也在不断提高，这将会给企业带来更多的商机和挑战。4. 产业升级：随着经济全球化的不断深入，各国之间的经济联系越来越紧密，未来将会出现更多的产业升级和转型，推动全球经济的发展。5. 人口结构变化：随着人口结构的变化，未来将会对劳动力市场、房地产市场、金融市场等产生深刻的影响，企业需要根据人口结构的变化来调整自己的战略。

中国文明的崛起在世界文明中占据着举足轻重的地位。文明的特征包括城市中心、政治权力、纳贡或税收、文字、社会分为阶级或等级、巨大的建筑物、各种专门的艺术和科学等。中国文明一直与欧亚大陆的其他文明彼此相异，其独特性取决于地理位置和环境的适应。在公元前4000年时，农业发展和城市的出现导致了文明的兴起。在商朝时期，中国就创造了最早的文字——甲骨文。此外，中国古代的哲学思想，如儒家、道家等思想，也对世界哲学产生了深刻影响。

在科学技术方面，中国的成就亦令世界瞩目。无论是古代的四大发明，还是现代的诸多科技创新，都在推动着人类文明的进步。中国已经形成了一个与美国相当的"准发达经济体"板块和一个更大的"新兴经济体"板块，这两大板块之间实现了高度的良性互动，这是中国迅速崛起的原因所在。

同时，中国的崛起也是一个"文明型国家"的崛起。这个"文明型国家"具有超大型的人口规模、超广阔的疆域国土、超悠久的历史传统和超深厚的文化积淀，其独特的语言、政治、社会和经济都融合了传统"文明"和现代"国家"的特点。这种"文明型国家"的崛起势头和规模在人类历史上是史无前例的，它必将深刻地影响人类和世界的未来。

一、中国的四大发明

世界公认的中国四大发明——造纸术、印刷术、火药、指南针，是科技文明的具体表现，也被称为世界科技文明的先导，因为它们不仅对古代中国的科技、经济、文化产生了巨大推动作用，还对全球的发展产生了深远影响。

（一）造纸术

造纸术的发明是人类文明发展史上的一个重要里程碑。在汉代造纸术发明之前，人们通常使用兽皮、竹简、木牍、石板等材料来记录文字，这些材料不仅笨重、不便携带，而且成本高昂，制作过程也相对复杂。造纸术的发明使得纸张成为一种轻便、廉价、易于制作的书写材料，极大地促进了文化的传播和交流。纸张的出现也推动了书写方式的变革，人们开始使用毛笔和墨水在纸上书写，从而形成了汉字的书写体系。

与造纸术紧密相连的是印刷术。造纸术使得书写材料变得更加轻便、易得，而印刷术则使得书籍的复制变得更为快捷、高效。这两项发明的结合，极大地促进了知识的传播和文化的交流，推动了古代中国乃至世界的文化繁荣和科技进步。

造纸术的发明使思想文化向世界其他地方传播成为可能，客观上在中国文明与世界文明之间搭起文化桥梁。在中国的造纸术通过阿拉伯人传入西方之前，古代西方主要使用的书写材料有石碑、陶片、莎草纸、羊皮纸、薄金属片等。其中，最为常见的是由羊皮加工而成的羊皮纸，它在古埃及和古罗马时期被广泛使用。然而，与造纸术相比，羊皮纸制作成本高昂，制作过程烦琐，而且不易保存，这限制了书写材料的普及和应用范围。

公元 2 世纪，中国的造纸术开始传入西方世界，西方才逐渐开始了解并采用纸张作为书写和记录的主要材料。

造纸术的发明不仅改变了古代中国人的书写和记录方式，更推动了文化的繁荣、经济的发展以及科学技术的进步。它是中国古代文明的重要组成部分，也是中华现代文明建设中不可或缺的重要遗产之一。更重要的是纸张还助力中国官僚体系的早熟。道理也不难理解，官员的管理需要文字的协助，而竹简的成本太高，书写、翻阅、保存、携带都极其不便，轻薄的纸张简直就是为了官员管理而生。

（二）印刷术

值得一提的是，造纸术的发明也在很大程度上推动了印刷术的发展。在纸张出现之前，文字的复制主要依赖手工刻写或刻板，这种方式速度缓慢，效率低下。但有了纸张和印刷技术的结合，文字的复制变得更加迅速高效。这进一步加速了知识的传播和普及，对整个社会的发展起到了重要的推动作用。

印刷术的发明不仅改变了古代中国人的书写和记录方式，更推动了文化的繁荣、经济的发展以及科学技术的进步。它是中国古代文明的重要组成部分，也是中华现代文明建设中不可或缺的重要遗产之一。

特别是活字印刷术的发明，更将印刷的效率大大提升。活字印刷术的出现使得书籍的复制速度大大提高，极大降低了书籍的制作成本，使得书籍更加普及。这一技术革命极大地促进了知识的传播与交流，推动了中国的科学、文化和思想的繁荣。同时，活字印刷术也为后世的印刷技术提供了宝贵的经验，对世界的印刷业产生了深远的影响。

活字印刷术最早出现在 11 世纪，由北宋毕昇发明。相比于传统的木版印刷术，活字印刷术采用了一种新的制作方法：将胶泥制成活字，按照需要将活字排列组合成版面，然后将墨涂抹于活字上，再用纸张压印而成。这种方法大大提高了印刷效率，减少了印刷成本，使得书籍的大规模生产成为可能。

随着国际贸易，中国的活字印刷术也被来往中国的中亚商人带到了欧洲。在此基础上，15世纪德国人古登堡改良活字印刷术，使得书籍的复制速度大大提高，降低了书籍的制作成本，书籍变得更加普及。这大大促进了知识的传播和学术研究的发展。

（三）火药

我国的火药，发明于晚唐时期（9世纪末），距今已有1000多年的历史。据传，火药最初是作为医药使用的，后来才逐渐应用于军事领域。火药的发明对人类历史产生了深远的影响，改变了战争的方式和进程。

火药的发明改变了战争的面貌，使得冷兵器时代逐渐走向热兵器时代。火药的军事应用，不仅提高了战争的效率，也促进了军事科技的进步。因此，火药在现代文明中扮演着重要的角色，其影响深远且广泛。

首先，火药在军事领域的应用是显而易见的。现代战争中，火药作为推进剂，使得导弹、火箭等武器具有更远的射程和更高的精度。同时，火药也被用于制造各种弹药，为军事行动提供强大的火力支持。其次，火药在民用领域也有着广泛的应用。例如，在采矿和建筑行业中，火药被用于爆破作业，提高了工作效率和安全性。此外，火药还被用于制造烟花和爆竹，为节日庆典和娱乐活动增添了色彩和欢乐。

然而，火药的应用也带来了一定的挑战和风险。由于其易燃易爆的特性，火药的储存和运输需要严格遵守安全规定，以防止意外事故的发生。同时，火药的使用也需要受到严格的监管和控制，以防止其被用于非法活动或恐怖主义行为。总之，火药在现代文明中发挥着不可或缺的作用，但同时也需要我们谨慎对待和合理使用。通过加强安全管理和监管措施，我们可以更好地利用火药的优势，为人类的进步和发展作出贡献。

据史料记载，当时中国的道士和炼金术士开始尝试将硝石、硫黄和木炭等物质混合在一起，以期找到长生不老之药。然而，他们意外地发现了这种混合物具有剧烈的爆炸性质，从而开启了火药的历史。

在宋朝时期，中国开始将火药用于制作火箭、火枪和炮等武器。火药武器的出现改变了战争的方式，使得远程攻击和防御成为可能，极大地增强了中国古代军队的战斗力。13 世纪末，元朝军队已装备金属火铳。大德二年（1298）款铜碗口铳是迄今所知最早的火铳实物，发现于内蒙古锡林郭勒盟元上都遗址东北，可能是卫戍上都的元军遗物。铳身全长 34.7 厘米，内径 9.2 厘米，重 6210 克。铳口外侈，略呈碗形。药室微隆起，上开一火门孔。尾銎中空，两侧有对称穿孔。这对中国古代的军事征战产生了巨大影响。

除了军事应用，火药还被广泛用于工程和民生方面。在中国古代，火药被用于民间庆典、焰火表演和药物制剂等方面，成为中国古代文化的一部分。

到了 13 世纪，黑火药经过印度、阿拉伯等国家传入欧洲，在欧洲和其他地区得到了广泛应用。火药的发明和应用为世界的军事、工程和文化发展开辟了新的道路，对人类社会的进步产生了重要影响。

（四）指南针

大约在公元前 4 世纪至前 3 世纪左右，指南针最早出现在中国。最初的指南针可能是由悬挂的磁石制成的，后来进一步发展成为在磁石上悬挂的磁针。这个磁针会自由地指向地球磁场的北极，从而为使用者提供了准确的方向参考。

指南针对于航海和地理探险具有重大意义。它使得航海者能够更准确地确定航向，从而开辟了新的航线，促进了海上贸易的发展。在茫茫大海上航行，人们最初主要依靠北极星来导航。但这种导航方法在阴雨天气无法发挥作用，于是指南针就被应用于航海。宋代沈括的《梦溪笔谈》记载了指南针的四种安置方法，曾公亮的《武经总要》里记载了一种指南鱼的制法。

首先，指南针的发明使得中国古代航海和地理探索取得了重大突破。在宋代，中国开始使用指南针进行海上航行，进一步推动了海上贸易和交流。著名的丝绸之路也是在指南针的帮助下得以发展壮大，连接了中国、中亚和欧洲等地。此外，指南针还在中国的地理探索中发挥了重要作用，帮助中国古代地理学家和探险家进行地图绘制和探索。

其次，指南针的发明和应用对于中国古代航海和地理探索的发展产生了深远的影响。可以从近海向更加广阔的大海远处，探索更多的海洋、海岛资源。

指南针的广泛应用，也推动了地理学和天文学的发展。随着时间的推移，指南针的使用逐渐传播到西方世界。通过丝绸之路和其他贸易路线，指南针的知识逐渐传播到印度、阿拉伯和欧洲等地。在中世纪，指南针成为欧洲航海和地理探索的关键工具之一。著名的欧洲探险家哥伦布就是在指南针的帮助下完成了对新大陆的探索。

指南针的发明和应用对于中国古代航海和地理探索起到了重要的推动作用。它开启了中国古代海上贸易的黄金时代，也促进了中国古代地理学和科学技术的发展。同时，指南针的传播也对世界航海和地理探索的发展产生了深远的影响，为人类社会的发展和进步作出了重要贡献。[1]

综上所述，中国的四大发明在中国的科技发展历程中扮演了重要的角色。它们不仅促进了中国古代社会的繁荣与进步，也对世界的科技进步产生了重要影响。这些发明也是中华现代文明建设的重要遗产，对中国的科技革命起到了不可磨灭的作用。

---

〔1〕 参阅东方暨白主编：《指南针的历史》(图说中国古代的科学发明丛书)，河南大学出版社，2013年。

中国四大发明以其独特的贡献和影响力，成为世界科技文明的重要先导。它们不仅展示了中国古代科技的辉煌成就，也为全球的发展和进步提供了重要的动力。中华文明的崛起是一个跨越时代的辉煌历程。造纸术、指南针、火药和印刷术这四项发明，作为文明进程中的重要里程碑，对中华民族乃至全球人类社会产生了重大的影响。

二、李约瑟试解中国古代科技之谜

李约瑟是英国近代生物化学家、科学技术史专家、中国科学院外籍院士。他对中国科技有着浓厚的兴趣和高度评价。他认为中国科技在历史上曾经非常先进，对世界文明的发展作出了重要贡献。他的著作《中国科学技术史》对中国科技的发展历程和成就进行了系统的梳理和总结，对中国科技史的研究具有重要的影响。

（一）文化和社会因素

李约瑟认为中国古代社会的儒家思想、官僚体制以及科举制度等因素，限制了科学技术的发展。

儒家注重传统、尊重权威，可能抑制了对新思想、新方法的探索和创新。

中国的官僚体制注重稳定和秩序，而不像欧洲那样倾向于鼓励探索和竞争。这可能导致对科学技术的投资和支持不足，进而影响了科技创新的活力。

科举制度选拔官员的标准偏向于文学和政治能力，而非科学技术能力，这可能减少了人们对科学技术的重视和投入。

李约瑟认为中国古代科学技术处于世界领先地位，而近代却落后了，其根本原因有两点：

在中国，大一统以后的封建制度是一种"官僚封建制度"，束缚了中国科学技术的发展。

中国所处的地理环境决定了上述情况的发生。他说，欧洲没有季风气候，没有中国所有的那些特别的河流与山脉，因此欧洲人不需要建造巨大的水利网。而中国人从很早的时候起就得去修建水利网，而且必须从整体治理入手，才能解决水患问题。水利网超出了任何一个封建领主的领地，这就可以解释为什么在中国，封建制度让位给官僚封建制度。

（二）科技与经济结合

资本主义制度下，科技创新与经济利益密切相关。在欧洲的资本主义发展过程中，科技的发展往往与商业和工业需求紧密相连。这种科技与经济的结合促进了科技创新和技术进步。

中国古代虽然也有一些重要的科技发明和创新，但其背后的动力和推动力不同于欧洲资本主义时期。科技在中国古代更多地服务于社会管理、文化传承和农业生产，而非直接受到市场需求和资本积累的驱动。

（三）技术创新与产权保护

资本主义社会的特点之一是重视知识产权保护，这为创新者提供了创新的动力和保障。在欧洲，对于专利和知识产权的保护制度的建立，促进了科技创新和技术发明的产生。

在中国古代，虽然也有一定程度的技术创新，但由于缺乏完善的知识产权保护机制，创新者可能面临着技术被盗用或剽窃的风险，这可能抑制了一部分人投入到技术创新中来。

（四）政治制度和统治者态度

政治制度对科技发展的影响是不容忽视的。在中国历史上，统治者对科技的态度和政策举措在一定程度上决定了科技的发展方向和速度。例如，某些朝代鼓励科技创新和发展，而另一些则对科技持保守态度或者对特定技术加以限制。

中国古代统治者对科技发展不够关注，以及对科技投入不足。这可能与统治者的政治目标、财政状况以及对科技与经济关系的理解有关。

（五）经济结构和社会分工

社会结构是指一个国家、部落、部族或地区占有一定资源、机会的社会成员的组成方式及其关系格局。在古代，不同地区的社会结构和社会分工有所不同。在初始阶段，人们以狩猎采集为主要生存方式，形成了松散的群居社会，部落作为基本单位，人们在自然环境中互相依存。这种社会模式在资源分布相对均衡的情况下维持相对稳定，但也存在一定程度的不确定性。随着氏族制度的逐渐形成,社会结构开始发生重要的演变。随着农业的兴起，一些氏族开始掌握了更为高效的农业技术，从而获得了更多的农产品和资源，这些氏族逐渐在社会中脱颖而出，形成了上层阶级。社会等级的出现带来了权力和地位的分化，上层氏族开始主导活动仪式、贸易活动以及决策过程。这种社会分工的逐渐深化，标志着古代社会结构的演变。

因此，经济结构和社会分工对科技发展有着重要影响。在中国古代，农业是主导产业，而手工业和商业相对不发达。特别是商人，受到历朝历代统治者的打压，而缺乏商业资本的支持，需要前期资本投入的科技创新就很难发生。

（六）资本投入和市场需求

中国古代对科技的资本投入较少和市场需求不足有关。科技发展需要大量的资金投入，包括用于研究、实验、设备和人才培养等方面。在古代中国，由于农业经济占主导地位，资本投入和市场需求可能更多地集中在农业和手工业领域，而对于纯粹的科学研究和技术创新的投入较少。

相比之下，欧洲在文艺复兴以及工业革命之后，资本积累和市场需求的增加推动了科技的迅速发展。资本家和企业家的投资意愿、市场竞争以及创新环境的形成，都为科技创新提供了有利条件。

综上所述，在历史的长河中，中国古代的科技发展受到了多重因素的影响，这些因素共同编织成了一幅复杂的社会文化图景。儒家文化对传统的尊崇和对权威的尊重，加之官僚体制和科举制度的导向，使得社会对创新的探索和接纳显得谨慎而保守。与此同时，科技与经济的结合并不如欧洲资本主义时期那般紧密，缺乏了市场和资本的直接推动，科技创新的步伐自然缓慢。知识产权保护的缺失，更是让创新者在投入与风险之间犹豫不决。政治制度和统治者的态度，也在很大程度上决定了科技发展的方向和速度，有时甚至成为制约因素。经济结构的单一和社会分工的局限，使得资本和市场需求难以向科技领域倾斜，而资本积累和市场需求的不足，进一步限制了科技革新的可能性。尽管如此，中国古代在某些科技领域依然取得了令人瞩目的成就，但与欧洲文艺复兴及工业革命后的迅猛发展相比，整体上显得较为滞后。这些历史经验教训，为我们今天推动科技创新提供了宝贵的思考和启示。

三、现代中国科技飞跃的关键步骤

1949 年以来，科技事业的发展经历了从无到有、从弱到强的历史性跨越。在这个过程中，政府采取了一系列措施，如推动科研机构和大学的成立、科技教育改革、科技计划和政策的制定，引进和消化吸收国外技术以及实施开放与改革等。

（一）成立科研机构和大学

新中国成立后，政府为推动科技发展，其中一个重要步骤是成立科研机构和大学，为科技发展奠定了坚实基础。中国科学院作为国家最高科学研究机构，成立于 1949 年，其使命是为国家的科技发展和经济建设提供支持和指导。此外，全国范围内建立了一系列重点大学，如中国人民大学、北京航空航天大学、中国农业大学等，为培养高素质科技人才提供了重要平台。

（二）制定科技计划和政策

中国政府制定了一系列的科技发展计划和政策，为科技研究和创新提供了资金和政策支持。例如，"两弹一星"等国家重大科技项目的实施，推动了核武器、导弹和人造卫星等领域的科技突破。此外，政府还实施了一系列激励政策措施，如科研项目的经费支持、科技成果的奖励和税收优惠等，以鼓励企业和科研人员加大科技投入和创新力度。

从理论上来说，科技计划与政策是国家和地方政府为实现一定历史时期的科技任务而制定的基本行动准则和战略。它们不仅确定了科技事业的发展方向，也明确了整个科技事业的战略和策略原则。

科技计划通常以中央（或地方）财政支持作支撑或以宏观政策作调控、引导，由政府行政部门负责组织和实施。这些计划旨在解决社会和经济发展中涉及的重大科技问题，实现科技资源的合理配置。

科技政策则是各级政府为实施科教优先发展战略，推动社会组织、企业和自然人进行科技创新而作出的有关财税、金融、海关等方面的政策性制度安排。科技政策的内容涉及国家的科技发展战略、科技管理的基本原则，以及具体的地方性科技政策等。

在当前的时代背景下，随着科技的不断发展，科技计划与政策也在不断地更新和完善，以适应社会的变化和需求。例如，近年来，随着人工智能、大数据等新兴技术的兴起，国家和地方政府在制定科技计划与政策时，更加注重这些领域的发展，并提供了更多的支持。

总的来说，科技计划与政策是推动国家科技创新和科技进步的重要手段，它们为科技事业的发展提供了有力的保障和支持。

（三）引进和消化吸收国外技术

在科技发展过程中，引进和消化国外技术是一种快捷而有效的方法。这种引进和消化吸收国外技术是指一个国家或地区通过贸易、投资、合作等方式，从其他国家或地区引进先进的技术、设备、管理等生产要素，并通过学习、吸收、创新等方式，将其融入本国的经济和社会发展中，以提高自身的生产能力和竞争力。

然而，引进国外技术也存在一些挑战和风险，例如，（1）技术依赖。过度依赖引进技术可能会导致本国技术创新的不足，影响自主发展能力。（2）技术转移限制。一些国家可能对引进技术进行限制或禁止，这可能会影响引进技术的可行性和效果。（3）文化差异。引进国外技术需要适应不同的文化背景和管理方式，这可能会带来一定的挑战和风险。

为了更好地引进和消化国外技术，我们采取了以下措施：（1）加强技术研发和创新。在引进技术的同时，加强本国的技术研发和创新，提高自主发展能力。（2）建立完善的技术转移机制，包括知识产权保护、技术评估、技术培训等，确保引进技术的有效实施和消化吸收。（3）加强国际合作和交流，学习借鉴其他国家的先进经验和技术，提高自身的竞争力和创新能力。（4）培养高素质的技术人才和管理人才。加强人才培养和技术创新，提高本国的技术人才和管理人才素质，为引进和消化国外技术提供有力支持。

中国在科技发展初期，通过引进和消化吸收国外技术，快速提升了自身的科技水平。例如，在苏联援助下1958年建成的中国第一座水力发电站——松花江水电站，为中国水电工程的发展奠定了基础。此外，中国通过积极引进国外先进技术和设备，还加速了工业化和现代化进程。

（四）改革与开放

改革与开放是中国自1978年以来实行的一项基本国策，旨在通过经济体制改革和对外开放，促进国家的现代化建设，提高人民生活水平。

经济体制改革方面，中国推行了市场经济改革，逐步建立起社会主义市场经济体制。这一改革包括放开价格管制、引入竞争机制、鼓励私营企业发展等措施，旨在提高经济效率和激发市场活力。

对外开放方面，中国逐步降低了贸易壁垒，吸引了大量外资，并积极参与全球经济合作。中国加入世界贸易组织（WTO）后，进一步扩大了对外开放，成为全球最大的出口国和第二大进口国。

改革与开放的政策推动了中国经济的快速发展，使中国成为世界上最大的经济体之一。同时，这一政策也带来了一些挑战，如环境污染、收入差距扩大等问题。因此，中国政府在推进改革与开放的过程中，也在不断加强环境保护和社会公平等方面的政策措施。

中国实施了改革开放政策，为科技发展提供了更大的发展空间和机遇。改革开放以来，中国积极吸收国际先进技术和经验，加速了科技进步的步伐。

改革开放之前，我国的科技事业虽然取得了一定的发展，但与发达国家相比还有很大距离。我们从最初的工业基础薄弱到如今的工业门类齐全，成为"世界工厂"，这一历史性跨越是改革开放一系列重大举措的结果。政府在科技领域的投入和改革，不仅推动了科研机构和大学的建立，为科技人才的培养提供了沃土，而且通过制定科技发展计划和政策，为科研工作提供了坚实的资金和政策支持。在引进和消化吸收国外技术方面，中国展现了快速学习和创新的能力，这在水电工程和工业化进程中尤为明显。

1978 年改革开放政策的实施，为中国科技事业注入了新的活力，通过吸收国际先进技术和经验，中国科技领域的发展步伐进一步加快。加入世界贸易组织等国际组织后，中国的科技开放与合作达到了新的高度。这段历程不仅是中国科技发展的缩影，也是国家综合实力提升的重要标志。[1]

四、科技发展坚持不欺凌、不称霸

1949 年以后，中国始终坚持和平发展的外交政策，致力于通过合作共赢，推动构建人类命运共同体。在科技领域的发展中，中国同样秉持这一原则，通过实际行动展现了不欺凌、不称霸的国际形象。

（一）和平利用核能

中国是核能技术的和平利用者之一。自 20 世纪 60 年代成功研制出第一颗原子弹以来，中国一直强调其核能发展完全用于和平目的。中国在核能领域的发展，始终坚持和平利用、严格监管的原则，积极参与国际核安全合作，反对核武器扩散。

中国积极参与国际核安全合作，如加入国际原子能机构

---

[1] 参考冯国权主编：《通向大国之路的中国科技发展战略》（大国策），人民日报出版社，2009 年。薛澜等：《中国科技发展与政策(1978—2018)》，社会科学文献出版社，2018 年。

（IAEA），并严格遵守其规定和标准，确保核能的安全和平利用。中国自主研发的"华龙一号"核电技术，已经成为国际市场上具有竞争力的核电品牌。

（二）航天领域的成就

中国航天事业的发展，是新中国科技进步的缩影。中国始终坚持和平探索外太空，反对太空军事化。中国的航天计划，旨在推动科学研究、技术进步和经济社会发展。从 1970 年 4 月 24 日长征一号运载火箭首次发射东方红一号卫星成功开始，至今长征系列运载火箭发射次数已经突破 400 次，发射成本（从低到高排序）排在美国 SpaceX 公司之后，名列世界第二。2003 年，中国成功发射了第一艘载人航天飞船神舟五号，成为继美国和苏联之后第三个拥有载人航天能力的国家。此后，中国陆续发射了多艘载人航天飞船，并成功建立了空间站。中国的空间站项目不仅服务于国内科研，也向国际社会开放，欢迎各国科学家参与研究。

（三）信息技术的发展

中国在信息技术领域取得了巨大进步，为全球互联网的发展作出了贡献。中国始终坚持网络主权和信息安全，同时积极参与全球互联网治理，推动构建开放、合作、共享的网络空间。

中国的互联网企业，如阿里巴巴、腾讯等，不仅在国内市场取得了成功，也在国际市场上展现了强大的竞争力。这些企业通过技术创新和服务创新，为全球用户提供了便捷的电子商务、社交媒体和支付服务。同时，中国政府积极参与国际互联网治理，提出"构建网络空间命运共同体"的理念，推动国际社会共同维护网络空间的和平与安全。

（四）气候变化与环境保护

中国高度重视气候变化和环境保护问题，坚持绿色发展理念，积极参与全球气候治理。中国在清洁能源技术的研发和应用方面取得了显著成就，为全球环境保护作出了贡献。

中国已成为世界上最大的清洁能源设备生产和使用国。在风能、太阳能等领域，中国的技术和产能都处于世界领先地位。中国还积极参与国际气候变化谈判，承诺减排温室气体，推动全球气候治理进程。[1]

（五）国际科技合作

中国始终坚持开放合作的科技政策，积极参与国际科技交流与合作，推动共同发展。

中国与世界各国在多个领域开展了广泛的科技合作。例如，在抗击新冠病毒的过程中，中国与全球多个科研机构共享病毒基因序列信息，推动了疫苗和药物的研发。此外，中国还参与了国际热核聚变实验堆（ITER）项目，与世界各国共同探索清洁能源的未来。

---

〔1〕 参阅姜冬梅等主编:《应对气候变化》,中国环境科学出版社,2007年。

在这一过程中，中国始终坚持和平发展的外交政策，不欺凌、不称霸。中国在科技领域的成就不仅推动了自身的发展，也为世界的和平与进步作出了积极贡献。未来,中国将继续坚持科技创新,加强国际合作，为构建人类命运共同体贡献中国智慧和中国方案。

第二节　屹立科技之巅的成就

一、60 年前第一颗原子弹爆炸

中国在核科技领域的第一次重大突破，是在 1964 年成功爆炸了名为"596"的原子弹。这一成就不仅是科技领域的一次飞跃，更体现了中国人民坚韧不拔的意志和战无不克的智慧和勇气，它标志着中国在国际舞台上的坚定立场和重要影响力。

当时的中国正处于从战争的废墟中重建国家的艰难时期。面对国内外的重重困难，中国人民展现出了顽强的意志和不屈的精神。在这种背景下，中国政府认识到发展原子弹对于国家安全的重要性，并在艰苦的条件下启动了原子弹研究项目。

这不仅是一场科技的竞赛，更是一场对民族自尊心和自信心的考验。中国的科研人员不畏艰难，勇往直前，克服了重重挑战，最终取得了历史性的成就，成功研制并爆炸了中国第一颗原子弹。这一声巨响，向世界宣告了中国人民自立自强的决心和能力。它向世界展示了一个崭新的中国，一个自信而坚强的中国。

中国在核科技领域的发展并未就此停止。时至今日，中国已成为世界上少数拥有完备核武器体系的国家之一。在坚持和平发展的同时，中国始终主张通过和平手段解决国际争端，共同营造和平稳定的国际环境。

回顾过去，我们应当更加珍视和平，积极推动国际社会的合作与发展。同时，我们也要铭记历史，合理利用和发展核科技，以保障国家的安全和尊严。在全体中国人民的共同努力下，我们坚信未来的中国将更加繁荣昌盛。

二、50 年前核潜艇下水

中国的核潜艇计划是中国海洋领域发展的重要里程碑。50 年前，中国第一艘核潜艇成功下水。这不仅是技术成就的体现，更是国家综合实力和科技水平的显著标志，展现了中国人民自主创新、勇攀科技高峰的决心与能力。

中国第一艘核潜艇是长征一号，舷号 401，属于 091 型核潜艇。该潜艇是中国自行研制建造的，由 719 设计研究所设计，渤海造船厂（原葫芦岛造船厂）建造。长征一号核潜艇于 1970 年 12 月 26 日下水，1974 年 8 月 1 日正式编入海军战斗序列，隶属中国海军北海舰队。这标志着中国成为继美国、苏联、英国、法国之后，世界上第五个拥有核潜艇的国家。

长征一号核潜艇的研制历程充满艰辛，从 1966 年开始设计，边设计边建造，历时 5 年。在研制过程中，中国科研人员克服了重重困难，包括缺乏核潜艇的详细资料和国际技术封锁。毛泽东主席曾指示："核潜艇，一万年也要搞出来！"这句话激励了一代又一代的科研工作者。在核潜艇的研制过程中，中国工程院院士黄旭华和彭士禄作为第一代核潜艇总设计师和总工程师，被并称为"中国核潜艇之父"，为中国核潜艇的成功研制作出了巨大贡献。

中国核潜艇计划的成功实施，对国家安全、国防现代化和科技创新产生了深远的影响。核潜艇的部署显著提升了国防实力，增强了国家的战略威慑能力。同时，核潜艇技术的研发和应用，推动了核能技术的发展，为国家能源安全和可持续发展提供了有力支撑。此外，核潜艇的建造也推动了中国船舶工业和相关高科技产业的进步，提升了国家在全球海洋科技领域的竞争力。[1]

中国核潜艇的发展，对国际战略平衡和全球安全格局产生了重要影响。它不仅展示了中国作为负责任大国的形象，也促使国际社会重新评估和认识中国在全球舞台上的角色和贡献。同时，中国一贯秉持和平发展道路，强调通过对话和合作解决国际争端，为维护世界和平与稳定作出了积极贡献。

面对未来，中国将继续坚持和平利用核能的原则，致力于核潜艇技术的进一步发展和创新。我们坚信，中国核潜艇将在维护

---

〔1〕 参阅〔美〕安德鲁·S.埃里克森、莱尔·J.戈尔茨坦、威廉·S.默里等主编：《中国未来核潜艇力量》，刘宏伟译，海洋出版社，2015年。

国家安全、推动科技创新和促进国际合作等方面发挥更大作用，为世界的和平与发展贡献中国智慧和中国力量。同时，我们也将继续致力于与国际社会一道，共同构建一个和平、稳定、繁荣的世界。

三、50 年前杂交水稻试种成功

中国，一个拥有庞大人口基数的国家，其粮食安全问题一直是一座难以逾越的高山。20 世纪 70 年代初，正值中国农业发展关键时期，土地资源的有限性以及自然灾害频发等问题给农业生产带来了严峻挑战。在这个关键时刻，中国农业科学院水稻研究所的袁隆平院士以及他的团队成员，毅然决定投入杂交水稻研究的探索中，并在 1974 年春天培育出了中国第一个杂交水稻品种"南优 2 号"，亩产达到 628 公斤。这一品种的培育成功标志着中国在杂交水稻研究领域取得了重大突破，而且为后续杂交水稻的研究和发展奠定了坚实的基础。

中国杂交水稻试种成功不仅在科学上具有重要意义，也对中国社会产生了深远影响。首先，它解决了中国面临的粮食安全问题。随着杂交水稻的推广应用，中国水稻产量大幅提升，为国家粮食安全奠定了坚实基础。其次，杂交水稻的成功也带动了农民收入的增加和生活条件的改善。高产的水稻增加了农民的收入来源，使农村地区的经济得到了进一步发展。此外，杂交水稻技术的成功也推动了中国农业现代化进程，促进了农业科技的发展和应用，为中国农业的可持续发展提供了重要支撑。

展望未来，中国杂交水稻的发展仍然充满着巨大潜力。深入研究杂交水稻的遗传机制和生物学特性，结合现代科技手段，如基因编辑技术等，可以为杂交水稻育种提供新的思路和方法，进一步提高其育种效率和品质。同时，推广优质、高产、抗逆性强的新品种，以满足不同地区和不同气候条件下的种植需求，也是未来的重要任务。

中国杂交水稻试种成功是中国现代农业发展史上的重要里程碑。它不仅在科学上具有重大意义，也对中国社会产生了深远影响。通过对这一历史事件的回顾和展望，我们可以更加深刻地认识到杂交水稻技术在中国农业发展中的重要性和潜力，为今后的农业发展提供有益借鉴和启示。

四、40 年前的电脑汉字应用

在 20 世纪 80 年代之前，电脑在中国还是一个相对陌生的概念。那时的电脑，大多数是进口的，价格昂贵，且主要服务于科研和军事领域。电脑的操作系统和软件几乎都是基于英文的，这对于汉字的处理提出了巨大的挑战。汉字的复杂性在于其数量庞大、结构多样，这与英文等字母文字有着本质的区别。因此，如何让电脑理解和处理汉字，成为当时中国计算机科学家和工程师们面临的一大难题。

面对这一挑战，中国的科研人员和工程师们开始了艰难的探索。他们首先需要解决的是汉字的编码问题。1980年，中国发布了《信息交换用汉字编码字符集》（GB/T 2312—1980），这是中国第一个汉字编码标准，它规定了6763个最常用的汉字和682个非汉字图形字符的编码。这一标准的制定，为汉字在电脑上的应用奠定了基础。

随后，各种汉字输入法相继问世。最早的输入法如五笔字型输入法，通过将汉字拆分为基本的笔画和部首，再通过键盘上的英文字母进行编码，极大地提高了汉字输入的效率。这些输入法的出现，使得普通人也能方便地使用电脑进行汉字输入，极大地推动了电脑在中国的普及。

除了输入法，汉字字库的建立也是电脑汉字应用发展中的重要一环。字库是存储汉字字形的电子文件，它包含了每个汉字的精确描述，使得电脑能够准确地显示和打印汉字。在80年代，中国开始建立国家级的汉字字库，如GB字库，这些字库的建立，不仅为汉字的电子出版提供了可能，也为后续的汉字处理技术打下了坚实的基础。

随着汉字编码、输入法和字库技术的成熟，汉字信息处理技术开始在各个领域得到广泛应用。在办公自动化方面，汉字文字处理软件如WPS Office的出现，使得文档的编辑、排版变得更加便捷。在教育领域，电脑辅助教学软件的开发，让汉字教学更加生动有趣。在印刷出版行业，电脑排版技术的应用，大大提高了出版效率和质量。

40 年后的今天，电脑汉字应用已经取得了长足的进步。汉字输入法更加智能化，语音输入、手写输入等多种方式并行发展。汉字字库的精度和种类也在不断丰富，满足了各种设计和印刷的需求。同时，随着互联网和移动设备的普及，汉字信息处理技术已经渗透到人们的日常生活中，无论是在社交通信、在线教育还是在电子商务中，都扮演着不可或缺的角色。

回顾 40 年前中国电脑汉字应用的发展历程，我们可以看到，这是一段充满挑战与创新的历程。正是因为有了那些不懈努力的科研人员和工程师，我们今天才能享受到如此便捷的汉字信息处理技术。在未来，随着人工智能、大数据等新技术的发展，我们有理由相信，汉字信息处理技术将会迎来更加辉煌的明天。

五、30 年前的中国空间站

30 年前的中国空间站，是一个充满梦想与挑战的起点，是中华民族探索宇宙、实现航天梦想的重要里程碑。在那个激动人心的年代，中国空间站的建设不仅是科技进步的象征，更是国家意志和民族精神的体现。

回望 1994 年，中国正式提出建设空间站的宏伟蓝图。那时的中国，正处于改革开放的浪潮中，经济实力和科技水平都在迅速提升。国家领导人高瞻远瞩，认识到空间科技对于国家未来发展的重要性，决定投入巨资，启动空间站建设项目。

在接下来的几年里，中国航天科技取得了一系列重要突破。1999 年，中国成功发射了第一艘无人航天飞船神舟一号。此后，中国航天事业进入了一个快速发展期，连续成功发射多艘神舟飞船，并在 2003 年实现了首次载人航天飞行。

2008 年，中国空间站的建设工作正式启动。经过多年的技术积累和准备，中国航天人克服了重重困难，攻克了一系列关键技术。2011 年，天宫一号目标飞行器成功发射，这是中国空间站建设的第一步。随后，天宫二号和天宫三号相继发射，中国空间站的雏形逐渐显现。

在空间站建设的过程中，中国始终坚持开放合作的态度。中国与多个国家和国际组织进行了广泛的交流与合作，共同推动了空间科学研究和应用的发展。通过国际合作，中国空间站不仅成为中国航天事业的骄傲，也成为全人类探索宇宙的重要平台。

2016 年，中国空间站正式投入运行。在接下来的几年里，空间站上开展了一系列科学实验和技术测试，取得了丰硕的成果。中国航天员在空间站上进行了多次太空行走，完成了多项复杂操作和维修任务。空间站上的科学实验涵盖了物理、生物、天文等多个领域，为人类认识宇宙提供了宝贵的数据和经验。

30 年前的中国空间站，是中华民族自强不息、勇于探索的象征。它不仅展示了中国在航天领域的强大实力，更是激励了一代又一代中国人为实现中华民族伟大复兴的中国梦而努力奋斗。中国空间站的建设，是中华民族探索未知、追求卓越的生动写照，是全体中华儿女共同书写的辉煌篇章。

站在 30 年后的今天，我们回望过去，更应该展望未来。中国空间站的建设和运行，为中国乃至全人类的航天事业奠定了坚实的基础。未来，我们有理由相信，在中国共产党的坚强领导下，中国航天事业将会取得更加辉煌的成就，为实现中华民族的伟大梦想贡献更多力量。

中国空间站的历史故事，是一段充满激情和智慧的历史。它见证了中国从一个航天领域的后来者，成长为世界航天大国的辉煌历程。在未来的探索中，我们将继续秉承科学精神，不断突破自我，为人类的航天事业和宇宙探索贡献中国智慧和中国力量。

六、21 年前神舟五号的太空飞行

神舟五号，这个名字在中国航天史上具有里程碑式的意义。2003 年 10 月 15 日 9 时，中国成功发射了第一艘载人航天飞船——神舟五号。航天员杨利伟在轨飞行 14 圈，历时 21 小时 23 分，这不仅是中国航天事业的一大步，更是中华民族探索宇宙、实现航天梦想的重要里程碑。

两年后的 2005 年 10 月 12 日上午 9 点，酒泉卫星发射中心，又一声巨响划破了寂静的夜空，中国发射了第二艘载人航天飞船——神舟六号。两名航天员——费俊龙和聂海胜冲破大气层，开始了他们的历史性太空之旅。这一刻，全中国乃至全世界的目光都聚焦在了这个激动人心的瞬间。

神舟五号和神舟六号载人航天飞船的成功发射和返回，标志着中国成为继美国和苏联之后，世界上第三个独立将人类送入太空的国家。这一成就，不仅是中国航天技术的一次巨大飞跃，更是中国综合国力和科技实力的一次集中展现。

在太空中，中国航天员进行了多项科学实验，包括生物实验、材料实验和天文观测等。他们还通过飞船上的摄像头，向地球上的人们展示了太空的壮丽景象。这些珍贵的数据和影像资料，不仅丰富了人类的科学知识，也为后续的航天任务提供了宝贵的经验和参考。

神舟五号和神舟六号载人航天飞船的成功发射，离不开背后无数科研人员的辛勤努力和无私奉献。从设计、制造到发射、控制，每一个环节都凝聚着中国航天人的智慧和汗水。他们克服了重重困难，攻克了一个又一个技术难题，最终实现了中华民族的航天梦想。

七、当今华为的 5G 技术

在广袤的东方大地上，有这样一家企业，它以通信技术为羽翼，翱翔在科技的天空。它的名字叫华为。

华为，这个诞生于 1987 年的中国企业，从深圳的一个小角落，一步步成长为全球通信领域的领头羊。它的故事，是关于创新、勇气和远见的故事。华为不仅仅是一个品牌，它代表了一种精神，一种不断追求卓越的精神。

华为的发展历程，是一部波澜壮阔的史诗。从最初的通信设备供应商，到如今全球领先的信息与通信技术（ICT）解决方案提供商，华为的足迹遍布全球 170 多个国家和地区。它的产品与服务，如同一张无形的网，连接着世界的每一个角落。

华为的企业文化，是"以客户为中心，以奋斗者为本"。它倡导开放、合作、共赢，这种文化孕育了华为的创新精神。每年，华为都会投入巨额资金用于研发，以保持技术领先。在全球，华为设有多个研发中心，会聚了来自不同国家和地区的顶尖人才，他们共同推动着通信技术的发展和创新。

现在，让我们把目光投向华为的 5G 技术。这不仅仅是一项技术，还是一场革命，一场将深刻改变我们生活的革命。

华为的 5G 技术，以其高速率、低延迟、大连接等优势，正在引领全球通信行业进入一个新的纪元。它提供的下载速度高达数十 Gbps，这让用户能够无缝体验高清视频、虚拟现实（VR）和增强现实（AR）等带宽密集型应用。同时，5G网络的延迟降低到了毫秒级，这对于需要实时交互的应用场景，如自动驾驶、远程医疗和在线游戏等，具有至关重要的意义。

华为5G技术的应用场景极为广泛。在智能制造领域，它能够实现工厂内设备的实时监控和远程控制，极大提升生产效率和安全性。在智慧医疗领域，医生可以通过网络进行远程诊断和手术，使得优质医疗资源得以更广泛地分布。远程教育也将因5G技术而得到提升，高清视频传输成为可能，教师可以通过网络进行实时教学，学生无论身在何处都能获得优质的教育资源。

华为5G技术对未来社会的影响是深远的。它将推动新一轮的科技创新和产业升级，为经济发展注入新的活力。5G技术将促进智慧城市、智慧交通等领域的发展，提高城市管理水平和居民生活质量。通过5G技术实现的智能监控和远程控制，可以有效减少能源消耗和环境污染。

作为中国科技实力的代表，华为5G技术的发展不仅体现了中国在全球科技竞争中的积极作为，也为全球经济发展、社会进步和人类福祉作出了重要贡献。在未来，华为将继续坚持创新驱动，为构建一个更加美好的全连接世界而努力。随着5G技术的不断成熟和应用场景的拓展，我们有理由相信，华为5G技术将继续在全球范围内发挥重要作用，推动人类社会向着更加智能、高效和可持续的方向发展。

八、飞向月球背面

（一）飞向月球背面

月球背面的南极—艾特肯盆地，距离地球 38 万公里。这是一块神秘而陌生的土地，人类从未踏足的世界，充满了无限的可能和挑战。嫦娥六号的任务不仅仅是简单的月球探测，更重要的是在月球背面采集样本，这是人类历史上首次尝试在月球背面采样，对于科学研究和探索月球的演化具有重要意义。

探测器在太空中飞行的每一秒，控制中心的科学家们都紧盯着屏幕，监测着它的状态，密切关注每一个数据和参数，确保探测器按照预定轨迹飞行。每当探测器传回一组新的数据，控制室便会爆发出一阵欢呼声。这些数据不仅是探测器状态的反馈，更是团队努力的成果和希望的象征。

探测器逐渐降低高度，缓缓接近月球表面。月球上陨石坑遍布，岩石裸露。但嫦娥六号的降落过程平稳而精准，表示着陆成功！这不仅是中国航天科技的一次巨大飞跃，更是全球科学界的一次重要突破。嫦娥六号的成功着陆，为人类进一步了解月球背面提供了宝贵的机会，也为未来的深空探测任务奠定了坚实的基础。

特别值得骄傲的是，嫦娥六号着陆器携带的五星红旗在月球背面成功展开。这是一面中国首次在月球背面独立动态展示由新型复合材料和特殊工艺制作而成的国旗，鲜艳而庄严。

（二）月球背面的秘密

着陆后的嫦娥六号探测器迅速展开各项科学探测任务。搭载的各类仪器开始工作，将月球表面的地质和环境数据传输到科研基地。

北京时间 2024 年 6 月 2 日 10 时 21 分，随着指令发出，月背采样工作正式开始。探测器上的钻取装置缓缓伸出，钻杆缓缓插入月表，钻头旋转，月壤被逐层取出。每一层月壤都记录着月球表面复杂的地质活动和物理过程，这些样品对于科学家们研究月球背面的演化过程具有非凡的意义。

为了保证样品的纯净性，探测器配备了先进的排粉装置。在钻取过程中，月壤中的粉尘会对样品造成污染，影响后续的科学分析。研发团队设计了一套高效的排粉系统，能够在钻取过程中有效排出粉尘，确保样品的纯净性。取芯软袋和封装装置的自动化设计，也让样品在采集、存储和运输过程中保持完整和安全。

（三）首抔月壤的存储与返回

采样工作的顺利完成，让嫦娥六号探测器开始了下一阶段的任务——样品的存储和返回。探测器配备的样品封装装置将采集到的月壤进行封装，确保样品在返回地球的过程中不受外界环境的影响。每一个步骤都严格按照计划进行，确保样品的安全和完整。

2024 年 6 月 25 日，嫦娥六号携带着珍贵的月壤样品，回到地球。随着嫦娥六号的成功，中国航天科技将继续向更远的深空迈进。

未来，更多的探月任务将逐步展开，为我们揭示月球和宇宙的更多奥秘。在这条探索之路上，中国航天科技将继续勇往直前，不断突破，为人类探索宇宙的梦想添砖加瓦。

第三节　被科技文明改变的社会

一、百姓的民生福祉

改革开放以来，中国的科技水平不断提升，不仅推动了经济的快速增长，而且在很大程度上也改善了人民群众的生活质量，增强了人民的幸福感和获得感。主要体现在以下几方面。

（一）农业科技的进步与粮食安全

新中国成立以来，农业科技的发展一直是国家战略的重要组成部分。农业科技的进步不仅提高了农业生产效率，保障了国家粮食安全，还极大地改善了农民的生活条件，促进农村经济的发展。

农业机械化是提高农业生产效率的关键因素。过去，农业生产主要依靠人力和畜力，劳动强度大且效率低下。随着农业机械化的推进，拖拉机、收割机、播种机等农业机械逐渐普及农业生产中，极大地减轻了农民的劳动强度，提高了作物的种植和收获速度。农业机械化的广泛应用，使得农业生产规模化、集约化成为可能，从而提高了农业生产的整体效率和产量。

生物技术的应用是农业科技进步的另一个重要方面。通过基因工程、分子育种等手段，科研人员培育出了多种抗病、抗虫、抗旱、高产的农作物新品种。这些新品种不仅提高了作物的产量，还减少了农药和化肥的使用，降低了农业生产的环境成本。例如，转基因技术的应用在抗虫棉花、抗虫玉米等作物的种植上取得了显著成效，保障了农作物的稳定产量，提高了农民的收入。

信息技术在农业领域的应用，为农业生产管理和决策提供了科学依据。通过农业物联网、遥感技术、智能农业系统等，农业生产者可以实时监测作物生长状况、土壤湿度、气候变化等信息，实现精准农业管理。此外，农业信息化还体现在农产品的流通和销售上，通过电子商务平台，农民能够将农产品直接销售给消费者，拓宽了销售渠道，提高了农产品的附加值。

农业科技服务的普及，使得科技成果能够快速转化为生产力。科技特派员制度的实施，将农业科技人才直接送到田间地头，为农民提供现场技术指导和服务。此外，农业技术推广机构和农业科研机构的建立，加速了农业科技成果的推广和应用，提高了农民的科技水平和农业生产的整体效益。

国家在政策层面对农业科技的重视和支持，为农业科技进步提供了有力保障。从农业科技研发投入的增加，到农业科技创新项目的扶持，再到农业科技人才的培养和引进，国家政策的引导和激励，为农业科技的发展创造了良好的环境。

农业科技的进步在保障国家粮食安全、提高农业生产效率、改善农民生活条件等方面发挥了重要作用。随着科技的不断发展和创新，未来农业科技将在实现农业可持续发展、促进农村振兴等方面发挥更大的作用。

（二）教育科技的应用与知识普及

教育是国家发展的基石，科技的进步为教育领域带来了革命性的变化。在新中国成立后，教育科技的应用不仅提高了教育质量，还促进了知识的普及和传播，为提升全民素质和推动社会进步发挥了重要作用。

随着互联网技术的飞速发展，远程教育成为可能。网络平台、在线课程和虚拟课堂等远程教育形式，打破了地理限制，使得无论身处何地的人们都能够共享优质的教育资源。

数字化教学资源的开发和应用，极大地丰富了教学内容和形式。电子课本、多媒体课件、互动教学软件等，使得教学更加生动有趣，提高了学生的学习兴趣和效率。此外，数字化教学资源还便于更新和共享，教师可以及时获取最新的教学资料，学生也能够随时随地进行学习。

科普教育的推广，增强了公众的科学素养和创新意识。全国科普日、科技活动周等活动的举办，吸引了大量公众参与，通过各种形式的科普活动，如科学讲座、科技展览、科学实验等，普及科学知识，激发了公众特别是青少年对科学的兴趣和好奇心。此外，太空科普课等创新形式的科普教育，通过网络直播等方式，让科学知识传播得更广、更远。

教育信息化的推进，提高了教育管理的效率和水平。学校管理信息系统、学生信息管理系统等的应用，实现了教育管理的数字化和智能化。教师可以通过网络平台进行教学设计、作业批改和学生评价，学生可以通过在线学习平台进行自主学习和交流，家长可以通过家校互动平台了解孩子在校的学习情况，这些都极大地提高了教育的互动性和个性化。

教育科技的应用，有助于促进教育公平。通过网络平台，优质的教育资源可以覆盖到偏远地区和农村学校，缩小了城乡、区域之间的教育差距。同时，国家实施的一系列教育扶贫政策，如免费教育、助学金等，结合教育科技的应用，有效地提高了贫困地区的教育水平，促进了教育机会的均等化。

终身学习体系的构建，是现代社会教育发展的重要趋势。在线开放课程（MOOC）、微课程、翻转课堂等新型学习方式的出现，为人们提供了灵活多样的学习途径。无论是在校学生还是职场人士，都可以根据自己的需要和兴趣，选择合适的课程进行学习，提升自己的知识和技能。

教育科技的应用与知识普及在新中国成立后取得了显著成就，为提升全民素质、促进社会进步发挥了重要作用。随着科技的不断发展，未来教育科技将在个性化教育、智能化教学、全球化学习等方面展现出更大的潜力和价值。

（三）交通科技的进步与出行便利

新中国成立以来，交通科技的迅猛发展极大地改善了人民群众的出行条件，提高了出行效率，促进了经济的快速发展和社会的全面进步。

中国高速铁路的发展是世界瞩目的成就。从无到有，中国高铁已经成为世界上运营里程最长、技术最先进的高速铁路网络。高速铁路的建设和发展，极大地缩短了城市间的旅行时间，提高了出行效率，促进了区域经济的均衡发展。高铁的便捷性和舒适性，使得越来越多的人选择高铁作为出行的首选方式，同时也带动了旅游业的繁荣。

智能交通系统是将先进的信息技术、数据通信传输技术、电子传感技术、控制技术以及计算机技术等综合应用于整个地面交通管理系统中。智能交通系统的应用，如智能信号灯、电子监控、交通信息服务平台等，有效缓解了城市交通拥堵现象，提高了道路通行效率，减少了交通事故，提升了出行安全。

新能源汽车的研发和普及，是交通科技发展的另一重要方向。随着环保意识的增强和技术的进步，电动汽车、混合动力汽车等新能源汽车逐渐进入市场，成为人们出行的新选择。新能源汽车的推广，不仅减少了对传统能源的依赖，降低了环境污染，还推动了汽车产业的转型升级。

城市公共交通的优化，是提升城市居民出行便利性的重要措施。地铁、公交、出租车等公共交通工具的增加和线路的优化，为市民提供了更加便捷、高效的出行服务。同时，公共交通工具的智能化改造，如实时到站信息显示、移动支付乘车等，优化了乘客的出行体验。

交通基础设施的完善，是支撑交通科技发展的基础。高速公路、城市快速路、大型机场和港口的建设，提高了交通运输能力。特别是西部大开发和共建"一带一路"机制的实施，加强了中西部地区和沿线国家的交通基础设施建设，促进了区域经济的互联互通。

出行信息服务的创新，为人们提供了更加便捷的出行指南。导航软件、实时路况信息、在线订票平台等，使得出行计划更加灵活和高效。人们可以根据自己的需求，选择合适的出行方式和路线，避免拥堵，节省时间。

交通科技的进步与出行便利在新中国成立后取得了显著成就，为提升人民群众的生活质量和促进经济社会发展发挥了重要作用。随着科技的不断发展，未来交通科技将在智能化、绿色化、网络化等方面展现出更大的潜力和价值。

（四）信息技术的发展与生活智能化[1]

信息技术的飞速发展是新中国成立以来最为显著的成就之一，它不仅推动了经济的快速增长，还在很大程度上改变了人们的生活

---

[1] 参阅《〈人民日报〉整版讨论"创造更好的数字化生活"》，人民网，http://finance.people.com.cn/n1/2019/0621/c1004-31171768.html。

方式，促进了生活智能化的发展。信息技术发展及其对生活智能化的影响具体表现在以下几方面：

互联网的普及是信息技术发展的重要里程碑。随着宽带网络和移动通信技术的不断进步，越来越多的家庭和个人接入了互联网。互联网的应用极大地丰富了人们获取信息、沟通交流和娱乐休闲的方式。在线购物、社交媒体、网络视频、电子支付等互联网服务已经成为人们日常生活的一部分，极大地提高了生活的便利性和效率。

移动支付的出现彻底改变了传统的支付方式，使得交易更加便捷、安全。通过手机等移动设备，人们可以随时随地完成支付、转账、理财等金融操作。移动支付的普及也推动了金融服务的创新，如网络银行、P2P 借贷、众筹等新型金融服务模式的出现，为个人和企业提供了更多的金融选择和便利。

智能家居技术的发展，使得家庭生活更加智能化和舒适。智能家电、智能照明、智能安防等智能家居系统的应用，不仅提高了家庭生活的安全性和便捷性，还通过节能技术减少了能源消耗。例如，智能温控系统可以根据室内外温度自动调节空调和暖气，智能照明系统可以根据环境光线自动开关灯光，提高了居住环境的舒适度和节能环保性。

物联网技术的发展，使得城市管理更加智能化和高效。通过传感器、RFID 标签等技术，城市管理者可以实时监控城市的交通流量、环境质量、公共安全等信息，及时响应和处理各种城市问题。例如，智能交通系统可以根据实时交通数据调整交通信号灯，缓解交通拥堵；智能电网可以根据电力需求和供应情况优化电力分配，提高能源利用效率。

人工智能技术的发展，为日常生活带来了更多智能化的服务和产品。智能语音助手、智能翻译、智能推荐系统等人工智能应用，使得信息查询、语言交流、购物决策等变得更加便捷和个性化。此外，人工智能在医疗、教育、金融等领域的应用，也极大地提高了服务的质量和效率。

大数据技术的应用，使得企业能够更好地理解消费者需求，提供更加个性化的服务。通过分析用户的消费行为、搜索历史、社交网络等数据，企业可以精准推送相关的产品信息和服务，提高用户满意度。同时，大数据技术也在帮助政府和公共机构优化服务，如通过分析居民健康数据提供定制化的健康管理服务。

信息技术的发展极大地推动了生活智能化的进程，为人们提供了更加便捷、舒适和个性化的生活方式。随着技术的不断进步和创新，未来信息技术将在更多领域展现其潜力，为人们的生活带来更多惊喜和便利。

（五）环境保护科技的应用与生态文明建设

环境保护科技的应用是新中国成立以来，特别是进入 21 世纪后，国家高度重视的一个领域。随着经济的快速发展和人民生活水平的提高，环境保护和生态文明建设成为实现可持续发展的重要任务。

污染治理技术的进步是环境保护科技的重要组成部分。通过采用先进的废气处理、废水处理和固废处理技术，有效地减少了工业生产和日常生活中产生的污染物排放。例如，钢铁行业的多污染物超低排放技术，显著降低了大气污染物的排放量，改善了空气质量。水处理技术的应用，如生物处理、膜分离技术等，提高了污水处理的效率和水质，保障了水资源的安全。

清洁能源的开发利用是减少环境污染、实现绿色发展的关键。太阳能、风能、水能等可再生能源的大规模开发和应用，减少了对化石燃料的依赖，降低了温室气体排放。中国在清洁能源领域取得了显著成就，已成为世界上最大的清洁能源投资国和生产国之一。电动汽车和混合动力汽车的推广，也促进了交通运输领域的能源结构转型。

生态修复技术的应用，对于改善生态环境、恢复生态系统功能具有重要意义。通过植被恢复、水土保持、湿地保护和恢复等技术，有效地修复了受损的生态系统，提高了生物多样性。例如，退耕还林、退牧还草等生态工程的实施，不仅改善了生态环境，还提高了农民的生活水平。

生态监测和评估体系的建立，为环境保护和生态文明建设提供了科学依据。通过卫星遥感、地理信息系统（GIS）、全球定位系统（GPS）等技术手段，实现了对生态环境的实时监测和动态评估。这些技术的应用，使得环境保护部门能够及时掌握环境变化情况，制定科学合理的环境保护政策和措施。

环境法规和标准的完善，为环境保护科技的应用提供了法制保障。随着环境保护法律法规体系的建立和完善，环境保护标准不断提高，对污染排放的监管力度不断加强。这些法规和标准的实施，促进了企业采用更加环保的生产技术和设备，推动了绿色生产方式的发展。

公众参与和环境教育的推广，提升了全社会的环保意识和生态文明观念。通过举办世界环境日、地球一小时等活动，普及环保知识，倡导绿色生活方式，鼓励公众参与环境保护行动。同时，学校和社区也积极开展环境教育，培养青少年的环保意识和行动能力。

环境保护科技的应用与生态文明建设在新中国成立后取得了显著成就，为改善生态环境、实现可持续发展发挥了重要作用。随着科技的不断发展和创新，未来环境保护科技将在污染治理、生态修复、环境监测等方面展现出更大的潜力和价值。

（六）科技创新与就业创业

科技创新作为推动社会进步和经济发展的关键动力，对就业创业领域产生了深远的影响。新中国成立以来，特别是改革开放以来，科技创新与就业创业之间的关系日益紧密，相互促进。

　　科技创新催生了一系列新兴产业，如互联网经济、生物技术、新能源、新材料等。这些新兴产业不仅为经济增长提供了新的动力，也为就业市场带来了大量的新机会。新兴产业的发展需要大量的研发人员、技术工程师、市场营销人员等专业人才，从而为高校毕业生和转行人员提供了广阔的就业平台。

　　科技创新不仅仅局限于新兴产业，它同样推动了传统产业的转型升级。通过引入新技术、新工艺、新设备，传统产业能够提高生产效率，降低成本，增强市场竞争力。产业升级过程中，对于具备新技能的工人和管理人员的需求增加，促进了就业市场的结构调整和人才素质的提升。

　　科技创新为创业者提供了丰富的机会和广阔的舞台。新技术的出现降低了创业的门槛，使得更多的个人和小企业能够参与市场竞争。例如，互联网技术的发展使得电子商务、在线服务等创业项目变得更加可行和便捷。同时，政府和社会各界对创新创业的支持，如提供创业资金、创业培训、税收优惠等政策，进一步激发了人们的创业热情。

　　科技创新不仅增加了就业机会，还提升了就业质量。通过科技创新，企业能够开发出更高附加值的产品和服务，从而提供更高质量的工作岗位。这些岗位往往要求员工具备更高的技能和创新能力，因此也促进了员工的职业发展和终身学习。

　　科技创新对人才培养提出了新的要求，推动了教育体系的改革。高等教育和职业教育机构根据市场需求调整教育方向，加强与企业的合作，培养更多适应科技创新需要的人才。同时，终身教育和在线教育的发展，为在职人员提供了学习新技能、提升自我的途径，增强了个人的就业竞争力。

科技创新在推动区域经济发展方面发挥了重要作用。通过科技创新，一些经济欠发达地区能够发展特色产业，吸引投资，创造就业机会，促进了区域经济的均衡发展。例如，一些地方政府通过建立高新技术产业园区、科技企业孵化器等平台，吸引了大量科技企业和人才，推动了当地经济的转型升级和就业增长。

科技创新与就业创业之间存在着密切的联系。科技创新不仅为就业市场带来了新的机会，提升了就业质量，还促进了人才培养和教育改革，推动了区域经济的均衡发展。未来，随着科技的不断进步和创新，科技创新将继续为就业创业领域带来更多的机遇和挑战。

（七）科技扶贫与乡村振兴

科技扶贫是中国政府为了减少贫困、改善农村地区生活条件、推动乡村振兴而采取的重要措施。通过科技手段，可以有效地提高农业生产效率，增加农民收入，改善农村基础设施，促进农村经济社会全面发展。

农业科技的推广与应用是科技扶贫的重要途径。通过引进和培育高产、优质、抗病的农作物品种，提高了农业生产的效率和产量。同时，农业机械化、智能化技术的应用，减轻了农民的劳动强度，降低了生产成本。此外，农业信息化技术的应用，如农业物联网、智能农业管理系统等，提高了农业生产的精准性和可持续性。

科技特派员制度是将科技人才和科技成果引入农村的重要机制。科技特派员深入农村，将先进的农业技术和管理经验传授给农民，帮助他们解决生产中的实际问题，提高农业生产的科技含量。这一制度有效地促进了科技成果的转化和应用，提升了农民的科技意识和创新能力。

农村电商平台的建设为农产品销售提供了新的渠道。通过电子商务平台，农民可以将农产品直接销售给消费者，拓宽了销售市场，提高了农产品的附加值。同时，电商平台还为农民提供了购买生产资料和生活用品的便利，降低了交易成本，提高了农村居民的生活水平。

农村教育与培训的加强是提升农民科技素质的重要手段。通过在农村地区建立教育点、开展职业技能培训、提供远程教育资源等方式，提高了农民的文化水平和专业技能。这些教育和培训活动不仅帮助农民掌握现代农业技术，还激发了他们的创业热情和创新精神。

农村基础设施的改善是乡村振兴的重要保障。科技在改善农村基础设施方面发挥了重要作用，如农村电网改造、农村道路硬化、农村饮水安全工程等。这些基础设施的改善，提高了农村居民的生活质量，为农村经济的发展创造了良好的条件。

生态农业与绿色发展是乡村振兴的重要方向。通过推广节水灌溉、有机农业、循环农业等生态农业技术，保护了农村生态环境，提高了农业生产的可持续性。同时，绿色发展理念的普及，促进了农村产业结构的调整，发展了一批绿色、有机、地理标志农产品，增加了农民收入。

乡村旅游与文化传承是乡村振兴的重要内容。科技在乡村旅游规划、市场营销、文化保护等方面发挥了积极作用。通过科技手段，可以更好地挖掘和保护农村的历史文化资源，发展乡村旅游，带动当地经济发展，增加农民收入。

科技扶贫与乡村振兴在新中国成立后取得了显著成就，为农村地区的发展提供了强大的动力和支持。随着科技的不断进步和创新，未来科技将在农业现代化、农村基础设施建设、农民生活水平提升等方面发挥更大的作用，为实现乡村振兴战略目标作出新的更大贡献。

（八）科技与社会治理

科技在社会治理领域的应用已经成为推动治理体系和治理能力现代化的重要力量。新中国成立以来，特别是进入信息时代后，科技与社会治理的结合日益紧密，科技手段被广泛应用于提高政府服务效率、提升社会管理水平、保障公共安全等方面。

智慧城市是运用信息和通信技术来提高城市服务的质量和效率、提高居民生活质量的一种城市发展模式。通过安装传感器、摄像头等设备收集城市运行数据，结合大数据分析和云计算技术，智慧城市能够实时监控和管理城市交通、环境、能源等多方面的运行状况，有效缓解交通拥堵、提升应急响应速度、降低能源消耗。

电子政务是政府利用信息技术提供公共服务的过程。通过建立政府网站、开发移动应用程序、实施在线服务平台等，电子政务使得政府服务更加透明、便捷、高效。居民可以通过电子政务平台轻松办理各种业务，如税务申报、社会保障查询、行政审批等，大大减少了办事时间和成本。

科技在公共安全领域的应用提高了社会治理的安全性和有效性。例如，视频监控系统、人脸识别技术、大数据分析等手段在预防和打击犯罪、维护社会稳定中发挥了重要作用。同时，灾害预警系统、应急通信网络等技术的应用，提高了自然灾害和突发事件的应对能力，有效保护了人民生命财产安全。

社会信用体系是衡量个人和企业信用状况的系统。通过收集和分析个人和企业的经济行为数据，社会信用体系能够评估信用风险，促进诚信社会建设。科技手段，如区块链技术，被用于确保信用信息的真实性和不可篡改性，提高了社会信用体系的透明度和公信力。

科技在社区治理中的应用提高了基层治理的精细化水平。通过建立社区信息服务平台、实施智能安防系统、开展居民满意度调查等，社区治理能够更好地满足居民的需求，解决居民的问题。同时，科技手段也促进了居民参与社区治理，提高了社区治理的民主性和互动性。

法治科技是运用现代科技手段促进法治建设的过程。通过建立智慧法院、推行在线法律服务、实施电子证据管理等，法治科技提高了司法公正性和效率。科技手段的应用使得法律服务更加便捷、司法程序更加透明，保障了公民的合法权益。

科技在环境保护和监管中的应用提升了环境治理的效果。通过遥感监测、环境质量实时发布系统、污染源在线监控等技术，环境保护部门能够及时掌握环境状况，有效监管污染排放。科技手段还支持了绿色发展和循环经济的实施，促进了可持续发展。

科技在社会治理领域的应用极大地提高了政府的治理能力和服务水平，增强了公共安全，促进了社会信用体系建设，创新了社区治理模式，加强了法治建设，提升了环境保护和监管效果。随着科技的不断发展和创新，未来科技将在社会治理中发挥更加重要的作用，为建设更加和谐、稳定、繁荣的社会提供有力支撑。

（九）科技与文化娱乐

科技的进步不仅推动了经济和社会的发展，还深刻地影响了文化娱乐领域。新中国成立以来，特别是进入数字化时代后，科技与文化娱乐的结合日益紧密，为人们提供了更加丰富多彩的精神文化生活。

数字媒体的发展彻底改变了人们获取和享受文化娱乐内容的方式。网络视频、数字音乐、电子书籍、在线游戏等数字媒体形式的出现，使得文化娱乐产品更加多样化、便捷化。人们可以通过智能手机、平板电脑、电子阅读器等设备随时随地享受自己喜欢的文化娱乐内容。

虚拟现实（VR）和增强现实（AR）技术为文化娱乐带来了全新的体验。VR技术通过创造一个沉浸式的虚拟环境，让用户仿佛置身于另一个世界，广泛应用于游戏、电影、旅游等领域。AR技术则通过在现实世界中叠加虚拟信息，增强了用户的互动体验，如AR导航、AR艺术展览等。

社交媒体的兴起极大地促进了文化交流和分享。人们可以通过微博、微信、抖音等社交媒体平台分享自己的生活点滴、兴趣爱好和创意作品，与他人进行互动交流。社交媒体还为文化娱乐产业提供了宣传推广的新渠道，使得优秀的文化作品能够迅速传播开来。

在线教育和科普平台的建立，使得文化知识和科学普及变得更加便捷。人们可以通过在线课程、讲座、专题网站等方式学习新知识、掌握新技能。这些平台不仅提供了丰富的教育资源，还通过互动讨论、在线测试等形式，提升了学习的效果和趣味性。

科技在电影和动画产业中的应用，推动了这些行业的技术革新和艺术表现力的提升。计算机生成图像（CGI）技术、3D 打印技术、动作捕捉技术等的应用，使得电影和动画的视觉效果更加震撼、真实。同时，科技也使得个性化和定制化的电影制作成为可能，满足了观众多样化的需求。

电子竞技（e-sports）是随着信息技术发展而兴起的一种新兴体育项目。电子竞技结合了游戏、竞技和娱乐元素，吸引了大量的年轻人参与和观看。电子竞技的兴起不仅推动了游戏产业的发展，还带动了相关产业链的兴起，如赛事组织、直播平台、游戏设备等。

科技在文化遗产保护领域的应用，使得珍贵的文化遗产得以数字化保存和传播。通过高清扫描、3D 建模、虚拟现实等技术，文化遗产的细节得以精确记录和再现，使得公众即使不能亲临现场，也能欣赏到文化遗产的美丽和价值。

科技在文化娱乐领域的应用极大地丰富了人们的精神文化生活，推动了文化产业的发展和创新。随着科技的不断进步和创新，未来科技将在提供更加丰富多彩的文化娱乐体验、促进文化交流和分享、保护和传承文化遗产等方面发挥更大的作用。

二、人民的健康长寿

新中国成立之初，人民的平均预期寿命为 35 岁。截止到 2023 年，中国人的平均寿命已经提高到了 77.3 岁，整整提高了 1 倍多。

这是一个伟大的成就，其中最关键的因素就是科学技术的发展，科技的不断进步为中国人提供了更多的健康保障和医疗手段，从而促进了长寿和健康水平的提升。

（一）增加卫生机构数量

1950 年的中国，一场关于生命和健康的革命悄然拉开了序幕。随着全国春季防疫运动和爱国卫生运动的相继开展，人们开始意识到卫生与健康的重要性，这不仅仅是个人的责任，更是整个社会共同的使命。

在那个时代，卫生机构如同雨后春笋般在全国各地涌现，它们成为守护人民健康的坚强堡垒。到了 1956 年，全国卫生机构的总数已经达到了惊人的 10.7 万多个，卫生防疫站 1464 个，妇幼保健所站 4564 个。这些机构的建立，不仅扩大了医疗服务的覆盖面，也极大地提升了医疗服务的质量。

在这些卫生机构的共同努力下，疾病得到了有效的控制，健康教育得到了普及，人民的卫生意识和健康水平有了显著的提升。这一切的努力，最终在 1957 年得到了一个令人振奋的回报——中国的人均预期寿命达到了 57 岁。这个数字在当时是一个巨大的飞跃，它不仅代表了人民健康状况的改善，更是国家卫生事业进步的有力证明。

这段历史，是中国人民在卫生与健康领域不懈奋斗的见证。它告诉我们，通过集体的努力和科学的管理，人类完全有能力战胜疾病，提高生活质量。这不仅是一个国家的进步，更是全人类文明发展的一个缩影。

（二）疫苗功不可没

20 世纪 50 年代，俗称小儿麻痹症的脊髓灰质炎，在中国流行。1955 年，疫情在江苏南通大规模暴发，随后向全国多处蔓延。病毒学家顾方舟临危受命，开始进行脊髓灰质炎研究。1960 年 12 月，首批 500 万人份疫苗生产成功，在全国 11 个城市推广。顾方舟还与同事研制出了"脊灰糖丸疫苗"。这种糖丸不仅好吃，而且能在常温下存放多日，更易于推广服用。1965 年，全国农村逐步推广疫苗，脊髓灰质炎发病率明显下降。

1978 年，卫生部开始实行计划免疫，脊髓灰质炎疫苗、卡介苗、百白破疫苗、麻疹疫苗 4 种疫苗列入计划，可以预防 6 种疾病。此后，又加入乙肝疫苗，可预防 7 种疾病。现在，14 种疫苗预防 15 种疾病，其中一类疫苗由国家免费接种，接种率持续保持在 90% 以上。

伴随着中国疾病预防、控制、治疗水平显著提升，公共卫生事业长足发展，中国人民的生活水平和生活质量不断提高，2000 年全国第五次人口普查，我国人均预期寿命已达 71.4 岁。

（三）养老服务覆盖率提升

第一阶段（1949—1977）：孕育发展阶段

在新中国成立初期，养老服务主要基于计划经济体制，政府和家庭承担主要的养老服务责任。城市中的单位负责职工及其家属的福利，而农村则依靠家庭和"五保"制度提供养老服务。这一时期的养老服务还不是一个独立的概念，而是包含在社会福利范围内。

第二阶段（1978—1999）：探索发展阶段

改革开放后，随着市场经济的引入，政府开始探索社会化养老服务，1999年全国老龄工作委员会成立。1996年《中华人民共和国老年人权益保障法》出台，养老服务开始获得法律保障。政府鼓励社会力量参与养老服务机构的建设和运营，养老服务内容开始多样化。

第三阶段（2000—2011）：体系化发展阶段

中国进入人口老龄化国家行列，养老服务体系建设成为国家战略。2000年，政府提出建立家庭、社区、社会三位一体的养老机制。居家养老服务开始受到重视，养老服务体系开始向居家服务延伸。

第四阶段（2012年至今）：快速发展时代

养老服务进入新时代，政府在保基本、兜底线的基础上推进养老服务市场化改革。养老服务体系建设工作进一步加强，政策法规建设受到重视，养老服务质量标准化和规范化工作得以推进。

2018年底，中国社区养老服务设施覆盖全部城镇社区和50%以上农村社区，以居家为基础、社区为依托、机构为补充、医养相结合的养老服务体系基本建立。

"十四五"规划，养老服务体系建设被纳入国家战略，政府出台多项政策推动养老服务发展，包括提升基本养老服务便利化、可及化水平，强化社区居家养老服务能力，加强老年健康服务体系建设，等等。

这些阶段反映了中国养老服务从政府主导向政府、社会、家庭共同参与的多元化养老服务体系的转变，以及从生活保障型向综合性、多样化服务的升级。随着人口老龄化的加剧，养老服务体系的建设和完善将持续成为中国社会发展的重要议题。

（四）健康教育的推广

新中国成立初期，政府将健康宣教工作视为国家建设的重要组成部分。通过广泛的群众动员和社会参与，开展了一系列卫生运动，如"爱国卫生运动"，这些运动不仅提升了环境卫生水平，也普及了基本的卫生知识，如个人卫生习惯、疾病预防等，为提升全民健康意识奠定了基础。

20世纪50至70年代，卫生宣传教育与爱国卫生运动紧密结合，通过宣传画、广播、电影、卫生讲座等多种形式，普及卫生知识，提升公众的健康意识。这一时期，健康教育的重点在于预防传染病和提高公共卫生水平，通过群众性的卫生活动，如除四害（蚊、蝇、鼠、蟑）、改善饮水卫生等，有效控制了传染病的流行。

进入80年代，随着改革开放的深入，健康教育开始向学科化、专业化方向发展。这一时期，中国开始建立健康教育学科，成立专业机构，如中国健康教育研究所，培养专业人才，制定健康教育计划和策略，推动健康教育工作系统化、规范化发展。

90年代，健康教育与健康促进相结合的模式逐渐形成，健康教育的目标更加全面，不仅包括疾病预防，还包括健康生活方式的推广、健康素养的提升等。这一时期，通过立法和政策支持，如《中华人民共和国母婴保健法》等，加强了对妇幼健康、职业健康等特定领域的健康教育。

21世纪以来，随着科技进步和社会发展，中国的健康教育工作更加科学、规范、高效。利用现代信息技术，如互联网、社交媒体等，进行健康教育和健康促进活动，实现了信息的快速传播和广泛覆盖。同时，健康教育与卫生新闻宣传相互促进，协同发展，形成了全方位、多层次的健康教育体系，为提高全民健康素养、建设健康中国提供了有力支持。

（五）基础医疗服务的普及

1951年：颁布《中华人民共和国劳动保险条例》，涵盖医疗保险，标志着基础医疗保障制度的建立。

1978年：改革开放政策的实施，医疗领域开始进行一系列改革，以提高医疗服务的效率和质量。

1980年：中国经济体制改革从农村起步，旧有的农村合作医疗失去依托，并逐渐解体。

1985年：被称为"医改元年"，国务院批转《关于卫生工作改革若干政策问题的报告》，提出放宽政策、简政放权、多方集资等改革措施。

1992 年：深圳率先进行职工医疗制度改革，国务院下发《关于深化卫生改革的几点意见》，要求改革卫生管理体制，拓宽卫生筹资渠道，完善补偿机制。

1998 年：国务院颁布《关于建立城镇职工基本医疗保险制度的决定》，要求在全国建立覆盖全体城镇职工的基本医疗保险制度。

2003 年：SARS 疫情后，中央政府宣布增加卫生防疫经费投入，建立各级疾病预防控制中心，特别是增加了对农村地区的经费投入。

2009 年：中国启动新一轮医改，旨在探索政府与市场相结合的中间道路，公布《关于深化医药卫生体制改革的意见》，确立新农合（新型农村合作医疗）作为农村基本医疗保障制度的地位。

2011 年：基本医疗保险覆盖率超过 100%，实现全民医保，适应市场经济体制的要求。

2013 年：国务院宣布全民基本医保体系初步形成，标志着我国全民医保制度基本建立。

2015 年：国务院办公厅发布《关于进一步完善医疗救助制度全面开展重特大疾病医疗救助工作的意见》，推动医疗救助制度实现城乡统筹。

2016 年：国务院印发《关于整合城乡居民基本医疗保险制度的意见》，城乡居民医保制度整合工作进入快车道。

2018 年：国家医疗保障局成立，统筹规划、资源整合、信息一体、集权管理，改变医保领域原有的分散管理状态。

2020 年：面对新冠病毒感染，国家医保局出台"两个确保"举措，确保患者不因费用问题影响就医、确保收治医疗机构不因支付政策影响救治。

2023 年：中共中央办公厅、国务院办公厅印发《关于进一步完善医疗卫生服务体系的意见》，提出到 2025 年医疗卫生服务体系进一步健全，资源配置和服务均衡性逐步提高。

这些大事，标志着中国基础医疗服务从初步建立到不断完善、再到追求高质量发展的历程，实现了从"有没有"到"好不好"的转变。通过不断健全医疗保障体系，推动医保高质量发展，解决人民群众看病就医的后顾之忧，共享医保改革成果。

（六）科技创新在医疗领域的应用

随着科技创新的不断推进，中国在医疗领域积极应用先进技术，这一趋势正日益加速医疗行业的转型和发展。特别是近年来，远程医疗和人工智能诊断等技术的广泛应用，为医疗服务带来了革命性的变革。远程医疗技术，作为一种通过网络远程诊断、治疗患者的手段，已经在许多偏远地区和医疗资源匮乏地区发挥了重要作用。通过视频会诊、远程手术等方式，医生可以不受地域限制，为更多需要医疗服务的人群提供及时有效的治疗方案。

与此同时，人工智能诊断技术的发展也为医疗诊断带来前所未有的进步。借助大数据分析和机器学习算法，人工智能系统能够从海量的医学数据中快速准确地识别病变特征，辅助医生进行疾病诊断和治疗方案制订。这种智能化的诊断工具不仅提高了诊断的准确性和效率，还能够帮助医生更好地了解病情发展趋势，提前采取预防和干预措施，从而降低病患的治疗风险和成本。比如，人工智能阅读 CT 片的正确率已经超过了人类医生的水平。

科技创新的应用不仅推动了医疗服务的升级，也加速了医疗信息化进程。通过建立电子病历系统、远程医疗平台和医疗大数据中心等信息化设施，医疗机构可以实现医疗资源的共享和互联，提高医疗服务的整体效率和质量。患者可以通过手机 APP 或互联网平台预约挂号、在线咨询医生、获取诊疗报告等服务，实现了医患之间的便捷沟通和信息交流，大大提升了患者的就医体验和满意度。

此外，科技创新还促进了医疗产业的转型升级和多元化发展。随着人口老龄化和慢性病患者数量的增加，医疗服务需求不断扩大，传统的医疗模式已经无法满足人们日益增长的健康需求。在这种背景下，互联网医疗、健康管理、智慧医院等新兴业态迅速崛起，为医疗产业注入了新的活力和动力。通过与互联网、大数据、人工智能等领域的深度融合，医疗企业可以开拓更广阔的市场空间，提供更丰富多样的医疗服务产品，满足不同人群、不同需求的个性化医疗需求。

总的来说，科技创新对医疗行业的影响和推动作用不可忽视。

远程医疗和人工智能诊断等先进技术的广泛应用，不仅提升了医疗服务的效率和质量，也为人们的健康保障提供了更加全面和便捷的解决方案。随着科技不断进步和创新，相信未来医疗行业将会迎来更加美好的发展前景，为人类的健康福祉作出更大的贡献。

三、舒适的生存环境

（一）智能家居带来的舒适体验

智能家居技术的迅猛发展正引领着居住方式的变革，极大地丰富了人们的生活体验。通过互联网的连接，家用设备得以智能化，使得远程操控和自动化管理成为可能，为居民带来了前所未有的便捷与舒适。

首先，智能家居技术让个性化生活成为现实。居民能够通过智能设备，如智能手机和语音助手，轻松控制家中的灯光、空调、窗帘等，根据个人偏好调整居住环境，打造个性化的舒适空间。例如，在寒冷的冬日，居民可以在归家途中远程启动家中的空调，确保室内温暖如春，提升居住的舒适度。还可以设定窗帘在清晨自动开启，让自然光线唤醒新的一天，从而提升生活品质。

其次，智能家居技术还带来了更加智能化和人性化的居住体验。系统能够学习个人的生活习惯，并据此进行智能调整，提供个性化服务，使得居住环境更加智能化和互动化。例如，智能家居系统能够根据个人作息和活动模式，自动调节室内光线和温度，创造出最适宜的居住环境。

通过个性化服务、生活便利性和智能化体验的不断创新，智能家居技术极大地提升了人民的生活品质和幸福感。随着技术的持续进步和广泛应用，我们有理由相信，未来的居住环境将变得更加智能化、舒适化，为人民带来更多的生活享受。

（二）绿色建筑的推广与应用

绿色建筑作为现代建筑发展的重要方向，其核心在于运用先进的科技手段和环保理念，实现建筑与环境的和谐共生。在中国，随着科技的不断进步和创新，绿色建筑的发展已经取得了显著成效，不仅提升了居住环境的质量，也为可持续发展提供了强有力的支撑。

首先，科技的进步使得绿色建筑在提升居住舒适性方面发挥了巨大作用。通过智能化的温控系统、高效的隔热材料以及优化的自然采光设计，绿色建筑能够有效调节室内温度和光线，创造出更加健康、舒适的居住空间。智能通风系统的引入，更是确保了室内空气质量的持续优化，为居民提供了一个清新的呼吸环境。

其次，科技在绿色建筑中的运用极大地提高了能源利用效率。通过集成太阳能发电系统、高效节能设备等先进技术，绿色建筑能够大幅度降低能源消耗，减少对传统能源的依赖。例如，智能电网技术的应用可以实现能源的高效管理和分配，而光伏发电系统则直接将阳光转化为电力，为建筑提供清洁、可再生的能源。

再次，科技的创新为绿色建筑在改善城市生态环境方面提供了新的思路和方法。例如，通过智能雨水收集和利用系统，不仅能够有效缓解城市内涝问题，还能实现水资源的循环利用。此外，智能监控系统能够实时监测建筑对周边环境的影响，确保绿色建筑的生态友好性。

最后，科技的发展也为绿色建筑产业链的完善和经济效益的提升提供了动力。新材料、新工艺的不断涌现，使得绿色建筑的建造成本逐渐降低，同时，智能化管理系统的应用也提高了建筑的运营效率，降低了维护成本。这不仅促进了相关产业的发展，也为建筑行业的转型升级提供了新的机遇。

科技的创新和应用是推动绿色建筑发展的关键因素。随着科技的不断进步，绿色建筑将更加智能化、高效化，为实现美丽中国的目标和可持续发展的愿景作出更大的贡献。

（三）环境保护与自然生态的恢复

环境保护和自然生态恢复在中国社会发展中扮演着至关重要的角色。随着科技进步的推动，中国采取了一系列创新措施，以科技手段促进环境保护和生态恢复，从而显著提升了居住环境质量。

首先，科技的应用极大地增强了环境监测和治理能力。利用先进的遥感技术、大数据分析和人工智能算法，建立了全面的环境监测网络。这些技术能够实时追踪和分析空气质量、水质和土壤状况等关键环境指标，为政府提供科学依据，制定更为精准有效的环境治理策略。

其次，科技创新在推动生态文明建设方面发挥了关键作用。通过采用生态工程技术，如无人机植树、土壤修复剂和生物多样性保护技术，中国的生态修复项目更加高效和精准。这些技术不仅加速了受损生态系统的恢复，还提高了生态系统的抵抗力和适应能力，为人民创造了更加健康和稳定的生活环境。

再次，科技进步为节能减排和低碳发展提供了强大动力。中国正在大力发展清洁能源，如太阳能、风能和水能，以及推广电动汽车和绿色建筑等低碳生活方式。这些技术的应用不仅减少了对化石燃料的依赖，降低了温室气体排放，也改善了城市空气质量。

最后，科技在加强国际合作方面也发挥了积极作用。中国通过与其他国家和国际组织共享环境监测数据、交流环保技术经验，共同应对全球环境问题。这种合作不仅提升了中国在国际环保领域的影响力，也为全球环境保护事业贡献了中国智慧和中国方案。

综上所述，科技在推动中国环境保护和自然生态恢复方面发挥了不可替代的作用，极大地提升了居住环境质量。未来，随着科技的不断进步和创新，中国将继续利用科技手段深化环境保护工作，为实现可持续发展目标作出更大贡献。

四、和谐的人与自然

（一）传统智慧与现代科技的结合

中国传统智慧与现代科技相结合是一个令人着迷的领域，它展示了古老智慧与现代创新的融合。这种结合不仅令人惊叹于过去几千年来中国人民积累的智慧，同时也彰显了中国在科技领域的领先地位。下面通过一些典型的例子，展示中国传统智慧如何与现代科技相结合，从而推动社会、经济和科技的发展。

首先是中医与人工智能医疗。中医作为中国传统医学的代表，有着悠久的历史和丰富的经验。现代科技的发展为中医的发展带来了新的机遇。人工智能技术的应用使得中医诊断变得更加精准和高效。通过大数据和机器学习算法，人工智能可以分析数百种中医诊断模式和治疗方案，从而为医生提供更好的决策支持。此外，虚拟现实技术也被用于中医治疗过程中，例如，在针灸治疗中提供更好的定位和准确性。

其次是传统文化与数字化传播。中国传统文化博大精深，但如何将其传承和传播给年青一代是一个挑战。现代科技提供了数字化传播的渠道，使得传统文化可以更好地融入年轻人的生活。例如，通过移动应用和社交媒体平台，人们可以轻松地获取传统文化知识、参与线上讨论、观看传统文化表演等。同时，虚拟现实和增强现实技术也为传统文化的体验提供了全新的方式，比如，通过虚拟现实眼镜参观古代建筑，或者通过增强现实应用学习传统绘画技艺。

再次是武术与体育科技。中国传统武术源远流长，具有独特的文化内涵和技艺特点。现代科技为武术的传承和发展提供了新的途径。例如，运用运动生物力学和传感技术可以对武术动作进行分析和优化，帮助武术爱好者更好地理解和掌握技艺。虚拟现实技术可以模拟武术场景，让学习者在虚拟环境中进行实战训练，提高实战能力。

最后是茶文化与智能制造。茶文化是中国传统文化的重要组成部分，有着悠久的历史和深厚的底蕴。现代科技为茶叶的生产和制造带来了新的发展。智能化制造技术可以实现茶叶的精准加工和包装，提高生产效率和产品质量。人工智能技术可以分析茶叶的品质和口感，帮助茶农根据市场需求进行种植和生产。区块链技术也被用于茶叶产业链的管理，确保茶叶的品质和可追溯。

这些例子只是中国传统智慧与现代科技结合的冰山一角。在各个领域，传统智慧都在与现代科技相结合，推动着社会、经济和科技的发展。这种结合不仅有助于传统文化的传承和创新，也为现代社会的进步提供了新的动力和机遇。在未来，随着科技的不断发展和传统智慧的不断挖掘，我们可以期待更多令人惊叹的结合形式出现，为人类社会带来更多的福祉和发展机遇。

（二）生态保护与可持续发展

生态保护与可持续发展是中国在实现人与自然和谐共生方面的重要策略之一。中国政府将生态文明建设纳入国家战略，积极推动生态保护和可持续发展，旨在实现经济增长与环境保护的良性循环。

首先，中国通过加强生态保护来守护珍稀物种和生态系统。政府积极推动建立自然保护区，覆盖了陆地和海洋生态系统的重要保护地。这些保护区不仅保护了珍稀濒危物种的栖息地，也维护了生态系统的完整性和稳定性，为人类提供了重要的生态服务。

其次，中国致力于促进生态系统的恢复和修复。通过生态工程项目，如退耕还林、退耕还湿、水土保持等措施，加强了对退化生态系统的修复。这些项目不仅提高了土地质量和水资源利用效率，也提升了生态系统的生产力和稳定性，促进了土地生态功能的恢复。

另外，中国大力推进清洁能源和低碳技术的发展，加快了能源结构的转型。大规模开发太阳能、风能、水能等可再生能源，减少了对石化能源的依赖，降低了碳排放，有效减缓了对全球气候变化的影响。此外，中国还大力推动绿色建筑和交通体系的建设，提高了资源利用效率，减少了对自然环境的破坏。

中国还注重生态保护与经济发展的协调发展。通过生态补偿机制和生态补偿标准，鼓励企业和地方政府加大生态环境保护力度，推动经济增长与生态环境保护实现双赢。同时，政府还积极推动绿色金融和生态产业的发展，为生态保护提供了资金和技术支持，促进了生态产业的发展和壮大。

生态保护与可持续发展是中国实现人与自然和谐共生的重要战略之一。通过加强生态保护、促进生态系统的恢复和修复、推动清洁能源和低碳技术的发展，中国积极应对环境挑战，为实现可持续发展目标贡献了中国智慧和力量。

（三）科技创新助力环境监测与治理

科技创新在环境保护和治理领域扮演着至关重要的角色，特别是在中国这样的地理环境复杂、人口众多的国家。以下是科技创新如何助力环境监测与治理的几个关键方面：

构建高效的监测网络：中国通过运用尖端的遥感技术、大数据分析和人工智能，打造了一个全国性的实时环境监测网络。该网络能够对空气质量、水体状况、土壤质量、噪声等关键环境指标进行连续监测，并将监测数据实时传输和分析。这一高效的监测体系使得环境问题能够被迅速发现并得到及时处理，有效预防了环境污染事故的发生。

精确识别污染源：借助高分辨率遥感和地理信息系统技术，中国能够精确追踪污染源的位置和排放情况。这种精确的监测手段极大地提升了环境监管部门对污染源的监管效能，提高了环境治理的针对性和效率。

推进环境治理智能化：人工智能和大数据技术的运用使得环境治理工作更加智能化和自动化。例如，智能监控和预警系统能够及时发现环境问题并采取相应措施；而大数据分析则有助于评估和优化环境治理的效果，为决策提供科学依据。

建立开放共享的数据平台：中国已经建立了环境数据的开放

共享平台，整合并共享环境监测数据和治理数据等关键信息资源。这一平台不仅为环境监测与治理提供了丰富的数据支持，还促进了各方的合作与协同作用，进一步提升了工作效率和成效。

技术创新推动环境治理：中国政府积极鼓励科技企业和研究机构开展环境保护技术的研发，推动绿色技术和清洁能源技术的进步。通过不断的技术创新，中国正持续提升环境监测与治理的水平，为实现环境保护目标和可持续发展提供了坚实的技术支撑。

总结来说，科技创新在中国的环境监测与治理中发挥着不可或缺的作用。通过运用先进的技术手段，中国正不断提升环境监测与治理的效能，为生态环境的持续改善和保护提供了有力的技术保障。

（四）教育与意识形态的引导

在中国，教育和意识形态的引导在促进人与自然和谐共生方面发挥着核心作用。以下是几个关键方面的概述：

生态环境教育的普及：中国的教育体系特别强调从小学阶段开始普及生态环境教育。学生们不仅学习环境知识，还培养对自然的尊重和保护意识。课程内容涵盖生态文明理念，旨在培养学生的环保价值观和责任感。

公众环保意识的宣传引导：中国政府通过媒体和广告等多种渠道，开展环保宣传活动，普及低碳环保的生活方式。这些活动旨在提升公众的环保意识，鼓励人们节约资源、保护环境。

生态文明建设的倡导：中国积极推动生态文明建设，鼓励绿色低碳的生活方式。政府通过政策支持和激励措施，促进绿色消费和可持续发展，引导人们在日常生活中实践环保行为，如减少一次性塑料使用、推广新能源汽车等。

生态教育和旅游的结合：通过生态教育和生态旅游活动，人们有机会亲近自然、体验自然之美，从而提高对环境保护的认识和重视。这种亲身体验有助于提升公众的环保情感和行动力。

环保公益活动的组织：中国政府和社会组织通过组织生态志愿者活动和环保公益活动，动员公众积极参与环保事业。这些活动不仅提高了公众的环保参与度，也加强了社区间的合作与交流。

通过这些综合性的教育和意识形态引导措施，中国正努力培养全民的环保意识，推动社会各界共同参与环保工作，共同为建设美丽中国贡献力量。这些努力不仅有助于实现人与自然的和谐共生，也是实现可持续发展目标的重要途径。

第四节　科技文明所承载的责任

一、推行智能的公共服务

（一）智能交通管理

在繁忙的都市生活中，交通拥堵和事故频发似乎成为我们不得不面对的难题。然而，随着科技的飞速发展，智能交通管理正逐渐成为解决这些问题的一把钥匙。它利用尖端的信息技术、通信技术和控制技术，为城市交通带来了全新的视角和解决方案。

想象一下，智能交通信号灯，它们像城市中的小精灵，通过传感器和控制算法，敏锐地感知着交通流量和道路状况。它们能够根据实时数据，灵活调整绿灯时间，优化交通信号控制，让车辆像流水一般顺畅地穿行在城市中。

再来看看智能交通监控系统，它们就像是城市的眼睛，通过高清摄像头、车牌识别技术和人脸识别技术等，实时监测着交通状况，收集着数据。这些系统能够迅速发现交通违法行为和交通事故，及时采取措施，保障我们的安全。

智能交通导航系统更是驾驶员的得力助手，它利用定位技术和实时交通数据，为驾驶员提供最佳的路线规划和交通信息，帮助他们避开拥堵，节省时间，提高行车效率。

而智能公交调度系统，则是公共交通的大脑，通过 GPS（全球定位系统）定位技术和大数据分析，实时监控和调度公交车辆，优化线路规划和班次安排，提高公交的准时性和服务质量，吸引更多的市民选择公共交通出行。

最后，智能交通大数据分析，它像是一个智者，通过对交通数据的收集、整理和分析，揭示交通运行的规律和问题，为交通管理部门提供决策支持，优化交通系统的运行效率。

智能交通管理系统的实施，不仅提升了城市交通的效率和安全性，还改善了市民的出行体验，减少了交通排放，降低了交通事故率，促进了城市的可持续发展。在中国，智能交通管理已成为城市建设的重要部分，随着技术的不断创新和应用，它将不断完善和发展，为构建智慧城市、优化城市交通环境贡献力量。

（二）智慧医疗服务

在当今这个信息技术飞速发展的时代，智慧医疗服务应运而生，它融合了先进的信息技术、通信技术和医疗技术，将医疗服务推向了一个全新的智能化和信息化阶段。特别是在中国，随着人口老龄化的加剧和人们健康意识的增强，传统的医疗服务已经难以满足日益增长的医疗需求。智慧医疗服务的出现，为解决这一问题提供了新的解决方案。

远程医疗服务利用互联网和远程医疗设备，打破了地域的限制，让医生和患者即使身处异地也能进行诊疗和咨询。通过手机或电脑，患者可以轻松地与医生进行在线交流，进行病情的咨询、诊断和获取处方，这大大减少了因交通不便或病情严重而无法前往医院的困难。

智能医疗诊断技术通过人工智能和大数据的分析，对医学影像和病历数据进行智能化的诊断。这一系统能够帮助医生更快速、更准确地判断疾病类型和发展趋势，从而提高诊断的准确率和效率。

再者，健康管理平台通过手机应用或在线平台，实现了个人健康数据的收集、存储和分析。用户可以在这个平台上跟踪和监测自己的健康信息，及时发现健康问题，并采取相应的预防措施。

智能医疗设备，如各种传感器和监测器，能够实时监测和记录患者的生理参数和健康状态，为医生提供更全面、更精确的患者健康信息，帮助他们及时调整治疗方案，提升治疗效果。

医疗大数据分析则通过对医疗数据的采集、整理和分析，揭示医疗资源的分布情况和医疗服务的热点问题，为医疗资源的合理配置和医疗服务的优化提供决策支持。

智慧医疗服务的实施，不仅提高了医疗资源的利用效率，降低了医疗成本，还提升了医疗服务的质量和效率，改善了患者的就医体验，并促进了医疗健康产业的发展。在中国，智慧医疗服务已经成为医疗卫生体系改革的重要方向，随着技术的不断创新和应用，智慧医疗服务必将不断完善和发展，为建设健康中国、提高全民健康水平作出更大的贡献。[1]

（三）智能城市管理

在当今这个快速发展的时代，城市化进程如同一列高速列车，轰鸣着驶向未来。然而，随着城市规模的不断扩张，城市管理也面临着许多挑战，比如，交通拥堵、环境污染和资源浪费等问题。幸运的是，智能城市管理的兴起，为我们提供了一种全新的解决方案。

---

[1]　参阅徐曼:《智能医疗》,科学技术文献出版社,2019年。

深圳交警与华为携手，利用人工智能和大数据分析技术，实现了对交通卡口数据的快速响应。这不仅提高了违章图片的识别效率，还确保了违章图片的闭环处理。而智能信号灯控制系统的部署，更是让龙岗坂田的43个路口等待时间平均缩短了17.7%，通行效率得到了显著提升。

再来看看环境监测，河北省自然资源厅网站上提到的3S技术（遥感技术、地理信息系统与全球定位系统）的集成应用，已经在水环境监测和湿地生态系统监测中发挥了重要作用。通过这些技术，我们可以监测水域水体的富营养化趋势，以及水质的变化，为环境保护提供了有力的数据支持。

在能源管理方面，康派智能技术有限公司实施的智慧能源管理系统，帮助企业实现了能源管理的数字化和高效化。例如，江西铜业通过实时监测电、水、气等多种能源介质，实现了能耗数据与成本预算系统的对接，优化了能源成本核算。

智能城市安全方面，深圳交警还利用人工智能辅助执法，通过大数据平台及交通分析建模引擎，创建了针对"失驾""毒驾"等违法行为的大数据分析模型，极大提升了打击效率和道路安全。

智慧城市服务方面，华为数字能源提供的数字能源管理平台，通过端云协同和光储融合技术，打造了近零能耗的智能场馆，提供了能源数字化管理的成功案例。[1]

智能城市管理的实施，不仅提高了城市管理效率，改善了城市生活环境，还促进了城市的可持续发展。在中国，智能城市管理已经成为城市发展的重要方向之一。各地政府和企业纷纷投入到智能城市建设中来，未来，随着技术的不断创新和应用，智能城市管理将会进一步完善和发展，为建设智慧、宜居的城市提供更强有力的支持。这不仅是城市管理的一次革命，更是人类文明进步的一个缩影。

（四）智能教育服务

在中国，教育信息化和互联网技术的迅速发展，对传统教育模式提出了新的挑战，尤其是在教学资源分配和教学质量的均衡性方面。为了应对这些挑战，智能教育服务的推广应用显得尤为重要，它通过科技手段致力于提升教育资源的利用效率，改善教育质量，并推动教育公平和个性化教育的发展。

个性化学习平台的建立，利用了大数据和机器学习技术，为学生提供了定制化的学习路径和教学内容。这些平台能够根据学生的学业表现和能力水平，智能调整教学内容和学习进度，从而提高学习效率和成绩。例如，学霸君平台就是通过 OCR、知识图谱、大数据建模等技术，为学生提供个性化学习方案的典范。

---

〔1〕　参阅吴志强主编：《智能城市》，上海科学技术出版社，2020年。

　　智能教学系统的开发，结合了虚拟现实和人工智能等先进技术，为教师提供了丰富的教学工具和资源，实现了教学过程的智能化和个性化。这样的系统能够帮助教师更准确地把握学生的学习状态，从而更有效地调整教学策略。浙江大学的智能科教平台就是一个很好的例子，它不仅推动了人工智能技术的创新，还整合了全球的前沿技术和产业资源，为师生创造了一个开放的学习环境。

　　在线教育平台的兴起，通过互联网和移动应用，为学生提供了在线课程、教学视频、在线测评等资源，打破了地理限制，让学生可以随时随地学习，极大扩大了教育资源的覆盖面，提高了教育资源的利用效率。国家中小学智慧教育平台就是这一领域的佼佼者，它通过实施国家教育数字化战略，深化了信息技术与教育教学的融合，推动了基础教育的高质量发展。[1]

　　智能教育评估工具的应用，利用大数据和人工智能技术，对学生的学习成效和教学效果进行评估，为教师提供了科学的评估数据和建议，帮助他们更好地理解学生的学习状况，并制订相应的教学计划。中国教育信息化网就是利用智能技术实现教育个性化和精准化的一个例子。

　　最后，教育大数据分析的实施，通过对教育数据的收集、整

---

[1] 参阅钱津：《智能教育——新时期中国高等教育改革探讨》，华中科技大学出版社，2021年。任萍萍：《智能教育：让孩子站在人工智能的肩膀上适应未来》，电子工业出版社，2020年。

理和分析，揭示了教育资源的分配情况和存在的教育问题，为教育决策提供了科学依据。中国终身教育平台就是利用大数据技术，汇聚丰富的学习资源，并为学习者提供个性化服务的典型案例。

智能教育服务的实施对于提高教育资源的利用效率、提升教育质量、促进教育公平和个性化发展具有重要意义。在中国，智能教育服务已经成为教育改革的关键方向，各级政府和教育机构都在积极投身于智能教育的建设。随着技术的不断进步，智能教育服务将进一步完善，为构建高质量的教育体系、实现教育现代化提供更加坚实的支撑。

二、维护社会的公平正义

（一）促进就业机会的公平分配

随着科技的进步，新的产业和职业不断涌现，为不同背景的劳动者提供了更多的就业机会。这是科技发展带来的重要成就之一。在过去，许多人可能因为技能不匹配或地域限制而无法获得理想的工作，但随着科技的发展，这种情况正在发生改变。

互联网技术的普及为就业机会的公平分配提供了新的可能性。通过在线招聘平台，如51job、猎聘等，企业可以更广泛地发布招聘信息，吸引更多的求职者参与竞争。这种透明、开放的招聘模式有利于消除信息不对称，减少了中介环节，使得更多人有机会了解到合适的工作机会，并能够更直接地与雇主进行沟通和交流，提高了就业机会的公平性。

新兴产业的崛起为就业市场带来了新的活力。随着科技的发展，一些新的产业和职业如人工智能、大数据分析、云计算等正迅速崛起，成为就业市场的新热点。这些新兴产业通常对技术和创新有更高的要求，而不像传统行业那样依赖于地域和资源，因此为更多不同背景的人提供了就业机会。人们可以通过学习相关技能和知识，迅速适应新产业的发展需求，实现职业转型和提升。

此外，科技的进步也为创业者提供了更多的机会。互联网和移动互联网技术的发展降低了创业的门槛，使得创业者可以更快速地将创意转化为产品或服务，并通过网络平台实现市场拓展。这为那些有创新意识和创业梦想的人提供了更多实现自我价值的机会，从而促进了创业精神的蓬勃发展。比如，淘宝店主、抖音主播、UP 主都是在新的技术条件下出现的新职业。

综上所述，科技的进步为就业机会的公平分配带来了新的可能性和更广阔的空间。通过互联网技术的普及、新兴产业的崛起以及创业机会的增多，科技不仅扩大了就业机会的范围，也为更多人提供了实现自我发展和价值的机会，从而推动了社会的进步与发展。

（二）提升社会治理水平

随着大数据、云计算等技术的广泛应用，政府在社会治理方面的水平正在不断提升。这些先进技术的应用使得政府能够更加有效地进行社会管理和服务，为民众提供更高效、更优质的公共服务，推动了社会治理水平的整体提升。

首先，大数据技术的应用正在深刻地改变着政府的决策和治理模式，为政府提供了更全面、更精准的数据支持。我们可以看到大数据技术在社会治理中发挥着重要作用，具体体现在以下几方面：

一是数据驱动的城市管理。政府可以利用大数据分析来监测和改善城市运行的各方面。比如，通过实时交通数据分析，政府能够发现交通拥堵的热点区域，进而调整交通信号灯的时序或规划新的交通路线。另外，在环境监测方面，大数据技术可以帮助政府实时监控空气质量指数，及时发布污染预警并采取相应措施。

二是精准的社会福利政策。大数据分析使政府能够更精准地识别和定位需要帮助的群体。通过分析税收、医疗、教育等方面的数据，政府能够更准确地找到贫困家庭和个人，从而实施更加精准的扶贫和救助政策。

这些理论在实际中也得到了验证。比如，上海市利用大数据分析技术优化交通流量，通过收集和分析来自交通摄像头和传感器的数据，实时调整信号灯，有效缓解了交通拥堵。又如，北京市环保局通过大数据分析，对空气质量进行实时监控，通过数据分析预测污染峰值，及时发布健康警告并采取减排措施。这些案例充分展示了大数据技术在城市管理和环境监测中的重要作用。

而在社会福利方面，中国政府实施的"精准扶贫"政策就是一个典型例子。该政策基于大数据分析，通过识别贫困家庭，确保扶贫资源能够精准地送达真正需要帮助的人。在应对疫情方面，中国政府也利用大数据分析疫情发展趋势，制定防控措施，有效地控制了疫情的扩散。

大数据技术在政府决策和社会治理中发挥着越来越重要的作用，为政府提供了更准确、更有效的数据支持，推动着社会治理向着更加智能化、精细化的方向发展。

其次，云计算技术正在给政府信息化基础设施带来彻底的变革，其灵活性和可靠性为此提供了坚实基础。通过云计算平台，政府能够实现信息共享、资源整合和服务协同，从而显著提升了政务办公的效率和效益。

政府通过建立统一的政务云平台，成功整合了不同部门的信息系统和数据资源。这种跨部门的数据共享和一体化服务模式，不仅简化了民众的政务服务流程，还提高了政府工作的透明度和响应速度。

在应急管理领域，云计算技术的应用使得政府能够构建更为高效的应急响应系统。通过实时监测和快速反馈，政府能够迅速应对自然灾害和其他紧急情况，提高救援工作的效率和及时性。

比如，贵阳市政府建立了"云上贵州"平台，作为中国首个省级政务云平台，实现了政府数据的集中存储和处理，大幅提升了政务服务的便捷性和效率。江苏省政府也通过云计算技术，实现了省内各级政府部门间的信息共享与业务协同，有效提升了政府服务的一体化水平。

在 2019 年超强台风"利奇马"影响期间，浙江省政府利用云计算平台，实现了对台风路径的实时监测和灾情的快速响应，有效地组织了救援工作，减少了自然灾害带来的损失。

云计算技术的应用为政府提供了强大的信息化支持，使得社会治理更加灵活、高效。随着云计算技术的不断成熟和应用，预计未来社会治理将更加智能化，能够更好地应对各种社会挑战，提升公共服务水平，实现社会资源的最优配置。同时，云计算技术的应用也对数据安全和隐私保护提出了更高要求，需要政府在利用云平台的同时，加强对数据安全的监管和法律法规的完善。

总体来说，大数据、云计算等技术的应用为政府提升社会治理水平提供了重要支撑和保障。政府可以借助这些先进技术，实现信息的智能化、决策的科学化、管理的精准化，更好地满足民众的需求，提高公共服务的效率和质量，推动社会治理水平的不断提升。随着科技的不断进步和应用，社会治理水平也将会迎来更加美好的发展前景。

（三）对于判案效率的提升

中国法院系统正在通过建设电子政务基础设施和推进数字化转型，显著提升判案效率。这些变革为司法信息化奠定了坚实基础，极大地减少了纸质文件的使用，加快了案件信息的传递速度，从而提高了法院处理案件的效率。

数字化政府信息，如法院判决等，使公众能够轻松获取司法信息，增强了对司法过程的信任，同时也使案件管理更加高效。

智能算法的应用，例如，人工智能案件分配模型，能够根据案件的复杂程度和法官的专业能力进行精准分配，确保每个案件都能得到最合适的审理。

建立司法大数据服务平台，利用人工智能分析数据并提供统计和预测报告，帮助法官快速获取相关信息，从而提高审判效率。

在线诉讼服务，如"网上自助立案""跨域立案"等，简化了诉讼流程，减轻了司法人员的工作负担，为当事人提供了更加便捷的司法途径。

智慧法院的建设通过信息通信技术提升司法系统的工作效率和质量，利用人工智能、区块链等尖端技术使司法程序更加智能化，进一步提高判案效率。

实际应用案例包括中国裁判文书网的建设，智能案件分配系统的应用以及各地法院推出的在线诉讼服务，这些都是数字化转型取得的成果。

总体来说，信息化基础设施的建设和数字化转型使中国法院系统变得更加高效和智能。随着技术的进步，未来的司法系统将更加开放、透明，为公众提供更高质量的司法服务。同时，也需要重视数据安全和隐私保护，确保信息的安全性和当事人隐私的保护。

三、保障公民的合法权益

（一）信息化时代的公民权益保障

在这个数字化的时代，科技的迅猛发展无疑为公民权益的维护带来了新的机遇与挑战。互联网的普及使得信息获取变得前所未有的便捷，公民们现在能够通过各种网络渠道，随时随地获取所需的信息，包括最新的新闻、法律法规、政策文件等。这种信息的易获取性，不仅提高了公民对自身权利和义务的认识，也增强了他们的法律意识和自我保护能力。

网络维权的渠道也因互联网的发展而变得开放。在传统模式下，公民维权可能需要经历一系列复杂的诉讼程序，但在信息化时代，他们可以通过在线投诉、网络舆论等手段，迅速引起社会的广泛关注，从而推动相关部门采取行动，解决他们面临的问题。

此外，信息化时代的公共事务透明度大幅提升，政府的决策和行为变得更加容易被公众获取和监督。公民现在可以通过网络监督政府的行为，提出自己的建议和意见，促使政府更加负责任地履行其职责，保障公民的权益。

数据的开放与公民参与也是信息化时代的一个重要特征。政府和企业越来越倾向于将数据开放给公众，这不仅促进了科技创新和经济发展，也为公民参与社会治理提供了更多的机会。公民可以利用这些开放的数据进行研究分析，提出建设性的意见，推动社会的不断进步和改革。

然而，信息化时代虽然为公民权益的保障带来了巨大的机遇，但同时也带来了挑战。公民的参与意识和维权意识虽然得到了加强，但网络空间的规范和监管也变得尤为重要，以防止信息的滥用和网络暴力等问题，确保公民权益得到有效的保障。这是一个需要我们共同努力，不断探索和完善的时代。

（二）大数据与个人隐私权保护

随着大数据技术的不断发展和应用，个人隐私权保护成为一个备受关注的问题。大数据的收集、存储和分析能力远远超出了以往，这使得个人的隐私数据更容易被获取、利用和泄露。因此，如何在大数据时代有效保护个人隐私权成为一项紧迫的任务。

1. 数据收集和使用的透明度

在当前的大数据时代，数据的收集和使用已经成为一个普遍现象，这不仅包括了个人的身份信息，还涵盖了网络活动轨迹、消费习惯等多方面。随着技术的发展，数据的收集和分析变得更加高效和精准，但同时也带来了隐私保护和数据安全的问题。因此，提高数据收集和使用的透明度变得尤为重要。

首先，透明度的提高意味着个人能够清晰地了解其数据如何被收集、存储和使用。这要求组织和机构必须明确告知用户数据收集的具体目的，比如，是否用于市场研究、产品推荐、个性化服务等。同时，还需要明确数据收集的范围，包括哪些个人信息会被收集，以及这些信息的收集是否全面或只限于特定部分。

其次，透明度还涉及数据使用的透明度。个人需要知道他们的数据如何被使用，以及这些数据如何影响他们的日常生活。例如，如果数据被用于个性化广告，用户应当被告知其数据是如何被分析并用于生成这些广告的。此外，用户还应当了解他们的数据是否会被共享给第三方，以及在什么条件下会被共享。

为了提高透明度，组织和机构需要采取一系列措施来保障用户的知情权和选择权。这包括但不限于：

明确告知：在收集数据前，需要向用户明确告知数据收集的目的、范围和使用方式。

获取同意：在收集和使用个人数据之前，必须获得用户的明确同意。这种同意应当是自愿的、知情的，并且用户应当有权随时撤回其同意。

隐私政策：制定并公布详尽的隐私政策，让用户能够轻松访问并理解其数据如何被处理。

数据访问和更正：用户应当有权访问其个人数据，并在必要时进行更正或删除。

安全措施：采取适当的技术和管理措施，保护个人数据不被未经授权而访问、泄露或滥用。

此外，透明度的提高还有助于建立用户对组织和机构的信任。当用户了解并信任其数据的处理方式时，他们更可能愿意分享数据，从而为组织和机构提供更丰富的数据资源，推动创新和服务的改进。

总之，在大数据时代，数据收集和使用的透明度是保护个人隐私、维护数据安全和建立用户信任的关键。通过提高透明度，可以确保个人数据的合理使用，同时促进数据驱动的创新和进步。

2. 隐私保护法律法规的建立和完善

隐私保护法律法规的建立和完善是维护社会秩序和个人权益的重要环节。随着信息技术的快速发展，个人数据的收集和使用变得越来越普遍，这在一定程度上增加了个人隐私泄露的风险。因此，政府有责任采取相应的措施，确保个人隐私得到有效的保护。

政府需要制定全面的隐私保护法律框架。这包括但不限于以下几方面：

明确隐私权的定义：法律应明确界定什么是个人隐私，以及哪些信息属于个人隐私范畴。

规定数据收集的原则：确立数据收集的合法性、必要性和最小化原则，确保数据收集行为不侵犯个人隐私。

数据存储和处理的规定：制定严格的数据存储和处理规范，要求企业或组织在处理个人数据时采取适当的安全措施。

数据传输的法律限制：对跨境数据传输进行法律限制，确保个人数据不会在没有适当保护的情况下被传输到其他国家。

信息主体的权利：赋予信息主体访问、更正、删除其个人信息的权利，以及在必要时对数据处理行为提出异议的权利。

法律责任：对于违反隐私保护法律法规的行为，应明确相应的法律责任，包括但不限于罚款、赔偿以及刑事责任。

监管机构的设立：建立专门的监管机构，负责监督隐私保护法律法规的实施，并处理相关的投诉和争议。

公众教育和意识提升：通过教育和宣传活动，提升公众对个人隐私保护的意识，使他们了解自身的权利和如何保护自己的隐私。

技术保护措施的推广：鼓励和支持开发先进的隐私保护技术，如加密技术、匿名化处理等，以增强个人数据的安全性。

通过这些措施，可以建立起一个健全的个人隐私保护制度，不仅能够保护公民的个人隐私不受侵犯，还能够促进社会的整体信任和数据经济的健康发展。政府、企业和个人都应承担起相应的责任，共同努力，维护一个安全、公正的数字环境。

3.数据安全保护机制的建立

在大数据时代，数据安全保护机制的建立是至关重要的。随着信息技术的飞速发展，数据的收集、存储、处理和分析已经成为现代社会不可或缺的一部分。然而,这也带来了个人数据泄露的风险，这不仅可能导致个人信息安全问题，还可能造成财产损失和身心伤害。因此，建立一个全面的数据安全保护机制显得尤为迫切。

数据加密是保护个人数据安全的基础。通过加密技术，可以确保数据在传输和存储过程中不被未授权访问。使用强加密算法，如 AES（高级加密标准）或 RSA（一种非对称加密算法），可以大大提高数据的安全性。此外，端到端加密技术可以确保只有数据的发送者和接收者能够访问数据内容，从而进一步增强数据的保密性。

安全存储是数据保护的另一个关键环节。数据存储时需要采取多种措施，比如，定期备份、使用安全的数据存储解决方案，以及实施物理和环境安全措施。例如，数据可以存储在受信任的云服务提供商那里，这些服务提供商通常会提供高级的安全措施，如防火墙、入侵检测系统和数据访问日志。

访问控制也是数据安全保护机制中不可或缺的一部分。通过实施严格的访问控制策略，可以确保只有授权用户才能访问敏感数据。这包括使用多因素认证、权限最小化原则和定期审查访问权限。此外，还可以通过实施角色基础的访问控制（RBAC）来限制用户对数据的访问，确保他们只能访问完成工作所必需的数据。

除了上述技术手段，还需要建立健全的数据安全政策和法规。这包括制定明确的数据保护政策，对员工进行数据安全意识培训，以及建立数据泄露应急响应计划。通过这些措施，可以提高组织对数据安全威胁的防范能力，减少数据泄露的风险。

此外，数据安全保护机制还需要不断适应新的技术和挑战。

随着人工智能、物联网和 5G 等新技术的发展，数据安全面临的威胁也在不断演变。因此，数据安全保护机制需要定期更新，以应对新的安全威胁和漏洞。

最后，公众教育和意识提升也是数据安全保护的重要组成部分。通过教育公众如何保护自己的个人信息，可以提升整个社会的网络安全意识，减少因个人疏忽导致的信息泄露事件。

总之，建立一个全面的数据安全保护机制需要多方面的努力，包括技术手段、政策制定、教育培训和公众意识提升。只有这样，我们才能在大数据时代中确保个人数据的安全，保护每个人的隐私和财产安全。

4. 强化监管和执法

在这个信息爆炸的时代，数据已经成为我们生活中不可或缺的一部分。然而，数据的收集和使用如果没有得到适当的监管，就可能带来隐私泄露、信息滥用甚至威胁到国家安全等一系列问题。因此，加强数据监管和执法力度，对于保护个人隐私、促进数据合理利用以及维护社会稳定具有重要意义。

首先，需要制定一套全面的法律法规，明确数据收集、处理和传输的规则，保护每个人的隐私权。同时，设立专门的监管机构，配备专业的人才和先进的技术工具，来监督和执行这些规则。其次，数据监管不是孤立的，需要不同部门之间的协作。通过建立跨部门的数据监管机制，可以实现数据共享和协作，提升监管的效率和效果。此外,随着全球化的发展,数据的流动往往跨越国界。这就要求我们与其他国家的监管机构进行合作,共同打击跨境的数据犯罪行为。

当然,公众教育和意识提升也是不可或缺的一部分。通过各种渠道,让公众了解数据保护的重要性,以及他们在数据保护中的权利和责任。

在监管过程中,保持透明度,让公众了解监管工作和成果,是建立公众信任的关键。同时,建立问责制度,确保监管人员在执行职责时,能够做到公正、有效。

随着技术的发展和数据使用方式的变化,监管政策和手段也需要不断更新和适应。持续关注新技术和新问题,及时调整监管策略,是确保监管工作与时俱进的重要措施。

在强化监管的同时,鼓励企业在遵守法规的前提下进行创新,也是推动社会进步的重要途径。提供指导和支持,帮助企业找到既符合法规又能促进发展的解决方案。

最后,建立有效的反馈机制,从企业和公众那里收集意见和建议,不断改进监管工作,是确保监管工作更加贴近实际、更加有效的重要途径。

通过这些措施,我们可以构建一个更加安全、透明和高效的数据监管体系,保护个人隐私,促进数据的合理利用,同时维护国家的网络安全和社会的稳定。这不仅是政府的责任,也是每一个社会成员的责任。让我们共同努力，为构建一个更加美好的数字世界而不懈奋斗。

5. 个人隐私权教育和意识提升

个人隐私权教育和意识提升是构建安全、和谐社会的重要基石。在数字化时代，个人隐私的保护显得尤为关键，因此，社会各界需要共同努力，提高公众对个人隐私保护的重视和认识。

第一，教育部门应将个人隐私权教育纳入学校课程体系，从小培养学生的隐私保护意识。通过课堂教学、案例分析、角色扮演等多样化的教学方式，使学生了解隐私权的基本概念、重要性以及如何保护自己的隐私。

第二，媒体和公共机构应承担起社会责任，通过电视、广播、报纸、网络等多种渠道，普及个人隐私权的相关知识。通过举办讲座、研讨会、展览等形式，提高公众对隐私权的认识，增强公众的自我保护意识。

第三，企业和组织在收集、使用个人数据时，应严格遵守相关法律法规，建立健全的数据保护机制。同时，应向用户明确告知数据收集的目的、范围和使用方式，保障用户的知情权和选择权。

第四，个人也应增强自我保护意识，谨慎对待个人数据的提供和分享。在日常生活中，应注意保护个人信息，如不在公共场合透露个人敏感信息，不随意点击不明链接，不下载来历不明的应用程序等。在使用社交媒体、网络服务时，要设置合理的隐私保护措施，避免个人信息被不当收集和使用。

最后，政府和相关部门应加强对个人隐私权的立法和执法工作，制定和完善相关法律法规，加大对侵犯个人隐私权行为的打击力度。同时，建立和完善个人隐私权保护的监督机制，确保法律法规得到有效执行。

通过上述措施的实施，可以有效地提升公众的个人隐私权意识，构建一个更加安全、尊重隐私的社会环境。这不仅有助于保护个人的合法权益，也有助于促进社会的和谐稳定和可持续发展。

综上所述，大数据时代的个人隐私权保护面临着诸多挑战，但也蕴含着广阔的发展空间。政府、企业和公众应共同努力，加强对个人隐私的保护，确保个人隐私权得到有效尊重和保障，实现数据利用与隐私保护的平衡。

（三）人工智能和公平正义

人工智能（AI）技术的快速发展为社会带来了许多机遇，同时也引发了关于公平正义的重要讨论。在人工智能时代，我们需要认识到人工智能对公平正义所带来的影响，并采取相应的措施来保障社会的公平和正义。

正如历史上的每一项巨大变革，人们对像人工智能这样的新技术都心存恐惧。其实，目前只是缺少相应的"游戏规则"。人工智能将逐渐成为现代社会的一部分，人类理应寻求与其进行充分合作。人工智能具有在人类能力不足的领域协助工作的巨大潜力。

有些科技公司已经开始使用人工智能帮助临床医生进行医疗诊断、为用户量身定制个性化客户体验、创建降低环境成本的农业方法等。有些机构甚至将这种关系进一步发展，创造出融合人类大脑和人工智能的集成系统。

最终，人类与人工智能应是亲密的伙伴关系。如果你能力足够，便会发现人工智能不仅允许你生存，而且会让你的生活更加美好。[1]

1.智能算法的公正性

在探讨智能算法的公正性时，我们首先需要认识到，人工智能（AI）系统在设计和实施过程中，必须确保其决策过程是透明和可解释的，这样才能保证其公正性。公正性是 AI 伦理中的核心原则之一，它要求算法在处理数据和作出决策时，不应当受到任何偏见的影响，无论是有意还是无意的。

公正性对于维护社会的道德秩序和法律正义至关重要。在招聘、贷款、法律判决等关键领域，AI 系统的公正性直接关系到个体的权益和社会的公平。如果 AI 系统在这些领域存在歧视性算法，可能会导致严重的社会不公和法律问题。

实现 AI 系统的公正性并非易事。以下是一些主要挑战：

数据偏见：AI 系统的训练数据如果存在偏见，那么算法的输

---

〔1〕 王康友主编：《科学平行2018》，中国科学技术出版社，2018年，第73页。

出也可能会反映这些偏见。

算法透明度：许多 AI 算法是黑箱操作，其决策过程不透明，难以审查和纠正。

多样性和包容性：设计团队需要具备多样性，以确保不同背景和观点的平衡。

监管和法律框架：缺乏明确的法律框架和监管措施，可能会使得 AI 系统的公正性难以保障。

为了提高 AI 系统的公正性，可以采取以下措施：

数据清洗：确保训练数据的质量和多样性，去除可能的偏见。

算法审计：定期进行算法审计，确保算法的决策过程公正无偏。

透明度和解释性：提高算法的透明度，使其决策过程可解释，便于监督。

多方参与：鼓励来自不同背景的专家和公众参与 AI 系统的开发和评估。

法律和政策：制定和实施相关法律和政策，确保 AI 系统的公正性和合规性。

智能算法的公正性是 AI 领域一个复杂而重要的议题。随着 AI 技术的不断发展和应用，确保其公正性对于构建一个更加公平和包容的社会至关重要。这需要技术专家、法律专家、政策制定者和社会公众的共同努力，通过持续的对话和合作，推动 AI 技术的健康发展，使其真正服务于全人类的福祉。

2. 数据偏见的处理

在人工智能的世界里，数据偏见就像是隐藏在数字背后的幽灵，它悄无声息地影响着机器的决策，有时甚至会导致不公平的结果。想象一下，如果一个智能助手只从一群特定的人那里学习，它可能会对世界有一个偏颇的看法，这就像是只通过一个狭窄的窗口看世界一样。

要解决这个问题，我们需要像侦探一样，仔细地审视我们的数据，寻找那些可能隐藏的偏见。我们不能只从一个角度或一个群体中收集数据，就像我们不能只通过一个窗口看世界一样。我们需要打开所有的窗户，让阳光照进来，让数据集变得丰富和多元。

当我们发现数据中的不准确或不完整时，就像清理房间一样，我们需要把它们清理干净，确保我们的训练数据是准确和完整的。有时候，我们甚至需要创造一些新的数据，就像画家在画布上添加色彩一样，通过数据增强技术，让我们的数据集更加丰富多彩。

我们还需要像医生一样，定期检查我们的人工智能系统，使用各种工具来检测和评估数据中的偏见，确保我们的系统是健康的。在设计算法时，我们要像建筑师设计建筑一样，考虑到公平性的原则，确保我们的算法是公正的。

在这个过程中，我们需要一个多元化的团队，就像一支乐队需要不同的乐器一样，不同的背景和观点可以帮助我们更好地识别和解决潜在的偏见问题。我们还需要像老师一样，提高透明度和可解释性，让用户和利益相关者了解我们的决策过程。

最后，我们需要像园丁一样，不断地监测和调整我们的系统，确保它在成长的过程中保持健康。同时，我们也要遵守伦理和法律的框架，确保我们的人工智能系统是符合社会公平和正义的要求的。通过教育和公众参与，我们可以提高大家对数据偏见问题的认识，共同创造一个更加公平和正义的人工智能世界。

3. 人工智能的透明度和可解释性

在人工智能的领域中，透明度和可解释性是至关重要的两方面。它们就像是 AI 系统的两个翅膀，帮助它在信任的天空中翱翔。当一个人工智能系统的决策过程像清澈的溪流一样透明时，用户就能清楚地看到每一个决策的源头和路径。这种透明度不仅让用户感到安心，也让他们能够理解 AI 的思考方式，就像是在阅读一本好书，能够跟随作者的思路一步步深入。

同时，可解释性则是 AI 系统的另一大魅力。它意味着 AI 的决策过程不仅仅是一系列冷冰冰的算法和数据，而是有着清晰的逻辑和推理，就像人类作家笔下的故事，有起因、有过程、有结果。当 AI 的决策过程能够被解释清楚，就像故事的情节一样引人入胜时，人们就会更容易接受这些决策，而不是感到困惑或排斥。

提高透明度和可解释性，不仅能够增强人们对 AI 系统的信任，还能避免那些不公平或不公正的结果被默默接受。这就像是在社会中树立了一面镜子，让所有的决策都经得起推敲和检验。通过这种方式，人工智能才能真正成为人类社会中一个负责任、可信赖的伙伴。

4. 普及和包容性

随着人工智能技术的不断进步和渗透到生活的方方面面，一个不容忽视的问题也随之而来——数字鸿沟。这不仅仅是一个技术问题，更是一个社会问题。

为了解决这一问题，我们需要从多个层面着手，推动人工智能技术的普及和包容性。首先，政府应当制定相应的政策和措施，鼓励和支持人工智能技术的研发与应用。这不仅包括资金的投入，更包括对人才的培养和激励。政府应当与教育机构合作，将人工智能教育纳入学校课程中，让孩子们从小就能够接触到这一前沿技术，激发他们的兴趣和创造力。

企业也应当承担起社会责任，通过技术创新，降低人工智能技术的门槛，让更多人能够使用和受益于人工智能。企业可以通过开发易于使用的应用和服务，让人工智能技术更加亲民，更加贴近普通人的生活。同时，企业还应当注重人工智能技术的伦理和隐私问题，确保技术的应用不会侵犯到用户的权益。

人工智能技术的普及和包容性是一个系统工程，需要政府、企业和社会的共同努力。只有这样，我们才能确保人工智能技术真正成为推动社会进步、促进公平正义的重要力量，让所有人都能够分享到人工智能技术带来的红利，共同创造一个更加美好的未来。

5. 监管和法律保障

人工智能技术正以前所未有的速度渗透到我们生活的每一个角落。从智能手机的语音助手到自动驾驶汽车，再到医疗诊断和金融服务，人工智能正在改变我们与世界互动的方式。然而，随着技术的进步，也带来了一系列新的挑战和问题，这就需要我们的政府采取相应的措施来确保人工智能的健康发展。

首先，政府必须加强对人工智能技术的监管。这意味着需要建立一个全面的监管框架，来监督和指导人工智能技术的开发和应用。监管机构应该具备足够的专业知识和资源，以便能够理解并评估人工智能技术可能带来的风险和影响。

其次，制定相关的法律法规至关重要。这些法律不仅要明确人工智能技术的应用范围，还要规定其运行的规则和标准。例如，应该对数据的收集、存储和使用进行严格的规定，以保护公民的隐私权和个人信息安全。同时，还应该设立明确的指导原则，确保人工智能系统的透明度和可解释性，让公众能够理解其工作原理和决策过程。

再次，保护公民的合法权益是政府监管人工智能技术的另一个重要方面。这包括但不限于防止人工智能技术被用于侵犯个人隐私、歧视特定群体或进行欺诈活动。政府需要确保人工智能技术的发展不会损害到社会的基本价值和公民的基本权利。

最后，防止人工智能技术被滥用或用于不正当目的也是政府监管的关键任务。这可能涉及对人工智能系统的伦理审查，确保它们在设计和实施过程中遵循道德和社会责任。同时，政府还应该与国际社会合作，共同制定全球性的规则和标准，以应对人工智能技术可能带来的跨国挑战。

随着人工智能技术的不断进步，政府的角色变得越来越重要。通过加强监管、制定法律法规、保护公民权益以及防止技术滥用，政府可以确保人工智能技术的发展既快速又安全，为社会带来积极的影响，同时避免潜在的风险和问题。这是一项复杂但至关重要的任务，需要政府、科技界和社会各界的共同努力和协作。

小结一下，人工智能技术对公平正义的影响是双重的，既有可能加剧不平等现象，也有可能成为促进社会公平正义的有力工具。我们需要在推动人工智能技术发展的同时，不断加强对其潜在风险的认识和应对，以确保人工智能技术的发展能够造福整个社会，促进公平正义的实现。

四、促进社会的稳定安宁

（一）科技的发展带来了巨大的就业机会和可能

科技的发展在中国为人们提供了广泛的就业机会和创业平台，这是因为科技的进步不仅推动了传统产业的升级，还孕育了许多新兴产业和新型业态。

互联网行业是一个典型的例子。随着互联网技术的普及和互联网基础设施的完善，互联网行业迅速崛起，成为中国经济的重要支柱之一。在这个行业里，不仅有像阿里巴巴、腾讯这样的巨头企业，还有大量的初创企业和创业者。从程序员、产品经理、设计师到市场营销、客户服务等岗位，互联网行业提供了丰富多样的就业机会，吸引了大量年轻人加入其中。

人工智能、大数据、物联网等新兴技术领域也是就业的热点。随着这些技术的不断发展和应用，需要大量的技术人才来进行研发、应用和维护。这些领域的就业机会涵盖了从科研院所、高校到企业和创业团队等多个层面，为具有相关专业背景和技能的人提供了广阔的就业空间。

此外，电子商务、在线教育、共享经济等新型业态也为就业创业提供了新的机会。随着消费习惯的变化和新业态的兴起，涌现了许多新型企业和服务模式，为有创业梦想的人提供了更多的发展平台。

总的来说，科技的发展不仅推动了传统产业的转型升级，还催生了许多新兴产业和新型业态，为人们提供了丰富多样的就业机会和创业平台，促进了经济增长和社会稳定。

（二）科技的发展为生活提供了极大的安全感

在这个时代，科技如同一位无形的守护者，悄然无声地为我们的日常生活编织了一张安全网。它不仅改变了我们与世界互动的方式，更在背后默默守护着我们，让我们在享受现代生活便利的同时，也感受到了前所未有的安全感。

想象一下，城市的每一个角落都被智能摄像头所覆盖，它们如同无数双警觉的眼睛，不分昼夜地守护着我们的安全。人脸识别技术的应用，让那些心怀不轨之人无处藏身，而大数据分析则如同一位富有智慧的侦探，从海量信息中抽丝剥茧，为警方提供了侦破案件的关键线索。这些技术的结合，让我们的居住环境变得更加安全，仿佛有一道无形的屏障，保护着我们免受伤害。

网络安全，这个在数字时代尤为重要的议题，也得到了国家的高度重视。通过一系列法律法规的建立和完善，以及网络监管和技术防护的不断加强，我们的个人信息安全得到了坚实的保障。区块链技术的引入，更是如同一道坚固的盾牌，保护着我们的数据安全，让网络交易和通信变得更加安全可靠。

在交通安全方面，智能交通系统的发展，让我们的出行变得更加智能和安全。智能信号灯能够根据实时交通流量自动调整信号，减少拥堵和事故的发生。自动驾驶技术则让我们看到了未来出行的无限可能，它通过精确的算法和传感器，让汽车能够在复杂的交通环境中安全行驶，大大降低了交通事故的发生率。车辆监控系统则如同一位细心的管家，时刻关注着车辆的安全状态，为我们的出行保驾护航。

在灾害预警与防治领域，科技的进步让我们在面对自然灾害时更加从容。地震预警系统能够在地震发生前的宝贵时间内发出预警，为人们争取到逃生的时间。气象预报技术的发展，让我们能够更加准确地预测天气变化，及时采取应对措施，减少自然灾害带来的损失。

医疗健康领域，科技的发展让我们享受到了更加高效和精准的医疗服务。远程医疗技术让偏远地区的患者也能享受到优质的医疗服务，智能医疗设备则能够实时监测患者的健康状况，及时发现异常。疾病预测模型则通过分析大量的医疗数据，预测疾病的发展趋势，为疾病的预防和治疗提供了有力的支持。

智慧城市的建设，通过物联网、云计算等技术，将城市管理的各方面整合在一起，形成了一个高效、智能的城市管理系统。这个系统能够实时监测城市的运行状态，及时发现和处理各种问题，提升了城市应对突发事件的能力。对居民来说，智慧城市不仅意味着更加安全和便捷的生活，更是一种全新的生活方式。

信息共享与协同，科技的发展让不同部门之间的合作更加高效，共同应对各种安全挑战。这种协同工作模式，提高了社会治理的整体效能，为我们的安全提供了更加坚实的保障。

科技的发展在提升我们的社会安全感方面发挥了至关重要的作用。它不仅提高了公共安全的水平，也增强了我们对日常生活安全的信心。随着科技的不断进步，我们可以预见，未来的社会将变得更加安全、和谐和美好。

（三）智慧城市与城市管理

智慧城市是运用信息和通信技术（ICT）来提高城市服务的质

量和性能，提高居民生活质量，同时减少资源消耗和环境影响的概念。智慧城市的发展与城市管理紧密相关，它通过集成创新技术来优化城市运作，提升城市管理的效率和效果。以下是智慧城市在城市管理中的几个关键应用领域：

智能交通系统（ITS）是智慧城市的核心组成部分，它通过实时监控交通流量、车辆位置和速度等信息，优化交通信号控制，减少交通拥堵。此外，智能停车解决方案能够帮助驾驶员快速找到可用的停车位，减少因寻找停车位而产生的额外交通。智能交通系统还包括公共交通管理，如智能调度和实时信息提供，以提高公共交通的可靠性和吸引力。

智慧城市通过智能电网和能源管理系统来提高能源效率，减少浪费。智能电表可以实时监测能源消耗，为居民和企业提供准确的能源使用数据，帮助他们更好地管理能源使用。此外，智慧城市鼓励使用可再生能源，如太阳能和风能，并通过智能电网技术实现能源的有效分配和存储。

水资源的高效管理对于城市可持续性至关重要。智慧城市利用物联网技术来监控水质和水量，确保供水系统的安全和高效。智能水表和泄漏检测系统可以及时发现和定位漏水问题，减少水资源的浪费。

智慧城市通过环境监测系统来跟踪空气质量、噪声水平和废弃物处理等环境因素。这些数据可以帮助政府制定有效的环境保护政策和措施。例如，通过分析空气质量数据，可以采取限制车辆行驶、优化工业排放等措施来改善空气质量。

智慧城市通过部署先进的监控和报警系统来提高公共安全治理水平。例如，视频监控系统可以用于犯罪预防和应急响应，而智能传感器可以用于监测火灾、洪水等自然灾害的早期迹象。此外，智慧城市还可以通过社交媒体和移动应用程序来及时向居民发布安全警报和信息。

电子政务是智慧城市的一个重要方面，它通过提供在线服务来提高政府服务的透明度和可访问性。居民可以通过电子政务平台办理各种政府事务，如缴纳税费、申请许可证和获取政府信息等，这大大提高了政府服务的效率和便利性。

智慧城市鼓励居民参与城市管理和决策过程。通过移动应用程序和在线平台，居民可以提供反馈、报告问题和参与社区活动。这种参与不仅增强了社区的凝聚力，也帮助政府更好地了解和满足居民的需求。

智慧城市的发展为城市管理带来了新的机遇和挑战。通过有效利用创新技术，智慧城市可以提高城市管理的效率和质量，同时提升居民的生活质量。然而，智慧城市的建设也需要考虑到数据安全和隐私保护等问题，确保技术的发展能够造福于民，而不是成为新的负担。

第五章

中华文明发展的文化特征

第一节　文明中的文化功能

文化是社会系统中的一个重要的社会活动子系统，有着突出的地位和自身的诸多重要特质。对文化功能的揭示，应将其纳入社会系统的背景下进行整体的结构性的考察。根据中华文明建设的现实需求及其目标取向，文化所具有的传承文明的价值导向、推动社会文明和社会发展等重大功能的发挥，对建立有利于个性健康和社会良性运行的文化环境和社会价值规范，促进社会成员在良好的文明氛围下完成社会化过程具有重大的现实意义。

一、文化是传承文明的价值导向

理论必须服务于现实，对现代文明中的文化功能分析不应满足于理论上的描述和系统化的归纳，而应以更大的力量促使文化的积极功能在中华文明建设实践中得到充分发挥，这就需确立和强调文化在传承文明的价值导向方面的功能。

文化是人类历史发展的产物，具有鲜明的时代特征，是自从人类诞生以来，人类在认识和改造客观世界的过程中，通过征服并利用自然，协调群体之间的关系，调节自身的情感所表现出来的时代特征、地域风格和民族样式。据考证，最早对文明和文化进行区别的是康德，他指出："由于有了艺术和科学，我们达到了文化的高水准。就互相交往中的谦恭礼貌、文质彬彬来说，我们已经是过分文明了。但是我们离道德上的尽善尽美尚有一遥远的距离。的确，德行的思想属于文化范畴；但是这一思想的实际应用只构成文明，因为这只是爱荣誉和讲究仪表方面的道德类似物。"[1]在这里，康德认为文化归属于绝对道德观念的领域，而文明是文化的外部类型，是指人类社会发展的历史阶段，是人类改造自然和改造社会的积极成果，是一个民族、国家、地域或具有共同精神信仰的群体的精神财富和物质财富的总和。

文明与文化既有相同点也有差异性。二者的联系表现在：其一，文化与文明的创造主体都是人；其二，文化与文明都是生产实践的产物；其三，文明是文化的内在价值，文化是文明的外在表现形式。只有基于本国大多数人民和全人类根本利益的价值观，才能代表历史发展的方向。一般来说，文明的内在价值总要以文化的外在形式体现出来，而文化的外在形式之中又总会包含着文明的内在价值。文明是文化的历史积淀，而文化则是文明的外在表现。从一定的意义上讲，一个社会的文化发展程度越高，社会文明的水平也就越高。当然，在人类创造的所有文化成果中，只有积极的、进步的成分才可以称得上是文明。

中国是一个多民族国家，各个民族相互融合发展，经历了上下五千年的文明史，形成了具有中国特色的民族生活习惯和文化。

[1] 转引自钟克钊等：《社会主义精神文明》，上海人民出版社，1986年，第36页。

国家的核心价值观必须建立在民族文化基础之上。作为人们判断是非曲直、善恶美丑标准的价值观，就是一个民族、一个国家的价值观，就是这个民族、这个国家追求理想生活目标的叙述系统。从民族文化特征方面分析，核心价值观代表着一个民族文化的心理需求。在核心价值体系中不是所有的文化思想都能被纳入其中，这些文化和思想必须具备一定的条件才能成为核心价值观，而这个条件指的是我们上面所说的民族文化。一个民族的核心价值所包含的文化必须经得起历史的考验，它必定是民族生命力的源泉和文化延续的内聚力。从这些方面我们能够感受到中国文化的核心文化价值，所以吸收民族传统文化精华是构建社会主义核心价值观的主要途径。

社会主义核心价值观是观念与行为相统一的文化现象。作为引领人们行为规范的价值目标、价值标准和价值追求，核心价值观是一个国家在一定时代的文化灵魂。培育和践行社会主义核心价值观只有与一定时代的文化内容与文化活动相契合，以一定的文化形式来表达，才能融入人的内心世界，并对人们健康思想观念的养成发挥长久的作用。作为一个多民族国家，中国各个民族相互融合发展，经历了上下五千年的文明史，形成了具有中国特色的民族生活习惯和文化。国家的核心价值观必须建立在民族文化基础之上，只有这样才能体现具有中国特色的价值理念，才能促进社会主义核心价值观凝聚力的提高。

价值观具有历史性和民族性，每个时代都有凝聚着这个时代精神的价值观念，每个民族都有自己独特的价值观念。正如习近平总书记所指出的："一个民族、一个国家的核心价值观必须同这个民族、这个国家的历史文化相契合，同这个民族、这个国家的人民正在进行的奋斗相结合，同这个民族、这个国家需要解决的时代问题相适应。"[1]近代以来，人们都在谈论自由、民主、人权，尤以西方调门最高，但问题在于，它们企图垄断对自由、民主、人权等价值观的解释权，并以各种软硬手段付诸实施。不可否认，基于欧洲近代资产阶级革命的需要，作为封建主义对立面出现的西方所谓自由、民主、人权等价值观，曾发挥过推动历史进步的积极作用。但由于资产阶级的历史局限性，这些价值观最终沦为具有历史暂时性、特殊性、片面性、狭隘性的观念。

社会主义核心价值观清晰地告诉我们，社会主义社会的人民应该享有更高程度的民主、更为全面自由发展的权利。中国人民所要求的是真真切切的生存权和发展权，是在这个基础上享有的广泛的经济、政治、文化和社会日常生活的协商权、监督权、参与权，中国人民希望生活在一个人人均可出彩的社会之中，中国人民希望每个地区、每个家庭、每个人都能够摆脱贫困。中国价值观彰显于人民创造美好生活的叙事情节之中：新中国的成立，

---

[1]《习近平：青年要自觉践行社会主义核心价值观——在北京大学师生座谈会上的讲话》,《人民日报》2014年5月5日,第2版。

使中国人民有了平等公正的社会制度；改革开放，让中国人民逐渐富裕起来；中国特色社会主义进入新时代，我们党不断推进国家治理体系和治理能力现代化，最大限度地增进人民福祉。社会主义核心价值观是适应历史条件、符合人民需要的价值观，也是凝聚中国力量、体现中国智慧、引领中国社会发展的价值观。中国文化对促进社会主义核心价值观建设具有多方面的重要作用：

（一）优秀传统文化的滋养

中国传统文化中蕴含着丰富的价值观念，如仁爱、诚信、正义、和谐等。这些传统价值观经过传承和创新，与社会主义核心价值观中的"友善""诚信""公正""和谐"等内容相契合，为社会主义核心价值观提供了深厚的文化根基和历史渊源。

（二）道德规范的传承

中国文化中的道德规范，如尊老爱幼、尊师重道、礼义廉耻等，对于培养公民的道德品质和社会责任感具有重要意义。这些道德规范有助于人们践行社会主义核心价值观中的"爱国""敬业""友善"等要求。

（三）民族精神的凝聚

中华民族在长期发展过程中形成了以爱国主义为核心的团结统一、爱好和平、勤劳勇敢、自强不息的伟大民族精神。这种民族精神激励着人们为实现国家富强、民族振兴、人民幸福而努力奋斗，与社会主义核心价值观中的"富强""民主""文明""和谐"

等目标相呼应。

（四）文化经典的教育

中国的文化经典，如《论语》《孟子》《大学》等，包含着丰富的人生智慧和价值导向。通过学习和研究这些经典，可以深化对社会主义核心价值观的理解和认同。

（五）艺术形式的传播

中国的传统艺术形式，如诗词、戏曲、书法、绘画等，以生动形象的方式传递着价值观。它们能够激发人们的情感共鸣，使社会主义核心价值观更深入人心。

（六）社会风尚的引领

中国文化中倡导的良好社会风尚，如互帮互助、邻里和睦、勤俭节约等，有助于营造积极向上的社会氛围，促进社会主义核心价值观在社会生活中的落地生根。

总之，中国文化是社会主义核心价值观的重要源泉和有力支撑，通过传承和弘扬中国文化，才能体现具有中国特色的价值理念，才能促进社会主义核心价值观凝聚力的提高，更好地培育和践行社会主义核心价值观，推动社会的进步和发展。

二、文化是文明发展的基本要素

文化与文明自诞生起就始终与人的自由以及人类社会的发展变迁密切相连，人在实践中完成了对人的概念的丰富，也在实践中形成了人的类概念的意识。文化既是人类不同族群价值体系不断构建的结果，也实现了凝聚族群的作用，同时以教化的形式不断地将这种价值体系代代传承，并在法律、习俗、宗教等社会规范中不断固化，从而塑造了一个类意识的概念，在这个类意识概念的凝聚下，民族的向心力和凝聚力逐步形成。[1]当今世界已经进入追求社会进步和文明发展的时代，文化依然是文明发展的基本要素。

首先，文化包含了人类所创造的一切财富，有物质、制度的及纯意识、精神层面的东西；也有教育、科技、文学、艺术、政治等领域的成就。文化是知识和技能的载体，通过语言、文字、艺术等形式，传承了人类在科学、技术、农业、手工艺等方面的知识和经验。这些知识的积累和传播使得人类能够不断改进生产方式，提高生活水平，推动文明在物质层面的发展。文化又是我们新知、新思想的来源，是发展的基石。文化中蕴含的哲学、宗教、道德观念等，塑造了人们对世界的认知方式和价值判断，引导着人们的行为和思考方向，为文明的演进提供了理念指导，为文明的发展提供了思想基础。可以认为，文明是文化的内在价值，文化是文明的外在表现形式。从一定的意义上讲，一个社会的文化发展程度越高，社会文明的水平也就越高。因此，文化具有很强

---

[1] 马陇平：《文化与文明的现代走向与哲学理路》，《甘肃社会科学》2021年第6期，第101—108页。

且长期的牵拉力与内动力，文化繁荣是科学发展和提升我们的文化生活追求与生活标准的基础。在中华文明建设的进程中，文化强民、文化强国，对于文明突破陈规、实现社会全面进步具有重大的意义。

其次，文化赋予文明以独有的特征和身份认同。每个文明都有其独特的文化表现，如风俗习惯、建筑风格、服饰饮食等。不同国家和民族自然会以各自的立场来对文化与文明的概念进行不同的诠释，因此必须从历史的维度和民族的视角去把握，才能够理解文化与文明概念的复杂性与多样性。在中国传统文化中，《周易·贲卦》记载："刚柔交错，天文也；文明以止，人文也。观乎天文，以察时变，观乎人文，以化成天下。"人文与天文相对应，天文即中国文化之道，强调自然本身与自然规律，人文则指人对道的观察与理解，以及通过社会实践中的理解而产生出人们普遍认可的道，并将之推及天下从而谓之文化。中华文明的这种独特性不仅丰富了人类文明的多样性，也增强了人们对自身文明的认同感和自豪感，从而促进了文明的传承和发展。文明的本质是人的价值体系多元化与进步性，这是人全面自由发展的历史使命所决定的，既代表着物质文明的成就，也代表着精神文明的进步。

此外，文化促进了社会的整合与协调。共同的文化信仰、规范和传统有助于减少社会冲突，增强社会凝聚力，建立和谐的社会秩序，为文明的稳定发展创造良好的社会环境。中国优秀传统文化博大精深、内涵丰富。从地域上说，以黄河文化、长江文化为代表的多个文化区形态各异；从影响范围来说，既有官方文化形成的"大传统"，也有民间文化的"小传统"；从学术思想上说，儒释道互相包容、形成互补，影响了中国人精神结构的形成。但是，毋庸置疑，两千多年以来，儒家文化是中华民族的精神核心。儒家文化有着强有力的伦理规范功能，这一点在"枫桥经验"的产生与发展过程中表现得尤其明显。

20 世纪 60 年代的社会主义教育运动中，浙江省诸暨市枫桥镇的干部群众创造了"发动和依靠群众，坚持矛盾不上交，就地解决。实现捕人少，治安好"的"枫桥经验"。1963 年 10 月底，毛泽东主席闻讯，在杭州听取公安部有关负责同志汇报时说："这叫做矛盾不上交，就地解决。"并指示有关部门要好好总结。同年 11 月 22 日，毛泽东同志在公安部递呈的书面发言稿上批示："要各地仿效，经过试点，推广去做。"同日，毛泽东同志在与有关负责同志口头谈话时指出，"枫桥经验"回答了两个问题：一是群众为什么懂得要这样做；二是证明依靠群众办事是个好办法。从此，"小事不出村，大事不出镇，矛盾不上交"这一经验，传遍了大江南北。今天，"枫桥经验"作为预防化解矛盾、和谐治理社会的特色经验，是中国基层开展"安全"治理的有效典型，是社会治安综合治理和社会管理创新的样板。"枫桥经验"已成为推进"平安中国"建设的宝贵精神财富和有效利器。在随后的六十几年中，"枫桥经验"由最初的教育人、改造人的经验，逐渐发展成为一种基层社会治理的典范，并在浙江省乃至全国得到推广。在"枫桥经验"成为基层社会治安综合治理典范的过程中，充分体现了"仁爱""和谐""礼治"等以儒家文化为代表的中华传统文化的核心理念在现代社会治理中发挥的柔性引导作用。剖析"枫桥经验"的文化内涵可以发现中华传统文化在提高人们的道德修养、协调社会关系方面彰显出的现代价值。重视中华传统文化的现代价值，可以帮助人们进一步增强文化自觉意识，确立文化自信，并且提升文化建设的战略眼光。改革开放40多年，中国取得了令世界瞩目的成就，中国模式、中国奇迹都离不开中华优秀传统文化铸就的中国人独特的思维方式和中国人强大的精神力量。

文化还具有激励和鼓舞的作用，能够激发人们的创造力和奋斗精神，促使人们为实现更高的文明目标而努力。文化推动文明发展主要通过以下几方面：

（一）知识传承与积累

文化承载着人类在各个领域的知识和经验，通过教育、书籍、口头传承等方式将这些知识传递给后代，使得后人能够在前人的基础上不断发展和创新，从而推动文明的进步。

（二）价值观塑造

文化中的价值观和道德规范为社会成员提供了行为准则和共同的价值取向。积极、正义、包容的价值观能够促进社会的和谐、稳定与发展,引导人们追求真、善、美,推动文明向更高层次迈进。

（三）激发创造力和创新

丰富多样的文化环境能够激发人们的创造力和想象力。不同的文化元素、艺术形式、思想观念相互碰撞和融合,产生新的创意和发明,推动科技、艺术、文学等领域的发展,进而促进文明的进步。

（四）促进交流与合作

文化是人类交流的重要媒介。不同地区、民族和国家的文化交流,促进了相互了解、学习和借鉴。这种交流与合作能够打破隔阂,整合资源,共同解决全球性问题,推动人类文明的共同发展。

（五）培养社会凝聚力

共同的文化认同能够增强社会成员之间的归属感和凝聚力。它使得人们在面对困难和挑战时能够团结一心,共同努力,为社会的发展和文明的进步贡献力量。

（六）适应和变革

文化具有一定的适应性和灵活性,能够随着社会环境的变化而调整和变革。这种适应能力使得文明能够在不断变化的世界中生存和发展,应对各种挑战和机遇。

总之,文化在思想、知识、认同、社会和谐以及精神激励等方面为文明的发展提供了关键的支撑和推动,文化是文明发展的内在动力和精神支撑,它在人类社会的进步中发挥着不可或缺的作用。

三、文化与文明是社会发展的基石

（一）文化与文明紧密相连，共同促进社会发展

文化和文明在很多方面紧密相连、相互影响，共同为社会发展发挥积极作用，从这个角度看，用"孪生姐妹"来形容它们的协同关系是一种富有创意且形象的比喻，也有一定的合理性。然而，文化和文明也存在一些区别：文化更侧重于人类在社会中创造的各种精神和物质成果的总和，包括艺术、语言、习俗、信仰等方面；而文明则通常更强调社会发展的较高阶段，涉及较为复杂的社会结构、先进的技术、规范的制度等。所以，虽然可以用"孪生姐妹"这样的比喻来强调它们的紧密联系和共同作用，但也要认识到它们并非完全相同的概念。

马克思、恩格斯并没有给文化和文明概念下过明确的定义，但他们常常在论著中直接使用文化与文明这样的词语。现在，学界对这两位经典作家的这两个概念所存在的理解困难，一方面是由于文化与文明问题还不是当时社会生活实践中的重要问题，因而导致他们没有对其做过多专门的论述；另一方面是由于理解者所处的文化环境和不同的解释角度，再加上不同文化现象的复杂性等，这些都使这两个概念呈现出理解的多样性。我们今天所理解的一般的"文化"（广义文化）与"文明"概念，是受早期文化人类学家的影响而形成的。他们主张把文化看作一个总体概念，文明则是一个分概念，在这一观念下，文化指人类实践活动所创

造的一切物质、精神成果；而文明则指文化的进步方面，一般专指人类实践活动的积极的物质与精神成果的总和，它是社会进步与人类开化的标志，与蒙昧和野蛮相区别，并且还含有价值判断的意义。[1]马克思对人类学家在考察原始社会时把"文化内容"等同于"社会内容"的观点，也有自己的评论。他指出："无论是这个社会的意识'插手'人们的物质生产，还是这个社会的文化发展与社会意识融成一体，都与社会没有分开……而人类学家在研究迄今保留下来的原始残存的部落社会结构时，把这些结构与这些部落'写下'的，在他们的行为和意识中不可分割的文化混为一谈，这都不是偶然的。"[2]显而易见的是，马克思肯定了文化与文明对社会发展所具有的促进作用，文化与文明是社会发展的基石。

1961年出版的《世界百科全书》提出文明主要指"开化的社会""社会的高度发达""文明事业"等。德意志民主共和国《迈尔百科词典》中的文明概念"泛指人类社会继原始社会最简陋生活方式之后的发展阶段，这个阶段的特点是生产力有了提高，与此相联系，农业、畜牧业、手工业、商业和工业，以及社会和国家组织构成有了发展。一般亦指物质文化"。[3]从静态的角度看，文明

---

[1] 孙晶：《马克思、恩格斯的文化与文明概念考察》，《成都大学学报(社会科学版)》2001年第1期，第1—5页。

[2] 转引自〔苏联〕弗·让·凯勒主编：《文化的本质与历程》，陈文江、吴骏远等译，浙江人民出版社，1989年，第137页。

[3] 参见菲利普·巴格比：《文化：历史的投影——比较文明研究》，夏克、李天纲、陈江岚译，上海人民出版社，1987年，第25、100页。

是人类社会创造的一切进步成果；从动态的角度看，文明是人类社会不断进化发展的过程。马克思曾把文化的发展、农业和手工业的发展、劳动的分工和结合等等，都视为文明的应有之义。恩格斯也曾把人类社会所出现的一切物质财富、精神财富看作文明的内容。他指出，人类创造的物质财富和精神财富的社会形式同文明直接联系，而文明就是人类在克服这些矛盾的努力中所达到的历史进度。文明是衡量社会发展或进步的综合尺度，它随着社会的发展或进步而不断丰富和深化自身的内容。

文化与文明对社会发展具有多方面的重要促进作用。

文化和文明提供价值导向，承载着历史、价值观、信仰、艺术、传统和知识等丰富的内涵，包含了一系列的价值观、道德规范和行为准则，为社会成员提供了明确的是非标准和行为方向。共同的文化和文明认同能够增强社会成员之间的联系和归属感，使人们团结在一起，共同为社会的发展努力。这种凝聚力有助于应对各种挑战和困难，有助于形成积极向上的社会风气，促进社会的和谐与稳定。

文化与文明赋予人们身份认同感和归属感，塑造了个体的思维方式和行为模式。文化通过教育、传统、艺术等形式，传承了人类积累的知识、技能和经验，这些知识和经验是社会发展的基础，能够让后人在前人的基础上不断创新和进步。

文化与文明传承知识和经验，提升社会素质和教育水平。通过普及教育、推广文化活动,提高社会成员的文化素养和综合能力,为社会发展提供高素质的人才。文明的社会注重教育和个人素质的培养,激发创造力。

文化与文明能塑造促进社会进步发展的社会制度和治理模式。文化和文明中的价值观和理念会影响社会制度的设计和治理模式的选择,使其更符合社会的需求和期望,促进社会的公平正义和有效治理。同时,文明的社会环境也能够吸引投资和人才,促进经济的可持续发展,具有独特文化特色的产业,如文化旅游、传统手工艺等,也可以成为经济增长的新引擎。丰富精神生活,为人们提供精神寄托和情感满足,缓解压力,提升生活质量,使社会成员在物质丰富的同时也能享受到精神上的充实。

(二)以史为例及对中华文明建设的启示

中国历史上可称为盛世的有大汉盛世、大唐盛世和康乾盛世,充分体现了经济与文化、文明互相影响,互相促进,共同繁荣,促进了中华文化与中华文明的迅速发展与传播。

大汉盛世以汉文帝和汉武帝"汉武之治"为标志,是中国古代的一个盛世,前后延续了 93 年。汉代的文化发展,首先表现在文字及其承载物的改良与进化,文字从繁难的秦篆过渡到简易的隶书,进入平民百姓之家;载体也从繁重的竹简、木简改变为轻便易携的绢书、帛书。当时儒家思想得到尊崇和推广,成为社会的主流思想,对社会秩序、道德规范和政治治理产生了深远影响。

史学方面也成就显著,司马迁的《史记》是中国第一部纪传体通史,具有重要的历史和文学价值。文学上,汉赋华丽恢宏,展现了大汉的强盛和繁荣。文化的进步极大地促进了文明的传播,不仅有利于朝廷政令的上传下达,而且极大地促进了社会文化与文明的传播与交流,张骞出使西域开通了后世瞩目的"丝绸之路",极大地促进了中西方文化交流。

大唐盛世时期,文化呈现出高度的繁荣和多元。诗歌达到了前所未有的高峰,出现了众多著名诗人,如李白、杜甫、王维等,他们的诗作题材广泛、风格各异,以讴歌大唐雄风为主题的"唐诗"一扫六朝靡艳风气,并迅速形成了一种冠古绝今的文学样式,律诗、绝句、竹枝词、散文及书经的学习和创作成为遍及城乡士民的文学活动,展现了丰富的社会生活和深刻的思想情感。书法、绘画艺术也蓬勃发展,吴道子的绘画、颜真卿等书法家的作品都具有极高的艺术价值。同时,佛教文化与本土文化相互融合,形成了独特的宗教文化景观。盛世导致对外文化交流频繁,促进了文化的传播与融合,并通过"陆上丝绸之路""海上丝绸之路""水上陶瓷之路"传播国外,大批"遣唐使"进入中国,大唐文明气象成为域外国家学习交流的榜样,唐朝文化具有强大的影响力和吸引力。

康乾盛世历经康熙、雍正、乾隆三朝,以清圣祖康熙朝、清高宗乾隆朝为标志,历时 134 年。在康熙、乾隆两朝,西方世界近代资本主义迅速发展，国内社会、经济、文化的发展也到了鼎盛时期。文学方面，小说创作取得了突出成就，如《红楼梦》《聊斋志异》《儒林外史》等；官方组织编纂了大型图书，如最具历史文化实用价值的《康熙字典》，中国最浩瀚的大百科全书《四库全书》就是在这个时期修纂的，体现了朝廷对文化整理和传承的重视。可惜对内大兴"文字狱"，对外实施"闭关锁国"政策，一定程度上限制了思想的自由和文化的创新，此后，强盛的大清帝国也逐渐走向衰落。

总体而言，文化在这三个盛世时期都发挥了重要作用，不仅是盛世的重要表现，也为中华文明延续和发展提供了重要的启示。一是要大力弘扬主流价值观：大汉盛世推崇儒家思想，当代也需要确立和弘扬积极向上、符合时代需求的主流价值观，凝聚社会共识，引导人们的行为和思想，促进社会和谐稳定。二是重视文化交流与融合：大唐盛世文化的多元性与包容性使其充满活力，尊重不同的文化形式和观念，促进多元文化共同发展。文化繁荣得益于其积极对外交流，进而丰富自身文化内涵，推动中华文化走出去，提升文化影响力。三是重视文化传承与保护：清朝对文化的整理和传承有一定作为。当代要重视对传统文化的保护、传承和挖掘，让优秀传统文化在现代社会焕发出新的活力。

（三）新时期文化工程与文明建设的新号角

2024 年 7 月 18 日发布的《中国共产党第二十届中央委员会第

三次全体会议公报》提出，要不断加强宣传思想文化工作，完善生态文明制度体系、完善生态文明基础体制，聚焦建设社会主义文化强国，深化文化体制机制改革，要"优化文化服务和文化产品供给机制，健全网络综合治理体系，构建更有效力的国际传播体系"。"全会提出，中国式现代化是物质文明和精神文明相协调的现代化。必须增强文化自信，发展社会主义先进文化，弘扬革命文化，传承中华优秀传统文化，加快适应信息技术迅猛发展新形势，培育形成规模宏大的优秀文化人才队伍，激发全民族文化创新创造活力。"[1]吹响了新时期文化工程与文明建设的新号角。

　　一个国家、一个民族的兴盛，总是以文化兴盛为重要标志。提高国家文化软实力，关系中华民族伟大复兴中国梦的实现、人类命运共同体的构建。早在党的十八大召开后，党中央作出一系列重大决策部署，高度重视文化工作，推出一系列重大政策举措，推动中国特色社会主义文化繁荣发展。文化建设是培根铸魂、凝神聚力的重要事业。繁荣发展文化事业和文化产业，有助于发展社会主义文化，坚持和发展中国特色社会主义和中华文明建设，有助于更好满足人民的文化需求、实现人民对美好生活的新期待；有助于以文化人、以文育人、以文培元，增强人民精神力量、促进人的全面发展；有助于培育弘扬社会主义核心价值观，建设中

---

〔1〕《中国共产党第二十届中央委员会第三次全体会议公报》，中华人民共和国中央人民政府门户网站，https://www.gov.cn/yaowen/liebiao/202407/content_6963409.htm。

华民族共有精神家园；有助于传承中华文明，提高国家文化软实力、提升中华文化影响力，发展人类文明新形态。党的二十大报告也提出，坚守中华文化立场，提炼展示中华文明的精神标识和文化精髓，加快构建中国话语和中国叙事体系，讲好中国故事、传播好中国声音，展现可信、可爱、可敬的中国形象；加强国际传播能力建设，全面提升国际传播效能，形成同我国综合国力和国际地位相匹配的国际话语权；深化文明交流互鉴，让中华文化与中华文明更加深入人心，推动中华文化更好地走向世界。

当前，党中央高度重视文化改革发展，一再把文化建设作为中国特色社会主义"五位一体"总体布局的重要内容作出战略部署，把文化体制改革作为全面深化改革的重要组成部分加以谋划推进。如组建文化和旅游部，成立中央网络安全和信息化委员会，由中宣部统一管理新闻出版和电影工作，组建国家广播电视总局和中央广播电视总台……习近平总书记多次强调，要坚定不移将文化体制改革引向深入，不断激发文化创新创造活力。[1] 文化体制机制改革变革深、影响大，涉及国有文化资产管理、文艺创作、文艺评奖、媒体融合、新型智库、文化贸易、文化金融、文化市场和文化财税等各方面，电影、戏曲、动漫、出版等行业在深化改革中加速成长；我国大步跨入现代公共文化服务体系建设新阶段，

---

[1]《习近平：举旗帜聚民心育新人兴文化展形象 更好完成新形势下宣传思想工作使命任务》，《人民日报》2018年8月23日，第1版。

公共文化基础设施网络建设突飞猛进，与人民美好生活相适应的公共文化产品生产供给日趋丰富，城乡人民群众对公共文化服务的满意度显著提升，不断向高质量发展目标迈进。

值得注意的是，文化的相互接触与互融是文化发展的必然属性，但是文明是文化发展的阶段性成果，文明在保证先进性和开放性的同时，又以和平发展作为解决文明与文化冲突的关键。人类命运共同体的命题必须在文明的内核中建立核心竞争力，一个不能在物质生产能力上具有先进性的文明，是不具备在人类命运共同体中建立共识的基础的，人类命运共同体最终落脚在文明的先进性与开放性中。文明的先进性不光指物质生产技术的先进性，还包括社会制度的先进性，检验社会制度的先进性应该放在社会对创新能力提升的促进上，也要包括社会的包容度，但是最终必须落脚在人类的此岸幸福中。全球化的趋势不可逆转，这也是人类社会发展的必然趋势。[1]

目前,科技革命的发展已经使当今世界开始进入 AI（人工智能）社会发展新阶段，文化与文明又将如何应对与发展呢？社会发展的每一个新阶段，都会带来新一轮的工业革命，将会大量地淘汰传统劳动力，而且会有不少行业因为 AI 的兴起而消失。AI 时代的到来带给我们的不仅是机遇，还有挑战。其实，即使在人工智能

---

〔1〕 马陇平:《文化与文明的现代走向与哲学理路》,《甘肃社会科学》2021年第6期,第101—108页。

的时代，人类文化与文明依然具有极其重要的作用。人工智能虽然带来了巨大的变革和便利，但它是由人类创造和发展的，其目的也是服务人类。人类文化和文明为人工智能的发展提供了方向和伦理准则，确保其应用是有益和符合人类价值观的。而且，人类的创造力、情感、同理心、批判性思维等特质，这些都深深植根于人类文化和文明之中，是无法被人工智能完全替代的。总之，在人工智能时代，人类文化与文明不仅有用，而且对于引导科技发展、维护人类的独特价值和尊严，以及构建一个和谐、有意义的社会，都具有不可替代的关键作用。

第二节　民族焕发的精神力量

中华民族在长期历史发展中形成了独特的价值体系、文化内涵和精神品质；中华优秀传统文化源远流长、博大精深，凝聚着中国人几千年来的智慧，包含着中华民族最基本的精神基因。崇尚天下为公、克己奉公，信奉天下兴亡、匹夫有责，中国人的家国情怀和大爱胸怀是中华优秀传统文化的精魂所系，在漫长的历史长河中，形成了强大的精神力量，支撑着这个伟大的民族历经风雨、砥砺前行。中华民族的精神力量是我们宝贵的财富，它深刻地影响着中国人的思想方式和行为方式，为中华民族的发展壮大提供了丰厚滋养，也为人类文明进步作出了卓越贡献；它激励着我们在实现中华民族伟大复兴的征程中不断前进，创造更加辉煌的未来。我们应当传承和弘扬这些优秀的精神品质，让中华民族的精神力量在新时代焕发出更加耀眼的光芒。

一、千年传承的文化自信

文化自信，是一个国家、一个民族、一个政党对自身文化价值的充分肯定，对自身文化生命力的坚定信念。文化自信有特定的内涵，源自传统文化，既来自中华文化本身的深厚积淀和优秀品质，又熔铸于革命文化和社会主义先进文化，植根于中国特色社会主义事业的伟大成就和蓬勃生机。

（一）文化自信的内涵意蕴

毛泽东指出："一定的文化（当作观念形态的文化）是一定社会的政治和经济的反映。"[1]无论是坚定文化自信，还是建设文化强国，首先要对"一定的文化"有足够的了解，深刻把握文化的历史脉络、主要内容和基本精神。我们今天所讲的文化自信，是对中国特色社会主义文化的认同、肯定和坚守。

文化自信，是一个国家、一个民族、一个政党对自身文化价值的充分肯定，对自身文化生命力的坚定信念。近年来，文化自信在习近平总书记公开演讲和谈话中日益凸显。2014 年 2 月，在

---

[1]　毛泽东:《毛泽东选集》第二卷,人民出版社,1991年,第663页。

中央政治局集体学习的时候，习近平同志第一次提出了要"增强文化自信和价值观自信"的思想，之后又先后在全国文艺工作座谈会上、在 2014 年 12 月 20 日与澳门大学生座谈时、在 2016 年 5 月 17 日哲学社会科学工作座谈会上的讲话中，提出了文化自信的重要命题，要求党员干部特别是全国的文艺工作者一定要有文化自觉的意识，把文化自信与"三个自信"并提，突出强调了文化自信的重要作用。2016 年 7 月 1 日，他在庆祝建党 95 周年大会上首次鲜明地提出了"全党要坚定道路自信、理论自信、制度自信、文化自信"[1]，彰显了对我国历史悠久的传统文化、革命文化、先进文化的坚定信心，以及最终实现中华民族伟大复兴的必胜信念。中华文化发展具有整体性、统一性、继承性与延续性的特点，中国特色社会主义文化把中国文化推进到一个新的高层次的历史发展时期。对中国特色社会主义文化保持坚定的自信，就是坚定对整个中华文化的自信。因此，文化自信体现了历史与现实的有机结合，既包含对五千年优秀传统文化的自信，又包含党领导人民进行伟大斗争孕育的革命文化的自信，也包含对新中国成立以来形成的社会主义先进文化的自信。

文化自信首先意味着对本国本民族历史文化传统有着深刻的理解和认同，这包括对古老的哲学思想、价值观念、文学艺术、

---

[1] 习近平:《在庆祝中国共产党成立 95 周年大会上的讲话》,人民网,http://jhsjk.people.cn/article/3207 9803。

科技发明、民俗风情等方面的珍视和传承。认识到这些文化遗产不仅是过去的辉煌，更是当下和未来发展的重要基石。文化自信也体现在对革命文化的尊重和弘扬上，革命文化是在争取民族独立、人民解放的伟大斗争中形成的，蕴含着坚韧不拔的意志、无私无畏的奉献精神和崇高的理想信念。这种文化是激励后人不断前进、勇于担当的强大动力。

文化自信对自身文化发展道路和方向有着清晰的认知，坚信自身文化能够适应时代发展并推动社会进步，还包含对社会主义先进文化的坚定信念。社会主义先进文化以马克思主义为指导，结合时代需求和人民实践，形成了具有中国特色的价值理念、道德规范和社会风尚。它倡导创新、协调、绿色、开放、共享的发展理念，推动社会的全面进步和人的全面发展。

文化自信表现为对文化创新的积极推动，在继承传统文化精华的基础上，不断吸收外来文化的有益成分，创造出具有时代特色、符合人民需求的新文化成果，鼓励文化工作者勇于创新，为文化的繁荣发展注入新的活力。同时，在了解和学习中华文化深厚的历史文化底蕴和现在大力提倡的社会主义核心价值观之后，人民在精神上的自信得到显著的提升。人们在充分享用自身文化的同时也积极主动地以更加开放包容的心态与外来文化进行交流互动。

文化自信意味着在国际文化交流中保持开放包容的心态，既不盲目崇外，也不故步自封，而是以自信的姿态展示本国文化的魅力，同时尊重和欣赏其他国家和民族的文化，促进不同文化之间的相互理解、交流与融合。与此同时，我们也更有自信向世界推介中华文化，使中国理念、中国方案在国际社会上受到越来越多的关注，使中国声音在世界上响彻四方。

总之，文化自信是一个综合性的概念，涵盖了对历史文化、革命文化、先进文化的认同、传承、创新和传播，是一个国家和民族在精神层面的强大支撑和动力源泉。具有文化自信的民族和国家，能够以开放包容的态度对待其他文化，在交流互鉴中丰富和发展自身文化。文化自信也落实到每个个体身上，就是对自身文化身份的认同和自豪，积极参与文化建设和传播，自觉成为文化传承和发展的主体。

（二）源远流长的优秀传统文化

中华民族在5000多年不曾断流且生生不息的文明发展历程中、在历史实践经验的积累中，创造了具有鲜明历史性、民族性以及广泛认同感的中华优秀传统文化。可以说，中华优秀传统文化源远流长、博大精深，凝聚着中国人几千年来的智慧，包含着中华民族最基本的精神基因。只有弄清楚我们建设的文化是中国特色社会主义文化，而不是其他什么文化，弄清楚这个文化与中华优秀传统文化、革命文化和社会主义先进文化、中国特色社会主义伟大实践之间的关系，才能深刻理解文化自信。

1.学术思想领域

中华民族有着深厚的文化积淀与学术成就，从先秦诸子百家的争鸣，到宋明理学的思辨，再到近代以来对西方思想的吸收与融合，始终保持着对真理的追求和对自身文化的反思。中华优秀传统文化是我国构建社会主义核心价值观的文化资源。儒家文化尊重人在社会中的价值和作用，认为天、地、人是相互协调而合作的，主张"天生万物，唯人为贵"（刘向《说苑·杂言》）和"仁者爱人"（《孟子·离娄下》第二十八章）的思想，承认和肯定人在社会中的价值和作用。另外，儒家思想认为民意就是天意，在政治领域主张"民贵君轻"，统治者要尊重人民主体思想。儒家文化强调"见贤思齐焉，见不贤而内自省也""吾日三省吾身"的个人修养准则，"己所不欲，勿施于人"的处世原则，"天下兴亡，匹夫有责""先天下之忧而忧,后天下之乐而乐"的爱国情怀,等等。这些凝聚着古代先哲们精神的思想不断滋养着中华文化这棵苍劲有力的大树，是我们在世界文化激荡中站稳脚跟的根基。

早在20世纪20年代初，有"中国最后一位大儒家"之称的国学大师梁漱溟就提出中国文化具有世界性意义的问题。他以为中国文化的复兴"不仅说中国人仍旧使用东方文化而已"，而"亦是同西方化一样，成一种世界的文化"，"如果不能成为世界文化则根本不能存在，若仍可以存在，当然不能仅只使用于中国而须成为世界文化"。[1]他提出的"世界最近将来的文化将要向中国文化复归",并且认为中国文化要复兴就不能只使用于中国,而必须成为世界文化的观点至今仍有意义。今天世界文化的格局已经发生了根本性的变化,人类文明多元发展的趋势,决定了任何文明系统都不能单独成为世界文明发展的主导,而只能成为全球多元文明的组成部分;参与世界文明的对话,也就赋予了中国文化"须成为世界文化"一种新的意义,即是确立儒学在多元共存的世界文化中的地位。[2]正是因为这些丰富的中华学术传统文化传承,如儒家的仁爱思想、道家的无为理念、墨家的兼爱非攻等哲学思想,至今仍深深影响着人们的思维方式和行为准则,不仅成为社会主义核心价值构建的文化资源,也在当今全球文明对话的背景下走向了世界,受到越来越广泛的各国人们的重视。

2. 文学艺术领域

汉语是世界上使用人数最多的语言之一,汉字以其独特的形态和丰富的内涵承载着中华民族的智慧和历史,在文学艺术领域取得了极其辉煌的成就,从古老的《诗经》《楚辞》、唐诗、宋词、元曲到明清小说,以及书法、绘画、戏曲、民间工艺等,展现了中华民族极高的艺术创造力和审美情趣。这些文学艺术作品不仅在国内备受推崇,也在世界范围内得到广泛的欣赏和研究。

---

〔1〕 梁漱溟:《梁漱溟全集》第四卷,山东人民出版社,2005年,第745页。
〔2〕 刘宗贤:《当代东方儒学复兴的启示》,《东方论坛(青岛大学学报)》2002年第6期,第1—7页。

中国古代诗歌历史悠久、形式多样,包括《诗经》《楚辞》、汉赋、唐诗、宋词、元散曲等。诗歌常常表达深刻的情感、描绘自然景色、反映社会生活等,具有独特的意境和韵律之美。中国古代散文作品涵盖了众多体裁,如先秦的诸子散文、历史散文,以及唐宋八大家的散文等。这些作品富有哲理、情感真挚,或叙事,或议论,或抒情,具有很高的文学价值。至于众多的古典小说名著,如《红楼梦》《三国演义》《水浒传》《西游记》等,这些作品以其深刻的人物刻画、复杂的情节和丰富的社会内涵,展现了中国传统文化的魅力,对后世文学产生了深远影响。

中国戏曲融合了音乐、舞蹈、表演、文学等多种艺术形式,如京剧、昆曲等。中国戏曲以唱、念、做、打为主要表现手段,具有独特的艺术魅力和文化内涵。例如,昆曲是我国古老的戏曲声腔、剧种,伴奏乐器以曲笛为主,辅以笙、箫、唢呐、三弦、琵琶等乐器,具有抒情性强、动作细腻,歌唱与舞蹈的身段结合得巧妙而和谐等表演特点。联合国教科文组织于 2001 年 5 月 18 日将中国昆曲命名为"人类口述和非物质遗产代表作",2006 年 5 月 20 日,昆曲经国务院批准列入第一批国家级非物质文化遗产名录。白先勇的青春版《牡丹亭》在华人世界掀起了一场昆剧复兴运动,在当代昆剧史上影响力深远。[1] 随着青春版《牡丹亭》声势

---

[1] 赵雅琴:《昆剧传播的经典个案——以白先勇的青春版〈牡丹亭〉为例》,《出版广角》2018 年第 11 期,第 67—69 页。

的日益壮大，哥伦比亚广播公司（CBS）、英国广播公司（BBC）、《纽约时报》《旧金山纪事报》《芝加哥先驱报》、新加坡的《星岛日报》等国际主流媒体也成为其新闻传播平台。

中国书法是一种独特的艺术形式，通过汉字的书写体现线条、结构和韵律的美感。书法艺术不仅注重字体的形态，还传达着书法家的情感、气质和修养。中国传统绘画具有独特的风格和技法，注重笔墨的运用和意境的表达，山水画、花鸟画、人物画等各类题材丰富多样，体现了中国人对自然、人生和社会的独特观察和理解。

中国传统文化中的文学艺术成就不仅具有高度的审美价值，也是中华民族精神和智慧的结晶，反映了中国人民的生活方式、价值观念和情感世界。这些成就不仅在中国历史上发挥了重要作用，也在当今世界文化交流中展现出独特的魅力和影响力。

3.民俗风情领域

社会风俗和节日庆典也是传承民族自信的重要方式。传统节日如春节、端午节、中秋节等，承载着丰富的文化内涵和民族情感。在这些特殊的日子里，人们通过各种仪式和活动，强化了对民族文化的认同和自信，还为文学艺术提供了丰富的素材和创作源泉，许多文学作品，包括民间故事、传说、歌谣、谚语等，反映了广大民众的生活、思想和情感，描绘了节日的欢乐氛围、民俗的风情特色，是传统文化的重要组成部分。

中华民族拥有丰富多样且独具特色的民俗，如各地的婚丧嫁娶习俗、饮食文化等。像八大菜系，每一道佳肴背后都蕴含着地域特色和历史传承，吸引着世界的目光。民间的剪纸、刺绣、年画等手艺，不仅展现了精湛的技艺，更传递着对美好生活的向往和祝福，成为中华民族独特的文化标识。

4. 文教科技领域

中华民族是一个特别重视教育的民族，在古代社会大量家教、家训、家范、家规以及治家格言中所论述的内容，都与文化、教育有密切的关系。中国的家庭、学校和社会将历史故事、文化传统、价值观念等传授给后人，通过经典文献的研读、诗词歌赋的传颂，让子孙后代了解先辈们的辉煌成就和伟大精神，从而培养民族自豪感和自信心。正是在这样一种重视家庭文化的社会背景下，历史上有很多著名的思想家、政治家、教育家，得以在良好的家庭文化熏陶和培育中成长起来。

中国古代的四大发明——造纸术、印刷术、火药、指南针已经为世人所皆知，对世界文明的发展产生了深远影响。中国古代的其他科技发明与成就涵盖了众多领域，也对中国乃至世界文明的发展产生了深远的影响。如在天文历法方面，世界公认的关于哈雷彗星的最早记录出现在《史记·秦始皇本纪》中，秦王政七年（公元前240年），"彗星光出东方，见北方，五月见西，彗星复见西方"。这一惊人的发现,比西方最早的彗星记录还要早228年。

汉武帝时制定出中国第一部较完整的历书《太初历》，开始以正月为岁首；关于太阳黑子的记录，被世界公认为是有关太阳黑子的最早记录。东汉张衡从日、月、地球所处的不同位置，对月食作了最早的科学解释；他发明制作的地动仪，可以遥测千里以外地震发生的方向，比欧洲早1700多年。又如，工程成就方面，2000年被联合国教科文组织列入"世界文化遗产"名录的都江堰，为秦国蜀郡太守李冰及其子率众于公元前256—前251年所修建，李冰父子访察水脉，因地制宜，因势利导，基本上完成了都江堰的排灌水利工程，于是成都平原"沃野千里，号为陆海"，是全世界迄今为止，留存年代最久、以无坝引水为特征的宏大水利工程。

建筑和古迹的保护与展示。如故宫、长城、兵马俑等众多历史建筑和文化遗迹，作为文化载体不仅是中华民族的瑰宝，也是世界文化遗产的重要组成部分。对这些古迹的精心保护和向世界展示，彰显了对自身文化的珍视和自信。在中国各地，古老的宫殿、寺庙、园林，承载着民族的智慧和情感，不断激发着人们对民族文化的敬仰和自信。至于中医的理论体系、中药的炮制技艺以及针灸推拿等疗法的传承与发展也是文化自信的有力证明，历经千年而不衰。

中国古代科技发明与成就还有很多，以上只是其中的一部分，它们反映了中国古代人民的智慧和创造力。

中华传统文化的博大精深及其在中华文明发展进程中长盛不

衰，也来自它所固有的与时俱进的文化品质，总是随着时代的发展而注入新鲜血液并发扬光大。历史的铭记与传承使得民族自信得以延续。中华民族重视对历史的记载和研究，无论是官方的史书还是民间的传说，都记录了民族发展的艰辛历程和辉煌成就。这些历史记忆让后人明白民族的来路，从而更加坚定地走向未来，保持对民族的自信。

（三）中国文化自信的新时代

中华民族的文化自信体现在政治、经济、社会、科技、教育等各个领域，是中华民族实现伟大复兴的强大精神动力。中国特色社会主义为中华传统文化提供了马克思主义的时代内涵和科学品质。培育和践行社会主义核心价值观契合于文化，就是契合于中国特色社会主义先进文化，契合于中华文明建设。随着中国在经济、科技、军事等领域取得显著成就，国际地位不断提高，人民的生活水平大幅提高，这让每一个中国人都为自己的国家和民族感到骄傲，进一步增强了民族自信。

高度的政治认同是新时代民族自信的坚实基础。所谓政治认同，就是社会成员对一定政治体系、政治运作的同向性（或一致性、肯定性）的情感、态度和相应的政治行为的总和，是人们在社会政治生活中产生的对政治体系的一种情感和意识上的归属感。[1]政

---

［1］　方旭光：《政治认同的基础理论研究》，博士学位论文，复旦大学，2006年。

治认同本质上是对一定政治体系的信任、信念和信仰，就当代中国而言，政治认同主要是指人们对中国共产党及其领导地位的认同。这种认同在时间维度上包含了对党的过去、现在和未来的肯定、信赖与期待，在内容上则包含了对党的理论基础、价值立场、政治主张以及执政能力等各方面的肯定、信赖与期待。正是通过多种途径的相互作用和共同努力，中华民族的民族自信得以薪火相传，延续至今，并将继续激励着中华民族不断追求卓越，实现伟大复兴。

爱国主义是中华民族文化自信的体现，也是中华民族精神力量的核心。从古至今，无数英雄豪杰为了国家的繁荣昌盛，不惜牺牲个人的利益乃至生命。从古代的卫青、霍去病抗击匈奴，到近代的抗日英雄们浴血奋战，再到当今无数的科学家、劳动者为了国家的发展默默奉献，他们的爱国情怀激励着一代又一代的中国人。中华民族历史记忆的延续以丰富、生动的历史遗存形式和崇高、宝贵的精神传承形式融入了中华民族完整的历史记忆当中，尤其是我们有丰富的红色资源，它以遗迹、遗址、遗物以及与其联系在一起的故事、传说、艺术作品等感性形式，广泛、具体而生动地记录了党和人民进行革命和社会主义建设的伟大历程，再现了这一伟大历程中的苦难与屈辱、担当与奋斗、激情与辉煌，彰显了党和人民崇高的价值追求和精神境界。

中华民族的文化自信体现在坚韧不拔的意志上。"人心齐，泰山移"，每当遇到困难和挑战，中华民族总是能够团结一心，共同应对。这种团结的力量在应对突发公共卫生事件、举办重大活动等方面都得到了充分的彰显。一方有难，八方支援，全国各地的人们纷纷伸出援手，展现出强大的凝聚力。无论是面对自然灾害的肆虐，还是外敌的入侵，中华民族始终展现出不屈不挠的精神。在地震、洪水、旱灾等天灾面前，中华儿女众志成城，齐心协力，共渡难关。历史上，面对列强的侵略，无数仁人志士挺身而出，抛头颅、洒热血，为了国家的独立和民族的尊严英勇抗争，从不屈服。

中华民族还具有勤劳勇敢的品质。从古至今，我们的祖先凭借勤劳的双手创造了灿烂的文明，开垦农田、修建水利、发展工商业。勇敢的精神让我们在面对困难时勇往直前，敢于探索未知，勇于创新创造。

文化自信是更基础、更广泛、更深厚的自信，是一个国家、一个民族发展中最基本、最深沉、最持久的力量。它关乎民族精神的独立性，关系到国家的繁荣昌盛和民族的伟大复兴。中华民族的文化自信渗透在生活的方方面面，以多元且独特的方式展现着中华民族的魅力。

二、依礼谦恭宽容大度

中国自古就有"礼仪之邦"的美誉，中华文明的礼仪谦让风格源远流长，是中华民族优秀传统文化的重要组成部分。儒家文化认为礼是社会一切活动的准则，是人类自别于禽兽的标志。为唤醒人的文化自觉，儒家把礼作为文明与野蛮相区别的标志。人需要按照礼的要求生活，懂得"自别于禽兽"即有了文化自觉。例如，在与人交往时，中华文明强调放低姿态、谦恭待人、尊重他人，以赢得他人的尊重，即"自卑尊人"。这种礼仪谦让风格体现了中华民族的传统价值观，有助于营造和谐的人际关系和社会氛围。它并非一种表面的形式，而是要求发自内心地对他人表示尊重。如果没有发自内心的恭敬，礼节就会成为虚套。中华文明的礼仪谦让文明在历史发展中不断传承和演变，中国人的宽容、大度与谦让成为中华民族传统美德的重要体现，至今仍具有重要的价值和意义，在增强民族凝聚力、促进社会和谐、提升个人修养等方面发挥着积极作用。

宽容是一种豁达的胸怀和对他人过错的包容。中国人常倡导"以和为贵"，在面对他人的无意之失或过错时，能够以理解和包容的心态对待。这种宽容并非对错误的纵容，而是相信人皆有过，给予改正和成长的机会。大度则表现为不斤斤计较，不为小事耿耿于怀。中国人讲究"有容乃大"，具有大度品质的人不会因一时的得失而患得患失，能够以更宽广的视野和长远的眼光看待问题。中国人的宽容、大度与谦让有着深厚的文化根源。儒家思想强调"仁"和"礼"，主张以仁爱之心对待他人，遵循社会的礼仪规范；道家思想倡导"无为而治""顺其自然"，培养人们超脱、豁达的心态。

这些思想共同塑造了中国人的性格和价值观。例如，在人际交往中，朋友之间可能会产生误会或冲突，但大多数情况下，人们会选择宽容对方，不计前嫌，重新修复关系。这种宽容有助于维护社会的和谐稳定，减少矛盾和纷争。

在历史上，许多政治家、军事家在面对不同意见甚至反对意见时，展现出大度的风范。唐武德九年，唐太宗征召未满18岁的少年入伍，谏官魏征就是顶着不办。唐太宗责备魏征，魏征毫不动摇地说："兵在精，不在多。征召那些未满18岁的少年，填充虚数，对事情有什么益处呢？只能增加百姓的负担。"接着又说："陛下即位不久，失信于百姓的地方不少啊！"魏征的尖锐批评，虽然令唐太宗难堪，可唐太宗不但容忍了他，而且自责地表示："朝廷的号令没有信用，百姓就会不知所从，天下从何而治！我犯的错误太大了。"[1]魏征竭诚辅佐唐太宗，知无不言，言无不尽，加之性格耿直，往往据理抗争，从不委曲求全，故被委以重任，成就了一段君臣佳话。魏征死后，李世民叹曰："以铜为鉴，可正衣冠；以古为鉴，可知兴替；以人为鉴，可明得失。朕尝保此三鉴，内防己过。今魏征逝，一鉴亡矣。"

今天，中国在对外关系中一直秉持着和平共处五项原则，即互相尊重主权和领土完整、互不侵犯、互不干涉内政、平等互利、

---

[1]　黄玉兰：《魏征处处和唐太宗过不去》，《政府法制》2003年第15期，第29页。

和平共处。这种原则体现了中国对其他国家的尊重和包容。即使面对某些国家在特定时期或事件中的误解或偏见，中国也通常会通过外交沟通、文化交流等方式增进相互理解，而不是采取对抗或报复的手段。中国倡导通过对话、合作来解决问题，以和平、包容的方式推动国际关系的健康发展。面对全球化的浪潮，中华民族积极推动文化交流与合作，通过举办国际文化节、开展文化旅游推广等活动，向世界展示中华文化的博大精深。同时，也以自信的姿态吸收外来文化的精华，丰富自身的文化内涵。

在与周边国家的关系中，尽管存在一些领土争端等问题，但中国一直主张通过和平谈判、协商的方式解决分歧，致力于维护地区的和平与稳定。中国提出的"亲、诚、惠、容"的周边外交理念，强调与周边国家真诚相待、互惠互利、相互包容，旨在建立和谐、稳定的周边关系。

在与非洲国家的关系方面，中国长期以来一直与非洲国家保持着友好合作关系，在经济、技术、医疗等多个领域提供援助和支持。中国帮助非洲国家建设基础设施，如道路、桥梁、港口等，促进了当地的经济发展。同时，中国还派遣医疗队前往非洲，为当地人民提供医疗服务，拯救了许多生命。中国在与非洲国家的交往中，充分尊重他们的主权和发展道路，不附加任何政治条件，体现了中国的大度与包容。

中国积极参与国际合作和多边事务，推动构建人类命运共同体。在全球气候变化等问题上，中国积极承担责任，采取切实行动减少温室气体排放，并在国际上倡导共同应对气候变化，展现了大国的担当和宽容的态度。但宽容并不意味着软弱或无原则，中国在涉及核心利益和重大原则问题上是始终坚守底线的。

三、自觉节俭的家国情怀

（一）"克勤于邦，克俭于家"

《尚书》是儒家核心经典之一，记录了距今约 4000 年到 2600 年间虞、夏、商、周时期的历史状况，涉及政治、宗教、思想、哲学、艺术、法令、天文、地理、军事等诸多领域。《尚书·大禹谟》有"克勤于邦，克俭于家"之语，意味着在国家大事方面要不辞辛劳，勤勉工作，为国家的繁荣和发展作出贡献，同时在个人生活中也要保持节俭，不奢侈浪费，充分体现了中国传统文化中崇尚勤劳、节俭的价值观念。它体现了对国家和家庭的责任，以及在不同领域都应秉持节俭的态度。

春秋战国之际，为了探求国家长治久安之道，儒家、墨家从各自的角度谈节俭，他们的思想丰富了节俭观的内涵，成为中国传统文化中很重要的一部分。儒家从修养和节用爱民的角度出发，将节俭视为君子终身恪守的品德。在《论语·学而》中有一则记载。子禽问于子贡曰："夫子至于是邦也，必闻其政，求之与，抑与之与？"子贡曰："夫子温、良、恭、俭、让以得之。夫子之求之也，

461

其诸异乎人之求之与？"(《论语·学而》)说明孔子因温良恭俭让的美德而倍受欢迎。从孔子、孟子到荀子，先秦儒家思想家一步步阐释了节俭的作用，将节俭从个人修养发展为国家治理的方略，充分阐释了节俭的意义。墨家从节用和利民的角度出发，认为节俭的主旨是约束统治者采取"利民"的政策，本着"实用"原则来做事。墨子说："圣王为政，其发令兴事、使民用财也，无不加用而为者，是故用财不费，民德不劳，其兴利多矣。"(《墨子·节用上》)"加用"即着重于实际用途，只有重实用才能真正有利于人民。有利于民，才能长久。墨子认为不重实用，大量耗费百姓的民力财力，会使人民生活陷于困境。他说："俭节则昌，淫佚则亡。"(《墨子·节用下》)墨子主张凡不利于实用，不能给百姓带来利益的，应一概取消。[1]

节俭是中华民族的传统美德，是中华优秀传统文化的重要组成部分。当一个人秉持节俭的观念和行为时，实际上是在传承和弘扬中华优秀传统文化。古人倡俭戒奢，并非吝啬，也不反对有利于生产的正常消费，主要因为"俭，德之共也；侈，恶之大也"(《左传·庄公二十四年》)。节俭不仅能使家庭兴旺发达，还可以养廉，使国家昌盛。明朝著名清官海瑞就说过："公以生其明，俭以养其廉。"(《海瑞集》下编《令箴》)一个人在家庭中能养成节俭的品

---

〔1〕 周玉萍、董如：《先秦儒家与墨家节俭观的比较分析》，《史志学刊》2017年第1期，第29—33页。

德，入仕为官也能廉洁奉公，造福于国家和民族。故古人常以"御家以四教：勤、俭、恭、恕""成家之道，曰俭与勤"等教诲子弟，说明勤俭是传统家庭的美德。"勤"指与懒惰、淫逸相对立的勤劳，"俭"指与奢侈、浪费相对立的节俭。只勤不俭，如漏器盛水，终将一空；只俭不勤，如流水断源，自会干涸。勤俭结合，方能使家道昌盛。

节俭在中国传统文化中被视为一种美德，鼓励人们合理利用资源，避免浪费，培养自律和自我约束的品质。对中华文化中节俭这一价值观的认同和践行，反映了对本民族文化的自信。相信传统文化中的节俭理念在现代社会依然具有重要价值，并能够指导自己的生活，这是文化自信的一种体现。同时，一个社会普遍倡导节俭，也说明这个社会对自身文化传统的尊重和珍视，有助于增强整个民族的文化自信，使其在面对外来文化冲击时，依然能够坚守和传承本土的优秀文化，引导人们树立正确的消费观念和生活态度。相反，如果一个人忽视或摒弃节俭，过度追求奢侈浪费，可能反映出对自身文化传统的不重视，在一定程度上也会削弱文化自信。因此，个体将节俭视为一种自觉的行为，体现的是对社会和国家资源的尊重和爱护，是一种关心国家长远发展、为国家利益着想的家国情怀的具体表现。

节俭作为一种生活态度和价值观念，体现了对资源的珍惜和合理利用。从家庭层面来说，节俭有助于家庭的经济稳定和可持续发展，使家庭能够更好地应对各种风险和挑战。一个节俭的家庭能够积累财富，为子女的教育、家庭的发展提供保障，这是对家庭责任的担当，也是一种对家庭的深厚情感。从国家层面来看，每个人都秉持节俭的原则，能够减少资源的浪费，提高资源的利用效率。这有助于国家在经济发展中实现可持续性，更好地应对资源短缺等问题。节俭的风气能够为国家节省大量的物质财富，使这些资源能够用于更关键的领域，如国防、教育、医疗等，从而推动国家的整体发展和繁荣。

（二）家国情怀是担当和奉献的体现

自古至今，家国情怀深深植根于中国人的心中，贯穿于中国的历史和文化。家国情怀不仅体现在为国家和民族的利益英勇献身，也体现在日常生活中的责任担当和奉献精神。普通人努力工作，为家庭的幸福和国家的发展贡献自己的一份力量，这也是家国情怀的具体体现。

在古代，许多仁人志士展现出强烈的家国情怀。比如，屈原心系楚国，虽遭流放仍忧国忧民，最终投江自尽，以死明志；苏武牧羊北海，坚守汉节十九年，不向匈奴屈服，展现了对国家的忠诚；岳飞精忠报国，率领岳家军抗击金兵，渴望收复失地；文天祥兵败被俘，宁死不屈，留下"人生自古谁无死？留取丹心照汗青"的千古名句，彰显了对国家的坚定信念。

近代以来，中国面临列强侵略和民族危亡，无数先烈为了国家的独立和民族的解放抛头颅、洒热血。林则徐虎门销烟，抵御外侮；邓世昌在甲午海战中奋勇作战，与舰同沉；孙中山为推翻封建帝制，奔走呼号，不懈奋斗。

在现代，家国情怀依然激励着无数中华儿女。祖籍浙江省杭州的钱学森，1934 年毕业于国立交通大学，同年 10 月成为清华大学留美公学生，进入美国麻省理工学院航空系学习，后转入加州理工学院航空系学习，成为世界著名的大科学家冯·卡门的学生，从事空气动力学、固体力学和火箭、导弹等领域研究，并与导师共同完成高速空气动力学问题研究课题和建立"卡门 – 钱学森"公式，在 28 岁时就成为世界知名的空气动力学家。但是 1949 年当他闻知新中国成立后万分激动，决心放弃国外优越条件回国效力，却受到美方重重阻挠，甚至被非法查扣、逮捕。但他始终坚定回国的信念，经过党和国家的努力以及他自身的坚持，1955 年，钱学森一家终于归国。在邮轮上，他与同行归国人员共同发表《向祖国致敬》一文，表达了重新踏上祖国土地的愉快和兴奋之情。回国后，钱学森和一大批科学家扎根大漠，潜心科研，参与了中国原子弹、氢弹的研发以及人造卫星的发射工作，为中国"两弹一星"工程的成功作出了关键贡献，也为中国航空航天事业建立了不朽功勋。他参与了多项重要的科研项目，如起草《建立我国国防航空工业的意见书》，主持完成"喷气和火箭技术的建立"规划，参与近程导弹、中近程导弹和中国第一颗人造地球卫星研制，直接领导用中近程导弹运载原子弹"两弹结合"试验等。钱学森把自己的理想同祖国的前途、民族的命运紧密联系在一起，他的家国情怀、爱国奉献精神以及卓越的科学成就，鼓舞了无数中国人，也为中国的航天事业和现代化发展奠定了坚实基础。

然而，这样一位具有深厚家国情怀的伟大科学家，却从不讲究物质享受，淡泊名利，无私奉献。他将全部精力投入工作中，生活十分简朴。1957年获得丰厚奖金后，他毫不犹豫地全部捐给中国科技大学购买教学设备；在西北工作时，他把肉罐头倒进食堂大菜盆和大家一起吃。他曾说"我姓钱，但是我不爱钱"，"我不稀罕那些外国荣誉头衔。如果中国人民说我钱学森为国家、为民族做了点事，那就是最高的奖赏"。根据钱学森儿子的回忆：他的家里陈设简单，家具都是用了多年的旧物；他的衣物也并不追求时尚和奢华，总是穿着朴素。他有一个用了几十年的公文包，包的提手换过新的，四周也都开了线。秘书曾经对他说："你回国后多次参会，人家都送你公文包，质量不比这个差，能装的东西也够多，这个包是不是应该换了？"他却不为所动，说："开了线找一个裁缝缝上就行了，包还能用。"家里到2000年才安装空调，之前夏天一直靠一把蒲扇度过。有一年，钱学森在英国应邀对中国留学生讲话时说："鸦片战争百年来，国人强国梦不息，抗争不断。革命先烈为了兴邦和炎黄子孙的强国梦，献出了宝贵生命，血沃中华热土。我个人作为炎黄子孙中的一员，只能追随先烈的足迹，在千万艰难中，探索追求，不顾及其他。"[1]确实，当个人将节俭视为一种自觉的行为时，体现的是对社会和国家资源的尊重和爱护，是一种关心国家长远发展、为国家利益着想的家国情怀的具体表现。钱学森的担当与奉献是中华民族优秀传统和精神的体现，也是值得我们永远学习和传承的宝贵财富，具有重要现实意义，映照着当代中国知识分子的前进道路，激励鼓舞着后人，要将个人的发展与国家的需要相结合，为国家的繁荣和进步贡献自己的力量。

四、勇于奉献的人间大爱

在中华传统文化中，仁爱、互助与奉献被高度重视和强调。2014年5月4日习近平总书记在北大师生座谈会上说："中华文明绵延数千年，有其独特的价值体系。中华优秀传统文化已经成为中华民族的基因，植根在中国人内心，潜移默化影响着中国人的思想方式和行为方式。今天，我们提倡和弘扬社会主义核心价值观，必须从中汲取丰富营养，否则就不会有生命力和影响力。比如，中华文化强调'民惟邦本''天人合一''和而不同'；强调'天行健，君子以自强不息''大道之行也，天下为公'；强调'天下兴亡，匹夫有责'，主张以德治国、以文化人；强调'君子喻于义''君子坦荡荡''君子义以为质'；强调'言必信，行必果''人而无信，不

---

〔1〕 钱永刚：《父亲钱学森的故事》，《党建》2019年第9期，第40—41页、第43页。

知其可也';强调'德不孤,必有邻''仁者爱人''与人为善''己所不欲,勿施于人''出入相友,守望相助''老吾老以及人之老,幼吾幼以及人之幼''扶贫济困''不患寡而患不均';等等。像这样的思想和理念,不论过去还是现在,都有其鲜明的民族特色,都有其永不褪色的时代价值。"[1]

"仁者爱人"出自《孟子·离娄下》第二十八章。仁者是充满慈爱之心,满怀爱意的人;仁者是具有大智慧、人格魅力,善良的人。"仁者爱人",强调关爱他人是一种高尚的道德品质。这种仁爱不是狭隘的偏爱,而是广泛地对所有人怀有慈悲和友善之心,是勇于奉献的大爱体现。"仁者爱人"强调了仁爱的核心在于对他人怀有深厚的关爱之情。仁者能够设身处地地理解他人的感受和需求,以善良、宽容和慈悲的心对待他人。这种爱是无条件的,不取决于他人的身份、地位或财富,而是基于对人类共同命运的尊重和对生命本身的珍视。仁者爱人要求我们摒弃自私和偏见,用温暖和善意去拥抱世界。在日常生活中,表现为对家人的关爱呵护,对朋友的真诚相待,对陌生人的友善帮助。它能消除人与人之间的隔阂与冷漠,营造出和谐、融洽的社会氛围。

"勇于奉献"则进一步深化了这种爱的表达。奉献意味着主动地付出,不计较个人的得失和回报。具有奉献精神的人,愿意将

---

[1]《习近平:青年要自觉践行社会主义核心价值观——在北京大学师生座谈会上的讲话》,《人民日报》2014年5月5日,第2版。

自己的时间、精力、知识甚至财富，无私地给予那些需要帮助的人或社会。勇于奉献的人往往能够在困难和挑战面前挺身而出。他们可能投身于艰苦的公益事业，为改善弱势群体的生活状况而努力；也可能在紧急时刻毫不犹豫地伸出援手，拯救他人于危难之中。他们的奉献不仅为他人带来了实际的帮助和希望，更激励着更多的人加入奉献的行列中。当"仁者爱人"与"勇于奉献"相结合时，便形成了一种强大的力量。

大禹治水的典故在中国家喻户晓，《山海经·海内经》《史记·夏本纪》《尚书·虞书·益稷》《孟子·滕文公上》《吕氏春秋》《华阳国志·巴志》等诸多典籍文献都有记载。传说在尧帝时期，黄河流域洪水泛滥，尧命鲧负责治水，鲧采用堤工障水的方法，九年而不得成功，最后被放逐羽山而死。舜帝继位后，任用鲧的儿子大禹治水。大禹总结父亲的治水经验和失败原因，改变了"堵"的办法，对洪水进行疏导。他率领民众，与洪水斗争，历经多年，"三过家门而不入"，最终完成了治水的大业。

大禹治水虽然是中国古代的传说故事，但展现了古代先民与自然灾害顽强抗争、锐意进取、锲而不舍、自强不息的开拓精神。贾谊的《新书》说："禹常昼不暇食而夜不暇寝，方是时，忧务民也"，就是说大禹心系治水，日夜操劳，常吃不下饭、睡不好觉，可见其对治理水患之事竭尽全力，这就是大禹最高尚的道德境界，最坚强的精神力量。[1]大禹治水，一心为民的思想概括起来就是"民本思想"的反映。大禹的民本思想主要集中在重民、利民方面，在《尚书》中就有大禹重民、利民的记载，如"示不独专，重民之至""皇祖有训，民可近，不可下。民惟邦本，本固邦宁"。"大禹是我国远古时期民本思想的集大成者和倡导者，也是民本思想的积极践行者，对后世民本思想的传承和发展产生了深远的影响。"[2]大禹为了帮助老百姓解决最基本的生存问题，以民众的福祉为重，不惜牺牲个人利益，"三过家门而不入"的强烈责任感和担当精神，为社会和集体的利益努力奉献大爱，大禹的牺牲精神让人为之感动，是中华传统文化中的典范。大禹治水的故事不仅在中国传统文化中具有重要地位，对后世也产生了深远的影响，对中华文明建设和现代社会发展，以及个人成长都具有重要的启示意义。

中华现代文明文化为勇于奉献的人间大爱提供了深厚的文化土壤和精神支撑。现代社会中人们勇于奉献，关心他人、服务社会，这种精神是对中华优秀传统文化中"仁者爱人"等思想的延续和升华，是中华现代文明文化的重要组成部分。在现代文明的构建中，我们倡导社会主义核心价值观，强调友善、敬业等品质，这为人们勇于奉献提供了明确的价值导向和道德引领。这种文化氛围鼓励人们积极参与公益事业，为社会和他人贡献力量，从而形成了

〔1〕 张启成：《就大禹论我国传统文化精神》，《黔南民族师范学院学报》1995年第2期，第17—19页。
〔2〕 刘训华主编：《大禹文化学概论》，武汉大学出版社，2012年，第76页。

一种良好的社会风尚。勇于奉献的人间大爱丰富了中华文明的文化内涵。在面对各种挑战和困难时，如自然灾害、公共卫生事件等，人们展现出的无私奉献精神，成为社会文明中的生动范例，为中华文明的发展增添了新的内容和活力。

第三节　勤劳务实的工作之风

勤劳务实的工作之风，是深深植根于中华民族悠久历史与灿烂文化中的宝贵精神遗产，是中华民族的传统美德，它不仅体现在古代农耕文明的辛勤耕耘中，更是在现代化建设的进程中焕发出新的活力与光芒，是推动社会进步和实现中华民族伟大复兴中国梦的重要力量。

一、吃苦耐劳的奋斗精神

吃苦耐劳的奋斗精神是中华优秀传统文化的代表，蕴含着中华民族一脉相承的民族精神，带有中华民族独特的精神烙印，反映着中华儿女共同的精神追求，滋养着中华民族在 5000 多年的历史长河中生生不息、薪火相传。这种吃苦耐劳的奋斗精神已经融入中国人民的血液中、刻在骨髓里，从艰苦卓绝的革命战争年代到如今的全面建设社会主义现代化新征程，时代主题在变，但前辈们身上所蕴含的精神力量犹在，正以新的方式呈现在当今中国的革命、建设和改革开放的创造性进程中。

中国共产党的历史就是一部奋斗史。新民主主义革命时期，党团结带领中国人民经过 28 年的浴血奋斗，推翻了帝国主义、封建主义和官僚资本主义的压迫，建立起人民当家作主的新中国。新中国成立后，面对一穷二白的落后状况，党团结带领广大人民群众发扬奋斗精神，实现了中国历史上最深刻的社会变革，建立了社会主义基本制度，进行了大规模的社会主义建设。中国共产党靠奋斗赢得了革命胜利和建设的伟大成就，也必将靠奋斗赢得未来，实现中华民族的伟大复兴。

在革命和建设实践中，党锻炼培养了具有吃苦耐劳、艰苦奋斗作风的共产党干部队伍，焦裕禄就是其中的杰出代表。穿越一个甲子，焦裕禄精神依然激荡回响，历久弥新、催人奋进。焦裕禄是一位忠诚为民、模范为官的人民公仆。1962 年冬天，他来到风沙、盐碱、内涝"三害"肆虐的兰考，提出了"敢教日月换新天"的豪迈口号，坚持"革命者要在困难面前呈英雄"的斗争理念，以身作则，带领干部群众封沙、治水、改地，与三大自然灾害作斗争，取得了显著成效，使兰考县的面貌发生了翻天覆地的变化。1964 年 5 月，焦裕禄因病逝世，年仅 43 岁。焦裕禄精神与延安精神、愚公移山精神、红旗渠精神共同构成了中国共产党人精神谱系的重要组成部分。2011 年 3 月 7 日，习近平在参加十一届全国人大四次会议河南代表团审议时指出："河南是中华民族、华夏文明的重要发祥地，自古以来中原大地孕育的风流人物灿若群星，产生的历史文化影响深远，创造出许多闻名遐迩的精神文化成果，培育了愚公移山精神、焦裕禄精神、红旗渠精神，这些革命创业精神是我们党的性质和宗旨的集中体现，历久弥新，永远不会过时。"[1] 半个世纪过去了，兰考治住了风沙，但贫困依然是道坎儿。2014 年 3 月，习近平总书记在兰考调研时指出，要特别学习焦裕禄同志"心中装着全体人民、唯独没有他自己"的公仆情怀，凡事探求就里、"吃别人嚼过的馍没味道"的求实作风，"敢教日月换新天""革命者要在困难面前呈英雄"的奋斗精神，艰苦朴素、廉洁奉公、"任何时候都不搞特殊化"的道德情操。[2] 正是这一年，兰考郑重作出"三年脱贫、七年小康"的承诺。

2017 年，兰考在河南率先脱贫摘帽。焦裕禄精神，如同春风化雨，化作大家干事创业的强大力量。

十年时光，天翻地覆。兰考成为全国首个农村能源革命试点建设县，可再生能源发电装机达 124 万千瓦，可再生能源发电量相当于兰考全社会用电量的 102%；作为"四好农村路"全国示范县，农村公路总里程达 1590 公里；兰考县家居产业园入驻企业 440 余家，发展木材加工专业村 36 个，带动 10 余万群众就业。兰考全

〔1〕 平萍、陈苗、张建新等：《习近平在参加河南代表团审议时希望：在中原经济区上升为国家战略的鼓舞下奋发有为开创中原崛起河南振兴新局面》，《河南日报》2011 年 3 月 8 日。
〔2〕 习近平：《做焦裕禄式的县委书记》，中央文献出版社，2015 年，第 38—41 页。

县生产总值由 2014 年的 213.95 亿元增长至 2023 年的 410 亿元。一代接着一代干，一张蓝图绘到底。曾经风沙肆虐的贫困县，正绘就一幅绿色产业蓬勃发展、人与自然和谐共生的振兴图景。[1]值得铭记和发扬的还有"两弹一星"精神。习近平总书记多次强调："'两弹一星'精神激励和鼓舞了几代人，是中华民族的宝贵精神财富。"[2]

20 世纪 50 年代中期，以毛泽东同志为核心的党的第一代中央领导集体，根据当时的国际形势，为了保卫国家安全、维护世界和平，果断作出了研制"两弹一星"的战略决策。大批优秀的科技工作者，包括许多在国外已经有杰出成就的科学家，怀着对新中国的满腔热爱，义无反顾地投身到这一神圣而伟大的事业中来。

"两弹一星"是不朽丰碑！它筑起了新中国的安全屏障，也为新中国科技发展打下牢固根基。"两弹一星"是新中国科技工作者白手起家、自主创新的辉煌成果，是站立起来的中国人民自力更生、艰苦奋斗的伟大成就，是中华民族的荣耀和骄傲。

1999 年 9 月 18 日，党中央、国务院、中央军委决定，对当年为研制"两弹一星"作出突出贡献的 23 位科技专家予以表彰，并授予：于敏、王大珩、王希季、朱光亚、孙家栋、任新民、吴自良、陈芳允、陈能宽、杨嘉墀、周光召、钱学森、屠守锷、黄纬禄、程开甲、彭

---

〔1〕 李俊、张兴军、吴刚、韩朝阳：《穿越一个甲子的精神回响——写在焦裕禄逝世 60 周年之际》，《人民周刊》2024 年第 10 期，第 32—34 页。

〔2〕《习近平亲切看望著名科学家》，《光明日报》2011 年 1 月 27 日。

桓武"两弹一星功勋奖章",追授王淦昌、邓稼先、赵九章、姚桐斌、钱骥、钱三强、郭永怀"两弹一星功勋奖章"。

23 位"两弹一星"功勋科学家,绝大多数是海外留学归国人员。如钱学森、钱三强、王淦昌、邓稼先、朱光亚、郭永怀等早已在国外功成名就的科学家,毅然放弃国外优厚的生活和工作条件,历尽千难万险回到祖国,为新中国建设和发展而隐姓埋名、顽强拼搏,甚至献出了宝贵的生命。如被誉为"中国导弹之父""中国火箭之父"的钱学森,在 1950 年即开始争取回归祖国,受到美国政府迫害、失去自由达 5 年之久,终于在 1955 年 10 月回到魂牵梦萦的祖国大地。又如,用生命保存了一份绝密科研资料的中国热核导弹专家郭永怀。郭永怀 1945 年获美国加州理工学院博士学位,1956 年回归祖国,他在原子弹、氢弹的研制工作中领导和组织爆轰力学、高压物态方程、空气动力学、飞行力学、结构力学和武器环境实验科学等研究工作,是一位为中国核弹、氢弹和卫星实验作出巨大贡献的科学家。1968 年 12 月 5 日,一架飞机在北京即将着落时突然坠毁,在飞机残骸的机舱里,人们发现两具烧焦的尸体,他们紧紧地抱在一起。人们费了很大的力气将两人分开后,发现了一个公文包,里面一份热核导弹实验数据完好无损。是郭永怀和他的警卫员牟方东,他们在生命的最后一刻用身体保护了这份珍贵的科研资料。就在郭永怀牺牲后的第 22 天,中国第一颗热核导弹实验成功。功勋科学家们的事迹数不胜数,"两弹一星"精神激励和鼓舞着一代又一代的科技工作者攻坚克难、吃苦耐劳、艰苦奋斗、勇攀高峰。正如习近平总书记期望的那样："希望广大科技工作者不忘初心、牢记使命……弘扬'两弹一星'精神，主动肩负起历史重任，把自己的科学追求融入建设社会主义现代化国家的伟大事业中去。"[1]60多年来，我国自主研制了17种型号的长征系列运载火箭，成功实施300余次发射，将500多颗航天器送入太空，载人航天和深空探测取得重大突破，正在由航天大国向航天强国快速发展。[2]

二、能干实干的思想品质

每一个时代，都有自己可以仰望的一片星空；从李时珍到袁隆平，他们实事求是、不懈探索，能干实干、勇于创新的精神，在中华民族历史的长河中，引领着人类社会前行。

李时珍是明代伟大的医药学家，耗费27年光阴，倾尽毕生精力编著《本草纲目》。在艰辛的写作过程中，李时珍穿上草鞋，背起药筐，远涉深山旷野，遍访名医宿儒，搜求民间验方，观察和收集药物标本，足迹遍及湖南、湖北、江西、安徽、江苏、河南、河北等许多名山大川，弄清了许多疑难问题。全书收纳诸家本草所收药物1518种，在前人基础上增收药物374种，合1892种，

---

[1]《习近平在科学家座谈会上的讲话》，《人民日报》2020年9月12日，第2版。
[2] 韩延明：《百年红色精神谱系之八——"两弹一星"精神》，《党史博采》2021年第8期，第4—9页。

其中植物 1095 种；共辑录古代药学方 11096 则；书前附药物形态图 1100 余幅。这部伟大的著作，吸收了历代本草著作的精华，尽可能地纠正了以前的错误，补充了不足，并有很多重要发现和突破，是至 16 世纪为止中国最系统、最完整、最科学的一部医药学著作。这部旷世名著共 52 卷，约 192 万字。规模之大，超过了过去的任何一部本草学著述，综合了植物学、动物学、矿物学、化学、天文学、气象学等许多领域的科学知识。17 世纪中叶，《本草纲目》沿着海上丝绸之路传入欧洲，在那里引起科学界的极大兴趣。18 世纪，英国生物学家达尔文称李时珍不仅是个医学家，而且是个博物学家。达尔文从该书中引用了大量动植物变异、定向培育、杂交、人工选择等资料，称《本草纲目》为"中国古代百科全书"。《本草纲目》先后被译成日、法、德、英、拉丁、俄、朝等众多语种 100 多种版本，成为中国有史以来被译成外文最多的医药学专著。2011 年 5 月，金陵版《本草纲目》和《黄帝内经》被联合国教科文组织评选列入"世界记忆名录"。[1]

"他一生致力于杂交水稻技术的研究、应用与推广，发明'三系法'籼型杂交水稻，成功研究出'两系法'杂交水稻，创建了超级杂交稻技术体系，为我国粮食安全、农业科学发展和世界粮食供给作出杰出贡献。"这是 2019 年"世界杂交水稻之父"袁隆

---

〔1〕 余玮：《李时珍：本草遍尝成药圣》，《中华儿女》2022 年第 2 期，第 93—96 页。

平先生获授"共和国勋章"时的颁奖词，袁隆平将毕生精力奉献给了水稻育种事业。袁隆平有两个梦，一个是禾下乘凉梦，另一个是杂交水稻覆盖全球梦。而为了实现这两个美好的梦想，袁隆平一生都浸在稻田里，脚踏实地、苦干加实干。如1964年，水稻抽穗扬花的季节，袁隆平和妻子冒着40℃高温，一头扎进稻海，拿着放大镜观察了几十万个稻穗，终于从4个栽培稻品种中找到了6株雄性不育株。以这些雄性不育株做材料，他的科研小组做了3000多个杂交组合实验，却没有得到不育株率和不育度达100%的不育系。袁隆平意识到，原来的材料可能亲缘太近。于是，他提出利用远缘的野生稻与栽培稻杂交来培育新的不育材料的设想。从此，十几年如一日，袁隆平和他团队的足迹踏遍祖国大江南北寻找野生稻。1970年11月，终于在海南三亚南红农场附近的沼泽中发现了一株花粉败育的野生稻，袁隆平将之命名为"野败"。经过试验，"野败"杂交的后代不育性状实现了100%的遗传。1973年，袁隆平团队成功育出第一个强优势的杂交水稻组合——"南优2号"。1976年，杂交水稻在中国大面积推广。1987年，两系法杂交水稻研究被列入国家"863"计划，袁隆平担任责任专家，主持全国协作。1995年，我国独创的两系法杂交水稻技术取得成功，普遍比同熟期的三系杂交稻每亩增产5%~10%，且米质较好。1997年，袁隆平开始了"中国超级杂交水稻"的研究。20多年来，超级杂交稻大面积种植高产纪录不断被刷新。

据统计，中国自 1976 年推广杂交水稻以来，已累计种植达 90 多亿亩。累计增产稻谷 8000 多亿公斤。如今，中国杂交水稻年种植面积达到 2.4 亿亩，仅每年增产的粮食就可以多养活 8000 万人。中国用不到世界 9% 的耕地，养活了世界近 1/5 的人口，为世界粮食安全作出重大贡献。这背后，杂交水稻功不可没。[1]

习近平总书记强调："我们对袁隆平同志的最好纪念，就是学习他热爱党、热爱祖国、热爱人民，信念坚定、矢志不渝，勇于创新、朴实无华的高贵品质，学习他以祖国和人民需要为己任，以奉献祖国和人民为目标，一辈子躬耕田野，脚踏实地把科技论文写在祖国大地上的崇高风范。"[2]是的,袁隆平用一辈子能干实干的行动完美诠释了"把论文写在祖国大地上"。他常说：人就像种子，要做一粒好种子。他用一粒种子改变了世界，而他留给中国种业的种子正在生根发芽。

在袁隆平魂牵梦萦的家乡——江西德安，乡亲们用袁隆平赠送的种子所种植的杂交稻丰收在望。5 万亩超级稻田中，一些示范稻田亩产突破 1000 公斤。

袁隆平工作生活了 68 年的湖南，衡南县清竹村双季稻超高产攻关基地，2023 年，早稻平均亩产 690.2 公斤，实现 4 年连增。

〔1〕辛业芸:《袁隆平:让中国杂交水稻造福世界人民》,《中国新闻发布》2022 年第 10 期,第 19—22 页。

〔2〕《受中共中央总书记、国家主席、中央军委主席习近平委托许达哲看望袁隆平同志家属并转达亲切问候》,中华人民共和国中央人民政府门户网站, https://www.gov.cn/xinwen/2021-05/23/content_5610556.htm。

力争 2024 年双季亩产再次突破 1600 公斤，袁隆平生前心心念念的"杂交水稻双季亩产 3000 斤攻关目标"有望再破纪录。

在袁隆平读书求学 11 年的重庆，世界最高的水稻于 2021 年 8 月在重庆大足区试种成功。"巨型稻"的成功试种，让袁老生前的"禾下乘凉梦"，在他梦出发的地方照进现实。

2023 年 9 月 13 日，袁隆平生前选定的超级杂交稻云南个旧、蒙自两个百亩示范片进行了一季稻测产，平均亩产分别为 1168 公斤和 1186 公斤，再创大面积种植水稻的高产纪录。

发展耐盐碱水稻，万亩荒滩变粮仓。2022 年，袁隆平创新团队选育的耐盐碱水稻"龙稻 21"，在黑龙江安达市先源乡八里岗村 pH 值为 9.0 的盐碱地上创造了奇迹，大面积示范亩产近 500 公斤。

另一个"杂交水稻覆盖全球梦"也越来越近。马达加斯加曾长期遭遇数百万人的粮食危机。2007 年，我国就开始在马达加斯加推广袁隆平的杂交水稻，使每公顷水稻产量从 3 吨提高到 10 吨。马达加斯加政府把杂交水稻印在了最大面额的货币上，以此纪念袁隆平为马达加斯加作出的杰出贡献。目前，全球有 70 多个国家和地区开展了杂交水稻试验试种和推广，全球年杂交水稻种植面积近 800 万公顷。

从中国到亚洲，从非洲到美洲，这位一生逐梦不停步的老人，一稻济天下，苍生谋稻粱。[1]

---

〔1〕 张振中：《袁隆平：追逐"禾下乘凉梦"》，《农民日报》2023 年 10 月 11 日。

三、持之以恒的目标信念

从尧舜禹时期治理洪水卓有成效的领军人物大禹，到战国时期主持修建都江堰水利工程的著名水利专家李冰，到"人工天河"红旗渠，他们留下的不仅仅是一个个故事、一段段历史、一处处遗迹，更是中华民族的伟大奋斗精神。

关于鲧禹治水的传说，许多文献都有记载。在上古三大奇书之一《山海经》、儒家经典之一《尚书》和《史记》中都有详细记载。尧舜时期，洪水泛滥。禹的父亲鲧用土掩的办法治水九年却因治水失败而被处死。禹吸取鲧治水失败的教训，以疏导之法完成治水大业。在治水过程中，禹胼手胝足、殚精竭虑，历时十三载，不仅"三过家门而不入"，更是以疏通九河平洪患、划定九州兴华夏而被载入史册。后人称颂禹治水的功绩，感念其德，尊称他为大禹。大禹治水精神是奉献精神，也是持之以恒、坚定信念的奋斗精神。

都江堰水利工程是中国古代劳动人民勤劳、智慧的结晶。都江堰水利工程于 2200 多年前由战国时期著名的水利专家李冰主持修建，后经汉、唐等时期维修扩建，其功能日益完善。它是目前世界上唯一留存的以无坝引水为特征的宏大水利工程。2200 多年来，都江堰在消除水灾、缓解旱情、调蓄和配置水资源等方面都发挥了极其重要的作用。都江堰工程展现了古人在水利工程方面的卓越才能和伟大创造精神，更体现了不屈不挠、持之以恒、坚定信念的伟大奋斗精神。[1]

红旗渠不单单是一项水利工程，更是"新中国奇迹"；红旗渠不单单是一条"人工天河"，它早已成为我们民族精神的象征。2022年10月28日，习近平总书记又专门视察红旗渠，再次强调："红旗渠就是纪念碑，记载了林县人民不认命、不服输，敢于战天斗地的英雄气概。""红旗渠精神同延安精神是一脉相承的，是中华民族不可磨灭的历史记忆，永远震撼人心。"[2]

河南省林县（今林州市）位于太行山东麓，历史上属于严重干旱地区。新中国成立后，党和政府极为关心林县的缺水问题。在党的领导下，20世纪60年代，30万林县英雄儿女在万仞壁立的太行山上，靠一锤一钎一双手，以"重新安排林县河山"的胆魄和勇气苦干10个春秋，跨经两省，在万仞壁立、千峰如削的太行山斩断山头1250座、架设渡槽152个、凿通隧洞211个、挖砌土石方1640万立方米，81位优秀的林县儿女为此献出了宝贵的生命，年龄最大的63岁，最小的仅有17岁，在巍巍太行山腰建成了长达1500公里举世闻名的"人工天河"——红旗渠。自修成以来，共引水85亿立方米，彻底改变了世世代代贫穷缺水的命运。红旗渠修建总干渠和三条干渠所用的资金共6865.64万多元，其中

---

〔1〕 金云：《伟大奋斗精神在水利实践中的体现及其当代价值》，《芜湖职业技术学院学报》2024年第1期，第12—15页。

〔2〕《习近平在陕西延安和河南安阳考察时强调：全面推进乡村振兴为实现农业农村现代化而不懈奋斗》，《人民日报》2022年10月29日，第1版。

85.06% 是自筹的；劈山开渠需要炸药 2740 吨，其中林县人民自己制造了 1215 吨；共用水泥 6705 吨，其中自己制造 5170 吨；共用石灰 14.5 万吨，全部由各工地民工自己烧制。这样艰巨的工程在缺乏现代化设备和技术条件的年代能够建成，充分彰显了林县人民百折不挠、艰苦创业、持之以恒、坚定信念的伟大奋斗精神。[1]

60 多年来，林州人在红旗渠精神的激励下，艰苦奋斗、持之以恒、坚定信念、开拓创新，谱写出了"战太行、出太行、富太行、美太行"四部曲，使林州实现了由水资源匮乏的山区贫困县向全国卫生城市、最美中国人文（生态）旅游目的地、全国首批创建生态文明典范城市、国际生态休闲示范城市、全国脱贫攻坚交流基地的跨越，抒写了林州人的时代传奇。

贫困问题曾是中国经济发展所面临的主要社会问题，也是世界经济发展过程中面临的问题之一。十一届三中全会前，我国农业发展状况堪忧，农民贫困问题普遍存在。到 1978 年，按当年标准我国仍然有 2.5 亿人口没有解决温饱问题。[2] 1986 年，我国第一次确定了 331 个国家重点扶持贫困县。1994 年，《国家八七扶贫攻坚计划（1994—2000 年）》实施，贫困县进行首次调整。在全国范围内确定了 592 个国家重点扶持贫困县。2001 年，《中国农村扶贫开发纲要（2001—2010 年）》颁布实施，贫困县进行第二次调整，

---

〔1〕　杨梓楠：《永远震撼人心的红旗渠精神》，《中国档案》2023 年第 1 期，第 26—27 页。

〔2〕　中国共产党党史编写组：《中国共产党简史》，人民出版社、中国党史出版社，2021 年，第 232 页。

东部地区的 33 个贫困县全部退出，全部用到了中西部的贫困地区，全国国家扶贫开发工作重点县还是 592 个。2011 年，《中国农村扶贫开发纲要（2011—2020 年）》颁布实施，贫困县进行第三次调整。全国重点扶持贫困县总数仍为 592 个。此外，2011 年，我国还确定了 680 个连片特困地区县。全国共划分出包括西藏、四省藏区、新疆南疆 3 地州共 14 个片区 680 个县，称为连片特困地区县，其中属于国家扶贫开发工作重点县的有 440 个。[1] 消除贫困，实现共同富裕，是社会主义的本质要求，是中国共产党人的伟大使命。中国共产党和中国政府历来高度重视扶贫工作，新中国成立特别是改革开放 40 多年来，中国共产党带领全国人民矢志不渝、接力奋斗，走出了一条中国特色扶贫开发道路，取得了举世瞩目的扶贫成就，创造了人类减贫史上的中国奇迹，加速了世界减贫进程。这既是中华民族进步的重要标志，也是对人类发展进步作出的卓越贡献。党的十八大以来，以习近平同志为核心的党中央团结带领全党全国各族人民，把脱贫攻坚摆在治国理政突出位置，组织实施了人类历史上规模最大、力度最强的脱贫攻坚战。经过八年持续奋斗，2021 年，在中国共产党成立 100 周年之际，党带领中国人民实现了第一个百年奋斗目标，如期完成了新时代脱贫攻坚目标任务，现行标准下农村贫困人口全部脱贫，贫困县全部摘帽，

---

[1]《我国贫困县的确定与调整历程》，人民网，http://finance.people.com.cn/n/2014/0126/c70846-2423137 6.html。

消除了绝对贫困和区域性整体贫困，近 1 亿贫困人口实现脱贫，取得了令全世界刮目相看的重大胜利。如"兰渝铁路修通后，物流成本降了一大半，电商生意一年比一年火"。甘肃陇南宕昌县召藏村村民李伍彦说，家乡的中药材卖得越来越俏。如今，100 多个贫困县结束了不通铁路的历史，具备条件的建制村全部通了硬化路，农网供电可靠率达 99%，贫困村通光纤比例达 98%⋯⋯贫困地区发展条件不断改善，经济活力和发展后劲明显增强。产业扶贫、电商扶贫、旅游扶贫等快速发展，每个贫困县都有了特色鲜明的扶贫主导产业。

村村都有卫生室和村医，10.8 万所义务教育薄弱学校的办学条件明显改善，易地扶贫搬迁让 960 多万贫困人口实现安居，贫困群众基本医疗、住房安全和义务教育三保障全面实现，出行难、通信难等"老大难"问题普遍得到解决。[1]

脱贫摘帽不是终点，而是农村新生活、新奋斗、接续发展的起点。"发展乡村产业是促进乡村振兴的根本所在。"[2]当前我国已进入推进乡村全面振兴的历史性新阶段，党中央关于 2024 年"三农"工作的部署要求已经明确，只要铆足干劲、真抓实干，以钉钉子精神狠抓各项任务落实落地、坚定信念，一定能确保推进乡村全

〔1〕顾仲阳：《历经八年，现行标准下近一亿农村贫困人口全部脱贫 书写人类反贫困史上的中国奇迹》，《人民日报》2021年1月2日，第2版。
〔2〕《胡春华强调：大力促进乡村产业振兴》，中华人民共和国中央人民政府门户网站，https://www.gov.cn/guowuyuan/2019-07/12/content_5408803.htm。

面振兴，使广大农民真正成为乡村振兴的参与者和受益者。

四、顺势而为的坚强决心

在当今世界，现代化已成为各国发展的重要趋势。在这一大背景下，中国式现代化展现出了独特的魅力和坚定的决心。党的二十大报告指出："从现在起，中国共产党的中心任务就是团结带领全国各族人民全面建成社会主义现代化强国、实现第二个百年奋斗目标，以中国式现代化全面推进中华民族伟大复兴"，"中国式现代化是全体人民共同富裕的现代化"，"中国式现代化是人与自然和谐共生的现代化"。[1]党的二十届三中全会作出了"进一步全面深化改革，推进中国式现代化"的战略部署。[2]中国式现代化不仅注重脱贫攻坚与乡村振兴有效衔接、追求经济的快速增长、扎实推进共同富裕，更注重社会的全面进步和人民的幸福生活。其中，顺势而为的理念贯穿始终，成为推动中国不断前行的关键。

为了实现全体人民共同富裕的现代化目标，早在 2021 年，中共中央、国务院公布了《关于支持浙江高质量发展建设共同富裕示范区的意见》。标志着浙江将肩负起这项重要历史使命，成为建设共同富裕示范区的"探路先锋"。当前，虽然完成了新时代脱贫

---

[1]《习近平：高举中国特色社会主义伟大旗帜 为全面建设社会主义现代化国家而团结奋斗——在中国共产党第二十次全国代表大会上的报告》，人民网，http://jhsjk.people.cn/article/32551583。

[2]《中共中央关于进一步全面深化改革 推进中国式现代化的决定》，中华人民共和国中央人民政府门户网站，https://www.gov.cn/zhengce/202407/content_6963770.htm。

攻坚目标任务，但由于我国发展不平衡不充分问题仍然突出，城乡区域发展和收入分配差距较大，发展质量效益有待提高，居民生活品质还需改善，城乡区域发展和不同群体间收入分配差距较大，精神文明和生态文明建设还有很大提升空间，与共同富裕的内涵要求仍有较大差距，各地区推动共同富裕的基础和条件也不尽相同。促进全体人民共同富裕是一项艰巨而长期的任务，也是一项现实任务，难以短时间内全面铺开，迫切需要选取部分条件相对具备的地区先行先试、作出示范。浙江省富裕程度较高、均衡性较好，在探索解决发展不平衡不充分问题方面取得了明显成效，具备开展共同富裕示范区建设的基础和优势。通过改革在浙江率先形成促进共同富裕的目标体系、工作体系、政策体系、评价体系，能够为全国其他地方促进共同富裕探索路径、积累经验、提供示范。示范区建设的定位是：高质量发展高品质生活先行区，城乡区域协调发展引领区，收入分配制度改革试验区，文明和谐美丽家园展示区。

浙江省顺势而为，很快完成了共同富裕示范区建设首批试点遴选工作，确定了六大领域共计 28 个试点。

丽水市、温州泰顺县、嘉兴平湖市、衢州龙游县被确定为缩小地区差距领域试点；在缩小城乡差距领域，湖州市、杭州淳安县、宁波慈溪市、金华义乌市、台州路桥区、台州仙居县、丽水松阳县被选为试点；除此之外，温州鹿城区、绍兴新昌县、金华磐安县、舟山嵊泗县入选缩小收入差距领域试点；宁波市、杭州富阳区、温州瓯海区、台州三门县入选公共服务优质共享领域试点；衢州市、嘉兴南湖区、绍兴诸暨市、金华东阳市入选打造精神文明高地领域试点；绍兴市、杭州萧山区、宁波北仑区、湖州安吉县、衢州衢江区入选建设共同富裕现代化基本单元领域试点。[1] 浙江给出的"时间表"也很明晰：到 2025 年，推动高质量发展建设共同富裕示范区取得明显实质性进展，形成阶段性标志性成果；2035 年，高质量发展取得更大成就，基本实现共同富裕。

而今，浙江高质量发展建设共同富裕示范区已满 3 年。3 年间，浙江把高质量发展作为首要任务，主攻缩小地区、城乡和收入"三大差距"，探索构建有利于推动共同富裕的基础性制度和机制，努力推进示范区各项建设——增添高质量发展新动力；推动城乡发展成果共享；千方百计扩大中等收入群体……

高质量发展是实现共同富裕的前提和基础。解决区域发展差距问题，是浙江探索共同富裕示范区的一大主攻方向。2003 年，习近平同志在浙江工作期间，就在"八八战略"中提出，要进一步发挥山海资源优势，推动欠发达地区跨越式发展，积极实施"山海协作工程"。这些年，杭州、宁波、温州等沿海城市，在高质量发展中担当作为，保持了较好的经济社会发展势头；在一个个"消

---

[1] 《高质量发展建设共同富裕示范区 浙江确定首批六大领域、28 个试点》，《浙江日报》2021 年 7 月 28 日。

薄飞地""产业飞地""科创飞地"中,山区县不断增强发展内生动力,衢州、丽水分别形成了新能源、集成电路等特色产业。2023 年,浙江山区 26 县国内生产总值均实现超百亿元,其中 3 个县首次突破百亿元,4 个县(区)超 500 亿元。

如丽水地处山区,也是革命老区,生态好但创新要素短缺、产业基础弱。这几年,丽水从自身禀赋出发,因地制宜发展生态工业,特别是聚焦新材料、集成电路等产业链,精准招商,培育孵化企业。

依托山海协作,甬莲智能制造产业园(甬代表宁波,莲代表丽水。它是由丽水经济技术开发区与宁波高新区,通过"山海协作"工程于 2019 年设立的"飞地"孵化器)创立 5 年来,已为丽水招引企业 187 家,累计培育 8 家国家高新技术企业、18 家省科技型中小企业。

目前,丽水已在绿水青山间培育起了特色半导体"万亩千亿"新产业平台,生态工业主导产业和富民强市支柱产业蓄势上扬。2023 年,丽水全市国内生产总值增速达 7.5%,位居全省第三。

夏日清晨,开化县华埠镇溪东村蚕茧养殖厂的 100 多个升降蚕架上,挂满金黄色的蚕茧。这批黄金茧已被杭州的丝绸企业万事利集团以每斤 28 元的价格预订。黄金茧是浙江大学和万事利集团选育的新品种,无须化学染色就呈金色,十分金贵。2018 年,在开化县相关部门牵线搭桥下,万事利集团与溪东村正式开展结对合作,试养黄金茧。村里的蚕种,由企业无偿提供,在蚕种孵化季,公司还派技术员驻村指导。

"单价比传统白茧高50%,我们订单式销售根本不愁卖。"村党委书记许义凤说,黄金茧一年收三季,每季近5000斤蚕茧,年销售额约40万元。除了村集体工厂养殖,现在全村有100余户村民养这种黄金蚕茧,凭这一项,年人均增收1万余元。试养这几年间,万事利集团设定不低于每斤25元的保护价,全部收购溪东村的黄金茧,蚕农收入提高30%以上。这激活了溪东村的蚕桑产业,许多农户又回乡种起桑树。2022年,溪东村的桑园面积有560余亩。万事利集团与溪东村扩大合作,成立"九里桑园"共富工坊,让更多村民参与黄金茧养殖中来。村里建起规模化、集约化的特种蚕桑基地,村民有养殖意愿可免费获得蚕种。本村及周边村民还可到养殖基地务工就业,每个月有2000多元收入,外出务工人员的闲置桑园则集中流转,每年每亩有600元的补助。目前,在种桑养蚕基础上,共富工坊还向桑葚采摘游、桑叶茶、桑葚酒等文化旅游、食品保健等领域延伸蚕桑产业链。

这两年,浙江发挥民营企业多、活力强的优势,建设共富工坊,引导有条件的企业把适合的生产加工环节布局到基层,为村民在家门口提供就业机会。目前,全省已有超万家"共富工坊",累计吸纳就业近 50 万人，人均月增收约 2600 元。[1]

顺势而为，是一种智慧，也是一种勇气。在中国式现代化的进程中，我们始终坚持从国情出发，根据时代的变化和社会的需求，灵活调整发展策略。这种调整并非盲目跟风，而是在深刻理解国家发展阶段和特点的基础上，作出的科学决策。因此，中国式现代化展现出了一种与众不同的坚定决心，一种面对困难挑战也能迎难而上的精神。

在解决问题的办法上，中国式现代化同样展现了独特的智慧和灵活性。面对复杂多变的国内外环境，我们不畏惧、不逃避，而是以积极的态度去面对，以创新的方法去解决。无论是经济结构的优化升级，还是科技创新的重大突破，抑或是社会管理的改革创新，都体现了中国式现代化在解决问题上的决心和能力。

在经济方面，我们通过推动产业升级，鼓励创新驱动，加强科技研发，不断提高经济发展的质量和效益。同时，我们也注重社会的公平正义，努力让改革发展的成果更多更公平地惠及全体人民。

在政治方面，我们坚持党的领导，加强党的建设，深化政治体制改革，推动社会主义民主政治不断发展。通过加强法治建设，维护社会稳定和谐，为现代化建设提供坚实的政治保障。

〔1〕 施力维、祝梅、陈久忍、沈烨婷、何贤君、邬敏、于山：《勇担使命 扎实推进——共同富裕示范区建设三年间的浙江故事》，《浙江日报》2024 年 6 月 20 日。

在文化方面，我们倡导社会主义核心价值观，推动中华优秀传统文化的创造性转化和创新性发展，提高国家文化软实力。

中国式现代化是一场顺应时代潮流、符合国情的伟大实践。在这个过程中，我们既坚定了顺势而为的决心，又展示了解决问题的智慧和勇气。我们相信，在未来的发展中，中国式现代化将继续展现出强大的生命力和广阔的前景。我们将以更加开放的姿态，拥抱世界，为实现中华民族伟大复兴的中国梦而不懈奋斗。

第四节　敢于创新的思想意识

创新的思想意识是推动社会进步和个人发展的重要动力，这种思想意识不仅体现在科技、经济领域的突破，还扩展到社会、文化等多个层面，是推动人类社会向前发展的关键因素。长江后浪推前浪，世上新人赶旧人！中华文明五千年，绵延不绝，最重要原因就是一代又一代人的敢于创新。中国人把创新意识融进了东西方的时空中，而且不甘沉睡勇往直前；他们中有的英名流芳百世，体现了永不言败的豪迈气概。

一、东西交汇的历史时空

千年古邦，充满古老智慧的气息。东方大国，向来注重和西方各国建立友谊。随着岁月流转，那些东西交汇的历史故事，如丝路文化、佛教传播……已铭刻于人们的心灵深处，沐浴在其柔美的气息中。

（一）走出去：开辟丝绸之路

中西方交流的历史可以追溯到古代，其中丝绸之路的开通是一个重要的里程碑。

丝绸之路是古代西亚地区和中国之间的一条商贸通道，它是东西方经济、文化交流的重要通道。起初，丝绸之路的主要贸易品是中国的丝绸、瓷器、茶叶等，后来逐渐增加了药材、珍珠、宝石、黄金等商品。同时，丝绸之路也成为文化交流的重要渠道，东西方的文化在这里不断交融、碰撞、影响和吸收。

这种双向的贸易促进了中西文化的交流和各国经济的繁荣。丝绸之路的开辟对于中国和世界的经济发展和文化交流起到了重要的推动作用。中国的丝绸和其他商品通过这条通道销往西亚和欧洲，为中国带来了丰厚的财富。同时，丝绸之路也促进了西亚和欧洲国家的经济发展。西亚、欧洲的一些特产通过这条通道销往中国，带动了这些国家经济的增长。

值得一提的是，丝绸之路还促进了中西文明的交流和融合。随着商品的贸易，各国人民之间的交流也日益频繁，东方的文明和西方的文明在交流中互相借鉴，丰富了各自的文化。丝绸之路的历史价值被世界各国广泛认可，已成为世界文化遗产的重要组成部分。

（二）迎进来：佛教文化的容纳

两汉魏晋时期，佛教从印度传入中国，经过发展形成了具有中国特色的汉传佛教，丰富了中国文化，同时也促进了中国和外国的文明交流。

佛教初入中国时，尽管面临诸多挑战，但佛教逐渐开始与中国文化相结合，形成具有中国特色的佛教思想和实践。在隋唐时期，佛教达到了鼎盛，形成了多个宗派，如禅宗、法相宗、净土宗等，这些宗派不仅吸收了中国文化的元素，也对中国社会和文化产生了深远的影响。宋元明清阶段，佛教在中国的传播更加广泛，与中华文化的交流互动更加深入，佛教的中国化过程基本完成，形成了独特的汉传佛教文化。

佛教的中国化是一个长期且复杂的过程，涉及佛教教义的诠释、宗教仪式的调整以及与中华文化的融合。佛教的中国化不仅是宗教形式的适应，也是文明交流和融合的体现，展示了不同文明之间相互影响和共同发展的可能性。这一过程不仅丰富了佛教的内容和形式，也为中华文明的发展增添了新的元素和视角。

（三）新时代的"一带一路"

"沉舟侧畔千帆过，病树前头万木春。"岁月如歌，流转不息，社会发展到了 21 世纪初期的新时代。2013 年，习近平总书记提出共建"一带一路"倡议，推进"一带一路"建设也被写入同年召开的中国共产党十八届三中全会有关决定。党的十九大报告提出要以"一带一路"建设为重点，党的二十大报告提出推动共建"一带一路"高质量发展，10多年来，中国与各方携手，推动共建"一带一路"落地生根、蓬勃发展，成为开放包容、互利互惠、合作共赢、深受欢迎的国际公共产品和合作平台。

回望历史，千百年来，古丝绸之路跨越埃及文明、巴比伦文明、印度文明、中华文明的发祥地，跨越不同国度和肤色人民的聚集地，促进了亚欧大陆各国互联互通，推动了东西方文明交流互鉴，创造了地区大发展大繁荣，积淀了以和平合作、开放包容、互学互鉴、互利共赢为核心的丝路精神。今天的"一带一路"建设从古丝绸之路和丝路精神中汲取智慧和力量，顺应各国人民对和平发展的期盼、对文明交流的向往，书写着各国文明融合共生的时代新篇。

"一带一路"机制为众多国家带来了显著的经济、文化发展。巴基斯坦是"一带一路"机制的重要受益国之一。中巴经济走廊作为"一带一路"的标志性项目，累计为巴基斯坦吸引直接投资254亿美元，创造了23.6万个就业岗位。这个项目不仅促进了巴基斯坦的经济发展，也为地区和平发展注入了动力。希腊的比雷埃夫斯港在"一带一路"机制下得到了发展，从一度亏损的港口逐渐发展成为地中海第一、欧洲第四大港口，展现了"一带一路"机制对基础设施建设的积极影响。乌克兰也通过参与"一带一路"机制，尤其是中欧班列的开通，极大地推动了乌克兰与中国和欧洲国家的贸易和交流，为乌克兰带来了显著的经济效益和社会效益。拉美国家,包括乌拉圭等 20 个国家已经加入"一带一路"机制,这一全球性机制通过促进自由贸易网络、加强各层次交流、推动成员国互联互通和基础设施项目建设,为拉美地区带来了繁荣和合作共赢的机会。

中国正努力把"一带一路"建成文明之路,让世界文明的百花园变得更加姹紫嫣红、生机盎然。丝绸之路(敦煌)国际文化博览会、"一带一路"·长城国际民间文化艺术节等共建国家共同打造的优质品牌项目和活动让各国独具特色的文化、艺术之间相互欣赏,碰撞出别样的火花……共建"一带一路"不仅是各方携手共同发展的进程,也是推动文明间和而不同、求同存异、互学互鉴的进程。

10 多年来,共建"一带一路"合作成果亮点频频,不仅让共建国家人享其行、物畅其流,也为当地民众带来看得见、摸得着的获得感和幸福感。中国与 150 多个国家、30 多个国际组织签署共建"一带一路"合作文件。2023 年,中国与共建国家货物贸易额 19.5 万亿元,增长 2.8%,占进出口总额比重达 46.6%,规模和占比均为倡议提出以来的最高水平。

(四)遍全球:孔子文化的传播

"周代书神解易经,诲人君子做先生。平生学问无人问,身后却得万世青。"这首诗是对古代孔子的赞美。

孔子是中国古代思想家、教育家,儒家学派创始人。孔子在古代被尊奉为"天纵之圣"，被后世统治者尊为孔圣人、至圣、至圣先师、大成至圣文宣王先师、万世师表。其儒家思想对中国和世界都有深远的影响。

2004年11月，全球第一所孔子学院在韩国首尔成立。这是全球首家孔子学院，孔子学院的宗旨是适应世界各国（地区）人民对汉语学习的需要，增进世界各国（地区）人民对中国语言文化的了解，加强中国与世界各国文化、文明的传播合作，促进世界文明发展。

在中亚国家，"中国热""中文热"正不断升温。据统计，中亚有13所孔子学院，其中，有签约孔子学院——乌兹别克斯坦塔什干国立东方大学孔子学院；有系统开展专科、本科、研究生课程的孔子学院——吉尔吉斯斯坦奥什国立大学孔子学院；有中亚第一所融合职业培训的孔子学院——塔吉克斯坦冶金学院孔子学院……这些孔子学院受到当地学员普遍欢迎，求学者从学龄儿童到花甲老人，从商界精英到政坛新星，到处都有能讲中文的人士。孔子学院不仅深受当地民众欢迎，而且"桃李满天下"，培养的一批批优秀学子成为中国和中亚国家交流合作的骨干力量。

经过20年不断发展，中亚各国孔子学院在课程设置、教学质量、师资队伍建设等方面进步显著。为各地百所大中小学累计开设中文综合、儿童中文、HSK培训等各类课程上万多个班次；为33所大学各院系提供中文专业或二外教学。2024年5月23日，第二届西班牙孔子学院院长论坛在瓦伦西亚大学召开。西班牙 8 所孔子学院和 1 所孔子课堂的中外方院长参加论坛。在中西双方密切合作下，西班牙孔子学院和课堂扎实做好语言教学、积极开展各类文化活动，发挥各自优势，坚持特色发展，逐步成为当地民众学习中文、了解中国的重要平台。

孔子学院是中国向世界传播文化、文明的一个重要平台。随着孔子学院在世界各国纷纷设立，中国故事、中国声音以及中国智慧传播到世界各国。

二、不甘沉睡的精神特质

为什么中国在和西方历史交汇中，能撞出闪耀的火花，因为中国人有着不甘沉睡的精神特质。积极向上，勇往直前，无论前方有多少荆棘和坎坷，都会坚持不懈地追求自己的梦想和目标，改变一个时代的生活。

（一）移动支付改变生活

四大发明改变了人类的生活，在当今有什么改变国内外人民生活的呢？相信中国推广的移动支付能够当选。因为有了它，走遍全球都不怕，激活了全球经济活力。

移动支付在中国普及的时间可以追溯到 2011 年，这一年标志着移动支付快速发展的开始。支付宝在 2011 年 7 月推出了第一个条码支付产品，随后将条形码升级到二维码，使得移动支付场景从线上拓展到线下。与此同时，微信也在 2011 年开始进入移动支付领域，双双引领了移动支付潮流。到了 2014 年，移动支付已经在中国得到普及。2023 年 12 月 28 日，中国人民银行副行长在参加国务院政策例行吹风会上，公布我国的移动支付普及率达到86%，居全球第一。

根据《环球时报》记者的消费体验，支付宝、微信等中国移动支付平台已在泰国、马来西亚、新加坡、越南等东南亚国家使用。在泰国的 7-11、屈臣氏等便利店和一些大型商场，以及马来西亚和新加坡的一些商场和餐厅，不少中国游客像在国内一样刷起了支付宝和微信，一些当地民众也在中国游客的影响下开始尝试使用中国的移动支付平台。在马来西亚，连路边的冰激凌车，中国游客也都能用支付宝扫码消费。

如今，中国移动支付已经覆盖了全球超过 70 个国家和地区。这些国家和地区包括芬兰、柬埔寨、老挝、菲律宾、缅甸，以及韩国、德国、意大利等。在这些国家和地区，支付宝和微信支付等中国移动支付平台已经接入吃喝玩乐、交通出行等数十万家各类商户，为当地居民和游客提供了便捷的支付服务。

同样，外国游客来中国，也入乡随俗一部手机畅游。2023 年以来，伴随杭州亚运会、成都大运会、上海进博会、天津达沃斯、广州广交会等国际大型赛事、论坛和展会的举办，全国多地商家的收银台上，支付宝的二维码旁边，不约而同多了一张蓝色

Alipay+ 标牌。通过蚂蚁集团的 Alipay+ 创新跨境支付技术解决方案，外国游客只要下载支付宝并绑定境外银行卡，就能在中国畅享便捷的移动支付；其中，来自韩国、马来西亚、泰国等 7 个国家和地区的朋友，甚至不用下载新的 APP，只用自己平时在家乡用的电子钱包就能直接扫码支付，亲切又方便。从支付宝升级到 Alipay+，更直观地提醒远道而来的境外宾客能用"一部手机畅游中国"，搞定在中国的日常生活。

据统计，2024 年 1—2 月，超过 90 万的入境人员使用移动支付，实现交易 2000 多万笔，金额达 30 多亿元。

（二）中国高铁飞奔海外

随着我国高铁网络的高速高质发展，中国高铁技术近年来也开始进军国际市场，已建成的有雅万高铁、中老铁路等。

中国在海外承建的首条高铁是在土耳其。2014 年 7 月 25 日，在土耳其伊斯坦布尔，土总理埃尔多安在通车仪式上讲话。由中国企业参与建设的连接土耳其首都安卡拉和土最大城市伊斯坦布尔的高速铁路二期工程顺利实现通车。土总理埃尔多安等高级官员出席通车仪式并试乘了首趟高铁。

从此，中国在海外承建高铁不停步。连接印度尼西亚首都雅加达和旅游名城万隆的雅万高铁，全长 142.3 公里，是中国高铁首次全系统、全要素、全产业链的海外建设项目，全线采用中国技术、中国标准。2016 年 1 月，雅万高速铁路开工。2023 年 5 月正式开始联调联试。中国铁路国际有限公司牵头各参建单位开展了逐级提速测试，综合检测列车从时速 180 公里的速度级，逐步提升至设计时速 350 公里，充分验证了雅万高铁轨道、供电、接触网、通信、信号、预警监测等系统功能、性能及各系统指标已达到设计要求，为后续开展运行试验和开通运营提供了有力支撑。据环球网援引印度尼西亚《罗盘报》等媒体报道，雅万高铁已于 2023 年 10 月如期开通运营。项目建成后，雅加达到万隆的旅行时间将由现在的 3 个多小时缩短至 40 分钟。

同样是在亚洲，中老（挝）铁路则已经于 2021 年建成通车。2015 年 11 月，中老两国政府在北京签署了《中老两国间铁路基础设施合作开发和中老铁路项目合作协议》。2016 年 12 月 25 日，中老铁路在老挝琅勃拉邦举行全线开工仪式。中老铁路是中老两国互利合作的旗舰项目，项目线路由中老边境口岸磨憨—磨丁到老挝首都万象，向北连接中国境内玉磨铁路，按照中国标准设计、建设、运营。线路全长 422 公里，单线，电气化，设计速度 160 公里 / 小时。据《云南日报》报道，中老铁路开通运营 18 个月，呈现客货两旺态势，累计发送旅客 1640 万人次、货物 2100 万吨。

其实，中国还有更多领域的技术发展已经达到了世界领先水平，对世界的科技和文明发展产生影响。比如量子通信，中国成功发射了世界上第一颗量子科学实验卫星"墨子号"，实现了地球与月球之间的量子密钥分布和量子纠缠分布，为全球范围内的量子通信网络建设奠定了基础。无人驾驶技术，中国企业在无人驾驶领域取得了重大突破，部分产品甚至已经实现商业化运营，显示出中国在自动驾驶技术方面的领先地位等。

三、百世流芳的价值追求

"江山代有才人出，各领风骚数百年。"在中华民族几千年发展历史上，英雄豪杰辈出。每个时代都有各自的风流人物出现，并在历史的舞台上各领风骚。这些风流人物都有一个共同特点，那就是对国家的忠诚和爱戴。这种爱国主义的价值追求，推动着历史和文明不断进步和发展。

（一）持一支旌节心怀大汉

在西汉，有那么一个人，十九年如一日，他牧羊于大漠，孤独与寂寞伴他左右，但他从没想过屈服。富贵对于他恰似过眼云烟，忠心对于他才是永恒无限，他就是古代爱国代表——苏武。

公元前100年，汉武帝刘彻便命苏武为正使持节出使匈奴。后来因为一场意外，却被扣压在了匈奴。

匈奴人见苏武不愿投降，便把他关在地窖里。他渴了，就以雪止渴。饿了，就吃野菜充饥。匈奴人看他还不屈服，就把他送到北海去牧羊。

就这样，苏武被送到了北海边，在这个挨饿受冻的地方，身边就只有代表汉朝的旌节和他放的一群公羊。那个代表汉朝的旌节，是苏武的精神支柱，也是苏武的信念所在，所以他从不离手，就算在晚上睡觉的时候，也要搂着旌节。

他坚信，总有一天，自己一定能拿着旌节回到汉朝。就这样，苏武在北海边，一待就是十九年。后来到了汉昭帝时期，汉和匈奴再次议和，须发尽白的苏武终于回到了大汉。

持一支旌节，心怀大汉于茫茫大漠；扶一阵驼铃，游走于沙漠败草之中。在漫天风雪中且行且歌的牧羊人，用勇气，用执着书写了一段流传千古的爱国之歌。

（二）挥就《出师表》鞠躬尽瘁

千古流芳的爱国者，还有后来三国蜀汉时期的诸葛亮。

诸葛亮是三国时期蜀汉的重要政治家和军事家，他的忠诚爱国为蜀汉的发展作出了巨大贡献。

刘备去世后，诸葛亮继续辅佐刘备的儿子刘禅。诸葛亮根据天下形势，主张联吴伐魏。诸葛亮凭借其出色的外交智慧成功说服孙权，积极促成了孙刘联盟的形成。这一联盟的形成对于赤壁之战的胜利至关重要，为三分天下有其一提供了坚实的基础。

诸葛亮为了国家的发展，先后五次率队北伐。在出兵前，诸葛亮上表刘禅，劝他听信忠言，富国强兵，这就是有名的《前出师表》。然而，北伐未能成功，诸葛亮退兵回蜀。几年后，他再次决定北伐，再次奏表的最后，诸葛亮表示自己将忠心报国，鞠躬尽瘁，死而后已。这就是著名的《后出师表》。两篇《出师表》皆文采斐然，情真意切，表达了诸葛亮一心为国的忠贞气节，在后世传为佳话。

诸葛亮的一生是对国家和人民无限忠诚与奉献的一生。他的政治智慧、军事才能和人格魅力，使他成为后世敬仰的典范。他的鞠躬尽瘁、死而后已的精神是对责任和使命不懈追求的最高诠释。"出师未捷身先死，长使英雄泪满襟。"这是对诸葛亮的高度赞誉。

（三）国家需求就是人生目标

爱国的价值追求不分男女，中国历史上出现了众多巾帼英雄，王昭君、冼夫人、梁红玉、赵一曼……在新中国，中国中医科学院终身研究员屠呦呦就是其中的一位。

屠呦呦带领课题组发现青蒿素，为世界带来一种全新的抗疟药，进而挽救了全球数百万人的生命。她因此获得了诺贝尔生理学或医学奖，这是中国医学界迄今为止获得的最高奖，也是中医药成果获得的最高奖。因为让青蒿素成为中国献给世界的礼物，她也被授予"共和国勋章"。

疟疾是世界性传染病，每年都有数亿感染者，并导致数百万人死亡。20世纪60年代，很多国家都花费了大量人力和物力，希望找出有效的新药，但始终没有获得满意的结果。1969年1月，屠呦呦接到一项艰巨的任务，即国家"523"抗疟药物研究，她被任命为中医研究院中药抗疟科研组组长。

因此，她决定从本草研究入手。凭借熟悉中西医两门知识和扎实的基本功，她广泛收集整理历代医籍，并走访民间，多方请教老中医专家，仅用 3 个月时间，就收集了 2000 多个方药，并在此基础上精选编辑了包含 640 个方药的《抗疟方药集》。她还带领课题组，先后进行了 300 余次筛选实验，确定了以中药青蒿为主的研究方向。

她带领研究团队，尝试采用低温提取，并首次以乙醚为溶剂，终于找到低温提取青蒿抗疟有效成分的方法。1971 年 10 月 4 日，青蒿乙醚中性提取物的动物抗疟实验结果出炉，对疟原虫的抑制率竟达 100%，这是青蒿素发现史上最为关键的一步。后经研究证实，用乙醚提取这一步，是保证青蒿素有效制剂的关键所在。

为了加快研发进度并保证患者的用药安全，1972 年，屠呦呦及其他两位课题组的同志不顾安危，亲自试服该提取物并证明了其安全性。之后，课题组又分离出纯化青蒿素。1981 年 10 月，世界卫生组织致函中国卫生部，提议在北京召开青蒿素国际会议，由此，抗疟新药青蒿素被世界熟悉和认可。

由于在青蒿素发现中的原创性贡献，屠呦呦获得了 2011 年度美国拉斯克临床医学研究奖。2015 年 6 月，获美国华伦·阿尔波特奖；2015 年 10 月获诺贝尔生理学或医学奖；2016 年获国家最高科学技术奖。

四、永不言败的豪迈气概

清代书画家郑板桥先生题写过一首诗："咬定青山不放松，立根原在破岩中。千磨万击还坚劲，任尔东西南北风。"刻画了竹子坚韧不拔、不畏艰辛，与身边环境顽强抗争的风格。竹子这一风格，正体现了中华民族世世代代永不言败的精神。

最开始的时候，这个世界上只有一个导航系统，它就是美国的GPS。中国深刻认识到发展科技才是首要任务，于是决定一定要在天上造出中国自己的千里眼。北斗卫星导航系统是中国自行研制的全球卫星导航系统，是联合国卫星导航委员会已认定的供应商。

北斗卫星导航系统由空间段、地面段和用户段三部分组成，可在全球范围内全天候、全天时为各类用户提供高精度、高可靠定位、导航、授时服务，并且具备短报文通信能力。北斗系统定位导航授时服务，通过30颗卫星，向全球用户提供服务，全球范围水平定位精度优于9米、垂直定位精度优于10米,测速精度优于0.2米/秒，授时精度优于20纳秒。

中国北斗卫星建设期间，在技术、材料等方面遇到了许多困难，但困难并没有让中国退缩，无数科研人员不畏艰辛、永不言败。

北斗卫星导航系统是由卫星、地面控制系统、用户终端设备三个部分组成的，这些部分之间互相协作，需要解决很多技术难题。例如，卫星的研制和发射、地面控制系统的建设、用户终端设备的研制等。其中，卫星的研制和发射是北斗导航项目的重点和难点，因为它涉及微重力技术、电子光学技术、信号处理和推进技术等多个领域。每个环节都需要精细的设计和测试，以确保北斗导航的精度和可靠性。

北斗导航在研制过程中还面临着资金短缺的问题。北斗导航的研制需要耗费大量资金，特别是卫星发射阶段，需要巨额资金才能完成。在北斗导航研制之初，我国经济发展水平有限，财政收入难以支撑北斗导航的研制，因此资金短缺成为制约北斗导航项目进展的因素之一。

北斗导航的研制还面临着国际竞争的挑战。北斗导航虽然是我国自主研制和开发的卫星导航系统，但是它还需要与美国的GPS、欧盟的伽利略和俄罗斯的格洛纳斯等国际卫星导航系统竞争。

北斗团队克服了一项项困难，终于建设成功了！现在，全球范围内已经有137个国家与北斗卫星导航系统签下了合作协议。随着全球组网的成功，北斗卫星导航系统未来的国际应用空间将会不断扩展。

第五节　迈入七彩世界

一、21世纪的社会变革

在全球化与信息化浪潮的交织之下，社会变革的步伐犹如搭乘了高速列车，不断加速前行，为中华现代文明建设铺设了一条既充满挑战又孕育无限机遇的新轨道。这一进程不仅深刻重塑了我们的生活方式、思维方式和价值观念，更对中华文明的传承与发展提出了新的时代要求。

（一）全球化

全球化，这一不可逆转的历史趋势，如同一股强大的东风，吹散了地域的界限，让不同文化、不同国家之间的交流与合作变得前所未有地紧密与频繁。世界各国之间的联系日益紧密，文化交流与互鉴成为常态。中华现代文明建设正是在这种开放的环境中不断汲取世界文明的营养，实现了自我更新与发展。对中华现代文明而言，这既是一个展示自身魅力、吸收外来精华的绝佳舞台，也是一个必须直面文化差异、价值碰撞的试炼场。

中华现代文明建设的推进，不仅丰富了世界文明的多样性，还为全球化注入了新的动力。具有中国特色的社会主义现代化道路的成功实践，为发展中国家提供了可借鉴的发展模式。

"一带一路"是"丝绸之路经济带"和"21世纪海上丝绸之路"的简称，2013年9月和10月中国国家主席习近平分别提出建设"新丝绸之路经济带"和"21世纪海上丝绸之路"的合作倡议。[1]依靠中国与有关国家既有的双多边机制，借助既有的、行之有效的区域合作平台，"一带一路"借用古代丝绸之路的历史符号，高举

[1] 张旭东、刘华、韩洁、孙奕、丁小溪、安蓓：《大道致远，海纳百川——习近平主席提出"一带一路"倡议5周年记》，人民网，http://politics.people.com.cn/n1/2018/0826/c1001-30251664.html。

和平发展的旗帜，积极发展与合作伙伴的经济合作关系，共同打造政治互信、经济融合、文化包容的利益共同体、命运共同体和责任共同体。

"一带一路"倡议的提出与实施，不仅促进了沿线国家的经济合作与发展，还推动了文化、教育、科技等多领域的交流与合作，为构建人类命运共同体贡献了中国智慧和中国方案。在这个过程中，中华现代文明所蕴含的和平、发展、合作、共赢的理念得到了广泛传播和认同。

"一带一路"倡议自提出以来，得到了沿线国家的积极响应和广泛参与。在这一框架下，中华现代文明与沿线国家的文明进行了深入交流与互鉴。例如，中国与沿线国家共同举办了一系列文化节、艺术节、电影展等活动，促进了不同文化之间的理解和尊重。同时，"一带一路"沿线国家的学生来华留学、中国学生赴沿线国家留学的人数逐年增加，这不仅加深了青年一代的相互了解和友谊，还为中华现代文明与沿线国家文明的交流互鉴培养了接班人。

通过"一带一路"等国际合作平台，中华儿女们致力于向世界讲述中国故事，传播中国声音，展现了一个古老文明在新时代的勃勃生机。同时，我们也积极拥抱世界的多样性，学习借鉴其他文明的优秀成果，不断丰富和发展自身的文化内涵，使中华文明在全球化的洪流中更加熠熠生辉。

"推进国际传播能力建设，讲好中国故事、传播好中国声音，向世界展现真实、立体、全面的中国。"在全国宣传思想工作会议上，习近平总书记提出了"展形象"的重要使命任务，明确了提升中华文化影响力的工作要求，为我们在新形势下做好外宣工作、提高国家文化软实力，指明了方法路径，提供了根本遵循。[1]

（二）信息化

信息化则是推动社会变革的另一股强大力量。互联网的普及、大数据的应用、人工智能的崛起，正以前所未有的速度改变着人类社会。在这个信息爆炸的时代，知识的获取与传播变得异常便捷，创新成为推动社会进步的关键引擎。

对中华现代文明建设而言，信息化不仅为我们提供了强大的技术支撑，使文化传承与创新的方式更加多元、高效，也要求我们不断适应数字化生存的新常态，探索如何将传统文化与现代科技深度融合，创造出具有中国特色、时代特征的新文化形态。这既是对传统文化生命力的考验，也是中华文明创新发展的历史机遇。

信息化技术，特别是互联网、大数据和人工智能等，极大地促进了中华优秀传统文化的传承与创新。通过数字化手段，许多珍贵的文化遗产得以保存并广泛传播。例如，故宫博物院利用数字化技术、信息化技术和虚拟现实技术打造了数字文物库、数字多宝阁、故宫名画记、全景故宫、虚拟现实剧场、文物对比鉴赏、鉴藏珍玩、

---

[1] 评论员文章：《不断提升中华文化影响力——论学习贯彻习近平总书记在全国宣传思想工作会议重要讲话精神》，《人民日报》2018年9月2日，第4版。

御花园 VR 体验等 8 个数字项目，通过线上展览、互动体验等方式，让全球观众能够随时随地欣赏到故宫的珍贵文物。这种创新的文化传播方式不仅吸引了大量国内外游客的关注，也极大地提升了中华文化的国际影响力。

信息化打破了地理界限，使得中华文化能够更快捷、更广泛地走向世界。通过建立多语种的文化网站、社交媒体平台等，中华文化得以在全球范围内传播，增强了国际社会对中华文化的了解和认同。例如，孔子学院在全球范围内推广汉语和中国文化，通过在线课程和交流活动，吸引了大量外国学习者，促进了中华文化的国际传播。

信息化推动了文化产业的创新发展，催生了新的文化业态和商业模式。数字文化产品、网络游戏、网络文学等新型文化形态不断涌现，不仅丰富了人们的文化生活，也带动了相关产业链的发展。例如，网络文学平台如起点中文网等，汇聚了大量优秀的网络作家和作品，形成了庞大的读者群体，成为推动文化产业发展的重要力量。网络文学作为新兴的文学形态，我们要站在中华文脉延续、中华民族现代文明建设的高度看待它，才能准确把握它的地位、价值和作用，才能不再简单地把它看作一时的消遣娱乐品，而是文学、文化、文明传承发展的重要形式，文化强国建设的重要力量。

不过，全球化与信息化带来的不仅仅是机遇，更有前所未有的挑战。如何在全球化的大潮中保持文化的根与魂，避免文化同质化，维护中华文明的独特性与多样性，是我们必须深思的问题。同时，信息化带来的信息安全、隐私保护等问题，也对社会伦理与法律体系提出了新的要求。面对这些挑战，中华现代文明建设需要在传承与创新之间找到平衡点，既要坚守文化的核心价值，又要勇于开拓，利用现代科技手段让传统文化焕发新生，构建一个既传统又现代、既本土又国际的文明新形态。

在 21 世纪这一历史性的变革中，我们需要以更加开放包容的心态，更加创新进取的精神，不断探索中华文明在新时代的发展路径，让中华文明这一古老而又年轻的文明，在全球化的舞台上绽放更加璀璨的光芒。

二、文明多样性的包容与认同

在全球化这股不可阻挡的洪流中，中华民族犹如一座坚韧不拔的灯塔，不仅屹立不倒，更以其独有的智慧与包容，积极倡导着一个多彩斑斓的文明世界——一个尊重差异、珍视特色、鼓励交流互鉴的和谐共生体。

中华民族，自古以来便是一个多元文化交融的典范。在历史的长河中，它吸纳了无数民族的精华，熔铸成今日辉煌灿烂的中华文明。在中华民族的发展过程中，各民族之间的文化交流与融合从未停止。从春秋战国时期的民族大迁徙到魏晋南北朝时期的民族大融合，再到唐宋时期的开放包容政策，都为多元民族文化的共生共荣提供了有利条件。

中华民族深知，每一种文明都是人类智慧的结晶，都承载着各自独特的历史记忆、价值观念和生活方式，共同构成了人类文明丰富多彩的图谱。尊重不同文化的差异和特色，是中华民族倡导文明多样性的核心所在。这不仅体现在对外交往中的礼貌与谦逊，更体现在深层次的文化自觉与文化自信上。

中华民族深知，真正的尊重不是简单的容忍或忽视，而是通过深入了解和学习，去欣赏每一种文化的独特之处，理解其背后的历史逻辑与文化逻辑。因此，无论是在国际论坛上的文化交流，还是在日常生活中的点滴互动，中华民族都致力于搭建沟通的桥梁，让不同文明之间的对话成为常态，让理解和尊重的种子在每个人心中生根发芽。

位于山西省大同市西郊武州山南麓的云冈石窟，是中国著名的石窟群之一。云冈石窟的开凿始于北魏时期，大部分洞窟在北魏迁都洛阳前完工，但是造像工程则一直延续到北魏正光年间（520—525）。与我国诸多石窟比较，云冈石窟最具西来样式，即胡风胡韵最为浓郁，其不仅有佛教造像，还包含了仿罗马柱石雕、古希腊式柱身、爱奥尼克式柱头等西方艺术元素，以及中原传统乐舞、鲜卑族乐舞、西域乐舞等多种音乐舞蹈形式。其中既有印度、中西亚艺术元素，也有希腊、罗马建筑造型、装饰纹样、相貌特征等，反映出中华文明与世界各大文明之间的渊源。对后世中国文化艺术的发展具有重要意义，同时也极具代表性地展示了中华民族对文明多样性的包容与认同。

唐朝是中国历史上国力最为强盛的大一统王朝之一，"贞观之治"开创了外国来朝的盛世，中华民族对外来文明多样性的包容与认同在这一历史时期达到了一个新的高度。据《资治通鉴》卷一百九十八卷记载，唐太宗李世民曾言："自古皆贵中华，贱夷狄，朕独爱之如一，故其种落皆依朕如父母。"唐朝对少数民族采取了较为宽容的政策，尊重并保护各少数民族的文化传统，允许他们在境内自由发展。这种民族平等的政策促进了各民族之间的交流与融合，使得唐朝社会更加多元、包容，也体现了以李世民为代表的唐朝统治阶层的胸怀和对文明多样性的深刻认同。唐朝还实行了积极的外交政策，与周边国家和地区建立了广泛的联系。通过丝绸之路，唐朝与中亚、西亚乃至欧洲的国家进行了频繁的贸易往来和文化交流，这种开放的外交政策为不同文明的碰撞与融合提供了广阔的平台。此外，在宗教、艺术、文化等领域，中外文明的交流也达到了前所未有的高度，不同国家的使者都来到大唐文明的中心长安进行朝贺，不同国家的艺术家、学者，不同教派的教徒，都来到长安进行交流和学习。唐朝以其开放包容的姿态成为中外文化交流与融合的典范，为后世留下了宝贵的文化遗产和历史启示。

推动不同文明之间的交流互鉴，则是中华民族实践文明多样性理念的具体行动。中华民族相信，文明的进步离不开交流，而交流的价值在于互鉴。

中华民族经常走出自己的文化舒适区，以开放的心态去探索未知，去吸收其他文明的优点，同时也勇于展示自己的文化成果，让世界看到一个更加立体、全面的中国。

这种双向的文化流动，不仅促进了文化的创新与发展，也为解决全球化时代面临的种种问题提供了丰富的智慧资源。从丝绸之路的古老传说，到"一带一路"倡议的现代实践，中华民族始终是推动文明交流互鉴的积极力量，致力于构建一个更加和谐、包容的世界文明格局。

总之，在全球化的大背景下，中华民族以其独特的文化视角和深远的战略眼光，积极倡导并实践着文明多样性的理念。它不仅尊重每一种文化的独特价值，更以实际行动推动着不同文明之间的交流互鉴，为构建一个多彩、和谐、共生的世界文明图景贡献着自己的力量。这是一场跨越时空的文化对话，也是一场面向未来的文明盛宴，中华民族正以更加开放的姿态，邀请全世界共同参与，共同书写人类文明新篇章。

三、泱泱华夏多变为不变的智慧

《荀子·儒效》云："与时迁徙，与世偃仰，千举万变，其道一也。"[1]荀子认为，无论时代如何变迁，世事如何演变，人们所应当坚持的道（原则，法则）是一致的。它强调了在变化中寻求不变的本质，即在多样性和变化性中把握统一性和规律性。无论事物表面如何变化多端，其内在的本质和规律是不变的。这种思想对于人们认识世界、改造世界具有重要的指导意义。

具体来说，一方面，人们需要随着时代和环境的不停变化而调整自己的行为和决策，即主动地适应社会环境的变化；另一方面，在这些调整中不能违背基本的事物运行的原则和基础的价值观，在各种具体行动和策略中，应当坚守那些根本性的、普遍适用的原则。

《孙子兵法》云："兵无常势，水无常形，能因敌变化而取胜者，谓之神。"[2]战争形势瞬息万变，但是善战者往往能够根据敌人的变化调整作战策略，从而取得胜利，这是因为他们掌握了作战指挥的基本规律。推而广之，在其他领域也是这样的。

（一）和而不同

儒学，自孔子创立以来，不仅是中国古代思想文化的瑰宝，也是华夏民族精神世界的重要组成部分。它历经孟子、荀子等人的发展，以及后世儒者的不断阐释与发挥，逐渐形成了博大精深、涵盖广泛的思想体系。儒学思想在不同历史时期经历了各种流变，并与其他学派和教派产生融合，但其核心价值观——"仁、义、礼、智、

---

[1]〔清〕王先谦：《荀子集解》，沈啸寰、王星贤点校，中华书局，1988年，第138页。

[2]〔春秋〕孙武：《孙子兵法·虚实第六》，骈宇骞等译注，中华书局，2007年，第42—43页。

信"始终如一，贯穿其发展始终，对中华民族的社会、政治、文化等方面产生了深远而持久的影响。

孔子作为儒学的创始人，其思想内涵极其丰富，其核心思想有两个，一为"仁"，二为"礼"。孔子认为，"仁"与"礼"是处理人际关系和社会关系的根本原则（《论语·颜渊》："己所不欲，勿施于人。"《论语·学而》："礼之用，和为贵。"），是修身养性的基本准则（《论语·颜渊》："克己复礼为仁。"《论语·雍也》："君子博学于文，约之以礼，亦可以弗畔矣夫。"）。

孟子进一步发展了孔子的仁爱思想，他提出"性善论"，认为人性本善，每个人都有成为圣人的潜能。孟子强调"仁义"并重，认为"仁"是内心的善良，"义"是行为的准则，二者相辅相成，共同构成了儒家道德体系的核心。他还提出了"民贵君轻"（《孟子·尽心下》："民为贵，社稷次之，君为轻。"）的政治主张，强调君主应以民为本，关心民众疾苦，提出了"王道"的主张，这些思想对后世的中国政治观念产生了深远影响。

荀子则主张"性恶论"，认为人性本恶，需要通过教育和礼法来约束来规范人的行为。他强调"礼"和"法"的重要性（《荀子·强国》："人之命在天，国之命在礼。"[1]《荀子·大略》："隆礼尊贤而王，重法爱民而霸。"[2]），认为"礼"和"法"是维持社会秩序的基石，

---

〔1〕〔清〕王先谦：《荀子集解》，沈啸寰、王星贤点校，中华书局，1988年，第291页。
〔2〕〔清〕王先谦：《荀子集解》，沈啸寰、王星贤点校，中华书局，1988年，第485页。

是限制人的欲望的必要手段。荀子的思想为儒学增添了更多的现实主义和法治色彩，使得儒学更加适应复杂多变的社会环境。

后世儒者在继承和发展孔、孟、荀思想的基础上，不断对儒学进行新的阐释和发挥。宋代儒者如二程、朱熹等人，提出了"理学"思想，强调"天理"与"人欲"的对立，倡导通过修身养性来达到天人合一的境界。明代的儒者如陈献章、王阳明等人，则发展了"心学"，强调内心的直觉和良知（"致良知"），强调"格物致知""知行合一"。

儒学思想的演变不仅体现在其理论体系的不断完善和丰富上，更体现在其对中华民族社会、政治、文化等方面的深远影响上。在社会层面，儒学强调的仁爱、礼让、诚信等价值观深入人心，成为中国人处理人际关系和社会关系的重要准则。在政治层面，儒学倡导的仁政、德治等理念对中国古代政治制度的形成和发展产生了重要影响，使得中国政治文化具有独特的道德色彩和人文关怀。在文化层面，儒学作为中国传统文化的主流思想，对文学、艺术、教育等领域的发展产生了深远影响，塑造了中国人独特的文化性格和精神风貌。

（二）一国两制

"一国两制"是邓小平同志提出的具有中国特色的社会主义理论之一，是为解决台湾问题，恢复对香港、澳门行使主权，实现祖国和平统一而提出的重大战略决策和科学构想。

"一国两制"即"一个国家，两种制度"的简称。"一国两制"是共产党为解决祖国大陆和台湾和平统一的问题以及对香港、澳门恢复行使主权的问题而提出的基本国策。即在中华人民共和国内，大陆坚持社会主义制度作为整个国家的主体，同时允许台湾、香港、澳门保留资本主义制度。邓小平同志是中国改革开放的总设计师，也是"一个国家，两种制度"构想的创造者。

香港、澳门回归祖国后，中国政府根据"一国两制"方针，成功实现了香港、澳门的平稳过渡和长期繁荣稳定。"一国两制"使得香港能够保持其独特的地位和优势。作为中国的特别行政区，香港享有高度自治权，这体现在其行政管理、立法、财政等方面。这种特殊的制度设计，既保证了国家的统一和稳定，又充分发挥香港的国际视野、经济活力和创新精神，促进了香港的持续发展。"一国两制"还体现在对香港居民权益的充分保障上。香港居民享有的权利和自由，包括言论自由、新闻自由等，都得到了充分的尊重和保障。同时，香港居民也享受到了更多的发展机遇和空间，这为香港的经济发展和社会进步提供了有力支撑。"一国两制"还推动了香港的民主发展。中国政府始终坚决支持香港依法推进民主发展，这使得香港的民主制度不断完善，居民的参与度和满意度不断提高。这不仅增强了香港的社会凝聚力，也为香港的长期发展注入了新的活力。"一国两制"还取得了国际社会的广泛认可和赞誉。越来越多的国家和地区认识到，"一国两制"是一种具有创新性和包容性的制度安排。

"一国两制"方针体现了中华民族在处理国家统一和地区差异问题上的高度智慧和灵活性。它既坚持了一个中国原则，又充分尊重了香港、澳门、台湾的历史和现实情况，为国际社会解决类似问题提供了有益借鉴，堪称泱泱华夏以不变应万变的典范。

（三）和平发展

2018年3月11日，第十三届全国人民代表大会第一次会议通过宪法修正案，在"中国坚持独立自主的对外政策，坚持互相尊重主权和领土完整、互不侵犯、互不干涉内政、平等互利、和平共处的五项原则"后增加"坚持和平发展道路，坚持互利共赢开放战略"。这是一条自中华人民共和国成立以来便坚持不变的原则，集中体现了泱泱华夏多变为不变的智慧。

和平与发展，作为当今世界的两大主题，不仅关乎国家的繁荣稳定，更是人类文明进步的重要基石。在全球化的今天，国际形势日益复杂，国家间的相互依存日益加深，任何国家的动荡都可能引发连锁反应，影响全球稳定与发展。因此，坚持和平发展道路，不仅符合中华民族的根本利益，也是推动构建人类命运共同体的必然要求。

作为当今世界走和平发展道路的中流砥柱的中华民族，是一个拥有五千年灿烂文明的古老民族，在历史的长河中，始终秉持着和平共处的智慧，不断探索与实践和平发展的道路。这一道路，彰显了中华民族始终不变的对和平与发展的追求与坚持。

墨子云："天下兼相爱则治，交相恶则乱。"[1]

墨子主张兼爱非攻，兼爱即平等之爱，不分亲疏贵贱，非攻即没有战争，天下和平。此外，儒家也有"以和为贵"的思想，道家认为"兵者，不祥之器"，主张"无为而治"。这些都说明，早在先秦时代，和平发展的理念就已深深根植于中华民族的血脉之中。

自改革开放以来，中国积极融入世界经济体系，参与全球化进程，实现了经济的快速发展和综合国力的显著提升。面对国际形势的复杂多变，中国始终坚持和平发展道路，通过参与国际合作与竞争，不断提升自身实力，同时致力于维护世界和平与稳定。这种在多变的环境中寻求稳定与发展的能力，正是中华民族智慧的体现。

无论时代如何变迁，中华民族对和平与发展的追求始终如一。从古代的丝绸之路到当代的共建"一带一路"机制，从郑和下西洋到亚投行（亚洲基础设施投资银行）的建立，中华民族始终秉持着开放包容、合作共赢的理念，与世界各国共享发展机遇，共同应对全球性挑战。这种不变的追求，不仅展现了中华民族对和平的珍视，也彰显了其对人类命运共同体的深刻认识。

---

[1]　吴毓江：《墨子校注》，孙启治点校，中华书局，1993年，第155页。

习近平总书记曾在和平共处五项原则发表 70 周年纪念大会上指出："和平共处五项原则早已载入中国宪法，成为中国独立自主和平外交政策的基石。当前，中国正在以中国式现代化全面推进强国建设、民族复兴伟业。新征程上，中国将继续弘扬和平共处五项原则，同各国携手推动构建人类命运共同体，为维护世界和平、促进共同发展作出新的更大贡献。

"中国走和平发展道路的决心不会改变。我们绝不走殖民掠夺的老路，也绝不走国强必霸的歪路，而是走和平发展的人间正道。在和平和安全问题上，中国是世界上纪录最好的大国。我们努力探索中国特色的热点问题解决之道，在乌克兰危机、巴以冲突以及涉及朝鲜半岛、伊朗、缅甸、阿富汗等问题上发挥建设性作用。中国力量每增长一分，世界和平希望就增多一分。

"中国同各国友好合作的决心不会改变。我们积极拓展平等、开放、合作的全球伙伴关系，致力于扩大同各国利益的汇合点。中国促进大国协调和良性互动，推动构建和平共处、总体稳定、均衡发展的大国关系格局。中国坚持亲诚惠容理念和与邻为善、以邻为伴周边外交方针，深化同周边国家友好互信和利益融合。中国秉持真实亲诚理念和正确义利观加强同发展中国家团结合作，维护发展中国家共同利益。中国践行真正的多边主义，积极参与全球治理体系改革和完善。

"中国促进世界共同发展的决心不会改变。中国经济高质量发展为世界经济增长提供强劲动力。14亿多中国人民整体迈入现代化，意味着形成一个超过现有发达国家规模总和的巨大市场。中国开放的大门只会越开越大，永远不会关上。我们正在谋划和实施进一步全面深化改革的重大措施，继续扩大制度型开放，形成更加市场化、法治化、国际化的营商环境。搞'小院高墙''脱钩断链'，是逆历史潮流而动，只会损害国际社会共同利益。"[1]

习近平总书记的讲话高屋建瓴地为中国未来的和平发展道路指明了方向，这一重要讲话是中国坚持走和平发展道路的再宣示，是构建人类命运共同体理念的再升华，是中国与世界共谋发展繁荣的再推进，充分彰显了习近平总书记作为大党大国领袖的深厚世界情怀和强烈历史担当，凝聚了习近平外交思想的最新发展成果，为我们汲取和平共处五项原则的历史智慧、汇集解决当今世界难题挑战的共识提供了战略引领和科学指南。

如今的世界在全球化和信息化的影响下，社会环境日新月异，我国内外部的形势较任何一个历史时期都要更加变化万端。在快速变化的社会环境中，中华民族凭借深厚的文化底蕴和富有智慧的思维方式，不断适应新的变化和挑战，推动社会和谐稳定发展。

[1] 习近平:《弘扬和平共处五项原则 携手构建人类命运共同体——在和平共处五项原则发表70周年纪念大会上的讲话》,《人民日报》2024年6月29日,第2版。

第六章
中华文明发展的教育特色

　　重教尚学是中华民族世代传承的优良传统，是中华民族生生不息的内在动力。教育在推动文化繁荣、建设文化强国、建设中华民族现代文明中被赋予了全新的历史与时代使命。建设中华民族现代文明的教育使命，承载着中华文明传承的历史发展要求，更是增强青少年文化自信、塑造青少年精神信仰的时代课题。

　　新中国成立以来，我们党对教育地位作用的认识不断深化和升华，教育在党执政兴国中的战略地位逐步确立，教育的基础性、先导性、全局性地位和作用日益凸显。

　　1949 年 9 月，中国人民政治协商会议第一届全体会议通过的《中国人民政治协商会议共同纲领》强调，"中华人民共和国的文化教育为新民主主义的，即民族的、科学的、大众的文化教育"，保证广大劳动人民的受教育权，培养新中国建设急需的人才。1949 年 12 月，第一次全国教育工作会议召开，谋划和确定教育大政方针与发展蓝图。1950 年，毛泽东同志在《人民教育》创刊号上题词："恢复和发展人民教育是当前重要任务之一。"

　　1978 年 12 月，党的十一届三中全会作出把党和国家工作中心转移到经济建设上来、实行改革开放的历史性决策。面对百业待兴、人才奇缺的状况，邓小平同志以极富战略性的眼光指出，"忽视教育的领导者，是缺乏远见的、不成熟的领导者，就领导不了现代化建设"[1]。

20世纪90年代到21世纪初,我们党审时度势、顺应历史潮流,作出优先发展教育、实施科教兴国战略和人才强国战略的重大历史抉择。"人才资源是第一资源。"[2]"百年大计,教育为本。""切实保证经济社会发展规划优先安排教育发展、财政资金优先保障教育投入、公共资源优先满足教育和人力资源开发需要。"[3]坚持"国兴科教,科教兴国"的方针,教育需服从和服务于经济社会发展全局,服从和服务于一定历史时期党和国家的中心工作。要坚持中国国情,扎根中国大地办教育,为社会主义现代化建设提供强大人才和智力支撑。[4]

在全面建设社会主义现代化国家的新征程上,党的十八大、十九大,再到党的二十大,"办好人民满意的教育"这一重要论述三次被写进大会报告。《中国教育现代化2035》提出"到2035年,总体实现教育现代化,迈入教育强国行列,推动我国成为学习大国、人力资源强国和人才强国"的目标。在信息化、知识经济快速发展的新时代,拓宽各级各类教育渠道,促进教育代际公平,有助

[1] 邓小平:《把教育工作认真抓起来》(1985年5月19日),转引自陈宝生《国之大计 党之大计——新中国教育事业的历史成就与现实使命》,《人民日报》2019年9月10日,第13版。

[2] 江泽民:《人才资源是第一资源》(2001年8月7日),转引自陈宝生《国之大计 党之大计——新中国教育事业的历史成就与现实使命》,《人民日报》2019年9月10日,第13版。

[3] 胡锦涛:《在全国教育工作会议上的讲话》(2010年7月13日),转引自陈宝生《国之大计 党之大计——新中国教育事业的历史成就与现实使命》,《人民日报》2019年9月10日,第13版。

[4] 陈宝生:《国之大计 党之大计——新中国教育事业的历史成就与现实使命》,《人民日报》2019年9月10日,第13版。

于子孙后代享受到公平而有质量的教育，进而实现自身发展。这不仅是推动经济结构转型与新型城镇化的内在要求，更有利于提高各类人群，尤其是弱势贫困群体的教育可获得性。[1]

新中国成立75年来，在党的坚强领导下，我国彻底改变了教育底子薄、整体落后的状况，建立了完整的现代教育体系，中国教育面貌焕然一新，取得举世瞩目的成就，有力证明了中国特色社会主义教育发展道路的正确与宽广，有力彰显了我国社会主义制度的巨大优越性与强大生命力。

目前，我国教育总体发展水平跃居世界中上行列。新中国成立初期，4.5亿人口，80%以上是文盲，学龄儿童入学率只有20%，1949年全国接受高等教育的在校人数只有11.7万。今天，九年义务教育已全面普及。2023年，学前教育毛入园率达到91.1%，九年义务教育巩固率95.7%，高中阶段毛入学率达91.8%，高等教育毛入学率60.2%。各级教育普及程度均达到或超过中高收入国家平均水平。国家教育投入力度越来越大，从2012年起实现了国家财政性教育经费占GDP4%的目标并保持连续增长。同时，我国教育的国际影响力不断增强，从国际学生评估项目（PISA）的优异表现，到成为国际本科工程学位互认协议《华盛顿协议》正式成员，中

---

[1] 褚宏启：《新时代需要什么样的教育公平：研究问题域与政策工具箱》，《教育研究》2020年第2期，第4—16页。

国教育的国际社会关注度越来越高。[1]

2023 年，我国劳动年龄人口平均受教育年限达到 10.93 年，近 11 年；接受高等教育的人口有 2.4 亿。虽然我国人口数量有所下降，但是人口质量改善速度更快，这就为我国经济高质量发展提供了很好的资源保障。2023 年，我国新增劳动力平均受教育年限达到 14 年，高于世界平均水平。亿万人民通过受教育实现了完善自身、改变命运、创造美好生活的愿望，人民群众的获得感、幸福感、安全感不断增强。这一切是建立在 70 年前多数人是文盲半文盲的状况之上的，是立足于社会主义初级阶段这个最大国情实现的。

总起来讲，我国教育作为一种知识活动、文化存在，具有鲜明的文明特征：教育体系规模大、链条长，覆盖学前教育到高等教育各个阶段，分为普通教育、职业教育、特殊教育、继续教育等多种类型。2023 年，全国共有各级各类学校 49.83 万所，各级各类学历教育在校生 2.91 亿人，专任教师 1891.78 万人，是世界上最大规模的教育体系。

我国有通用的基本教育制度，更有独特的重要教育制度，比如，高校实行党委领导下的校长负责制，中小学实行党组织领导的校长负责制，以及大中小学思政课一体化建设、课程思政制度、三

---

[1]　陈宝生：《国之大计　党之大计——新中国教育事业的历史成就与现实使命》，《人民日报》2019年9月10日，第13版。

科教材统编制度、基础教育教研制度等。这些重要制度与国家制度相匹配。

同时，我国是一个发展中大国，发展还不平衡不充分，反映在教育上，城乡、区域、校际、人群等方面还存在差距。

从以上特征可以看出，中国式现代化创造了人类文明新形态，这是以人民为中心的文明新形态，践行以人民为中心的发展思想。而中国教育在形成有自身特色的发展之路、推动教育文明不断完善的进程中，鲜明地体现了这一点。

第一节　文明的星星之火

习近平总书记在出席 2023 年 6 月 2 日召开的文化传承发展座谈会时提出"建设中华民族现代文明"，不仅是新时代马克思主义中国化、时代化的又一伟大成就，更是总结中国革命、建设与改革开放的宝贵经验，立足于中华民族伟大复兴的时代需求，瞩目于建设文化强国、推进中华文明走向世界、创造人类文明新形态的制度创新、理论创新和实践创新。文明是岁月的史书，是文化赓续的凝练升华。

百余年前，中国的新青年们以青春和热血，燃起了推翻旧世界、建设新世界的星星之火；在中华民族伟大复兴的重要关口，新时代的青年们更应以无限热忱，弘扬建设中华民族现代文明的志气，厚培阐释中华民族现代文明的底气，提振回答中华民族现代文明议题的勇气，党旗所指，志业所向，在建设中华民族现代文明的事业中砥砺前行。

综观 75 年来不平凡的历程，我国已构建起基本完善的中国特色社会主义现代化教育体系，初步形成了多层次、宽领域、全方位的教育对外开放格局，基本实现了从人口大国到人力资源大国的历史性转变。这些成就的取得，很大程度在于中华民族尊师重教传统的发扬光大，城乡居民旺盛学习需求成为教育发展的强劲动力，也在于改革开放 46 年来教育体制改革和制度创新释放出空前活力，最重要的是中国共产党领导人民艰苦奋斗，迎来了中华民族从站起来到富起来再到强起来的伟大飞跃，成功探索出适应社会主义初级阶段基本国情的教育发展路径，为实现中华民族伟大复兴的中国梦打下坚实基础，在中国教育史和人类文明史上谱写了辉煌篇章。

一、960 万平方千米的无死角扫盲教育

新中国诞生初期，国家面临贫穷落后、百废待兴的艰难挑战。社会主义建设正处于起步阶段，国家急需发展力量，但作为主要力量的农民，却因为文化滞后影响社会主义建设，成为新中国各项事业发展的巨大障碍。肇始于这一时期的扫盲运动是中华人民共和国成立后，党中央全面领导的面向广大农民群众的大规模文

化解放与普及运动，对推动新中国的经济变革、政治变革和社会文化变革产生了深远影响。今天，我们处在中国特色社会主义新时代，党的二十大对全面建设社会主义现代化国家、全面推进中华民族伟大复兴作出新的战略部署，实施乡村振兴战略，以中国式现代化推进中华民族伟大复兴具有重要时代价值。

新中国成立当日，毛泽东主席发布政府公告，确定中央人民政府委员会一致接受《中国人民政治协商会议共同纲领》为政府施政方针。这一纲领确认"中华人民共和国的文化教育为新民主主义的，即民族的、科学的、大众的文化教育"的基本方针，并明确了"有计划有步骤地实行普及教育"等一系列重要政策导向。同年11月1日，中央人民政府教育部成立。12月23日至31日，召开新中国第一次全国教育工作会议，确立了以老解放区新教育经验为基础、吸收旧教育某些有用经验、借助苏联经验、建设新民主主义教育的政策基点。

新中国摧毁了半殖民地半封建社会的旧中国教育制度体系，迅速完成了对旧中国教育制度的"坚决改造"，向工农敞开教育之门，保障广大人民群众受教育的基本权利。1951年政务院公布《关于改革学制的决定》，确立了各级各类学校面向学龄人口、劳动人民、工农干部服务的途径，在实施正规学校教育的同时，开展大规模扫盲和工农干部文化补习教育，规定了职业技术教育和业余教育在学制中的适当地位。1952年，教育部以培养工业建设人才和师资为重点，进行全国高校院系调整。同时新建钢铁、地质、航空、矿业、水利等专门学院，重视发展中等专业学校，培养了大批专业技术人才。

中国农村扫盲运动（1949—1965）大致经历了四个发展阶段，即"速成识字法"与扫盲运动的开展（1949—1952）、农业合作化与扫盲运动高潮（1953—1957）、"注音识字法"与扫盲运动的"大跃进"（1958—1960）、恢复调整与扫盲运动的成果巩固（1961—1965）。1956年，以党的八大为标志，中国共产党领导全国各族人民有步骤地实现了从新民主主义到社会主义的转变。1957年，以毛泽东同志为主要代表的中国共产党人指出，"我们的教育方针，应该使受教育者在德育、智育、体育几方面都得到发展，成为有社会主义觉悟的有文化的劳动者"。1958年，《中共中央、国务院关于教育工作的指示》指出，"党的教育工作方针，是教育为无产阶级的政治服务，教育与生产劳动相结合……教育的目的，是培养有社会主义觉悟的有文化的劳动者"。这标志着新民主主义教育方针转成社会主义教育方针，新中国开始走上社会主义教育发展道路。

1961年至1963年，党中央先后颁布"高校六十条""中学五十条""小学四十条"，提出了大中小学教育的任务和培养目标，我国开始形成比较完整的国民教育体系，数十万名工农干部、劳动模范和产业工人相继受到中等和高等教育。教育体系不断完善，大中小学教育及成人教育初具规模，全日制教育、业余教育和半工半读教育共同发展，向各行各业输送了数以千万计的素质较好的劳动者和专业技术人才，在新中国工业化和各项建设事业中发挥了重要作用。1949 年至 1965 年，全国年均扫盲 600 多万人，显著提高了工农群众文化水平。

1977 年 9 月，教育部在北京召开全国高等学校招生工作会议，决定恢复高考制度，调动了亿万青少年学习知识的积极性，广大教师精神振奋，整个教育界和全社会迎来崇尚科学、尊师重教的春天。

2021 年 2 月，习近平总书记在全国脱贫攻坚总结表彰大会上宣布，"我国脱贫攻坚战取得了全面胜利，现行标准下 9899 万农村贫困人口全部脱贫，832 个贫困县全部摘帽，12.8 万个贫困村全部出列，区域性整体贫困得到解决，完成了消除绝对贫困的艰巨任务"[1]，我国提前十年实现联合国《2030 年可持续发展议程》(*2030 Agenda for Sustainable Development*) 减贫目标，成为最早完成联合国千年发展目标 (Millennium Development Goals, MDGs) 的发展中国家，这一彪炳史册的重大事件是我国发展史上的奇迹。

新时代以来，我国主动回应人民群众的教育期盼，履行为人民创造"更优质的教育、更稳定的工作、更可靠的社会保障，确保孩子能够成长得更好、工作得更好、生活得更好"的庄严承诺，

---

[1] 习近平:《在全国脱贫攻坚总结表彰大会上的讲话》,《人民日报》2021 年 2 月 26 日, 第 2 版。

以习近平同志为核心的党中央始终坚定为中国人民谋幸福、为中华民族谋复兴的大义情怀和马克思主义思想战略定力，以中国特色社会主义文化发展道路的制度优势和人民至上的政治立场，推动构建教育反贫制度链条。2013 年，我国印发第一部"教育扶贫"主题的国家政策《关于实施教育扶贫工程的意见》，明确将教育扶贫作为脱贫攻坚的优先任务。教育扶贫作为脱贫攻坚的基础性工程和重要抓手，开创了波澜壮阔的减贫新图景。习近平总书记指出："教育是民族振兴、社会进步的重要基石，是功在当代、利在千秋的德政工程。"[1] 我国秉承教育兴国、教育立国、教育强国的国家扶贫意志，以提高人民综合素质、增强民族创新活力，实现中华民族伟大复兴的教育扶贫站位，全面打响教育脱贫攻坚战，并以教育脱贫攻坚伟大胜利向世界证明了中国特色社会主义制度的优越性。

我国用 20 多年时间走完了发达国家上百年的义务教育普及之路，用十几年时间实现了高等教育从大众化向普及化的快速发展，完成了从文盲大国到教育大国、教育弱国到教育强国的历史跨越。作为拔穷根、挖潜力、赋动能的利器，教育扶贫成为"脱贫攻坚基础下的基础、核心中的核心"，使我国顺利实现扶真贫、真扶贫、真脱贫。当前，我国教育规模逐年扩大，为我国社会经济发展提供了充足人才资源。

---

〔1〕《习近平：坚持中国特色社会主义教育发展道路 培养德智体美劳全面发展的社会主义建设者和接班人》，《人民日报》2018 年 9 月 11 日，第 1 版。

二、普及城市乡村中小学校

中国是一个国情比较复杂的国度，城乡差异是三大差异之一。同样，城乡教育的不均衡和历史性的差异巨大。因此，中国基础教育的发展既有艰难曲折之求索，亦有辉煌壮丽之成就，为新中国的崛起提供了持续的发展动力。目前，我国中小学校在组织结构、课程与教学、校园环境、设施设备等方面，均已发生了巨大变化。义务教育学校布局受制于经济社会发展、管理体制变迁、人口变化等诸多因素。新中国成立75年来，城乡义务教育学校布局调整分别经历了"布点建校期""调整过渡期""规模扩张期""撤点并校期"和"审慎调整期"五个阶段。透过发展历程可以发现，学校布局调整不仅是顺应经济社会发展、城镇化和人口变化的结果，其在引领城镇化、产业结构调整及教育变迁中也发挥着重要的先导作用。学校布局调整既是学校地理空间分布的变化，也是教育资源重新配置的过程，更是各方利益的博弈和调整，其根本政策价值是促进学生发展。伴随新型城镇化发展和乡村振兴战略实施，学校布局调整应坚持"以人为本"的价值取向，回归教育本源，遵循教育规律，通过制定科学的布局标准，建立规范的布局程序，推进学校布局调整决策的科学化和民主化，构建起城乡一体化的学校布局动态调整机制。[1]

---

〔1〕 雷万鹏、王浩文：《70年义务教育学校布局调整回顾与反思》，《华中师范大学学报(人文社会科学版)》2019年第6期，第12—24页。

义务教育发展为经济发展、科技创新、文化繁荣和民生改善提供了有力支撑。进入新时代，我国社会主要矛盾已经转化为人民日益增长的美好生活需要和不平衡不充分发展之间的矛盾，这对义务教育事业发展提出了新的要求——从"有学上"到"上好学"，让每一个孩子享受公平而有质量的教育。

2019年6月，《中共中央 国务院关于深化教育教学改革全面提高义务教育质量的意见》提出："树立科学的教育质量观，深化改革，构建德智体美劳全面培养的教育体系。"在义务教育从"有学上"向"上好学"转型的历史时期，提升教育质量推进教育现代化发展，是建设教育强国、办好人民满意教育的重要支撑。

全国义务教育学校布局调整发展历程：

（一）布点建校期（1949—1977）

从新中国成立到改革开放前这一历史时期，我国初步建立了以马列主义、毛泽东思想为指导的社会主义教育体系，对普通中小学实行中央统一领导，省、自治区、直辖市具体领导和分级管理的计划管理体制，大力推进初等教育普及。在此政策导向下，多数农村地区通过公办与民办相结合的形式，改造和新建了大量学校，基本形成了以普及小学教育为目的的学校布局网络。[1]

1952年8月，教育部召开第一次全国初等教育及师范教育会

---

〔1〕 赵垣可、刘善槐：《新中国70年基础教育学校布局调整政策的演变逻辑——基于1949—2019年国家政策文本的分析》,《教育与经济》2019年第4期，第3—11页。

议，明确提出五年内争取实现全国80%学龄儿童入学的目标。为普及小学教育，党和政府确立了"两条腿走路"的办学方针，即通过国家办学与厂矿企业、社队办学相结合，加速推进小学教育的普及。党中央和国务院贯彻"两条腿走路"的办学方针。一是出台了关于小学经费和办学条件的具体政策。1952年，《教育部关于整顿和发展民办小学的指示》规定，"对民办小学的补助经费，按公立小学平均标准的50%列入国家财政预算"。二是鼓励多种形式办学。1953年《政务院关于整顿和改进小学教育的指示》进一步阐明了多种形式办学的必要性，提出"首先要办好城市小学、工矿区小学、乡村完全小学和中心小学。在农村地区，除正式小学外，还可以办半日班、早学、夜校等形式的非正式小学"。

经过不懈努力，全国普及初等教育取得了较为显著的成就。整体而言，这一时期普通中小学教育发展虽然几经波折，但总体呈现增长趋势。从新中国成立到第一个五年计划完成，我国中小学校数量大幅度增加。统计数据表明，全国小学学校数量从1949年的34.7万所增加至1958年的77.7万所，在校生规模增加近4倍，学龄儿童入学率上升到80.3%。普通初中学校数量从1949年的2448所增加至1958年的24787所，普通初中在校生规模增加近10倍。随后，受到"大跃进"和三年自然灾害的影响，第二个五年计划期间小学教育经历大起大落，1958—1962年学龄儿童入学率逐年下降，1962年小学在校生规模比1958年减少了71.2%，学龄儿童入学率降至 56.1%。1963—1965 年，由于国民经济调整取得显著成效，小学教育获得快速发展。1965 年，全国小学学校数量达到历史峰值，为 168.2 万所，在校生规模达 1.2 亿人。1966—1976 年，中小学教育受到严重破坏，教育质量不断下降。1966 年小学学校数量和在校生规模大幅度减少，但在随后的 10 年内缓慢发展。同时，受到中等教育政策影响，中等专业学校、职业技术学校大量减少，普通初中学校数量大幅上升，从 1966 年 1.4 万所增加至 1977 年的 13.6 万所，在校生规模翻了约 6 倍。

改革开放前，我国城镇化水平低，农村地区是全国人口的主要聚集地，在农村地区新建中小学校是我国义务教育学校布局调整的工作重心，并由此形成了"小学不出村、中学不出队、高中不出社"的低重心、散点式布局。这在普及小学教育、提高民众受教育水平方面起到了积极作用，同时也奠定了此后 40 年农村义务教育学校布局的基本格局。

（二）调整过渡期（1978—1984）

改革开放后，党和政府及时校正方向，再度重视教育普及工作，普及小学教育成为国家建设的根本任务和整个教育事业的奠基工程。1978 年 4 月，针对"文化大革命"期间违反教育规律的办学方针及教育质量下滑的问题，全国教育工作会议提出，"新时期教育战线工作的中心环节是提高教育质量，要认真从中小学抓起，切实打好基础"[1]。

在小学教育方面，1980 年 12 月，中共中央、国务院《关于普及小学教育若干问题的决定》提出："在 80 年代全国应基本实现普及小学教育的历史任务，有条件的地区可以普及初中教育。"同时，该文件首次提出了关于"学校布局"的规定："鉴于我国经济、文化发展很不平衡，自然环境、居住条件差异很大，必须从实际出发，因地制宜，采取多种形式办学，力求使学校布局和办学形式与群众生产、生活相适应，便于学生就近上学。在办好全日制学校的同时，还应举办一些半日制、隔日制、巡回制、早午晚班等多种形式的简易小学或教学班（组）。"1982 年颁布实施的《中华人民共和国宪法》首次提出"普及初等义务教育"，标志着普及义务教育被正式赋予法制保障，提升为国家战略。

1978 年 2 月，第五届全国人民代表大会第一次会议的《政府工作报告》提出："有计划地控制人口增长，有利于国民经济的有计划发展……争取在三年内把我国人口自然增长率降到百分之一以下。"同年 10 月，中共中央批转了《关于国务院计划生育领导小组第一次会议的报告》，明确了计划生育的各项要求。在人口增长率下降、知识青年返城、农民工进城务工等人口流动因素的影响下，1978—1984 年全国小学学校数量和在校生人数呈现递减趋

---

[1] 赵垣可、刘善槐:《新中国70年基础教育学校布局调整政策的演变逻辑——基于1949—2019年国家政策文本的分析》,《教育与经济》2019年第4期,第3—11页。

势。截至 1984 年，全国共有小学 85.4 万所，在校生规模为 1.36
亿人，对比 1977 年出现大幅度下降。但全国学龄儿童入学率已经
达到 95％，其中北京、上海、江苏、浙江等多个省市的学龄儿童
入学率已达到 98％以上。

在初中教育方面，为改变"文化大革命"期间形成的中等教
育结构单一化的格局，1978 年全国教育工作会议提出中等教育结
构改革的工作任务，要扩大农业中学、各类中等专业学校、技工
学校的比例。1980 年国务院批转教育部和国家劳动总局《关于中
等教育结构改革的报告》，进一步推动了普通中学的调整和改革。
1980—1981 年，在"充实加强小学，整顿提高初中，调整改革高中，
大力发展职业教育，努力办好重点中学"的方针指导下，全国各
地区调整压缩了高中，加强了初中，调整了学校布局，办学条件
有所改善，教育质量显著提高。截至 1984 年，全国初级中学学校
数量减至 75867 所，比 1977 年减少 44.4％，同时中等职业学校数
量增加 32.8％。普通初中在校生规模为 3864.3 万人，比 1977 年减
少 1000 余万人。

总体来看，这一时期的学校布局调整具有明显的过渡性特征：
一方面扭转前一阶段学校规模盲目扩张导致教育质量下滑的不利
局面，让学校布局调整回归教育本源；另一方面通过薄弱学校改造、
筹资新建学校等方式，进一步推进初等教育普及，为后一阶段开
启以"普九"为主要目标的学校布局调整奠定了基础。

（三）规模扩张期（1985—2000）

经过前一阶段的调整过渡，伴随着 20 世纪 80 年代中期开始的一系列经济管理体制改革，义务教育学校布局调整进入规模扩张期。1985 年中共中央《关于教育体制改革的决定》提出："将基础教育管理权限交给地方，实行分级管理，有步骤地实施九年制义务教育。"这一政策标志着我国基础教育管理开始从集权走向分权，并确立了普及九年义务教育的发展目标。1986 年第六届全国人民代表大会第四次会议通过的《中华人民共和国义务教育法》，从法制层面规定了实行九年义务教育的发展方向。1992 年，中共十四大提出，"到本世纪末，基本普及九年义务教育，基本扫除青壮年文盲"（简称"两基"）。1993 年，中共中央、国务院发布的《中国教育改革与发展纲要》再次强调了到 20 世纪末实现"两基"的目标。截至 2000 年，我国文盲率从新中国成立初的 80.8% 降至 9.1%，全国普及九年义务教育的地区人口覆盖率达到 85%，小学学龄儿童净入学率达 99.1%，初中毛入学率达 88.6%，"两基"目标如期完成。

为实现"两基"目标，在财权下放以及"人民教育人民办"的体制下，学校布局基本延续了改革开放前低重心、散点式的分布，形成了"村村办学、全面覆盖"的格局。从小学数量变化看，全国小学学校数量从 1985 年的 83.2 万所降至 2000 年的 55.4 万所，在校生规模为 1.3 亿人。全国初中学校数量从 7.6 万所降至 2000

年的 6.3 万所。从在校生规模看，1985—2000 年小学在校生规模先减后增，1985—1991 年持续递减，在校生人数减少 1200 余万。1991—1997 年小学在校生规模持续增长，1997 年达到最高值 1.4 亿人后开始递减，2000 年在校生规模与 1985 年基本持平。在此时期，初中在校生规模持续增长，从 1985 年的 3964.8 万人增长至 2000 年的 6167.6 万人，增幅为 55.6%。

经济管理体制改革是这一时期经济社会发展的主旋律，伴随着一系列体制改革的深入推进，教育供求关系的变化直接影响了这一时期学校布局调整的规模扩张。从教育需求看，改革开放后农村地区实施的家庭联产承包责任制赋予了农民生产经营自主权，调动了农民的生产积极性，农民经济收入与生活水平显著提升。经济收入增长显著增强了农村居民的教育可支付能力，农村家庭教育需求随之增加，扩大教育供给成为大势所趋。乡镇企业的快速发展，为乡级政府投资学校、扩大教育供给奠定了经济基础。同时，在教育管理开始实行"地方负责、分级管理"的分权体制下，义务教育管理责任下放至地方政府，有效调动了乡级政府和农民集资办学的积极性。

同时，这一时期也是我国社会结构从传统社会向现代社会，从农业社会向工业社会，从乡土社会向城镇社会，从封闭半封闭社会向开放社会转型的历史时期。伴随经济管理体制改革和社会结构转型，我国流动人口进入快速增长期。尤其是 20 世纪 90 年代以后，随着沿海城市的发展及其对劳动力需求的日益增加，我国流动人口的数量急剧上涨，至 2000 年我国流动人口总量超过 1 亿。与此同时，随着大量农村人口向城镇转移，从 1998 年开始全国大多数省份相继开展了以"并乡、并村、并校"和"减人、减事、减支"为核心内容的乡镇机构改革。社会结构转型、大规模人口流动和乡镇机构改革，为后一阶段实施撤点并校埋下了伏笔。

（四）撤点并校期（2001—2011）

进入 21 世纪，2001—2011 年是我国义务教育体制和机制改革取得重大突破，推进义务教育持续发展的重要历史时期。2001 年，国务院发布的《关于基础教育改革与发展的决定》作为纲领性文件，拉开了 21 世纪基础教育改革与发展的序幕，党和政府推行了一系列重要举措以推进义务教育持续发展。

一是确立了"以县为主"的义务教育管理体制。2001 年国务院《关于基础教育改革与发展的决定》提出，"实行在国务院领导下，地方负责、分级管理，以县为主的农村义务教育管理体制"，明确了县级政府在义务教育发展和管理中的责任和权力。

二是加大财政保障力度，实行农村义务教育经费保障新机制。明确划分了各级政府在义务教育发展中的财政支出责任，我国义务教育发展从"人民教育人民办"转向"人民教育政府办"。

三是因地制宜调整农村义务教育学校布局。2001 年国务院发布的《关于基础教育改革与发展的决定》提出，"因地制宜调整农村义务教育学校布局。按照小学就近入学、初中相对集中、优化教育资源配置的原则，合理规划和调整学校布局"，并系统阐述了中小学布局调整政策，提出了布局调整的原则、方式和总体规划，成为指导各地学校布局调整政策实施的纲领性文件。2006 年教育部《关于实事求是地做好农村中小学布局调整工作的通知》明确指出，要按照实事求是、稳步推进、方便就学的原则推进农村撤点并校工作；2010 年，教育部《关于贯彻落实科学发展观进一步推进义务教育均衡发展的意见》强调指出，学校布局要"避免盲目调整和简单化操作"。在国家政策推动下，各地纷纷制订布局调整规划，新一轮布局调整工作在全国铺开，大量的学校被相继撤并，农村学校整体数量减少了一半以上，撤点并校成为此时期主要的学校布局调整模式。[1]

统计显示，2001—2011 年我国中小学生在校生规模持续缩小，2001 年我国小学阶段在校生有 1.25 亿人，2011 年降至 0.99 亿人，减少幅度为 20.8%。分城乡学校看，农村小学在校生规模持续萎缩，从 2001 年的 8604.8 万人减少至 2011 年的 4065.2 万人，减少幅度超过 50%。而城镇学校规模持续扩大，2001—2011 年城市小学在校生规模从 1680.9 万人增加至 2606.9 万人，县镇学校从 2257.8 万人增加至 3254.2 万人，增长幅度分别为 55.1% 和 44.1%。

〔1〕 赵垣可、刘善槐：《新中国70年基础教育学校布局调整政策的演变逻辑——基于1949—2019年国家政策文本的分析》，《教育与经济》2019年第4期，第3—11页。

学生数量的减少使得学校数量相应减少，主要是农村教学点数量的大幅度减少。2001—2011 年，我国小学学校数量从 49.1 万所减少至 24.1 万所，减少幅度为 50.9%。农村教学点从 11.4 万个减至 6.7 万个，减少幅度为 41.2%。2001 年我国初中学校数量为 6.6 万所，2011 年变为 5.4 万所，减少了 1.2 万所，减少幅度为 18.2%。[1]

以上数据表明，大规模的撤点并校是此时期学校布局调整的主要特征，撤点并校一定程度上提高了教育资源利用效率，为实现义务教育全面普及、推动义务教育发展从规模扩张转向质量提升奠定了基础。然而，部分地区实行"一刀切"式的撤点并校，导致大量农村学生涌入城镇学校，进一步激化了城镇地区因城镇化、人口流动而引发的教育供求矛盾，学校布局调整重心开始从农村转向城镇。

（五）审慎调整期（2012 年至今）

2012 年后，中央和地方政府开始以审慎的态度进行义务教育学校布局调整，相关政策对前阶段"一刀切"式的撤点并校行为进行矫正。针对撤点并校导致的农村义务教育学校大幅减少，学生上学路途变远、交通安全隐患增加，学生家庭经济负担加重，城镇学校"大班额"问题，以及部分县市在学校撤并过程中程序

---

〔1〕 赵垣可、刘善槐：《新中国70年基础教育学校布局调整政策的演变逻辑——基于1949—2019年国家政策文本的分析》，《教育与经济》2019年第4期，第3—11页。

不规范、决策不民主等问题，2012年《国务院办公厅关于规范农村义务教育学校布局调整的意见》（以下简称《意见》）指出："严格规范学校撤并程序和行为，办好村小学和教学点，解决学校撤并带来的突出问题。"《意见》特别指出："坚决制止盲目撤并农村义务教育学校。多数学生家长反对或听证会多数代表反对，学校撤并后学生上学交通安全得不到保障，并入学校住宿和就餐条件不能满足需要，以及撤并后将造成学校超大规模或'大班额'问题突出的，均不得强行撤并现有学校或教学点。已经撤并的学校或教学点，确有必要的由当地人民政府进行规划、按程序予以恢复。"

2016年，国务院《关于统筹推进县域内城乡义务教育一体化改革发展的若干意见》提出："城乡学校布局更加合理，大班额基本消除，乡村完全小学、初中或九年一贯制学校、寄宿制学校标准化建设取得显著进展，乡村小规模学校（含教学点）达到相应要求。"2018年，《国务院关于全面加强农村小规模学校和乡村寄宿制学校建设的指导意见》进一步提出："县级人民政府要结合本地人口分布、地理特征、交通资源、城镇化进程和学龄人口流动、变化趋势，统筹县域教育资源，有序加强城镇学校建设，积极消除城镇学校大班额。在此基础上，要统筹乡村小规模学校、乡镇寄宿制学校和乡村完全小学布局，既要防止过急过快撤并学校导致学生过于集中，又要避免出现新的'空心校'。"

从学校数量看，2012—2017年城镇小学学校数量趋于稳定，初中学校数量略有增长，农村小学撤并速度放缓，农村教学点数量略有回升。2017年，全国城市小学学校数量为2.88万所，比2012年增加1.2万所，县镇小学数量增加约1000所，农村小学学校数量减少约3.1万所，农村教学点数量增加了近3.2万个；城市初中学校数量从1.09万所增加至1.24万所，县镇初中学校数量从2.29万所增加至2.43万所，农村初中学校数量从1.94万所降至1.53万所。

从学生数量看，2012—2017年城镇小学生数量逐年递增，城市小学生数量从2688.4万人增加至3462.3万人，县镇小学生数量从3355.0万人增加至3856.1万人。农村小学生数量逐年递减，从3625.5万人降至2775万人，降幅为23.5%。2012—2017年，城镇初中学生数量变化趋势相对平稳，略有起伏，截至2017年，城市初中学生数量为1567.1万人，县镇初中学生数量为2231.5万人。农村初中学生数量持续减少，从2012年的974.1万人降至2017年的643.4万人，降幅为33.9%。[1]

我国总人口约14亿，超过半数人生活在农村，一半以上的学龄儿童在农村。没有农村教育的现代化，我国教育就不可能实现现代化，也就没有整个国家的现代化。

为此，国家层面顶层设计，又建立城乡学校教育帮扶共同体概念，建构了城乡学校教育帮扶共同体的有效模式：坚持长期帮扶，

[1] 赵垣可、刘善槐：《新中国70年基础教育学校布局调整政策的演变逻辑——基于1949—2019年国家政策文本的分析》，《教育与经济》2019年第4期，第3—11页。

坚持科学帮扶。建立全国城乡学校共同发展的激励机制。通过激励的办法，包括激励校长、激励教师、激励学生等，激励他们提高教育质量即学校办学质量，改变教师教育观念，更让这些被帮扶的学校主动担当起区域社会教育帮扶责任，主动帮扶其他学校，实现帮扶接力，进而实现整体提升，这种辐射效益十分巨大，起到了"星星之火，可以燎原"的效应。

总体来看，1949—2023 年，我国中小学生数量变化趋势与新生人口变化趋势基本一致。新中国成立 75 年来，我国共出现三次人口出生的高峰期，分别是 1952—1958 年、1962—1976 年和 1986—1990 年，随后受到计划生育政策的影响，新生人口数量持续减少。与之相对应，我国中小学生数量相继出现了三次高峰值，1960 年我国小学生数量首次突破 1 亿人，1975 年小学生数量达到历史最高值 1.51 亿人，2003 年初中生数量达历史最高值 6618 万人。2003 年开始，我国新生人口数量趋于平稳，义务教育阶段学生数量随之下降。2011 年开始，随着"二孩""多孩"政策的逐步放开，新生人口和学生数量开始回升。

三、开设高精端各式大学

新中国成立以来，我国高等教育发展改革经历了四个不同阶段，通过对高等教育模式进行深刻调整，满足各个时期的人才需求。

具体来看，1949 年，国内高等院校 205 所，在校学生 12 万人。[1] 20 世纪 50 年代，借鉴苏联高等教育模式，教育部门制定了"以培养工业建设人才和师资为重点，发展专门学院，整顿和加强综合大学"的总方针对高等院校进行重组，通过接收、改造旧院校，建立新院校等手段，健全专业学科，吸纳优秀师资力量，在短时间内建立起相对完善的高校教育模式。[2] 以上海交通大学为例，1956 年应届毕业生 1350 人，同比增长 150%，为国家建设和产业发展输送了大批专业人才。20 世纪 70 年代到 80 年代，国内高等教育快速发展，依托高考制度的完善、研究生教育体系的建立和优秀学生对外交流机制的健全，极大增强了高等教育的现代化，搭建起"三级办学、两级管理、以省为主"的基本架构。20 世纪 90 年代中后期，为推动高等教育快速发展，党和国家提出了"211 工程"和"985 工程"，通过制定人才培养标准、推进专业综合改革、推进优质资源建设共享、强化实践教学、提高教师教学能力等多元改革举措，建立起一批世界一流大学和一批重点学科，经过多年努力，建成 211 高校 115 所、985 高校 45 所。21 世纪初期，受制于经费、师资等因素，限制了高等院校的发展潜力，降低了高等院校竞争力，造成人才教育体系的僵化。2010 年至今，党和国家制定了"双一

---

〔1〕 徐晓飞、张策：《我国高等教育数字化改革的要素与途径》，《中国高教研究》2022 年第 7 期，第 41—45 页。

〔2〕 高芙蕖：《高等教育发展进程及改革趋势分析》，《公关世界》2023 年第 24 期，第 82—84 页。

流"项目，先后出台《国务院关于深化考试招生制度改革的实施意见》《统筹推进世界一流大学和一流学科建设总体方案》等政策文件，充分汲取先进经验，植根国情，推动高等院校进行深度改革。根据 2020 年世界大学排行榜，国内 120 所高校上榜，其中清华大学、北京大学、浙江大学、复旦大学等高校成为具有世界影响力的知名高校。[1]

目前，我国高等教育规模先后超过俄罗斯、印度和美国，成为世界第一。我国高等教育发展实现了从精英教育到大众化。高等教育质量不断提升。适当控制招生增长幅度，相对稳定招生规模，坚持规模增长与学校基本办学条件、经费投入和就业状况等挂钩，对西部地区和少数民族地区高等教育发展实行倾斜政策。紧密结合现代化建设对各类人才的需求，加强对紧缺型人才的培养。继续加强重点学科和高水平大学建设，我国高等教育的国际竞争力不断提升。

高校自主创新能力显著增强。高校充分发挥学科综合、人才汇聚的优势，不断创新参与产学研结合的实践模式，为构建国家创新体系和建设创新型国家服务。

"双一流"大学建设就是指建设世界一流大学和世界一流学科，一流大学建设高校重在一流学科基础上的学校整体建设、重点建

---

〔1〕 高芙蕖：《高等教育发展进程及改革趋势分析》，《公关世界》2023 年第 24 期，第 82—84 页。

设，全面提升人才培养水平和创新能力；一流学科建设高校重在优势学科的建设，促进其特色发展。

2017 年 9 月 21 日，教育部、财政部、国家发展改革委联合发布《关于公布世界一流大学和一流学科建设高校及建设学科名单的通知》，世界一流大学和一流学科建设高校及建设学科名单正式确认公布，首批"双一流"大学建设高校共计 137 所，其中世界一流大学建设高校 42 所（A 类 36 所，B 类 6 所），世界一流学科建设高校 95 所。

高等教育方面，2023 年，我国高等教育毛入学率 60.2%，入学机会进一步增加。全国共有高等学校 3074 所。其中，普通本科学校 1242 所（含独立学院 164 所），本科层次职业学校 33 所，高职（专科）学校 1547 所，成人高等学校 252 所。另有培养研究生的科研机构 233 所。各种形式的高等教育在学总规模 4763.19 万人，比上年增加 108.11 万人，增长 2.32%。[1]

全国普通、职业本专科共招生 1042.22 万人。其中，普通本科招生 478.16 万人，职业本科招生 8.99 万人，高职（专科）招生 555.07 万人。全国共招收成人本专科 445.49 万人，在校生 1008.23 万人。招收网络本专科 163.42 万人，在校生 739.97 万人。

全国共招收研究生 130.17 万人。其中，招收博士生 15.33 万人，

---

[1] 高芙蕖：《高等教育发展进程及改革趋势分析》，《公关世界》2023 年第 24 期，第 82—84 页。

硕士生 114.84 万人。在学研究生 388.29 万人。其中，在学博士生 61.25 万人，在学硕士生 327.05 万人。

全国共有高等教育专任教师 207.49 万人。其中，普通本科学校 134.55 万人，本科层次职业学校 3.08 万人，高职（专科）学校 68.46 万人，成人高等学校 1.41 万人。普通、职业高校研究生以上学位教师比例 79.14%。普通、职业高校生师比 17.98 ：1，进一步改善；其中，普通本科 17.51 ：1，本科层次职业学校 17.57 ：1，高职（专科）学校 18.92 ：1。[1]

普通、职业高校校舍建筑面积 11.89 亿平方米，比上年增加 5814.64 万平方米。普通、职业高校生均占地面积 56.82 平方米，生均校舍建筑面积 28.26 平方米，生均教学科研仪器设备价值 1.86 万元。

特殊教育方面，2023 年，全国共有特殊教育学校 2345 所。

全国共招收各种形式的特殊教育学生 15.5 万人，比上年增加 8720 人。全国共有特殊教育在校生 91.2 万人，其中，在特殊教育学校就读在校生 34.12 万人，占比 37.42%；在其他学校就读在校生 57.08 万人，占比 62.58%。全国共有特殊教育专任教师 7.7 万人。

民办教育方面，2023 年，全国共有各级各类民办学校 16.72 万所，占全国学校总数的比例 33.54%；在校生 4939.53 万人，占

---

[1]《教育部：2023 年高等教育毛入学率达 60.2% 提前完成"十四五"规划目标》，新华网，2024 年 3 月 1 日，http://education.news.cn/20240301/607d069ccfad436ab84b8bc604e266a4/c.html。

全国在校生总数的比例 16.96%。其中，民办幼儿园 14.95 万所，在园幼儿 1791.62 万人。民办义务教育阶段学校 1.01 万所，在校生 1221.99 万人（含政府购买学位 609.46 万人）。民办普通高中 4567 所，在校生 547.76 万人。民办中等职业学校 2128 所（不含技工学校数据），在校生 266.44 万人。民办高校 789 所。其中，普通本科学校 391 所，本科层次职业学校 22 所，高职（专科）学校 374 所，成人高等学校 2 所。民办普通、职业本专科在校生 994.38 万人。[1]

我国目前共拥有世界一流大学 A 类高校 36 所，且这 36 所高校以前全是 985 高校；B 类高校 6 所。具体为 A 类——北京 8 所，天津 2 所，辽宁 1 所，吉林 1 所，黑龙江 1 所，上海 4 所，江苏 2 所，浙江 1 所，安徽 1 所，福建 1 所，山东 2 所，湖北 2 所，湖南 2 所，广东 2 所，四川 2 所，重庆 1 所，陕西 2 所，甘肃 1 所；B 类——辽宁 1 所，河南 1 所，湖南 1 所，云南 1 所，陕西 1 所，新疆 1 所。

同时，拥有世界一流学科建设高校 140 所。42 所世界一流大学都是世界一流学科建设高校，严格讲，世界一流学科建设高校名单有 140 所。

九校联盟（C9）

九校联盟（C9），是中国首个顶尖大学间的高校联盟，2009 年

---

[1]《教育部：2023年高等教育毛入学率达60.2% 提前完成"十四五"规划目标》，新华网，2024年3月1日，http://education.news.cn/20240301/607d069ccfad436ab84b8bc604e266a4/c.html。

10月启动,联盟成员包括北京大学、清华大学、浙江大学、复旦大学、上海交通大学、南京大学、中国科学技术大学、哈尔滨工业大学、西安交通大学共9所高校,立意创世界一流大学。

九校联盟形式类似于美国常春藤联盟、英国罗素大学集团、澳大利亚八校集团等,并和这些高校有合作,在出国留学方面,C9高校有一定优势。

34所

34所,即在招收硕士研究生的过程中可以自主划定复试分数线的高校,一共有34所高校,因此简称"34所"。

国家出台这个政策的目的是给予这些大学在招生的时候更多的优势,能够让学校在选择人才时有更大的自主权。学校根据报考自己学校考生的情况和计划招生的人数来确定分数线,学校确定后上报教育部备案就可以了。

985工程

985工程,是指为创建世界一流大学和高水平大学而实施的工程,即"世界一流大学建设项目"。名称源自江泽民同志在北京大学百年校庆的讲话,时间是1998年5月。

目前985高校有39所,其中34所是上述34所自划线高校,这就意味着985工程高校中有5所并非自主划线,而是按照国家线来划定其复试分数线。这5所高校是:中国海洋大学、西北农林科技大学、中央民族大学、国防科学技术大学、华东师范大学。

小 985

小 985 一般是指 985 工程优势学科创新平台。这些高校的层次在 985 高校和一般的 211 高校之间。"985 工程优势学科创新平台"项目高校从属于 211 工程建设的学校但不属于 985 工程建设的学校中选择。

"985 工程优势学科创新平台"基本上是没有经历过合并重组的行业特色型大学，学科精度极高，拥有一至两个全国顶尖的学科，在行业内认可度极高，具有深厚的行业底蕴和学科积淀。只有国家中央部委直属的 211 工程高校才有资格入选"985 工程优势学科创新平台"。

211 工程

211 工程即面向 21 世纪重点建设 100 所左右的高等学校和一批重点学科的建设工程。将全国各地挑选出的约 100 所高等学校设立为重点高校，这些学校在资金中获得优先对待。211 诞生得比 985 要早一些，1994 年启动预审，1995 年由国务院正式批准后启动，1996 年确定第一批名单，2011 年 211 工程的规模已经稳定，共有学校 112 所，不再新增学校。

小 211 工程

小 211 工程即中西部高校基础能力建设工程。目的是振兴中西部高等教育，促进中国高等教育协调发展，使中西部一批本科高校的实力得到较大提升，计划重点支持建设中西部 24 个省、自治区、直辖市的 100 所地方高校的发展建设。该工程从 2012 年开始，由发改委、教育部组织实施重点扶持一批有特色有实力的省部共建大学和省属重点大学。

2011 计划

2011 计划全称"高等学校创新能力提升计划"，是继 211 工程、985 工程之后，中国高等教育领域第三个体现国家意志的战略性计划，于 2012 年 5 月 7 日正式启动。

该计划是以人才、学科、科研三位一体创新能力提升为核心任务，通过构建面向科学前沿、文化传承创新、行业产业以及区域发展重大需求的四类协同创新模式，深化了高校的机制体制改革，转变了高校创新方式。该计划由教育部和财政部共同研究制定，旨在突破高校内外部体制机制壁垒，释放人才、资源等创新要素活力。

中西部高校综合实力提升工程

即"一省一校"，是在没有教育部直属高校的 14 个中西部省区，各支持一所有特色、高水平的地方大学建设。专项支持这 14 个省区域内办学实力最强、办学水平高、有省内地区优势的高水平大学。

从该工程按照内涵发展、提高质量、建设本地区"有特色、高水平"大学的要求，明确建设目标，增强办学综合实力和可持续发展能力，促进这些大学重点加强特色学科和师资队伍建设，提高人才培养质量和科学研究水平，增强为国家和区域经济社会发展服务的能力，是继省部共建大学政策之后国家推动中西部省属高校发展设立的两大工程项目之一，即"中西部高等教育振兴计划"的一部分。

这 14 所大学分别是河北大学、山西大学、郑州大学、南昌大学、云南大学、贵州大学、海南大学、青海大学、西藏大学、内蒙古大学、广西大学、宁夏大学、新疆大学、石河子大学。

我国的高端各式大学根据学科优势数量和功能不同又分为：

综合性高校

综合性高校在学科门类上较为齐全，通常开设的学科在 10 个以上，办学规模大，综合实力突出。从发展阶段来说，由单科性向多科性再向综合性高校发展，需要一定的时间与沉淀。

多科性高校

多科性高校是在学科数量上相对于综合性高校来说较少，但又拥有几个优势较为突出的学科，其他学科协调发展的高校类型。这类高校通常在优势学科的学科建设、人才培养、科学研究等方面有着自己的特色。

研究型高校

研究型高校是将"科学研究"这一功能放在重要位置的高校，培养既能够从事科学研究，也能够持续推进国家的科技创新、知识创新的研究型人才。这些高校在本科人才培养方面，更加注重对学生理论知识、基础知识体系的构建，例如，少年班、基础学科拔尖学生培养试验班等都是对人才培养方式的深入探索。

教学型高校

教学型高校是将本科教育作为主要任务的高校，在培养人才与科学研究之间，更加注重人才培养与教育教学。在社会服务方面，承担着高等教育大众化的普及，同时更加偏向于服务区域或地方发展需求。

应用型高校

应用型高校是为了适应我国教育教学改革及社会对应用型人才需求上升而出现的一种高校类型。这类高校在人才培养与科学研究之间，更加注重培养学生的实践能力，对学生的职业素养和就业竞争力的培养更加看重。

应用技术型高校

应用技术型高校是我国近 10 年新出现的、基于应用型高校而进一步探索形成的高校。在人才培养方面，该类型高校旨在培养高级技术应用人才；在学科设置上也紧密对接所在地区的产业需求；在师资建设方面，更加注重"双师型"师资队伍的建设。

总体而言，高校自主创新能力显著增强。高校充分发挥学科综合、人才汇聚的优势，不断创新参与产学研结合的实践模式，为构建国家创新体系和建设创新型国家服务。

整体来看，改革开放后我国高等教育长期处于卖方市场，高等教育供给尚不能满足广大青年的教育需求。1977 年恢复高考到

20世纪末，我国高等教育毛入学率长期处在低水平，1994年首次突破5％，1999年首次突破10％。大量怀揣大学梦的落榜生只能通过补习、自考等方式得到学习机会，而公办教育并没有给予相应制度安排。

民办高等教育则充分利用这一机会，大力发展文化补习、自考辅导等非学历教育，满足青年的学习需求，迎来了民办高等教育的第一次规模发展。

1999年我国高等教育进入了跨越式发展阶段，本专科招生人数逐年迅速攀升。2002年我国高等教育毛入学率首次突破15％，迈入大众化高等教育阶段，2019年毛入学率达到51％，跨入普及化教育阶段。高等教育的跨越式发展为民办高等教育带来了第二次发展机遇，实现了民办高等教育向学历教育和本科教育的转型。从事学历教育的民办高校从2000年的34所发展到2022年的764所，在校生数从1999年的3.5万人发展到2022年的924.89万人，占全国普通、职业本专科在校生的25.27％。

通过早期非学历教育和后期的学历教育，民办高等教育满足了青年人对知识和教育的渴求，为社会培养了大量的人才，已经发展成为中国高等教育事业的重要组成部分。经过40余年的发展，我国民办高等教育办学规模和办学层次取得了长足进步，在提供高等教育入学机会、促进教育公平等方面发挥了巨大作用。但也要看到，我国民办高等教育整体上依然处于整个高等教育系统的

"金字塔"底端，无论是其社会声誉，还是生源质量，都面临"质量洼地"的严峻挑战。2022年，我国高等教育毛入学率已经达到59.6%，高等教育供给短缺问题得到了极大的改善，人民群众对高等教育的需求也已经从"有学上"转变为"上好学"，从外延发展走向内涵发展成为中国高等教育发展的必然。

随着高等教育规模扩张速度的放缓，民办高校办学规模不仅已经开始触及天花板，还在生源上面临公办高校的逐渐挤压，生存压力将不断提高。尤其2021年全国教育工作大会已经提出，未来中国教育将进入高质量发展的新阶段，民办高等教育未来必须改变发展模式，从追求规模增长红利，转变到内涵发展和质量提升上来，彻底转变"大而不强，多而不优"的社会形象，开拓民办高等教育发展的新空间。

四、成为门类设置最全的国家

学科门类是对具有一定关联学科的归类，是授予学位的学科类别。根据国务院学位委员会、教育部印发的《学位授予和人才培养学科目录设置与管理办法》（学位〔2009〕10号）规定，学科门类由国务院学位委员会和教育部共同制定，是国家进行学位授权审核与学科管理、学位授予单位开展学位授予与人才培养工作的基本依据。

（一）新中国成立以来教育学科门类发展历程

新中国成立之初，百废待兴，急需大量专业技术人才支撑祖国建设。一个新兴国家在缺乏经验的情况下，政策行动者在特定时间点上所做的决策会受到过去决策或已发生事件的惯性限制，重走借鉴别国经验的"老路"成为彼时必然的选择。1949 年 6 月毛泽东著文《论人民民主专政》提出："苏联共产党就是我们最好的先生，我们必须向他们学习。"1949 年 12 月召开第一次全国教育工作会议，将"借助苏联经验"作为教育方针的内容之一。在政府主导下，1952 年全国高校开始走"全盘苏化"的道路。1954 年 11 月，中国直接参考苏联的大学专业目录，出台了《高等学校专业目录分类设置（草案）》，完成了我国专业目录的首次制定。此次专业目录的制定强调所设专业与国民经济的业务部门对口：分别对应工业部门、农业部门、林业部门、教育部门等 11 个业务部门，分成了 40 个类别，一共设有 257 个专业。当时的一系列变革主要从学科专业结构、学科专业分类标准与学科专业组织等方面展开，逐渐进入大学学科专业发展的分化期。

全国综合性大学数量从 55 所降至 14 所，而工科院校却从原有的 1 所增至 35 所。其次是学科专业分类标准发生变化。学习苏联经验之后，学科专业的分类标准由"单轨制"变成"双轨制"。文理和医科按一级学科设置专业，即以知识分类作为划分标准之外，还增加了另一类划分标准，即以不同职业、产品作为划分依据，例如，工科按照部门、产品、岗位等设置专业。这种划分标准是计划经济体制的"特殊产物"，适用于物质匮乏、经济发展水平落后的社会发展阶段。

（二）学科专业快速调整期：特殊时期的本土化尝试

1958—1960 年爆发了"教育大革命"，将教育与生产劳动紧密结合，用群众运动的方式办教育，群众编教材、学校造工厂、不顾条件开办高等院校，全国高校设置专业数量从 1953 年年初的 215 种增至 1962 年的 627 种，数量增至近 3 倍。此时大学学科专业设置是一种基于本土国情的"大胆探索"。为了调整"大跃进"中出现的学科专业设置过窄、数量失控的现象，1963 年国务院发布《高等学校通用专业目录》，这是第一个正式由国家统一制定发布的专业目录，标志着中国大学专业目录基本框架的形成，将专业数量由原来的 627 种压缩至 432 种，并增设了一些国家建设急需的新专业，以"宽窄并存、以宽为主"为原则，纠正了原有专业过细的问题，培养了大批国家急需的高级专门人才，在一定程度上促进了当时的国家建设与经济发展。

（三）学科专业综合化发展期：改革开放后的仿美模式

1966—1976 年受到影响的高等教育体系亟待修复。中国开始恢复高考，重新恢复高等教育活力。1980 年，全国高校学科专业种类达到 1039 种，两年后增至 1343 种。1985 年中共中央《关于教育体制改革的决定》提出："高等教育的结构，要根据经济建设、社会发展和科技进步的需要进行调整和改革。"各高校为了满足社会需求，开始调整内部学科结构与专业结构，一些落后专业被淘汰，一大批适应时代需求的，与经济、科技、社会发展紧密联系的专业应运而生，高等教育得到一定程度的发展。然而此时大学学科专业设置仍然存在重合、专业设置过窄、部分专业短缺等问题，原有学科专业布局已无法支撑当时综合性社会的发展，学科专业调整势在必行。为了进一步完善学科专业布局结构，这一时期中国分别启动了三次幅度较大的研究生学科专业目录与本科专业目录的调整，学科专业发展逐渐走向综合化。研究生学科专业目录修订调整幅度较大的分别是 1981 年、1990 年和 1995 年，本科专业目录的修订分别是 1987 年、1993 年和 1998 年。学科专业目录调整逐渐从行业导向转变为学科导向。

1981 年《高等学校和科研机构授予博士和硕士学位的学科、专业目录（草案）》（征求意见稿）共设置 10 个学科门类、64 个一级学科、638 个专业。1983 年为了培养军事学的高级专门人才，国务院决定增设军事学学科门类。1988 年下达第四批博士、硕士学位授予单位及学科、专业名单，单教育学就有 16 个二级学科获得了硕士学位授予权。1990 年以"学科划分专业为主，适当兼顾行业部门的需要"为原则，新设一些成熟交叉学科专业，并将原专业中一些划分过细、过窄的约 70% 的专业（450 多个专业）进行删减与合并，一些按行业划分的专业调整至按学科划分，并理顺了各学科门类、各一级学科的关系。此次调整是对学科专业布局的进一步优化，在原有苏联模式的基础上进行调整创新，形成了更加适合当时社会发展的学科群。当时正处于计划经济体制向计划经济、市场经济体制相结合的转型初期，然而因为"专业对口"的观念依然深入人心，宽口径专业设置较困难，专业设置过窄的问题依然存在。1992 年，《学科分类与代码》国家标准（GB/T 13745-92）发布，单教育学共有 19 个二级学科获得了合法地位。

1995 年是幅度最大的一次学科专业目录调整，以"优化学科调整结构，拓宽研究生培养口径"为主题，按照"各学科门类平均减少 50% 的二级学科（专业）的原则"形成新专业目录的《征求意见稿》。此次学科专业目录增加了管理学科门类，二级学科由原来的 654 个减少到 381 个，减少了将近一半。此次调整将相近专业进行内在整合，促进学科的交叉与融合，并增加一些国家发展急需的一级交叉学科，使得学科专业设置更加完善并体系化，但仍然存在学科比例失调、学科专业设置不合理的现象。

综上所述，此阶段的学科专业目录调整，有以下几个特征：一是从行业导向逐渐转为学科导向，学科专业种类减少，交叉学科种类增多，符合现代学科体系发展的规律，增强了学科适应性；二是学科专业结构逐渐规范合理，此阶段的学科专业调整侧重逐渐完善学科专业结构，整合学科资源，使大学学科专业设置有了科学方向；三是学科向着大类发展，专业口径变宽，学科门类不断增多，增加了学科种类多样性，为满足未来社会发展需求提前布局。

（四）学科专业自适应发展期：大众化后的"自我变革"

2001 年 10 月教育部发布《关于做好普通高等学校本科学科专业结构调整工作的若干原则意见》，提出"面对高等学校招生规模迅速扩大和高等教育体制改革的突破性进展，进一步调整普通高等学校学科专业结构已经成为今后几年高等教育改革和发展的迫切任务"。为了应对人民对受优质教育的美好需求，进一步扩大高等学校学科专业设置自主权，规定高等学校可在《普通高等学校本科专业目录》外设置社会发展急需、已具备培养条件的本科专业。本次全面调整以发展高新技术类学科专业和应用型学科专业为重点，"提倡部分高等学校，尤其是国家重点建设高等学校进一步拓宽专业口径，灵活专业方向"。2002 年 1 月，为适应高等教育发展的需要，加大高校学科专业结构调整工作的力度，实现政府职能的转变，提高高等学校学科专业设置管理科学化和民主化水平，决定成立教育部学科发展与专业设置专家委员会，并多次出台《博士、硕士学位授权学科和专业学位授权类别动态调整办法》。2021 年 1 月，国务院学位委员会、教育部印发通知，"交叉学科"取得合法地位，成为我国第 14 个学科门类。

再到 2023 年教育部等五部门印发《普通高等教育学科专业设置调整优化改革方案》，大学学科专业设置进入新的调整期。

随着高等教育大众化、普及化时代的到来，学科在不断分化、调整的过程中逐渐获得自适应能力，这也是学科分化的高级阶段。在此阶段，学科交叉与融合以及交叉学科、超学科的衍生是必然。学科交叉是知识系统自发形成的产物，也是内生性要求，而知识体系无时无刻不在发生着分化与交融，因此在知识型社会中，学科根据社会需求进行交叉、融合，形成学科自适应能力。高等教育大众化、普及化是促进学科形成自适应能力的催化剂，为了应对数量规模的突然变化，政府通过下放一定的学科专业设置权力助推大学学科的内生性发展。也正因如此，学科权力在一定程度上得以激活，学科发展在经过自适应后得以快速发展。[1]

可以说，目前我国已成为世界上高等教育学科门类最为齐全的国家。

（五）教育学分支学科的创新发展阶段（1992年至今）

1992年10月，中国共产党第十四次全国代表大会召开，明确提出我国经济体制改革的目标是建设社会主义市场经济体制。我国社会发展开始转型，由此推动我国经济全面发展与教育全面改革，教育学分支学科走向创新发展的新时期。此阶段随着义务教育的普及、高等教育的大发展和基础教育课程改革的推进，人们的教育思想、教育理念都发生了重大转变。教育学分支学科顺应

---

[1] 屈西西：《新中国成立以来大学学科专业设置的变迁》，《高教发展与评估》2024年第3期，第40—48页。

时代发展的潮流，结合教育改革的理想与现实，不断深化教育领域问题研究，使得教育学分支学科获得新的生机与活力，教育学分支学科走向综合创新发展阶段。此阶段又出现许多新的教育学分支学科，主要有师范教育学、教师教育学、教育政策学、网络教育学、教育发展学、教育逻辑学、教育病理学、教育卫生学、课程与教学论、元教育学等。这一时期，教育学科的发展由开放引进走向综合创新，高度综合与分化并驾齐驱，教育学的元研究被重视。时至今日，能够命名的教育学科已有百门之多。

我国学科目录分为学科门类、一级学科（本科教育中称为"专业类"，下同）、二级学科（本科专业目录中称为"专业"，下同）三级。按照国家2011年颁布的《学位授予和人才培养学科目录》，分为哲学、经济学、法学、教育学、文学、历史学、理学、工学、农学、医学、军事学、管理学和艺术学13大门类，每大门类下设若干一级学科，如理学门类下设数学、物理、化学等12个一级学科。一级学科再下设若干二级学科，如数学下设基础数学、计算数学等5个二级学科。博士、硕士学位就授至二级学科，一般意义上的博硕士点数指的就是可以授予博士和硕士学位的二级学科的数目。根据教育部的学科分类，一共有12个学科门类，分别是理学、工学、农学、医学、经济学、管理学、哲学、法学、文学、历史学、教育学、艺术学，分为92个专业类，506种专业。

基本专业分类

门　类	专业类
哲　学	哲学类
经济学	经济学类、财政学类、金融学类、经济与贸易类
法　学	法学类、政治学类、社会学类、民族学类、公安学类
教育学	教育学、体育学
文　学	中国语言文学类、外国语言文学类、新闻传播学类
历史学	历史学类
理　学	数学类、物理学类、化学类、天文学类、地理科学类、大气科学类、海洋科学类、地球物理学类、地质学类、生物科学类、心理学类、统计学类
工　学	力学类、机械类、仪器类、材料类、能源动力类、电气类、电子信息类、自动化类、计算机类、土木类、水利类、测绘类、化工与制药类、地质类、矿业类、纺织类、轻工类、交通运输类、海洋工程类、航空航天类、兵器类、核工程类、农业工程类、林业工程类、环境科学与工程类、生物医学工程类、食品科学与工程类、建筑类、安全科学与工程类、生物工程类、公安技术类、交叉工程类
农　学	植物生产类、自然保护与环境生态类、动物生产类、动物医学类、林学类、水产类、草学类
医　学	基础医学类、临床医学类、口腔医学类、公共卫生与预防医学类、中医学类、中西医结合类、药学类、中药学类、法医学类、医学技术类、护理学类
管理学	管理科学与工程类、工商管理类、农业经济管理类、公共管理类、图书情报与档案管理类、物流管理与工程类、工业工程类、电子商务类、旅游管理类
艺术学	艺术学理论类、音乐与舞蹈学类、戏剧与影视学类、美术学类、设计学类

第二节　中国教育对世界的贡献

中国教育发展的全球意义就在于，把整个中华民族的文化传播到世界，这是它最重要的意义，也是我们改革开放以来取得的最大成绩。中国文化讲究"和而不同"，中国教育注重培养有人文精神的人，注重培养关心世界、关心人类命运的人才，注重培养世界和平与协调发展的创新人才。

同时，新中国成立以来的教育事业发展突飞猛进，尤其改革开放40余年的发展历程中，教育培养了一大批人才，为中国社会政治、经济、文化的发展提供了人才支撑。世界发展格局上出现的是稳定发展的中国，帮助14亿人口摆脱了贫困的中国，所有孩子都能接受九年义务教育、越来越多年轻人有机会接受高等教育的中国，中国教育发展的巨大成就，是对维护人类和平、推动世界发展的巨大贡献，这也是中国教育发展的全球意义。中国教育扎根本土、融通中外，立足时代、面向未来，突出中国特色、优化全球开放布局，国际影响力持续提升。

一是中国已成为世界上最大留学生生源国。自改革开放到2021年年底，我国各类出国留学人员数量800万左右，学成回国留学人员数量550万左右。留学人员遍及世界160多个国家和地区的1万多所高校。

二是中国已成为亚洲最大、世界第三的留学目的地国。2010

年教育部发布了《留学中国计划》，目标是到 2020 年，全年在内地
高校及中小学校就读的外国留学人员达到 50 万人次，其中接受高
等学历教育的留学生达到 15 万人。根据教育部统计，2018 年共有
来自 196 个国家和地区的 49.2 万名各类外国留学人员在全国 31 个
省份的 1004 所高等院校学习。其中，接受学历教育的外国留学生
总计 25.8 万人，占来华生总数的 52.44%。《留学中国计划》制定的
目标，提前两年实现。来华留学生的质量和层次大幅提升，这也是
我国高等教育国际影响力提升的重要体现。

三是对外中文教育成效显著。据教育部统计，截至 2021 年年底，
180 多个国家和地区开展中文教育，76 个国家将中文纳入国民教育
体系，外国正在学习中文人数超过 2500 万，累计学习和使用中文
人数近 2 亿。

四是中外人文交流助力国家总体外交战略。党的十八大以来，
继俄罗斯、美国、英国、欧盟之后，我国又同法国、印尼、南非、
德国新建了高级别人文交流机制。上述机制涵盖了所有联合国安理
会常任理事国，覆盖国家和地区约占全球经济总量的 1/2，地域面
积的 1/4，人口总量的 1/6。人文交流与政治互信、经贸合作一道，
共同构成新时代中国特色大国外交的重要支柱。教育对外开放在推
动文明交流互鉴、促进中外民心相通方面的重要作用进一步凸显。

五是积极参与全球教育治理。全球教育治理方面，中国同 46
个与教育相关的重要国际组织建立了经常性的交流合作关系，在《教

育 2030 行动框架》《APEC 教育战略》《全球高等教育学历学位互认公约》《职业技术教育战略（2016—2021）》等国际文件制定过程中发挥着建设性作用。近年来，中国先后主办国际职业教育和培训大会、国际教育信息化大会等一系列重要国际会议，各国代表亲身感受到中国教育取得的发展成就，同时通过交流研讨分享经验做法，提出中国理念主张，共同推进全球教育治理。

六是已形成全方位、多层次、宽领域的教育对外开放总体格局。经过新中国成立 75 年特别是改革开放 46 年来的不懈努力，中国已形成全方位、多层次、宽领域的教育对外开放总体格局，学习借鉴国外先进知识、技术和经验，培养高水平优秀人才，引进国外优质教育资源，促进教育事业改革发展，服务社会主义现代化建设，支撑改革开放基本国策和整体外交事业发展，促进中外人文交流等方面取得重大成就，大大提升了中国教育国际影响力和国家软实力，为新时代建设教育强国、助力建设社会主义现代化强国奠定了扎实的基础。[1]

目前，中国同 181 个建交国普遍开展了教育合作与交流，与159 个国家和地区合作举办了孔子学院（孔子课堂）；中国已成为亚洲最大、世界第三的留学目的地国家；医学教育标准和认证体系实现国际实质等效，中国成为国际本科工程学位互认协议《华盛顿协

---

〔1〕 王若熙、杨桂青：《留学工作助推提升中国教育国际影响力》，《中国教育报》2022年12月22日，第9版。

议》正式会员；全球参加各类中文水平考试者达 4776 万人次……

新时代中国教育，以更加开放、自信、主动的姿态走向世界。近年来，中国教育慢慢探索穷国办大教育、大国办强教育的道路，为世界文化的多样性、世界教育的多样性作出了贡献。这也是中国教育发展的全球意义。

中国教育对创新高度重视，中国的教育在不断走向世界，而且我们的目标不是追随世界先进的发展，中国的教育在新时代也应该影响和引领世界的发展。

党的二十大报告指出："坚持高水平对外开放，加快构建以国内大循环为主体、国内国际双循环相互促进的新发展格局。"进一步深化对外开放，是推动中国式现代化进程的内在要求与重要任务。加快与深化新时代我国教育对外开放，推动中国教育以更加开放、自信、主动的姿态走向世界舞台，辩证处理教育对外开放中全球化与本土化的互动关系，积极同世界多元教育文化开展合作性对话，共同推进人类文明交流互鉴与共同发展。

在这样的相互交流、双向与多边的教育国际化互动实践中，我国教育逐步与世界性的现代教育相协调、相适应，形成了我国教育现代化开放性与前瞻性的特征，从而更加自信地构建中国教育的未来。[1]

---

〔1〕 杨启光：《中国式现代化引领新时代教育对外开放》，中国社会科学网－中国社会科学报，2024年1月25日，https://www.cssn.cn/skgz/bwyc/202401/t20240125_5730600.shtml。

一、输出大批优秀的中国学子交流

经过几十年的发展，中国教育已经形成了自己的特色，取得了很大成就。从教育来讲，推进对外人才培养和交流，派中国学生去国外学习先进的技术与经验，特别是科学技术方面的知识，为我国培养各类科学技术人才大有裨益。出国留学是培养高层次人才、服务国家战略的重要途径，出国留学人员是国家人才队伍的重要组成部分。十八大以来，我国教育对外开放不断深化，出国留学规模持续扩大，建立了以国家公派出国留学为主导、自费留学为主体的工作格局。

2013 年 10 月，习近平总书记在欧美同学会成立 100 周年庆祝大会上提出了"支持留学、鼓励回国、来去自由、发挥作用"的新时期留学工作方针。2014 年，全国留学工作会议召开，对留学事业作出了总体谋划。2015 年，教育部等五部委联合发布《2015—2017 年留学工作行动计划》。2016 年中共中央办公厅和国务院办公厅颁布实施《关于做好新时期教育对外开放工作的若干意见》。国家出国留学事业改革发展的"四梁八柱"已经完成。

2017 年，我国出国留学人数首次突破 60 万大关，达 60.84 万，其中国家公派 3.12 万人，单位公派 3.59 万人，自费留学 54.13 万人，持续保持世界最大留学生生源国地位。留学回国与出国留学人数"逆差"逐渐缩小，截至 2017 年年底，我国留学回国人员总数达到 313.20 万，逾八成（83.73%）留学人员学成后选择回国发展，形成了最大规模留学人才"归国潮"。

国家从科教兴国战略和人才强国战略高度部署新时期留学工作，强调留学人员要"发挥作用"。出国留学工作要进一步提升质量，重点培养国家现代化建设急需、紧缺、薄弱、空白、关键领域的拔尖创新人才和行业领军人才，同时加快培养服务国家外交工作需要的国际组织人才、非通用语种人才、国别与区域研究人才，对"走出去"培养人才在规格、层次、质量、重点方面提出更高要求。

国家公派出国留学统筹规划，聚焦国家急需和前沿领域，充分发挥调控补给作用，全方位培养国家急需人才。国家公派出国留学在稳步扩大出国留学规模的同时，加大在外攻读博士生（后）和高层次创新性人才资助力度，围绕国家"一带一路"共建机制、外交发展和经济社会发展重要需求，面向社会各行业及在外自费留学人员公开选拔。

也初步形成了全方位的出国留学政策框架、较为完善的国内外管理服务机构，以及贯穿留学全过程全链条的管理服务体系。教育部针对在外留学人员安全问题，围绕"平安留学"做了大量工作，构建了安全教育体系。外交部指导驻外使领馆做好留学人员服务工作，进一步增强留学人员的归属感和向心力。

2003 年，国务院批准成立留学人员回国服务工作部际联席会议制度，发挥人力资源和社会保障部、教育部、科技部、外交部等部门优势资源，协调开展留学人员回国服务工作。教育部会同有关部委和地方政府，举办"中国留学人员广州科技交流会"等大型活动，通过"春晖计划"、"春晖杯"中国留学人员创新创业大赛，为海外留学人员回国发展打造项目、人才、资金和信息的对接平台。外交部指导驻外使领馆面向海外留学人员群体，积极宣传国内发展形势和国家引进海外高层次人才政策，多渠道、多层次、全方位地发现人才、联系人才、引荐人才。[1]

据美国国际教育协会（IIE）数据统计，2023年中国内地学生高等教育阶段的热门留学地分别为：美国（289526）、英国（158335）、澳大利亚（140111）、加拿大（100075）、日本（85762）、德国（40055）、法国（27479）、意大利（15872）、新西兰（10570）。

从一个角度，看看中国留学生在国外的具体数字，可洞察到教育的影响力正逐步加强。

美国留学数据：约29万人

美国《门户开放报告》显示，2022—2023学年，中国内地留美学生达到289526人，占比27%。其中本科100349人，研究生126028人。

英国留学数据：约16万人

据英国高等教育统计局（HESA）数据统计，2022—2023学年，中国内地赴英留学158335人，在国际学生中占比23%，排名第一。

〔1〕《对十三届全国人大一次会议第7631号建议的答复(摘要)》，中华人民共和国教育部门户网站，http://www.moe.gov.cn/jyb_xxgk/xxgk_jyta/jyta_gjs/201902/t20190220_370266.html。

其中本科 62935 人，研究生 88755 人。2023 年共有 17405 名中国学生成功拿到大学录取 offer。

澳大利亚留学数据：约 16 万人

据澳大利亚教育部数据显示，2023 年 1 月至 9 月国际学生在澳大利亚接受教育，其中中国内地学生总计 159485 名，占总数的 21%。2023 年 1—11 月，新批准的中国内地学生签证数量高达 64402 人。

加拿大留学数据：约 10 万人

根据加拿大移民部（IRCC）公布的数据显示，2022 年加拿大在读国际学生中，中国内地留学生为 100010 人，占比 12.39%，为加拿大留学生第二大生源。

日本留学数据：约 10 万人

日本学生支援机构（JASSO）数据显示，截至 2022 年 5 月，在日本学习的中国内地学生为 103882 人，其中高等教育阶段为 85762 人，语言学校为 18120 人。

德国留学数据：约 4 万人

德国《科学大都会 2023》报告显示，2022 年、2023 年冬季学期共有 39137 名中国留学生在德国学习。

法国留学数据：约 3 万人

法国高等教育与研究部数据显示，2022—2023 共有 25605 名中国留学生在法国学习。

留学对于我国经济、社会、科技发展具有重要意义，仍是我国高层次国际化人才成长的重要渠道。每一代留学人员都在各自阶段发挥了重要的积极作用，例如，"两弹一星"23名受奖者中有21名是留学回国学者。当前，仍然有大量优秀的留学人员在各个领域的发展中起到领军带头作用。2023年新晋两院院士中，81.4%新晋中国科学院院士、39.2%新晋中国工程院院士有海外留学经历。截至2023年，70%以上的国家重点项目学科带头人，40%的国家科技奖获奖项目第一完成人，70%以上的教育部直属高校校长，大部分三甲医院院长，都是留学回国人员。[1]中国留学人员是我国教科文卫、经济社会发展诸多方面的重要推动力量，是我国实施"一带一路"共建机制、推动全球化发展和参与全球治理的重要力量，成为中国现代化进程中一支不可忽视的生力军。

二、接受各国留学生来华入学深造

从1949—1976年，我国教育在美国对我国进行封锁的国际背景下以苏联为师，全面开展与社会主义国家和周边国家的学生交流、教师交流、大学办学模式和课程的学习与引进。这一时期，我国派出和吸引的留学生数量众多，国际化程度高，在当时的世界上也是罕见的。1949—1956年，我国共派出各类留学人员（含

〔1〕 CCG全球化智库：《中国留学发展报告蓝皮书(2023—2024)》，2024年2月26日，http://www.ccg.org.cn/archives/84327。

与苏联援建的工业项目相关而派出的实习人员）约 1.6 万人，其中约 91% 是派往苏联的，约 8% 是派往其他国家的。而 1954 年在美国的外国留学生总数仅为大约 3.5 万。这说明新中国政府对建设民主、富强国家的决心和对科学技术人才及国际人才的重视。

学生国际交流政策是双向的，不仅向社会主义国家派出大量的留学生，而且接受社会主义阵营特别是越南和朝鲜的留学生。1950—1956 年，来华留学生累计达到 1891 人，其中来自越南和朝鲜的有 1626 人，占约 86%，为周边社会主义国家培养各种人才。另外，引进苏联专家和接收 1949 年前出国的留学生，以对新中国经济社会建设提供人才和智力支持。为了建设社会主义的高等教育体系和工业体系，1949—1957 年，我国高校共聘请了苏联专家 754 人，讲授 1600 多门课程。

与此同时，新中国政府于 1949 年 12 月成立“办理留学生回国事务委员会”，负责动员和争取当时在国外的留学生。据统计，当时在国外的中国留学生约有 5096 人，主要分布在美国（3066 人）、日本（1187 人）、英国（460 人）、法国（190 人）等国家。通过动员工作和相关政策，先后有 2500 多名原在欧洲和北美资本主义国家的留学生回国工作，包括邓稼先、朱光亚、华罗庚、梁思礼、钱学森、李四光等一大批杰出科学家，为我国的“两弹一星”、科学技术和现代工业的建设作出了卓越的贡献。

1957 年后到 1966 年前，在中苏关系恶化及苏联撤回全部专家的背景下，我国教育国际化工作开始调整方向，由面向苏联及其联盟转向欧洲、非洲、亚洲非社会主义国家及周边国家。

在政策上，我国政府重申"留学生工作，在建设我国科学教育事业，和赶上世界先进科学技术水平的历史任务中，是一项重要的工作；对加强与兄弟国家之间的友好合作也有重要的意义"[1]。

在学生国际交流上，在继续向社会主义国家派遣留学生的政策下，加大向资本主义国家派遣留学生的力度，不断吸收外国先进科学技术。从 1957 年到 1965 年，向意大利、比利时、瑞士、瑞典、丹麦、挪威等国家派遣 200 余名留学生，主要学习外语和科学技术。同时，我国接受来华留学生工作超过了前期水平。通过实施接受来自社会主义国家、亚非拉民族独立国家和一些资本主义国家（包括英国、美国）留学生的多边政策，该期间的来华留学生数达到了 5200 多名，使得我国接受留学生的国别和数量都获得了前所未有的发展。

"文化大革命"期间，我国教育遭到了极大破坏，前六年停止了高等教育对外交流，在外留学生被召回，不再派出留学生，也不接受外国留学生和专家。1972 年，随着中美建交，我国高等教育的对外交流逐步恢复。1972—1978 年，我国向 49 个国家派出了 1977 名留学生，接受了来自 72 个国家的近 2100 名留学生（1973—

---

[1] 《中共中央批转国家科委党组教育部党组、外交部党委〈关于留学生工作会议的报告〉》，中国经济网，http://www.ce.cn/xwzx/gnsz/szyw/200706/11/t20070611_11691363.shtml。

1976），并执行了向法国、英国、加拿大等国派遣少数学者短期讲学的政策。"文化大革命"后期的高等教育国际化工作的恢复与发展，为改革开放奠定了必要的基础。

1978 年，改革开放的全新政策开启了我国高等教育国际化的黄金时代。在全球化背景下，我国高等教育全面对外开放，在充分研究学习国际高等教育模式基础上努力构建中国特色的高等教育体系和模式。经过 41 年的发展，我国高等教育已经由边缘走向中心，成为世界高等教育的重要成员，不仅是世界公认的最大留学生输出国和几大重要输入国之一，而且是高校国际合作办学的最重要国家，SCI 论文发表数量也位列世界第二。

综上，除了少数几年外，对外开放一直是我国高等教育的主要政策之一。我国政府始终把高等教育国际化作为赶超世界科技水平，建设世界一流大学，培养社会主义的建设人才和国际人才的重要手段。在不同的历史时期，我国高等教育国际化内容随着国际关系、世界局势和我国政府工作中心转移而发生着变化。这种变化符合教育的外部关系规律。2022 年我国位居教育强国综合指数排名第二十三位，2012 年以来在各国中进步最快。2012—2022 年，我国教育强国建设取得重大进展，教育强国综合指数由0.50 提升到 0.62，综合排名由第四十九位提升到第二十三位，进步 26 个位次，是进步位次排名第二的国家的两倍。我国教育除可持续发展潜力维度基本稳定外，其余维度指数得分及排名均取得较大进步。2022 年与 2012 年相比，我国教育服务能力维度进步幅度最大，由第五十七位进步到第二十二位，进步 35 个位次，指数值由 0.50 提升到 0.63，增长了 0.13；质量水平维度由第三十位进步到第八位，进步 22 个位次，维度值由 0.33 提升到 0.44，增长了 0.11；教育公平维度由第七十九位进步到第六十一位，进步 18 个位次，维度值由 0.68 提升到 0.78，增长了 0.10；只有可持续发展潜力维度基本保持稳定，指数值由 0.69 增至 0.70，2022 年排第三十六位，与排名前 15 位的教育强国的平均位次基本相当，说明我国可持续发展潜力整体居于中等前列，并支撑了我国教育综合实力不断提升。[1]

据分析资料显示，2012—2022 年，我国是教育强国指数发展最快的国家，从发展变化趋势看，我国可如期或提前跨入世界教育强国行列，自然也会成为世界各国的留学生争相选择之地。

三、世界学术殿堂中不缺华人的身影

华人华侨，泛指生活在世界各地但具有中国血统或文化背景的人群，他们如同一颗颗璀璨的珍珠，散落在全球各地，成为中华文化对外交流和影响力的生动载体。

华侨华人是世界全球化与中国国际化进程中逐渐形成的一个

---

〔1〕 中国教育科学研究院课题组：《建设教育强国：世界中的中国》，《教育研究》2023 年第 2 期，第 4—14 页。

特殊群体，他们既是近代以来中国与外部世界关系演变的独特现象，也具有全球化进程中越来越显著的跨国移民群体的普遍特征。无论是从庞大的人群数量和广泛的地理存在去看，还是从源远流长的中央政府侨务治理和侨务政策来说，华侨华人都是一个极富"中国特色"同时又具"世界意义"的话题。

近代以来，华侨华人无论是在文化传承、认同与情感归属，还是在政治选择、经济投资及公益行为等方面，无不与中国、中华民族、中华文化有着千丝万缕的联系，成为中国与住在国交流交往的重要桥梁。新中国成立特别是改革开放以来，中国的综合国力、国际地位与影响力空前提升，推动构建人类命运共同体及共建"一带一路"机制在世界范围产生广泛影响，国际格局发生重大变化；同时，经济全球化的迅猛发展，交通的便利性、快捷性以及互联网、新媒体等通信方式的变化，使地理空间的限制降低，可谓是天涯变咫尺。这些无不对海外华侨华人的生存及生活方式与形态、事业发展与投资的选择、文化与民族的认同等产生重要影响。

截至 2019 年，在美华人大约 550 万，54% 的成年华人有大学文凭，51% 的华人从事专业技术、管理等工作。美国科学院、工程院、医学院、文理院四院华人院士共 300 余人。中国 985 高校毕业校友 20 多万人在美国高科技企业或高校机构工作，在美高层次科技人才分布前三名分别是旧金山湾区、纽约地区和波士顿地区……

移民美国的华人中有 27% 拥有硕士学位，其他国家的移民者只有 13% 左右的人群有硕士以上的学位，而美国当地人也只有 12% 的人有硕士以上学位。可以看出，随着教育程度的提高，华人移民已逐渐拉开与其他国家移民和当地人之间受教育程度的差距。

名校是培养高端人才的重要基地。在美国的七大名校，每所学校都有数十位华人教授。近年，不少美国华人著名教授回国发展，如施一公博士、饶毅教授、颜宁教授（2019 年新当选美国国家科学院外籍院士），这从另外一方面也说明了中国整体科技教育实力的提升。

总的来讲，华人教授招收的中国学生比例相对高一些。这些教授，虽然在海外，还是为培养华人人才贡献巨大。对中国人才的培养，海外华人教授和其他科技精英的贡献不可取代！

又据资料显示，作为国际上学术领域最广泛、学术地位最高、影响最大的科学组织之一，欧洲科学院的院士包括自然科学、社会科学、人文科学、生命科学 4 个学部、23 个学科领域的国际著名学者，主要在欧洲各国的院士中遴选，代表欧洲人文和自然科学界最高的科学水平和学术地位。截至 2023 年，欧洲科学院更新 249 位院士，其中有 17 位华人学者入选。[1]

华人所到之处，必有文明踪迹。

---

[1] 中国教育科学研究院课题组：《建设教育强国：世界中的中国》，《教育研究》2023年第2期，第4—14页。

说起海外华人，不得不承认华人的身影在世界的每一个角落几乎都可以找到。据 2022 年统计，海外华侨华人最新数量已达 6000 多万人，分布在世界 198 个国家和地区。

其中，华人最多的国家是印度尼西亚，超过 1000 万，华人约占印尼人口总数的 5%。在东南亚国家中，华人几乎占有了当地经济的最大比重，首富或前几大富豪几乎都是华人。根据研究，印尼华人大多来自中国的南方省份。

泰国，华人数量约 900 万，约占泰国总人口的 14%，是仅次于泰族的泰国第二大族群。其中相当一部分来自广东潮汕地区。泰国华人历史悠久，人数众多，为泰国的发展作出了相当的贡献。泰国华人政治地位相当之高，自泰国第十八任总理阿南·班雅拉春起，之后几乎所有总理都有华人血统。

马来西亚，华人数量约 740 万，约占其总人口的 22%，主要是中国福建和广东、广西、海南等一带迁移的中国人后裔。因马来西亚是君主立宪的国家体制，为国家作出贡献者都有机会荣获马来西亚国家勋衔，而华人也有不少人才荣获马来西亚国家最高荣誉。

美国，华人数量 500 多万，占美国总人口的 1.4%，美籍华人包括来自中国及世界各地、后来归化成为美国公民的华人及他们的后代。他们大多数居住在大都会纽约地区、北加州及洛杉矶。

秘鲁，华人数量 300 万，约占其总人口的 10%，多为广东和福建等地移民,部分已不懂中文。大多数秘鲁华人都会说多种语言。除了西班牙语或克丘亚语,他们中许多人还至少能说汉语普通话和方言,由于第一批华人移民来自澳门,所以他们中也有一些人能说葡萄牙语。

新加坡,华人 280 万,占新加坡居民人口的 74.1%,新加坡是中国之外唯一华族人口占多数的国家。华人主要来自广东、福建、海南等中国东南沿海省份。从 1987 年起,新加坡学生不分种族都以英语为"第一语文",为确保新加坡华人仍然保留自己的母语文化,新加坡政府一贯在所有学校推行中文教学,所有新加坡华人都需要学习华语,为其"第二语言"或母语。

加拿大,华人数量已达 180 万,占加拿大人口数量的 5%。华人是加拿大最大的少数裔族群,2001 年,几乎 75% 的华人人口居住在多伦多或温哥华。华人人口占温哥华人口的 17%,占多伦多人口的 9%。很多人移居到温哥华是因为当地气候宜人。

缅甸,华人约 150 万,占缅甸总人口的 3%,在仰光等城市,华人以广府人[1]和福建人为主,他们多数经营小生意,有些则与新加坡或我国香港、台湾资本投资较大的联营企业。

菲律宾,华人 114 万,遍布全菲各地。大部分居住在吕宋岛,尤其是大马尼拉地区,经营工商业和文教事业。据统计,全菲 500

[1] 广府,按广东人民出版社出版的《走进广府》一书的定义,通指岭南承载以粤语为母语的民系所在地,广府人指岭南早期百越族人与中原移民融合衍生的一支汉族民系。

家最大公司中，华商约占 1/3，并在纺织及成衣、漂染、钢铁、五金、制糖、塑料、木材加工、建筑材料、百货及金融等行业占优势。

越南，华人约 82 万，占越南总人口 0.96%，华人是越南第八大民族。华族祖籍地多以国内广东、福建为主，方言也多为闽粤一带方言。汉武帝时期，汉族人就开始从中国北方移民迁居到南越。华人进入越南后，用自己的科学文化知识和积累的丰富生产经验，辛勤劳动，为越南各个时期社会的发展作出了重大的贡献。

中国是继印度和墨西哥之后，移民海外人数最多的国家。自从古代海上丝绸之路开通，便有一代又一代华人远走海外，书写了一部源远流长的中国移民史。

古往今来，华侨华人犹如"牵线红娘"，架起中外文明互学互鉴之桥，在世界文明交流互鉴中起到积极作用。

换另一个角度，看看华人在世界各大洲的分布情况。

亚洲：亚洲是华人华侨最集中的地区，其中印度尼西亚华人华侨人口数量超过 1000 万，占其总人口的 5% 左右，是全球华人华侨最多的国家。泰国和马来西亚的华人华侨数量分别为 850 万至 1000 万和约 740 万，占当地人口比例相当高，尤其在经济领域占有主导地位。此外，新加坡华人人口占比极高，超过 70%，尽管绝对数量相对较少，但华人社群在新加坡社会中的影响力不容忽视。

美洲：北美的美国和加拿大的华人华侨群体也非常庞大，其中美国的华裔人口在 500 万至 550 万之间，主要集中在纽约、洛杉矶和旧金山等地，他们在科研、教育、商务和文化艺术等领域都有着突出表现，对美国多元文化社会的构建和中美关系的发展产生了深远影响。

欧洲：虽然欧洲的华人华侨数量相对较少，但他们在英国、法国、意大利、西班牙等国形成了稳定的社区，通过经营餐馆、零售业以及从事科技、教育等工作，为当地社会经济发展注入活力，并且在传播中国文化、推动中欧友好交流合作方面扮演了重要角色。

大洋洲：澳大利亚和新西兰的华人华侨数量也相对较多，他们通过辛勤劳动和聪明才智在当地扎根，不仅丰富了当地的社会文化生活，而且通过经贸合作、教育交流等活动，促进了与祖籍国的紧密联系。

非洲：尽管非洲的华人华侨数量相对于其他大洲较少，但随着共建"一带一路"机制的推进，越来越多的中国人开始在非洲国家投资创业，他们不仅参与当地的基础设施建设，还通过开展农业、矿业、制造业等多种经营活动，为非洲的经济社会发展贡献力量。

近年来，由于中国经济快速增长、对外贸易发展，大批中国人选择前往其他发展中国家，进入中亚、西亚、非洲和拉丁美洲的中国移民数量激增。全球华人华侨的分布态势，显示了中华民族拓展生存空间、追求美好生活的顽强精神，他们既在异国他乡创造了辉煌的业绩，又以独特的姿态传播着中华文明，成为连接中国与世界的重要桥梁。

华侨华人是中华文明基因的承载者。一方面，中国人移居海外的历史久远，无论何时何地，华侨华人在迁徙、繁衍、奋斗、创业过程中，都展现出中华民族固有的勤奋、坚忍与果敢。另一方面，华侨华人"情牵两乡"，对祖（籍）国发展持续关心济助，与住在国民众和谐相处，积极融入、回馈住在国。这些仁善的品质，折射出中华文化的精神内核，成为促使中华文明"足以为外人道"的内在力量。

华侨华人是中外文明交流的践行者。历史上中国人每次大规模流动迁徙，都推动了中华文明的海外传播。2000 年前，先人们用古丝绸之路打通了中国与外部世界商贸和文化交流的渠道；近代历史时期，海外华侨和留学生把包括马克思主义在内的西方各种理论介绍到中国；在全球化日益加速、国际移民现象和跨文化交流更加普遍的今天，华侨华人在中外文明交流互鉴中的作用更为显著，他们发挥着深谙中华文明与熟悉住在国文明的双重优势，为中外文明对话搭建更广阔的交流渠道。

华侨华人是中外文明互鉴的助推者。美国华人学者杜维明认为，散布于东南亚、北美、欧洲、拉美等世界各地的海外华人社会是"文化中国"的第二意义世界。在其相关论述中，海外华人社会在中外文明对话互鉴中的作用得到强调，被视为与各国尤其是西方主流社会沟通的桥梁。

随着华侨华人落地生根、融入当地，他们牵线搭桥、助推中外文明互学互鉴，使海外中华文化表达出异域元素，异域文化亦展现出中华色彩。当前，全球政治经济不确定不稳定因素较多，国际交往面临新情况、新问题、新挑战，借文明之力增信释疑、弘义融利、促进民心相通，华侨华人更可发挥建设性作用。

华侨华人走向哪里，就把中华文化带到哪里，并使之与当地文化相融相生；他们知行合一，发展了中华文明的独特海外形态，丰富了所在国的多元文明样态；他们成了中华文明的海外标识，让世界各地的人们通过他们感受万里之外的华夏风采。

华侨华人联结中外、沟通世界，正持续为推动中外文明交流互鉴、相互尊重、和谐共处贡献力量。

中国移民有着勤劳节俭的传统，为安然渡过经济难关，他们往往会攒钱投资房产，并由此在社会上赢得一席之地。每当危机来袭，海外华人总是有能力自保，一般不用向亲朋好友求助，更别说向陌生的社会求援。

海外华人与祖国依然保持着紧密的联系。他们视中国为故土，这种眷恋之情往往会传递给子孙后代。华人移民的一个主要原因是接济家乡的亲朋，通过汇款从经济上帮助家人是海外华人的传统。近百年来，华侨还参与了中国的现代化建设。20 世纪 80 年代以来，中国政府接受的外国投资中有超过三分之二来自海外华侨。

21 世纪初以来，伴随世界人口增长，以及中国经济实力的提升和对外经贸关系的发展，大批中国商贩和企业家奔赴世界各地，除了欧洲和北美以外，非洲、拉丁美洲、中西亚华侨华人数量也呈现快速增长的局面。而除了人口数量的增长，海外华侨华人群体在构成上也呈现出愈加多元化的特点。以美国为例，过去当地的华侨华人大多从事服务行业，尤其是餐饮业、洗衣业和家政业。而年青一代的"新侨"多是接受过高等教育，从事律师、医生、教师、工程师等职业的人数居多，融入当地社会的程度也在不断加深。新时期的华侨华人，拥有更加广阔的国际视野，也能够在住在国为自身权益积极发声。从冷战时期的排华反华，到如今的华人参政议政，在美华侨华人在政治、经济、文化等方面都有了长足的进步。如今美国侨胞早已走出"唐人街"的小圈子，积极融入当地社会发展。这一方面归因于侨胞自身发愤图强，同时也得益于中国近年来国际声誉、地位不断提升，为海外华侨华人创造了良好的发展条件，正所谓国兴则侨兴，国强则侨强。

"讲好华人和当代中国故事，推动中国优秀文化走出去，让世界更加全面、客观地了解中国势在必行。"在当前全球人口持续增长，人口跨国频率不断提升的背景下，不同民族、不同族群在跨界流动过程中，既可因文化差异导致文明冲突，也可在交流互鉴中实现文化共生。华侨华人作为中国与世界各国民间交流的桥梁和纽带，在牵线中外合作、促进民心相通方面，今后的责任更大了，使命也更重了。

第三节　教育是强国立身之本

教育乃立国之本、强国之基。教育兴则国家兴，教育强则国家强。教育是民族振兴、社会进步的重要基石，是功在当代、利在千秋的德政工程。今天，党和国家事业发展对教育的需要、对科学知识和优秀人才的需要比以往任何时候都更为迫切。教育是一个国家兴盛的标志。

新中国成立以来，国家领导人和党就非常重视国人教育，先后提出了"百年大计，教育为本"和"科学技术就是第一生产力"等论述，把教书育人和国家的发展紧密结合在一起。

教育是国家发展的基础。把发展科学技术作为第一生产力、培养优秀人才作为第一资源、增强创新作为第一动力结合起来，是中华民族实现伟大复兴和推动社会主义发展的必然要求。

教育是强国之本。党和国家对教育工作者的要求不仅是要培养知识过硬和技术过硬的优秀人才，还要把立德树人作为根本任务，把爱国主义和为人民服务始终贯穿于培养计划中，使培养出来的优秀人才能不忘初心、牢记使命，成为为实现中国第二个百年奋斗目标、实现中华民族伟大复兴的中国梦、推动社会主义事业文明进步殷勤付出的时代新人。要求教育工作者承担传授知识、培养能力、塑造正确人生观的职责，要做学生为学、为事、为人的示范，促进学生成长为德智体美劳全面发展的人。

党和国家要求全国各级地方政府真抓、实抓、强抓当地教育事业，加强对各个教育阶段的管理工作，尤其是对九年义务教育适龄儿童的辍学排查工作，乡、镇、街道要充分利用村社区工作者对自己辖区进行排查。按"学党史、悟思想、办实事、开新局"的要求，组织干部职工使用打包工作法，对辖区内村民市区进行大走访，对九年义务教育适龄儿童辍学进行排查登记，并劝导和帮助有实际困难的儿童完成义务教育，如一户村民儿童因经济困难导致辍学，社区利用国家低保帮扶政策，改善该户经济条件实现义务教育。

党和国家同时要求教育培养出的当代中国青年要爱国爱民，增强"四个意识"，坚定"四个自信"，做到"两个维护"，要有中国人的志气、骨气、底气，要锻炼品德、勇于创新、实学实干、脚踏实地、埋头苦干，树立为祖国为人民奋斗和奉献的坚定理想。

中国教育是有别于世界其他国家的教育，宗旨在于培养德智体美劳全面发展、勇于创新、爱国爱民、为我国社会主义事业和国家发展奋斗、为人民服务的全面型优秀人才。

一、中国式的应试教育

中国应试教育指的是以高考为代表的中国教育制度。应试教育在一定程度上促进了学生的竞争意识和学习动力。在应试教育的环境下，学生需要通过高考等形式来竞争获得高等教育的机会。

这种竞争的压力可以激发学生的学习动力和自我提升的欲望。同时，学生也能够更好地理解自己的优势和劣势，并在此基础上调整自己的学习计划和方向。

应试教育强调了学生的基础知识和能力。由于高考是综合性的考试，考查的不仅是学生的记忆能力，还有解决问题的能力和创新思维，因此，在应试教育的环境下，学生不仅要学习基础知识，还要培养综合能力，这对未来的职业发展非常有益。

应试教育也有利于教育资源的均衡分配。由于高考的普及，不同地区的学生都有机会获得高等教育。

应试教育也有利于社会稳定和发展。中国是一个人口众多的国家，教育资源有限，如何公平地分配教育资源是一个难题。高考的普及可以使得不同地区的学生都有机会接受高等教育，减少了社会的不公平现象。同时，应试教育也培养了大量的人才，为社会的发展提供了有力的支持。

应试教育在中国有着悠久的历史和广泛的社会基础，科举制度就是典型的应试教育模式。

我国于1977年恢复高考，不看家庭出身，只凭考试成绩录取，是中国现代教育史上一次伟大的进步。无论是农村还是城市，每年高中毕业季，百千万考生在考场发挥自己的最高水平，用实力为自己争取未来的机会，改变自己和家庭的命运。从1980年到1999年，高考制度逐步完善，高校也逐步实施扩招政策，高考报名人数大幅增加，同时高校数量和招生规模都有了显著扩张。步入 21 世纪，从自主招生、综合评价招生到考生可以根据自身兴趣和特长选择考试科目为代表的多轮高考改革，代表着我国在减轻学生负担、促进教育公平、探索多元化的人才选拔机制方面的不断努力。在制度变迁之外，全社会对每年一度的高考也保持着持续关注。上到各地各部门全力做好考生综合服务保障、各高校组织人力做好考试招生宣传工作，下到民众自发组织"护考车队"在高考期间为考生保驾护航、网友们高度关注每年高考题目与内容等，社会对高考的关注度甚至比肩中华民族的传统佳节——春节。高考为来自不同地区、不同背景的学生提供了一个基于个人能力和学业成绩晋升至更高教育阶层的公平平台。作为一项国民教育制度，在促进教育的普及和提高整体国民素质上有着不可估量的作用。此外，通过考取好的大学，学生可以获得更优质的教育资源，增加提升未来就业竞争力和社会地位的机会。对许多家庭来说，高考确实是一个改变命运的关键机会。中华文明绵延不断，亘古不变的是人们对人才的欣赏、对公平的渴望。经历了数千年的演变，中国的人才选拔制度仍持续发展和完善着。高考，既是对古代科举制度的传承，也是对现代教育理念的探索。随着社会进步、经济发展，包含高考制度在内的教育体系也在逐步调整、不断改革。无论未来如何变革，高考制度都将继续在教育公平、人才选拔、社会进步等方面扮演关键角色。作为最公平公正的选才模式，高考非常适合中国国情，也为国家的建设发展作出了重要贡献。

应试教育最大的好处，就是公平性。考试形式公平，用一样的试卷，不会厚此薄彼。有本事就考，凭本事考进去。应试教育通过不断筛选，能帮助高校有效地区分人才和生源质量，不同的学生匹配不同的资源。

应试教育还有一个巨大的好处就是能锻炼出学生扎实的基本功，因此，我国的基础教育在世界上可谓是数一数二的。

通过教师的直接传授，学生在较短的时间内能够掌握更多的知识与技能，学生不需要通过自己去各种探索，而是直接获得，拿来就用，节约时间，提高学习的效率，快速实现弯道超车。

应试教育注重基础训练，特别是强化训练，促使和逼迫教师与学生将全部注意力集中在提高考试成绩上。

应试教育目标明确，万念归一，学生接受同一流水线式的教育，尤其教育重心在学生的卷面成绩、分数、升学率，即"一切用数据说话"。

应试教育以升学率高低检验学校教学质量，检验教师工作成绩，检验学生学业水平。应试教育以考试为前提，以应对升学考试为目的。无论是学校、社会，还是家长，尤其是自媒体，对学生基本采取单一的评价方式。把"成绩搞上去"当作唯一要求，通过考试，以分数来衡量学生水平。因为高考决定接受高等教育的机会，日常教学成效评估的最重要指标是各种考试成绩，应试教育下学生的学习目的是获取考试高分。

应试教育能促使学生勤奋学习，不断进步，不断积累知识，即使学习动力不足的同学，也在这种强烈的氛围中被动地进步，考进不错的学校，实现父母的梦想。对社会发展和公民总体素质提升有相当大的促进作用。

二、教育"从娃娃抓起"

"从娃娃抓起"的口号在我国可追溯到 20 世纪 80 年代。1984 年 2 月，邓小平同志在上海观看儿童演示计算机时说："计算机的普及要从娃娃抓起。"在国家开展"四化"建设的历史背景下，领导人提出这一口号，旨在强调科学技术和教育的基础性和重要性，展现了对人才的渴求，也表达了一种国家想要迎头赶上，尽早立足世界民族之林的殷切期盼和发愤图强、追赶时代潮流的呼声和决心。这一口号的提出在为国储才、提升国家与民族的竞争力方面，具有十分重要的战略意义。

主要因为，一是就儿童的可塑性而言，与成人相比，儿童相对"好抓"容易"抓"，可塑性更强；二是就教育成效而言，从娃娃抓起要比从已成年的大人抓起效果更好。儿童是比较容易形塑的，所谓"少年易学老难成""三岁看大，七岁看老"等都意在说明儿童期是教育的关键时期。这体现了我国一直以来的一种教育传统：教育要重视儿童时期并及早施教，否则就要"老大徒伤悲"。

党和政府始终关心各族少年儿童，努力为他们学习成长创造更好的条件。举旗定向，掌舵领航。党的十八大以来，儿童事业在"五位一体"总体布局和"四个全面"战略布局中科学谋划、统筹推进，儿童发展纳入国民经济和社会发展总体规划，融入国家经济社会发展全局。

"坚持男女平等基本国策，保障妇女儿童合法权益"被写入党的十八大、十九大报告，成为党治国理政的重要内容；在党的十九届四中、五中、六中全会上，完善农村留守儿童关爱服务体系、健全学校家庭社会协同育人机制、注重家庭家教家风建设、保障妇女儿童权益等内容被明确提出。

从"十三五"规划纲要首次将"保障妇女未成年人和残疾人基本权益"写进章的标题，并分专节对关爱未成年人健康成长作出部署，到"十四五"规划纲要设置专门章节规划儿童事业发展，儿童事业与经济社会发展同步规划、同步实施的基础不断得到夯实。

《政府工作报告》明确部署儿童发展的目标任务，督促检查任务落实；地方各级政府及相关部门将促进儿童发展纳入本地区经济社会发展总体规划和部门专项规划，纳入政府重要议事日程和民生实事项目。

为此，国家制定修订了诸如《中华人民共和国刑法修正案（九）》《中华人民共和国未成年人保护法》《中华人民共和国预防未成年人犯罪法》《中华人民共和国刑法修正案（十一）》《中华人民共和国反家庭暴力法》《中华人民共和国民法典》，出台一系列司法解释、规范性文件，我国未成年人保护法律法规和制度体系更加健全。建立健全侵害未成年人案件强制报告制度、教职员工准入查询性侵违法犯罪信息制度等保护制度机制。国务院还成立未成年人保护工作领导小组，统筹协调全国未成年人保护工作。不断加强人民法院、人民检察院、教育部门、公安机关、民政部门、妇联、共青团等多部门会商、联动工作机制建设，推动儿童权益保护工作形成合力。

国务院连续颁布实施四个周期的中国儿童发展纲要，最近发布的《中国儿童发展纲要（2021—2030年）》制定促进儿童全面发展的目标和策略措施，国家和地方各级妇儿工委积极组织推动实施；《中国反对拐卖人口行动计划（2013—2020年）》提出严格落实侦办拐卖儿童案件责任制，严格执行儿童失踪快速查找机制，保护儿童的制度机制进一步完善。

把立德树人作为教育的根本任务，努力构建德智体美劳全面培养的教育体系。印发《中小学德育工作指南》，为中小学德育工作提供基本遵循；印发《义务教育课程方案和课程标准（2022年版）》，系统推进课程教材建设；推动"双减"落地，以发展素质教育为导向的科学评价体系逐步建立。

从中央到地方，儿童发展被纳入重点工作统筹推进，儿童优先原则得到进一步贯彻落实，保障儿童权利的法律法规政策体系进一步完善，全社会参与的儿童工作机制进一步巩固，儿童发展环境进一步优化。

近年来，随着《国家贫困地区儿童发展规划（2014—2020年）》《关于加强困境儿童保障工作的意见》《关于加强农村留守儿童关爱保护工作的意见》《关于建立残疾儿童康复救助制度的意见》等文件陆续出台，党和政府进一步加大对农村留守儿童、困境儿童、残疾儿童的关爱和保障力度，从基本生活、就学、福利、医疗保障、社会融入等方面，帮助解决他们及家庭的实际困难。

截至2020年年底，全国共有独立的儿童福利和救助保护机构760个，比2010年增加280个；机构共有床位10.1万张，比2010年增加4.5万张。

2019年起，全国妇联、教育部、民政部等部门常态化开展寒暑假期儿童关爱服务活动，共动员各类志愿者906.9万名，结对帮扶农村留守儿童和困境儿童521.9万名，受益儿童及家长6049.2万人次。

实施残疾儿童抢救性康复项目，建立实施残疾儿童康复救助制度。2011年以来，全国共有126.6万人次0～6岁残疾儿童接受康复救助服务。

由中国儿童少年基金会发起实施的"春蕾计划"不断创新发展，资助从最初以义务教育阶段为主拓展到高中、大学阶段，从对女童的资助到对春蕾教师的培训，再到职业教育、女童保护，对留守女童开展亲情陪伴等。10年来，超过176万名女童在"春蕾计划"的帮助下赢得人生出彩的机会。

中宣部等部门举办"我的书屋·我的梦"农村少年儿童阅读实践活动，国家体育总局等实施"圆梦工程"农村未成年人体育志愿服务，共青团中央深化实施"情暖童心""童心港湾"关爱农村留守儿童工作项目……各部门通过系列活动提供全方位的关爱和帮扶，让留守和困境儿童生活有保障、困难有帮扶、心灵有关爱。

十年树木，百年树人。当代中国少年儿童不仅是实现第一个百年奋斗目标的经历者、见证者，更是实现第二个百年奋斗目标、建设社会主义现代化强国的生力军。新时代少年儿童正茁壮成长为社会主义现代化的建设者和接班人，为实现中华民族伟大复兴的中国梦时刻准备着！

三、舍得教育投资的社会家长

百年大计，教育为本。正所谓"经济未动，教育先行"，教育不仅关系着国家的兴衰，更体现着社会的文明程度。国家政府的各级层面，非常重视对教育的投入。根据央视新闻消息，在全国一般公共预算支出中，投入占比最大的一块是教育。我国财政性教育经费占GDP的比例在4%以上，从2012年开始，这个百分比已经连续保持了12年。而在国家财政性教育经费中，80%来自一般公共预算。2018 年到 2023 年，从 3 万亿元到 4 万亿元，我国一般公共预算中的教育支出稳步增长，2023 年预算支出金额已经超过北京一年的 GDP（41610.91 亿元）。以 2021 年为例，全国按在校学生人数平均的一般公共预算教育支出，在幼儿园，每个小朋友的身后，国家财政平均投入 9506 元。普通小学、普通初中、普通高中、中职学校、普通高等学校学生的身后，国家投入的资金从 1 万多元到 2 万多元不等，比 2011 年明显增长。中央之外，各省市推出的 2023 年预算草案报告中教育支出也占据较大比重。2023 年，上海市教育支出预算数为 334.8 亿元，增长 7.2%。2023 年四川省级一般公共预算支出中，教育发展方面安排资金为 332.6 亿元，占省级一般公共预算支出的 9.7%。深圳 2023 年教育支出中，全市安排教育领域支出 1015.2 亿元，其中市财政安排 389.3 亿元。中国特色社会主义进入了新时代，而同时随着社会主要矛盾转化为人民日益增长的美好生活需要和不平衡不充分的发展之间的矛盾，教育领域同样存在人民日益增长的对教育的美好需要和不平衡不充分的发展之间的矛盾。

教育在不同阶段有不同形式的需求。目前，中国高等教育及以下年龄段，除了幼教阶段市场化服务供给比例超过 60% 以外，其他年龄段的主流教育形式几乎都是由公办体系提供的。公办教育体系集中解决了教育的公平性和公益性，但随着中国家长对教育需求的升级，中国的消费人群对教育形式和内容的需求呈爆发性增长。在中国，营地教育已不再是传统的夏令营，而是具有更丰富的主题、更深刻的内涵，既帮助学生在一个新的环境下培养领导力、组织能力，还能帮助学生尽早发现自己的兴趣（人文的、科技的、体育的等），让孩子在体验中找到爱好，培养爱好的教育形式。

此外，即便在主流的学历教育环节，也有人在探讨用全新的模式打造中小学教育，除常规课标体系外，还有传统国学、美学教育，IB 课程的逻辑思维教育等，有这样的项目，家长也愿意选择让孩子尝试。科技推动教育形式变革，个性化、在线化、智能化教育已到来。从历史来看，教育本来是相对个性化的，关注个体差异，因材施教，所以有私塾、师徒等形式，后来受教育人群增加，出于对师资经济性的考虑，才出现了一个班五六十人的情况。

如今，教育再次被引向其应有的个性化道路上，专门研究自适应教学的学吧课堂、论答，都在用不断迭代测试的方式，用机器测评学生知识点的掌握程度，协助教师针对学生的薄弱环节进行个性化备课、个性化辅导，用更智能的教学形式，帮助全国教师改进教学，提升教学质量，用科技推动着教育资源均衡化。融媒体时代已来，在线教育、双师课堂等在线教育形式，让名师面向全国，大大提高了优质资源的覆盖能力。

中国家长那种对教育的重视程度，早已流淌进血液中。大多数父母都希望倾其所有把最好的教育资源带给孩子，希望他们不要重走自己的辛酸老路，也期望孩子长大后生活得更加从容淡定，多一些选择生活方式的权利。尽力让孩子学习更多的知识，掌握更多的本领，给他们更好的教育，将会伴随他们一生，使其终身受益。所以说，对孩子的教育投资是世界上最有价值的投资。当下家长重视教育的中国家庭，给中国经济的增长注入了新鲜活力。

时至今日，很多人仍将孩子取得优异成绩，进入名牌大学和获得理想工作视为教育投资的主要动力和最终目标。从幼儿园开始为孩子报名各种特长班、精英班等。在提倡素质教育的今天，父母重视孩子文化课程教育的同时，对于孩子兴趣的培养也十分重视，为孩子报音乐、舞蹈等特长班的家长数量逐年增加，子女的教育投资在家庭支出中占比逐渐提高。

随着我国经济快速发展，人们的生活水平逐渐提高，在对孩子的教育方面，坚持"再苦不能苦孩子，再穷不能穷教育"的原则，对孩子教育的投资从不吝啬。

正是因为重视教育的传统文化，才使得中国能比所有其他发展中国家更好地学习和吸收西方先进技术，使得技术进步成为中国高速增长的另一个支柱。

那些舍得在孩子教育方面投资的家庭，在社会竞争力、子女就业、社会认可等方面获得的收益无疑也更多。

四、学富五车的新生代

改革开放后出生的中国新生代，是深受重大社会历史变迁影响又在其中发挥重要作用的"社会代"。高速经济增长、独生子女政策、教育扩张、互联网兴起、市场化、工业化、城镇化以及全球化和中国崛起等一系列重大历史事件交织于他们的个体生命历程中，在他们成长的每个阶段影响着他们的生存机遇，形塑了他们的代际特征，凸显了他们与前辈群体的代际差异。[1]

中国新生代，不论是 80 后、90 后还是 00 后，人们最常给予他们的特征标签都是"独生子女"，而且是生活于富裕环境中，在父母和祖父母、外祖父母宠爱下的独生子女。的确，独生子女现象与新生代的代际特征密不可分，倡导"一个家庭生育一胎"的计划生育政策是影响中国新生代的重大历史事件，而这一政策与经济的高速增长相结合，对新生代的成长历程产生了重要影响。独生子女现象的影响不仅在于新生代个体的生理、心理素质，还经由个体、家庭层面渗透于社会的各方面。家庭小型化和少子化趋势改变了传统中国家庭的代际关系和子女养育方式。父母与子女之间更加亲密与平等，子女的个性需求和自主意识得到更多的尊重，亲子关系经历颠覆与重构。平等、宽容、相互尊重、共融和谐的代际关系给予新生代更大的社会空间以展现个性、张扬自

---

[1] 李春玲：《改革开放的孩子们：中国新生代与中国发展新时代》，《社会学研究》2019年第3期，第1—24页。

我、创新求变，这也成为社会经济发展、不断提高创新能力的重要动力。

改革开放不仅造就了高身体素质的新生代，还造就了高文化素质的新生代。中国新生代的成长期正好撞上了中国教育的大扩张时代，80后要进大学校门的时候赶上了大学扩招，90后上中学的时候赶上了九年义务教育普及。1999年中国政府开始实施大学扩招政策，由此开启了中国高等教育大众化的步伐。由大学扩招和九年义务教育普及等一系列教育发展战略所构成的教育扩张大潮，成为对中国新生代生命历程产生重大影响的历史事件，使中国新生代的教育水平相较于前辈有极大幅度的提高。在教育扩张浪潮推动下，中国新生代成为有知识、有文化、有技能的一代，为我国劳动力市场提供了高质量的人力资源，确保了经济增长的可持续性，提升了国际竞争力。更为重要的是，教育水平普遍提高，代表了人的全面发展。教育不仅使中国新生代拥有知识和技能，而且使他们具有开阔的眼界、独立的思考、理性的判断、创新的能力、文明的品德、强烈的进取心以及自信心。在竞争激烈的劳动力市场中，他们比年长群体更有竞争力；面对高新科技发展、产业转型、新经济兴起，他们的学习能力、接受能力、创新能力更强；在快速流变的文化潮流中，他们成为时尚的引领者；面对剧烈的社会变迁，他们的适应能力更强。

中国新生代的另一个代际标签是"互联网的一代"。中国新生代的崛起与互联网的普及几乎同步。新生代的社会、文化、经济影响力急速扩张。更为重要的是，在互联网普及的同时，智能手机快速普及，并使触网变得更加便利、快捷和低成本，使新生代作为一个整体在公共领域发出越来越大的声音，在社会的各个领域产生越来越大的影响力。伴随着信息社会和知识经济的兴起，新生代的互联网优势突显了他们在经济领域的竞争优势，加速了代际更迭。在快速发展的互联网经济及其他新兴领域，80 后正在占据主流位置，90 后成为创新主力，共同为我国经济发展和创新提供了动力源泉。中国新生代学识丰富、勇于创新、视野开阔，是未来中国经济的中坚力量。

新生代主要由三类人群构成：第一类是白手起家的青年创业者，即新生代企业家；第二类是家族财富的继承者，即家族企业的"二代接班人"；第三类是利用家族财富重新创业者，即"创二代企业家"。根据胡润研究院调研数据，新生代平均年龄 35 岁，结合胡润百富与中信银行私人银行联合发布的《2018 中国企业家家族传承白皮书》数据，新生代比一代企业家年轻约 20 岁。新生代男女比例约为 7 ：3，女性比例略高于一代企业家（27%）。

就教育背景而言，新生代本科学历以上的比例达 92%，研究生以上学历的也达到 37%，而一代企业家本科和研究生学历占比分别为 36% 与 15%。此外，超五成新生代有海外学习、工作或生活经历，平均约 1.7 年。多元化的成长和学习背景赋予新生代国际化视野，使得他们更具备对行业国际前沿的敏感度。

家庭结构方面，八成以上新生代已婚，拥有小孩的比例也已经达到80%。子女数量上，一孩的比例较高，达88%。子女学龄偏小，主要集中在学龄前（27%）、小学（45%）和初中（23%）三个阶段。

得益于商业与信息媒体飞速发展的时代，新生代的商业意识更加敏锐，善于聚集优势资源，不断在市场上寻找新的商业机会，试图对传统行业进行改革和创新，从事行业也更加多元。

调研数据显示，新生代从事的前五大行业分别为金融与投资（21%）、房地产（15%）、制造业（13%）、TMT（9%）、贸易（8%），合计占比66%。一代企业家主要从事制造业（30%）、贸易（17%）、能源（12%）、金融与投资（11%）、房地产（9%）这五大行业，合计占比79%。对比两组数据发现，新生代从事金融与投资以及TMT行业的比例较一代企业家增长了近一倍，从事制造业、贸易、能源、建筑等传统行业的比例则有明显降低。

新生代正处于财富创造和积累的重要人生阶段，同时已经累积了一定基础的个人财富，如何合理地配置资产实现资产的保值和升值成为新生代最为关注的问题。他们的第二大需求则是子女教育（84%）。新生代自身拥有良好的教育背景，因而对自己子女的教育也会更加重视。医疗健康需求排在第三位（76%），新生代对健康的重视从他们热爱跑步与户外运动便可体现。旅游（75%）

是他们的第四大需求。此外，调研发现，六成新生代已经有父母养老的需求，或甚至开始规划自身养老。

就金融投资而言，因为成长于全球化的浪潮时代，本次调研数据显示，五成新生代进行全球金融投资。他们认为全球金融投资能使自身的资产配比更加合理，有益于分散风险。

第四节　教育是文明传承的根基

党的二十大报告指出，中国式现代化的本质要求是：坚持中国共产党领导，坚持中国特色社会主义，实现高质量发展，发展全过程人民民主，丰富人民精神世界，实现全体人民共同富裕，促进人与自然和谐共生，推动构建人类命运共同体，创造人类文明新形态。"创造人类文明新形态"这一重要论断，使中国教育的文明意义成为应时代之需、顺发展之势的重大课题。

教育的目标是实现人的文明和社会的文明。文明不仅以知识来衡量。教育只有知识的传授是不够的，还需要道德和精神的树立；需要思维能力、创新能力、协同能力等的培养；需要情感、态度、价值观的培育；需要以一种更加广阔的视野向学生传播新的文明观，推动构建人类命运共同体。

教育是经由文化而达成文明的。"文化"由"文""化"合称而来，其本质为"以文化人"。中华民族之所以文明传承、世代不衰，与几千年来的优秀文化传承密不可分。教育如果缺失了经典文化和人文情怀，就难以真正实现教育的育人使命，也难以绘出"化成天下"的教育画卷。

从这个意义上说，教育文明是全面建设社会主义现代化国家的关键要素，对于中华民族伟大复兴意义重大。[1]

一、应试教育与素质教育的结合

所谓应试教育是指为人的知识发展需要，去迎接考试争取高分和追求升学率的一种传统教育。

素质教育是指依据人的社会发展需要，以全面提高学生的基本素质为根本目的，注重形成人的健全个性为根本特征的教育。从教育面向现代化、面向世界和面向未来的要求看，素质教育势在必行。它关系到我国现代化建设的成败，关系到中国的未来。

党和国家始终把提高全民族的素质作为关系社会主义现代化建设全局的一项根本任务。具体讲，素质教育是从八方面提高人的素质的：创造性能力的培养，自学能力的培养，社会公德教育、世界观教育、人生观教育、劳动观念教育、终身学习教育、审美观念与能力的培养。这些对学生日后进入社会有重大影响，是影响学生终身发展的。可见，素质教育是全面提高人的素质的手段，

---

[1] 李永智：《中国教育文明的鲜明特征》，《光明日报》2023年5月9日，第15版。

是教育放眼长远、放眼未来的举措，所以国家开始大力提倡实施素质教育。

从未来发展上看，素质教育更注重学生的全面发展，对学生的未来能提供更多的帮助。

应试教育并不陌生，中国几千年的历史长河中经久不衰，可表述为旧时科举考试与现在的全国高考。现在的应试教育是与当下的人才选拔制度有关的。从社会的公平公正角度说，还难以找到一个比考试分数更合理、更令人信服的依据。我国人口众多，每年上千万的考生参加高考，从如此庞大的人群中选优是非常困难的，而应试教育恰恰能以具体的分数做到这一点。应试教育可谓是目前还难以替代的，一个很高效、很实用的教育手段，也是社会衡量一所学校办学质量的标准。

教育就是"传道授业解惑"的进程，是把"自然人"培养成一个"社会人"的过程，可以说是全面培养人的综合素质的过程。一个人成为一个社会成员，需要的不仅仅是知识，更重要的是学会如何生存、如何做人。教育以提高国民素质为宗旨，以培养学生创新精神和实践能力为重点，反映了时代对教育的要求。

我国教育体制下素质教育和应试教育有区别但并不矛盾。

应试教育是选拔性、淘汰性教育，素质教育是面向全体的发展性教育。应试教育是以升学为目的，以分数为标准的教育；素质教育是以学生的全面健康发展为目的的教育。应试教育注重知识水平的掌握，侧重于量的评价，体现为终结性评价；素质教育注重能力水平的提升，侧重于质的评价。

素质教育并不是完全否定应试教育，而是对应试教育的扬弃，即辩证的否定。素质教育与应试教育的根本区别并不在于有无考试的程序，而关键在于是否把考试当成了最主要的目的。素质教育只是把考试当成促使受教育者不断提高、完善自己的一种手段，也当成教育者不断改进教学方法和有效确定教学内容及程序的一种督促手段。素质教育和应试教育不是相互矛盾而是相互融合的，应试教育是素质教育的一部分。素质教育不是不要考试分数，只是更强调全面发展，但应试能力仍是学生综合能力的一方面，素质教育培养出来的优秀学生同样具有较强的应试能力。

应试教育注重考试技能的训练，素质教育则更加注重综合能力的养成。不管是应试教育还是素质教育，考试必不可少。素质教育与应试教育的合理部分有机结合，实施素质教育时可以科学地运用考试手段，进行必要的应试训练。长期来看，坚持素质教育不仅能带来升学率的提高，更能促进学生全面发展。

二、社会实践教育的创新

全球范围内教育创新仍存在重视表象、忽视实质、忽视教育创新的公平性、低估教师在创新中的作用、忽视教育创新的证据基础等一系列问题。以教育创新的全球经验反观我国教育创新实践可以发现，我国在课程结构创新、教学实践创新和教育评价创新方面涌现出一大批可推广、可复制的优秀教育创新成果。[1]

为打造新时代社会实践育人新范式，教育引导广大师生在社会实践中厚植家国情怀、了解国情民情、增长知识才干、激发挺膺担当，要深化社会实践教育活动。

国家聚焦增强做中国人的志气、骨气、底气，重点引导大中学生在社会实践教育活动中，深刻感知与实地体验中华优秀传统文化，不断增强"四个自信"。

此外，还聚焦服务"国之大者"，带领大中学生"小我融入大我"，在社会实践中深刻体验国家在经济、社会、文化、科技、生态等方面的重大战略需求、战略部署，精准锚定人生发展方向。在此基础上，不同类型大中学校结合不同的学科专业、不同学段学生的不同特点和实际情况，有针对性地设计实践育人的具体目标和实践的具体路线，确保社会实践的学时学分安排，提升学生思想素质和运用所学知识解决实际问题的能力，打造教育教学改革实践模式，助力建设教育强国。

善用"大思政课"，明确思政课教师、辅导员、班主任等群体全员参与社会实践的具体要求。加强课堂与实践教学一体设计，提高社会实践的导向性；加强实践过程中的师生互动，提高社会

---

[1] 赵利曼、张健龙：《以教育创新的全球经验优化我国本土实践》，《中国教育学刊》2021年第12期，第35—40页。

实践的组织性；加强实践成果的再挖掘、再利用，提高社会实践对课堂教学的融入性。

不断推进校际联动，运用好全国高校博物馆联盟等优质资源，推动不同高校之间的实践交流互动。同时，充分发挥社会资源，推动重点行业企业、区域发展龙头企业在大中学校建立企业名师工作室、实习实训基地、校外辅导员工作室等，引导大中学生走向社会、认识社会，增强社会实践体验，明确学习方向、激发学习动力。

目前，我国教育事业正站在新的历史起点上，进入了提高教育质量、促进内涵发展的新阶段。利用社会资源开展社会实践是提高教育质量的必然要求，是促进内涵发展的重要内容。

开展社会实践是贯彻落实中央 8 号文件精神的重要举措。文件明确提出要积极探索实践教学和学生参加社会实践、社区服务的有效机制，指出思想道德建设是教育与实践相结合的过程，明确了社会实践在加强和改进未成年人思想道德建设中的重要地位。开展社会实践，按照实践育人的要求，以体验教育为基本途径，对于把对未成年人思想道德的要求内化为学生的自觉行动，把知与行统一起来，具有重要意义。

开展社会实践是实施素质教育的关键环节。实施素质教育要坚持育人为本、德育为先，面向全体学生，促进学生全面发展，使学生不仅要掌握知识，还要学会动手、学会动脑、学会做事、学会生存、学会与别人共同生活，提高分析问题、解决问题的综合能力。开展社会实践，对于引导中小学生把学习科学文化与加强思想修养统一起来，把学习书本知识与投身社会实践统一起来，把实现自身价值与服务祖国人民统一起来，把树立远大理想与进行艰苦奋斗统一起来，具有重要意义。

开展社会实践是教育适应经济社会发展的必然选择。当今世界，科学技术日新月异，国际竞争日趋激烈。许多知识不可能都在课堂上得到，许多能力不可能仅在学校中培养，需要通过多种途径特别是实践体验的途径学习知识、培养能力。开展社会实践，对于更新教育观念，丰富教育内容，改革教学方法，创新人才培养模式，造就数以亿计的高素质劳动者、数以千万计的专门人才和一大批拔尖创新人才，具有重要意义。

同时积极探索社会实践教育的推进机制，大力倡导、创造条件、扎实推进社会实践是教育改革和发展的重要任务。各级教育行政部门也高度重视、认真组织实施大中小学社会实践，依据国家课程方案，在教育教学中统筹安排，积极争取党委、政府的领导，主动联合社会各方面，因地制宜，构建开展社会实践的长效工作机制，使之成为教育常态。

将开展社会实践作为推进义务教育均衡发展的重要举措。教育规划纲要明确把推进均衡发展作为义务教育战略性任务，摆在义务教育工作重中之重的位置。开展社会实践，使优质的社会教育资源面向所有学校开放，让每一个学生都有机会公平地享受社会优质教育资源。把社会实践作为推进义务教育均衡发展的重要举措，就可以使这项工作长期坚持、持之以恒，伴随着义务教育的均衡发展而不断深化。

将开展社会实践作为不断丰富教育内容的主要途径。时代在发展，要求面向中小学生开展的专题性教育越来越多，但我们的教材、课程容量有限，而且要保持相对稳定，不可能都进入学校课堂和教材，许多专题性教育也不需要通过课堂教学来进行，在实践中体验可以在不增加学生课业负担的情况下，以生动直观的方式实现教育目标。而社会上可供学校开展各类专题性教育的资源十分丰富，通过社会实践开展专题教育，既可以使专题教育的效果更好，也可以使社会实践的内容不断丰富和拓展。

加强中小学社会实践校内外指导教师队伍建设。学校选派政治素质好、责任心强、业务水平高的教师从事学生社会实践的组织指导工作，计算工作量，纳入教师绩效工资统筹管理。重视发挥团队辅导员在组织指导学生开展社会实践活动中的作用。教育行政部门联合有关部门，在社会资源单位中培养一支热心教育事业、具有专业知识、掌握一定的教育教学方法的兼职指导教师队伍，发挥在社会实践中不可替代的重要作用。

逐渐建立不同类型的全国大中小学生社会实践基地。主要在公共机构、公共设施、国有企事业单位等建设中华传统文化教育、革命传统教育、法治教育、科学技术教育、文化艺术教育、国防教育、保护环境和节约能源资源教育、安全健康教育以及经济建设和社会发展等多方面专题教育的社会实践基地。各地教育行政部门应根据通知要求，积极主动地与各有关部门做好各类社会实践基地的建设和配合工作。

教育部还将陆续与中央相关部委联合发出通知，要求中央相关部委所领导和指导的社会资源单位按照要求，在当地教育部门的支持下，开发申报第一批全国社会实践基地。主要申报基地的基础条件、内容设置、活动形式、时间安排、服务质量、安全保障等，特别要开发出适合不同或特定年级学生的实践活动实施方案，对每一个环节、每一个步骤进行指导的内容。经教育部和中央相关部委审核后命名为全国社会实践基地。

为全面贯彻党的教育方针，坚持教育与生产劳动、社会实践相结合，引导学生深入理解和践行社会主义核心价值观，充分发挥中小学综合实践活动课程在立德树人中的重要作用，政府还发布了《中小学综合实践活动课程指导纲要》。

三、中国教育在国际上的地位与作用

教育对外开放是我国改革开放事业的重要组成部分，是教育现代化的鲜明特征和重要推动力。

教育勃兴、科技成果涌现、人才聚集三者相互关联，协同发展，

它们凸显了一个国家或地区的综合国力和全球影响力。究其根本，教育、科技、人才三者具有内在一致性，教育发挥基础性作用，科技发展和人才培养都依赖教育的支撑。

新中国成立后，国家高度重视教育的开放性方向。从社会主义革命和建设时期探索中国特色社会主义教育发展道路，再到改革开放和社会主义现代化建设新时期教育改革发展，直到中国特色社会主义新时代提出"建设教育强国"和"加快建设教育强国"，党和国家对教育的重视矢志不渝。1983年，邓小平同志为北京景山学校题词"教育要面向现代化，面向世界，面向未来"。40多年来，中国教育走过"拥抱世界""融入世界""赶超世界""推动世界"的发展道路[1]，中国教育日益走近世界舞台中央。

文明因交流而多彩，文明因互鉴而丰富。习近平总书记强调，教育交流是文明交流的重要组成部分，发展教育事业能够"使人们在持续的格物致知中更好认识各种文明的价值，让教育为文明传承和创造服务"。教育和人文交流，目的在于"推动人类文明进步，推动人民心与心的交流，共同创造人类更加美好的明天"。

目前，我国已成为世界第三、亚洲第一留学目的地国；已建成包括学前教育、初等教育、中等教育、高等教育等在内的世界上规模最大的教育体系，教育普及水平实现历史性跨越，教育现

---

[1] 赵婷婷、田贵平：《"高等教育强国"特征：基于高等教育中心转移的国际经验分析》，《国家教育行政学院学报》2019年第7期，第22—28页。

代化发展总体水平跨入世界中上等国家行列。

从科技创新看，我国综合创新能力显著增强。世界知识产权组织发布的《2023 年全球创新指数》显示，中国位列全球第十二位。我国拥有的全球百强科技创新集群数量首次跃居世界第一。《中国科技论文统计报告 2023》指出，我国各学科最具影响力期刊论文数量、高水平国际期刊论文数量及被引用次数均排世界首位。

第一，从人才资源看，目前，我国已成为全球规模最大、门类最齐全的人力资源大国。2022 年，我国研发人员总量超过 600 万人年，连续多年保持世界第一，研发经费投入总量突破 3 万亿元。

第二，从基础教育看，我国基础教育普及水平总体达到世界中上行列。

第三，从高等教育看，中国高等教育整体水平进入世界第一方阵。根据英国泰晤士高等教育世界大学排名（又称 THE 世界大学排名）、英国 Quacquarelli Symonds（英国一家国际高等教育咨询公司，简称 QS）世界大学排名、美国 *U.S. News & World Report*（《美国新闻与世界报道》杂志，简称 U.S. News）世界大学排名和中国软科世界大学学术排名四项排行榜数据，中国高水平大学群体实力、高等理科教育水平、高等农学教育水平、高等文科教育水平、人力资源开发水平均位列世界前三，位居世界前 2%；此外，高等医学教育水平位居世界第四，高等教育整体水平位居世界第八。

第四，教育数字化是我国开辟教育发展新赛道和塑造教育

发展新优势的重要突破口。目前，我国中小学互联网接入率达
100%，已建成世界上最大的教育资源中心，智慧高教平台用户覆
盖166个国家和地区，国家智慧教育公共服务平台用户覆盖200
多个国家和地区，慕课数量和学习人数均居世界第一。

虽然现阶段欧美发达国家的整体教育实力仍居世界领先地位，
但随着我国自主能力增强，教育投入加大，教育模式创新，少数
国家垄断全球优质教育资源的格局被逐渐打破。据加拿大高等教
育战略联合会（HESA）发布的《世界高等教育：机构、学生和资
金》（World Higher Education: Institutions, Students and Funding）指
出，全球学术重心转向发展中国家，特别是转向亚洲地区是大势
所趋。以中国等为首的发展中国家经济的崛起，带动了全球高等
教育发展。现在，高等教育已见证了中国的崛起，改革开放造就
了世界经济中国奇迹，我国成为世界第二大经济体、制造业第一
大国、货物贸易第一大国。当前，全球经济中心继续向东亚转移，
新的世界经济秩序不断被塑造。伴随全球政治经济中心的不断东
移和中国综合实力的增强，特别是中国教育培养能力、教育发展
模式影响力的不断提升，中国也正重回世界教育中心。

倡议和推动教育交流合作，就是希望教育和人文交流发挥国
际关系"稳定器"和"黏合剂"作用。通过教育交往促进中外青
少年和普通民众的相互了解，为中外交往奠定最牢固的根基。

我国的教育开放不断调整布局，优化结构，对外合作对象更广，

伙伴关系更加深化，教育联通更加紧密；对内高地建设成效显著，全面融入新发展格局，服务高质量发展能力更强。

对外来看，我国教育合作伙伴更多，迄今已经同 181 个建交国普遍开展了教育合作与交流。在中央政府倡导下，"未来非洲——中非职业教育合作计划""中国上海合作组织经贸学院"等区域性教育合作机制和平台落地。共建"一带一路"教育行动持续推进，沿线和共建国家成为我国多项教育合作交流的主要伙伴。我国与世界的教育互联互通更加紧密，与 58 个国家和地区签署了学历学位互认协议，工程教育、临床医学教育与国际标准实现实质等效。走出去办学步伐加快，在全世界建立了 23 个鲁班工坊，启动海外中国学校建设试点。我国已形成了更全方位、更宽领域、更多层次、更加主动的教育对外开放局面，推动中国教育以更加开放、自信、主动的姿态走向世界舞台，中国教育的国际影响力和亲和力不断增强。

在新时期留学工作方针的指引下，出国和来华留学工作不断创新发展，规模、结构和质量全面提升。出国留学服务管理体系更加健全，依托"互联网＋留学服务"平台，以信息化手段支撑起学历学位认证、落户、存档等全链条留学服务体系。2016—2019 年，我国出国留学 251.8 万人，回国 201.3 万人，学成回国占比近八成；一批高水平教育科技国际合作项目也在世界各地落地生根。

来华留学内涵质量持续提升，来华留学管理更加规范，高等学校积极建设来华留学质量标准体系，打造"留学中国"国际品牌。2019 年，来华留学学历生比例达到 54.6%。2020—2021 学年，在册国际学生来自 195[1] 个国家和地区，学历生占比达 76%，比 2012 年提高 35 个百分点。有研究显示，来华留学促进了我国经济增长，对留学生母国经济增长也有正向推动作用，已经成为中国与世界各国分享中国教育红利、经济发展红利的重要途径。

我国把培养具有全球竞争力的人才摆在更加重要的位置，加快培养高层次国际化人才，建设具有中国特色国际先进水平的职业教育体系，培养德智体美劳全面发展且具有国际视野的新时代青少年。中外合作办学机构和项目数稳步增长。截至 2021 年年末，我国共有中外合作办学以及内地与港澳地区合作办学机构和项目 2475 个。过去 10 年，新增本科以上合作办学机构和项目中，理工农医类占比达 65%。新冠疫情暴发以来，中外合作办学扩招近万人，为缓解新冠疫情导致的出国留学受阻发挥了积极作用。高等学校通过国际合作与交流深入推进"双一流"建设，与海外知名院校以学分互认等方式推进人才培养合作，国家公派留学等人才交流项目极大提升了高等学校教师队伍质量和人才培养能力。2018 年启动的国际产学研用合作会议累计吸引 70 多个国家超过 1.4 万名

---

[1] 中国教科院课题组、秦琳、浦小松、王晓宁：《提升我国教育世界影响力——习近平总书记关于教育的重要论述学习研究之十二》，《教育研究》2022 年第 12 期，第 4—14 页。

专家参会，推动科研合作2300多项，中外导师联合培养研究生4000多人。职业教育开放水平更高，400余所高职院校与国外办学机构开展合作办学，近600个专业教学标准被国（境）外采用。外语非通用语种人才、国际组织人才、国别和区域研究人才培养提速，我国参与全球治理的人才支撑不断加强。

中外人文交流格局和机制建设更加完善，项目和品牌活动成效显著，有力支撑国家外交工作，为民心相通、文明互鉴注入源源不断的活力。[1]

人文交流格局不断完善,机制和平台建设不断走实走深。目前，我国与法国、印度尼西亚、德国、南非、印度、日本六个国家新建高级别人文交流机制，机制总数达到十个，覆盖了联合国安理会常任理事国、重要区域一体化组织、世界人口大国和主要新兴经济体。

教育领域人文交流项目和品牌活动成效显著。中美青年创客大赛、中英中法百校交流等教育品牌项目落地运行，中俄同类大学联盟、中南（非）职业教育联盟、中欧人文艺术教育联盟等平台持续发挥作用。中外人文交流重心下移，通过友好学校结对、国际理解教育项目等促进中外青少年友好交往，引导广大师生树立人类命运共同体理念，为中外民心相通筑牢基础。

---

〔1〕 中国教科院课题组、秦琳、浦小松、王晓宁：《提升我国教育世界影响力——习近平总书记关于教育的重要论述学习研究之十二》，《教育研究》2022年第12期，第4—14页。

国际中文教育事业不断拓展。已有 159 个国家设立了 1500 多所孔子学院和孔子课堂，学员累计 1300 多万人。180 多个国家开展了中文教育项目，76 个国家将中文纳入国民教育体系，全球学习中文的人数超过 2500 万，累计学习使用人数接近 2 亿。中文的国际影响力持续扩大，全面助力中华文明与世界的交流互鉴。

我国持续加强多边教育合作，提升参与全球教育治理的能力。中国在全球教育治理中的角色发生了从接受者、服从者到参与者、合作者以及设计者、贡献者的历史性转变，中国教育的理论研究、实践探索和治理经验走向世界。在多边教育合作机制中发挥更大作用。我国全面参与和加强在联合国教科文组织、金砖国家、亚太经合组织、上海合作组织等多边机制框架下的教育合作，成功举办国际教育信息化大会、世界职业技术教育发展大会、金砖国家教育部长会议、中国—东盟教育部长圆桌会议等重要会议，多个联合国教科文组织二类机构在华设立。我国成为联合国教科文组织 2030 年教育高级别指导委员会及相关工作机制成员；派遣专家深入参与《承认高等教育相关资历全球公约》等准则性文书磋商制定，以及"教育的未来"国际委员会的相关工作。

向世界提供中国教育经验和方案。中国教育经验受到更多关注，英格兰 8000 所小学数学课堂采用"中国模式"，俄罗斯大学借鉴中国标准、邀请中国专家参与专业评估。我国举办专题研讨会向世界分享教育阻断贫困代际传递的实践经验，与联合国儿童基金会等机构合作开展农村义务教育全面普及和质量提升项目。

新时代中国教育，以更加开放、自信、主动的姿态走向世界。教育事业中国特色更加鲜明，教育现代化加速推进，教育方面人民群众获得感明显增强，我国教育的国际影响力加快提升。中国教育正凸显"中国特色、世界水平"。

教育精准帮扶，为世界减贫事业提供了中国样本——"扶贫必扶智"。"让贫困地区的孩子们接受良好教育，是扶贫开发的重要任务，也是阻断贫困代际传递的重要途径。"

建档立卡辍学学生实现动态清零，累计 514.05 万名建档立卡贫困学生接受了高等教育，800 多万名贫困家庭学生接受了中高等职业教育。作为世界人口大国，中国教育精准扶贫实践为世界教育减贫、提升人口文化素质作出巨大贡献。

新时代中国教育，努力承担大国责任。中国与联合国教科文组织合作设立女童和妇女教育奖，与之前设立的孔子教育奖、亚太地区教育创新文晖奖等，在保障受教育权等领域发挥着引领作用。目前，中国教育扎根中国、面向世界，深化改革创新，为世界贡献了中国智慧。

中国教育本土实践，日益引起国际社会的关注和研究。扎根中国大地办教育，突显民族特色，是中国教育走向世界的根本。

中国建成了世界上最大规模的高等教育体系，高等教育进入普及化阶段。中国已与 58 个国家和地区签署学历学位互认协议。

在 QS 世界大学排名中，清华大学排名由 2012 年的第四十八名上升至 2021 年的第十五名，北京大学排名由第四十四名上升至第二十三名。

中国高校教师走出国门，深度参与国际热核聚变实验堆、大洋钻探等国际大科学计划。中国科学技术大学团队的量子信息实验研究成为近年来世界物理学发展最迅速的方向之一。湖南农业大学教授袁隆平培育的杂交水稻，为全球粮食问题和减贫事业作出了贡献。

中国高等职业教育全力打造中国范式，国际竞争力持续增强。中国职业教育与 70 多个国家和国际组织建立了稳定联系，在 40 多个国家和地区开展"中文 + 职业教育"特色项目，成立"中国—东盟职业教育联合会"等。中国职业教育标准进入非洲国家国民教育体系，职业学校开发的国际化数字教学资源进入英国学历教育体系。职业教育国际合作项目帮当地居民或学生凭一技之长改变命运；传播中国职业技术教育模式，让世界了解越来越强大的中国。

中国高校排名前十的大学近年发表的论文与美国同类的论文产出数量差距不断缩小。教育总体实力和国际影响显著增强，教育现代化取得重要进展。中国对世界一流科研的高度重视和持续大力投入带来了学术实力上的突飞猛进，快速赶超美国，差距不断缩小。从院系层面全面梳理并有效布局全球校友网络，加强全球产学研合作和知识成果转化，积极推动人工智能和教育深度融合及全面学科交叉，推动中国早日成为世界教育强国！

全球教育变革日益深刻，中国教育正充分展现历史悠久的中国文明和独特的中华文化内涵，且正通过引领全球教育改革的途径来领导世界、影响世界。

中国教育在世界百年未有之大变局中充满着机遇。中国教育与世界的关系越来越紧密，正如世界需要中国、中国需要世界一样，世界需要中国教育，中国教育也需要世界。中国教育将会在世界发展中更加突显其力量。随着中国经济在全球发展中的影响力的不断扩大和增长，中国教育的领导力、影响力也必然持续增强。中国教育既需要中国底色，也需要世界眼光，未来中国教育的世界模式也会形成，也必将发挥独特的作用影响世界。

四、守正创新是王道

中华文明的连续性造就了中华民族文化的韧性，夯实了中华民族现代文化发展的历史基础。中华民族的传统文化精神强调天下情怀的博大胸襟、经世致用的理性精神以及兼容并蓄的和合理念等，具有强烈的伦理精神。中华文明中的治理思想、家国情怀、精神追求、经济伦理、生态理念、哲学思想、思维方法以及交往之道等，共同塑造出中华文明的突出特性。因此，办好中国特色社会主义教育必须牢牢扎根中华文明土壤。教育承担着文明的时代精神传承职责，悠久的中华文明塑造了中华民族鲜明的民族文化性格、思维方式和价值追求，也决定了当代教育的文化根基与精神定位。在坚守中华文化立场中传承中华文化基因，在守正创新的教育实践中激扬中华文明新活力。

教育要守正创新。教育的守正，就是守住教育的本真，坚持教育的本质。教育的本质是跟人类社会的正义和良知紧密结合的。教育首先要传递正义与良知，这就是守正。不管什么时代，都要守住这一教育的本质。只有这样，才是真正在做教育，才是教育的本真。

世界是不断往前发展的。教育与时俱进，就是要不断创新，因为创新是重建世界的强大力量。我们所生活的世界无时不在创新，人们现在所享受的很多红利都是创新带来的。举例来说，互联网已经在人们的生活中占据了重要的位置。但互联网开始只是为少数人所占有，到了蒂姆·伯纳斯－李（Tim Berners-Lee），经过他的创新性的探索研究，才使互联网走向了社会，服务了大众，蒂姆·伯纳斯－李也因此被称为世界互联网之父。

教育培养的理想人才，应该有聪明的大脑、创新的能力、坚韧的毅力、动手实践的能力、充分的想象力，能够为社会作出自己的贡献。在这里还有一个更重要的根本点，就是理想的人才要有博爱的胸怀，要有为世界作贡献的愿望和理想！

教育是国之大计，事关中国特色社会主义事业发展的全局和民族复兴理想的实现。自新中国成立以来，中国教育事业实现了重大发展，取得了显著成就，其发展建设也逐渐成为推动中华民族伟大复兴和中国现代化建设的基础工程，为中国特色社会主义进入新时代作出了卓越贡献。但中国的教育也面临着一些困境，如何突破教育发展的限度以提升教育之于社会发展的建构性力量，成为新时代中国特色社会主义建设的重要课题之一。

党中央将发展中国教育作为工作的重中之重，这激发了学术界、教育界对中国教育的研究热情，并取得了丰硕成果，不仅为发展新时代中国教育提供了智识方略，而且为进一步推动中国教育研究奠定了基础。无论是从党和国家的战略高度而言，还是从关涉人民全面发展的根本立足点来看，深刻省思中国教育事业的历史叙事和实践逻辑，准确厘定中国教育在新时代的历史方位，是切实把握现代人对教育的实际需求，揭示现代教育发展存在的困境和面临的难题，激发教育对促进人的全面发展的思想引领力和现实作用力的必要路径。因此，以守正创新的精神推进新时代中国教育实现高质量发展是一项必然要做且必须做好的工作。

与中国社会整体发展相同，中国教育事业的发展也需要以明确自身所处的历史方位为前提。历史地看，中国教育在新中国成立以来实现了从零散建设到体系化建设、从模仿借鉴到独立发展的过程。在这一较长的发展历程中，中国教育以国家建设重心的转移为人才培育的根本依据，在适应时代环境和发展要求的变化中培育和输送了大量的人才资源，对中国社会发展和历史进步作出了重大贡献。时代环境和国家建设重心的变化，直观地体现了中国教育的历史方位是以中国社会历史方位的变化为转移的。

新时代是继往开来的时代，新时代的教育必将肩负新使命、获得新机遇、面对新挑战，这是中国特色社会主义教育发展的时代坐标。无论是基于社会存在的基本构成要素的角度，还是从个人与社会发展的关系视角看，教育与国家发展同频共振、同向而行，教育总是存在于同社会发展道路的相互关联之中。中国教育既构成中国发展的基本动力，又受到中国发展道路历史和现实条件的影响。中国教育时代坐标的明确与中国特色社会主义进入新时代以及中国社会主要矛盾的转化，表明了当代中国教育的时代环境与主要矛盾的深刻变化：新时代中国特色社会主义作为对中国社会历史方位的总体性判断，以一种对事物发展阶段总体特征的历史唯物主义把握，规定了中国特色社会主义教育的历史方位；社会主要矛盾的转化，则以一种对现实问题的辩证唯物主义理解，提示着当代中国教育的主要问题及发展重心。

当代中国教育需要在已然发生深刻变化的中国特色社会主义的历史方位中定位自身。新时代中国特色社会主义构成定位中国教育历史方位的宏观背景，新时代中国所面临的变局以及中国教育自身的发展变化，是准确勘定中国教育历史方位的主要依据。中国教育的当代发展，既需要关注到"变"的因素，也需要坚守"不变"的原则和立场，结合时代要求分析教育发展中各要素产生和变化的条件。最为关键的是坚持以人民为中心的教育立场。

当代中国所践行的全部事业都有共同的立足点、出发点和归宿，即"为什么人"的问题。"为什么人"的问题是事关中国教育的根本性、原则性问题。历经百年发展的中国教育之所以形成了愈加鲜明的中国特色，主要原因在于由中国共产党所致力于建立、建设和发展的社会主义教育，从根本和原则上来说是为人民服务的教育。新时代的中国教育始终坚守的，毫无疑问是以人民为中心的教育立场。只有立足于广大人民和现实教育的真实需求，才能将教育的理论立场和理念视为人民存在和发展的内在环节，才能在对人民思想发展的自觉反思中坚定教育立场。现实性的关键在于重建人的主体性。教育的本质在于促进与激发人的意识的生长，发挥着提升人民的科学能力、伦理能力和审美能力的作用，"教育是提高人民综合素质、促进人的全面发展的重要途径"。

人民日益增长的美好生活需要与不平衡不充分的发展之间的矛盾，不仅要求新时代的中国教育必须以人民为中心，而且要求中国教育在发展过程中要将人民立场、人民意识具体化，以展现其实际效力。中国教育存在关涉教育资源的供求矛盾，即人民对教育资源与方式多元化的需求与教育供给单一化的矛盾，人民对教育过程的多样化、全球化和虚拟化等新需求以及不同主体之间的相互作用对教育的供给力提出了挑战，这是影响中国教育发展和人民全面发展的主要因素。但这种矛盾并非突然出现于当下中国教育之中，而是以不同形式存在于中国教育的历史发展中。[1]

进入新时代，中国教育的主要矛盾表现出外延和内涵上的转变，即从新中国成立之初人民普遍渴望受教育的需要与匮乏的教育资源之间的矛盾，到新时代人民对优质教育资源的需要与好的教育资源难以充分惠及人民或满足人民需求之间的矛盾。中国教育的主要矛盾变化说明，在解决了"教育资源匮乏"的问题之后，中国教育正面临着"好教育资源供给不足和分配不均"的问题。在新时代，中国教育面临的主要矛盾不是人民能否受到教育的问题，而是能否充分而公平地享受到好教育的问题；在新的历史起点上与人民不断强化的解放意识之下，是人民对认识内心世界和反思自我的强烈需求，人民渴望公平享受到实现自身全面发展的更充分的教育资源，这种教育资源既应是有关科学文化知识的，更应有助于发展人的伦理意识和审美能力。

历史证明，中国教育在坚定不移的改革中得到发展，不断促使教育的关系结构随着国家道路和社会建设条件的变化而改变，即主动调节和改革教育资源配置、教育方式优化等关系中不适应社会整体发展要求的因素，自觉完善教育体制机制以适应人的发展的需要，促使中国特色社会主义教育契合社会发展规律。中国

---

[1] 刘同舫：《在守正创新中推进新时代中国教育高质量发展》，《高等教育研究》2021年第10期，第1—8页。

教育的确已经在改革开放的整体语境中，在坚持社会主义的教育本质、吸收优质教育资源和提炼中国民族特色的过程中走出自身的独特发展道路。中国特色社会主义教育道路的生成，不仅造就了人类教育史上的奇迹，为中国乃至世界培育与输送了大量的人才资源，深刻地影响和推进了中国特色社会主义的发展，而且成功地将中国引入教育普及化乃至高等教育普及化的"全民教育时代"。

中国教育也同样面临改革创新的迫切需要。一方面，中国教育规模的扩张已经进入一个较为稳定的恒定状态，追求人才数量难以给社会发展带来明显效应，中国面临着从"人才大国""人力资源大国""智力资源大国"向"人才强国""人力资源强国""智力资源强国"转向的历史任务；另一方面，追求高质量的经济发展也表明素质教育的极端重要性以及中国教育在人才培育目标、体制与机制方面所要解答的迫切问题。在中国特色社会主义深入推进的宏观历史背景下，注重教育质量的提升是中国教育改革和发展的核心使命，新时代中国特色社会主义继续发展的需要以及人的综合发展需要，对中国教育改革以及深化中国特色社会主义教育道路提出了新的要求。[1]

在改革中深化中国特色社会主义教育道路，理应在继承中国历史文化成果、世界各国教育发展和研究成果以及总结中国教育实践

---

〔1〕 刘同舫:《在守正创新中推进新时代中国教育高质量发展》,《高等教育研究》2021年第10期,第1—8页。

中进行。

从中国特色社会主义教育道路得以生成的最为悠久的历史文化基因来看，其未来发展应当以中国历史和中华文化的当代延续和创造性转化为根基。教育在本质上是一种文化现象，任何教育及其制度、体系的生成都有其特定的文化环境。对中国特色社会主义教育道路来说，文化环境的根源是中华民族的历史文化。

深化中国特色社会主义教育道路，需要立足于新时代社会发展和教育的实际状况，秉承古为今用的基本原则，以批判的眼光辩证地承续"历史文化特别是传承下来的价值理念和道德规范"，致力于运用中华民族在漫长历史中创造与累积的精神财富来"以文化人、以文育人"，此种精神财富需要在"深入挖掘和阐发中华优秀传统文化讲仁爱、重民本、守诚信、崇正义、尚和合、求大同的时代价值"的基础上，推动中华优秀传统文化真正成为涵养中国特色社会主义教育道路的重要文化思想源泉。在挖掘和延续历史文化传统中所蕴含的思想精华与核心理念的过程中，需要警惕与克服"重学轻术"传统以及教育的恶性竞争风气。实现中国教育发展与中国特色社会主义思想文化传播的有机统一，正是新时代教育改革及其主体性建构的价值诉求和实践遵循。

从中国特色社会主义教育道路生成的最为根本的实践起点来看，其未来发展应以总结中国教育发展实践经验为基本，以新时代中国的实践发展和人民的实际需要为归宿。教育因人的实际需要而存在和发展，教育在本质上能够被视为满足人的各方面发展需要的事业。教育服务于社会进步和人的发展本身并无问题，问题在于社会进步的根本是促进和维持人的进步，而强调教育的生产属性实际上是对教育之为人的发展的本质属性的忽视。人在现实世界中的生存和发展是矛盾对立的统一体，其对教育的思想认识和实际行为既体现了自身存在本质的一致性，又彰显了实践形式的具体性和多样性，中国特色社会主义教育道路的生成和改革正是呈现在对人的多维实践的现实观照上。从人的发展矛盾构成最大实践问题的意义上说，对教育功利主义理解倾向的矫正，正是中国特色社会主义教育的最主要经验，将教育理解为"以人为本"的功能性存在，是将教育与中国的最大实践相连接。在新时代，进一步深化中国特色社会主义教育道路，应当将教育的发展定位于中国人民已然转变并日益增长的全方位发展需要，以实现人民的美好生活需要。

中国教育的建设、发展是服务于人民需要和中国现代化需要的基础性工程。新中国成立以来的中国教育实现了从零散建设到体系化建构的转变，不仅形成了一整套关于育人化人的制度体系，而且形成了中国特色社会主义教育道路。新时代背景下，在既有成就和现实不足的基础上，以守正创新的精神发展中国教育仍然是一项必要且必需的工作。[1]

---

[1]　刘同舫：《在守正创新中推进新时代中国教育高质量发展》，《高等教育研究》2021年第10期，第1—8页。

第七章
中华文明发展的艺术造诣

若合一契未嘗不臨文嗟悼不能喻之於懷固知一死生為虚誕齊彭殤為妄作後之視今亦由今之視昔悲夫故列敘時人錄其所述雖世殊事異所以興懷其致一也後之覽者亦將有感於斯文

崇山

永和九年歲在癸丑暮春之初會于會稽山陰之蘭亭修禊事也群賢畢至少長咸集此地有崇山峻領茂林修竹又有清流激湍映帶左右引以為流觴曲水列坐其次雖無絲竹管絃之盛一觴一詠亦足以暢敘幽情是日也天朗氣清惠風和暢仰觀宇宙之大俯察品類之盛所以遊目騁懷足以極視聽之娛信可樂也夫人之相與俯仰一世或取諸懷抱悟言一室之內或因寄所託放浪形骸之外雖趣舍萬殊靜躁不同當其欣於所遇暫得於己快然自足不知老之將至及其所之既倦情隨事遷感慨係之矣向之所欣俯仰之間以為陳迹猶不能不以之興懷況修短隨化終期於盡古人云死生亦大矣豈不痛哉每覽昔人興感之由

从历史视角来看，中华民族现代文明是在传统文明基础上创新性发展的现代文明；从现代化视角来看，中华民族现代文明是在中国式现代化基础上形成的现代文明；从文化视角来看，中华民族现代文明是在中国特色社会主义文化基础上形成的现代文明；从全球视角来看，中华民族现代文明是一种人类文明的新形态。[1] 任何一种文明都离不开承载着基因密码的文化母体，中国现代文明建设之艺术文化借助其母体基因得以保存、延续和创生。

第一节　辉煌文明的艺术积淀

中国传统艺术是中华优秀传统文化的重要组成部分，是发展中华文明、实现中华民族伟大复兴的强大根基和不竭动力。艺术是一种通过塑造形象以反映社会生活，而比现实更有典型性的社会意识形态。中国传统艺术是历代画家、书法家、雕塑家、音乐家、戏曲家、手工艺者、诗人等在悠久历史长河中，通过他们对人、社会和环境的理解，所呈现给我们的、反映中国社会文化生活的丰富而多彩的历史长卷，以物质和非物质文化遗产的形式并存，是中华优秀传统文化的形象表达，见证了中华5000年文明发展的辉煌进程。

---

[1] 何星亮:《中华民族现代文明是什么样的文明——中华民族现代文明的基本内涵》,人民论坛网–人民论坛杂志,2023年8月12日,http://www.rmlt.com.cn/2023/0812/680143.shtml。

一、金石的历史由来

金石是指古代镌刻文字、颂功纪事的钟鼎碑碣之类的历史文物。《墨子·兼爱下》载古者圣王："以其所书于竹帛，镂于金石，琢于盘盂，传遗后世子孙者知之。"《吕氏春秋·求人》云夏禹："功绩铭乎金石，著于盘盂。"高诱注云："金，钟鼎也；石，丰碑也。"韩愈《平淮西碑》："既还奏，群臣请纪圣功，被之金石。"鲁迅《汉文学史纲要》第五篇："始皇始东巡郡县，群臣乃相与诵其功德，刻于金石，以垂后世。"可见，历史上颂功纪事多有借助金石的传统。广义的金石资料还包括甲骨、玉器、竹简、砖瓦、封泥、兵符、明器（古代随葬的器物）等一般文物。如甲骨上的刻辞、彝器上的铭文、碑版上的铭文，以及所有金石、竹木、砖瓦等上面带有文字的材料，都是历史文化遗产。还有一些虽然没有文字，却能给我们留下真实确切印象的，比如，手写的或雕刻的图画，明器中的人物模型，以及其他所有具有特定形状的器物，都是有意识创作的作品。

甲骨文是中国商晚期王室用于占卜记事刻在龟甲或兽骨上的文字，是中国及东亚已知最早的成体系的商代文字的一种载体。其作为一种古老文字，是目前中国所能见到的最早的成熟汉字。陕西周原遗址出土了大量卜骨、卜甲，是安阳殷墟外，出土甲骨文最多、最密集的地方，打破了"谈甲骨必谈商"的局面。

"有铭刻的彝器，始见于商代后期，所刻的还只是简单的造器者名字。记载功绩的铭文,在周代的彝器上才逐渐出现。"[1]商周时期随着青铜文化的繁盛,出现了刻在青铜器上与甲骨文相似的金文,又称"铭文",后世称为"大篆"。金文大多通过铸造的方式制作,需要先书写于软坯之上,再制成范模,最后用铜液浇铸成形。西周金文因在字数和字体上逐渐形成了独特的风格,又被称为"钟鼎文"。诸多出土的铜器铭文,被后人赞誉为优秀的书法作品,如西周时期的散氏盘铭文,标志着金文已经步入了其发展的鼎盛时期。[2]金文记载内容广泛,包括征战、册封、赏赐以及颂扬先祖功德等各方面。与甲骨文相比,金文已经开始趋向规范化、符号化。

西周史墙盘内铸有 200 余字的铭文,书写流畅,字距与行距严整,表现出极高的文字书写功力,代表了西周时期大篆书法的艺术水平。散氏盘铭文有 357 字之多,字形略呈扁平之态,字迹略显草率,是西周晚期重要的金文书迹。春秋战国时期,刻石成为重要书法遗存,由地域差异产生的"文字异形"现象越发显著。

秦石鼓文被誉为金文之冠。陈仓石鼓,旧称石鼓文,现藏北京故宫博物院。陈仓石鼓发现于唐初,在今宝鸡南 20 多里的三畤原上出土了 10 块鼓形石。每石高约 67 厘米,形似鼓,上刻四言诗,体裁与《诗经》相似,内容记述贵族游猎情形。关于石鼓文的镌刻年代,虽有不同的说法,但基本确定为秦国建国之初的文字,

---

[1] 施蛰存:《金石丛话》,北京出版社,2017 年,第 1 页。
[2] 虞晓勇:《金文书法的范铸趣味》,《中国书法》2023 年第 7 期,第 60—61 页。

是大篆向小篆过渡阶段的文字形态,这是已知年代最早的石刻文献。

秦始皇统一中国之后，巡行天下，志得意满，命李斯撰文书写，在峄山、泰山、芝罘山、琅玡台、芝罘东观、碣石及会稽等处竖石，刻文纪功。目前仅《泰山刻石》尚存部分残石。该刻石字体呈长方形，用笔圆转遒劲，结构匀称典雅，为成熟书体。此外，秦代在权、量、诏版及砖瓦上也刻有文字，它们虽多出自低级官吏或工匠之手，然是秦小篆的实物资料。[1]现藏中国国家博物馆的秦十二字砖,文曰："海内皆臣，岁登大熟，道毋饥人。"石刻继彝器而兴，不仅在各种场合逐渐取代了原来由彝器所承担的作用，而且越来越流行，在记载和传播文献方面，其功用胜过彝器。

秦代刻石纪功颂德的制度在西汉并没有被完全继承下来，汉代大赋的产生是其中一个重要的原因。此外,在一些庄严肃穆的场合，选用了先秦彝器。比如，武帝的《建元鼎文》《泰山鼎文》(并见《鼎录》),还有《祀太室牛鼎文》,昭帝有《蓝田覆车山鼎文》(《鼎录》),宣帝有《华山仙掌鼎文》(《鼎录》)等。《续汉书·祭礼志》上注引《风俗通》,说汉武帝曾有《泰山刻石文》，其词曰："事天以礼，立身以义，事父以孝，成民以仁。四海之内，莫不为郡县。四夷八蛮，咸来贡职。与天无极，人民蕃息，天禄永得。"如果这一记载可信，那还能证明汉武帝对运用石刻也不偏废。

---

〔1〕 中国文物学会专家委员会主编:《经典中国艺术史》,黄山书社,2009年,第195页。

东汉顺帝以后，石刻步入普通人的日常生活，扮演了越来越多的角色。从其用途上说，大致有如下三类：一是为山川祭祀，如《祀三公山碑》《华山庙碑》《封龙山碑》《白石神君碑》等；二是祭祀古圣祖先，如《仓颉庙碑》、《礼器碑》(孔庙造礼器)、《史晨碑》等；三是对某君功德事业的赞颂，如《鄐君开通褒斜道摩崖》《杨孟文石门颂摩崖》《西狭颂》《北海相景君碑》《张平子碑》等。晚清金石家叶昌炽在其名著《语石》中，将石刻区分为 42 类。近人杨殿珣《石刻题跋索引》则分作墓碑（包括墓碣、墓幢、塔铭、纪德碑）、墓志、刻经（包括石经、经幢）、造像（包括画像）、题名题字（包括题名碑、神位题字、食堂题字、石人题字、石盆题字等）、诗词、杂刻（包括砖瓦、法帖）。石刻用途之广，形式之复杂多样，由此可见一斑。[1]

宋代欧阳修的《集古录》标志着金石学的诞生。金石学是中国考古学的前身，是以古代金石材料为研究对象的一门学科，偏重于著录和文字考证，以达到证经补史的目的。金石文物之学，从欧阳修到岑仲勉，历代都有学者从事研究，在文学、史学或艺术学上作出了重要贡献。

《集古录》的编纂本身就是一桩"相托不朽"的典型事件。[2]

---

〔1〕程章灿：《从金到石 从廊庙到民间——石刻的兴起与文化背景》，《中国典籍与文化》1995年第4期，第103—107页。

〔2〕谢琰：《"不朽"的焦虑——从思想史角度看欧阳修的金石活动》，《华东师范大学学报(哲学社会科学版)》2017年第2期，第99—106页。

面对众多历经沧桑而幸存的铭文，欧阳修接受友人许元的意见，"举取其要，著为一书，谓可传久"[1]。直到晚年，欧阳修还叮嘱其子欧阳棐在《集古录》正文及跋尾之外，另外编一本《集古录目》（又名《集古目录》，但此书久佚，仅有清人辑本）[2]，以"事必简而不烦，然后能传于久远"[3]为宗旨。其所作《集古录序》，又让蔡襄书石流传，更为"不朽之托"[4]。自此以后，吕大临、薛尚功、黄伯思、赵明诚、洪适等人，各有著述，成为这一领域的专家。郑樵在编写《通志》时，将金石独立设为一门，与其他二十略并列。金石学大致可分为两类，其一是古器物学，主要是三代、秦、汉时期的器物；其二是金石文字学，凡镌刻文字的器物，都会被收录。

清代王鸣盛等人正式提出了"金石之学"，其在考据学影响下进入鼎盛期。乾隆曾根据清宫所藏的古物，御纂《西清古鉴》等书，推动了金石研究的复兴。清末民初，金石学又将新发现的甲骨和简牍纳入了研究范围，并扩及各种杂器，罗振玉和王国维是此时的集大成者。

清末民初，一方面西方考古学传入中国，成为古器物学研究的契机；另一方面由于社会动荡、国力衰微，西方疯狂搜购中国

---

〔1〕〔宋〕欧阳修：《欧阳修全集》，李逸安点校，中华书局，2001年，第2307页。

〔2〕〔宋〕欧阳修：《欧阳修全集》，李逸安点校，中华书局，2001年，第2135页。

〔3〕胡明编：《胡适作品新编》，人民文学出版社，2009年，第153页。

〔4〕〔美〕艾朗诺：《美的焦虑：北宋士大夫的审美思想与追求》，杜斐然等译，上海古籍出版社，2013年，第32页。

珍贵的文物，并不择手段地从事考古发掘等。罗振玉痛感于时局，以睿智的目光和高度的责任感搜古传古，不仅留下了丰富而珍贵的古器物资料，而且凭借其渊博的学识对大量的古物进行了多方面的研究，在殷墟甲骨、敦煌文献、汉晋简牍、明清档案等新材料的传播及研究方面作出了极为重要的贡献，激发了学术界的研究热情，也引发了人们对传统学术理论的思考，推动了我国金石古器物、古书画等传统历史资料的流传和研究，在古器物学向近代考古学的转变过程中起到了至关重要的促进作用。

二、书画的独特魅力

书画是书法和绘画的统称，中国书画艺术，是世界文化艺术宝库中的精华，是人类历史上值得品鉴和典藏的艺术珍品。

（一）中国书法艺术魅力

中国书法，源远流长，深深扎根于数千年的中华文化之中。它承载了悠久的历史与丰厚的底蕴，展现了中国人的智慧与创新。汉字不仅传递信息，更被赋予了艺术的灵魂和美感。它以千变万化的风格，诠释了中华民族丰富的艺术内涵。沉稳厚重、轻盈流转，抑或是庄严宏大、自由狂放，是中国书法艺术无穷魅力之呈现。在世界文化艺术的大舞台上，中国书法独树一帜，熠熠生辉。

文字是人类进入文明时代的重要标志，书法是文字符号的书写法则。中国书法是汉字特有的艺术表达形式。中国文字的雏形大约源于新石器时代陶器上的"原始文字"。郭沫若认为"彩陶上的刻画记号，可以肯定地说是中国文字的起源，或是中国原始文字的孑遗"。在山东、内蒙古赤峰、陕西关中地区等地发现的被称为象形文字或图画文字的"骨刻文"，保留着"书画同源"的特色。

甲骨文是中国商晚期王室用于占卜记事刻在龟甲或兽骨上的文字，是中国及东亚已知最早的成体系的商代文字的一种载体，是目前中国所能见到的最早的成熟汉字。甲骨文已经具备了"象形、会意、形声、指事、转注、假借"的造字方法，为后世汉字的发展奠定了坚实的基础。

隶书的出现是中国文字史、书法史上的重大变革，这意味着中国文字告别了延续3000多年的古文字而开端了今文字，在形体上逐渐由图形变为笔画，在造字原则上则从表形、表意到形声，字体结构也完全符号化了。两汉时期的书法主要为两大表现形式，首先是主流的汉代石刻，其次为瓦当、玺印文以及简帛、盟书、墨迹，形成了以蔡邕为代表的汉隶书家和以杜度、崔瑗、张芝为代表的草书家。

汉隶笔画烦琐，逐渐发生草化，形成了新的书体——章草。章草是草书的早期形态，至西晋达到成熟。曹魏钟繇在实践中完善了新书体——楷书，其《荐季直表》《宣示表》等标志着楷书逐渐脱离隶体而成为一个较为成熟的书体。东晋王羲之、王献之父子及其流派在曹魏真楷书及章草基础上，将楷书草写为行书，并在章草和行书基础上形成今草。今草与章草区别很大，不仅字与字相连，而且大小、粗细、变化丰富，更能体现书家的情感。王氏父子对今草的创立和发展起到了重要作用。二人的草书现存不少，多为可信的唐代摹本，从中可看出其改古法而创新的成就。

行书是楷书和草书的结合。行书在楷书结体中参以草书笔势，楷法多于草法的称为"行楷"，草法多于楷法的称为"行草"。行书书写灵活，体势多变，成为历代书家最为常见的书体，也是最能使书写者抒发感情的书法形式。王羲之、王献之父子作为著名的书法家，开创了中国书法的鼎盛局面。他们的探索与求新，使书风产生巨大变化，为后世书者典范，是中国书法艺术的开宗巨擘。其他如陆机、卫瓘、索靖、王导、谢安、鉴亮等书法世家为之烘托，南方书派呈现繁荣景象。南朝宋的羊欣、齐的王僧虔、梁的萧子云、陈的智永[1]等书法家都继承了王羲之的遗风。

南北朝时期的书法呈现出隶、草相仍的历史特点，推动着中国书法艺术正式步入"北碑南帖"的特色发展阶段。清代阮元《南北书派论》曾言："真书、行草之分为南、北两派者……南派乃江左风流，疏放妍妙，长于启牍，减笔至不可识。而篆隶遗法，东晋已全改变，无论宋、齐矣。"梁启超在《饮冰室文集》中说："南帖为圆笔之宗，北碑为方笔之祖。遒健雄浑、峻峭方整，北派之

---

[1] 智永，王羲之七世孙，出家后精勤书法，30年临习王羲之《真草千字文》800余本。他用的废笔头弃置在大竹簏中，30年积下的笔头装满五个大竹簏，唐人记载为"退笔成冢"。

长也。"

魏碑在汉晋隶书与楷书基础上发展而成,保留了汉隶特征,笔画劲利方硬,结字由扁方形逐渐发展为略带长形,属于楷书体格。代表作品有《张猛龙碑》《孙秋生造像记》《始平公造像记》等。

隋唐时期的书法艺术不断开拓创新,楷书、行书、草书等各类书体渐趋完备,真、草成就最高。欧阳询、颜真卿、柳公权三家真书杰出,张旭、怀素草书艺术极致,五代书法承唐启宋,为中国书法史重要时代,对后世的书法艺术产生了深远的影响。[1]

隋至初唐的书法艺术以对魏晋名流的继承为主,唐太宗尤对王羲之、王献之的书法情有独钟。然而,初唐书风并非墨守成规,而是在追求法度的同时,展现出雄劲之风。欧阳询、虞世南、褚遂良、薛稷四人被誉为"唐初四家",他们的书法风格各具特色,或刚劲雄健,或瘦劲挺拔,或清新平淡。他们的作品成为这一时期书法的典范,影响了后世书法的走向。

盛唐时期书法各体均衡发展。颜真卿的书法端庄雄秀、茂密沉实,改变了初唐时风。张旭、怀素的狂草书法气脉飞动,刚柔相济,代表了唐代草书的最高成就。李邕、李阳冰、史惟则等人的行书、篆隶书写规范,形成复古风潮。

晚唐时期,书法渐成颓势。柳公权是此时最杰出的书法家,

---

〔1〕 张科:《隋唐书法发展的文化历程——评朱关田新著〈中国书法史·隋唐五代卷〉》,《浙江社会科学》2000年第5期,第160页。

柳体楷书堪比颜真卿，被誉为"颜筋柳骨"。

与隋唐五代书法的尚法求工不同，宋代书法更注重个性化和独创性。北宋以苏轼、黄庭坚、米芾、蔡襄等人为代表的"宋四家"，不仅继承了唐楷的传统，更融入了自己的个性，主张以"尚意"表达内心情感，书法成为抒发思想的艺术表现形式，书法艺术更趋成熟。"宋四家"的崛起标志着宋代书法艺术进入了成熟阶段。

元代书法艺术主要以行草书为主流，崇尚古意和帖学传统。元代书风主要模仿晋、唐时期的风格，缺乏创新精神。与宋代追求不拘泥于常规意境不同，元代更刻意于形式美。明代书法可分为三个阶段。明初以"台阁体"为主，工稳的小楷达到了极致，以二沈和刘基等人为代表。明中期吴中四家开始崛起，朝着尚态的方向发展。明末书法开始追求大尺幅和震荡的视觉效果，侧锋取势，横涂竖抹，满纸烟云，瓦解了书法原先的秩序。[1] 清代书法艺术在总体上崇尚质朴自然，有帖学和碑学两大传统。清初延续了明末书坛的放浪笔墨、愤世嫉俗的风气，代表人物如朱傅山等。清中期，"扬州八怪"也表现出类似的风格。[2]

晚清民国时期，吴昌硕、沈曾植、康有为、于右任等致力于行草笔法的复兴，从碑体行书向碑体行草过渡。于右任倡导草书

---

〔1〕田婧媛：《诗境对书法的重塑——以明代中晚期江南"尚奇"书风为例》，《中国书法》2023年第11期，第199—200页。

〔2〕蔡显良：《"扬州八怪"绘画与清代书法的创新性发展》，《中国书画》2021年第9期，第40—47页。

复兴运动，"标准草书"一度引领风气。由碑帖结合到帖学渐兴，走向重行草之路。此间，章草亦有复兴的苗头，代表人物包括沈曾植、王世镗、罗复戡等人。

新中国的成立，拉开了行草复兴的序幕。毛泽东的草书取法于张旭、怀素，并融古人遗韵，形成独特的个人风格，创造出气势宏伟、个性强烈的狂草艺术，产生了广泛影响。书写于 1962 年的《七律·长征》墨迹，无疑是毛泽东书法作品中的代表作。郭沫若的行草书，影响亦颇广。沈尹默[1]影响并团结了一批有心于帖学的人物，形成了"回归二王"的潮流。北方的吴玉如、启功等书家的书法以唐法书晋韵，或以晋韵消解成法，体现了传统与创新的结合。谢无量[2]的书风文气充盈，别有帖学风神。书法的发展表现出了合理的发展规律，对纠正时弊、继承传统书法精华、开启一代新风具有历史意义。[3]

与此同时，郑诵先、王蘧常、高二适等人的章草创作逐渐成熟，并深入拓展章草的气息，形成各自独特的风格，使得章草这一书体再次焕发新的光彩。齐白石、黄宾虹、徐悲鸿、吴湖帆、潘天寿、陆维钊、来楚生等人，他们的作品各具特色，清新独特，展现出

〔1〕 沈尹默(1883—1971)，字中、秋明，号君墨，别号鬼谷子。祖籍浙江湖州、著名学者、诗人、书法家、教育家，是周恩来总理任命的中央文史研究馆副馆长，参与创建了新中国成立后第一个书法组织——上海市中国书法篆刻研究会。2023 年 5 月，根据《国家文物局关于颁布 1911 年后已故书画等 8 类作品限制出境名家名单的通知》，(文物博发〔2023〕13 号)，其作品一律不准出境。

〔2〕 2023 年 5 月，根据《国家文物局关于颁布 1911 年后已故书画等 8 类作品限制出境名家名单的通知》，其作品一律不准出境。

〔3〕 刘宗超：《新中国书法 70 年回眸：复兴传统与探索现代》，《艺术市场》2019 年第 10 期，第 34—37 页。

独特的视觉张力，成为书法界的重要力量。1965年举办的"兰亭论辩"，这一事件对书法艺术的发展产生了深远的影响。[1]作为书法复苏的又一标志，这场论辩吸引了大量学者参与，规格之高出人意料。尽管论辩结果没有明确的定论，但它拓宽了理论研究的视野，丰富了理论研究的方法，促使人们思考如何对待书法传统以及碑帖之争的问题。同时，它也提升了书法在当时文化界的影响力。[2]

改革开放以来，文艺创作如春潮般涌现，书法艺术也因此进入了一个崭新的历史阶段。中国书法家协会成立，书法报刊如雨后春笋般出现，各类书法大展大赛和群众性书法活动越发活跃，共同掀起了新时期的书法发展热潮。在这个时期，书法艺术不断深入挖掘传统，努力迈向经典，走过了具有深远意义的复兴之路。新中国成立以来，中国书法艺术与社会的整体发展和进步紧密相连，见证了从传统到现代的转变，在维护传统艺术特性基础上有了创新性发展。

书法是中国文化的独特表现艺术，被誉为无言的诗、无形的舞、无图的画、无声的乐。中国书法有篆、隶、楷、行、草五大字体。行书是楷与草之间的过渡，旨在提高书写速度并保持清晰度。楷中加草为行楷，草中加楷为行草。草书源于隶书，简洁流畅，有

---

〔1〕 黄克：《民国时期的书法理论构建及其现代学科意义》，《大学书法》2023年第4期，第44—48页。
〔2〕 刘宗超：《当代书法标准的建构》，《中国书法》2016年第15期，第57—59页。

章草、今草和狂草三种分支，狂草虽纷乱，但极具审美价值。书法艺术的核心在于点画用笔之精妙，其通过书家对笔、墨、纸的熟练运用，塑造出形态各异且富有艺术效果的点画。不同的字体，如楷、草、隶、篆等，均拥有其独特的点画用笔方式。[1]结体是立字之本。体势是单字的形貌、体态等艺术形象，塑造变化是书法的核心。在结体取势中，书法家恰当设计组合点画，确保骨肉相宜等，以展现独特的结体取势之美。在书法创作中，章法布局是对作品进行的整体设计与规划，它涵盖了从宏观到微观的各个层面，涉及字符体势的塑造、字群的排列、行款的安排以及印章的使用等多方面。最理想的书法佳作，是点画用笔、结体取势和章法布局三者皆佳，并且能浑然天成，达到三者最完美的和谐统一，使整幅作品呈现出最美好的艺术意境。

（二）中国传统绘画艺术

中国绘画艺术可追溯到史前时期的彩陶装饰上，其图案纹样大致可分为人物纹、动物纹、植物纹、几何纹四类。[2]七八千年前出现的陶器，表明原始社会的绘画艺术取得了突破性进展。陶器不仅丰富了当时的物质生活，还推动了烹饪技术和储藏技术的进步，而其外观的装饰性"绘画"，恰恰反映了当时社会生活的精神面貌。之外，壁画、地画、岩画等是较为重要的载体和表现形式。

---

〔1〕 马春灯：《书法用笔审美内涵探究》，《书画世界》2021年第8期，第73—74页。

〔2〕 何延喆：《中国绘画史》，河北美术出版社，2005年，第2页。

1950 年安阳武官村商代大墓发现许多雕花木器的朱漆印痕，花纹鲜艳。1975 年冬殷墟小屯曾发现建筑壁画残块，是在白灰墙皮上以红、黑二色绘出卷曲对称的图案，具有装饰意味。孔子曾因见到歌颂圣明君主、讽刺误国昏君的壁画而深受感动，说明原始绘画脱离了器物装饰功能而独立存在，具有政治教育动能。商周时期的绘画风格以灿烂明丽为主。青铜器物装饰画有两类主题：其一描绘贵族生活礼仪，其二描绘水陆攻战。如《嵌错图像铜壶》《宴乐铜壶》等。

早在专门的纸、绢发明使用之前，人们往往将字画刻画或绘在木板、石板、器物或丝织物上。古代画在丝织物上的图画，称为"帛画"，可挂于墙上陈列观赏。

先秦时期绘画创作兴盛，凡是公卿祠堂、贵族府邸都以壁画作为装饰。《庄子》载"叶公好龙，室屋雕文，尽以写龙"。东汉王逸《楚辞章句》载"楚有先王之庙及公卿祠堂，图画天地山川神灵，琦玮谲诡，及古贤圣怪物行事"，屈原仰见图画，呵而问之，遂成《天问》之作。

丝绸之路的开辟与畅通，促进了中国文化艺术的发展。与先秦时期对比，两汉的绘画题材更为丰富，现实生活内容大大增加，灵异鬼神、历史传说等与之前多有不同，神仙世界也充满了乐趣。[1]

〔1〕 何延喆：《中国绘画史》，河北美术出版社，2005 年，第 18 页。

汉代人物画发展最快，绘画者以工匠为主。宫廷壁画、墓葬壁画、帛画、画像石、画像砖、漆器装饰画、木刻画、木版画等是绘画的主要形式。

魏晋南北朝时期的绘画取得了许多开创性成就，人物画趋于成熟，山水画、花鸟画等处于萌芽阶段。开明的社会风气与频繁的对外交往促进了文化的传播与融合，唐代出现了许多名垂青史的伟大诗人，题画诗的出现，既是诗与画的融合，也是书与画的汇合，咏画诗的出现使得绘画、书法的美学价值不断提高。盛唐时期人物画创作到达高峰，王维首创泼墨山水画风，花鸟分科独立开来。[1]南齐谢赫的《古画品录》、南朝陈姚最的《续画品》和唐代朱景玄的《唐朝名画录》等绘画理论著作的问世，标志着我国古典绘画进入了新阶段。

两宋时期统治者优容各类文化人才，绘画艺术也处于繁荣发展的阶段。北宋设置了完备的美术创作机构——翰林图画院，通过授予画家职位而专为皇家服务。[2]"院体画"是宋代绘画的主流，同一时期出现的水墨写意的文人画也从另一方面丰富了中国绘画的内容。南宋时期绘画艺术更广泛地与中下阶层的人们相联系，山水画艺术发展到了新的高峰。

元代是中国历史上文人画的鼎盛时期，表达士大夫生活情趣

---

〔1〕　徐琛等:《中国绘画史》,文化艺术出版社,1998年,第49页。

〔2〕　何延喆:《中国绘画史》,河北美术出版社,2005年,第78页。

与审美观念的文人画代替"院体画"成为主流。元代绘画创作风格自由，不再追求精巧艳丽的风格和"形似自然"，而是主张"遗貌求神"。文人画的主要题材为山水、梅兰竹菊、枯木等，以此表达个人品格。明代画坛流派繁多，在江南一带形成了许多风格鲜明的画派，形成争奇斗胜的局面。明中叶兴起了文学插图版画。清代中后期，社会逐渐繁荣安定，商品经济在南方地区空前发展，此时"扬州八怪"最为著名。受西洋画的影响，清中期宫廷画以人物画最为突出。

中国现代绘画艺术发生了巨大变化，形成了新旧交替、中西交融的新格局。一是绘画门类更加齐全，除传统绘画种类外，还产生了油画、漫画等新种类；二是传统的绘画风格由追求写意、意趣高雅转变为大众写实；三是强调国外绘画艺术的影响；四是强调绘画对政治的作用。

中国传统绘画讲究"意境"的创造，体现画者的内在精神世界，也离不开高度、反复的艺术加工。"程式"是经过世代画家共同创造、逐步积累经验而形成的一种描绘方法，后续成为大家都共同使用的一种绘画格式，最初应当来源于对客观物象的"描摹"，后来却演变成了一种抽象符号。在中国传统绘画中最能体现"程式"的画法就是表现山石的"皴法"[1]。"披麻皴"描绘江南的土山，

---

[1]"皴(cūn)法"，是指中国画中，对山石树木的一种表现技法。古代画家在艺术实践中，通过将各种山石的不同地质结构，以及树木表皮状态加以概括，而创造出来的一种表现方式。

而"雨点皴"则描绘北方的石山，还有斧劈皴、卷云皴、荷叶皴、解索皴等都可用来描绘山石结构。在人物画中也可以见到许多"程式"，例如，将人的面部特征分为八类，概括为八个字，即"田""由""国""用""目""甲""风""申"，名曰"八格"。"程式化"不同于西方的写实派，是一种"非写实"的绘画形式。

2001年6月，第一届中国书法兰亭奖和第一届中国美术金彩奖同时举行颁奖仪式暨获奖作品展览活动。启功、潘主兰二人获中国书法兰亭成就奖，徐利明、孟庆星、陈靖、尹寿坤、徐英杰、康耀仁六人分获中国书法兰亭金、银、铜奖，王朝闻、华君武、张仃、李剑晨、罗工柳、彦涵、蔡若虹、黎雄才八人获中国美术金彩成就奖。中国书法兰亭奖是授予在书法艺术创作、理论研究、书法教育、编辑出版等领域有重大成就和突出贡献的书法家、书法理论家、书法教育家和书法工作者的最高奖项和最高荣誉。

三、音乐的思想与境界

音乐是以声音为表现手段的一种艺术形式，如同文学是语言的艺术一样，音乐是声音的艺术，这是音乐艺术的基本特征之一。音乐的声音是非自然性的，是通过人的创造性艺术活动创造出来的音响，渗透着作者的创作思维。音乐是大自然馈赠于人类的最好的礼物，包括旋律、节奏、调式、和声、复调、曲式等构成要素，总称为音乐语言。没有创造性的因素,任何声音都不可能成为音乐。

作为中国传统艺术重要构成部分的音乐艺术，在不同的历史阶段、历史时期都有其显著特点、文化内涵及审美风向等时代特征。

原始社会音乐的主要形式是歌舞或乐舞，是一种歌、舞、乐相结合三位一体的原始乐舞。[1] 相传黄帝时作有《弹歌》，反映原始农牧生活的有《葛天氏之乐》，远古祭歌有《蜡（zhà）祭》。黄帝时代有乐舞《云门大卷》，尧时有乐舞《咸池》，舜时有乐舞《韶》（或《大韶》《箫韶》)，夏代有《大夏》，商代有《大濩（huò）》等，各时期都有些代表性的乐舞或是歌舞。原始时代的乐舞，除艺术性之外还具有一定的生活性。

远古及夏商时期的乐器以吹奏乐和打击乐为主。我国目前所知年代最早的乐器，是 1986—1987 年出土于河南舞阳县贾湖村新石器时代的骨笛，与其一同出土的还有 20 多只骨质的吹奏器，被称为"贾湖骨笛"。贾湖骨笛一般用于巫术及其相关仪式活动，即人神的沟通、祈祷和祭祀等。贾湖骨笛之外，还有同样来自裴李岗文化的陶鼓，以及出土于浙江河姆渡遗址的骨哨和陶埙。后两者的用途是狩猎，通过模仿鸟类的叫声达到诱捕的目的。此外，陕西半坡遗址及甘肃、河南、河北、山西、山东的黄河流域地区，都出土过陶埙。陶埙是我国特有的民族闭口吹奏乐器，也是我国出土数量最多、分布地域最广的原始吹奏乐器。打击乐器则有鼓，

---

[1]《史记·乐书》："金石丝竹，乐之器也。诗，言其志也；歌，咏其声也；舞，动其容也；三者本乎心，然后乐气从之。是故情深而文明，气盛而化神，和顺积中而英华发外，唯乐不可以为伪。"

包括足鼓、鼗鼓、凤鼓等；磬，包括特磬、编磬等；钟，既有特钟、编钟之分，又有形制各异的镈钟、甬钟、钮钟、铙、铎、铃等。出土于龙山文化的山西襄汾陶寺遗址的鼍鼓，有"中国第一鼓"之美誉。自 1978 年发掘至今，已发现鼍鼓 8 件。它预示着 4300 年前已形成华夏礼制的天地秩序雏形，中国千年鼓乐的篇章由此开启。[1]

夏商时期的音乐可分为巫乐和淫乐两大类。"巫乐"是祭祀祖先和鬼神的音乐，是沟通神与人的一种手段。"淫乐"即商纣王迷恋的靡靡之音。"淫乐"逐渐盛行后，乐舞渐渐由"娱神"转向了"娱人"。《山海经》记载，最先是大禹的儿子启驾着两条龙被三次邀请到天上做客，回来时顺道将天上的仙乐《九辩》和《九歌》带下来，并将这些本用以祭天地祖先的乐舞改为供自己欣赏娱乐。商晚期，这种"娱人"的艺术已经很为常见。

周武王命周公制定《周礼》，西周礼乐是《周礼》制度下的乐舞制度。周代的礼乐制度以宗法制和等级制互为基础，形成了与礼制相配合的音乐舞蹈和乐队编制制度，以及按等级秩序实施的用乐规模。例如，著名的"八佾"即指乐舞的队列等级，天子用八，诸侯用六，大夫用四，士用二。"乐悬"指钟磬的悬挂制度，王宫悬，诸侯轩悬，卿大夫判悬，士特悬。祭祀礼器数量的制度标准：王

---

[1] 孙晨荟：《西域丝路上的中国器乐精神》，参见中华人民共和国国家民族事务委员会网站 2022 年 12 月 4 日，https://www.neac.gov.cn/seac/c103391/202212/1159831.shtml。

九鼎八簋，诸侯七鼎六簋，卿大夫五鼎四簋，上士三鼎二簋，下士一鼎一簋。显然，乐制与礼制有着明确的一致性，并以"节乐"取代"淫乐"，以尊卑等级构建统治秩序。周代设置了中国历史上第一个礼乐机构（音乐教育机构）——春官。

周代宫廷音乐大体可以分为五类：六代之乐、颂乐、雅乐、房中乐、四夷之乐。六代乐舞用于祭祀天地、山川、祖宗，歌颂统治者的文德武功。不同类型的音乐有不同的用途。在"礼崩乐坏"之际，民间音乐逐渐兴盛，如郑卫之音、南音、九歌、成相等。九歌是周代流行于楚国南部的一种巫风性的大型歌舞曲，在祭典之时使用。东周时期民间音乐在歌曲、歌舞及器乐方面都有很大进步。周代乐器在种类、材质和制作工艺等方面都有了长足进步，特别是在商代铃、铙、镈、镛等金属乐器的基础上改进发展出了青铜乐钟。周代礼乐所用器主要是钟、磬和鼓。"钟鼓喤喤，磬管将将，降福穰穰"（《诗经·周颂·清庙之什·执竞》）。

曾侯乙编钟，是1978年在湖北随县出土的一套战国初期的编钟。全套共有64枚，分三层三面悬挂在矩形钟架上，另有一枚镈钟为楚惠王所赠，不属于此套编钟组合。曾侯乙编钟是世界上已知最早、最庞大的具有十二律半音音阶关系的大型定调青铜乐器，比欧洲十二平均律键盘乐器的出现要早近2000年。它的发现弥补了古代乐律记载方面的不足，也反映了中国音乐文化在战国初期的高度发展水平。

　　《诗经》是中国最早的一部诗歌总集，儒家经典之一。它是周代音乐的歌诗部分，保存了由西周初期到春秋末期各类音乐作品的歌词 305 首。《国风》是《诗经》中的精华部分，它直接表现了古代劳动人民的感情、智慧和天才，具有高度的思想性和艺术性。《颂》是祭祀宗庙祖先的乐舞，共 40 篇。《楚辞》是战国时期南方流行的一种歌曲体裁，是在楚国民歌的基础上，经文学家加工后形成的音乐形式。为培养礼乐人才，教育"礼"的内涵，西周设置了专门的音乐机构，开展音乐教育，其最高长官为大司乐，隶属于掌邦礼的春官宗伯。教育的对象为国子、世子，教育的内容为乐德、乐语和乐舞，即音乐的思想理念、演唱和舞蹈。

　　秦汉之际，北方地区的匈奴、鲜卑等游牧民族常在马上吹奏笳、角之类乐器，以铙、鼓等伴奏歌唱，后传入中原，并与汉乐及其他民族音乐相结合，渐渐用于朝廷宴乐、宗庙祭祀等场合，就是所谓的鼓吹乐。汉代的鼓吹乐可以分为四类：黄门鼓吹、骑吹、横吹、短箫铙歌。

　　就音乐形式而言，西汉时期出现了以鼓为代表的打击乐器和以排箫、横笛等为代表的吹乐器组合演奏的鼓吹音乐，并因环境差异而产生不同的形式。乐府是秦汉时期以采集、创作民间音乐为主的官署机构，源于周代采风制度。汉乐府的设立使得很多珍贵的民间音乐得以保留，为后世音乐词曲的创作产生了深远影响。

　　相和歌是汉代搜集于民间的宫廷音乐。汉代北方各地民间流行着各种歌曲，其中有原始民歌，相和歌就是根据民歌进行再加工、改编而形成的，以此又发展成为大型舞曲——"相和大曲"。其结构包括三个部分："艳"（分有词、无词两种）、"趋"和"乱"。相和歌伴奏乐器通常用笙、笛、节鼓、琴、瑟、琵琶、篪等。

清商乐是东晋南北朝期间，承袭汉、魏相和诸曲，吸收当时民间音乐发展而成的俗乐之总称。今存清商曲辞，多为在南方新兴经济发展的条件下，与东晋时南迁所传入的中原文化相结合的吴歌和西曲。诸多著名的古琴音乐，如《广陵散》《胡笳十八拍》《碣石调·幽兰》等就产生于这一时期，作为经典古曲，至今仍被广泛流传和演奏。

《广陵散》反映的是战国时期铸剑工匠的儿子聂政为报杀父之仇刺杀韩王，然后自杀的悲壮故事。《广陵散》的曲谱，最早见于明代朱权编印的《神奇秘谱》，是我国现存琴曲中唯一一首将戈矛杀伐战斗气氛入乐的曲子，直接表达了被压迫者反抗暴君的斗争精神，具有很高的思想价值和艺术价值。

《胡笳十八拍》是蔡琰（蔡文姬）所作琴歌，共分十八段，逐段倾诉蔡文姬被掳、思乡、别子、归汉等一系列坎坷遭遇。曲调是胡笳音调与汉族音调的结合，具有浓厚的抒情气息，旋律起伏、对比强烈，曲调与诗珠联璧合，也是民族融合的历史见证。

《碣石调·幽兰》是南朝梁时丘明的传谱，谱本是唐人的手抄本，是中国现存最早的琴谱，也是目前仅见的一首文字谱。"碣石调"

源于相和歌"瑟调曲"中的《陇西行》，有可能吸收了少数民族的乐曲风格，因曹操填词首句为"东临碣石，以观沧海"而名"碣石调"。幽兰是琴曲名称，古人借深山幽谷白兰花来抒发文人隐士的清高思想。音调清丽沉郁，有郁郁不得志之意，全曲共四段，由一基本音调发展而成。

西汉的京房，西晋的荀勖，南朝刘宋的钱乐之、何承天等是当时重要的"音乐人"。

唐代的音乐机构规模空前。大乐署（也称太乐署）、鼓吹署是隶属于太常寺的音乐机构，太常寺是唐代最高的礼乐行政机构；教坊和梨园是由宫廷管辖的音乐机构。

唐代宫廷音乐以燕乐、大曲、法曲为主。燕乐是古代宫廷音乐，起源于周代。一般地说，广义的燕乐泛指统治阶级在宴会中所用的音乐，故隋唐九、十部乐以及坐、立部伎等均可称为燕乐。《秦王破阵乐》是唐代宫廷燕乐中的著名乐舞，是最著名的歌舞大曲之一，创作于初唐时期，颂扬了李世民安邦定国的功绩。大曲又称燕乐歌舞大曲，是唐代综合器乐、歌唱和舞蹈的含有多段结构的大型歌舞音乐，是相和大曲与清商大曲的进一步发展。《霓裳羽衣曲》是唐代最为著名的大曲作品。一般认为是唐玄宗李隆基在西凉节度使杨敬述进献的印度佛曲《婆罗门曲》的基础上创作改编而成的。全曲共 36 段——散序 6 段、中序 18 段、曲破 12 段，代表着唐代歌舞音乐的最高成就。法曲又名"法乐"，始见于东晋

《法显传》，是一种纯音乐形式，从大曲中选出器乐或歌唱部分演奏、演唱，是宣传宗教的音乐。

　　唐代民间音乐有曲子、变文两种主要类型。曲子兴于隋唐，盛于两宋，是由民间歌曲发展而来的艺术形式。城市里的流行歌曲称为"小曲"，又叫"曲子"，反映了市民的日常生活。变文是佛教寺院专为宣传教义而产生的一种说唱音乐，把佛经和佛教故事用散文和韵文相结合的方式说唱出来，如《法华经变文》。后世，变文的内容和讲唱者都有了重大变化，与佛教无关的历史故事和民间传说逐渐引入，如《王昭君变文》，讲唱者也不限于寺院和尚。

　　唐代是我国琵琶艺术的第一个高峰时期，高手、名曲如云。1900 年在敦煌藏经洞发现的《敦煌乐谱》，又称唐人大曲谱、敦煌卷子谱、敦煌琵琶谱等，于 1908 年被伯希和从敦煌藏经洞劫走，现收藏在位于巴黎的法国国家图书馆，编号为 P.3808V，是中国迄今为止所见最早的曲谱，引起了中外音乐史家的广泛研究。"敦煌琵琶曲谱"是中国古代记谱法之一，是一种四弦四相的琵琶指位谱。[1]另有 25 首曲子，如《品弄》《倾杯乐》《又慢曲子》《急曲子》《西江月》《心事子》《伊州》《水鼓子》《急胡相问》《长沙女引》《撒金砂》《营富》等，因其古奥难识，被称为"音乐天书"。

　　瓦舍亦称"瓦肆""瓦子"，是宋元时期以娱乐为主要内容的

---

〔1〕 俞人豪等:《音乐学基础知识问答(修订版)》,中央音乐学院出版社,2006年,第188页。

商业集中点。勾栏是瓦舍中用栏杆或巨幕隔成的艺人演出的固定场子，表演各种民间技艺。瓦舍、勾栏的活动受宫廷管辖，艺人也常到宫廷演出，宫廷艺人也常到瓦舍、勾栏中献艺。勾栏艺人与宫廷乐工之间的交流表演，既对瓦舍技艺的提高促进很大，也对宫廷音乐的发展产生了深刻影响。

诸宫调是宋金时说唱艺术的一种，约产生于北宋，盛行于南宋、金、元，首创者是泽州人孔三传。一部诸宫调所用的宫调相当多。例如，《西厢记诸宫调》就用了正宫、道宫、南吕宫、黄钟宫等14个宫调。至于所用曲牌就更复杂了，几乎网罗了前代各种艺术歌曲和少数民族的流行歌曲。诸宫调所用的乐器，开始是鼓、板一套，唱者自己击鼓。南宋时加了琵琶等弦乐器。元杂剧蓬勃兴起后，诸宫调渐衰，但其以多种不同宫调的套曲和故事叙述的结构原则，却给元杂剧以极大影响，其乐曲也广为元杂剧所吸收。现存有金代董解元《西厢记诸宫调》、无名氏《刘知远诸宫调》（残本），元代王伯成《天宝遗事诸宫调》三种。

宋元杂剧（北宋杂剧和元曲）是这一时期的一种戏曲形式。北宋杂剧由唐参军戏和歌舞杂戏发展而来，已初步形成角色体制，有乐器伴奏。元杂剧结构是一本四折，有时外加楔子；表演形式由曲（歌唱部分）、宾白（语言部分）、科（动作部分）三者组成，角色分工是末、旦、净、丑等，伴奏乐器有笛、板、锣、鼓、琵琶。杂剧已将歌、舞、剧三者汇合，但仍存在诸般技艺杂陈的非戏剧性表演，以及以第三者口吻叙事的特点。

宋元时期流行于南方且以唱南曲为主的戏曲形式是南戏，因产生于浙江温州一带，故又称"温州杂剧"，或"永嘉杂剧"。其所用曲牌以五声音阶为主，所以称为"南戏"或"戏文"。南戏的结构比较自由，全剧无一定折数，剧中任何角色都可以有唱有白，音乐不讲求宫调的统一。

这一时期产生了中国最早的一部规模较大的音乐百科全书——北宋陈旸的《乐书》，我国最早的一部古琴史专著——北宋朱长文的《琴史》，中国现存最早的声乐论著——元代燕南芝庵的《唱论》，总结了前人歌唱艺术的实践经验，为研究中国宋元声乐艺术提供了重要的历史资料。

明代的"小曲"或"小小唱"，是原生态的民歌，有很多曲牌。明代卓人月曾言："我明诗让唐，词让宋，曲让元，庶几《吴歌》《挂枝儿》《罗江怨》《打枣竿》《银铰丝》之类，为我明一绝耳。"现存明清小曲的曲谱有600余首。在南方以琵琶、弦子、月琴、檀板等乐器伴奏，在北方则用三弦、八角鼓、坠琴、四胡、轧筝等乐器伴奏。

明清时期说唱音乐十分盛行，影响较大的有弹词、鼓词和牌子曲三类。弹词主要流行于中国南方地区。弹词因流传地区不同，有不同的地方色彩，如苏州弹词、扬州弹词、长沙弹词等，影响最大的当数苏州弹词。鼓词主要流行于中国北方地区。鼓词的前身有可能是宋代的"鼓子词"，明代称为"词话"。鼓词在清初有较大发展，盛行于北方，尤其流行于山东、河北一带。鼓词进一步发展形成了大鼓的形式，以京韵大鼓影响最大。清末民初，著名京韵大鼓表演家刘宝全，创立了"刘派京韵"风格。牌子曲是明清时期流行的民间小曲，用于演唱某种故事情节，也是各种曲牌体说唱的统称，如京津的单弦牌子曲、四川清音、广西文场等。伴奏乐器以三弦为主，南方常用琵琶、二胡、扬琴等。明末清初的地方戏，主要有北方梆子和南方的皮黄，继而在地方戏高度繁荣的基础上产生了京剧。

新中国成立以来，中国音乐艺术在政府的支持和引导下取得了长足的发展，在传承与创新的发展中，歌曲、器乐、歌剧、影视音乐和通俗音乐都有较大的突破，形成了独具中国特色的音乐文化，为中华民族的文化传统和音乐艺术的繁荣作出了积极贡献。新中国成立初期，国家通过建立音乐院校、文艺团体和音乐研究机构等方式，对音乐艺术进行系统的保护和培养。改革开放以来，国家对音乐产业进行扶持和引导，音乐市场得到了快速发展，各种音乐活动和节目层出不穷。同时，中国音乐家和音乐团体也开始走出国门，积极参与国际音乐交流与合作，推动并扩大了中国音乐在国际舞台上的发展和影响力。

中国现代音乐艺术是在吸取传统音乐文化精髓，继承古代音乐的基本理念和审美观念的基础上，将传统音乐元素融入当代音乐中的创造与发展。京剧音乐、古琴音乐、民乐等传统音乐与当代流行音乐相结合，创作的现代京剧《智取威虎山》《红灯记》《沙家浜》，芭蕾舞剧《白毛女》《红色娘子军》，民族管弦乐《彩云追月》等产生了重要影响。中国民族音乐不仅在现代音乐创作中得到了充分的表现，在音乐教育和研究中也都占有重要地位。

中国现代音乐艺术在不断创新和实践基础上，探索出了符合当代社会需求和审美趣味的音乐形式。现代流行音乐、电子音乐、摇滚音乐等新兴音乐风格在中国的传播和接受，不仅丰富了音乐创作的内容和形式，而且吸引了更多的年轻人参与音乐活动和创作。中国音乐人也在不断探索和尝试，通过融合不同音乐元素和传统文化，创作出前卫和充满创意的音乐作品。

中国现代文明建设中的音乐艺术造诣是一个广阔而复杂的主题，涉及音乐风格、创作技巧、表演形式和内容等各方面。音乐艺术是一种被视为反映当代社会思想、价值观和情感的重要的文化表达形式，中国现代音乐艺术的发展不仅是一个艺术创作的过程，更是对社会现实和文化传统进行反思与延续的过程。

音乐艺术创作与表演水平的提高不仅仅是音乐艺术文明建设的重要内容之一，更重要的是如何通过音乐来传递文明与智慧。音乐是一种具有普遍性和传播力的语言，能够直触人的心灵，激发人的情感与思考。中国现代音乐艺术在传承和创新理念指导下，使传统文化焕发出新的生机与活力，进一步提升了中国文化的软

实力和国际影响力。系统整理、研究中国传统音乐的历史，每个
时期的音乐特点、文化内涵及审美风向，挖掘传统曲、谱、乐器
在中外民族文化交往交流交融史中的历史地位和作用，不仅是探
索铸牢中华民族共同体意识新的视角和途径，更是促进人类命运
共同体建设的重要抓手。正如习近平总书记所说：文化自信是一
个国家、一个民族发展中更基本、更深沉、更持久的力量。音乐
作为一种艺术形式和文化活动，具有独特的时代性和民族性，是
中华优秀传统文化的瑰宝。

四、雕塑的传承与弘扬

雕塑是一种造型艺术，是通过物质材料和手段制出三维空间
形象的视觉艺术品。像中国的佛像在传统概念中是空间的塑像或
纪念碑，这与西方逻辑下的"雕塑"内涵就有本质差别。[1] 中国
传统雕塑是古代劳动人民的智慧结晶，是探索历史文化发展的脉
络、体验多个民族的日常生活和文化习俗的历史证物。中国传统
雕塑艺术作为世界文明史上的三大古老的雕塑传统之一，绵延千
年，从未中断。

史前时期的雕塑大多是陶制品，主要有人像和动物两大类，
如甘肃秦安出土的《人头形器口彩陶瓶》、辽宁牛河梁出土的《彩

---

[1]《吴洪亮谈刘士铭：一种自然生长的力量》，来源：中央美院艺讯网/CAFA ART INFO，2023年8月
18日，https://www.cafa.com.cn/cn/education/details/8332200。

塑头像》等[1]，另有少量的石、玉、骨、木等硬质雕塑出土。夏商周时期的青铜器是先秦雕塑的代表[2]，出现了将人或动物的立体雕塑与实用容器造型融为一体的作品，风格多凝重、威严，体现了实用与审美的成功结合。先秦时期还出土了大量以玉、石、骨、和牙作为材料的工艺性雕塑，玉雕艺术取得了最为重要的成就，如妇好墓出土的裸体《双面玉人》等。

秦汉时期的雕塑是中国雕塑发展史上的一座里程碑，在陶塑、石雕、木雕、青铜铸像及工艺装饰等方面均有所突破。与秦的挺拔、阳刚不同，楚地艺术更显绮丽、精巧，充满浪漫的想象，间或还有一点脆弱的感伤。与西汉陶俑的质朴相对，东汉则颇具写实特色，在人物情态方面更为生动传神。

秦汉时期普遍具有事死如事生的生死观念，帝王、高官、贵族死后大多数修造有较大规模的陵墓，墓前一般设置石碑、石阙、墓表、石人、石兽等，这些陵墓造像雕工十分考究，其中汉、南朝、唐时代的作品最具代表性，是中国古代石刻艺术的珍品。汉代帝陵石刻是当时雕塑艺术的最重要的内容，代表了石刻艺术的水平和时代特征。现存较完好的霍去病墓石雕，是这一时期的精品。霍去病墓前石刻有伏虎、跃马、卧马、野猪、蟾蜍、巨人搏熊、

[1] 孙振华:《中国美术史图像手册·雕塑卷》,中国美术学院出版社,2003年,第3—4页。
[2] 李丹丹:《中国雕塑艺术文化内涵的演变》,《大众文艺》2016年第20期,第52—53页。

马踏匈奴等大型作品。[1]这些石雕都是用整石雕成，雕刻技术灵活地运用了圆雕、浮雕及线刻等多种手法，并按天然石块的形状因材施艺，充分地表现出材料的本身质感和量感，使作品产生了巨大的内在活力。"马踏匈奴"是霍去病墓石雕的代表作品，是古代雕刻艺术中最优秀的作品。石雕运用浪漫主义与写实主义相结合的艺术方法，战马昂首屹立，神态自若，腹下匈奴面目狰狞，两足上曲似垂死挣扎。这一庄重雄强的艺术形象，是汉代战场的缩影，更是霍去病赫赫战功的象征。

佛教传入中国后，发展速度惊人，到魏晋南北朝时期，中原一带的佛教石窟艺术全面盛行，石窟造像很快成为中国古代雕塑中极有分量的部分[2]，促进了中国人物雕塑风格的多样化、表现技巧和手段的丰富以及创造主体的变化。

中国古代石窟造像遍布全国各地，其中主要包括新疆、甘肃、陕西、山西、河南、山东、河北、四川、浙江、江苏、辽宁、内蒙古、云南等省、自治区。石窟造像包括石雕和泥塑两种。石窟造像多雕制于山石较坚硬的石窟中，最重要的有敦煌、麦积山、云冈、龙门四大石窟。

敦煌石窟主要是指莫高窟，俗称千佛洞。莫高窟位于甘肃敦

[1] 庄家会:《霍去病墓雕刻原境初探》,《故宫博物院院刊》2022年第12期,第69—82页。
[2] 尹冰:《论佛教对中国古代雕塑艺术的影响》,《装饰》2007年第1期,第37页;高丽:《南北朝佛教雕塑艺术的风格与演变分析》,《收藏与投资》2023年第5期,第58—60页。

煌县城东南25千米处,洞窟凿于鸣沙山东麓断崖上,上下共分5层,高低错落,鳞次栉比,南北长度约1600米。莫高窟建于前秦建元二年（366）,至唐代武则天时已有窟室千余龛。现保留北魏、西魏、北周、隋、唐、五代、宋、西夏、元各代洞窟492个,壁画45000多平方米,彩塑2415身。另有唐代木构建筑5座及莲花石柱、铺地花砖数千块,是建筑、壁画、雕塑组成的佛教艺术中心。[1]

麦积山在南北朝初期是我国西北地区的重要佛教文化中心。麦积山石窟位于甘肃省天水市东南约30千米的山中,石窟雕刻始于后秦,历经北魏、西魏、北周、隋、唐、五代、宋、元、明、清各代,其规模越来越大。[2]据统计现存洞窟194个,其中东崖54个,西崖140个。石雕像及泥塑7000余身,还有壁画1300多平方米。麦积山石窟、石龛均匀开凿在距山基20至30米处,最高可达80米高的悬崖峭壁上,层层相叠,错落如蜂房。

云冈石窟位于山西大同西16千米外武周山南麓,依山开凿,东西长度达1千米。现存有主要洞窟53个,石刻造像51000余尊,是我国最大的石窟之一。[3]云冈石窟凿于北魏兴安二年（453）,大部分完成于太和十九年（495）。石窟中佛像最高可达17米,而最小的则只有几厘米。其中菩萨、力士、飞天及塔柱上的蟠龙、狮、

---

〔1〕 高用华:《敦煌莫高窟》,吉林文史出版社,2010年,第4—7页。

〔2〕 赵明、周越:《谈谈麦积山石窟造像的文化特色》,《中国地名》2011年第8期,第40—41页。

〔3〕 张洁:《云冈石窟的造像艺术美探究》,《文物鉴定与鉴赏》2023年第22期,第102—105页。

虎、金翅鸟等形象生动活泼，都是引人入胜的杰作。造像雕刻技艺，除继承、发展汉代的艺术传统外，还吸收了外来佛教艺术精华，从而形成了清新的时代风格。

龙门石窟位于河南省洛阳南郊的龙门口，其因有香山和龙门山相对峙如门阙，间有伊水流过，所以龙门口又名伊阙。龙门石窟造像凿于北魏孝文帝迁都洛阳前后（494年前后），历经东西魏、北齐、隋、唐、北宋。现存窟龛2100多个，造像万余尊，题记和其他碑刻3600多品，大小佛塔40余座。其中以北魏的古阳洞、宾阳洞、莲花洞及唐代的潜溪寺、万佛洞、奉先寺、看经寺为代表。[1]龙门石窟造像姿态轻盈，神情优雅，造型生动，内容广而繁多，特别是唐代石刻像更是精彩，是中国古代石窟造像的典范。

得益于政治上的宽松、经济上的繁荣、对外交流的活跃等一系列积极因素，唐代雕塑艺术从形式和技法上都达到了中国雕塑的完美境界。[2]唐代雕塑艺术的最大特点是精美、完备、和谐，那种毫不掩饰的大气、豪放是后人难以企及的，尽管雕塑在整个艺术中的地位不再像秦汉那样重，但仍留下了无数的优秀作品。隋唐时期佛教造像的数量之多、规模之大、技术之高都是前所未有的。宗教雕塑、明器雕塑、陵墓雕塑、纪念性雕塑、建筑装饰雕塑和工艺性雕塑等方面都取得了全面发展，技术趋于完善。特别是唐

〔1〕　任凤霞：《研究历史变迁对龙门石窟造像艺术的影响》，《收藏》2023年第5期，第88—90页。
〔2〕　黄克煜：《浅谈唐朝时期的雕塑艺术》，《美术教育研究》2012年第18期，第24页。

代创造的"唐三彩",将唐代明器雕塑推向了一个新的高度,如昭陵六骏、南禅寺彩塑等。这一时期的雕塑在前代的风格上加以创新,想象力和创造力更为丰富,充满自信。[1]

中国雕塑技术停滞不前的五代至元时期[2],雕塑艺术仍呈现出这样几个特点:(1)与现实接近的罗汉雕塑日益增多,如下华严寺雕塑、灵岩寺罗汉群塑等;(2)工艺性雕塑如陶瓷雕塑、石雕、木雕、竹雕等日渐兴旺;(3)记录了墓主的日常生活习性的砖雕出现。此外,山西太原晋祠圣母殿的彩塑堪称纪念性雕塑的代表。所以,当时除了有官方认定的专门从事雕塑的机构外,民间还有很多从事雕塑的艺人,雕塑艺术进入社会大众的日常,具有了普遍性意义。

明清时期宗教观念淡薄,宗教雕塑多模仿前朝,有程式化趋向,装饰性雕塑随处可见。无论是在宫廷建筑还是在民间建筑中,雕塑题材都符合居住者的心理需求,构思奇巧,制作精细,与建筑融为一体。建筑雕塑发展迅速,如清代寿山石雕《太白醉酒》、明代竹雕《张果老骑驴像》等。[3]前期风格简练,后期则较为繁丽。明代竹雕、果核雕[4]人才辈出,技艺超群,也是雕塑渐趋繁丽的反映。

中国传统雕塑取材于自然,在创作上更是讲求不设不施和天然去雕饰的美学效果,其整体创作与作品呈现出一种自然的美感。传

〔1〕 黄珉:《唐代佛教雕塑特点及其社会背景研究》,《美术教育研究》2015年第7期,第46页。
〔2〕 王子云:《中国雕塑艺术史》,人民美术出版社,1988年,第327页。
〔3〕 郎天咏:《全彩中国雕塑艺术史》,宁夏人民出版社,2000年,第299页。
〔4〕 王照烽:《明代核雕考述》,《收藏》2015年第23期,第130—133页。

统雕塑种类繁多，根据艺术表现手法，大体可分为圆雕、浮雕、透雕三种。圆雕是指不附着背景，可从任意角度欣赏的雕塑。浮雕是在平面上雕出凸凹形象的雕塑，依表面凸出厚度的不同，分为高浮雕和浅浮雕等。透雕是指在浮雕基础上镂空其背景部分的形象，是介于圆雕和浮雕之间的一种雕塑表现手法。其间尚有单面雕和双面雕的不同。[1]按制作材料，雕塑又可分为石雕、玉雕、陶塑、牙雕、骨雕、角雕、竹雕、木雕、泥塑、铜塑等类。[2]

1949 年，中华人民共和国的诞生，促生了户外大型纪念雕塑的繁荣。雕塑艺术从雕塑家的工作室、雕塑沙龙和展厅走向了社会，走向了公共空间，走向了人民大众，这是一个革命性的变化。最著名的公共雕塑作品当数《人民英雄纪念碑》。至改革开放前，中国雕塑形成了以社会主义现实主义为主导的"红色经典"创作模式。当代雕塑史上的标志性事件是 1979 年 9 月的"星星画展"，王克平的木雕《沉默》《呼吸》《万万岁》成为整个展览的焦点，这些作品的出现是新时期雕塑艺术的一个转折。[3]20 世纪 90 年代的雕塑家们自觉地关注当代社会，对各种社会现象进行文化思考，强调作品的观念性和现实针对性，表达艺术家的人文关怀。

21 世纪以来，中国进入了互联网时代，雕塑虚拟形象出现，

〔1〕　朱立元主编：《艺术美学辞典》，上海辞书出版社，2012 年，第 265 页。

〔2〕　张燕：《传统雕塑的传承与发展研究》，新华出版社，2020 年，第 19—42 页。

〔3〕　王臻：《新中国雕塑语言流变与拓展》，《陶瓷科学与艺术》2023 年第 5 期，第 20—21 页。

视觉色彩斑斓，造型卡通，动漫趣味流行；近距离、纪实性地反映市井化、日常化的世俗生活的作品大量出现；中国身份和本土文化意识更加自觉。[1] 新时代中国雕塑传承了历史文脉，在其发展历程中形成了两个特点：一是雕塑超越原有定义，将专业与日渐崛起的大国形象、当代文化融为一体；二是自觉将弘扬民族精神和拓展艺术形式作为创作追求，主动以作品诠释新时代精神，不断阐释中华传统美学精神，深入挖掘优秀文化艺术资源。2020 年，中国美术馆主持的《新时代中国雕塑的传承与发展研究报告》获得立项[2]，期待其在理论研究上有重大突破，引领中国现代文明建设。

人民英雄纪念碑是现代雕塑艺术中优秀的浮雕作品。人民英雄纪念碑呈方柱形，由两层月台、两层须弥座、碑身和碑顶组成，下层须弥座束腰部四面镶嵌 8 幅巨大的汉白玉浮雕，分别以"虎门销烟""金田起义""武昌起义""五四运动""五卅运动""南昌起义""抗日战争""胜利渡长江"为主题。在"胜利渡长江"浮雕的两侧，另有两幅以"支援前线""欢迎中国人民解放军"为题的装饰性浮雕，浮雕镌刻着 170 多个人物形象，生动而概括地表现出中国人民 100 多年来，特别是在中国共产党领导下反帝反封建的伟大革命斗争史实。整个纪念碑的造型使人们感到既有民族风格，又有鲜明的新时

---

〔1〕 鲁虹：《新世纪以来的中国当代雕塑(上)》，《艺术当代》2019 年第 1 期，第 42—49 页。

〔2〕 邵晓峰：《〈新时代中国雕塑的传承与发展研究报告〉的学术开拓》，《美术》2024 年第 1 期，第 153—154 页。

代精神，是新中国纪念性建筑与雕塑艺术相结合的经典作品。

同时期，较为著名的公共雕塑还有《大连苏军烈士纪念碑》《旅顺中苏友谊纪念碑》《志愿军像》《哈尔滨防洪纪念碑》《解放江山岛纪念碑》等。1959 年，首都兴建的十大建筑，鲁迅美术学院在北京农业展览馆前的《庆丰收》、刘士铭的《劈山引水》等[1]较为突出。

毛泽东塑像是缅怀类雕塑的典型代表，20 世纪 60 年代以来陆续兴建，已成为社会各界群众举行爱国主义教育的重要基地和纪念场所，是人们瞻仰和寄托思念的重要场地，见证了中国现代雕塑艺术的发展历程。

第一座毛泽东塑像于 1967 年 9 月 15 日建成于清华大学二校门旧址上，为毛泽东穿军大衣挥手的全身塑像，包括底座总高度为 8 米。设计单位是以清华大学建筑系美术教研组人员为主成立的筹备组。与此同时，毛泽东的老家湖南湘潭韶山也建起了一尊毛泽东塑像。塑像由中央美术学院雕塑系的张德宏设计，并结合他人意见决定以毛泽东青年时代穿长衫的形象来建造，并采用总高 12.26 米的规模。

毛泽东铝镁合金塑像，位于湖南省长沙市开福区八一路 538 号中国共产党长沙历史馆内。塑像由鲁迅美术学院设计、黑龙江省东北轻合金加工厂塑造，是 1969 年黑龙江省人民捐赠给湖南毛泽东

---

〔1〕　孙振华：《新中国雕塑 70 年》，《艺术评论》2019 年第 10 期，第 27—41 页。

革命纪念地的礼物，至今保存完好。塑像为毛泽东头戴军帽、身着军棉大衣，两眼直视前方，左手自然下垂，手掌微握，右手向前伸，挥手致意的形象。塑像高 7.1 米，加基座通高 12.26 米，寓意党的生日和毛泽东同志诞辰日。塑像分为基座和像身两大部分。像身的材质为铝镁合金，是十分珍贵的飞机制造原材料，塑像基座后沿铆合的金属板上铸有"黑龙江省两千五百万人民敬赠一九六九年"的字样。

韶山毛泽东铜像，是经中共中央批准兴建的纪念毛泽东 100 周年诞辰重点献礼工程。铜像面朝东南方，身着中山装，左胸前挂着"主席"证，手执文稿，目光炯炯，面带微笑，正视前方，巍然挺立，成功地再现了人民领袖毛泽东出席开国大典时的风采。铜像褐红色大理石基座正面，镌刻着江泽民题写的"毛泽东同志"五个贴金大字。铜像位于湖南韶山毛泽东纪念馆大门前，由著名雕塑大师、中国美术馆馆长刘开渠和国家一级美术师程允贤设计，1993 年 12 月 20 日落成。

2009 年 12 月 26 日，毛泽东青年艺术雕塑落成于湖南长沙橘子洲头。雕塑以 1925 年青年时期的毛泽东形象为基础，以强烈的视觉效果和艺术感染力，以及与橘子洲自然环境的完美结合，突出表现毛泽东胸怀大志、风华正茂的形象。雕塑高 32 米、长 83 米、宽 41 米，基座 3500 平方米，由 8000 多块采自福建高山的永定红花岗岩石拼接而成。

第二节　喜闻乐见的中华戏曲

中国戏曲是中华民族文化的一个重要组成部分，堪称国粹。中国戏曲剧种种类繁多，据不完全统计，我国各民族地区地方戏曲剧种约有360种，传统戏曲剧目有5万多个。各种地方剧种都有特定的观众对象。远离故土家乡的人甚至把听、看民族戏曲作为思念故乡的一种表现。新中国成立后又出现许多改编的传统剧目，新编历史剧和表现现代生活题材的现代戏，都受到广大观众热烈欢迎。中国戏曲始终扎根于民间，为人民喜闻乐见。

中国戏曲源于原始社会的歌舞，经过汉、唐到宋、金才形成比较完整的戏曲艺术，它主要是由民间歌舞、说唱和滑稽戏三种不同的音乐艺术形式综合而成。从12世纪中叶到13世纪初，逐渐产生了职业艺术和商业性的演出团体及反映市民生活和观点的宋杂剧和金院本。[1]16世纪明代中叶，江南兴起了昆腔。之后，中国戏曲音乐得以迅速发展，明清时期形成了以四大声腔、乱弹、京剧最为突出的音乐形式。晚清时期，基于国民启蒙宣传需要，戏曲被从文坛边缘引至舞台中心，异于西方现代艺术自主自律的发展，戏曲现代性转型从一开始即被赋予了宣传工具的职能。辛亥革命前后，一批有造诣的戏曲艺术家从事戏曲艺术改良活动，

---

〔1〕〔明〕陶宗仪:《辍耕录·院本名目》:"唐有传奇,宋有戏曲、唱诨、词说。金有院本、杂剧、诸宫调。院本、杂剧,其实一也。"〔清〕昭梿《啸亭续录·大戏节戏》:"乾隆初,纯皇帝以海内升平,命张文敏制诸院本进呈,以备乐部演习,凡各节令皆奏演。"

为以后的戏曲改良积累了宝贵的经验。梅兰芳在五四前夕演出了《邓霞姑》《一缕麻》等宣传民主思想的新戏。

一、京剧

京剧又称平剧、京戏等，是中国影响力最大的戏曲剧种，以北京为中心，遍及全国各地。京剧是中华民族传统文化的重要表现形式，其中的多种艺术元素被喻作中国传统文化的象征符号。2006年5月，京剧被国务院批准列入第一批国家级非物质文化遗产名录。2010年，被列入联合国教科文组织非物质文化遗产名录（名册）、人类非物质文化遗产代表作名录。

京剧是以皮黄腔[1]为主的戏曲剧种，主要起源于四个地方剧种：一是流行于安徽省一带的徽剧，二是流行于湖北的汉剧，三是流行于江苏一带的昆曲，四是流行于陕西的秦剧。[2]

清初京城戏曲舞台上盛行昆曲和京腔。乾隆中期后，昆曲渐衰，京腔兴盛而一统京城舞台。乾隆四十五年（1780），秦腔艺人魏长生由川进京，以一出《滚楼》轰动京城。乾隆五十年（1785），清廷以魏长生的表演有伤风化，明令禁止秦腔在京城演出。秦腔不振，秦腔艺人为了生计，纷纷搭入徽班，形成了徽、秦两腔融合的局面。此外，流行于湖北的汉剧的二黄、西皮与徽戏有着血缘关系，且

〔1〕 梆子腔传播到湖北，成为西皮，与当地的二黄戏（弋阳腔的变体）结合，形成皮黄腔。
〔2〕 张秀丽：《京剧》，吉林出版集团有限公司，2013年，第8页。

于徽、汉二剧进京前已有广泛的交融。道光二十年（1840）至咸丰十年（1860）间，经徽戏、秦腔、汉调的合流，借鉴并吸收了昆曲、京腔之长而形成了京剧。[1]同治、光绪年间（1862—1908），出现了名列"同光十三绝"[2]的第一代京剧表演艺术家和不同流派的宗师，标志着京剧艺术的成熟与兴盛。

京剧的形成是清代地方戏发达的结果，而京剧成为全国性的代表剧种后一点也没有压抑地方戏的发展。从清代地方戏到京剧，是中国戏曲极度繁盛的时代。[3]

最早一代的京剧著名演员是三位老生——程长庚（1811—1880）、余三胜（1802—1866）和张二奎（1814—1864），后世称之为"前三鼎甲"。稍后，又有三位老生名噪一时——谭鑫培（1847—1917）、汪桂芬（1860—1906）、孙菊仙（1841—1931），后世称之为"后三鼎甲"。1920年前后，领衔主演的行当转向了旦角，以梅兰芳为代表的"四大名旦"脱颖而出，京剧也由成熟走向鼎盛，生、旦、净、丑行行人才辈出，一大批风格迥异、富有创造的艺术家涌现，形成了群星璀璨的局面。[4]

梅兰芳一生主要从事京、昆表演，创作了一批时装戏和古装戏，

---

〔1〕 张秀丽:《京剧》,吉林出版集团有限公司,2013年,第10—11页。

〔2〕《同光十三绝》是一幅工笔写生戏画像。该画绘有老生、武生、小生、青衣、花旦、老旦、丑角,均是画家选择的清代同治、光绪年间徽调、昆腔的徽班进京后扬名的13位著名京剧演员。他们是:郝兰田、张胜奎、梅巧玲、刘赶三、余紫云、程长庚、徐小香、时小福、杨鸣玉、卢胜奎、朱莲芬、谭鑫培、杨月楼。

〔3〕 程红、吴志强主编:《国语读写教程》,北京体育大学出版社,2007年,第55页。

〔4〕 徐城北:《中国京剧》,五洲传播出版社,2003年,第76页。

加工整理了一批传统戏。他对中国戏曲的贡献是多方面的，之于戏曲理论的贡献仅是其中一面。他创新的京剧梅派艺术，不仅是中国京剧与整个中国戏曲艺术的高峰，还位列世界三大表演体系之一。他提出了"中国戏剧之三要点"。第一点，西方戏剧与中国戏剧的隔阂是可以打破的。第二点，中国戏剧的一切动作和音乐等，完全是姿势化。所谓姿势化，就是一切的动作和音乐等都有固定的方式。第三点，中国（戏）未来之趋势必须现代化，并不一定是戏剧、本体的现代化，是要使剧中的心情和伦理成为现代化，这是中国戏剧今后可试验的途径。梅兰芳将艺术和生活，以及兴趣结合到一起，让中国传统书画走进戏剧，打破了艺术间原有的壁垒，由此开创出新的发展路径，并将这种新式事物传到了国外。[1]

京剧有文武场之分，文场以京胡为主，辅以月琴、京二胡等，武场有鼓板、大锣、钹、小锣等。京剧类型从整体上看，有唱工戏、武打戏、唱念做打[2]俱重的戏、流派戏，有小戏、连台本戏、折子戏，也有古装戏、现代时装戏、新编历史戏、革命现代新戏等。京剧唱工戏以唱取胜、表演细腻，武打戏火爆炽烈，歌舞小戏轻松活泼，连台本戏人物众多、规模宏大、情节曲折、故事完整，折子戏凝

---

〔1〕《梅兰芳：京剧大师里最会画画》，http://collection.sina.com.cn/cqyw/2015-10-22/doc-ifxizwsi5501350.shtml。

〔2〕 戏曲表演的四种艺术手段，也是戏曲表演的四项基本功。唱指歌唱，念指具有音乐性的念白，二者互为补充，构成歌舞化的戏曲表演艺术两大要素之一的"歌"。做指舞蹈化的形体动作，打指武术和翻跌的技艺，二者相互结合，构成歌舞化的戏曲表演艺术两大要素之一的"舞"。川剧《最后一场封箱戏》部分名词详解，https://mp.weixin.qq.com/s/FPWbQl3ARkAXwdQy9McB8Q。

缩精华、耐人寻味，流派戏异彩纷呈、特色鲜明，现代戏强调时代性、贴近现实生活。

京剧唱念中对吐字、归韵、收音的要求特别严格。京剧语言不像话剧那样以普通话为标准音，也不像地方戏曲以方言为审音辨字、吐字发声的依据，京剧唱念既有普通话标准音，又有所谓"中州韵""湖广音"等。京剧音韵不是单一的标准音或方言音，而是一种独具风格的特殊的气韵。[1]京剧曲调的高、低、升、降，与字调的阴、阳、上、去这四个方向的走向要求是基本相同的。唱腔按照"以字行腔"的原则来设计，即根据字的四个声调和调向的变化来安排唱腔的旋律。[2]

京剧从形成之初到成熟，延续下来的传统剧目有 1300 多个，新编并流传开来的剧目将近 100 个。剧目结构灵活自由，戏剧性和剧场性比较强，舞台表现手段丰富，通俗易懂。其中《三岔口》、《秋江》、《二进宫》、《玉堂春》、《贵妃醉酒》、《霸王别姬》、《穆桂英挂帅》、《锁麟囊》、《昭君出塞》、《红娘》、《秦香莲》、《空城计》、《借东风》、《徐策跑城》、《白蛇传》、《赤桑镇》、《野猪林》、《群英会》、《四郎探母》、《龙凤呈祥》（三国时期刘备成亲的故事）、《大闹天宫》等流传甚广。[3]

---

[1] 苏静：《话剧艺术与京剧艺术的融合》，新华出版社，2021年，第88页。

[2] 苏静：《话剧艺术与京剧艺术的融合》，新华出版社，2021年，第91—92页。

[3] 徐城北：《中国京剧》，五洲传播出版社，2003年，第44—45页。

京剧程式化的两极对立思维、20世纪六七十年代观众的审美期待心理，与战争题材产生的暗合，无形中消解了京剧表现形式与现代生活内容之间的内在矛盾；程式的创新凝聚了艺术工作者的大量心血，舞蹈、音乐、舞台美术、表演等对文本美学进行了补充与激活，成为《智取威虎山》取得成功的重要因素。但这并不能根本解决戏曲"内容与形式"之间的矛盾，从某种意义上说，它只是以一种特殊的形式延缓了传统京剧的衰亡。从《林海雪原》到现代戏的改编，再到样板戏的修改，《智取威虎山》——红色经典成功崛起的实践，再现了艺术再生产的过程。而随着权力因素的渗透，文本呈现出观念化、纯粹化的特征，艺术的集体创作模式得以实现，整个生产过程破除了文学生产与文本的独立性、自足性。[1]

二、河北评剧

评剧从清嘉庆年间（1796—1820）兴起于河北滦县地区，经以成氏家族为代表的民间艺人改进，形成完整的曲艺形式，到20世纪30年代逐渐形成独立的剧种，经历了五个发展阶段——对口莲花落、"拆出"、平腔梆子戏、奉天落子和评剧阶段，被戏剧界称为东路评剧。与此同时，还有一支独立活跃在北京地区的评剧，

---

[1] 李莉：《论样板戏的文本、表演与生产》，硕士学位论文，西南师范大学，2004年。

名为"北京蹦蹦"，被称为"西路评剧"。作为评剧主题发展脉络的东路，以对口莲花落和"拆出"阶段为评剧的奠基阶段，以说唱艺术莲花落为基础开始吸收其他剧种的表演形式和音乐元素，实现了唱白分离。平腔梆子戏和奉天落子阶段为评剧形成阶段，评剧在剧作家成兆才等一批创作艺人的推动下，出现了专业编剧，并吸收京剧、皮影戏等戏曲艺术的唱腔和舞台艺术形式，出现了以庆春班为代表的评剧班子和一系列的新剧目，至1931年前后，评剧基本形成。从1935年开始，京津地区的落子艺人南下，在沪杭等地演出落子戏，受到极大欢迎。现广泛流传于我国东北和华北地区，因剧目内容多评古论今，而得名评剧。[1]

　　评剧早期表演者大多为"土里土气"的乡下人。评剧创始人，有民间"戏圣"之名的成兆才，艺名"东来顺"，直隶滦州（今河北省唐山市滦南县俵城镇绳各庄村）人，祖辈皆为贫苦农民。其他如评剧第一个男旦月明珠、旦行的创立者金开芳、小生行当的创始人倪俊声和有"评剧皇后"之称的白玉霜等人皆出身较低。因而，评剧善于表现城乡普通百姓的生活，艺术形式非常活泼。最具代表性的剧目有《小姑不贤》《小姑贤》《安安送米》《败子回头》《打狗劝夫》《卖子孙贤》《李桂香打柴》《贤女化母》（又名《新小姑贤》）等，这些剧目多反映家庭伦理关系，表现手足之情、妻贤

---

〔1〕　吴迪、王长印：《评剧》，吉林出版集团有限责任公司，2013年，第8页。

子孝及婆媳、姑嫂、妯娌、邻里之恩怨，折射世态炎凉、人情冷暖，旌表良善，鞭挞丑恶。[1]

1953 年组建了中国评剧团，隶属于中国戏曲研究院。1955 年 3 月，成立中国评剧院，是文化部领导下的艺术团体。1958 年中国评剧院划归北京市。2012 年转企改制。在国家文艺政策的积极引导下，评剧男角吸收京剧、河北梆子的特点，有京剧化倾向。评剧成熟化过程也是其艺术特点逐渐形成的过程，从早期相对单一的男女角色，到后来出现生、旦、丑三种角色，到唐山落子时期完整行当的形成。在戏曲艺术唱、念、做、打这几种常见的艺术手段中，评剧演员以唱工见长，依托对唱工的创新，出现了以中低音唱法见长的"白派"、以高亢嘹亮唱腔为特色的"刘派"，以及有名的疙瘩腔"爱派"和清新华美的"喜派"等不同派别。新中国成立后，则出现了继承和发展"白派"艺术的"新派"。在剧目方面，评剧以现代剧为主，剧目创作也多以反映现实生活为主，因此评剧的群众基础相对稳固，这也是评剧赖以生存发展并生生不息的根源所在。[2]

中国评剧院恢复、整理和创作了 300 多出优秀现代戏及传统剧目，如《杨三姐告状》《秦香莲》《花为媒》《刘巧儿》《小女婿》《金沙江畔》《高山下的花环》《评剧皇后》《黑头与四大名蛋》《九

---

〔1〕 焦振文:《评剧与乡土市井文化》，江苏人民出版社，2020 年，第 7 页。
〔2〕 吴迪、王长印:《评剧》，吉林出版集团有限责任公司，2013 年，第 22—23 页。

尾狐》《祥林嫂》等，也造就了如小白玉霜、新凤霞、喜彩莲、花月仙、李忆兰、魏荣元、马泰、张德福、席宝昆、陈少舫、赵丽蓉、张少华、胡沙、贺飞、张玮、苏丹、张尧、谷文月、刘萍、李惟铨、戴月琴等几代优秀评剧艺术家。其中有 20 多部剧目和 80 多位演职员先后获中宣部、文化部、北京市多个奖项。

三、河南和湖北的越调

越调又名四股弦，是河南省、湖北省地方传统戏剧，主要流传于陕南、鄂北、皖西、山东及河南各地，在全国有一定的影响。2006 年，越调列入国家级非物质文化遗产名录，遗产编号是 IV-27。[1]

（一）河南越调

关于越调的起源，流传有多种说法与观点。一种说法是，越调由南阳梆子变体演化而来。原本称为"月调"，流传中人们错以为它出自元明九宫之一的"越调"；另一种说法是，越调的音乐、调式主要来自河南南阳民歌与河南地区流行的"越调头""越调尾"的曲牌，被称为越调；还有一种说法是，越调是我国民族传统音乐中某一曲调在演奏或演唱时移入上五度宫音系统，越过原曲调，发生旋律形态的改变，形成的新曲调。

越调逐渐发展成熟后，戏班经常在人民群众的宴会、庙会中出

---

[1]《国家级非物质文化遗产代表性项目名录》，https://www.ihchina.cn/project.html。

演，以河南省的南阳一带为中心，不断发展到豫中、豫东及豫南，随后又在黄河沿岸、豫西北、豫东南等地流行。20世纪30年代，越调逐渐进入鼎盛时期。在越调流行的河南、湖北、安徽、陕西等地，一些较大村镇，都曾组织过越调戏班。越调戏班也会经常在婚丧嫁娶、贺寿生子以及节庆庙会等重要场合演出。

新中国成立以来，河南越调的发展表现在：

1. 专业剧团的建制。成立了许昌、商丘、郑州3个地级和襄城、方城、睢县等13个县级专业越调剧团，拥有演职员1100余人；专业音乐工作者、编剧、导演、舞台美术设计等创作人员陆续参与到越调创新创作工作中。改革开放后，又新成立了平顶山市越调剧团和镇平县、淅川县越调剧团。

2. 大型戏剧展演活动的举办。1959年3月，河南省全省16个专业越调剧团到达许昌共襄盛举，举行了河南历史上第一次越调剧种会演。

3. 进京会演和改编为影视剧。越调剧团曾多次进京汇报表演。许昌专区越调剧团1960年10月和1965年9月两次赴京汇报演出，受到北京戏曲界和文化界的一致好评。1963年，申凤梅率剧团到北京演出，周恩来总理看了申凤梅[1]主演的《收姜维》后，接见

---

[1] 申凤梅在57年的艺术生涯中，先后在传统戏、新编历史剧及现代戏等200多个剧目中扮演过生、旦、净、丑等各种行当的角色，塑造了各色各类、性格迥异的艺术形象。最为经典的是她倾心塑造的6个不同年龄段的"诸葛亮"形象——《诸葛亮出山》《舌战群儒》《斩关羽》《诸葛亮吊孝》《七擒孟获》《收姜维》，实为越调艺术的天花板。

全体演出人员，夸奖"河南的诸葛亮会做思想工作"。1965 年 9 月，孙太安、何兰英主演的《斗书场》，申凤梅、何全志演出的《扒瓜园》，参加了中南区戏曲观摩演出大会，并获得优异成绩。同年国庆大典中，越调演员与来自祖国各地的各行业代表一起登上天安门观礼台。1965 年，由越剧剧目改编的电影《山村新曲》《扒瓜园》先后上映。1979 年到 1981 年的三年间，《诸葛亮吊孝》、《李天保娶亲》（又名《李天保吊孝》）、《智收姜维》（又名《收姜维》）、《白奶奶醉酒》分别由北京、珠江、长春电影制片厂拍摄为戏曲艺术片。

进入 21 世纪以来，一些曾大受欢迎的越调戏剧《杨门女将》《盛世君臣》《老子》等作品，以崭新的面貌步入剧院舞台。2013 年，新世纪的越调戏曲艺术电影《老子行》开拍，不仅传承了越调艺术，也成为弘扬道家思想的一次尝试，给越调的发展提供了新的思路。

越调表演有正装戏和外装戏之分。民国以前，越调演出主要以正装戏为主。正装戏是越调剧种的传统剧目，其台词文雅固定，表演内容多具有正统意义的宫廷内阁"袍带戏"；一般正装戏的唱词较少，白口多，辞格韵律比较讲究，在唱腔音乐、曲牌结构、板式应用、行当角色等方面均有较为程式化的套路和稳定的结构，戏剧故事的来源也具有一定历史、传说的根据，如改编自历史故事的《六国封相》《荆轲刺秦》等剧目都是具有代表性的越调正装戏。

民国初年，革命新思想在越调戏曲界产生影响。同时，随着女性演员的登场，与正装戏相对应的外装戏也逐渐形成。相比于正装戏稳定的表演结构和程式，外装戏更加注重流水板类型的声腔风格，语句长短变化丰富、节奏明快，道白少而唱词多，调式和调高也更适合女声的表演。外装戏多为反映世俗情味的悲欢离合"生活戏"，文笔浅显，宜唱易传。外装戏的故事情节多来自街谈巷议，以演绎才子佳人、男女爱情故事为主。外装戏形式更加灵活多变，节奏也更加明快，外装戏逐渐成为越调表演的主要部分。

传统越调有"九腔十八调"之说。其中九腔为一腔、二腔、三腔、四腔、五腔、花腔、叹腔、昆腔和哭腔，其中前五腔为"慢板腔"，后四腔为"流水腔"，十八调包括十字头、乱弹、披甲调、潼关调、拉马调、铜器垛、打揪调、打铁调、四河调、定杠调、玩猴调、二簧调、清戏调、罗戏调、银纽丝、滚白、拖着调、吓唬调，诸多强调中，以"流水""铜器垛""十字头""慢板"使用得最多。越调最常用的五种重要板式为：慢板类、流水板、铜器调类、垛子类、杂板类。

（二）湖北越调

湖北越调，是鄂西北汉水中上游地区的地方戏曲剧种，主要流行地区在谷城、老河口、襄阳县一带，因汉水在这一段俗称襄河，故又名襄河越调。为区别河南省的小越调，民间又叫它为大越调，新中国成立后命名为湖北越调。

根据襄阳老艺人口述记载，湖北越调的起源可追溯到明末时期。明末，李自成属下的秦陇子弟屯聚襄河一带,以秦腔(同州梆子)

为军戏，随军演唱，到处流传，后与当地语言及民间音乐相结合，逐渐演变形成越调。这一说法就尤其体现了湖北越调与山陕梆子的渊源流变关系中。[1]另据湖北钟祥鼓楼保存的清代嘉庆年间的题壁，该楼修建于清乾隆年间，当时金翠班演出的剧目，有《子胥过江》《牛头山》《全家福》等。由此可见，湖北越调形成于清代乾隆、嘉庆年间。皮影戏班对湖北越调艺术的流传与发展起到了重要作用。

新中国成立后，湖北越调逐渐进入成熟期，在襄阳老河口地区极为流行。20世纪50年代马岗越调业余剧团成立，进行了全国巡演。20世纪80年代，湖北越调还参加了文化部开展的"十大集成"工程调研，从而将老河口艺人的演唱录音与剧本等资料保存了下来。受地理因素影响，河南地方戏曲艺术不断传入襄阳地区，对襄阳地方戏曲的发展形成了很大冲击。加之新时代人们的文化娱乐方式发生了极大改变，使得湖北越调艺术发展陷入了低迷期。

进入21世纪以来，地方文化部门十分重视地方戏曲的传承与发展。老河口市文体新广局和襄阳艺术研究所都为湖北越调的再发展不断努力，积极抢救和保护这一剧种。2012年襄阳市艺术研究所在当地政府支持下成立湖北越调研究组，开展剧种史料和理论系统性抢救性保护。[2]2014年，湖北越调成功入选第四批国家

---

[1] 王俊、方光诚：《湖北戏曲声腔剧种研究》，中国戏剧出版社，1996年，第90页。
[2] 王宏丽：《湖北越调的演变研究》，《黄河之声》2023年第21期，第9—11页。

级非遗名录。

湖北越调是个古老的大剧种，行当齐全。"湖北越调是汉调西皮的'过渡性'声腔。"它音域宽广，旋律起伏跌宕，唱腔高亢，尾音翻高，具有粗犷朴质、高亢激越的风格特色。它与秦腔、山陕梆子渊源密切，对汉剧、京剧的孕育及形成有着极为重要的影响。清初至民国年间，越调出演剧目有《顶灯》《红书剑》《水战曹操》《琼林宴》等 427 个；有同春班、同庆班、黄品章班等 13 个班社；著名演员有黄品章、黄公章、黄世朔、李友元、周连成等 99 人；主要在三阳（襄阳、南阳、郧阳）地区演出，县署及外省外地商帮所建的会馆、寺院、道观，皆建有古戏楼。仅谷城县就有戏楼 32 处，有的戏楼至今保存完好。[1]

湖北越调的艺术特点表现在板式多样、语言本土化等方面。

越调属板腔体，除独立成段外，转板连接运用也非常灵活。[2]就表演艺术而言，这种戏曲音乐板腔可以让剧情、舞台和时空转换具有较大的伸缩性，有利于戏曲音乐与剧目情节的转换与连接，这在传统戏曲的形成和发展上起到了至关重要的作用。

越调作为襄河一带的地方戏曲剧种，以襄阳地方官话为其舞台语言，在唱词中镶嵌了地方惯用的一些衬词，使其具有了显著

---

〔1〕《中国戏曲音乐集成》编辑委员会、《中国戏曲音乐集成·湖北卷》编辑委员会：《中国戏曲音乐集成·湖北卷》，中国ISBN中心，1998年。

〔2〕 李素娥：《襄阳谷城湖北越调考察》，《湖北文理学院学报》2014年第12期，第30页。

的本土化特征。[1]唱词和念白中常出现本土的俗言、昵语、土言土语、浑言素语等，不仅拉近了表演者与观众的距离，也突出了戏剧与人们生活的贴切感。

独创的音乐手法、完备的板腔之体、个性的唱腔运用、齐全的行当分工、精炼的表演功夫、诸多的戏种剧目等，都使得越调的剧种系统更加完善。

四、山东吕剧

吕剧是山东地方戏曲之一，由琴书演变而来。山东琴书为说唱艺术，多为二人对口演唱，兼奏乐器。[2]山东琴书一说是山东本土的产物，发源于鲁西南曹县一带；一说来自外省，由豫东、皖北、苏北一带传入。从山东琴书到吕剧，大概又经历了50年的时间。[3]1900年，时殿元化装演出的《王小赶脚》标志着吕剧的初步形成，将戏剧形态由叙述体转化为代言体。1913年前后，吕剧音乐的曲牌体解体，板腔体初步形成。[4]至新中国成立之前，吕剧仍处于初步发展阶段，其表演形式、音乐体制等也还在初步探索阶段。

新中国成立初期，吕剧的发展表现为组织机构的建立和艺术

〔1〕 李素娥：《襄阳谷城湖北越调考察》,《湖北文理学院学报》2014年第12期，第32页。
〔2〕 王靖楠：《关东吕剧调查与研究》，硕士学位论文，东北师范大学，2022年。
〔3〕 王帅：《"十七年"山东吕剧发展研究》，硕士学位论文，山东艺术学院，2023年。
〔4〕 于学剑：《吕剧史论》，中国戏剧出版社，2010年，第28页。

本体的完善。[1]1956 年，国家正式提出文艺发展的"双百"方针，吕剧演员阵容迅速发展壮大，剧目继续完善、扩充，在艺术理念、传播方式等方面都有了较大变化。

改革开放后，吕剧借鉴了一些其他地区、民族风格音调，在唱腔上注入了新鲜血液，增强了时代感。但因我国港台以及外国歌曲的不断进入，吕剧观众日趋减少，其发展大受影响。进入 21 世纪后，中国的传统戏曲都面临着严峻的生存形势，吕剧也不例外，青少年观众的流失以及方言的失传是造成吕剧衰落的主要原因。2006 年，吕剧列入山东省第一批省级非物质文化遗产名录，2008 年列入国务院发布的第二批国家级非物质文化遗产名录。

吕剧有《双寻夫》《李二嫂改嫁》《王定保借当》等经典剧目。

《双寻夫》是抗日战争时期，耀南剧团编剧彭飞创作的一个现代剧目。故事发生于敌占区家庭中，两个儿子，一个当了八路军，一个当了伪军。他们的妻子分别前去探望，返回家后又一起向婆婆说看望后的感受。一个倾诉当了伪军的痛苦和耻辱，另一个则是诉说了从军八路军的快乐和荣耀，形成了鲜明的对比。[2]

《李二嫂改嫁》描绘的是 1947 年解放战争前夕山东某农村，善良勤劳的年轻寡妇李二嫂，在劳动中和本村青年农民张小六产生了爱情，婆婆"天不怕"唯恐二嫂改嫁，暗中串通"二流子"

---

〔1〕 王帅:《"十七年"山东吕剧发展研究》，硕士学位论文，山东艺术学院，2023 年。

〔2〕 李建军:《乡土剧种:吕剧艺术研究》，中国戏剧出版社，2019 年，第 41 页。

李七,千方百计地阻挠破坏,几经波折,李二嫂在党和群众的支持下,终于冲破阻力,与张小六结成美满姻缘的故事。剧本是刘梅村、刘奇英等据王安友同名小说改编的,语言朴实,感情真挚,在观众心灵里引起激荡。1954年华东区戏曲观摩演出,获剧本一等奖。1957年摄制成戏曲艺术片。

《王定保借当》的故事发生在今天淄博市淄川区太河镇响泉村(戏里的张家湾),还是学堂学生的王定保,利用老师外出踏青之际,与同学赌博输了钱,怕父母责骂,不敢回家要钱还债。其未婚妻张春兰知道后,背着父母将嫁妆衣裳给王定保当钱还债。恶霸李武举知道这件事以后,贪慕张春兰之美貌,便乘机诬赖王定保是偷盗他家之物,把王定保打入南监。张春兰听到恶讯后,星夜赶到县城公堂喊冤,终于救出王定保。主题丰富深沉,尤其是对"戒赌"的劝诫,至今仍有现实意义。

吕剧具有贴近群众、优美朴实、融会贯通等艺术特点。

吕剧舞台道白直接使用的语言是属北方语系的济南官话,具有鲜明的地方特色。在表演中,吕剧善于运用通俗易懂、形象生动的群众语言作为剧词,并以此来塑造人物形象。剧目大多取材于百姓生活中的故事,情感真挚、表演细腻,深刻反映了社会历史和人民生活的丰富多彩,让观众更能深入了解中国传统文化和世界观。

吕剧既是"戏曲"又是"曲艺",曲调简单朴实、优美动听、灵活顺口、易学易唱。唱腔轻柔婉转,音调变化富有情感。音乐节奏感强,配以优美的舞蹈和唱腔,更能突显其独特的艺术魅力。

吕剧是一门融合性强的艺术。一台成功的吕剧融合了文学、表演、舞蹈、美术、音乐甚至武术杂技等各种艺术元素,并且将其完美展现。吕剧受舞台的时空限制,不允许从容地展开情节,要求组织尖锐的矛盾冲突,以矛盾冲突作为情节发展的主要线索,没有冲突就没有吕剧。

五、浙江越剧

浙江越剧是以今浙江绍兴嵊州市为中心发展起来的、我国较为年轻的剧种之一。越剧与京剧、黄梅戏、评剧、豫剧并称中国五大剧种,汉族戏曲之一。越剧发源于绍兴嵊州,先后在杭州和上海发展壮大起来,流行于全国,流传于世界,在发展中汲取了昆曲、话剧、绍剧等特色剧种之精华,经历了由男子越剧到女子越剧为主的历史性演变。

清咸丰年间(1851—1861),越剧从"落地唱书"中脱离,逐渐演变成独立的剧种,先后有"女子科班""女子文戏""的笃班""草台班戏""小歌班""绍兴戏剧""绍兴文戏""髦儿小歌班""绍剧""嵊剧""剡剧"等名称。1925 年 9 月 17 日,在上海小世界游乐场演出的"的笃班",首次在《申报》上称自己的剧目为"越剧"。1938 年起,多数戏班、剧团都改称"越剧",但各大戏报上的称谓依旧不统一。1939年,《大公报》记者樊迪民在《戏剧报》上撰稿明言"越剧"命名的动机。此后,各报"女子文戏"的广告陆续改称为"越剧"。1942年,在袁雪芬等倡导下,越剧一方面吸收话剧、电影的表演方法,真实、细致地刻画人物的性格和心理活动,一方面学习昆曲、京剧优美的舞蹈身段和表演程式,动作更加细致、节奏感更强,形成了写意与写实表演相结合的独特艺术风格。

新中国成立后,国家对越剧的表演形式和内容进行改良创新,如男女混演、增添伴奏乐器、删改不良思想等。改良后的越剧借鉴吸收了其他剧种、曲种,内容丰富起来。现代越剧的曲调清悠婉转,优美动听,长于抒情,有尺调、四工调、弦下调三大类,获得了"中国歌剧"的美誉。2006年,越剧列入第一批国家级非物质文化遗产名录,被誉为第二国剧。2023年3月28日,新国风·环境式越剧《新龙门客栈》在浙江杭州蝴蝶剧场首演,广受社会欢迎,为传统戏曲艺术的发展走出了一条康庄大道。

越剧有小旦、小生、老生、小丑、老旦、大面六大类。越剧公认的艺术流派有13家,其他还有竺水招派、吴小楼派等。13家中,尹、徐、毕、范、陆派为小生,袁、王、戚、傅、金、吕、张(云霞)派为小旦,张(桂凤)派为老生。老一辈著名越剧表演艺术家,有袁雪芬、尹桂芳、范瑞娟、傅全香、徐玉兰、王文娟、戚雅仙、张桂凤、陆锦花、毕春芳、张云霞、吕瑞英、金采风、竺水招等。

袁雪芬(1922—2011),原名袁雪雰,浙江嵊县(今嵊州市)

人，工青衣、闺门旦，是越剧创始人。其唱腔旋律纯朴，节奏多变，感情真挚深沉，韵味醇厚，委婉缠绵，声情并茂，重视人物性格和内心活动。1936年，初次挂头牌并灌制女子越剧第一张唱片《方玉娘哭塔》。1940年，主演改良越剧《恒娘》。1942年，开始进行越剧改革，演出新编剧目《古庙冤魂》等。1943年，主演剧目《香妃》，创造"尺调"唱腔。1946年，将鲁迅小说《祝福》改编为《祥林嫂》搬上越剧舞台。1947年，发起"越剧十姐妹"义演。1949年，主演剧目《相思树》。1953年，主演新中国第一部彩色戏曲影片《梁山伯与祝英台》。1955年，任上海越剧院院长。1958年，主演剧目《梅花魂》。1959年，主演越剧《双烈记》，创"六字调"。1965年，主演现代剧目《火椰村》，创制"降B调"唱腔。1978年，主演越剧影片《祥林嫂》，再度担任上海越剧院院长。1986年，以艺术指导身份与上海越剧院演出团赴巴黎演出。2008年，入选国家级非物质文化遗产代表性项目传承人。2011年2月19日，在上海逝世，享年89岁。

有影响而又经常演出的剧目有：《梁山伯与祝英台》《王老虎抢亲》《五女拜寿》《红楼梦》《西厢记》《何文秀》《玉堂春》《血手印》《打金枝》《玉蜻蜓》《碧玉簪》《珍珠塔》《祥林嫂》《西园记》《白蛇传》《孟丽君》《李娃传》《柳毅传书》《孔雀东南飞》《追鱼》《沙漠王子》《九斤姑娘》等。

六、江苏昆曲

昆曲，是我国古老的剧种，又名昆山腔、昆腔、昆剧等。元末明初，南戏发展到了昆山一带，与当地的音乐、歌舞、语言结合，产生了新的声腔剧种——昆山腔。嘉靖年间，经魏良辅等人的革新，昆山腔吸收北曲及海盐腔、弋阳腔的长处，形成了委婉细腻、流丽悠长的"水磨调"。梁辰鱼将传奇《浣纱记》以昆曲形式搬上舞台，使原来主要用于清唱的昆曲正式进入戏剧表演领域。明代万历年间，昆曲从江浙一带逐渐流播到全国各地。天启初到清康熙末的100多年，昆曲蓬勃发展。乾隆以后，昆曲逐渐衰落。新中国诞生以来，昆曲艺术出现了转机，国家先后建立了七个有独立建制的专业昆曲院团。昆曲主要由专业昆曲院团演出，集中于江苏、浙江、上海、北京、湖南等地。

昆曲是歌、舞、介、白等表演形式的高度综合。昆剧唱腔华丽婉转、念白儒雅、表演细腻、舞蹈飘逸，加上完美的舞台置景，达到了表演艺术的最高境界。昆曲的音乐，旋律优美典雅，演唱技巧规范纯熟。赠板的广泛应用、字分头腹尾的发音吐字方式，以及流丽悠远的艺术风格，使之实现了"婉丽妩媚，一唱三叹"的艺术效果。昆曲表演最大的特点是抒情性强、动作细腻，歌唱与舞蹈的结合，巧妙而和谐。根据语言上丑、付两类角色的念白特色，昆剧可分为南昆和北昆：南昆以苏州白和扬州白为主，北昆以大都韵白和京白为主。

随着表演艺术的全面发展，昆曲脚色行当分工越来越细，主要包括老生、小生、旦、贴、老旦、外、末、净、付、丑等，在表演中形成一定的程序和技巧，对京剧及其他地方剧种的形成和发展产生了重要影响。如晋剧、蒲剧、湘剧、川剧、赣剧、桂剧、越剧、闽剧等，都受到过昆曲艺术多方面哺育和滋养。

昆曲历史悠久，名家繁多，人才辈出。魏良辅（1489—1566），字尚泉，江西南昌人，流寓于江苏太仓南码头，对昆山腔的艺术发展有突出贡献，被后人奉为"昆曲之祖"，在曲艺界更有"曲圣"之称。

汤显祖（1550—1616），字义仍，号海若、若士、清远道人，江西临川人。在戏曲创作方面，反对拟古和拘泥于格律。作有传奇《牡丹亭》《邯郸记》《南柯记》《紫钗记》，合称"玉茗堂四梦"，以《牡丹亭》最为著名。在戏曲史上，和关汉卿、王实甫齐名，在中国乃至世界文学史上都有着重要的地位，被誉为"东方的莎士比亚"。

沈自晋（1583—1665），字伯明，晚字长康，号西来，双号鞠通。出身吴江沈氏家族，淡泊功名，待人温厚，勤学博览，富有文才，是剧坛江派的健将。著作有《黍离续奏》《越溪新咏》《不殊堂近草》等。

俞振飞（1902—1993），原名远威，号箴非，别号涤盦，原籍松江娄县，生于苏州。京剧、昆剧演员，工小生。1923年，与程砚秋合演昆剧《游园惊梦》。1927年，创办新乐府昆剧团。1931年，参加程砚秋的鸣和社，后到暨南大学任教。1945年，加入梅兰芳剧团，与梅兰芳合演《奇双会》《春秋配》《洛神》等京、昆剧目。1957年，任上海戏曲学校校长。1958年，参加中国戏曲歌舞团去西欧访问演出。1959年，主演昆曲《墙头马上》。1963年，拍摄昆剧电影《墙头马上》。1978年，任上海昆剧团团长。1980年，演出昆剧《太白醉写》。1993年病逝，终年92岁。俞振飞多才多艺，融合了昆曲、京剧特色，促进了二者的相互交流和共同发展。如把昆曲的边歌边舞、浓郁的"书卷气"带进京剧，同时又把京剧明快强烈的风格引入昆曲等。

七、上海沪剧

沪剧是上海地区代表性剧种，流行于上海、苏南及浙江杭、嘉、湖地区。沪剧源于浦江两岸的田头山歌和民间俚曲，受弹词及其他民间说唱的影响，成为说唱形式的滩簧。清道光年间，浦江一带的滩簧发展为二人"上下手"、自奏自唱的"对子戏"和三人以上装扮人物、另设专人伴奏的"同场戏"。19世纪末，已有艺人流入上海，在茶楼坐唱，称为本滩。1914年，本滩易名为申曲。1927年以后，申曲开始演出文明戏和时事剧。1941年上海沪剧社成立，在演出广告上明言："过去的本滩叫作申曲，今天的申曲改称沪剧。"申曲正式改称沪剧。同时，把美国电影《魂断蓝桥》改编成同名沪剧，演出用固定剧本，舞台改为立体布景，化装改用油彩，用灯光效果，演出剧目有《秋海棠》《啼笑因缘》等。1953年2月，上海市人民沪剧团成立，随后改为由国家主办的上海市人民沪剧团，各民办沪剧团改为集体所有制。改革开放后，重建上海沪剧团，又建宝山、长宁、徐汇、上海、崇明、新艺华等区县沪剧团。

沪剧音乐委婉柔和，曲调优美动听，带有浓郁的江南水乡情调。沪剧唱腔既善于叙事，又长于抒情。其唱腔音乐来源于田头山歌，在长期实践过程中逐渐形成了丰富的曲调和独特的风格。曲调主要分为板腔体和曲牌体两大类。板腔体唱腔包括以长腔长板为主的一些板式变化体唱腔，一般称为"基本调"。曲牌体唱腔多数是明清俗曲、民间说唱的曲牌和江浙俚曲，也有从其他剧种吸收的曲牌及山歌、杂曲等。沪剧伴奏乐器以竹筒、二胡为主，辅以琵琶、扬琴、三弦、笛、箫等。后来吸收了广东乐器，将一些江南丝竹乐及广东乐曲的音调融入唱腔过门。

不同时期沪剧的角色行当各有不同。对子戏时期一生一旦居多，同场戏时期有了生行、旦行的分别。生行包括小生、老生，小生又分正场小生、风流小生。旦行又名包头，有正场包头、娘娘包头、花包头、老包头、邋遢包头等。随着沪剧表演向文明戏、话剧靠拢，其角色行当的分类日渐淡化，动作、念白均未形成程式，演唱也都使用真声。

沪剧表演，没有虚拟夸张的程式动作及伴奏念白的各种锣鼓点子，仅在静场及某些情节中奏一段民间乐曲作为气氛音乐。新中国成立后，有的剧团在民乐基础上吸收了西洋乐器的弦乐、木管乐（有时还有铜管），组成中西混合乐队；有的还设置电声乐器，应用复调、和声以管弦乐技法配器，向新歌剧及电影音乐借鉴，戏剧配乐和剧情紧密配合。与此同时，发展了前奏曲、幕间曲及贯穿全剧的主题音乐。所以，沪剧是以表演现代生活为主的戏曲。其在传统戏曲表演形式，即唱、念、做、打的基础上，加入对现实生活的体会；并广泛吸收新歌剧、电影、话剧以及其他剧种的表演方法，借助音乐、布景、灯光、服饰，塑造现代典型环境中的典型人物，具有浓郁时代气息和真情实感的艺术美。

戏曲人才是支撑地方戏曲传承发展的重要力量。沪剧从"滩簧"到"申曲"演变阶段出现了四位艺术超群的艺人，其唱腔各有千秋、自成一派，被同行誉为"四大小生"，他们是施兰亭、邵文滨、马金生、丁少兰。沪剧著名的人物还有筱文滨、凌爱珍等。

筱文滨（1904—1986），原名张文俊，上海人。其唱腔讲究音韵，运气自如，厚实平稳，柔和动听，富有书卷气，善于以意生情，以情带声，是推动沪剧唱腔发展的"文派"唱腔的创始人。他擅长演唱开篇及早期传统剧目，如《三国开篇》《朱小天》《徐阿增出灯》和《陆雅臣》等。1931年与筱月珍组建文月社，不断更新剧目，壮大演出阵容。1938年改为文滨剧团。为适应剧场发展的需要，率先成立了剧务部，主张"因人设戏"，发挥演员所长，设立剧目奖，鼓励出戏，增加乐器，丰富沪剧音乐的演奏，把舞台装置及灯光设置立体化等，推动了沪剧综合艺术的发展。主要演出剧目有《贤慧媳妇》《恨海难填》《叛逆的女性》《碧落黄泉》《乱世佳人》等。1951年文滨剧团改组为艺华沪剧团，他仍是主要演员。1956年9月调任上海市戏曲学校沪剧班教师，1958年4月任上海市人民沪剧团演员兼学馆教师。1986年逝世。

凌爱珍（1911—1983），著名沪剧表演艺术家，上海人。13岁师从申曲老艺人陈秀山，后进入文月社和文滨剧团，与筱文滨、筱月珍和杨月英等申曲名角同台演出，声誉鹊起。解放后她组建爱华沪剧团，出任团长，在剧目建设和新秀培养上尤见成效。她主演的《桃李颂》《少奶奶的扇子》《谁是母亲》等剧目，在观众中产生广泛影响。特别是其在《红灯记》中饰演李奶奶一角，给世人留下了深刻印象。1973年担任上海沪剧团艺委会副主任。她擅长演花旦、泼旦、悲旦等角色，戏路宽广。演喜剧风格爽朗明快，演悲旦又充满凄切哀婉之情，后期演老旦也相当出色。其唱腔富有变化，演唱以朴实流畅的节奏和清晰有力的吐字技巧引人注目，形成了沪剧"凌派"艺术。1983年因病去世。

八、湖北与安徽的黄梅戏

黄梅戏源自湖北黄梅，初名黄梅调、采茶戏等，现今主要流传于安徽省安庆市、湖北省黄梅县等区域。清末，黄梅县一带的采茶调传入邻近的安徽省怀宁县等地，与当地的民间艺术相结合，采用安庆方言进行歌唱和念白，逐渐孕育成为一个崭新的戏曲剧种，当时被称为怀腔或怀调，这便是黄梅戏的雏形。此后，黄梅戏又汲取了青阳腔和徽调的音乐、表演及剧目元素，开始上演更为完整的"本戏"。在变革过程中，黄梅戏实现了从山歌小调向戏曲形式的转变。历经百余年的发展与演变，黄梅戏不仅成为安徽主要的地方戏曲剧种，更在全国戏曲界崭露头角，成为备受瞩目的大剧种。[1]

清乾隆末期至辛亥革命期间，黄梅采茶调、江西调、桐城调、凤阳歌等流传于皖、鄂、赣三省，受当地戏曲（青阳腔、徽调）影响，结合民间艺术如莲湘、高跷、旱船，逐渐演变成小戏。进而，受"罗汉桩"曲艺及青阳腔、徽调影响，形成故事完整的本戏。传统剧目丰富，艺人能演的本戏、小戏有200多本。剧目中，不少取材于湖北黄梅县真人真事，如《告坝费》《大辞店》《过界岭》等。大戏表现了人民对阶级压迫、贫富悬殊的不满和对美好生活的向往，如《荞麦记》《告粮官》《天仙配》等。

从辛亥革命到1949年，黄梅戏在这一阶段逐渐职业化，从农村走向城市舞台。入城后，黄梅戏与京剧合班，并受到上海其他

---

[1] 周爱宝：《黄梅戏唱腔特点及表演教学研究》，辽宁大学出版社，2019年，第3页。

剧种如越剧、扬剧、淮剧和北方评剧的影响，演出内容与形式发生了显著变化。新剧目如《文素臣》《宏碧缘》等被编排和移植。对传统唱腔进行改革，减少虚声衬字，使之更加明快易懂；取消帮腔，尝试使用胡琴伴奏；表演上，吸收京剧和其他剧种的程式动作、表现手法；服装、化装和舞台设置也有所改进和发展。[1]

新中国成立以来，黄梅戏迅速恢复和发展。1953年，安徽省黄梅戏剧团在合肥成立，安庆地区十三县也成立了专业剧团。1954年，《天仙配》参加华东戏曲观摩演出大会并获得成功，后被拍成电影，轰动海内外。新创和改编的剧目如《女驸马》《砂子岗》等相继上演。黄梅戏影响扩展至湖北、江西、江苏等省区，香港、澳门也出现了普通话和粤语演唱的黄梅戏。表演艺术上，黄梅戏吸收了话剧和电影的表演形式，塑造了新的人物形象。几十年来，黄梅戏涌现出严凤英、王少舫等老一辈艺术家及马兰、韩再芬等中青年优秀演员，深受观众喜爱。

严凤英，黄梅戏的一代宗师，被誉为"黄梅戏皇后"。她嗓音圆润甜美，表演细腻传神，擅长塑造各种角色，无论是端庄贤淑的大家闺秀，还是泼辣干练的小家碧玉，都能信手拈来。严凤英的代表作《天仙配》，更是成为黄梅戏的经典之作，流传至今。

王少舫，黄梅戏表演艺术家，工老生，兼演小生、老旦。他

---

[1] 李琳琦、刘道胜主编：《安徽历史大事典》，安徽师范大学出版社，2021年，第271页。

的表演风格质朴自然，嗓音醇厚，善于通过细腻入微的表演展现人物内心的情感变化。王少舫在黄梅戏界的地位举足轻重，他的艺术成就和贡献被广泛认可。

马兰，黄梅戏表演艺术家，国家一级演员。她以其清新脱俗的形象和精湛的演技赢得了观众的喜爱。马兰在黄梅戏的传承和创新方面作出了积极尝试，将现代元素融入传统表演中，为黄梅戏的发展注入了新的活力，代表作品有《女驸马》《无事生非》《遥指杏花村》。

韩再芬，黄梅戏表演艺术家，国家级非物质文化遗产代表性项目传承人。其表演风格典雅大方，嗓音清亮悦耳，擅长诠释悲剧人物，让观众在感受到悲剧的力量的同时，也能领略到黄梅戏的艺术魅力。韩再芬一直致力于黄梅戏的传承和推广工作，为黄梅戏的发展作出了卓越贡献。代表作品有《天仙配》《女驸马》《郑小娇》《徽州往事》等。

他们不仅是黄梅戏艺术的传承者、中国戏曲界的瑰宝，更是中国传统文化发展中一颗颗璀璨的明星。他们通过不懈的努力、精湛的表演以及卓越的艺术表现力，将黄梅戏这一地方戏曲剧种推向了全国乃至世界的舞台，让更多的人领略到了中国传统文化的博大精深，为黄梅戏的传承和发展作出了巨大贡献。

九、河南豫剧

豫剧的前身是河南梆子，以其独特的艺术魅力和深厚的文化底蕴，历经数百年的沧桑岁月，逐渐发展成为中国戏曲界的重要一员。从明末清初的民间小调，到清末民初的流派纷呈，再到新中国的繁荣发展，豫剧的发展历程可谓波澜壮阔，充满了传奇色彩。

豫剧的起源可以追溯到明代中后期，当时河南地区流行的时尚小令（民歌、小调）为其提供了土壤。这些民间艺术形式在吸收北曲弦索、秦腔、蒲州梆子等演唱艺术后，逐渐演变成为豫剧的雏形。早期的豫剧以农民自发的业余演出为主，后来逐渐形成职业化的戏曲团体，并在清代中后期发展成熟。清代乾隆年间，河南已流行梆子戏。据《歧路灯》和《杞县志》记载，梆子戏在开封、杞县一带盛行，并与罗戏、卷戏等合班演出，合称"梆罗卷"。

辛亥革命后，河南梆子频繁在城市演出。开封的知名茶社纷纷邀请河南梆子班社，如义成班、天兴班等，使其声名大噪。随后，郑州、洛阳等城市也开始有河南梆子的演出，茶社、戏园纷纷涌现。20世纪20年代末至30年代，河南梆子发展迎来新阶段。开封相国寺先后建立了永安、永乐、永民、同乐四个河南梆子剧场，吸引陈素真、王润枝、马双枝等著名艺人会聚开封。1935年年初，樊粹庭创建了豫声戏剧学社，将永乐舞台转型为豫声剧院，吸引了杞县戏班和山东曹县戏班加入。学社摒弃了旧戏班的不合理制度，革新了表演和舞台美术，并上演了樊粹庭编剧的《义烈风》

等剧目。因抗日战争爆发，1938 年，学社更名为狮吼剧团，寓意"醒狮怒"。

1936 年常香玉随周海水班社到开封，在醒豫舞台演出。1937 年成立中州戏曲研究社，演出古装戏如《六部西厢》和现代戏《打土地》，成为豫剧编演现代戏的开端。永安舞台的王润枝等也演出了许多传统剧目。名角会聚，推动了豫东调和豫西调的融合，促进了河南梆子的发展。1938 年日本占领开封后，狮吼剧团等先后到西安演出，扩大了豫剧的影响范围。

新中国成立后，河南梆子经过改革和创新，正式更名为"豫剧"，标志着豫剧艺术的飞跃和戏曲艺术的全面繁荣。1956 年成立河南豫剧院，豫剧涌现出一批优秀的编剧人才，如杨兰春等，创作了《小二黑结婚》《刘胡兰》《朝阳沟》等经典作品。豫剧流派汇报演出等活动也推动了豫剧的发展，使其成为我国广受欢迎的戏曲剧种之一。[1] 2006 年，豫剧被列入第一批国家级非物质文化遗产名录。

豫剧，唱腔流派之丰富多样，堪称戏曲界之最。豫剧的唱腔流派多元并蓄，大致可分为祥符调、豫东调、豫西调、沙河调以及现代调等，每一种流派都有其独特的艺术风格和表现特点。祥符调，以开封为中心，延至中牟、通许等地，统称"内十处"，是豫剧的主要流派之一。代表剧目有《宇宙锋》《女贞花》等，展现

---

〔1〕　谭静波：《中国史话 豫剧史话》，社会科学出版社，2015 年，第 44 页。

了豫剧艺术的独特魅力。[1] 豫东调，以商丘为中心，流行于鲁西南和豫东的永城、柘城等地，被称为"外八处"，又称"东路调"。豫东调的代表人物有唐玉成、唐喜成等。代表剧目有《南阳关》等，展现了豫剧艺术的豪放与激情。[2] 豫西调，又称"西府调"，流行于以洛阳为中心的豫西一带，多在靠山背坡搭台演出，也被称为"靠调"或"靠山吼"。代表人物有常香玉、崔兰田等，代表剧目有《大登殿》《程婴救孤》等，展现了豫剧艺术的深沉与悲壮。[3] 沙河调，又称"本地梆"，流行于沙河流域，主要覆盖以漯河、周口为中心的多个皖西北和豫东南地区。沙河调的代表人物有梁振起、刘发印等。代表剧目有《雷音寺》《斩郑子明》等。[4]

在众多豫剧剧目中，有一些作品具有卓越的艺术成就和广泛的影响力，《花木兰》无疑是豫剧中最具代表性的剧目之一。豫剧《花木兰》是人民艺术家、豫剧大师常香玉的代表剧目，自1951年上演至今，已有三代艺术家领衔主演，继承传扬，久演不衰。这部作品以古代女英雄花木兰代父从军的故事为蓝本，通过豫剧艺术的独特表现形式，将花木兰的英勇善战和孝顺忠诚展现得淋漓尽致。[5]

〔1〕 杜瑶、吕宝文、宋夕险：《百花齐放民族戏曲特色剧种研究》，九州出版社，2021年，第103页。

〔2〕 杜瑶、吕宝文、宋夕险：《百花齐放民族戏曲特色剧种研究》，九州出版社，2021年，第104页。

〔3〕 杜瑶、吕宝文、宋夕险：《百花齐放民族戏曲特色剧种研究》，九州出版社，2021年，第106页。

〔4〕 杜瑶、吕宝文、宋夕险：《百花齐放民族戏曲特色剧种研究》，九州出版社，2021年，第105页。

〔5〕 兰青主编：《中国传统音乐概论：戏曲与说唱音乐》，东北大学出版社，2014年，第108页。

另一部脍炙人口的豫剧代表剧目是《穆桂英挂帅》。这部作品以杨家将的故事为背景，讲述了穆桂英挂帅出征、保卫国家的英勇事迹。马金凤大师的精湛表演，使得穆桂英这一角色形象生动、立体，深深打动了观众的心。

此外，《七品芝麻官》《卷席筒》《三哭殿》《对花枪》等剧目也是豫剧中的经典之作。

值得一提的是豫剧在改编为现代戏方面也取得了显著成就。《朝阳沟》《小二黑结婚》《人欢马叫》《倒霉大叔的婚事》等现代戏作品，以其贴近生活的题材和真实的艺术表现，赢得了广大观众的喜爱，为豫剧的传承与发展注入了新的活力。豫剧代表剧目丰富多彩，涵盖了历史、传奇、现实等多个题材领域，至今仍有广泛的影响力，它们不仅在豫剧舞台上频繁上演，更通过电视、网络等现代手段传播。

豫剧，作为中国五大戏曲剧种之一，其深厚的历史底蕴和独特的艺术魅力，早已深入人心。在豫剧的发展历程中，涌现出了众多杰出的代表人物，他们用自己的才华和努力，为豫剧的传承与发展作出了不可磨灭的贡献。

陈素真，豫剧界第一代旦角女演员，成名早，17岁称"豫剧皇后"，22岁获"河南梆子大王"美誉，位居豫剧六大名旦之首。她融合了哑剧和豫剧，融入中国古典舞蹈，边打边唱，边唱边舞，创立了陈门艺术。其唱腔古朴典雅，表演细腻传神，身段优美。

她在培养豫剧人才方面作出了巨大贡献，推动豫剧进入雅致化新时代，扩展受众群体。代表作有《宇宙锋》《梵王宫》等。

常香玉，被誉为"人民艺术家"。她创立的"常派"艺术，采用真、假声结合的"混声唱法"，使豫剧演唱更科学，更具技巧性和表现力。她融合豫东、豫西调，创造"二八流水混合板"，并汲取京剧、评剧等艺术优点创新唱腔。其表演刚健清新、细腻大方，表达人物细致入微、栩栩如生。1951年，她率剧社巡回演出，捐献一架战斗机，被誉为"爱国艺人"。代表作有《花木兰》《拷红》等。[1]

崔兰田，学习陈素真、常香玉的长处，并吸取京剧、秦腔等剧种技巧，融会贯通。她以豫西调为主，是豫西流派代表和"豫剧十八兰"中的佼佼者。崔派唱腔深沉、含蓄、韵味悠长，表演庄重大气，擅长塑造古代悲剧妇女形象，代表作有《桃花庵》《秦香莲》等。

马金凤，豫剧表演艺术家，被誉为"七岁红"。嗓音明亮纯净，真假声结合，擅长豫东调二八板，吸收山东梆子音调。唱腔严谨、旋律朴实，节奏明快舒展，技巧深厚。表演穆桂英时，独创"帅旦"行当，成功塑造出气宇轩昂、雍容大度的英雄形象。代表作《杨八姐游春》《十二寡妇征西》《穆桂英挂帅》等。

此外，还有唐喜成、牛得草、李树建等一代又一代的豫剧艺

---

〔1〕 兰青主编：《中国传统音乐概论：戏曲与说唱音乐》，东北大学出版社，2014年，第108页。

术家，他们用自己的才华和努力，为豫剧的传承与发展作出了巨大的贡献。他们表演风格各异，在豫剧艺术的道路上不断探索和创新，使豫剧艺术更加丰富多彩。

豫剧的传承与发展不仅需要老一辈艺人的坚守和传承，更需要新一代年轻人的参与和创新，而中国电视界戏曲栏目的第一品牌——《梨园春》，无疑在其中起到无比重要的作用和影响。

《梨园春》是以豫剧为主、汇集全国各地不同戏曲剧种，以戏迷擂台赛方式呈现的一档戏曲综艺旗舰栏目。1994年在河南卫视推出，是中国生命力最强的电视节目之一。1999年全面改版后的《梨园春》，除戏迷擂台赛和名家名段欣赏外，还增设了戏曲小品或相声、戏曲MTV等节目形式，呈现出现代电视手段和河南传统戏曲有机结合的特点，尤其是戏迷擂台赛环节的设置，更加充分调动了戏迷观众参与节目的积极性。在《梨园春》的影响下，各地电视台的戏曲类栏目和戏曲频道相继出现。《梨园春》在随后的跨省演出和主题性大型晚会上都有极为突出的表现。例如，2001年5月在北京连续举办8天"梨园春北京戏曲周"，轰动京城；2002年8月，栏目赴台湾进行两场现场直播，开创了河南电视史上跨海直播先河；2004年先后组织近20期特色鲜明的主题晚会，如中国电视戏曲兰花奖大型颁奖晚会，文化中原、心向十月——河南四地市文化戏曲专场，庆祝嵩山被世界教科文组织授予"世界地质公园"称号专题晚会等。

2005 年的"擂响中国——首届梨园春杯全国戏迷擂台赛",连续 7 天在河南卫视进行现场直播,创造了《梨园春》擂台赛有史以来的四个"之最",即参与人数最多、参与范围最广、参与剧种最丰富、赛事历时最长。同年举办的"唱响中华戏曲魂"系列活动,先后与山西电视台、天津电视台、辽宁电视台、河北电视台、安徽电视台联办,共同制作了 10 期节目。通过联办,促进了全国电视戏曲栏目的沟通交流,打破了地方戏曲传播的地域性局限,进一步扩大了《梨园春》在全国的影响。2006 年,为了进一步繁荣中国戏曲事业,大力激活专业戏曲队伍和市场,发掘培养优秀中青年演员,鼓励专业院团人才培养,采取了以下行动:(1)与天津电视台联合举办了津豫铿锵闹元宵戏曲晚会;(2)承办了大型全国性专业戏曲比赛"擂响中国——《梨园春》专业戏曲演员擂台展演";(3)举办全国少儿擂台赛活动及《梨园春》卡通形象颁奖晚会;(4)《梨园飞歌》大型戏曲交响音乐会在澳大利亚悉尼歌剧院举办,《梨园春》栏目第一次走出国门,第一次将豫剧搬上世界舞台,第一次采用交响演唱会的形式演绎传统戏曲,第一次实现跨洋直播;(5)2007 年春节,《梨园春》进行了为期 13 天的南美巡演……《梨园春》由此获得了诸多全国性大奖,如《中国电视戏曲》栏目一等奖、《中国电视戏曲》策划奖、全国电视文艺"星光奖"优秀栏目奖、第二届电视戏曲"兰花奖"特别贡献奖、全国三八红旗集体等。

因此，有评价认为，《梨园春》真正的魅力就是展现老百姓自己的艺术，这种形式喜闻乐见，也是其生命力持续长久的原因；《梨园春》是一种现象，体现了一种精神和追求，在传承戏曲文化、发扬戏曲艺术方面，作出了很好的榜样；《梨园春》在戏曲与观众之间架起了一座坚实的桥梁，因为《梨园春》，越来越多的观众爱上了戏曲。《梨园春》是一个无法复制的奇迹，它延续了戏曲的生命。

十、高光时刻

新中国成立后，在中国共产党领导下对民族戏曲进行了一场群众性革新运动。早在 1949 年 7 月召开的中华全国文学艺术工作者代表大会上，确定了以毛泽东《在延安文艺座谈会上的讲话》所提出的"我们的文学艺术都是为人民大众的，首先是为工农兵的"的文艺发展新方向，这说明中国先进文艺始终是围绕着人这一主题展开的。从歌剧《小二黑结婚》、沪剧《罗汉钱》、越剧《梁山伯与祝英台》、评剧《刘巧儿》等作品中可以看到，以女性解放为先导，预示了中国人民作为人的"整体"的解放。在戏曲领域，认为延安"旧剧革命"开辟了新中国戏曲发展的道路。[1]

1950 年 11 月，文化部提出了《关于戏曲改进工作向中央文化部的建议》；1951 年毛泽东提出了"百花齐放，推陈出新"的"戏改"

---

[1]　周宁：《20世纪中国戏剧理论批评史》中卷，山东教育出版社，2013年，第726—727页。

方针；同年，政务院颁布了《关于戏曲改革工作的指示》，制定了戏曲改革"改戏""改人""改制"的具体内容和政策。革除了旧戏班、旧剧场中的剥削制度，在北京建立了国营剧场。涌现了一批优秀剧目，如京剧《将相和》《白蛇传》、评剧《秦香莲》、越剧《梁山伯与祝英台》、昆剧《十五贯》等，著名历史学家吴晗还撰写了历史京剧《海瑞罢官》。1952 年，举办了"第一届全国戏曲观摩演出大会"，有全国流行的 23 个剧种参加，表演了近 100 种剧目，不仅检阅了三年来的"戏改"工作成果，还为各地剧种、剧团及艺人提供了交流的平台，是我国戏曲史一次民族戏曲艺术的盛会，推动了新中国戏曲艺术的大发展。

20 世纪 50 年代，我国戏曲舞台空前繁荣，涌现了一批优秀剧目。这当中，有反映农村先进人物和落后人物、新与旧思想斗争的《雨过天晴好前程》，反映工人阶级队伍中模范先进人物事迹的《张恕海》《一颗滚珠》《纺织姑娘》，反映东北抗日联军英雄业绩的《八女颂》《老共青团员》，反映与沙俄侵略者英勇斗争的《血土》，反映社会主义建设时期共产党光辉形象的《烈火丹心》，反映黑龙江境内我国少数民族生活、战斗的《猎犬失踪》《岭上春》，还有北京曲剧《喝面叶》《闺女八》《漳河湾》《杨乃武与小白菜》《啼笑姻缘》《红霞》《红色风暴》《野火春风斗古城》《青春之歌》等。特别是 1957 年排演的《杨乃武与小白菜》，到 1959 年已取得连满

300 场的成绩，无论是艺术表现还是内容都得到了观众的认可。[1]

从 1966 年到 1976 年间，垄断戏剧舞台的现代戏曲是样板戏。而对样板戏的评述，长期停留在意识形态宣传品和文化专制工具等负面价值上，但对样板戏在承继京剧、开创舞剧等艺术形式上的积极作用较少关注。样板戏在糅合传统戏曲、音乐和西方声乐基础上，在表演形式、文体范式等方面均有所突破和创新，在客观上推动了中国戏曲现代化的发展，这一点在以往的研究中大多被忽视了。样板戏，实乃晚清以来"戏改"中的一链。[2]

改革开放后，中国戏曲迎来了新机遇。十一届三中全会公报提倡"文艺作品要多歌颂工农兵群众，多歌颂党和老一辈革命家"。有许多歌颂老一辈革命家，如关于毛泽东、周恩来、杨开慧、陈毅等同志的剧目先后搬上舞台。此外，文艺界重新审视了"文化大革命"中被批判的艺术作品，《游龟山》《三滴血》《柜中缘》等戏剧作品重新获得肯定。1980 年，党中央明确了"文艺为人民服务、为社会主义服务"[3]的发展方向；戏曲艺术在"二为"方针的指导下，尊重艺术家，倡导创作自由，坚持发展创新。[4]

1987 年由文化部主办的中国艺术节，是具有全国性、群众性的文化活动，由文化和旅游部与所在省、市的人民政府共同主办。

〔1〕　旷晨、潘良：《我们的1950年代》，中国友谊出版公司，2006 年，第314页。
〔2〕　郭丰涛：《样板戏与戏曲现代性转型》，《戏剧文学》2016年第3期，第55—63页。
〔3〕　1980 年7月26日，《人民日报》发表题为《文艺为人民服务、为社会主义服务》的社论。
〔4〕　吴民、钟菁：《中国秦腔史(第二版)》，四川大学出版社，2021年，第143—144页。

每两年举办一次，是各种艺术形式的大荟萃，包括音乐、舞蹈、歌剧、舞剧、戏曲、话剧、曲艺、木偶、杂技舞台艺术和绘画、书法、摄影。参加艺术节的剧（节）目和作品，根据其艺术质量，分别授予"中国艺术节奖"和"中国艺术节纪念奖"。2025年第十四届中国艺术节将由四川、重庆两地共同承办。

2005年，中国戏剧奖是经中宣部正式批准，由中国文联、中国剧协主办的全国性戏剧艺术综合奖项，下设梅花表演奖、曹禺剧本奖、优秀剧目奖、小戏小品奖、理论评论奖和校园戏剧奖六个子奖，每两年评选一次。中国戏剧梅花奖是中国戏剧表演艺术最高奖，每两年一评，旨在表彰在表演艺术上取得突出成就的中青年戏剧演员。创立于1983年，首届梅花奖推出了包括刘长瑜、李维康、李雪健等人在内的15朵"梅花"，在中国产生了很大的影响。曹禺戏剧文学奖是中国戏剧文学领域一项具有重要影响力的艺术评奖活动。其前身是中国戏剧家协会于1980年创办的全国优秀剧本奖，1994年该奖项更名为曹禺戏剧文学奖。始评于1981年。这项国家级戏剧文学大奖，对当代戏剧文学创作和发展，产生了重大影响。

中国电视戏曲兰花奖是由中国广播电视协会主办，电视文艺工作委员会承办的一项代表中国电视戏曲最高级别的奖项。首届"兰花奖"的评选从2003年2月开始在全国范围内组织发动，先后有56家电视台提供了116个电视戏曲节目。参评节目涵盖了黄梅戏、越剧、豫剧、评剧、京剧、吕剧、川剧、秦腔、沪剧、昆曲、柳琴、河北梆子、婺剧、彩调、莲花落、蒲剧、高甲戏等 30 多个剧种，荟萃了全国戏曲的经典。

　　迈入新时代，党和政府一方面坚持以夯实兼顾传统继承与现代创造的"精英化"发展路径，以达延续戏曲根脉、创造当代经典的目的，另一方面充分理解戏曲的大众文化特性，重视戏曲在民间的普及与延续。[1]习近平总书记在党的十九大报告中提出要"加强文艺队伍建设，造就一大批德艺双馨名家大师，培育一大批高水平创作人才"。2021 年 4 月，教育部发文，为切实加强中国书法、武术、戏曲教育工作，深化中国书法、武术、戏曲教育改革，进一步传承发展中华优秀传统文化，丰富拓展校园文化，推进中国书法、武术、戏曲进校园、进课堂，充分发挥专家对中国书法、武术、戏曲教育工作的研究、咨询、评估和指导作用，经研究，宣布成立了教育部中国书法教育指导委员会、教育部中国武术教育指导委员会、教育部中国戏曲教育指导委员会，上述措施无疑推动和深化了社会对中国传统艺术的传承、传播和影响，有助于中国现代艺术文明的创造性转化和创新性发展。

---

[1]　王文章:《戏曲艺术评论集》,中国戏剧出版社,2013年,第31页。

第三节　艺术在社会文明中表现的特性

周恩来总理在第一届全国戏曲观摩演出大会闭幕式[1]上指出，在社会主义时期，文艺必须坚持"为工农兵服务，为劳动人民服务，为无产阶级专政制度下的人民大众服务"。他强调："文艺为政治服务，要通过形象，通过形象思维才能把思想表现出来。无论是音乐语言，还是绘画语言，都要通过形象、典型来表现，没有了形象，文艺本身不存在，本身都没有了，还谈什么为政治服务呢？标语口号不是文艺。"[2]他还说思想改造是一项长期的任务，是一辈子的事。文艺工作者"要担负起扫除旧社会习惯势力的责任，用新的思想去教育人民，影响人民"[3]。

一、普遍的社会性

艺术往往通过典型的艺术形象反映出一个时代的社会生活和人的精神面貌，欣赏者则可以从不同的艺术作品中认识到不同时代、不同国家、不同民族的具体的生动的生活情景，以及生活在那个时代的各种人物形象，了解他们的性格特征、思想感情和精神面貌，从而扩大自己的生活视野，认识现实、认识历史、认识

---

〔1〕周恩来总理就"百花齐放，推陈出新""普及与提高""政治标准与艺术标准""团结与改造""克服困难，迎接胜利"五方面的问题做了重要指示。

〔2〕《周恩来选集》下卷，人民出版社，1997年，第336—337页。

〔3〕《周恩来论文艺》，人民文学出版社，1979年，第148页。

真理。

列宁说："艺术是属于人民的。它必须在广大劳动群众的底层有其最深厚的根基。它必须为这些群众所了解和爱好。它必须结合这些群众的感情、思想和意志，并提高他们。它必须在群众中间唤起艺术家，并使他们得到发展。"[1]

艺术是人民的，艺术是大众的。郑板桥在艺术中便贯注着经世致用的态度。其以关心民瘼、同情平民大众为直接诉求进行艺术创作。《靳秋田索画》说："凡吾画兰画竹画石，用以慰天下之劳人，非以供天下之安享人也。"[2]板桥在这里是真诚地把劳动阶层看作自己绘画作品的理想鉴赏者，坦言自己所画之兰、竹、石非供官僚权贵作茶余消遣，而是为了慰藉普通百姓的情感。郑板桥在画作中引入大量的题画诗，通过题画诗向观者诉说作品的思想内容，以突显其审美艺术中的政道旨趣。他将对民生疾苦的关注、对于理想社会的呼唤，倾泻在题款当中，使之与画面内容相得益彰，有力地提高了画作的社会性和现实感。[3]

大丈夫不能立功天地，字养生民而以区区笔墨供人玩好，非俗事而何？[4]

郑板桥认为，真正的艺术家应该是一个立功天地、字养生民

---

〔1〕 转引自《习近平在文艺工作座谈会上的讲话》，《人民日报》2015年10月15日，第2版。

〔2〕 中华书局上海编辑所：《郑板桥集》，中华书局，1962年，第172—173页。

〔3〕 刘彦顺、潘黎勇：《中国美育思想通史 清代卷》，山东人民出版社，2017年，第324页。

〔4〕 中华书局上海编辑所：《郑板桥集》，中华书局，1962年，第25页。

的"大丈夫"。"大丈夫"是孟子提出的儒家理想人格,具有"以天下为己任"的强烈政治情怀,它与孟子的"民贵"思想从两个维度体现了儒家的经世理念。郑板桥将单纯供人品鉴玩好的艺术创作看作俗事,相反,寄情现实、反映民生的创作则成了雅事。[1]

自 2020 年开始,湖南省衡阳市发起"艺术童伴"留守儿童关爱工程,通过结对子的形式,帮助乡村学校解决艺术教育资源匮乏、经费短缺等实际困难,3 年多时间惠及乡村学校 180 余所、留守儿童 4.8 万余名。衡阳市、县两级分别将"艺术童伴"关爱工程纳入工作总体规划,给予专项经费保障,数以千计的支教老师、志愿者从城市奔赴农村,到乡间播撒艺术的"种子"。

2020 年 10 月,国家大剧院、启航学校合唱团在大型史诗歌舞剧《大地颂歌》中献唱《夜空中最亮的星》。2021 年 2 月,央视春晚,4 名启航学校合唱团成员参与演唱《明天会更好》……这个从大山深处走出的合唱团,接连站上一个又一个舞台。老师和家长们惊喜地发现,孩子们不仅提升了艺术素养,还收获了自信与欢乐。

"希望在乡村学校的师生心里持续播下艺术的'种子',让种子生根发芽,带来更为深远的影响和变化。"时任衡阳市委常委、宣传部部长如是说。[2]

艺术不仅仅是一种审美活动,更是一种能够影响社会、改变

---

[1] 刘彦顺、潘黎勇:《中国美育思想通史(清代卷)》,山东人民出版社,2017 年,第 323 页。
[2] 颜珂:《艺术常伴山村娃》,《人民日报》2024 年 5 月 28 日,第 12 版。

生活的力量。类似于衡阳市这种艺术进校园、艺术进山区的活动还有很多。该类公益活动秉承"艺术育人"的理念，不断挖掘和深化"艺术育人"的内涵和作用，强调通过感受艺术，陶冶情操，来提高孩子们的思想道德修养、艺术修养和文化素养，促进学生全面发展。

民间音乐是劳动人民自发的口头创作，基本传播方式是口传心授，传播者凭借唱奏，学习者凭借听觉和记忆，在世代传播的过程中经过了无数人的加工和改编，具有很突出的集体创作特性。民间音乐又具有丰富的乡土特色，或地方性、地域性，主要表现在语言特征、性格特征、音乐特征三方面。在传播过程受地域、情感渲染、表现功能拓展性、体裁间相互交叉渗透的影响而发生变异。民间音乐多表现出普通老百姓的喜怒哀乐，可以是自娱的，也可以是他娱的，是社会现实的艺术表达。

二、民众的教育性

艺术作品能够对人们起到思想教育和道德教育的作用。艺术来源于生活，而高于生活，艺术表现着我们生活的方方面面。艺术作品表达了艺术家的思想情感，观赏者会从中得到启迪和感悟，所以艺术作品便起到潜移默化的教育作用。艺术的教育功能在不同的艺术种类和形态中会有不同的侧重和表现。从整体和最根本的意义上来说，艺术作品的教育功能体现在它能使人们对自然、社会、人生、他人与自我采取一种正确的伦理态度。这种态度首先是对人类社会中美好事物与正义事业的热爱、对进步的信仰、对真理的追求。其次，这种态度包括对生命的崇敬、对苦难的同情、对罪恶的愤慨。

中国传统绘画的教育功能有许多体现。《周礼注疏》中说，周代设官执掌绘事，在天子处理政务的明堂门上绘有猛虎，名为"虎门"，使人看后慑服于最高统治者的权威而不敢随意出入。孔子就曾亲眼见过周代的明堂，除了虎门之外，在四门墉上还绘有"尧、舜之容，桀、纣之像"，各有善恶不同的状貌，以为国家兴废的鉴诫。"又有周公相成王，抱之负斧扆南面以朝诸侯之图焉。"（《孔子家语·观周》）这种颂圣君明主、讽亡国昏佞的壁画，孔子见了深受感动。从此绘画的政治宣教作用便引起统治者的重视而沿袭不断。中国传统绘画中体现作者的品评、价值观的作品极多，如一些画家便通过画竹子、梅花等表现自己的气节。

声乐的教育功能，一方面体现在学习声乐的人身上。学习声乐可以掌握更多的发声技巧，让人不论是在歌唱还是平时交谈中说唱自如、发声轻松，而听的人亦感到悦耳、明晰、响亮。练习发声需要练气，这对增强肺活量和强身健体也有帮助。无论是听者还是唱歌的人都会获益良多。[1]另一方面，声乐艺术也具有教育

---

[1] 赵芊：《论高校声乐教育发展的新方向》，《音乐创作》2018年第12期，第188—189页。

的社会功能。声乐作为鼓舞人心、安抚人心或引发人共鸣的一种与心交汇的艺术，不仅能影响个体的情感，还能对社会整体的品德风尚产生影响。《义勇军进行曲》作为中华人民共和国国歌，整首歌鼓舞人心，激扬上进，既展示了民族精魂又鼓舞了后人，是具有强烈社会教育意义的歌曲。[1]

艺术除了教育功能之外，还有一个更为重要的功能——审美功能。一般来说，艺术提升审美认知的作用，主要是指人们通过艺术欣赏活动，受到真善美的熏陶和感染，思想上受到启迪，认识上得到提高，从而正确地理解和认识生活，树立起正确的人生观和价值观。科学可以使我们认识抽象的真理，艺术则能使人认识形象的真理，而且同时能够激发人的情绪，使人产生美的感受与感动；科学可作用于人的理智，艺术则不仅能作用于人的理智，同时还能作用于人的感情。艺术的这种不同于科学的特殊作用即美感作用，或叫审美作用。这种魅力或特殊的美感作用，从根本上说就是因为优秀的艺术作品有美学价值，艺术中的美可以唤起人们的美感，艺术的美感作用正是由艺术的美所决定的。关于艺术的审美功能，首先表现在艺术的认识、教育功能中，实际上已包含了审美的作用；其次从艺术作品的形式角度看，艺术的审美功能更体现在不同的艺术形态中。如中国传统绘画重视"畅神""悦

---

[1]　黄容芳：《声乐基础理论及其应用》，中国广播影视出版社，2022年，第184页。

情"的作用，侧重于情感的抒发和外在的形式美，有着自己独特的审美追求。中国传统绘画强调诗、书、画、印并用的形式美，还强调以情观景、以理观景、以心观景。中国画把事物的客观特征进行传达的同时也把自己的思想感情传达给了观赏者。

三、学习的观摩性

中国传统绘画具有记事功能，后世的人们可以通过各个历史时期流传下来的绘画作品看到当时的人物形象，了解其精神风貌、思想感情和性格等，也可以窥见当时的社会发展背景，了解经济状况、对外文化交往状况，以及作画者的绘画风格等。这些信息都可以帮助我们更好地学习和了解历史。

新中国成立以后，是我国艺术教育发展最繁荣昌盛的时期。艺术院校数量多，超过以往任何时代；教学开始走向正规，逐步改变了口传身授的教学方式，专业课普遍有了教材，并开设了文化课程；艺术教育有了更细的分工，按专业建立了许多不同的艺术院校。解放以前，艺术学校多是综合性的，分科的独立艺术学校不多，而且，除了戏曲之外，主要是美术、音乐、话剧三种，舞蹈、曲艺、杂技、书法等艺术学校，一所也没有，所以是畸形发展的。解放以后，除了综合性的艺术学校，音乐、舞蹈、话剧、戏曲、美术、曲艺、书法、杂技等，都成立了专门的艺术学校。尤其是戏曲，由于剧种繁多，既有单剧种的戏曲学校，又有多剧种的综合戏曲学校。

据不完全统计，到 1987 年为止，全国有各类艺术院校 143 所。其中高等艺术院校 30 所，中等艺术院校 113 所。著名的艺术院校，美术有中央美术学院、浙江美术学院（现中国美术学院）、广州美术学院、四川美术学院、西安美术学院、天津美术学院等，音乐有中央音乐学院、中国音乐学院、上海音乐学院、沈阳音乐学院等，戏剧（戏曲）有中央戏剧学院、上海戏剧学院、中国艺术研究院（研究兼教育）、中国戏曲学院（京剧）、上海戏曲学校（京、昆）、四川省川剧学校等，舞蹈有中国舞蹈学院、中央芭蕾舞学校、上海舞蹈学校等。[1] 不仅培养了一大批专业艺术人才，更重要的是丰富了人民大众的日常生活，促进了中国现代文明建设之路。

2021 年年末，纳入统计范围的全国各类文化和旅游单位 32.46 万个，从业人员 484.41 万人。全国共有艺术表演团体 18370 个，比上年年末增加 789 个；从业人员 45.33 万人，比上年年末增加 1.63 万人。全年全国艺术表演团体共演出 232.53 万场，比上年增长 4.2%；国内观众 9.28 亿人次，增长 4.4%；演出收入 112.99 亿元，增长 30.4%。

2021 年，文化和旅游系统牢牢把握庆祝建党百年这一主题主线，全力创作排演大型情景史诗《伟大征程》，将建党百年文艺创

---

[1]　高占祥主编：《文化管理手册》，吉林人民出版社，1991 年，第 253—254 页。

作推向高潮，受到习近平总书记等中央领导同志的高度评价。成功组织庆祝中国共产党成立 100 周年优秀舞台艺术作品展演、伟大征程时代画卷——庆祝中国共产党成立 100 周年美术作品展，成功举办第四届中国歌剧节等 12 项重大艺术活动。庆祝中国共产党成立 100 周年舞台艺术精品创作工程等 7 项创作工程顺利实施，涌现出一大批优秀作品。"中国艺术头条"微信公众号和"文艺中国"视频号平台建设成效显著，点击量超过 3.5 亿次。[1]

艺术与居民生活的深度融合是一种新型的城市发展理念，它强调艺术不应该仅仅是一种高雅的文化形式，而是应该渗透到日常生活的方方面面，成为提升居民生活质量、塑造城市文化特色的重要元素。

上海大学上海美术学院、国际教育学院和上海市公共艺术协同创新中心于 2023 年 11 月 8—21 日举办了"共生的社区"国际公共艺术创作研究工作营，邀请来自荷兰、爱尔兰、阿根廷、塞内加尔、尼日利亚、马来西亚的 6 位青年艺术家，参加"东明艺术 +"活动。这一活动是由上海市公共艺术协同创新中心与上海市东明路街道合作发起共建的艺术行动计划，致力于推动艺术家和社区居民的"共生共创"，邀请各地艺术家走进东明，为上海当代社区建设注入新的艺术活力。在调研过程中，各国青年艺术家欣

---

[1] 中华人民共和国文化和旅游部:《中华人民共和国文化和旅游部2021年文化和旅游发展统计公报》，2022 年 6 月 29 日，https://zwgk.mct.gov.cn/zfxxgkml/tjxx/202206/t20220629_934328.html。

赏到社区居民组织的沪剧表演、中国传统乐器表演，体验社区健康关怀服务措施，走访小区由居民设计和管理的花园及公共活动空间等项目。[1]

由北京天桥艺术中心主办，北京文化艺术基金 2023 年度资助的项目"戏聚人生·艺聚天桥"——"周末艺聚"艺术推广周活动成功举办。本次艺术推广周将天桥艺术中心多元艺术推广活动形式与传统国风、艺术创意相结合，围绕戏剧、舞蹈、国乐、美术创意等多种艺术门类展开。

活动现场，剧目创作谈、国风舞蹈展演、经典剧装体验、亲子艺术沙龙等丰富活动集中呈现，吸引了众多艺术爱好者、亲子家庭等前来参与，48 小时的城市限定活动让市民在获得沉浸式艺术享受的同时，深度感受首都文化艺术的魅力。

作为北京重要的公共文化空间之一，北京天桥艺术中心在为大众呈现优质舞台演出的同时，持续关注艺术教育普及与观众参与体验。自 2017 年开业以来，策划推出"周末艺聚"艺术推广活动品牌，通过集聚优质演出与艺术家资源，不断探索创新艺术活动形式与艺术公益普及新维度。未来天桥艺术中心还将继续依托现代化的剧场空间，为市民呈现丰富多彩的公益艺术活动，为北

---

〔1〕 罗沛鹏：《携手创造美好的生活 国际青年艺术家参与社区"共生共创"》，新华网，2023年11月25日，http://sh.news.cn/20231125/6c78b306256e4196a152dd679d77da88/c.html。

京打造"演艺之都"打下坚实的观众基础。[1]

在上海市"共生的社区"国际公共艺术创作研究工作营和北京天桥艺术中心这两个活动中，艺术与居民生活的深度融合体现得尤为明显，其不仅展示了艺术的创新力，也展示了艺术如何在社区生活中发挥积极的作用，促进社区的和谐与繁荣。艺术成为连接居民生活、社区发展和文化交流的重要纽带，艺术是人与人、人与环境之间的重要桥梁，提供直接观摩、学习的机会。

四、价值的取向性

从庙堂之高到江湖之远，中国传统艺术的性质发生了根本性转变。

艺术不再是某些人、某些阶层的特权，权力的象征，身份的标志，而是个人的品性、性格、喜好的表征，也是一种生活态度、价值取向的反映，因而有了更广泛的人民性。人民性还表现在艺术服务的对象上，传统艺术早期存在由娱神到娱人的转变，封建时代的艺术也还有为统治阶层服务的基本属性，在近代以来的艺术革新，尤其是20世纪40年代的延安文艺座谈会，到新中国成立以来党的历次代表大会上，都强调了人民艺术的特性，倡导人民艺术为人民的工作理念。近年来，大批博物馆、展览馆面向社

---

[1] 鲍聪颖：《让艺术走进生活 天桥艺术中心"周末艺聚"艺术推广周探索艺术公益普及新维度》，人民网，2024年4月22日，http://bj.people.com.cn/n2/2024/0422/c82846-40818707.html。

会开放，一大批存储在库房、仅部分研究人员才能观览的器物也出现于普通百姓的视野之中，形成了博物馆热现象。这充分说明了人民群众了解、学习历史的强烈愿望，在熟悉和总结历史发展历程、发展道路、发展模式和经验过程中，积极探索国家和社会的未来发展，继而更好地选择和制定自己的发展方向和目标，这正是人民艺术的另一层表达。

中国传统艺术为世界文明的进步和发展贡献了中国智慧。文明多样性是世界的客观存在，中国传统艺术是中国传统文化的物质载体，见证了中华 5000 年文明的演进历程，成为具体而真实地体现中华文明连绵不断发展的历史记忆和载体，以其客观的自在价值阐释了世界文明的多样性。同时，在世界文明演进与发展中，中国传统艺术的海外传播传统同样发挥着重要作用。无论是书法艺术、音乐艺术、绘画艺术、雕塑艺术等主动性地域外传播，还是这些艺术遗产被动性地被世界各国广泛收藏，无疑都是中国域外影响扩大的表现，也必将在中外艺术文化的交流与融合中发挥巨大作用，为世界了解中国文明打开一扇窗，提供一种艺术路径。党的二十大报告中强调：增强中华文明传播力、影响力，坚守中华文化立场，讲好中国故事、传播好中国声音，展现可信、可爱、可敬的中国形象，推动中华文化更好地走向世界。而且，随着中国综合国力的增强，其作用也将越来越大，终将成为习近平总书记所积极倡导的构建人类命运共同体的文化支撑。

　　中国传统艺术是我国文化遗产的重要组成部分，展现了中华优秀的传统文化，是世界人民的共同财富。文化是一个国家、一个民族的灵魂。文化遗产已成为世界各国提升文化软实力与拓展文化传播途径的重要载体，其象征性符号呈现出巨大的文化传播力，有力展示了中华优秀传统文化，促进多样文化的相互包容、相互尊重与文明交流互鉴，是讲好中国故事、弘扬中国精神的重要载体。让中国了解世界、让世界读懂中国的一个重要途径，就是要扩大对外文化交流，加强国际传播能力和对外话语体系的建设。文化遗产的海外传播，以承载文化遗产价值的相关行为和信息，在真实、完整的原则下，通过个体、群体和团体间的相互影响，使得世界人民能够更加广泛、深刻地认识中国遗产价值，提升中国文化的国际化认同。习近平主席在给第44届世界遗产大会的贺信中讲道："世界文化和自然遗产是人类文明发展和自然演进的重要成果，也是促进不同文明交流互鉴的重要载体。保护好、传承好、利用好这些宝贵财富，是我们共同的责任，是人类文明赓续和世界可持续发展的必然要求。"习近平总书记倡导各国文明交流互鉴，努力实现为人类作出更大贡献的美好期待，充分反映了中国共产党人从理论自觉、文化自觉到理论自信、文化自信的飞跃和升华。[1]

---

〔1〕　唐洲雁、王雪源:《坚持"两个结合"》,《红旗文稿》2022年第5期,第18—20页。

第四节　艺术是国家繁荣的体现

中华优秀传统艺术，作为中华民族的文化瑰宝，承载着悠久的历史和深厚的文化底蕴。在漫长的历史长河中，传统艺术以其独特的魅力和智慧，不断推动着社会文明的进步与和谐发展，中华优秀传统艺术在社会文明进步和谐发展中日益发挥着重要作用，是国家繁荣、人民生活幸福的重要体现。

一、传统艺术推动社会文明和谐

中华优秀传统艺术是传承中华文化的重要载体。传统艺术通过舞蹈、音乐、戏曲、书法、绘画、雕塑等多种艺术形式，将中华民族的精神内涵、道德观念和审美追求融入日常生活，提升了人们的审美能力和文化素养。这些艺术形式以其独特的魅力吸引着人们，使人们能够在欣赏中感受到美的力量。通过学习和欣赏这些艺术作品，人们可以逐渐提高自己的审美水平，培养对美的追求和鉴赏能力。同时，这些艺术形式也蕴含着丰富的文化内涵和历史信息，通过学习和传承这些艺术，人们可以更好地了解传统文化和历史，增强文化自信心。

中华优秀传统艺术具有独特的审美价值和文化内涵。传统艺术注重意境的营造和情感的表达，追求真善美的统一。这种审美追求不仅提升了人们的审美素养，更在潜移默化中影响着人们的价值观念和行为方式。通过欣赏传统艺术，人们能够感受到中华民族文化的博大精深，从而激发对美好生活的向往和追求。

中华优秀传统艺术在社会和谐发展中发挥着积极作用。传统艺术注重人与人、人与自然、人与社会的和谐共处，强调个人修养和道德品行的提升。通过参与传统艺术活动，人们能够学会尊重他人、关爱自然、关注社会，形成积极向上的社会风气。同时，传统艺术中的优秀品质和精神力量也能够激励人们在面对困难和挑战时保持坚定信念与积极态度，共同推动社会的和谐发展。

此外，中华优秀传统艺术还具有跨文化交流的价值。在全球化的今天，传统艺术作为中华民族的文化名片，在国际舞台上展现着中华文化的独特魅力。通过与其他文化的交流与融合，传统艺术能够吸纳更多元的文化元素，丰富自身的内涵和表现形式。同时，传统艺术也能够向世界传递中华民族的和谐理念和文化精神，增进国际社会对中国文化的了解和认同。

积极扩大和加深中华优秀传统艺术对现代社会的普遍影响，发挥其在营造和谐社会方面的作用，我们还需要采取一系列措施。首先，政府和社会各界应加大对艺术教育的投入和支持，提高艺术教育的普及率和质量。其次，各类艺术机构和艺术家应积极参与普及艺术的活动，举办各类艺术展览、演出和讲座，让更多的人能够接触艺术、了解艺术。同时，媒体和网络平台也应发挥积极作用，宣传和推广艺术知识与艺术作品，提高公众对艺术的关注度和认知度。最后,我们还需要注重艺术教育的普及和均衡发展。艺术教育应该面向全体人民,特别是青少年和儿童,让他们在成长过程中接受到良好的艺术教育。同时,我们还需要关注不同地区和不同群体的艺术教育需求,确保每个人都有平等接受艺术教育的机会。艺术水平也将在与社会的深度交流中不断提高和升华。

总之,中华优秀传统艺术作为中华民族的文化瑰宝,在社会文明进步和谐发展中发挥着重要作用。我们应该珍视和传承这份宝贵的文化遗产,让传统艺术在现代社会中焕发出新的光彩,为构建和谐社会、推动人类文明进步贡献力量。

二、陶冶情操给人带来若有所思的安宁

中华优秀传统艺术,如书法、绘画、音乐、戏曲等,历经千年传承,凝聚着中华民族的智慧与情感。这些艺术形式不仅具有深厚的文化底蕴,更能陶冶人们的情操,抚慰人的内心,成为我们精神生活中不可或缺的一部分。

书法作为中华传统艺术的瑰宝,以其独特的线条美感和墨色韵味,深深吸引着人们的目光。书法家们通过运笔如飞、挥洒自如的笔触,将文字赋予生命和灵魂,展现出一种高雅的艺术境界。在欣赏书法作品时,我们不仅能感受到文字之美,更能体会到书法家们内心的宁静与淡泊,从而陶冶自己的情操,提升自己的审美品位。

绘画艺术同样具有陶冶情操的神奇力量。无论是山水画、花鸟画还是人物画，都以其细腻的笔触和生动的形象，展现出大自然的美丽和人生的百态。在欣赏绘画作品时，我们仿佛置身于一个充满诗意和禅意的世界，心灵得到净化，情感得到升华。绘画艺术不仅能让我们领略到美的真谛，更能让我们在美的熏陶中陶冶情操、提升自我修养。

音乐艺术以其独特的旋律和节奏，深入人的内心，触动人的情感。无论是古典音乐还是民族音乐，都蕴含着丰富的情感和文化内涵。在聆听音乐时，我们仿佛能听到历史的回声，感受到民族精神的传承。音乐艺术不仅能让我们在繁忙的生活中找到片刻的宁静，更能让我们在音乐的熏陶中净化心灵、陶冶情操。

戏曲艺术则以其独特的表演形式和故事情节，吸引着观众的眼球。戏曲演员们通过精湛的表演技艺和生动的面部表情，将角色塑造得栩栩如生，让观众仿佛置身于故事之中。戏曲艺术不仅能让我们欣赏到演员们的表演才华，更能让我们在故事情节中领略到人生的真谛和情感的波折。戏曲艺术以其独特的方式，陶冶着我们的情操，抚慰着我们的内心。

中华艺术以其独特的魅力和深远价值，为世人呈现出一片心灵的净土。在这片神圣而纯洁的领域中，人们得以暂时忘却尘世的喧嚣与纷扰，沉浸于艺术的海洋中，感受那份深思熟虑后的宁静与平和。这种安宁并非简单地体现为表面的平静与沉默，而是一种深刻的心灵净化和升华，更是对生命与自然的崇高敬畏与深切热爱。

中华艺术不仅赋予了人们美的享受与情感的共鸣，更在潜移默化中塑造了人们的思想，影响了人们的行为举止。它教育我们怀揣热爱之心对待自然，保持对生命的敬畏之情，珍视内心深处的情感，不断追求真善美的真谛。在中华艺术的熏陶与启迪下，我们得以更好地认识自我、理解世界，逐步成长为具备深刻思想、丰富情感与高雅品位的个体。

中华优秀传统文化艺术在陶冶情操、抚慰人心方面发挥着无可替代的重要作用。这些丰富多彩的艺术形式，凭借其独特的魅力和深厚的文化底蕴，使我们在欣赏过程中深刻感受到美的力量，在体验中逐渐领悟人生的真谛与价值。因此，我们应当倍加珍视这些传统艺术，努力让它们在当今社会中继续焕发光彩，为我们的生活注入更多的精神力量与情感慰藉。与此同时，我们也应积极投身于传统艺术的学习与传承事业。通过深入研究书法、绘画、音乐、戏曲等艺术形式，我们可以更加深入地领略中华文化的精髓与魅力，不断提升自己的审美能力与艺术修养。在传承与发扬传统艺术的过程中，我们不仅能够陶冶情操、抚慰内心，更能为中华文化的绵延传承与创新发展贡献自己的绵薄之力。

三、百花齐放、璀璨多元的艺术春天

中华艺术，源远流长，博大精深，犹如一条璀璨的河流，流

淌着中华民族千百年来的智慧和情感。自古以来，无数才华横溢的艺术家，以独特的视角和深厚的情感，创作出一幅幅绚丽多彩的艺术画卷，生动展现了中华民族的独特魅力和精神风貌。

在这片充满生机与活力的中华大地上，艺术种类繁多，百花齐放，每一类艺术都犹如一朵盛开的花朵，共同构成了中华文化繁花似锦的壮丽景象。无论是绘画、书法、雕塑等传统艺术形式，还是音乐、舞蹈、戏曲等表演艺术，都以其独特的风格和魅力，展现出了中华文化的独特韵味。

有人称中国画以其独特的笔墨技法和意境表达，成为东方艺术的瑰宝。书法则以墨色浓淡相宜、笔画粗细有致、结构疏密有度的手法，表现出汉字独特的美感和文化内涵。雕塑则通过精湛的雕刻技艺和独特的材质运用，展现出艺术家的非凡想象力和创造力。这些艺术形式各具特色，相互辉映，共同绘就了中华艺术的绚丽画卷。

中华艺术始终与人民群众保持着紧密的联系。接地气是中华艺术的重要特征之一。艺术家们深入生活、体验生活，从人民群众中汲取灵感和素材，创作出反映时代精神、贴近人民群众生活的艺术作品。无论是描绘山水风光的画作，还是表现人物形象的雕塑，抑或是反映社会现实的戏曲表演，都充满了生活气息和人文关怀。这种接地气的艺术风格，使得中华艺术更具生命力和感染力，深受人民群众的喜爱和欢迎。

此外，中华艺术还承载着深厚的文化内涵。在中华艺术作品中，我们可以深刻感受到中华民族的传统美德、价值观念和精神追求。无论是崇尚自然、追求和谐的哲学思想，还是尊老爱幼、诚信为本的道德观念，抑或是自强不息、勇往直前的民族精神，都在中华艺术作品中得到了充分体现。这些文化内涵使得中华艺术不仅具有审美价值，更具有深刻的教育意义和启迪作用。

当今时代，中华艺术依然保持着旺盛的生命力和广阔的发展前景。随着科技的进步和文化的交流，中华艺术也在不断创新和发展。现代绘画、数字艺术等新兴艺术形式不断涌现，为中华艺术注入了新的活力和元素。同时，中华艺术也积极走向世界舞台，与世界各地的艺术家们进行交流和合作，展示着中华文化的独特魅力。

中华艺术以其多样性、接地气的文化内涵而独具魅力。在这片充满生机与活力的中华大地上，艺术种类繁多，百花齐放，成为中华文化的重要组成部分。未来，中华艺术将继续保持其独特性和创新性，为人民群众带来更多的艺术享受和精神滋养。同时，我们也应该积极传承和弘扬中华艺术，让其在世界文化的大舞台上绽放出更加璀璨的光芒。

四、滋养心灵、幸福人生的希望之光

在快节奏的现代生活中，人们时常感到内心空虚，缺乏归属

感和幸福感。然而，中华优秀传统艺术以其深厚的文化底蕴和独特的艺术魅力，为我们提供了滋养心灵的宝贵资源。通过欣赏和体验传统艺术，我们能够充实内心灵魂，提升幸福感，对未来美好的生活充满愿景与归属感。

中华优秀传统艺术是一种生活的美学表达，蕴含着丰富的文化内涵和审美价值。犹如一颗颗璀璨的明珠，共同构成了中华民族的艺术宝库。

中华优秀传统艺术，是一种精神的寄托和追求。在快节奏的现代社会中，人们面临着各种压力和挑战。而传统艺术以其独特的魅力和深邃的内涵，为人们提供了一个心灵的避风港。通过欣赏传统艺术，人们可以感受到一种超越时空的精神力量，从而缓解压力，调节情绪，提升幸福感。欣赏中华优秀传统艺术，能够让我们在忙碌的生活中找到片刻的宁静与安慰。当我们沉浸在书法的笔墨世界中，我们仿佛能够感受到书写者的情感与心境；当我们欣赏绘画作品时，我们会被画面中的美景所打动，忘却尘世的烦恼；当我们观看戏曲表演时，我们会被剧中人物的悲欢离合所感染，体验人生百态，接受正确的价值观导向；当我们聆听传统音乐时，我们会为优美的旋律所陶醉，感受到心灵的愉悦与满足。无论是诗词歌赋、书法绘画，还是戏曲音乐、舞蹈杂技，都凝聚着中华民族的智慧和创造力。这些艺术形式，以其精美的形式和深邃的内涵，展示了中华民族的审美情趣和人文情怀。它们让人们在欣赏的过程中，感受到生活的美好和幸福，从而滋养着人们的心灵。

中华优秀传统艺术具有独特的魅力，能够深深地激发我们的创造力和想象力。艺术作为一种情感的抒发和思想的交流方式，通过其丰富多彩的表现形式和深刻的思想内涵，向我们展示了人类文明的多元与璀璨，以及无尽的可能性。在品味传统艺术的过程中，我们不仅能够欣赏到那些匠心独运的作品，更能够在其中领略到深邃的智慧和广袤的想象。这些艺术作品形式让我们不断拓宽视野，启发思考，从而进一步激发出我们内心的创造力和想象力。这种创造力的发挥，不仅能够帮助我们在工作中取得更加优异的成绩，展现出卓越的创新能力和独特的思维方式，更能够丰富我们的精神世界，让我们在追求物质满足的同时，也能够得到心灵的滋养和升华。同时，它还能够提升我们的幸福感，让我们在欣赏传统艺术的过程中，感受到美的力量，体验到生命的价值和意义。

中华优秀传统艺术更是深化民族认同、文化认同、国家认同与民族自豪感的宝贵资源。这些传统艺术作为中华民族的文化瑰宝，承载着深厚的历史记忆与文化精髓，通过品味与体验传统艺术，我们能够更深入地探寻中华民族的文化传统与历史脉络，进而加深对国家和民族的认同感与自豪感。这种强烈的认同与自豪感，不仅使我们更加珍视并致力于传承传统文化，更为中华民族的文化复兴注入了源源不断的动力。同时，在追求物质富足的同时，传统艺术也引导我们注重精神追求与内心成长，实现物质与精神的和谐统一，使我们的生活更加充实与美好。

在未来社会发展浪潮中，中华优秀传统艺术将持续作为我们心灵滋养的宝贵源泉。随着时代的演进和科技的不断革新，传统艺术亦在持续焕发新生，通过形式多样的展现和内涵的丰富深化，满足着人们日益增长的精神需求。我们有理由期待，未来将有更多富有创意的传统艺术作品脱颖而出，为人们带来更多的审美愉悦和精神滋养，共同谱写中华文化的辉煌篇章。让我们共同传承和发扬中华优秀传统艺术，让其在现代社会中焕发出更加绚丽的光彩。

用马克思主义历史唯物主义和辩证思维研究中国传统艺术，用创造性转化与创新性发展的视野检视中华传统文明的发展之路，积极探索中国现代文明建设之路。我们从前述各部分内容中不难发现中国传统艺术在历史长河中的自我更新和创造，也看到了大浪淘沙般的洗涤。在传承创新中，不仅有各艺术门类内部的推陈出新，更有不同类型艺术之间的交流与融合。中国传统艺术之所以生生不息、绵延不绝，还与其开放性、融合性的艺术特色有关。这表现在艺术发展过程中的广泛而持续地吸收、借鉴域内外艺术的思想、内容、风格及其表达手段、方法等方面，既有对中国境内不同地方文化艺术精华的吸收，更有对东西方艺术的借鉴。如中国京剧就源于多个地方的特种戏曲，在融合中形成新的特点，而地方戏曲更在借鉴相邻地区、现代艺术中蜕变发展。又如，传统音乐艺术中的西域特色和西方影响，绘画艺术中对佛教文化的吸收和改造以及现代油画理论和技法的引入与发展，等等。采人之长、补己之短是蕴含于中国传统文化艺术的基因，守正、创新更是中国传统艺术延续不断、持续发展的内在机理。

第八章

中华文明发展的体育精神

2023 年 6 月 2 日，习近平总书记在北京出席文化传承发展座谈会上强调 "中国文化源远流长，中华文明博大精深。只有全面深入了解中华文明的历史，才能更有效地推动中华优秀传统文化创造性转化、创新性发展，更有力地推进中国特色社会主义文化建设，建设中华民族现代文明"，还强调 "中华优秀传统文化有很多重要元素，共同塑造出中华文明的突出特性。中华文明具有突出的连续性，从根本上决定了中华民族必然走自己的路。如果不从源远流长的历史连续性来认识中国，就不可能理解古代中国，也不可能理解现代中国,更不可能理解未来中国"[1]。体育作为中华文明建设的重要组成部分，具有丰富的历史内涵、文化内涵和精神内涵。中华体育文明是开放的，既是民族的，亦是世界的。蕴含在中华现代文明建设中的体育精神，不仅是体育精神在中国本土化的延伸与发展，也是中华民族精神以体育为载体的呈现。当前，面临 "百年未有之大变局"，中华体育精神以其人本理念、开拓创新、自强不息等核心要义，不但坚守了民族精神之根，而且在动态调适中成为推动国族凝聚、促进人的全面发展的动力。[2]体育精神不仅是获得冠军和金牌的荣誉，还在于勇于拼搏、永不言弃。本书将回顾中国体育发展的历史片段，并以多个维度展现中华现代文明建设中的体育精神。

---

[1]《习近平在文化传承发展座谈会上强调 担负起新的文化使命 努力建设中华民族现代文明》,《人民日报》2023 年 6 月 3 日, 第 1 版。

[2] 陈芳芳:《新阶段中华体育精神的核心要义、时代价值及世界意义》,《体育与科学》2022 年第 2 期, 第 82—87 页。

第一节　精彩纷呈的中国体育

新中国成立以后，中国体育快速融入世界体育的大家庭，并逐步在若干体育领域确立了优势地位。中国体育发展的历程与世界局势密切相关，一波三折。在此过程中，还发生了一些逸闻趣事。体育如同音乐和艺术一样，超越了语言和国界，让世界人民同频共振，体育早已成为全世界传递共同价值的重要载体之一。

一、乒乓外交的旋风

20世纪70年代以前，中美之间的关系酝酿着重大的变化，这与当时的国际局势变化息息相关。彼时美国深陷越战泥潭，苏联则与中国关系交恶，在中苏边境发生了多次军事冲突。在这样的背景下，中美之间的外交关系缓和便出现了转机。

1971年，在日本名古屋举行了世界乒乓球锦标赛，中美双方均派出了代表队。在代表队出发之前，周恩来总理就亲自主持会议讨论乒乓球队参加世锦赛的问题，他在会议中谈到了与美国交流接触的问题：

这次我们派乒乓球队出去，它是代表国家的，也是代表人民的，在比赛中就要接触许多国家的代表队，其中也会包括美国队。作为一个团队，我们总是要和他们接触的。如果美国队进步，也可以请他们来比赛。我们和美国队可以比赛，不能来往就不通了。

因此就发生了一个问题，美国是否可以去。我们的体育代表团不是去过西德了吗？那么美国能不能去？我们同日本的邦交还没有恢复，但体育代表团可以去日本，这个例子……大家动动脑筋，得想想这个世界的大问题。[1]

1971年3月21日，中国乒乓球代表团抵达日本名古屋，准备参加3月28日开始的第31届世界乒乓球锦标赛。自从"文化大革命"开始后，中国再未参加国际赛事，因此这次的参赛引起了国际的极大关注。中美球队的外交也始于一段有趣的故事。4月4日，来自洛杉矶圣莫妮卡市立学院的学生格伦·科恩在训练结束后未能找到来时乘坐的车，这时一辆带有世乒赛标志的车开了过来，他连连招手并上了车，上车后他发现这是中国队的车。中国队队员庄则栋给科恩送了一块印有黄山风景的杭州织锦，科恩非常高兴。到体育馆时，庄则栋和科恩有说有笑的场景被日本记者拍摄了下来。他们交谈和握手的照片第二天就登上了日本很多新闻的头条。4月5日，科恩在比赛场地找到了庄则栋，给他回赠了一件带有和平标志的T恤。科恩对庄则栋说他愿意去中国。日本记者问科恩是否想去中国，科恩回答"当然想去"！毛主席批示中国乒乓球队邀请美国乒乓球代表队访华。尼克松后来在回忆录中写道："这个消息使我又惊又喜。我从未料到对华的主动行动会以乒乓球队访

---

[1] 陶文钊：《中美关系史(1972—2000)》下卷，上海人民出版社，2004年，第394页。

问的形式求得实现。我们立即批准接受邀请，中国方面作出的响应是发给几名西方记者签证以采访球队的访问。"[1]

1971年4月9日下午，美国乒乓球代表团离开东京羽田机场，当晚飞抵香港，受到中国旅行社人员的迎接。下飞机后，代表团团长、美乒协主席斯廷霍文说："我们很高兴，喜欢得要发狂似的。我们希望此行将促进美国同中国的关系。"国际乒协国际部主任罗福德·哈里森说："我们把自己看作促使美中两国达成较多国际谅解的先锋。"1971年4月10日，美国乒乓球代表团和一小批美国新闻记者抵达北京，成为自1949年以来第一批获准进入中国的美国人。与美国乒乓球代表团一起到达北京的，还有加拿大、哥伦比亚、英格兰和尼日利亚的乒乓球代表团。为向美国政府传递信息，周恩来给美国代表团以特殊的优待，抽出时间亲自接见了这些初次进入"红色中国"的美国人。整个会见，妙趣横生，笑声不断。所有在场的美国人都被周恩来的坦诚打动。中国总理并不强加于人却让人心悦诚服的谈吐，令美国队员们由衷地敬佩。会见快要结束时，周恩来称赞美国乒乓球队应邀来访打开了中美两国人民友好往来的大门。他充满信心地说："我请你们回去把中国人民的问候转告给美国人民。中、美两国人民过去往来是很频繁的，以后中断了一个很长的时间。你们这次应邀来访，打开了两国人民

---

[1]　〔美〕尼克松(R.Nixon):《尼克松回忆录》(中)，裘克安等译，商务印书馆，1979年，第233页。

友好往来的大门。我相信中、美两国人民的友好往来将会得到两国人民大多数的赞成和支持。"还断言,"中美关系,打开了新的一页"〔1〕。这次会面很快就传到了白宫,传向了全世界。

1972 年 2 月,美国总统尼克松访华,这次为期一周的访问开启了中美关系的正常化进程,并对世界政治格局产生了重要影响。1972 年 2 月 28 日,中美双方在上海发表《联合公报》,标志着中美两国在对抗 20 多年之后开始走向关系正常化。1972 年 4 月 12 日,美国乒乓球队又邀请中国乒乓球队访问美国。双方的互访轰动了国际,中美关系开始破冰,被誉为"以小球转动大球"。

2024 年 1 月 4 日至 7 日,美国弗吉尼亚大学代表团一行 18 人访问北京,参加中美青年乒乓友谊赛等纪念活动,续写了"乒乓外交"的友好交流新篇章。乒乓外交之所以能够创造"以小球转动大球"的奇迹,是因为它顺应了世界历史的发展潮流,高度实现了两国的国家利益。其同时也树立了乒乓球在国民心目中的至高形象,为乒乓球成为国球并铸造长盛不衰的传奇夯实了基础。〔2〕这些年以来,中美关系一直在曲折中向前发展,在我们每个人分享着中美交流带来的成果时,我们都不会忘记当年中美乒乓球运动员的友好交流的历史佳话,这段美好的历史回忆弥足珍贵,值

---

〔1〕 金万成、毛军:《迷茫与抉择》,东北大学出版社,2013 年,第 293 页。

〔2〕 徐君伟、马艳茜、孙莪茜、唐建军:《论中美乒乓外交发生的历史逻辑及现实启示》,《南京体育学院学报(社会科学版)》2015 年第 5 期,第 52—57 页、第 128 页。

得回味。

时至今日，乒乓球早已成为中国的"国球"，在中国体育史上写下了浓墨重彩的一笔。1956 年在西德多特蒙德举行的第 25 届世界乒乓球锦标赛上，容国团为新中国夺得了世界体育比赛中的第一个世界冠军。

1961 年，中国又承办了新中国的第一个国际赛事：第 26 届世界乒乓球锦标赛。本次锦标赛上，邱钟惠苦战五局力克匈牙利名将高基安，捧得吉·盖斯特杯，成为新中国体育界第一个女子世界冠军。1996 年的亚特兰大奥运会，中国乒乓球队气势如虹地囊括了 4 个项目的金牌。2000 年的悉尼奥运会，中国乒乓球队第二次包揽四枚金牌。在 2008 年北京奥运会上，中国乒乓球队创造了世界乒坛的一个奇迹：从团体赛到单打赛，从须眉对抗到巾帼比拼，中国选手无不以胜利而告终，包揽男女团体冠军，席卷男女单打三甲。[1]2012 年的伦敦奥运会，中国乒乓球队第四次包揽全部四枚金牌。2016 年的里约奥运会上，中国乒乓球队第五度在单届奥运会上包揽乒乓球项目的四枚金牌。令人瞩目的成绩背后，是一代代国乒人顽强拼搏、赓续拼搏的精神，融为队魂，历久弥新，化作行动，闪耀赛场。

根据中国乒乓球协会的统计，截至 2024 年 3 月，中国乒乓球

---

[1] 参见中国乒乓球协会官方网站荣誉墙，https://www.ctta.cn/zgzd/ryq/2016/0914/122621.html。

队 117 人成为世界冠军，共获得 262 枚金牌，其中奥运会金牌 32 枚，包括 8 个团体冠军，24 个单项冠军；世乒赛金牌 158 枚，包括 46 个团体冠军，112 个单项冠军（两次跨国配对按 0.5 块金牌计算）；世界杯金牌 72 枚，包括 22 个团体冠军，50 个单项冠军（含 1 个女双冠军）。[1]

二、东方体操的世界王子

2008 年 8 月 9 日 0 时，一个熟悉的身影手持祥云火炬腾空而起，沿"鸟巢"上方飞身奔跑一周，在全世界的热切期盼中，点燃了北京奥运会主火炬。熊熊燃烧的奥运圣火，让中华民族的百年梦想成为现实。[2] 这个熟悉的身影就是"体操王子"李宁，他在体操界的传奇经历为人们津津乐道。

1963 年，李宁出生于广西柳州。7 岁时，李宁入选广西体操队，10 岁时，他便拿到了全国少年体操赛自由体操的冠军。17 岁时，李宁成功入选国家体操队。李宁刻苦训练，顽强拼搏。在奥运会、世界锦标赛、世界杯等重大国际体操比赛中共获 14 项冠军。

1981 年，李宁随国家队参加世界大学生运动会男子体操比赛。在比赛前四天，李宁的脚不慎扭伤，肿得像馒头，领导决定不让

---

[1] 参见中国乒乓球协会官方网站，https://www.ctta.cn/zlk/2016/0728/122598.html。

[2] 陈昭、李泓冰：《体操王子飞天点圣火——记最后一棒火炬手李宁》，《人民日报》2008 年 8 月 9 日，第 7 版。

他参加比赛了。李宁一听，竟然放声大哭，在原地跳着对教练说："我不痛，我可以上，为国争光，拼了！"这个 18 岁的小伙子多次受伤，从没掉过一滴泪，但听说将要失去一次为祖国争取荣誉的机会，却难过得泪流满面。经过队医的精心治疗，李宁重现在赛场上。当初，李宁受伤被背下场的情景，不少外国队的教练员、运动员亲眼见到。他们都以为中国队的这名主力队员不能比赛了。可不料他居然能比了，而且为中国队取得团体第三名立了大功，便惊叹不已，以至一些外国教练纷纷找中国医生问，你们有什么灵丹妙药？[1]

1982 年的世界杯体操赛，李宁代表国家队参赛，一鸣惊人。赛场上，他翻腾高飘、平衡稳进，动作如行云流水。挑剔的裁判此时只有赞叹。这一年，19 岁的李宁获得全能、自由体操、鞍马、吊环、跳马和单杠 6 项冠军。这是全世界体操史上前无古人、至今仍后无来者的成绩。李宁也因此获得了 1982 年的体育运动荣誉奖章，被评为 1982 年的全国十名最佳运动员之一。评选最佳运动员的活动受到广大群众的欢迎。据统计，共收到有效选票 263656 张，李宁获得了 261016 张投票，是得票最多的运动员。

从此，"体操王子李宁"和"中国体操"在全世界一炮打响。李宁的一袭红衣，成了奥运赛场上最美的风景线。他独创的体操

〔1〕　陆恩淳、胡越：《体操健儿的志气歌》，《人民日报》1981 年 12 月 12 日，第 8 版。

动作被国际体联载入史册："吊环后悬垂前摆上接直角支撑"，命名为"吊环李宁摆上"；"吊环支撑后翻经后悬垂前摆上成支撑"，命名为"吊环李宁正吊"；"鞍马正交叉转体90度经单环起倒立落下成骑撑"，命名为"鞍马李宁交叉"；"双杠大回环转体180度成倒立"，命名为"双杠李宁大回环"。1984年的奥运会中国拿下15金、8银、9铜，李宁独获3金、2银、1铜，成为这届奥运会获得金牌数最多的运动员，李宁创造了世界体操的神话。1984年洛杉矶奥运会时，美国体操队给中国体操名将李宁取了一个别号，称他是"李宁力塔"。《纽约时报》在报道中说，他们作这一比喻是因为李宁飞跃凌空的本事，已成了他的个人标志，特别是在自由体操中，李宁飞跃之高使其他选手都大为震惊。与李宁并列鞍马冠军的美国名将维德马尔说："李宁是有史以来最伟大的体操选手。在我们见过的体操选手中，他的跳跃身手，最有才华和爆发力。作为一个体操绝技的表演者，他已自成境界。"赢得本届双杠和吊环第三名的盖洛德也说，李宁的"不可思议的力量和爆发力，应该额外加分"[1]。1987年，李宁被国际奥委会任命为其下属的运动员委员会的代表，这是亚洲地区的运动员首次进入这一组织。国际奥委会运动员委员会自1981年成立后，亚洲地区的运动员代表一直空缺。

---

[1]《美国体操队称李宁是"力塔"》,《人民日报》1984年8月8日,第3版。

　　1988 年，李宁退役，他在退役时说："无论我将来走到哪里，无论我做什么，都不会离开体操，离开体育……"1992 年的国际体操联合会代表大会上，李宁当选为国际体联男子技术委员会委员，成为国际体联历史上最年轻的委员。他的任期从 1993 年 1 月 1 日开始。29 岁的李宁被国际体联指定为巴塞罗那奥运会体操比赛的裁判。1999 年，李宁和其他 24 位优秀运动员被评选为 20 世纪最佳运动员，李宁是中国唯一获此殊荣的运动员。载誉归来后，刚刚走下飞机的李宁说："从布达佩斯捧回这个奖杯，我很开心。这个荣誉不但属于我个人，而且属于全体中国人。我为自己身为一名中国人而感到骄傲。"体操生涯 17 年，李宁共获得过 106 个冠军，其中有 14 个世界冠军。退役 10 年后，李宁此次因其体操生涯的杰出成就而再获殊荣。提及体操，李宁的赤子之心溢于言表："由于结识了体操、进而结识了奥林匹克，我的生活变得丰富多彩，今后我将进一步尽我所能为体操运动在中国的发展作出自己更大的贡献。"抚今追昔，李宁自然而然地谈起在布达佩斯故地重游的感受："1983 年，也是在布达佩斯，我们首次摘取世锦赛男子团体金牌。那时是大战前夜，还真是紧张。此次重游英雄广场，心情真是轻松愉快……"[1] 同年 12 月 18 日，乒乓球女运动员邓亚萍和体操运动员李宁荣获"世纪之星"中国最佳运动员称号。

---

〔1〕　李中文、阎冬滨：《追求永无止境——写于李宁载誉归来之际》，《人民日报》1999 年 6 月 30 日，第 8 版。

退役后的李宁加盟了广东健力宝集团，创立了"李宁"体育用品品牌，开创了中国体育用品发展的新里程。该公司 1990 年成为第一家赞助亚运会中国体育代表团的中国体育用品企业，1992 年对巴塞罗那奥运会中国体育代表团提供赞助。2004 年，该公司在香港成功上市，成为中国第一家上市的体育用品企业。[1]

2008 年被选为最后一名火炬手时，张艺谋说李宁训练得特别努力，每天凌晨 1 点"上班"，在"鸟巢"训练，在空中大概要跑 500 米，耗时 3 分 10 秒左右，每次都需要下来休息 1 小时才能再训练一次。经常天都亮了还能看到李宁的身影在空中转。正如新华社评："他是中国体育由弱到强的见证者，他是面对人生坎坷不屈的抗争者，他是光明事业从无到有的开创者！"[2] 现在，李宁品牌的知名度已经超越了李宁本人，这些身穿李宁服装的年轻人也许并不熟悉李宁本人的体育传奇与经历，但正是如此，李宁才获得了事业的延续，"李宁"获得了恒久之魅力。李宁在铸就辉煌的艰辛历程中，领悟了奥林匹克的真谛。

三、高台跳水的国际冠军

竞技跳水是跳水运动的一个项目，分为跳板跳水和跳台跳水。

---

〔1〕 参见广西新闻网，http://sub.gxnews.com.cn/staticpages/20090722/newgx4a672fbd-2173157.shtml。

〔2〕 参见中华人民共和国中央人民政府门户网站，2008 年 8 月 9 日，https://www.gov.cn/jrzg/2008-08/09/content_1068151.htm。

跳板跳水是指运动员在一端固定、另一端有弹性的跳板上进行运动。跳板距离水面的高度规定为 1 米和 3 米。跳台跳水是指运动员在坚硬的没有弹性的跳台上进行规定比赛。高度有 5 米、7.5 米和 10 米三种。近年来为了增加这项运动的观赏效果，国际泳联还增加了双人跳水。[1]奥运会的跳水项目比赛极具观赏性，备受广大人民群众的喜爱。中国跳水队有着"梦之队"的美誉。从 1984 年奥运会至今，这支功勋队伍的奥运会成绩单上已写有 55 金 26 银 11 铜，是我国在奥运会上获得金牌最多的项目。东京奥运会上，中国跳水队摘得 7 金 5 银，续写了"梦之队"的辉煌。巴黎奥运会上，中国跳水队更是获得 8 金 2 银 1 铜的历史佳绩。这份沉甸甸的荣誉背后是中国跳水队团结一心、始终如一坚定为国而战的信念，是勇攀高峰、超越自我的历史传承，是精益求精、追求卓越的工匠精神。迄今为止，中国体坛仅有 9 名运动员获得世界冠军数达到 20 次或 20 次以上，其中 3 人来自跳水项目，分别是：郭晶晶（32 次）、吴敏霞（30 次）和陈若琳（26 次）。中国跳水队在世界杯赛事上也多次创造了包揽全部项目金牌的奇迹，包括 1993 年第 8 届、2006 年第 15 届、2012 年第 18 届、2014 年第 19 届、2018 年第 21 届。

近年来，最为耀眼的跳水运动员是全红婵。东京奥运会 10 米

---

〔1〕　赵歌：《竞技跳水美学研究》，博士学位论文，北京体育大学，2007 年。

跳台决赛上，14 岁少女全红婵一鸣惊人，五个动作三跳满分！作为中国奥运代表团最年轻的运动员，其以创纪录的成绩夺得 10 米跳台冠军，让五星红旗高高飘扬在东京水上运动中心上空。全红婵红遍神州乃至世界，不仅仅在于她令人惊叹的跳水技术，更因为她的率真烂漫。

夺冠后怎么庆祝："吃点好的，辣条！"

你觉得自己性格怎样："杏哥是谁？"

夺冠后被教练举高高："感觉有点疼！"[1]

2024 年 8 月 6 日，巴黎奥运会跳水项目女子 10 米台决赛落下帷幕，全红婵成功卫冕。"她入水时似乎没有惊动任何水花，却在跳水的世界里掀起了巨大的浪花。"

全红婵所呈现的，是中国运动健儿更加鲜明的时代面孔。赛场上，他们拼尽全力百折不挠；赛场外，他们青春洋溢率真爽朗。他们是激情洋溢的体坛先锋，是惊艳世界的中国力量，更是 14 亿多中国人的自豪与骄傲。

当今世界跳水技术发展的趋势是难、稳、准、美的高度结合，使跳水技术艺术化。"1 秒钟艺术"的跳水项目，要求运动员头脑清晰，有较高的灵活性和准确性，每一个准确、协调、优美动作的完成，不仅取决于运动员的生理机能和身体素质，还取决于运

---

[1]《水花的精灵——奥运跳水冠军全红婵的成长故事》，新华社 2021 年 8 月 2 日，http://www.xinhuanet.com/sports/2021-08/22/c_1127784641.htm。

动员的心理素质。在很多情况下，心理素质的作用更为重要。我国跳水运动员吸收欧美两大流派的技术之长，结合自身的特点创造并成功运用了"早上手""看目标打开""压水花"技术及擅长 4 组多周翻腾等技术，取得了优异的成绩。[1]

在刚刚结束的巴黎奥运会上，中国跳水队实现了本届奥运会 8 枚跳水金牌的全包揽，这也是中国跳水队历史上首次在奥运会上实现包揽，展现了中国"跳水梦之队"的强大实力。

四、十届连胜的中国女排

"滚上一层泥，磨去几层皮，不怕千般苦，苦练技战术，立志攀高峰。"这是 40 年前福建漳州体育训练基地突击建造的竹棚馆的墙上的口号。当时，竹棚馆地面是石灰、土、盐水夯实而成的"三合土"，而这样简陋粗糙的训练场地，却是中国女排最早的集训基地，见证了中国女排赢得"五连冠"的感人历程。[2]

1981 年 11 月 16 日，中国女排以亚洲冠军的身份参加在日本举行的第 3 届世界杯排球赛。女排姑娘们横扫巴西等五个强国，又以 3∶2 艰难战胜美国女排，最终在决赛击败了东道主日本，以七战全胜的战绩夺得了第 3 届女排世界杯比赛的冠军。《人民日报》以整个头版进行报道，号召各行各业的人民群众向女排学习，

〔1〕赵歌：《竞技跳水美学研究》，博士学位论文，北京体育大学，2007 年。
〔2〕张翠英、周治军、易今科：《大学生党员发展培训教程》，北京交通大学出版社，2023 年，第 227 页。

树立远大志向，发扬脚踏实地、苦干实干的作风。[1]自此之后，中国女排一飞冲天，包揽了国际排坛三大赛事的金牌，创造了"五连冠"的辉煌。

1982 年的世界女子排球锦标赛，中国女排以连续三个 3：0 的比分战胜了古巴、苏联和秘鲁，获得了冠军。1984 年洛杉矶奥运会，中国女排在小组赛时曾以 1：3 的比分输给了美国队，在 1984 年洛杉矶奥运会女排决赛入场前，郎平在电视上看到了美国一个电视台提前制作好的视频，内容是美国女排教练和核心队员脖子上挂着奥运金牌。郎平很不服气，对大家说："我们要把挂在美国队脖子上的金牌摘下来。"中国女排背水一战，以 3：0 的大比分赢下了决赛，实现了中国排球史上的首次"三连冠"。1985 年，中国女排再夺第 4 届世界杯女排赛冠军。1986 年 9 月，在第 10 届世界女排锦标赛中，中国女排以 8 连胜的出色战绩蝉联了冠军，成为世界排球史上第一支获得"五连冠"的球队。

"有些人的青春，是在花前月下度过的，而我们的青春却在紧张、激烈的旋律中度过。"26 岁的中国女排队员陈招娣说过这样一句颇为自豪的话。如今的中国女排已成为中国人民的骄傲，2019 年 9 月，新中国成立 70 周年之际，中国女排在世界杯比赛中以全胜战绩卫冕，夺得了第五个女排世界杯冠军，第十次荣膺世界排

---

[1]《各行各业都要学习女排精神：树立远大志向，脚踏实地苦干实干，掌握精湛技艺，创造优异成绩》，《人民日报》1981 年 11 月 18 日，第 1 版。

球"三大赛"冠军，激发了全国人民的爱国热情，增强了全国人民的民族自信心和自豪感。习近平总书记专门邀请中国女排队员、教练员代表，参加庆祝中华人民共和国成立70周年招待会，并在会前亲切会见女排代表。总书记盛赞中国女排和女排精神："广大人民群众对中国女排的喜爱，不仅是因为你们夺得了冠军，更重要的是你们在赛场上展现了祖国至上、团结协作、顽强拼搏、永不言败的精神面貌。女排精神代表着一个时代的精神，喊出了为中华崛起而拼搏的时代最强音。平凡孕育着伟大。你们天天坚持训练，咬牙克服伤病，默默承受挫折，特别在低谷时仍有一批人默默工作、不计回报。正是因为有这么一批人，才有了中国女排今天的成绩。"[1]女排精神的内涵是在不断发展的，进入新时代，中国女排也展现出新的时代风采和精神，习近平总书记用精练的16字高度概括了女排精神的丰富内涵：祖国至上、团结协作、顽强拼搏、永不言败。

郎平在中国女排巅峰时说："女排精神不是赢得冠军，而是有时候知道不能赢，也会竭尽全力。哪怕一路走来摇摇晃晃，但站起来抖抖身上的尘土，依旧眼神坚定，只要你打不死我，我就和你拼到底。"[2]这支女排队伍负重前行，继续创造着属于自己的传奇与辉煌。2023年10月7日晚，杭州亚运会迎来女排决赛，中国女排

---

〔1〕《习近平会见中国女排代表》，《人民日报》2019年10月1日，第1版。

〔2〕 王镜宇：《女排精神，在低谷中绽放光芒》，新华网，2023年7月5日，http://sports.news.cn/c/2023-07/05/c_1129732860.htm。

迎战日本女排。最终，中国女排以 3 ：0 的大比分战胜对手，拿下了这枚金牌，成功实现卫冕，这也是中国女排历史上第 9 次摘得亚运金牌！回顾此次比赛，中国女排以六个 3 ：0 的比分连续战胜了印度、朝鲜、韩国、越南、泰国和日本等劲旅，勇摘桂冠。在这场比赛后，中国女排也结束了 2023 年的比赛任务。相信中国女排在一场场实战的锤炼之下，一定能争夺更高的荣誉。女排精神不但包含着胜利带给我们的喜悦和激情，也包含了失败带给我们的坚忍与自强。冠军并非一成不变，但是逐冠之心一直都在。

五、游泳健将辈出

"就其深矣，方之舟之。就其浅矣，泳之游之。"[1]

中国最早的诗歌集《诗经》中就出现了描述游泳的诗句。意思是人们遇到水深的地方就乘舟过去，遇到水浅的地方就游泳过去。游泳是现代竞技体育的基础大项之一，是我国体育事业的重要组成部分。在现代奥运会的比赛中，竞技游泳有 32 个小项，因此具有着重要的意义，人们亦说"得田径、游泳者得天下"，这是游泳活动重要性的体现。当前世界上的各个竞技体育强国都十分重视竞技游泳的发展。自新中国成立以来，我国的游泳事业有了很大的发展。1953 年在罗马尼亚首都布加勒斯特举办的第 1 届国

---

[1]〔清〕阮元校刻：《十三经注疏清嘉庆刊本·卷第二》，中华书局，2009 年，第 641 页。

际青年友谊运动会中，我国运动员吴传玉就获得了男子 100 米仰泳冠军，这是我国运动员在国际赛事中获得的第一块金牌。中国游泳队是代表中国出战国际赛事的游泳队，包括中国女子游泳队和中国男子游泳队。中国游泳队曾多次称霸亚洲赛场，在世锦赛、奥运会等比赛中均有出色成绩，其主要队员有孙杨、徐嘉余、汪顺、叶诗文、傅园慧、李冰洁、施扬等人。2021 年 8 月 1 日，2020 年东京奥运会游泳项目收官，中国游泳队获得 3 金 2 银 1 铜共 6 枚奖牌。2023 年 7 月 26 日，由徐嘉余、覃海洋、张雨霏和程玉洁组成的中国游泳队以 3 分 38 秒 57 的成绩获 2023 年福冈游泳世锦赛男女 4×100 米混合泳接力冠军。2023 年 9 月，中国游泳队在杭州亚运会上收获 28 金 21 银 9 铜共 58 枚奖牌的成绩。杭州亚运会期间，斩获 6 金的张雨霏面对镜头说出了这样一番话："现在我们全面崛起了，现在展望巴黎或洛杉矶都是可以的，希望中国游泳能早日打破美澳垄断。"2024 年 2 月 19 日，2024 年世界泳联多哈世锦赛落下帷幕，中国游泳队共获 7 金 3 银 1 铜。作为我国传统优势项目，跳水在历届奥运会上都是中国体育代表团夺取金牌的主力项目之一。早在 2023 年，中国跳水队在世界游泳锦标赛上就拿到了巴黎奥运会项目的满额参赛资格。作为中国第一个 30 岁还参加奥运会的男子游泳运动员，汪顺说："希望让大家都看到我们中国的游泳运动员在 30 岁时，依然能够在奥运会上争金夺银。巴黎奥运会是我的第四届奥运会，我很开心，希望自己能够放下包袱轻松上阵。"

巴黎奥运倒计时 100 天时，汪顺在社交媒体上发布："一晃巴黎奥运会就近在眼前了，我也将第四次踏上奥运征程。东京圆梦时刻还历历在目，作为一名中国游泳运动员，我倍感自豪。走下领奖台，一切从零开始，巴黎奥运会，'小将'汪顺又要来了，希望再次创造属于我的'顺流而上'时刻！"

在巴黎奥运会上，潘展乐在男子 100 米自由泳决赛中以 46 秒 40 的成绩大幅度刷新了自己保持的世界纪录夺金。同时，中国男子 4×100 米混合泳接力队夺得奥运金牌。这是中国男子游泳在奥运会上夺得的首枚接力项目奥运金牌，打破了美国在这一项目上 40 年的垄断。接力比赛的赛后官方统计数据显示，最后一棒潘展乐的分段成绩达到了惊人的 45 秒 92，已经超过了他刚刚打破的男子 100 米自由泳世界纪录。潘展乐说："世界纪录就是我的，我相信接下来还能游得更快！"中国游泳在拉德芳斯体育馆展开了新的篇章。

"才饮长沙水，又食武昌鱼。万里长江横渡，极目楚天舒。不管风吹浪打，胜似闲庭信步，今日得宽余。"

游泳深受毛主席的喜爱，毛主席号召广大人民群众"游泳是同大自然作斗争的一种运动，你们应该到大江大海去锻炼"。1956 年至 1966 年的 10 年间，毛泽东共畅游长江 17 次。1966 年 7 月 16 日，73 岁高龄的毛泽东在武汉再度畅游长江，历时 1 小时 5 分钟，里程接近 15 千米。2024 年 4 月 24 日，在体育总局群体司的指导下，体育总局游泳中心、中国游泳协会和中国救生协会于 2024 年 6 月 1 日至 10 月 30 日在全国范围内广泛开展"7·16 全民游泳健身主题系列活动"，这是一场亿万大众游泳健身的盛会，是普及游泳、快乐游泳、安全游泳、防溺水救生，建设体育强国、健康中国的深刻实践。[1]

第二节　活力满满的全民体育活动

1949 年朱德代表中央人民政府和人民革命军事委员会在中华全国体总筹备会上的讲话中指出"过去的体育，是和广大人民群众脱离的。现在我们的体育事业，一定要为人民服务，要为国防和国民健康的利益服务"[2]。1949 年 10 月 26 日，冯文彬同志在全国体育总会第一届代表大会的报告中提到，为了提倡国民体育，需要"在全国各城市、各地区，经常定期地举行运动会，开展各种体育竞赛活动"[3]。1952 年，毛泽东主席"发展体育运动，增强人民体质"的题词明确地界定了新中国体育的性质、目的和任务。

一、太极拳的普及

郑仲履云："太极便是人心之至理。"先生曰："事事物物，皆

---

〔1〕　参见中国游泳协会官方网站，https://www.swimming.org.cn/xhgg/2024/0424/601244.html。

〔2〕　《朱德副主席在中华全国体育总会筹备会议上的讲话》，《新体育》1950年第1期。

〔3〕　国家体委政策研究室主编：《体育运动文件选编》(1949—1981)，人民体育出版社，1982年，第164页。

有个极,是道理之极至。"蒋元进曰:"如君之仁,臣之敬,便是极。"
先生曰:"此是一事一物之极。总天地万物之理,便是太极。太极
本无此名,只是个表德。"〔1〕

　　太极拳是基于阴阳循环、天人合一的中国传统哲学思想和养
生观念,以中正圆活为运动特征的一项传统体育实践。17 世纪中
叶由河南省温县陈家沟人陈王廷创编。陈王廷依据祖传长拳,吸
纳道家、儒家思想理念及中医理论精华,道技相融,创编了一种
内外兼修、刚柔相济、攻防并存、阴阳交互、快慢相间的拳械套路,
因其理根太极,故被后人称为"太极拳"。太极拳自产生以来,不
仅在陈氏家族世代相传,还逐渐发展出众多流派,影响遍及全国,
为各族人民共享和实践。不仅如此,作为中国最著名的文化符号之
一,太极拳还广泛传播到全球 150 多个国家和地区,成为广大民众
社会生活的重要组成部分。太极拳于 2020 年入选联合国教科文组
织人类非物质文化遗产代表作名录。太极拳注重意念修炼与呼吸
调整,以五步(进退顾盼定)、八法(掤捋挤按採挒肘靠)为核心
动作,以拳术、器械、推手为运动形式,习练者通过对动静、快慢、
虚实的把控,达到修身养性、强身健体的目的,现有 80 多套拳术、
器械套路和 20 多种推手方法。家族传承和师徒传承是太极拳当前
传承的主要方式,各流派都通过口传心授传承相关知识与技法。〔2〕

---

〔1〕〔宋〕周敦颐撰;梁绍辉等点校:《周敦颐集》,岳麓书社,2007 年,第 18 页。
〔2〕 王文章主编:《中国非物质文化遗产大辞典》,崇文书局,2022 年,第 447 页。

新中国成立以来，太极拳的养生价值得到了党和国家领导人的充分肯定。从 1956 年起，国家体委就开始编制简化太极拳剑，到 1979 年时完成了简化 24 式太极拳、32 式太极剑和 48 式太极拳等，大大推动了太极拳的发展。[1]随着太极拳的发展，探究太极拳的健身作用以及其活动机理，阐发太极拳深厚的文化底蕴，编制简化有效的太极拳套路，也是适应社会发展的大趋势。这些改动从套路结构、动作形态到风格特点都未有较大的改动。2019 年，国务院向体育总局、外交部、发展改革委、教育部、工业和信息化部、国家民委、财政部、自然资源部、住房城乡建设部、文化和旅游部、卫生健康委、市场监督总局、广电总局、文物局等多部门下达了《武术产业发展规划（2019—2025 年）》的通知，指出大力发展武术产业对建设健康中国、提升国家文化软实力、增强国际话语权具有重要作用。其中的专栏 1 就是太极拳健康工程，以中国武术协会为龙头，以各省（区、市）武术协会为主线、以各县（市、区）武术协会为基点，对全国 100 个武术之乡实行动态管理，构建群众身边的武术健身组织网络，完善省（区、市）、县（市、区）、乡镇、辅导站（点）全方位、立体式、上下联动的协同机制。打造国际、国内两大赛事交流平台。鼓励河南焦作、河北邯郸、湖北武当山、四川峨眉山等地方组织具有地方特色的太极活动，打

---

〔1〕 冯志强、李秉慈、孙剑云：《太极拳全书》，学苑出版社，2002 年，第 6—7 页。

造大型国际太极拳赛事。[1]

　　中国传统武术融中国传统文化、养生方法为一体，是国粹文化传承的载体。当前的社会生活节奏大大加快，压力大，非常适合以传统武术来调节身心，太极拳这样的活动就非常适合广大人民群众。2016年，中共中央、国务院印发了《"健康中国2030"规划纲要》，其中就提到了要"大力发展群众喜闻乐见的运动项目，鼓励开发适合不同人群、不同地域特点的特色运动项目，扶持推广太极拳、健身气功等民族民俗民间传统运动项目"[2]。人民太极团队在采访中日友好医院普外科副主任、减重糖尿病手术健康管理中心负责人孟化时，孟化说："对于重度肥胖的病人，如果让他去跑步，是非常不安全的，膝关节可能很快就出现一些病变，尤其踝关节可能会出现一些反复的骨折；举铁倒是可以，但他们可能运动都比较困难……所以，综合多方面因素，我觉得太极拳非常适合过度肥胖的糖尿病患者，因为太极拳运动起来比较慢，不会损伤关节，同时可以消耗很多热量，还能把基础代谢率提高，一劳多得，是一个非常好的选择。"[3]不仅如此，太极拳对青少年的体质健康也有很大帮助，有研究表明太极拳可以有效增强青少年爆

---

[1] 参见中华人民共和国中央人民政府门户网站，2019年7月29日，https://www.gov.cn/xinwen/2019-07/29/content_5416190.htm。

[2] 参见中华人民共和国中央人民政府门户网站，https://www.gov.cn/zhengce/2016-10/25/content_5124174.htm。

[3] 人民太极：《孟化：对于肥胖患者，太极拳或许是最佳的运动康复选择》，人民网，2019年9月20日，http://sports.people.com.cn/n1/2019/0920/c426584-31364979.html。

发力、耐力、弹跳力以及柔韧性等，还能有效促进呼吸系统、心血管系统、呼吸系统的效能。[1]

回顾太极拳国际传播历程，从以技艺学习为主的国际推广到以文化交流为主的交互传播，再到以健康服务为主的整合传播，既展现了太极拳一步步推向世界的过程，也见证了中国不断走向世界、融入世界和贡献世界的历程。[2]

二、羽毛球运动的盛行

20世纪90年代末，民众对打羽毛球有瘾，我也开始跟人钻头觅缝到处找可能的室内场地。体育馆之外，食堂、礼堂舞台、工厂大车间的空地，都曾被我们临时"征用"为球场。现成画好线的场地是没有的，得现用粉笔画，弄根皮尺，两人拉直了依着画。每次都要现画，真是白耽误功夫——因占用场地属"非法"，不定什么时候就有人来驱赶。后来本校体育室一教师入了伙，每到中午体育馆无人时，便领我等进去。这是头一遭，居然在地板场地上打球了，而且有标准的网架，简直有鸟枪换炮之慨。当然，场地还得自力更生。也不画线了，对篮球场某个角的底线、边线加以利用，再用皮尺拉出"L"形，圈出个场地来，什么发球线、单

〔1〕 马威、吴湘军、郭振华、郭淑媛：《民族传统体育项目对青少年体质健康影响的研究进展》，《武术研究》2024年第4期，第120—123页。

〔2〕 林小美、余沁芸、王晓燕：《新时代太极拳国际传播的价值追求与路径思考——兼论太极拳国际传播的主要成就与经验》，《体育科学》2022年第6期，第31—41页。

打线之类的都免了，为的是抢时间：眨眼工夫，下午上体育课的时间便到了。[1]

羽毛球运动在中国的竞技体育和群众体育中都扮演着举足轻重的角色，具有十分重要的影响力。羽毛球是一项球拍运动，其确切起源至今仍是一个谜。早在 2000 多年前，一种类似羽毛球运动的游戏在中国、印度等国出现。中国叫打手毽，印度叫浦那，西欧等国叫作毽子板球。在 14 世纪末，日本出现了把樱桃插上美丽的羽毛球，两人用木板来回对打的运动，这些都是古代羽毛球的原型。[2] 它是从更古老的毽子板球演变而来的，最初流行于欧洲，尤其在上流社会中。然而，毽子板球何时转变为羽毛球，目前还不得而知。一个比较可靠的说法，认为羽毛球最早出现于 18 世纪 60 年代初，出现在格洛斯特郡博福特公爵的庄园，羽毛球的英文名字（Badminton）正是由此而来。随后这项运动流传到了印度，开始在军营中流行，并逐渐风靡于英国的殖民地，最后抵达欧洲和东亚。今天，羽毛球是一项全球性运动，适用于所有年龄段，不论什么样的身体素质都能参加。为了推动羽毛球的发展，1934 年，英格兰、法国、爱尔兰、苏格兰、荷兰、加拿大、丹麦、新西兰和威尔士九个羽毛球协会商讨成立了国际羽毛球联合会，简称国

---

[1] 余斌：《时过境迁提前怀旧四编》，生活·读书·新知三联书店，2021 年，第 196—197 页。

[2] 参见国家体育总局网站，2021 年 9 月 13 日，https://www.sport.gov.cn/n4/n23367606/n23367859/c23601323/content.html。

际羽联，总部位于伦敦，首任主席是汤姆斯。国际羽联于 1948 年增设了汤姆斯杯赛（世界男子团体锦标赛），1956 年增设了尤伯杯赛（世界女子团体锦标赛），并相继举办了世界羽毛球锦标赛、世界杯羽毛球等赛事，推动羽毛球活动在世界上迈进了一大步。奥运会羽毛球奖牌榜上亚洲国家占绝对优势，历史上共产生了 121 枚奥运会奖牌，亚洲国家共拿到了其中的 106 枚。

羽毛球大约于 1920 年风靡中国。1953 年在天津举行的球类运动会上，羽毛球被列为表演项目。20 世纪 80 年代，中国选手分别参加了世界羽毛球锦标赛、世界杯赛和全英羽毛球锦标赛等系列大奖赛。中国羽毛球队从 1982 年首次参加汤姆斯杯就勇摘桂冠，奠定了中国在世界羽坛上的霸主地位，同时也为世界羽毛球的发展作出了重要贡献。中国选手林丹对战马来西亚选手李宗伟一直是比赛看点，他们比赛中产生的情谊也令大家动容。[1]

2024 年 3 月 28 日晚，道达尔能源·汤姆斯杯暨尤伯杯决赛开票仪式在成都天府国际金融中心举行。塔上，流光溢彩；塔下，世界聚焦。在开票仪式现场，12 名舞蹈演员带来的《戏羽四绝》表演，迅速将现场氛围推向高潮。京剧、川剧、昆曲、越剧等传统戏剧演员，与挥动羽毛球拍的四组舞蹈演员同台共舞；戏曲大师的唱、念、做、打，与羽毛球招式中的正手、挑球、吊球、杀球，

---

〔1〕　参见国家体育总局网站，2021 年 9 月 13 日，https://www.sport.gov.cn/n4/n23367606/n23367859/c23601323/content.html。

融合成一台精彩纷呈的国潮运动秀。

除了在职业赛场上创造着辉煌，中国羽毛球协会还大力推动羽毛球活动的普及。比如，创办于1998年的全国东西南北中羽毛球大赛，是中国羽毛球协会为业余羽毛球爱好者设立的一项全国性全民健身羽毛球赛事，作为全国水平最高的业余羽毛球单项赛事之一，该项赛事旨在为全国业余羽毛球爱好者搭建一个切磋交流的平台，进一步促进羽毛球运动的普及和发展，助力推广全民健身活动。夏煊泽对于今后赛事的发展方向也有初步的思考和设想："一是如何让全国的羽毛球爱好者都能参与体验全国性的赛事；二是，我们希望社会各界的有识之士共同加入中国羽毛球协会全民健身赛事活动，希望大家将各地的体育文化、旅游文化，包括地方文化一起，与羽毛球运动相结合，形成一个多元化的羽毛球赛事，这样能让羽毛球项目更好地发展，能够被社会各界不同年龄阶段的人群关注，吸引他们参与我们的项目，进而更好地推进项目发展，形成良性循环发展的氛围。"[1]中国羽毛球协会还与世界羽联在2019年携手发布了全新的羽毛球运动——户外羽毛球，并于2021年开始在全国范围内试点推广。户外羽毛球是一种在户外硬地、草地、沙地上，乃至广场、花园、街道、沙滩等场所都可以进行的羽毛球运动。它保持了与传统羽毛球相似的特性和击球

<hr/>

[1] 中国羽毛球协会：《"全民健身 活力中国 社区运动"迎春杯·全国东西南北中羽毛球邀请赛郑州揭幕》，中国羽毛球协会官方网站，2023年2月27日，https://www.cba.org.cn/ssjj/qm/2023/0227/442550.html。

手感，突破了场地和环境的限制，让不同年龄和运动能力的大众随时享受羽毛球运动的乐趣。[1]当前我国的群众性羽毛球活动还面临着一些问题，如运动场馆不足、市场不成熟、经费短缺、管理不规范、协会作用缺失等，在未来的发展过程中，需要加强场馆设施的建设和利用，加强群众性羽毛球俱乐部建设，打造群众性羽毛球赛事品牌，充分发挥羽毛球协会的作用。[2]相信羽毛球这项运动会在中国发展得越来越好。

值得一提的是李宁品牌在羽毛球行业的发展。李宁羽毛球是李宁（中国）体育用品有限公司旗下品牌产品，创立于 2009 年，是李宁品牌五大核心品类之一。李宁羽毛球赞助资源丰富，包括中国青年羽毛球队，印尼、新加坡等国家队，中国省队及俱乐部，中国高校资源及世界顶尖球员。通过 15 年耕耘，李宁羽毛球秉持"坚持服务专业，发展民族品牌"的理念，对各类别各等级产品，从性能设定、材料使用、工艺制程、品质控制到外观设计进行改造和创新，形成了全新的产品矩阵，拥有 27 项专利授权。目前已经和尤尼克斯（YONEX）、胜利（VICTOR）共同成为羽毛球行业公认的"三大厂"。

---

〔1〕 中国羽毛球协会:《中国羽毛球协会邀您共力推广全新运动——户外羽毛球》,中国羽毛球协会官方网站,2022年3月1日,https://www.cba.org.cn/huwai/2022/0301/402048.html。

〔2〕 傅小惠、王佳宾、张林:《我国群众性羽毛球运动现状与对策研究》,《成都体育学院学报》2008年第4期,第47—50页。

三、广场舞的热烈

广场舞是一种集健身、娱乐、审美于一身，以大众百姓为主体，配以富有节奏感的音乐，在广场、公园和院坝等宽敞场地开展的群众性健身舞蹈。广场舞将传统舞蹈给人们带来的审美感觉与体育运动带来的健身功效结合在一起，既体现出舞蹈的审美情趣，又表现出健身运动的健身功能，因此，具有健身性、娱乐性、艺术性、易操作性等特点。[1] 有研究表明，广场舞可以增进老年人的幸福感，可以使其广交朋友，促进其社会交往；强身健体，延年益寿；缓解心理压力，消除疲劳；学习新的知识，充实生活。[2] 随着人民群众生活水平的不断提高，人民对休闲和健身的关注程度大大增加。很多城市都会在规划公园和广场时留下足够的开阔空间，以供群众健身。当前的新农村建设过程中也会设计一些开阔平整的空间，为广大人民开展广场舞提供了空间。越来越多的人参与到广场舞活动中，不再局限于老年人，年轻人也在渐渐加入。琴棋书画、吹拉弹唱，群众文艺在很长一段时间内被认为是空闲下来的老年人专属。而今，从村超、村晚的运营策划，到广场舞的编排演绎，再到群众合唱的选曲编曲，新意迭出的群众文艺实践中不乏年轻人的身影。他们有新颖的创意，有记录的热情，

---

〔1〕 成盼攀、马鸿韬:《广场舞多元文化价值及文化建设研究——以北京市城六区为例》,《北京体育大学学报》2017年第3期, 第33—39页、第45页。

〔2〕 张玉静、徐丽娟:《长期习练广场舞对老年人幸福指数提升的影响因素探析》,《田径》2024年第1期, 第31—33页。

也有传播的意识，群众文艺在他们的参与下焕发出新的神采。[1]在一些重要的节日，除了传统的歌舞表演，我们还能看到越来越多的广场舞表演登上舞台，成为人民群众喜闻乐见的节目。一些社区和地方乡镇也定期举办广场舞大赛，鼓励广大民众参与。国家也专门推出了广场舞的竞赛规程，以对此进行规范。规程中将原创曲目分为三类，即初级原创、中级原创和高级原创。初级原创要求脚步及上肢动作简单、重复，拍数在32拍至64拍以内，有90度至180度以内旋转，无组合、无道具技巧使用，间奏不超过8拍；中级原创要求脚步及上肢动作丰富、多样，拍数在64拍至96拍以内，有180度至360度以内旋转，一个8拍的哒拍脚步动作为12拍左右，可出现间奏及段落重复，两个组合以上，可使用道具，运用简单的技术技巧及风格，间奏在四个8拍之内；高级原创要求脚步及上肢动作复杂、多样，有一定技术特点和步伐动作，拍数在96拍以上，有360度以上旋转，可有踢腿、控制、旋转及地面等动作，可多次间奏或段落重复，可使用道具，运用具有难度性的技术技巧及风格。比赛场地的要求是不小于16米×16米，地面平整，不涩不滑。竞赛分组按年龄分为4组，包括青年组（平均年龄20～35岁）、中年组（平均年龄36～50岁）、常青组（平均年龄51～65岁）和原创组（不分年龄）。[2]相关广场

[1]　胡妍妍：《群众文艺的永恒魅力》，《人民日报》2024年3月29日，第20版。
[2]　《体育总局体操中心关于印发2021年广场舞项目全国比赛竞赛规程的通知》，国家体育总局，2021年4月13日，https://www.sport.gov.cn/n315/n20001395/c20999099/content.html。

舞活动的规范，会使广场舞活动的开展更加顺利。广场舞在当下快节奏的生活模式中，对人们休闲娱乐和锻炼身体起着重要的双重功能，对社会带来了不可小觑的影响力。如今广场舞的影响力已经超越了国界，走向了全世界。来自美国的李晓雨是第20届"汉语桥"世界大学生中文比赛全球总冠军，在她的眼中，学习中文改变了她的人生，她说："语言很神奇，会一门外语就可以有不同的朋友，可以经历很多新奇、有意思的事。所以我现在有很多中国朋友，也有很多美好的中国回忆，比如，在中国过春节、跟阿姨们跳广场舞、参加古筝比赛……这一切，都是我会说中文才能做到的事儿。"[1]

在新中国成立70周年庆祝活动的群众游行中，有这样一个群体备受关注并极具代表性，那就是"体育强国"方阵中的广场舞大妈们。她们挥舞彩带，脸上洋溢着灿烂的笑容，走过天安门广场，向全世界展现出中国老年人的新风貌。56岁的李秀花参加了新中国成立70周年庆祝活动群众游行，在接受《人民日报》记者采访时，她说："我们要在长安街上，向世界展示中国大妈风采。"

第14届全运会首次设立群众赛事活动展演项目，吸引了全国各地的766支队伍、6800多人参赛。其中广场舞设健身舞、健身秧歌（鼓）、广场龙舞三个分项，线下参赛队伍132支、运动员

---

[1] 赵晓霞：《中文：架起文明互鉴桥梁》，《人民日报》(海外版)2024年4月26日，第11版。

1904名。这次群众赛事活动参赛队伍覆盖了全国32个省市自治区，首次采用了线上参赛、线下评审的方式。在马鸿韬看来，本次健身舞比赛有五大特点。一是性别比例更均衡。二是采用轮值制度，如有裁判本人所在省份队伍比赛，则该裁判要回避，不参与该支队伍评分。三是裁判选拔严格，由来自全国不同省份的裁判组成裁判团，需通过考试要求才可担任，确保了评选的专业。四是全赛程对疫情防控严格。赛前赛中赛后，都有详细的规定，如风险责任书和疫情防控要求，做到了精细化管理。五是59支队伍对健身操的演绎涵盖不同民族、民间创意，在赛事中，展示了参赛者的风采和享受美好生活的状态。[1]其实不只是健身舞这样，其他的健身秧歌（鼓）、广场龙舞也都呈现出了多样化的特点，性别比例均衡，能够感受到群众对健身运动的重视程度在不断增加。通过群众喜闻乐见的体育项目与全运会的融合，有效推动了全民健身战略，推进了健康中国和体育强国建设。广场舞项目扎根基层，以活跃群众文化生活、提高公民身体素质和道德素养、促进基层社会和谐稳定为根本，能够在建党百年这样一个历史性的时刻，开创性地进入全国运动会成为群众展演的比赛项目，也充分体现了党以人民为中心的发展理念以及对人民健康和人民幸福的密切关注，为传播体育文化、讲好中国故事注入了体育精神体系中不

---

[1]《十四运会群众赛事活动广场舞决赛成绩"新鲜出炉"——健身舞比赛呈现五大特点》，国家体育总局，2021年9月1日，https://www.sport.gov.cn/n20001280/n20001265/n20067533/c23401879/content.html。

可或缺的鲜活营养。十四运会展演活动广场舞项目呈现出简约不简单、严谨又高效、圆满有特色的特点，彰显出广场舞项目的大健康、大格局、大发展。全民健身事业也将以此次盛会为契机迈出更坚实的步伐，为实现健康中国目标添能助力，以实际行动向党的 100 周年生日献礼。[1]

十四运会群众展演广场舞一等奖成绩名单

健身舞	
健身舞城市街道（社区）组一等奖	安徽省淮北市相山区队
健身舞农村乡镇组一等奖	陕西省延安市吴起县铁边城镇队
健身舞企事业单位组一等奖	湖北省中国铁路武汉局集团有限公司武汉铁路文体服务中心队
健身秧歌（鼓）	
健身秧歌（鼓）城市街道（社区）组一等奖	广东省深圳市龙岗区队
健身秧歌（鼓）农村乡镇组一等奖	江苏省盐城市响水县响水镇队
健身秧歌（鼓）企事业单位组一等奖	陕西省延安市安塞区民间艺术培训中心队
广场龙舞	
广场龙舞城市街道（社区）组一等奖	重庆市铜梁区南城街道队
广场龙舞农村乡镇组一等奖	上海市浦东新区三林镇队
广场龙舞企事业单位组一等奖	江苏省南京市栖霞区南京龙言狮语文化传媒有限公司队

---

〔1〕《全民健身"赛云端"——第十四届全国运动会群众展演广场舞项目网络线上比赛圆满成功》，国家体育总局，2021 年 8 月 30 日，https://www.sport.gov.cn/n4/n23367548/c23592531/content.html。

广场舞作为深受广大人民群众喜爱的文化艺术活动，其影响范围覆盖到中国城市和乡村的各个角落，并逐渐成为中国文化的一张名片，在国际文化交流中产生积极作用。[1]2015 年 8 月 26 日，首个部委级政策指导文件《关于引导广场舞活动健康开展的通知》正式下发，文件指出，广场舞是深受广大群众喜爱的文化体育活动，包括排舞、有氧健身操、搏击操、啦啦操、健身腰鼓、健身秧歌等多种样式，近年来在全国蓬勃开展，在丰富城乡基层群众精神文化生活、推动全民健身运动广泛开展、展示群众良好精神风貌等方面发挥了积极作用。但广场舞活动场地和设施结构性欠缺、噪声扰民、引导扶持和管理机制不健全等问题日益凸显，不利于广场舞活动的健康发展。[2]可见，广场舞犹如一面多棱镜，既折射出我国经济社会快速发展、社会公众追求高品质生活的主色，也折射出文化转型过程中产生的文化冲突、道德多元以及不同社会群体价值取向的差异性。[3]在有关政策的规范下，相信广场舞活动会得到规范，越来越多的人会参与到这项全民活动中。国家体育总局社会体育指导中心相关负责人介绍说，据不完全统计，全国经常参加广场舞健身的人群已经超过 1 亿。[4]广场舞与人民和生

〔1〕 谢臻、饶子龙：《媒介变迁与广场舞传播》，《文艺争鸣》2024 年第 2 期，第 179—182 页。

〔2〕 国家体育总局：《关于引导广场舞活动健康开展的通知》，2015 年 8 月 26 日，https://www.sport.gov.cn/gdnps/files/c25530621/25530633.pdf。

〔3〕 姚伟华：《文化认同视域下广场舞健康发展研究》，《南京体育学院学报(社会科学版)》2017 年第 2 期，第 60—65 页。

〔4〕 孙博洋、李栋、赵敬菡、刘卿、刘阳：《中国人为什么爱跳广场舞？》，人民网，2019 年 10 月 19 日，http://politics.people.com.cn/n1/2019/1019/c429373-31408872.html。

活紧密结合在一起，源于生活又高于生活，广场舞朴素真诚又浪漫潇洒，这是广场舞的永恒魅力。

四、走路锻炼成常态

2022年，世界卫生组织评估全球的身体活动水平，世界上有超过四分之一的成年人（14亿成年人）身体活动不够；全世界大约三分之一的女性和四分之一的男性没有进行足够的身体活动以保持健康；与低收入国家相比，高收入国家缺乏身体活动的程度要高一倍；自2001年以来，全球身体活动水平没有改善；2001年至2016年，高收入国家中活动不够的水平增加了5%（从31.6%增至36.8%）。身体活动的缺乏，对卫生系统、环境、经济发展、社区福祉和生活质量带来了负面影响。[1]在此背景下，如何选择合适的身体活动成为一个问题。快走是最容易执行且最容易坚持的运动。快走对于器械的要求不高，一般来说，有一双合适的运动鞋就可以了。与跑步相比，快走更容易协调身体的关节和肌肉组织，而且受伤的概率非常低。快走既没有跑步时对下肢的巨大冲击力，又弥补了慢速运动时无法调动并训练到筋膜的弹性与相对滑动能力的不足，还是非常有节奏的对称性运动。[2]对心脏不好和肥胖的

---

〔1〕 参见世界卫生组织官网，2024年6月26日，https://www.who.int/zh/news-room/fact-sheets/detail/physical-activity。
〔2〕 吴石华、崔连骏：《合一运动康复》，东南大学出版社，2021年，第65页。

人来说，快走是运动的不二之选。

2021 年 8 月 3 日，国务院发布了《全民健身计划（2021—2025 年）》的通知，其主要任务之一就是广泛开展全民健身赛事活动，具体而言，要开展全国运动会群众赛事活动，举办全民健身大会、全国社区运动会。持续开展全国新年登高、纪念毛泽东同志"发展体育运动，增强人民体质"题词、全民健身日、"行走大运河"全民健身健步走、中国农民丰收节、群众冬季运动推广普及等主题活动。[1]其中就包括了"全民健身健步走"活动。

走路是大多数人锻炼身体的最佳选择，它简便、有效而安全，长期坚持走路锻炼，可以促进健康，延缓身心衰老。走路锻炼的形式多种多样，每个人都可以根据自己的体质选择合适的方法。走路分为普通散步、快速步行、医疗步行、摩腹散步、倒走等方法。普通散步用慢速（60 ～ 80 步 / 分钟）和中速（80 ～ 100 步 / 分钟）行走，适合年老体弱和刚开始锻炼的人，呼吸室外清新空气并放松自己心情。快速步行时，步速加快，身体略微前倾，双臂自然摆动。年轻人和身体较好的中年人可参与快走，经过长期的锻炼，可以大大提高心肺功能。医疗步行是临床经验中总结出的一种对控制特定疾病有效的锻炼方法，它对步行距离、速度和坡度有一定要求，运动量根据需要而定，并循序渐进地增加。摩腹散步是

---

〔1〕《国务院关于印发全民健身计划(2021—2025 年)的通知》，中华人民共和国中央人民政府门户网站，2021 年 7 月 18 日，https://www.gov.cn/gongbao/content/2021/content_5631816.htm。

边轻松散步，边柔和地按摩腹部，可以防治消化不良和慢性胃肠疾病。倒走的方法有两种，一种是摆臂反走，一种是双手叉腰倒走。倒走是治疗腰肌劳损和其他腰腿痛的一种体育疗法，对于纠正驼背和提高平衡性也有良好的作用。[1]但是在快走时也需要注意并不是走路越多越好，越快越好，也不能饭后马上就快走。运动量超出膝关节负荷，会导致关节炎，走路的速度过快也不适合锻炼，刚吃完饭就走路容易导致胃下垂和积食。

中医认为雨水节气前后，阳气渐生，气候由寒转暖，人们应该顺应节气特点，早晨不赖床，不久卧久坐，增加活动时间，借助大自然的生发之气激发人体的生机，以各种方式养出春天的勃勃生气，尽快进入新一年的工作和生活。

适当运动有助于增强体质，减少疾病。由于雨水节气早晚仍然较为寒冷，此时不宜进行过于激烈的运动。其中快走活动就是非常合适的一种运动方式，运动量因人而异，以微微汗出为宜，以顺应春天的生发之气。[2]

当前微信的"晒步数"成了一种时尚。但我们要注意运动是为了健康而不是为了晒步数。为了晒步数而走路运动很容易过量运动，导致健康受损。北京师范大学体育与运动学院副教授赵纪

---

〔1〕 周丽寰主编:《体育运动卫生保健常识问答》,西安交通大学出版社,2012年,第71—72页。

〔2〕 王美华:《雨水:养出春天的勃勃生气(二十四节气里的中医养生之道)》,《人民日报》(海外版)2024年2月19日,第11版。

生解释说："健步走一开始以消耗血糖、肝糖为主，持续 15 至 20 分钟后，燃烧脂肪的比例逐渐增加，持续到 30 分钟，燃烧脂肪的效果才会比较好。"[1]

五、新兴体育运动层出不穷

新兴体育运动是指在国际上较流行、在国内开展不久或国内外新创的、大众运动色彩浓郁、深受青少年喜爱的体育活动。新兴体育运动的主要特点是形式新颖，具有较强的时尚性和挑战性。[2]《义务教育体育与健康课程标准（2022 年版）》发布后，学校体育课将会变得更有意思，新兴体育运动的影响力会逐渐扩大。在校园里，新兴体育运动可以增进学生对不同国家和地域体育文化的了解，寓教于乐。

不同于篮球、足球、排球等项目对于集体、分工的强调，也不同于体操、跳水等项目门槛高、规范严格，这些新兴运动之"新"，并不仅仅在于"年龄"，还在于蕴含着一种新潮的运动风格——享受过程与表演，而非注重胜负与竞技，更个性、更炫酷。年轻人对于新兴运动的追捧，既是一种体育潮流，也是文化潮流与时代

---

〔1〕《科学走路才能强身健体》，人民网，2019 年 9 月 27 日，http://data.people.com.cn/rmyq/detail?id=3e547 41fd82b456b9537a8578ae509c9。

〔2〕 中华人民共和国教育部：《义务教育体育与健康课程标准(2022 年版)》，北京师范大学出版社，2022 年，第 87 页。

风貌的展现。[1]随着一些新兴体育在奥运赛场亮相，部分新兴体育已经跻身于主流体育行列，为体育的发展注入了新的活力。

有学者对我国新兴体育运动项目的发展现状进行分析，认为发展的困境主要有五点。一是缺少运动了解，产生安全顾虑。新兴运动大多属于小众运动，了解的人较少，而且在我国沿海和经济较发达的地区才较为盛行，其他地方则较少，这就使得很多人还没有接触和接受新兴体育运动。二是运动难度较大，打击运动参与主体信心。部分新兴运动因为具有极限运动的特点，在练习时的难度较大，如果没有达到预期的挑战效果，会打击参与者的信心。三是运动场地及器材稀缺，降低了运动的普适性。我国目前能够供给专业新兴体育运动的场地以及器材还是少数。四是师资力量短缺，运动专业性降低。新兴体育运动自国外传入，在我国的起步较晚，因此了解并掌握新兴体育运动的专业人才是极少的。所以在进行新兴运动时缺乏专业的教师和教练指导，这些体育运动呈现出自由发展的趋势。五是缺乏运动影响力，运动影响力很大程度上与比赛挂钩。国外的新兴体育运动已经有了大型、专业且有影响力的比赛，而国内具有影响力的赛事则很少，这样就使得新兴体育运动的传播影响受限。然而，机遇与挑战是并存的，我国新兴运动也存在着发展机遇。首先，我国的民族文化包容性

---

[1] 吕京笏：《新兴运动广受追捧，引领高校体育教育新潮流》，光明网，2021年8月5日，https://m.gmw.cn/baijia/2021-08/05/35056454.html。

不断增强，只要是对我国发展有益的、人民群众喜闻乐见的体育活动，我国都秉承着"引进来"的观念。因此，新兴体育运动的发展前途无限光明。其次，我国对体育事业多元化的要求会促进新兴体育的发展。[1]随着奥运会比赛项目种类的不断增多，在东京奥运会上新增了滑板、冲浪、攀岩、棒垒球四个大项，都属于新兴体育运动项目。而在2024年的巴黎奥运会上，国际奥委会也正式批准霹雳舞、滑板、攀岩和冲浪四个项目成为比赛项目。这就意味着我国体育发展必须多元化，以提升体育的综合竞争力。本节以极限飞盘运动和匹克球为例，展示新兴体育运动的魅力。

极限飞盘，英文名为 Ultimate Frisbee 或 Ultimate，是飞盘运动的一种，在国外已流行了许久。极限飞盘运动起源于美国，2001年世运会已列为正式比赛项目。是一项无身体接触的运动，其比赛为两队共14人参加，以飞盘传递为竞技内容，通过队友与队友之间在场地上传递飞盘至得分区，队友在得分区成功接住盘为得分。它综合了篮球、足球、美式足球的特点，加上飞盘的特性，融合跳跃、转移、传盘，直到最后的长传或短传达阵，是一项运动量相当大的项目，并不亚于篮球、足球。因此选手除了要有攻、防的技术外，也必须具备良好的团队精神、体能、速度、智能、意志力。它像橄榄球那么紧张激烈，需要出神入化的传接、非凡

〔1〕　邓啸、何阳：《奥运会背景下我国新兴体育运动的发展现状研究》，《体育科技文献通报》2023年第2期，第223—226页、第252页。

的速度、持久的耐力和坦诚默契的团队合作。在比赛中，由于基本没有橄榄球赛的身体接触和冲撞，所以非常安全，而且男女队员可以一同上场。英文中的飞盘 Frisbee 本来拼作 Frisbie，是用金属锡做成的。美国有一位名叫 William Frisbie 的面包师，他创办了一家馅饼公司，并以自己的名字冠名，就是 Frisbie Pie Company。相传，这家店的馅饼在耶鲁大学广受学生们欢迎。不久，大学宿舍就堆满了 Frisbie Pie 的金属锡包装盒。聪明的学生们发现，如果将这些碟状的包装盒抛向空中，并使它旋转，它就可以在空中平稳地飞行。由于这些包装盒是金属的，为了避免受伤，抛的人会大叫一声"Frisbie"以提醒准备接的人。于是，这项新式运动就被称为"Frisbie"了。[1]

极限飞盘正式比赛为七人制，运动场地为一块 100 米 ×37 米的平地，赛场两侧各有一块 18 米 ×37 米的得分区域，进攻方通过各种战术方式的跑动来传递飞盘，让队友们在攻入得分区接盘得分。

SOTG（Spirit of the Game）专指极限飞盘精神，是极限飞盘运动的专有名词，不适用于其他项目。极限飞盘运动依赖于 SOTG 来维护比赛的公平公正，SOTG 是极限飞盘项目的立身之本，也是其能发展区别于其他体育项目而迅速兴起的根源。因为极限飞盘精神的存在，极限飞盘比赛中不设置第三方仲裁裁判介入，比赛中的矛盾通过比赛双方当事人根据规则自行商议裁决（在高级别比赛中也只

---

[1] 极限飞盘简介，参见 http://www.discin.com/portal.php?mod=view&aid=96。

是设有观察员，主要负责出界、得分以及辅助场上队员自我裁决的工作，不介入执行判罚）。这就要求在极限飞盘运动比赛中，每位队员都要自觉遵守比赛规则，并充分信任其他选手（信任其既能够诚实商议也不会故意犯规）。[1]

飞盘运动借鉴的项目元素[2]

运动项目	项目元素
足球	借鉴场上的攻防落位及战术形式，大范围跑动与传接的运动形式，具备与足球运动相同的以无氧供能、混合供能为主的运动特点
篮球	在比赛规则上，持盘队员的固定中枢脚借鉴了篮球规则中的带球走规则，并融合了篮球比赛中众多的进攻配合形式
橄榄球	融合、借鉴橄榄球项目在场地两侧设得分区的场地设置，以及达阵得分的比赛特点
曲棍球	进攻跑位、传递等配合形式
排球	融合了排球的得分方发球转换进攻权的形式。在极限飞盘中发盘前进行防守战术调整，化被动防守为积极防守的比赛特点

美国是世界上飞盘运动发展最快、水平最高、普及程度最高的国家。美国极限飞盘联合会（UPA）于1978年成立，此后，该项活动迅速发展。2012年美国又出现了职业极限飞盘联盟（AUDL），该联赛将飞盘活动带到了新的高度。1984年世界飞盘联盟（WFDF）

---

[1] 古成龙、胡桂锋:《中国引入国外新兴体育项目的跨文化适应研究——基于极限飞盘运动的分析》，《四川体育科学》2016年第5期，第16—19页。

[2] 古成龙、胡桂锋:《中国引入国外新兴体育项目的跨文化适应研究——基于极限飞盘运动的分析》，《四川体育科学》2016年第5期，第16—19页。

成立，这是国际性的飞盘组织，推动该项运动在全世界发展壮大。2013年，我国20多所高校联合发起了中国大学生极限飞盘联盟（CUUA），2015年第1届中国大学生极限飞盘联赛在南京成功举办。2018年12月18日，国家体育总局社会体育指导中心发布了《飞盘项目办赛指南》和《飞盘赛事参赛指引》，逐步规范飞盘联赛，制定并完善赛事体系。2019年3月21日，在北京先农坛体育场召开的中国极限运动协会新闻发布会上，极限飞盘作为新兴项目正式亮相，中国飞盘协会也依托中国极限运动协会成立。[1]中国的飞盘运动由此开始了规范化、正式化的管理。

国内外新兴体育运动相关赛事[2]

项目名称	国内赛事	国际赛事
滑板	全国滑板锦标赛	FISE
	滑板U池巡回赛	SLS
	中国滑板精英赛	BATB
	全国滑板联赛	滑板街式世界锦标赛
	中国滑板网络挑战赛	世界滑板街式职业巡回赛
	全运会	亚运会
	青运会	奥运会

[1] 王庆军：《高等院校公共课教材大学体育与健康》，南京师范大学出版社，2021年，第377—378页。
[2] 邓啸、何阳：《奥运会背景下我国新兴体育运动的发展现状研究》，《体育科技文献通报》2023年第2期，第223—226页、第252页。

续表

项目名称	国内赛事	国际赛事
轮滑	全国速度轮滑（场地）锦标赛	世界速度轮滑锦标赛
	全国速度轮滑（公路）锦标赛	世界自由式轮滑锦标赛
	全国少年速度轮滑锦标赛	世界轮滑球锦标赛
	全国自由式轮滑锦标赛	世界花样轮滑锦标赛
	全国花样轮滑锦标赛	亚运会
	全国单排轮滑球锦标赛	世界全项目轮滑锦标赛
	全运会	世界大学生运动会
	—	世界运动会
	—	青奥会
	—	奥运会
滑雪	中国大众滑雪技术大奖赛	世界高山滑雪锦标赛
	全国青年高山滑雪锦标赛	冬季奥林匹克运动会滑雪赛事
	中国青少年滑雪大奖赛	沸雪赛事
	全国单板滑雪平行项目锦标赛	世界单板滑雪锦标赛
	全国高山滑雪锦标赛	北欧滑雪
	中国大学生滑雪挑战赛	国际雪联远东杯滑雪赛
	—	冬季极限运动会
	—	国际雪联滑雪世界杯和世锦赛
	—	奥运会
	—	亚运会

续表

项目名称	国内赛事	国际赛事
飞盘	中国飞盘联赛	美国职业极限飞盘联赛
	—	亚洲大洋洲飞盘锦标赛
	—	世界飞盘锦标赛
攀岩	中国攀岩自然岩壁系列赛	攀岩世界杯
	中国攀岩联赛	世界攀岩锦标赛
	全国大学生攀岩锦标赛	奥运会
	全国攀岩青少年锦标赛	世界青年攀岩锦标赛
	全运会	亚洲攀岩锦标赛
	—	国际大师赛
	—	国际精英邀请赛

匹克球 1965 年起源于美国，至今仅有 50 余年历史，是一项方兴未艾的运动。2020 年年初，联合国教科文组织将每年 10 月 10 日定为"世界匹克球日"。匹克球运动技术特征与运动风格极具特色，将乒、羽、网三项体育运动融为一体，蕴含着丰富的趣味性与健身性。[1]匹克球是一种使用特殊穿孔球的球拍式运动，在长 13.41 米（44 英尺）、宽 6.10 米（20 英尺）的场地上，中间设置球网的挥拍运动。球场划分为左右两个完全相同的半球场，每个半球场由右发球区、左发球区和非截击区组成。球以斜对角越过球

---

[1] 黎镇鹏、王伟超、黄林杰：《匹克球运动的发展研究》，《体育科技文献通报》2022 年第 8 期，第 113—118 页。

网的方式发到对方的接发球区。球在球网上空来回击打，直到一名球员没有按规则把球回击到对方有效场地而导致违例。匹克球比赛分单打和双打，也可以进行混合双打和团体比赛。计分方式有发球得分制和直接得分制两种。[1]匹克球是有趣的和友好的！规则简单，对初学者来说很容易学习，但可以发展成一个快节奏的、有竞争力的运动。

匹克球简单易学，内容新颖，老少皆宜，在美国的匹克球运动参与群体呈指数级增长。匹克球运动还有着多样的价值。第一是其健身价值。每次击球时肩、颈、腰、腿和身心，都能够在运动中得到均衡的发展和锻炼。第二是其娱乐价值。匹克球飞行速度慢，来回次数、击球花样多，从网球挑战体能的极限，演变为追求快乐、享受快乐的手段。第三是其人文价值。匹克球运动由于其老少皆宜的特性，既可以推动老年人体育的发展，也可让子孙儿女实现自己对老人更多的人文关怀。第四是其竞技价值。匹克球对网球学习有很强的迁移功能。在美国很多网球教练员开始转行去做匹克球教练，原因就是匹克球的很多打法和技术跟网球是相通的。中国的网球人口参与基数低，是制约网球运动普及提高的重要原因。因此可以借助匹克球来推动网球的普及，最终实现网球竞技人口基数扩大。[2]当前匹克球的推广路径主要有三条，

---

〔1〕 马艺欧:《中国网协颁布〈中国匹克球运动竞赛规则〉》,《中国体育报》2023年11月10日,第3版。
〔2〕 张兆龙、张明亚、蒙军、钟学思:《匹克球运动研究》,《广西民族师范学院学报》2018年第3期,第38—40页。

包括学校体育、社区体育和体育赛事。通过学校体育可以迅速推广匹克球运动，在学校的推广和发展情况决定了这项运动在社会的传播与发展。社区体育则可以更进一步推广匹克球，让老少群体都参与进来。体育赛事的开展则可以全面普及这项运动，通过设立各个等级的赛事，提升匹克球运动的影响力。

被称作"用乒乓球的球拍在网球场馆打羽毛球"的匹克球，因为它新潮、好玩，目前已开始在一些城市悄悄热了起来。一些相关的规范也在逐步设立和落实。2023 年 11 月 24 日至 26 日，首届全国匹克球大赛在广东省奥林匹克体育中心举行，这是匹克球首次全国性官方赛事。经过激烈角逐，广西精英匹克球俱乐部在决赛中以 3∶0 横扫湖北宝农匹克球体育俱乐部，获得冠军。湖北队获得亚军。第三名争夺战中，东道主广州队以 3∶1 击败上海体育大学队，获得季军。[1]2023 年 11 月 25 日，中国匹克球运动工作委员会成立大会暨第一次全体会议在广州广东奥体中心召开，来自全国各地的 56 名代表参会，会上《匹克球竞赛规则 2024版（试行）》通过施行。中国匹克球运动工作委员会由国家体育总局小球运动管理中心牵头组织成立，在全国范围内积极推动匹克球运动的普及和开展。体育总局小球中心副主任王赟认为，在我国推广开展匹克球运动，可以为构建更高水平的全民健身公共服

---

〔1〕《首届全国匹克球大赛广州挥拍》，《中国体育报》2023 年 11 月 28 日，第 4 版。

务体系发挥积极作用，为积极应对老龄化社会作出贡献，为促进青少年全面健康发展发挥作用，同时助力体育产业发展，增进对外交往，维护国家主权。[1]

新兴体育项目的特点深受西方体育文化的影响，在发展和推广的过程中与中国现有的体育项目具有较大的文化差异，这也是引入中国的各项国外新兴体育项目进行本土化发展必须面对的客观现实。[2]随着中国综合实力的不断增强，越来越多的新型体育项目将如雨后春笋一般出现，如何推动这些新兴体育项目有序发展也是未来需要面对的挑战。

第三节　国家对体育设施的投入

随着我国经济社会的快速发展和人民生活水平的不断提高，城乡居民体育锻炼意识不断增强，体育服务需求日趋旺盛，全民健身活动蓬勃开展，体育健身已融入群众日常生活。公共体育设施作为城乡居民参与体育锻炼的重要载体，在保障群众体育健身权益、满足群众体育健身需求方面日益发挥着更加重要的作用。从目前的情况来看，体育设施仍不能满足人民群众快速增长的体

〔1〕《匹克球发展驶入快车道》，《中国体育报》2023年11月28日，第4版。
〔2〕　古成龙、胡桂锋：《中国引入国外新兴体育项目的跨文化适应研究——基于极限飞盘运动的分析》，《四川体育科学》2016年第5期，第16—19页。

育健身需求。具体而言，一是供给不足，我国人均体育场地面积仍较小，尤其是中西部地区的设施短缺问题最为突出；二是布局不够合理，城乡之间、区域之间发展不平衡；三是结构不合理，大型综合性比赛场馆所占比例相对较高，群众性健身场馆所占比例偏低；四是设施利用率不高，社会开放度不够。[1]大力加强公共体育设施建设，不断满足人民群众日益增长的体育公共服务需求，对于提升国民意志品质和身体素质水平、拉动体育消费需求、全面建设小康社会和构建社会主义和谐社会都具有重要意义。

一、各大体育场馆的规模化建设

大型体育场馆是开展公共体育服务、发展体育事业的重要场地，对于完善城市功能、推动全民健身、服务和改善民生具有重要作用。2020年11月习近平总书记在《关于〈中共中央关于制定国民经济和社会发展第十四个五年规划和二〇三五年远景目标的建议〉的说明》中，提出"十四五"时期经济社会发展要以推动高质量发展为主题。在此背景下，统筹推进大型体育场馆的高质量规模化建设十分必要和迫切。场馆高质量发展应当以满足人民群众日益增长的美好生活需要为价值取向，在宏观层面体现助推体育强国建设和推动体育产业成为国民经济支柱性产业的高效益，

---

[1]《关于印发"十二五"公共体育设施建设规划的通知》，国家体育总局，2012年9月18日，https://www.sport.gov.cn/n315/n330/c564317/content.html。

在中观层面体现促进不同区域发展、相关产业发展和城市发展方面的协同性，在微观层面体现场馆服务的高质量。[1]

早在 2014 年，国家体育总局就印发了《大型体育场馆基本公共服务规范》《大型体育场馆运营管理综合评价体系》的通知，该评价体系督促体育场馆在发挥其体育基本公共服务主体功能基础上，不断提高开放程度、开发效益和运营管理水平，提高社会各界对大型体育场馆的满意程度。

2024 年 3 月 11 日，国家体育总局体育经济司发布了《2023 年全国体育场地统计调查数据》。数据显示，2023 年全国体育场地 459.27 万个，体育场地面积 40.71 亿平方米，全国人均体育场地面积 2.89 平方米。[2]未来随着各大体育场馆的规模建设，我国人民群众的运动场地会越来越宽阔。

首先值得一提的是国家体育场，又名"鸟巢"，是 2008 年北京奥运会主场馆、2022 年北京冬奥会和冬残奥会开闭幕式场馆，也是全球首座"双奥开闭幕式场馆"。作为代表国家形象的标志性建筑，鸟巢超越了纯粹的体育或建筑概念，承载着深远的社会意义，已经成为国际交往的平台和展示中国形象的重要窗口。其主体建筑是由一系列钢桁架围绕碗状坐席区编制而成的椭圆鸟巢外

---

[1] 陈元欣、陈磊、李震、姬庆、张强、杨金娥、邱茜、方雪默、李京宇、周彪：《新发展理念引领大型体育场馆高质量发展的方向与路径》,《上海体育学院学报》2022 年第 1 期, 第 72—85 页。

[2]《2023 年全国体育场地 459.27 万个》,《中国体育报》2024 年 3 月 21 日, 第 7 版。

形，南北长 333 米，东西宽 296 米，最高处高 69 米。2003 年 12 月 24 日开工建设，2008 年 6 月 28 日落成。国家体育场在建设中采用了先进的节能设计和环保措施，比如，良好的自然通风和自然采光、雨水的全面回收、可再生地热能源的利用、太阳能光伏发电技术的应用等，是名副其实的大型"绿色建筑"。[1]

在进行规模化建设的同时，各大体育场馆的修建还注重与中华文化相结合。第 14 届全运会在陕西举行，这届全运会陕西共确定各类场馆建设 53 座，其中新建 30 座、改造提升 23 座，其中也包括两座非竞赛场馆——全运村和赛事指挥中心。分布在全省的 13 个市区，比赛场馆建筑面积约 140 万平方米。从空中俯瞰举办十四运开幕式的西安奥体中心体育场，一朵巨大的"石榴花"映入眼帘。在 28 瓣"石榴花花瓣"中，共有 7 种不同的造型，屋面高差达 10 米，起伏不平。这种奇特造型导致体育场异形结构多达 6020 块。[2]奥体中心体育场建筑面积 15.65 万平方米，座位数 60033 个。以"丝路启航，盛世之花"为主题，建筑形态取意于石榴花，通过有韵律的变化，寓意丝绸之路。奥体中心体育馆建筑面积 10.83 万平方米，座位数 18000 个。造型硬朗，致敬古长安的高台殿堂，与主体育场的端庄优雅形成动静之趣，刚柔并济。奥

---

[1] 参见国家体育场·鸟巢场馆概况，https://n-s.cn/shownews.jsp?type1=10。

[2]《科技亮点纷呈 带动全民健身——十四运场馆面面观》，人民网，2020 年 8 月 21 日，http://sports.people.com.cn/n1/2020/0821/c22155-31831214.html。

体中心游泳跳水馆建筑面积 10.28 万平方米，座位数 4046 个，以"鼎"作为建筑形体的本源，通过菱形柱廊与玻璃幕墙的虚实结合，蕴含鼎盛中华的寓意。

杭州亚运会的体育场馆也具有中华美韵。有人说，建筑是凝固的音乐。纵览杭州亚运会的座座场馆，有的取意雨巷中的一顶油纸伞，有的化用名画《富春山居图》，有的则营造江南烟雨蒙蒙的意境，它们静默无语，却又韵味无穷，好似演奏着一曲曲风华国乐。当杭州亚运遇上之江山水，当亚洲雄风遇上中华底蕴，人们从精致、典雅的诗画江南里，看见一个不一样的亚运盛会，看见"亚运风"与"中国韵"的交融共生。[1]

未来，国家将继续实施"雪炭工程"等项目，对地方修建中、小规模的体育场地予以资助，将大、中、小型体育场地的结构趋于合理，满足竞技比赛需求和人民群众健身的需求。

二、智能化新时代——科技赋能体育

步入信息时代，智能化已经成为体育场馆服务的重要手段。

当前已经有不少的体育场馆进行了智能化的改造。中国体育报的记者对智能化改造后的北京工人体育场进行采访时，了解到"智慧场馆"正在从改善建设运营、服务管理和促进消费三个维度

---

[1]《钟华论：聚亚洲之力，筑未来之路——写在杭州第十九届亚洲运动会闭幕之际》，新华网，2023年10月10日，http://www.news.cn/world/2023-10/10/c_1129907745.htm。

提升自我造血能力。具体而言，第一维度是线上管理实现降本增效。北京工人体育场的智能化建设核心是"智慧工体系统"，"智慧工体系统"服务于工体的商业管理团队、商业品牌方、北京国安足球队、每年的 4500 多万访客和北京国安的 500 多万球迷。中赫工体智慧化信息负责人鲁金告诉记者，运营一座庞大的体育场需要消耗大量的能源，使用非常多的人力，每天都有大量资金投入，但是通过这套智能化管理系统，可以精确地知道哪个房间有人、有多少人，这些人待了多长时间，从而精确地控制每个空间的灯光、暖气、空调等设备。当某一处有事故发生时，系统会精确地把最近的工作人员派到事发现场，大幅度减少场馆运营人员。这些技术的运用为球场运营降低了资金消耗，节约了人力成本，为新工体实现了降本增效。第二维度是智慧系统升级小商户管理。"智慧工体系统"可以监测体育场内的人流，并自动分析商铺数据，为商铺经营提供精准有效的决策。第三维度是为消费者提供综合服务平台。工体的小程序上包含了咨询、票务、餐饮、停车、导航等多个模块。通过方便快捷的小程序，为顾客提供一站式服务，满足消费者的各种需求，也为体育场馆带来了新的商机。[1]体育场馆是智能化技术非常好的落地应用场景，智能化技术正让体育场馆变成一个个巨大的聚宝盆。

---

[1] 赵萌:《智能化为场馆带来什么——智慧体育场馆调查侧记(一)》,《中国体育报》2023年12月6日,第2版。

在北京冬奥会和冬残奥会的筹办过程中，"科技冬奥"崭露头角。2008 年的北京奥运会给我们留下了"绿色奥运、科技奥运、人文奥运"的宝贵遗产。如今，"科技冬奥"更进一步，不仅仅是向世界展示中国的科技创新成果，更是向世界展现未来人们的科技生活。科技冬奥领导小组工作组成员常宇在接受新华社记者专访时说："科技冬奥的理念是：冬奥，智能新时代。"在 5G 移动互联、云计算、大数据、卫星导航、人工智能等智能技术的支撑下，智能时代的生活是什么样子？科技冬奥的目标正是通过冬奥筹办，为世界探寻更好的未来城市生活解决方案，实现对人友好、对环境友好、对产业友好、对社群友好的人类城市生活永续目标。[1]国家速滑馆"冰丝带"是 2022 年北京冬奥会北京赛区的标志性场馆，也是当时唯一新建的冰上竞赛场馆。它的设计理念来自冰和速度结合的创意，22 条丝带就像运动员滑过的轨迹，象征速度和激情。北京市科委、中关村管委会、冬奥专班负责人杨鹏宇在接受新华网专访时表示，"冰丝带"在智慧场馆设计方面，针对速滑馆赛时智慧化运行、赛后高效管理和多样化服务的需求，实施智慧场馆建设。他介绍，"冰丝带"的建设应用基于 BIM 的智慧建造技术，使主体结构工期节省了 2 个月时间、减少使用钢材 2800 吨。[2]这

---

〔1〕 姬烨、王梦、汪涌：《科技冬奥将如何改变我们的生活——以冬奥推动创新，最终惠及城市运行、产业发展和百姓生活》，《新华每日电讯》2021 年 3 月 5 日，第 15 版。

〔2〕 赵秋玥：《解码智慧冬奥 | 2022 年北京冬奥会智慧场馆建设蕴藏了哪些黑科技？》，新华网，2021 年 10 月 27 日，http://www.xinhuanet.com/tech/20211027/ef715c484116497dbd5877cd4ca28851/c.html。

届冬奥会是近 20 年来首次在大陆性季风气候地区举办，如何妥善应对冬春交替期间的极端天气十分关键。"如果遇到下雪，密度松软的天然雪肯定会使赛道雪质发生变化；若是下雨，雨水也会使赛道表层结冰，比赛将变得危险异常。"对此，"科技冬奥"重点专项"赛事用雪保障关键技术研究与应用示范"项目负责人王飞腾与团队提出的办法是，构建物理能量平衡模型进行"储雪"——即在冬季温度较低时，把雪提前造好，并储存起来，待次年初冬再次使用。2017 年，团队全程参与了北京冬奥组委在延庆区石京龙滑雪场开展的储雪试验，经过整个夏季考验，约有 60% 的雪被完好储存下来。王飞腾说，在接触到冬奥会之前，很少有人会想到雪原来还能储存，而且这项技术不仅能服务奥运会，还能为冰川保护提供科技支撑。[1]

智能是杭州亚运会的办赛理念之一。多项新技术与体育赛事的衔接，让这场体育盛会因智能而更加美好，时代之新意在杭州西子湖畔展现得淋漓尽致。2023 年 9 月 23 日，上亿名来自世界各地的"数字火炬手"将携手在虚拟空间"点燃"亚运圣火。亚运历史上首个开幕式数字点火仪式，不仅正式拉开本届亚运会序幕，也将在亚运史上写下浓浓"数字味"和"智能范"的有力一笔。杭州亚运村入住的运动员、随队官员、技术官员和媒体人员将解

---

〔1〕 刘乐艺：《北京冬奥，奥林匹克的中国智慧与中国方案》，《人民日报》（海外版）2022 年 1 月 11 日，第 5 版。

锁智能亚运带来的便捷体验。坐上 AR 智能巴士，车窗上的吉祥物"江南忆"、运动项目、杭城景色等虚拟场景与实景交叠，带来如幻似真的互动体验；扫码入住"云上亚运村"，只需要在指尖轻动，就可以完成场地预约、菜单查询、信息咨询、地图导览等需求。数字技术的赋能，让赛事组织更加高效畅通——办赛端，体育赛事数字办赛平台"亚运钉"集成近 300 款数字化应用。在赛时，将实现数十万名工作人员和志愿者"组织在线、沟通在线、业务在线"大协同。创新科技的应用，让竞技比赛更加精准公平——羽毛球馆内，20 台 4K 高清摄像机和 1 台 VR 相机，让每个精彩瞬间都能被定格和 360 度回放，裁判借助科技，得以更公平判罚；通过人工智能红外追踪技术，人工智能裁判将选手的每个动作实时转换成三维图像，对选手的各项身体参数和动作角度进行分析和打分。智能配套的普及,让观众参与更加温馨便捷——围绕"食、住、行、游、购、娱"及票务等用户需求，数字观赛服务平台"智能亚运一站通"打通各类亚运场景，集成各类城市服务，为观众提供购票、出行、观赛、住宿、用餐和旅游等 28 项服务。蚂蚁集团支付宝亚运数字服务产品总监孟琰说："数字技术正打破时空限制，让更多人参与到亚运当中。"[1]

---

〔1〕 邬焕庆、陈聪、商意盈、魏一骏：《亚洲之光 辉映未来——五个维度解码杭州亚运会》，新华网，2023 年 9 月 22 日，http://www.xinhuanet.com/sports/2023-09/22/c_1212272727.htm。

三、强化对社区体育设施的配套

健身场地和设施不足，仍是当前社区体育面临的一大难题。从全国范围来看，社区运动场地的数量、面积和人均指标等均呈现出由东部沿海地区向内陆地区逐渐减少的特征。在城市基层，社区体育设备较为缺乏，体育设施中占比较大的是大型体育场馆，难以满足广大群众的日常健身锻炼需求。

2005 年 11 月起施行的《城市社区体育设施建设用地指标》规定，城市社区体育设施人均室外用地面积是 0.3 ~ 0.65 平方米，室内是 0.1 ~ 0.26 平方米。尽管数据指标清晰，但是落实仍不到位。当前很多老旧小区的体育设备建设和改造难度很大，主要原因是空间受限，在小区里停车都不容易，体育休闲设施更难以建设。2018 年年底，国家编制的《城市公共服务设施规划标准》《城市居住区规划设计标准》相继出台，对新建小区具有强制性效力。其中，《城市公共服务设施规划标准》对公共体育设施有强制性条文，要求"规划建设用地控制指标不应低于 0.5 平方米 / 人"，而《城市居住区规划设计标准》强制性条文包括"新建各级生活圈居住区应配套规划建设公共绿地，并应集中设置具有一定规模，且能开展休闲、体育活动的居住区公园"。《城市居住区规划设计标准》提出了 5 分钟、10 分钟和 15 分钟生活圈要求，并且有不同的健身设施和活动场所与之配套，居住区公园中要有 10% ~ 15% 的用地用作体育用途。

2021 年颁布的《全民健身计划（2021—2025 年）》中提出了八大任务，其中之一就是加大全民健身场地设施供给。具体而言，制定国家步道体系建设总体方案和体育公园建设指导意见，督导各地制订健身设施建设补短板五年行动计划，实施全民健身设施补短板工程。盘活城市空闲土地，用好公益性建设用地，支持以租赁方式供地，倡导土地复合利用，充分挖掘存量建设用地潜力，规划建设贴近社区、方便可达的场地设施。新建或改扩建 2000 座以上体育公园、全民健身中心、公共体育场馆等健身场地设施，补齐 5000 个以上乡镇（街道）全民健身场地器材，配建一批群众滑冰场，数字化升级改造 1000 座以上公共体育场馆。开展公共体育场馆开放服务提升行动，控制大型场馆数量，建立健全场馆运营管理机制，改造完善场馆硬件设施，做好场馆应急避难（险）功能转换预案，提升场馆使用效益。加强对公共体育场馆开放使用的评估督导，优化场馆免费或低收费开放绩效管理方式，加大场馆向青少年、老年人、残疾人开放的绩效考核力度。[1] 陈元欣建议，对于社区健身场地的规划管理，街道社区的协调作用应更加突出，要形成对于公共健身场所使用的社区共识，避免不同社会群体在设施使用方面发生冲突，更高效地发挥空间资源效率。同时，社区要想办法整合手中资源和周边的幼儿园、中小学校共建、共

〔1〕《国务院关于印发全民健身计划(2021—2025 年)的通知》，中华人民共和国中央人民政府门户网站，2021 年 8 月 3 日，https://www.gov.cn/zhengce/content/2021-08/03/content_5629218.htm。

享体育场馆，建设社区的全民健身中心。[1]

2022年，中共中央办公厅、国务院办公厅印发了《关于构建更高水平的全民健身公共服务体系的意见》。其中第十点提道"打造群众身边的体育生态圈，实施全民健身设施补短板工程，建设全民健身中心、公共体育场、社会足球场等健身设施，加强乡镇、街道健身场地器材配备，构建多层级健身设施网络和城镇社区15分钟健身圈"。第十四点提道"推动健身场地全面开放共享。事业单位和国有企业要带头开放可用于健身的空间，做到能开尽开"。第二十二点提道"完善全民健身公共服务标准体系。制定全民健身基本公共服务国家标准并动态更新。健全全民健身场地设施、器材装备等标准"。

国家多措并举，大力强化社区体育设备的配套。网络健全、设施完善、群众参与度高的全民健身公共服务体系正在变成现实，全民健身场地设施供给不断加大，城乡基本建成"15分钟健身圈"。[2]期待更高水平的全民健身公共服务体系，覆盖全民、服务全民、造福全民，让运动健身和体育休闲塑造健康生活新风尚。

四、锻炼强身的幸福感

锻炼强身有助于让生活更加精彩，营造拼搏、团结的社会氛围。

〔1〕 陈晨曦、李硕、刘硕阳：《办法多 场地就会多——关注社区体育设施(上)》，《人民日报》2019年7月2日，第13版。

〔2〕 张伟昊：《完善体育设施 推进全民健身》，《人民日报》2023年1月19日，第14版。

当一项比赛赛事落地，有助于带动群众积极参与运动。为了迎接汤尤杯，成都响应全民健身运动热潮，开展了持续五天的全民运动专场活动。这次活动将在成都交子大道上开展双塔联动打卡、羽毛球世界冠军见面会、潮流运动体验、运动音乐表演等系列活动，让市民游客与羽毛球世界冠军一起乐享五一假期，在家门口感受羽毛球运动的魅力。成都高新区神仙树社区羽毛球队教练陶最说："成都的羽毛球氛围和基础设施都很好，特别是近期汤尤杯的举办，让大家有机会近距离接触到自己喜爱的优秀运动员。同时，汤尤杯也像一扇窗户，让更多人了解成都，吸引更多海外友人来到成都，感受这里的运动氛围。"成都高新区的相关负责人说："在汤尤杯比赛期间，通过举办各类体育惠民活动，我们希望让运动的热情从赛场内延伸到城市各个角落，让体育运动成为市民群众的生活新方式，进一步助力成都赛事名城建设。"现在的成都公园绿地星罗棋布，体育消费多元化，社区运动新空间不断涌现。[1]早在2021年，成都就发布了《成都世界赛事名城建设纲要》，明确未来要着力打造世界赛事名城，以更高水平促进体育发展，助力城市发展，将体育融入市民生活。

体育赛事有助于打造城市品牌，彰显独一无二的城市文化。通过举办亚运会和亚残运会，杭州及周边城市建成了一系列高质

---

[1]　董小红、李倩薇、陈地：《汤尤杯带动体育惠民活动在成都"燃起来"》，新华网，2024年5月3日，http://sports.news.cn/20240503/5c3c539dd5f940d9b37658783226ed42/c.html。

量体育场馆和惠民健身设施，大大提升了公共体育服务水平。[1] 在2022 年杭州亚运会宣布延期后，已经全面竣工并通过赛事功能验收的 56 座竞赛场馆和 31 座训练场馆并未束之高阁，而是按照全民健身、专业主导、学校开放和市场运营等模式陆续向社会惠民开放。这开创了国内综合性体育赛事场馆在赛前向全民健身和群众体育领域开放的先例。[2] 惠民的盛会，让大街小巷涌动"健身潮"。"还馆于民""体育惠民"的实践扎实推进，亚运场馆提前面向大众开放，一批场馆设施的建成丰富了群众体育的场景选择，有利于缓解"老百姓去哪里健身"的问题。从基础设施改造、环境综合治理，到公共服务提升、城市面貌改善、全民健身习惯养成，杭州亚运会的红利正持续释放，不断惠及广大人民群众，努力实现"办好一个会，提升一座城"。[3] 杭州让我们看到了人民群众在体育中获得幸福，全民健身的习惯风靡社会，通过强身健体，铸就强韧的中华民族。

各类群众体育赛事活动多次举办，让广大的人民群众更有参与感。中国"国球"乒乓球职业赛场上大放光芒离不开其广大的群众基础。2024 年 6 月 6 日，在毛泽东同志"发展体育运动，增

〔1〕 范佳元：《让体育赛事融入城市生活》，《人民日报》2024 年 4 月 23 日，第 15 版。

〔2〕 邬焕庆、陈聪、商意盈、魏一骏：《亚洲之光 辉映未来——五个维度解码杭州亚运会》，新华网，2023 年 9 月 22 日，http://www.xinhuanet.com/sports/2023-09/22/c_1212272727.htm。

〔3〕《钟华论：聚亚洲之力，筑未来之路——写在杭州第十九届亚洲运动会闭幕之际》，新华网，2023 年 10 月 10 日，http://www.news.cn/world/2023-10/10/c_1129907745.htm。

强人民体质"题词 72 周年之际，国家体育总局群体司指导，中国体育报业总社有限公司、河南省体育局、洛阳市人民政府主办的"国球进社区 国球进公园"公益行活动在洛阳政康苑社区体育公园举行。"国球进社区 国球进公园"活动是 2023 年由国家体育总局、住房和城乡建设部共同开展，推动在城市社区、公园中配建乒乓球台等小型设施，以"小切口"助推"大民生"的惠民公益活动。数据显示，截至 2023 年 12 月底，全国 31 个省（区、市）和新疆生产建设兵团共 8489 个老旧小区、3768 个城市公园开展了"国球进社区 国球进公园"活动，累计新增各类健身设施 74590 个，其中，新增乒乓球台 11944 张，极大方便了广大群众在家门口挥拍打球、锻炼身体，共享社区建设成果和运动健康快乐。本次活动同时也是 2024 年"奋进新征程，运动促健康"全民健身志愿服务系列主题示范活动，乒乓球世界冠军常晨晨、跆拳道奥运冠军赵帅与社区群众代表、青少年代表共同发布了《全民健身与奥运同行》倡议，弘扬中华体育精神，汇聚志愿服务力量，发挥模范带动作用，形成自觉锻炼、主动健身、追求健康的良好风尚。[1] 6 月 8 日，2024 年中国乒协首届"国球进公园"户外乒乓球系列赛事活动（鞍山赛区）在辽宁鞍山烈士山公园户外灯光球场举行，来自全国的 1100 余名乒乓球爱好者参与了赛事活动。本次系列活动是中国乒

---

[1]《"国球进社区 国球进公园"公益行活动走进洛阳》，中国乒乓球协会官方网站，2024 年 6 月 6 日，https://www.ctta.cn/xwzx/ppxw/2024/0606/604817.html。

协持续秉承"以人民为中心"的发展理念、加快构建更高水平的乒乓球全民健身公共服务体系、解决基层广大乒乓球爱好者健身"最后一千米"难题而打造的又一全国性大型群众体育赛事活动。这一系列活动以广大市民群众为服务对象，设置了适合各年龄段参与的项目，把赛事活动送到市民家门口，报名条件不限，不收取报名费用，是满足广大群众多样化多元化全民健身需求的有力举措，为乒乓球爱好者搭建了交流和互动平台，形成了"全民参与、共享乒乓"的良好氛围。[1]

锻炼强身为发展增添动力，展现了体育助力经济社会发展的多元价值。福建省福安市四面群山环抱，"四面罗山朝虎井，一条带水绕龟湖"。福安水系发达，森林密布。近年来，为了营造更加宜居的城市生态环境，福安斥巨资打造"百里韩阳绿道"系统。绿道系统穿越城市，连接着城市里的绿地、公园、河流和森林。福安人的生活从此打开了新的一扇窗。春天到金沙河沿看柳丝漫绿，听鸟雀啁啾；夏日逛城南溪口，赏石滩泻玉，看白鹭蹁跹；秋来登富春长亭，观枫叶飘红，赏芙蓉鉴影；冬至临阳春河畔，闻梅香袅袅，望蒹葭苍苍。绿道如同一条纽带，在纽带的两头分别是福安和大自然。如今的福安，已经建成了包括坂中森林公园、天马山公园、岩湖生态公园、溪口湿地公园等在内的 18 个城市公

---

〔1〕《"国球进公园"走进鞍山 千余名乒乓球爱好者参与其中》，中国乒乓球协会官方网站，2024年6月8日，https://www.ctta.cn/xwzx/ppxw/2024/0608/604935.html。

园绿地，绿道总里程更是达到了 50 千米。清晨，福安人踏着朝阳，在绿道上晨练、慢跑、打太极；下午，福安人惬意置身于绿道的绿荫之中；黄昏时分，福安人迎着夕阳慢跑，等待这座城市的夜幕降临；晚上，人们三三两两会集到绿道上，慢走聊天，跳跳广场舞，锻炼身体。[1]可以说，福安的绿道见证了福安人锻炼强身的幸福感从无到有、从少到多的变化，践行了"绿水青山就是金山银山"的科学发展理念。

第四节　体育是国家强盛的象征

从"尔滨"出圈到冰雪经济热，从增加课间时长到上好体育课，从赛事经济"乘数效应"凸显到备战 2024 年奥运会、残奥会，从健身健康深度融合到体育助力乡村振兴……"体育"，成为代表委员们口中的高频词，成为人民群众生活中不可或缺的一部分。加快建设体育强国是以习近平同志为核心的党中央作出的重大决策部署，也是体育战线光荣的使命任务。党的二十大报告提出，2035 年建成体育强国、健康中国。体育承载着国家强盛、民族振兴的梦想。体育强则中国强,国运兴则体育兴。加快建设体育强国，就要坚持以人民为中心的发展思想，把人民作为发展体育事业的

---

[1]　沈荣喜：《福安绿道走一走》,《人民日报》(海外版)2019年7月17日，第12版。

主体，把满足人民健身需求、促进人的全面发展作为体育工作的出发点和落脚点。国家统计局发布《中华人民共和国 2023 年国民经济和社会发展统计公报》显示：全年全国共有体育场地 459.3 万个，体育场地面积 40.7 亿平方米，人均体育场地面积 2.89 平方米。全年我国运动员在 32 个项目中获得 165 个世界冠军，共创 20 项世界纪录。数字会说话——体育强国建设正走在路上，各项奋斗目标正在不断实现。[1]

一、国际体育赛事中获得的金牌

更高，更快，更强（拉丁文为：Citius，Altius，Fortius）。

中华民族作为奥林匹克运动的热爱者和实践者，在 19 世纪初便与奥林匹克运动结缘，但是三次奥运之旅都无功而返。新中国成立后，经过 20 年的不懈努力，终于在 1979 年重返奥林匹克大家庭，翻开了奥林匹克运动史上属于中国的新篇章。中国在奥林匹克运动会上屡创佳绩，打破了一项又一项奥运纪录，在弘扬奥林匹克精神、促进体育和文化协调发展、增进中国与世界各国人民友谊的过程中作出了杰出贡献。无与伦比的北京奥运会，举世无双的北京冬奥会，带给世界惊喜，彰显国人自豪。中国与奥林匹克运动结缘的百年历史不仅是中国体育发展筚路蓝缕的艰辛历

〔1〕《加大体育改革力度 推进体育强国建设》，《中国体育报》2024 年 3 月 12 日，第 12 版。

程，更是努力实现中华民族伟大复兴的真实写照。

1984 年的第 23 届洛杉矶奥运会上，许海峰以 566 环的成绩勇夺自选手枪慢射项目金牌，成为新中国第一位获得奥运会金牌的运动员，自此中国奥运实现了金牌"零"的突破，中国开始以体育强国的面貌走向世界。对于首次夺金的经历，许海峰已经谈起和回忆过无数次了，但他还是有些不相信的感觉。他回忆说："那次是新中国第一次组团参加奥运会，我不仅是第一次，而且还是一个刚进入专业射击训练两年的新手，对奥运会认识不足，不知道这一比赛的分量。"夺冠的那一刻，当时国家体委副主任黄中紧紧地拥抱着许海峰，激动不已地摇着他，全国上下为之沸腾，而只有许海峰最为冷静。他后来也说，自己没想到这块金牌的分量这么重，如果在比赛之前就想着这些，那自己肯定打不好这次比赛。[1]

从中国 1984 年在奥运会崭露头角之后，中国队在奥运的赛场上谱写了辉煌篇章。本文整理了 1984 年至 2024 年历届夏季奥运会中国取得的冠军，以飨读者。

1984 年第 23 届奥林匹克运动会中国金牌榜

（举办地：美国洛杉矶。举办时间：1984 年 7 月 28 日至 8 月 12 日）

项目	冠军
射击男子自选手枪慢射	许海峰

[1]　王友唐、郑红深：《许海峰：奥运改变着人生的轨迹》，《人民日报》（海外版）2006 年 4 月 28 日，第 9 版。

续表

项目	冠军
射击男子 50 米移动靶（标准速）	李玉伟
射击女子小口径标准步枪 3×20	吴小旋
举重 52 公斤级总成绩	曾国强
举重 56 公斤级总成绩	吴数德
举重 60 公斤级总成绩	陈伟强
举重 67.5 公斤级总成绩	姚景远
击剑女子花剑	栾菊杰
男子自由体操	李宁
体操男子吊环	李宁
体操男子鞍马	李宁
体操男子跳马	李宁
体操女子高低杠	马燕红
女子排球	中国女队
跳水女子跳台	周继红

1988 年第 24 届奥林匹克运动会中国金牌榜

（举办地：韩国汉城。举办时间：1988 年 9 月 17 日至 10 月 2 日）

项目	冠军
跳水女子跳台	许艳梅
跳水女子跳板	高敏
体操男子跳马	楼云
乒乓球男子双打	陈龙灿 / 韦晴光

续表

项目	冠军
乒乓球女子单打	陈静

1992 年第 25 届奥林匹克运动会中国金牌榜

（举办地：西班牙巴塞罗那。举办时间：1992 年 7 月 25 日至 8 月 9 日）

项目	冠军
游泳女子 100 米自由泳	庄泳
跳水女子 10 米跳台	伏明霞
柔道女子 72 公斤以上级	庄晓岩
射击男子气手枪	王义夫
射击飞碟双向	张山
游泳女子 100 米蝶泳	钱红
游泳女子 200 米个人混合泳	林莉
游泳女子 50 米自由泳	杨文意
体操女子高低杠	陆莉
体操男子自由体操	李小双
跳水女子 3 米跳板	高敏
田径女子 10 千米竞走	陈跃玲
跳水男子 10 米跳台	孙淑伟
乒乓球女子双打	邓亚萍 / 乔红
乒乓球男子双打	吕林 / 王涛
乒乓球女子单打	邓亚萍

1996 年第 26 届奥林匹克运动会中国金牌榜

（举办地：美国亚特兰大。举办时间：1996 年 7 月 19 日至 8 月 4 日）

项目	冠军
游泳女子 100 米自由泳	乐靖宜
柔道女子 72 公斤以上级	孙福明
举重男子 59 公斤级总成绩	唐灵生
举重男子 70 公斤级总成绩	占旭刚
体操男子个人全能	李小双
射击女子 25 米运动手枪	李对红
射击男子 10 米移动靶	杨凌
跳水女子 10 米跳台	伏明霞
跳水男子 3 米跳板	熊倪
田径女子 5000 米	王军霞
乒乓球女子双打	邓亚萍 / 乔红
乒乓球男子双打	孔令辉 / 刘国梁
跳水女子 3 米跳板	伏明霞
乒乓球女子单打	邓亚萍
羽毛球女子双打	葛菲 / 顾俊
乒乓球男子单打	刘国梁

2000 年第 27 届奥林匹克运动会中国金牌榜

（举办地：澳大利亚悉尼。举办时间：2000 年 9 月 15 日至 10 月 1 日）

项目	冠军
跳水男子 10 米跳台	田亮

续表

项目	冠军
跳水男子 3 米跳板	熊倪
跳水男子双人 3 米跳板	熊倪 / 肖海亮
跳水女子双人 10 米跳台	李娜 / 桑雪
跳水女子 3 米跳板	伏明霞
乒乓球女子双打	王楠 / 李菊
乒乓球男子双打	王励勤 / 阎森
乒乓球女子单打	王楠
乒乓球男子单打	孔令辉
田径女子 20 千米竞走	王丽萍
羽毛球男子单打	吉新鹏
羽毛球混合双打	张军 / 高崚
羽毛球女子双打	葛菲 / 顾俊
羽毛球女子单打	龚智超
柔道女子 78 公斤级	唐琳
柔道女子 78 公斤以上级	袁华
跆拳道女子 67 公斤以上级	陈中
举重女子 53 公斤级	杨霞
举重女子 63 公斤级	陈晓敏
举重女子 69 公斤级	林伟宁
举重女子 75 公斤以上级	丁美媛
举重男子 77 公斤级	占旭刚
射击男子 10 米移动靶	杨凌

续表

项目	冠军
射击男子 10 米气手枪	蔡亚林
射击女子气手枪	陶璐娜
体操男子团体	李小鹏 / 邢傲伟 / 杨威 / 肖俊峰 / 郑李辉 / 黄旭
体操男子双杠	李小鹏
体操女子平衡木	刘璇

2004 年第 28 届奥林匹克运动会中国金牌榜

（举办地：希腊雅典。举办时间：2004 年 8 月 13 日至 8 月 29 日）

项目	冠军
女子排球	冯坤 / 王丽娜 / 赵蕊蕊 / 宋妮娜 / 杨昊 / 刘亚男 / 张越红 / 陈静 / 李珊 / 张萍 / 张娜 / 周苏红
乒乓球男子双打	马琳 / 陈杞
乒乓球女子双打	王楠 / 张怡宁
乒乓球女子单打	张怡宁
羽毛球混合双打	张军 / 高崚
羽毛球女子单打	张宁
羽毛球女子双打	杨维 / 张洁雯
射击男子气步枪 10 米	朱启南
射击男子气手枪 10 米	王义夫

续表

项目	冠军
射击男子小口径自选步枪 3×40（50米）	贾占波
射击女子气步枪10米	杜丽
体操男子鞍马	滕海滨
田径男子110米栏	刘翔
田径女子10000米	邢慧娜
网球女子双打	孙甜甜 / 李婷
跳水男子10米跳台	胡佳
跳水男子3米跳板	彭勃
跳水男子双人10米跳台	田亮 / 杨景辉
跳水女子3米跳板	郭晶晶
跳水女子双人10米跳台	劳力诗 / 李婷
跳水女子双人3米跳板	郭晶晶 / 吴敏霞
游泳女子100米蛙泳	罗雪娟
举重男子62公斤级	石智勇
举重男子69公斤级	张国政
举重女子75公斤以上级	唐功红
举重女子58公斤级	陈艳青
举重女子69公斤级	刘春红
柔道女子48—52公斤级	冼东妹
摔跤女子自由式72公斤级	王旭
跆拳道女子67公斤级	罗微

续表

项目	冠军
跆拳道女子 67 公斤以上级	陈中
皮划艇男子静水双人划艇 500 米	杨文军 / 孟关良

2008 年第 29 届奥林匹克运动会中国金牌榜

（举办地：中国北京。举办时间：2008 年 8 月 8 日至 8 月 24 日）

项目	冠军
射击男子 10 米气手枪	庞伟
射击女子 10 米气手枪	郭文珺
跳水女子双人 3 米跳板	郭晶晶 / 吴敏霞
柔道女子 52 公斤级	冼东妹
举重男子 56 公斤级	龙清泉
跳水男子双人 10 米跳台	林跃 / 火亮
举重女子 58 公斤级	陈艳青
举重男子 62 公斤级	张湘祥
体操男子团体	陈一冰 / 李小鹏 / 肖钦 / 杨威 / 邹凯 / 黄旭
跳水女子双人 10 米跳台	王鑫 / 陈若琳
击剑男子佩剑个人赛	仲满
举重男子 69 公斤级	廖辉
体操女子团体	程菲 / 邓琳琳 / 何可欣 / 杨伊琳 / 江钰源 / 李珊珊
射击女子 25 米运动手枪	陈颖
跳水男子双人 3 米跳板	王峰 / 秦凯

续表

项目	冠军
游泳女子 200 米蝶泳	刘子歌
射击女子 50 米步枪三姿	杜丽
体操男子个人全能	杨威
射箭女子个人	张娟娟
柔道女子 78 公斤级	杨秀丽
柔道女子 78 公斤以上级	佟文
举重男子 85 公斤级	陆永
羽毛球女子双打	于洋 / 杜婧
羽毛球女子单打	张宁
射击男子 50 米步枪三姿	邱健
赛艇女子四人双桨	唐宾 / 金紫薇 / 奚爱华 / 张杨杨
摔跤女子自由式 72 公斤级	王娇
体操男子自由操	邹凯
体操男子鞍马	肖钦
乒乓球女子团体	王楠 / 张怡宁 / 郭跃
羽毛球男子单打	林丹
跳水女子单人 3 米跳板	郭晶晶
体操男子吊环	陈一冰
体操女子高低杠	何可欣
蹦床女子个人	何雯娜
乒乓球男子团体	王皓 / 马琳 / 王励勤
体操男子双杠	李小鹏

续表

项目	冠军
体操男子单杠	邹凯
蹦床男子个人	陆春龙
跳水男子 3 米跳板	何冲
女子帆板尼尔板	殷剑
跆拳道女子 49 公斤级	吴静钰
跳水女子 10 米跳台	陈若琳
乒乓球女子单打	张怡宁
划艇男子 500 米双人	孟关良 / 杨文军
乒乓球男子单打	马琳
拳击男子 48 公斤级	邹市明
拳击男子 81 公斤级	张小平

2012 年第 30 届奥林匹克运动会中国金牌榜

（举办地：英国伦敦。举办时间：2012 年 7 月 27 日至 8 月 12 日）

项目	冠军
女子 10 米气步枪	易思玲
举重女子 48 公斤级	王明娟
男子 400 米自由泳	孙杨
女子 400 米个人混合泳	叶诗文
女子 10 米气手枪	郭文珺
跳水女子双人 3 米跳板	何姿 / 吴敏霞
跳水男子双人 10 米跳台	曹缘 / 张雁全

续表

项目	冠军
举重女子 58 公斤级	李雪英
体操男子团体	陈一冰 / 冯喆 / 郭伟阳 / 张成龙 / 邹凯
跳水女子双人 10 米跳台	陈若琳 / 汪皓
男子花剑个人	雷声
女子 200 米个人混合泳	叶诗文
举重男子 69 公斤级	林清峰
跳水男子双人 3 米跳板	罗玉通 / 秦凯
乒乓球女子单打	李晓霞
举重男子 77 公斤级	吕小军
女子 200 米蝶泳	焦刘洋
乒乓球男子单打	张继科
蹦床男子	董栋
羽毛球混合双打	张楠 / 赵芸蕾
羽毛球女子单打	李雪芮
羽毛球女子双打	赵芸蕾 / 田卿
男子 20 千米竞走	陈定
男子 1500 米自由泳	孙杨
女子重剑团体	李娜 / 骆晓娟 / 孙玉洁 / 许安琪
羽毛球男子单打	林丹
男子自由体操	邹凯
羽毛球男子双打	蔡赟 / 傅海峰

续表

项目	冠军
举重女子 75 公斤级	周璐璐
跳水女子 3 米跳板	吴敏霞
帆船激光雷迪尔级 – 女子单人艇	徐莉佳
男子双杠	冯喆
女子平衡木	邓琳琳
乒乓球女子团体	丁宁 / 郭跃 / 李晓霞
乒乓球男子团体	马龙 / 王皓 / 张继科
跆拳道女子 49 公斤级	吴静钰
跳水女子 10 米跳台	陈若琳
拳击男子轻量级（49 公斤级）	邹市明

2016 年第 31 届奥林匹克运动会中国金牌榜

（举办地：巴西里约热内卢。举办时间：2016 年 8 月 5 日至 8 月 21 日）

项目	冠军
女子 10 米气手枪	张梦雪
跳水女子双人 3 米跳板	吴敏霞 / 施廷懋
举重男子 56 公斤级	龙清泉
男子双人 10 米跳台	林跃 / 陈艾森
男子 200 米自由泳	孙杨
举重女子 63 公斤级	邓薇
跳水女子双人 10 米跳台	陈若琳 / 刘蕙瑕
举重男子 69 公斤级	石智勇

续表

项目	冠军
举重女子 69 公斤级	向艳梅
乒乓球女子单打	丁宁
乒乓球男子单打	马龙
男子 20 千米竞走	王镇
自行车女子团体竞速赛	钟天使 / 宫金杰
跳水女子 3 米跳板	施廷懋
举重女子 75 公斤以上级	孟苏平
跳水男子 3 米板	曹缘
乒乓球女子团体	李晓霞 / 丁宁 / 刘诗雯
乒乓球男子团体	马龙 / 许昕 / 张继科
跆拳道男子 58 公斤级	赵帅
跳水女子 10 米跳台	任茜
羽毛球男子双打	傅海峰 / 张楠
女子 20 千米竞走	刘虹
羽毛球男子单打	谌龙
跳水男子 10 米跳台	陈艾森
跆拳道女子 67 公斤以上级	郑姝音
女子排球	袁心玥 / 朱婷 / 杨方旭 / 龚翔宇 / 魏秋月 / 张常宁 / 刘晓彤 / 徐云丽 / 惠若琪 / 林莉 / 丁霞 / 颜妮

2020 年第 32 届奥林匹克运动会中国金牌榜

（举办地：日本东京。举办时间：2021 年 7 月 23 日至 8 月 8 日）

项目	冠军
射击女子 10 米气步枪	杨倩
举重女子 49 公斤级	侯志慧
击剑女子个人重剑	孙一文
跳水女子双人 3 米跳板	王涵 / 施廷懋
举重男子 61 公斤级	李发彬
举重男子 67 公斤级	谌利军
射击混合团体 10 米气手枪	庞伟 / 姜冉馨
跳水女子双人 10 米跳台	陈芋汐 / 张家齐
射击混合团体 10 米气步枪	杨倩 / 杨皓然
赛艇女子四人双桨	陈云霞 / 张灵 / 吕扬 / 崔晓桐
跳水男子双人 3 米跳板	谢思埸 / 王宗源
举重男子 73 公斤级	石智勇
游泳女子 200 米蝶泳	张雨霏
游泳女子 4×200 米自由泳接力	杨浚瑄 / 汤慕涵 / 张雨霏 / 李冰洁
乒乓球女子单打	陈梦
游泳男子 200 米个人混合泳	汪顺
蹦床女子组	朱雪莹
羽毛球混合双打	王懿律 / 黄东萍
乒乓球男子单打	马龙
帆船女子帆板 RS：X 级	卢云秀
举重男子 81 公斤级	吕小军

续表

项目	冠军
田径女子铅球	巩立姣
跳水女子 3 米跳板	施廷懋
羽毛球女子单打	陈雨菲
举重女子 87 公斤级	汪周雨
射击男子 50 米步枪三姿	张常鸿
体操男子吊环	刘洋
场地自行车女子团体争先赛	鲍珊菊 / 钟天使
举重女子 87 公斤以上级	李雯雯
跳水男子 3 米跳板	谢思埸
体操男子双杠	邹敬园
体操女子平衡木	管晨辰
跳水女子 10 米跳台	全红婵
乒乓球女子团体	陈梦 / 孙颖莎 / 王曼昱
乒乓球男子团体	许昕 / 马龙 / 樊振东
田径女子标枪	刘诗颖
皮划艇静水女子 500 米双人划艇	孙梦雅 / 徐诗晓
跳水男子 10 米跳台	曹缘

2024 年第 33 届奥林匹克运动会中国金牌榜

（举办地：法国巴黎。举办时间：2024 年 7 月 27 日至 8 月 12 日）

项目	冠军
混合团体 10 米气步枪	黄雨婷 / 盛李豪
跳水女子双人 3 米板	陈艺文 / 昌雅妮
男子 10 米气手枪	谢瑜
男子 10 米气步枪	盛李豪
跳水男子双人 10 米跳台	杨昊 / 练俊杰
乒乓球混合双打	王楚钦 / 孙颖莎
跳水女子双人 10 米跳台	陈芋汐 / 全红婵
自由式小轮车女子公园赛	邓雅文
男子 100 米自由泳	潘展乐
男子 50 米步枪三姿	刘宇坤
女子 20 公里竞走	杨家玉
男子双人 3 米板	王宗源 / 龙道一
羽毛球混合双打	郑思维 / 黄雅琼
羽毛球女子双打	陈清晨 / 贾一凡
乒乓球女子单打	陈梦
网球女子单打	郑钦文
乒乓球男子单打	樊振东
体操男子吊环	刘洋
男子 4×100 米混合泳接力	徐嘉余 / 覃海洋 / 孙家俊 / 潘展乐
男子 25 米手枪速射	李越宏
体操男子双杠	邹敬园

续表

项目	冠军
跳水女子 10 米跳台	全红婵
举重男子 61 公斤级	李发彬
花样游泳集体项目	冯雨 / 张雅怡 / 向玢璇 / 王芊懿 / 肖雁宁 / 王柳懿 / 王赐月 / 常昊
举重女子 49 公斤级	侯志慧
皮划艇男子 500 米双人划艇	刘浩 / 季博文
跳水男子 3 米跳板	谢思埸
举重女子 59 公斤级	罗诗芳
拳击女子 54 公斤级	常园
皮划艇静水女子 500 米双人划艇	徐诗晓 / 孙梦雅
跳水女子 3 米跳板	陈艺文
乒乓球男子团体	马龙 / 樊振东 / 王楚钦
拳击女子 50 公斤级	吴愉
举重男子 102 公斤级	刘焕华
艺术体操集体全能	丁欣怡 / 郭崎琪 / 郝婷 / 黄张嘉洋 / 王澜静
跳水男子 10 米跳台	曹缘
乒乓球女子团体	陈梦 / 孙颖莎 / 王曼昱
花样游泳双人项目	王柳懿 / 王芊懿
拳击女子 75 公斤级	李倩
举重女子 81 公斤以上级	李雯雯

其实，不只是奥运金牌，中国还获得了许多其他赛事的世界冠军和金牌，从 1959 年容国团在多特蒙德举办的第 25 届世界乒乓球锦标赛夺得男子单打冠军，中国体育已经在国际上崭露头角。[1]中国击剑历史上第一枚男子奥运金牌得主——仲满说"敢于亮剑，勇往直前"，而今面向巴黎奥运，肩负往日荣光，中国体育正在勇往直前，创造着自己的辉煌。40 年前，在洛杉矶奥运会射击赛场的枪声里，许海峰为中国实现奥运金牌零的突破。40 年后，在巴黎奥运会乒乓球女团赛场观众们高亢激昂的国歌声中，中国体育代表团迎来了夏奥第 300 金的历史性时刻。中国体育代表团参赛运动员 404 人，共参加了 30 个大项 42 个分项 232 个小项的比赛，在 11 个大项 14 个分项上获得 40 金、27 银、24 铜共 91 枚奖牌，中国香港、中国台湾均各获得 2 枚金牌。在巴黎这座充满艺术气息和浪漫氛围的城市，中国体育代表团取得了在境外参赛的最好成绩。

二、成为国际多项赛事的举办国

随着中国体育实力的不断增强，越来越多的国际赛事在中国举办。各项体育赛事在中国的举办不仅使中国的体育发展与国际接轨，也让世界通过体育了解中国。

---

[1] 中国奥委会官方网站可一览中国历年所获世界冠军，网址为：http://www.olympic.cn/athletes/title_winners/。

　　1990 年，北京举办第 11 届亚洲夏季运动会。这是中国第一次举办综合性国际体育大赛，此次亚运会有 37 个国家和地区的 6578 名运动员参赛，中国派出了 636 名运动员参加了 27 个项目的比赛。"我们亚洲，山是高昂的头；我们亚洲，河像热血流……" 1990 年秋天，刘欢和韦唯演唱的《亚洲雄风》的旋律响彻中华大地，成为 80 后的专属回忆。直至今天，它依然能够勾起中国人最浓烈的亚运记忆——那是中国人在家门口迎来的第一个国际性综合运动会。[1] 北京亚运会上，中国代表团获金牌 183 枚，银牌 107 枚，铜牌 51 枚，金牌数占了亚运会金牌总数的 60%。1990 年北京亚运会是中国第一次举办大型综合性国际体育赛事，同时，这也是改革开放后中国扩大对外开放与交流合作的标志性盛会。以此为起点，北京逐步成为国际瞩目的国际大都市，中国的体育事业也翻开了崭新的篇章。[2]

　　2008 年，在北京奥运会激动人心的日子里，来自 204 个国家和地区的运动员奋力拼搏，书写传奇，铸造了奥林匹克运动新的里程碑。在中华民族伟大复兴的征程上，以北京奥运会为标志，中华文明与世界文明激情相拥，翻开崭新一页。在北京奥运会之前，亚洲国家曾主办过两届夏季奥运会。1964 年东京奥运会，被

〔1〕 夏亮、张泽伟、李丽、余谦梁、朱翃、刘宁：《亚运之光——中国 44 年亚运轨迹》，新华网，2018 年 8 月 19 日，http://www.xinhuanet.com/politics/2018-08/19/c_1123292370.htm。

〔2〕《百年瞬间 | 1990 年北京亚运会》，央视网，2021 年 8 月 22 日，https://m.news.cctv.com/2021/08/21/ARTI95dWhuAV7OKjHk2sX0Xy210821.shtml。

经济学家普遍认为是日本进入世界工业强国的里程碑。1988 年汉城奥运会，韩国完成了从发展中国家向新兴工业国家的转变过程，一举跃入亚洲四小龙行列。北京奥运经济研究会执行会长陈剑说，奥运会对于像中国这样的 13 亿人口的发展中大国，其经济效应的直接影响毕竟有限。但是它的影响在于，它是中国改革开放 30 年后接受的一次"成人礼"，能极大地激发我们产生新的发展智慧。可以预期，多年以后回头看时，中国新的变化和进步将有相当一部分源自北京奥运会。[1]北京奥运会自始至终体现着"同一个世界、同一个梦想"的主题，使发源于西方的奥林匹克运动更具世界性。中国的年青一代会更具有社会正义感和责任感，更具有友爱、互助、参与和奉献精神，为中华民族伟大复兴贡献力量。

2010 年，第 16 届亚洲运动会在中国广州举行（汕尾、佛山、东莞协办），广州是继北京后中国第二座取得亚运会主办权的城市。本届亚运会的 42 个大项、476 个小项比赛中，中国代表团获得 199 枚金牌、119 枚银牌、98 枚铜牌，奖牌总数达 416 枚。金牌数和奖牌数都高居榜首。这是中国代表团获得金牌最多的一届亚运会。此前获得金牌最多的一届，是 1990 年在北京亚运会获得 183 金。

此外值得一提的是这场亚运会的亲民门票。本次广州亚运会公开销售的总票量达 300 万张，一张小小的亚运会门票，不仅票

---

〔1〕 刘刚、苏会志、李斌：《北京奥运会：奥林匹克的里程碑 民族复兴的新起点》，中华人民共和国中央人民政府门户网站，2008 年 8 月 23 日，https://www.gov.cn/jrzg/2008-08/23/content_1077923.htm#。

面设计悦目别致，更被别具匠心地寄予亲民平价、公正发售、惠民共享、传递友谊、科学创新等多重含义，承载了特殊的亚运含义。据亚组委票务中心专项工作团队副主任伍震介绍，广州亚运会门票中的 30 万张将以每张 10 元的价格提供给全国青少年。除开、闭幕式和极少数项目的决赛场次门票为 600 元或以上之外，其他所有体育比赛门票均定在 10 元至 400 元之间，平均约为 88 元。"本届亚运会门票最突出的特点是坚持低价路线，目的是重在大众参与、兼顾各方利益，"伍震告诉记者，"门票收入并不作为亚运会收益的重要来源，而赛场的观众上座率则是我们更加看重的指标。"[1]

广州亚运会共使用 53 座比赛场馆、17 座独立训练场馆。其中，改造升级 58 座，新建 12 座，分布在 10 区 2 县，场馆规格高，设备先进，配套齐全，为广州留下了一笔雄厚的场馆遗产。

本次亚运会的场地分布较为合理，有效地避免了赛事期间的拥堵情况。天更蓝、水更清、路更通、房更亮、城更美……一次亚运盛会改变了一座城市。广州人民乃至广东人民是亚运遗产的创造者，也是亚运遗产的受益者。[2]16 天的广州亚运会赛程，只是亚运会 59 年历史和广州乃至广东 30 多年改革开放进程中的一处驿站，但是在筹备亚运会的 6 年里，广州这座城市得到了重塑，为广大市

〔1〕　陈冀:《300万张"亚运名片"：广州亚运会门票承载多重含义》，中华人民共和国中央人民政府门户网站，2010年10月31日，https://www.gov.cn/jrzg/2010-10/31/content_1734527.htm。

〔2〕　许基仁、凌广志、周伟、车晓蕙、赖少芬、黄浩苑:《重塑新广州 创造新生活——亚运会留下宝贵遗产》，中华人民共和国中央人民政府门户网站，2010年11月28日，https://www.gov.cn/jrzg/2010-11/28/content_1755119.htm。

民创造了新生活，成就斐然，影响深远。中国人民努力当好东道主，为亚洲运动员搭建了一个竞技舞台，奉献了一届成功、精彩、圆满的亚运盛会。亚洲运动员在这个舞台上传递激情、共求和谐、交流友谊、顽强拼搏，向全世界展示了亚洲人民的信念、尊严和实力。亚洲人民共同铸造了 2010 年广州亚运会的辉煌，在亚洲发展史上留下了浓墨重彩的一笔。[1]

2022 年 2 月 4 日，恰逢立春，万物复苏。第 24 届冬季奥林匹克运动会在北京开幕。北京从此成为全球首座"双奥之城"，从 2008 年到 2022 年，从焰火"大脚印"到礼花"迎客松"，从"梦幻五环"到"冰雪五环"，从回溯历史的"中国画卷"到奔向未来的"晶莹雪花"——在同一座国家体育场"鸟巢"，奥林匹克之火跨时空对望，定格下一个开创历史的瞬间。前无古人的"双奥之城"，镌刻着一个民族踔厉奋发、笃行不怠的非凡历程。如果说，北京与奥运的第一次握手，是站起来、富起来的中国积极融入世界，展示悠长历史的"自我"，如今再度相逢，则是强起来的中国与世界双向奔赴，呈现天下大同的"我们"。[2]

2024 年，上海将举办 175 项国际国内大赛，倾全力打造"国际体育赛事之都"。近年来，围绕 2025 年基本建成全球著名体育

---

[1] 新华社:《圣火聚人心 亚洲共命运——写在广州亚运会闭幕前夕》,中华人民共和国中央人民政府门户网站,2020 年 11 月 26 日, https://www.gov.cn/jrzg/2010-11/26/content_1754502.htm。

[2] 郑轶、李洋:《开创历史的"双奥之城"》,人民日报客户端,2022 年 2 月 8 日, http://opinion.people.com.cn/n1/2022/0208/c1003-32347964.html。

城市、打造世界一流的国际体育赛事之都的目标，上海将赛事发展与提升城市能级、核心竞争力和城市软实力紧密衔接，在优化赛事结构与布局、提升赛事质量与效益等方面，作出了积极探索与实践。通过打造自主品牌赛事矩阵、积极引入国际赛事以及放大赛事溢出效应，世界一流国际体育赛事之都目标逐渐成为现实。[1]时隔四年，4月19日至21日，F1中国大奖赛上海站重新回归，中国首位F1车手周冠宇在"家门口"出战，向世界展示中国新生代的自信和力量。5月16日至19日，包括自由式小轮车、霹雳舞、滑板及运动攀岩4个项目的奥运会系列资格赛将在上海举行，来自全球120个国家和地区的464位运动员将为150余个奥运席位展开激烈争夺。2024世界泳联游泳世界杯中国上海站将于10月18日至20日在东方体育中心举办……多项赛事的落户，是国际体育组织对上海赛事组织能力和赛事水平的信任。

　　越来越多的国际赛事选择在中国举办，中国越来越开放包容，欢迎着全世界的运动健儿与体育爱好者来到中国。多项赛事在中国的举行，不仅能不断丰富广大人民群众的体育文化生活，还将极大促进体育与文化、旅游深度融合，推动体育竞赛表演的繁荣，为经济社会的发展增添新的强劲动力。

---

〔1〕　刘兵：《今年将举办175项国际国内大赛——上海全力打造"国际体育赛事之都"》，《工人日报》2024年4月3日，第8版。

三、体育让世界了解中国

近年来，中国的体育快速发展。在中国体育取得耀眼成绩的同时，世界上越来越多的游客开始了解中国，学习汉语。

2008年的北京奥运会开幕式上，中国文化震撼世界。开幕式是奥运会最隆重的仪式，通过开幕式展示主办国的历史和文化，是历届奥运会的惯例。北京奥运会以"美丽的奥林匹克"为题，将历史、现实和未来结合，绘制出一幅辉煌的中国画卷。巨大纸轴徐徐打开，画卷流动，书画瓷茶跃然其上，文化历史进程展现，如同卷上演员形体绘出的中国水墨，图画优美，墨韵酣畅，洒脱写意。古筝悠扬，《阳关三叠》诉说着朋友间的情谊："旨酒，旨酒，未饮心已先醇""千巡有尽，寸衷难泯""尺素频申，如相亲"。纸是文明传承的重要载体，中国造出了世界上的第一张纸。中国人在纸上书写了蕴含东方哲理的《论语》《老子》《周易》，描绘了独具东方神韵的水墨画，创作了内容丰富的唐诗宋词。从造纸、火药、指南针和活字印刷这些中国元素中，世界读到了中华文明的古老与深邃；从"礼之用，和为贵""四海之内皆兄弟也"的吟诵声中，世界读到了中国人的友善与平和；从传说中的飞天与现实中的现代宇航员先后登场，世界读到了中国对和平与发展的渴求；从郑和船队开辟海上丝绸之路中，世界又读到了中国的开放和包容。2008人的击缶倒计时，29个焰火脚印，散发出璀璨光芒的星光五环，千年历史的"太古遗音"古琴演奏，"孔子三千弟子"的吟诵，浪潮般涌动的活字，"飞流直下三千尺，疑是银河落九天"的壮观，2008 名太极拳手的武术诠释，32 个华表之上的乐台，身着民族服装、载歌载舞的中国 56 个民族代表的表演……宏大的气势，精美的演绎，源远流长的文化，无不令人震撼。[1]北京奥运会从开幕到闭幕仅仅只有 17 天，但是 17 天的时间里，世界近距离感受到了中国 5000 年华夏文明的魅力。体育场馆内是激烈的竞技场，体育场馆外则是文明交融的大舞台，中国时时处处展现了真诚、自信、开放和包容。

　　2022 年，北京冬奥会举办得如火如荼，赛场内外的中国元素引人注目。刚刚结束赛事返回美国的单板滑雪运动员特莎·莫德已经开始怀念北京，她说："迫不及待想回北京，走走看看。"中国文化借助着体育走向了全世界，北京冬奥会深深镌刻了独一无二的中国印记。开幕式上，二十四节气倒计时将中华文化的瑰丽与智慧展现得淋漓尽致，饱含冬去春来、欣欣向荣的诗意，投射出中国人的生命观、价值观和宇宙观，刚一亮相就瞬间刷屏。火炬"飞扬"取自"道法自然，天人合一"的哲学理念，"黄河之水"倾泻而下极具浪漫色彩，五环"破冰而出"彰显心系天下的博大胸怀。充满新意的开幕式以直抵心灵的人文情怀，让世界领略着中华文化和奥林匹克的和合共生，感受着新时代中国自信开放的

---

〔1〕　苏会志、刘阳、汪涌：《奥运大舞台 文化博览会——中国文化打动世界》，中华人民共和国中央人民政府门户网站，2008 年 8 月 20 日，https://www.gov.cn/jrzg/2008-08/20/content_1075751.htm。

大国气象。不仅是开幕式，中国在赛场上也尽显"国风潮流"。一袭青绿、一身水蓝，翩翩起舞宛如徜徉于山水之间。花样滑冰比赛中，冰舞选手王诗玥、柳鑫宇的服饰充满意境之美。"衣服的设计，就是想表达在山河间驰骋的感觉。"王诗玥解释说。比赛服设计灵感源自山水画，男伴是"山"、女伴是"水"，利用国画色彩，绘上古典纹样，取青山绿水之义。赛场上，向世界讲述中国故事、展现文化魅力，成为冬奥舞台一道道亮丽的风景——比赛当中，花样滑冰选手彭程、金杨在《夜宴》悠扬的配乐中完成首秀，中国电影与体育比赛实现梦幻联动；置身于现场，当冬奥会与传统佳节"撞个满怀"，"冰立方"等场馆在互动环节，结合民俗现场玩起游戏，观众欢笑不断，洋溢喜庆氛围；颁奖时刻，穿戴"瑞雪祥云""鸿运山水""唐花飞雪"服饰的礼仪人员托起宛如同心圆玉璧的冬奥奖牌，古老文明与奥林匹克于方寸间交相辉映。从服饰到配乐，从竞技到颁奖，文化之美与运动之美在冬奥赛场竞相绽放。全世界观众在观看冰雪赛事的同时，共同欣赏着中华文化的灵动与厚重。[1]在赛场内外，中国文化如同一张张名片，与世界文化交融。正如国际奥委会主席巴赫所说："奥运会总是搭建沟通的桥梁，绝不会筑起一道道高墙。奥运会让我们保留多样性的同时，把我们团结在一起。"世界通过体育了解中国，中国通过体

---

〔1〕 王子铭、黄垚、岳冉冉：《让世界看到自信从容的中国——从北京冬奥会看文化自信》，新华网，2022年2月18日，http://www.xinhuanet.com/sports/2022-02/18/c_1211578142.htm。

育连接世界，让世界领略中国文化的鲜活与独特。

2023 年举办的杭州亚运会上，无论是从"江南忆，最忆是杭州"中走来的吉祥物，还是灵感源于"淡妆浓抹总相宜"的亚运会色彩系统；无论是由丝绸刺绣制作而成的定格动画宣传片，还是融入互联网符号"@"的亚运会主题口号……通过杭州亚运会，源远流长的中华文化有了创新表达，婉约清丽的江南情致有了时代呈现。[1]杭州亚运会是亚运会史上规模最大、项目最多、覆盖面最广的一届，充分彰显了亚洲体育文化的多元性和包容性。风起东方，钱江潮涌，弦歌浩荡。当夜，来自良渚古城遗址的"文明之光"，点燃象征亚洲大团结的体育之火，源远流长的中华文明与激情洋溢的体育盛会交相辉映。[2]在杭州现场观看闭幕式的"乌兹别克斯坦 24 小时"电视台记者诺尔别克认为，"古老的中国历史、传统和文化与当今的高速发展都在闭幕式得到统一展现"。"所有的一切都超级棒！"他兴奋地概括道。[3]通过体育架桥铺路，促进文明交流互鉴，必将为推动构建人类命运共同体注入深厚持久的文化力量！这场"人文、绿色、智能、简约、惠民"的杭州亚运会，必将在亚洲乃至世界的体育史上留下浓墨重彩的一笔。

〔1〕《钟华论：聚亚洲之力，筑未来之路——写在杭州第十九届亚洲运动会闭幕之际》，新华网，2023年10月10日，http://www.news.cn/world/2023−10/10/c_1129907745.htm。

〔2〕《共绘亚运新的画卷 共创亚洲美好未来(社论) ——热烈祝贺第十九届亚洲运动会开幕》，《人民日报》2023年9月23日，第2版。

〔3〕《赓续亚运精神 凝聚团结力量——多国人士热议杭州亚运会圆满闭幕》，新华网，2023年10月9日，http://www.news.cn/sports/2023−10/09/c_1129905831.htm。

　　2023年的世界大学生夏季运动会让世界感受到了"成都味道"。习近平总书记在成都大运会开幕式欢迎宴会上的致辞中指出："拥有2300多年建城史的成都因海纳百川、兼容并蓄而始终保持经济发展、文化繁荣。欢迎大家到成都街头走走看看，体验并分享中国式现代化的万千气象。"〔1〕味道里的麻辣，是热情好客的淳朴风尚。川菜的辣，成就了名扬四海的成都小吃，也孕育了成都人性格里的热情似火。从为运动健儿加油鼓劲的一声声"雄起"，到成都学子为中外记者准备的一封封手写信，再到赛场间隙全体观众齐声合唱的民谣……这样的"成都温度"，不仅出现在比赛场馆、媒体中心，也蔓延到城市的每一个角落。味道里的甜糯，是文脉绵延的别样呈现。从甜腻腻的糖油馃子，到糯叽叽的赖汤圆，再到几乎桌桌必点的"火锅伴侣"爽滑冰粉，"成都味"丰富多样，如同成都文化，在传统与现代、古老与新潮、本土与国际之间交融碰撞。〔2〕成都是一座包罗万象的城市，不论是美食还是美景，都令世界各地来比赛的运动员和来旅游的游客流连忘返，成都给世界留下的"成都印象"和"中国印象"令人回味无穷。

　　中国的运动健儿在诠释"更高、更快、更强——更团结"的奥林匹克宣言的同时，也向世界展示了优秀的中华文化，向世界展示了新时代中国的新面貌。

---

〔1〕《习近平在成都大运会开幕式欢迎宴会上的致辞》，《新华每日电讯》2023年7月29日，第2版。

〔2〕邝西曦：《感受大运会的"成都味道"》，《人民日报》2023年8月9日，第5版。

四、中国让世界感知的文明与伟大

中华民族有灿烂辉煌的古代文化，丰富多彩的古代体育是中国古代文化的重要组成部分。中国古代体育从远古人类的生存活动中逐渐独立出来的时候，便被赋予了游戏的、竞技的、健身的以及教育的内涵和功效，并与人类的其他文化一样，开始了自己的历史进程。数千年的历史长河中，中国古代体育经过不同时期的流传融汇，逐渐地在广袤的中华大地上生根发展了起来，传承不绝。这些传统的体育活动，既有体现军事特点的身体训练内容，又有以延年益寿为特征的养生保健形式，同时还包括了消闲、娱乐性的特点。这些由中华各民族创造的传统体育活动，共同绘成了中国体育文化绚丽多彩的历史画卷。与人们生产、生活密切相关，为人们的生活提供积极、健康、快乐的方式，使根植于民族文化土壤之中的中国古代体育，为中华民族不断注入青春活力。在中华民族漫漫的历史长河中，中国古代体育无论是活动形式，还是技术方法，都在不断地变化、发展着，为中华体育文化筑起了一座令人称羡的丰碑，成为支撑世界体育文化辉煌殿堂的重要支柱。

中国不仅在体育赛事中宣传中华文化，还大力宣传其他优秀文化。"成功举办北京冬奥会、冬残奥会，不仅可以增强我们实现中华民族伟大复兴的信心，而且有利于展示我们国家和民族致力于推动构建人类命运共同体，阳光、富强、开放的良好形象，增进各国人民对中国的了解和认识。"正如习近平总书记所言，北京

2022 年冬奥会、冬残奥会不仅是一场体育盛会，更折射出中国推动构建人类命运共同体的价值追求，因而具有深远的世界意义。"世界都处在疫情阴霾下，幸好我们还有冬奥会，这是一件了不起的事情。所以，我要感谢中国，感谢奥林匹克大家庭，在如此艰难的时刻还能举办冬奥会。"美国传奇滑雪名将肖恩·怀特说出了参赛运动员的心声。奥运之光，是中国发展的礼赞，更是人类发展的欢歌。赤道附近的多哥、冬季 10℃的津巴布韦、全年高温的菲律宾……越来越多来自低纬度地区和发展中国家的选手怀揣梦想与热爱，跨越温度和距离，踏上了冬奥会的赛场。他们用不懈努力向世界证明："奥运会重要的不是胜利，而是参与。"[1]北京冬奥会正逢中国农历新春佳节，春节是中国阖家团圆的美好节日，奥运会是体育健儿拼搏奋斗的节日，因此，期盼美好的未来是全人类共同追求的愿景，这正是"同一个世界、同一个梦想"的真实写照。

在杭州亚运会开幕式欢迎宴会上，中国《采茶舞曲》、叙利亚《梦中之花》、尼泊尔《丝绸飘舞》、马来西亚《嬷嬷的纱巾》等亚洲各国名曲相继奏响。赛场上，有源于东南亚、被喻为"脚踢的排球"的藤球，有来自中亚地区、被比作"没有地面战的柔道"的克柔术，还有风靡于西亚和南亚的卡巴迪。杭州亚运会设置了诸多富有亚

---

[1] 关国平:《冰雪襟怀映照人类命运——北京冬奥会的世界意义》,《光明日报》2022 年 2 月 3 日。

洲特色的比赛项目，为体育和文化交相辉映提供了舞台，是亚洲文化兼收并蓄、博采众长、充满活力的生动写照。[1]

在目睹了杭州亚运会的震撼和亚运健儿在杭州的交流后，多国人士热议这场亚洲盛会。韩国首尔传媒大学院大学客座教授权起植在观看闭幕式直播后连连赞叹这是中国故事、亚洲情感和光电影像相互交融的杰作，19朵桂花在体育场中央缓缓上升，象征着第19届亚运会的美好回忆不断伸展延续。马来西亚国会下议院议长佐哈里告诉记者，通过杭州亚运会，中国向世界传递了一个信息，"我们亚洲人民自信地大步前进，向世界展示，面向未来，我们亚洲已经准备好了"。在这场世人瞩目的体育盛会上，以创意助力、用科技赋能，中国向亚洲、向世界明确传达了对科技和环保理念的重视。印度记者迪潘克尔说："我们身处同一个世界，必须共同保护好这个世界，而杭州亚运会用实际行动作出表率。"《哈萨克斯坦实业报》总编辑谢里克·科尔茹姆巴耶夫说："'荷桂共生辉'这个节目令我惊艳，数字火炬人也登场和观众完成温情互动，杭州亚运会在一片欢庆、祥和、难忘的氛围下圆满落幕。"他表示这场充满科技感与温馨画面的闭幕式给本届亚运会画上圆满句号。[2]心心相融，共创未来。体育为亚洲各国的交流互鉴铺路架

---

〔1〕《钟华论：聚亚洲之力，筑未来之路——写在杭州第十九届亚洲运动会闭幕之际》，新华网，2023年10月10日，http://www.news.cn/world/2023-10/10/c_1129907745.htm。

〔2〕《赓续亚运精神 凝聚团结力量——多国人士热议杭州亚运会圆满闭幕》，新华网，2023年10月9日，http://www.news.cn/sports/2023-10/09/c_1129905831.htm。

桥，杭州亚运会成为推动构建亚洲命运共同体的生动实践，为构建人类命运共同体作出了表率。

自从重返奥林匹克大家庭后，中国取得了耀眼的成绩。中国举世瞩目的体育成绩让世界再次感受到中国文明的伟大。中华文化闪耀着世界体育舞台，中国也以海纳百川的胸襟兼容并蓄，充分吸收海内外优秀文化，阐述着中国与世界的"美美与共"。

第九章

中华文明发展的医养体系

中华现代文明建设的医养体系，主要指国家从实际出发建设一套相对完整的以医疗保障和养老保障为主体的社会保障体系。

建立医疗养老保障体系的目的是：保障社会成员的健康权益，减轻因病致贫的风险，提高人民的生活质量，保护人民的生命安全；保障老年人的基本生活，应对人口老龄化，减轻家庭养老负担，提高老年人生活质量，带动老龄产业，促进消费升级和经济发展。完善的医疗和养老保障体系，对于解除社会成员在医疗、养老等重大人生问题上的后顾之忧，保障身心健康和基本生活，维护社会稳定，实现社会公平正义，推进社会和经济正常进行与健康发展等都具有重要意义。完善的社会保障体系，是现代社会文明的重要标志，是制度优势和国家形象的重要体现。

第一节　14 亿人口的医养负担

我国是一个人口大国，据 2020 年第七次全国人口普查数据官方显示，2020 年全国人口为 141178 万。同时随着经济发展，生活水平和医疗技术提高，我国老龄人口快速增加。据第七次全国人口普查数据显示，全国人口年龄构成如下：

0 ～ 14 岁人口为 253383938，占 17.95%；15 ～ 59 岁人口为 894376020，占 63.35%；60 岁及以上人口为 264018766，占 18.70%（其中 65 岁及以上人口为 190635280，占 13.50%）。

与 2010 年第六次全国人口普查相比：

0 ~ 14 岁人口比重上升 1.35 个百分点，15 ~ 59 岁人口比重下降 6.79 个百分点，60 岁及以上人口比重上升 5.44 个百分点，65 岁及以上人口比重上升 4.63 个百分点。

2020 年全国人口年龄构成表

年龄	人口数（人）	比重（%）
0 ~ 14 岁	253383938	17.95
15 ~ 59 岁	894376020	63.35
60 岁及以上	264018766	18.70
其中：65 岁及以上	190635280	13.50
总计	1411778724	100

从上述表格可以看出我国人口老龄化程度进一步加深。

目前我国已有 12 个省份进入深度老龄化阶段，分别是：辽宁、重庆、上海、四川、江苏、吉林、黑龙江、山东、安徽、湖南、天津和湖北。

人口和疾病、养老，都是人类社会的重大问题。从历史上看，人口规模、密集程度直接影响着疾病的产生，反之，疾病的产生和蔓延，又直接影响人口的增长和人类寿命的长短。老龄人口数量快速增长，对应的是养老需求和老年病相关的医疗健康需求大幅度增加，涉及高血压、糖尿病、肾病等老年性疾病、慢性病人群大量增加，尤其是生命后期不可避免的失智失能老人数量加大，医疗救治、养老服务保障需求大幅度上升。这就迫切需要建立并依托完整的社会保障制度和体系。据国家有关部门统计，截至2023年，我国的基本养老保险覆盖了近11亿人，而我国医保参保人数超过13亿，覆盖率达95%。以医疗保障为例，据有关部门权威数据统计，2023年全国城乡居民医保个人缴费总额为3497亿元，而财政为居民缴费补助6977.59亿元，居民医保基金全年支出10423亿元。居民医保基金支出总额是居民缴费总额的约3倍。财政承担了极大部分的医保基金的支付。显而易见14亿多人口的医疗、养老负担十分繁重。

一、城市居民的社会保障

城市居民的社会保障，通常包含：（1）社会救助和医疗保险。（2）养老保险和优抚安置。（3）失业保险和社会福利。（4）社会教育和社会治安。其覆盖的人群包括：机关和事业单位人员、企业职工和其他城市居民。具体包括以下人员：（1）社会保险对象，主要是各类劳动者，他们通过缴纳社会保险费用来获得相应的社会保障。（2）救助对象，包括以下几类人员：无依无靠，完全没有生活来源的人；有劳动能力、有收入，但因为灾害，一时生活困难的人。（3）社会福利对象，指所有公民，他们可以通过一定的条件和程序，享受到国家提供的社会福利。

以上社会保障中，最主要的是医疗保障和养老保障。

医疗保障是国家为居民提供的医疗保障福利，以确保居民看病有保障，看病费用低，看得起病。城市居民的医疗保障制度，是由中央政府组织支持、引导居民自愿参加，各地政府给予政策补贴，以大病统筹为主的医疗互助共济制度。

城市居民医疗保障的主要特点包括：

广泛性。保障具有广泛的覆盖范围。它以较低的缴费标准为原则，能让绝大多数单位和个人都能承担，广泛覆盖城镇所有单位和职工。不同性质单位和职工都能享有基本医疗保险的权利。

统筹性。个人和单位双方负担、统账结合。医疗保险采取个人和单位共同缴费的方式，同时采取社会统筹和个人账户结合的管理模式。

终身保障性。参保人员完成一定缴费年限后，可以终身享受医疗保险待遇。

资源配置非市场性。医疗保险制度作为一项基本的社会经济制度，其医疗资源配置表现出非市场性的特点。

多样性和平均性。城市居民的医保制度体现了多样性和平均主义。根据不同的单位和居民身份，目前我国的医疗保险制度分为公费医疗制度、劳保医疗制度和农村合作医疗制度，这些制度在保障上有所差异，但都体现了平均主义。

城镇居民养老保障，主要包括城镇居民社会养老保险和城镇职工养老保险体系。前者是覆盖城镇户籍非从业人员的养老保险制度。这项制度是对缴费满 15 年至年满 60 岁的参保人员的保险。在到达年龄以后即可以按月领取城乡居民养老保险待遇。后者是指在城镇就业的各类职工的养老保险，包括非当地灵活就业人员。城镇职工养老保险，旨在解决职工退休后的养老问题。每个职工建立基本养老保险个人账户，记录个人缴费和企业、单位缴费的一部分，用于计算退休后基本养老金。职工退休以后，根据个人缴费年限和金额，以及退休前上一年全区域职工平均工资等因素计算，确定退休后的月基本养老金。此外，城镇职工养老保险还包括城镇职工医疗保险、失业保险、工伤保险、生育保险四项基金。

城镇居民养老保障制度有如下特点。一是广覆盖、保基本、建机制。我国目前的社会养老保险与国情和经济社会发展阶段相适应，与国家和城镇居民承受能力相适应，旨在面广量大保基本。二是自愿参加、重在激励、有弹性。城镇居民社会养老保险实行政府主导和居民自愿相结合的原则，引导城镇居民普遍参保。三是政府推广与居民自愿相结合，个人和政府合理分担责任。

二、农村居民的社会保障

根据 2021 年 5 月 11 日第七次全国人口普查主要数据公布，我国居住在城镇的有 9.0199 亿人，占 63.89%，居住在乡村的有 5.0979 亿人，占 36.11%。与 2010 年相比城镇人口增加 2.3642 亿人，乡村人口减少 1.6436 亿人，城镇人口比重上升 14.21 个百分点。尽管改革开放以来，我国的城镇化发展迅速，但农村人口的占比仍然十分巨大，而且相比于城镇，农村人口的经济收入相对低一些。因此农村居民的社会保障历来是中国共产党和中国政府关注的重点。做好农村居民的社会保障是确保国家稳定和长治久安的重要基础。

我国农村居民目前主要的社会保障制度包括：（1）农村养老保险。（2）农村住房保障制度。（3）社会优抚和安置。（4）新型农村合作医疗。具体是：

农村社会保险。这是农村保障的核心，是较高层次的社会保障，包括养老、医疗、工伤等。

农村社会救助。农村社会救助制度是国家及各种社会群体运用掌握资金、实物、服务等手段，通过一定机构和专业人员，向农村中无生活来源、丧失工作能力者，向生活在"贫困线"或最低生活状况下的个人和家庭，向农村中一时遭受严重自然灾害和不幸事故的居民实施的一种社会保障制度，以使受救助者能继续生存下去。农村社会救助制度包括农村社会互助和农村社会救济两方面。农村社会救济的对象主要是五保户、贫困户、残疾人以及其他困难群众。

农村社会福利。农村社会福利是指为农村特殊对象和社区居民提供除社会救济和社会保险外的保障措施与公益性事业，其主要任务是保障孤、寡、老、幼、病、残者的基本生活，同时对这些特困群体提供生活方面上门服务，并开展娱乐、康复等活动，逐步提高其生活质量和水平。

农村社会优抚。农村社会优抚是指优抚、抚恤和安置农村退伍军人，以及农村从军家属，给予物质精神方面的补助。农村优抚是一项特殊的保障，已列入国家社会保障体系之中。

与城镇居民社会保障相比较，农村居民的社会保障相对要薄弱一些，其主要特点是：

保障项目较少。主要包括农村社保、社会救助、社会优抚等。

保障层次较低。其筹资和支付水平与农村经济社会发展相适应。

家庭保障发挥重要作用。在当前农村社会保障体系中，家庭保障与社会保障相结合是一种常见模式。

保障方式多样。包括实物保障、现金保障以及服务保障。

保障具有地域性。社会保障政策和标准，往往根据特定地区的实际情况而定。

资金来源与补贴合一。除了个人缴费外，政府对参保人的缴费给予补贴，且个人缴费和政府补贴均计入个人账户。

养老金构成。养老金由个人账户养老金和基础养老金组成，其中基础养老金由政府全额支付。

以上这些特点共同构成了农村居民社会保障的框架，反映了中国农村社会保障政策的独特性和实际情况适应性。

与城市居民一样，当前农村居民各项社会保障中医疗保障和养老保障是举足轻重、最为农村居民所关注，也是中国政府倾力而为的头等民生实事。

医疗保障。农村居民医疗保障制度，是指为农村居民提供医疗保障的一项制度安排。由于农村居民相较城镇居民收入少，医疗费用承担能力有限，农村医疗保障制度旨在保障农村居民的基本医疗需求，提高农村居民的医疗服务水平和保障程度。

农村居民医疗保障制度一般包括以下几方面。

农村合作医疗制度。通过农村合作医疗制度，农民可以通过缴纳一定的费用参与医疗保险，享受医疗费用报销或直接结算服务。合作医疗制度通常由政府、农民和医疗机构共同参与管理和运营。

农村医疗救助制度。为农村贫困居民提供医疗救助和救助金，用于支付大病医疗费用。救助对象一般由相关部门评估和认定，根据其经济状况和医疗费用情况给予一定程度的资助。

农村免费医疗制度。针对特殊群体，如贫困老年人、残疾人、孕妇等，提供免费医疗服务，包括诊疗、手术、住院费用等。

基层医疗机构建设和提升。加强农村基层医疗机构的建设，提高医疗设施、技术和人员水平，提供基本的医疗服务，促使农村居民能够在家门口享受到基本医疗服务。

农村医疗保障制度的建立和完善，可以减轻农村居民因病致贫、因病返贫的风险，提高农民的生活质量和幸福感，促进农村社会稳定和经济发展。同时，也需要加强相关政策的宣传和执行，加强对农村医疗保障制度的监督和评估，确保其有效运行和实施。

上述农村居民医疗保障制度，具有以下主要特点。

一是政府支持力度大。通过个人缴费、集体扶持和政府资助相结合的筹资机制，政府对新型农村合作医疗制度的支持力度得到加强。

二是以大病统筹为主。该制度重点解决农民因患大病而导致的贫困问题，同时在保障水平上与各地经济水平和群众心理承受能力相适应。

三是统筹层次提升。以县为单位进行统筹，增强了制度的抗风险和监督能力。

四是农民自愿参加原则。明确了农民自愿参加原则，同时赋予了农民知情和监管权利，提高了制度的公开、公平和公正性。

五是强化管理和监督。政府负责和指导建立组织协调机构、经办机构和监督管理机构，加强了领导管理和监督，改善了管理松散、粗放的不足。

六是健全了医疗救助制度。为弱势人群建立了医疗救助制度，照顾到了特殊人群的困难。

养老保障。农村居民养老保障制度主要包括新型农村养老保险制度，简称"新农保"。新农保是一种社会保障制度，旨在保障农村居民年老时的基本生活。具体内容主要是：

参保范围。年满 16 周岁且未参加城镇职工基本养老保险的农村居民，可以在户籍所在地自愿参加新农保。

基金筹集。新农保基金由个人缴费、集体补助、政府补贴构成。参保人员可以自主选择不同缴费档次，多缴多得。

待遇领取。新农保制度实施时，年满 60 周岁的农村居民，未享受城镇职工基本养老保险待遇的，不用缴费，可以按月领取基础养老金。

特殊群体保障。对农村重度残疾人等缴费困难群体，地方政府可代缴部分或全部最低标准的养老保险费。

新农保通过建立个人缴费、集体补助、政府补贴相结合的筹资模式，实行基础养老金与个人账户养老金相结合的待遇计发办法，与家庭养老、土地保障、社会救助等其他社会保障政策措施相配套，共同构成了农村社会基本养老保险制度。其特点：

（1）基金筹集以个人缴费为主，集体补助为辅，国家政策扶持，明确了个人、集体和国家三者的责任，突出自我为主的原则，不给政府背包袱。

（2）实行储备积累，建立个人账户，农民个人缴费和集体补助全部记在个人名下，属于个人所有。个人领取养老金的多少取决于个人缴费的多少和积累时间的长短。

（3）农村务农、经商等各类从业人员实行统一的社会养老保险制度，便于农村劳动力的流动。

（4）采取政府组织引导和农民自愿相结合的工作方法，体现了我国农村经济发展还不平衡所作出的过渡时期的工作方式。随着农村经济的发展，在有条件的地区将逐步加大政府推动的力度，以体现社会保险的特性。

三、离退休人员的社会保障

离退休社会保障制度，是指为了保障劳动者在离退休后能够享受到基本生活保障而设定的一系列政策和措施。离退休保障制度的实施对于维护社会稳定、促进经济发展和增进人民福祉具有重要意义。

离退休制度，包括离休和退休两部分人。离休人员是指国家针对已退出工作岗位的新中国成立前参加革命的老同志设立的一种社会保障制度，也是涉及干部政策的一项制度，世界上仅有中国有离休人员。离休人员的医疗、养老保障略为从优。离休干部的医疗费按规定实报实销；其养老金退休后全额领取，并根据物价上涨因素适时调整增加。随着时间推移，离休人员越来越少，而退休保障制度则成为重点。目前，退休保障制度主要目标包括以下几方面：

——提供基本养老保险，确保退休人员的基本生活需求。

——保障劳动者的合法权益，增强其对工作的积极性和稳定性。

——维护社会稳定，促进社会和谐发展。

目前我国的退休人员主要保障有：

按月领取一定的基本养老金。

企业年金、职业年金。企业年金和职业年金，这是我国养老保险体系中的第二大支柱，它们都属于基本养老金的补充制度，在一定程度上弥补基本养老金不足的问题，有力保障退休人员的生活品质。前者为国企、央企单位人员的福利，后者为机关、事业单位工作人员的福利。费用由个人和单位共同承担，并划入本人个人账户，等到法定退休年龄后，可以选择按月、分次或者一次性提取，也可用于个人账户资金购买商业养老保险产品，给自己退休生活多一点保障。

住房公积金。现在越来越多企业单位给职工缴纳住房公积金，退休后享受待遇保障越来越全面了。不过公积金在缴存期间，只有买房、修房、建房或者偿还购房贷款本息可以使用公积金弥补，退休以后，可以把公积金账户余额一次性提取。这相当于能够多得一笔退休收入。

终身医保待遇。参加职工医疗保险的个人达到法定退休年龄时，累计缴费达到国家规定年限后，退休后不再缴费，可以享受终身医保报销待遇，而且医保个人账户每月还收到一笔返钱。

独生子女父母奖励。在国家提倡计划生育时自愿只生一个子女的父母，退休后可以得到一定奖励。根据不同地区情况，有的地方一次性发放计划生育奖励费，有的地方体现在加发退休金、养老金上。

节日补贴。不少地方为了让退休人员能安心过节，逢年过节都会发放一些节日补贴，尤其是在元旦、春节、端午、中秋等节日发放一笔现金或实物补贴，减轻退休人员生活经济压力，比较人性化。

取暖补贴。尤其是北方寒冷地区，必须供暖才能维持正常生活。国家每年给北方地区退休人员发放一笔取暖费。

高龄补贴和优惠政策。随着我国社会保障制度不断完善，不少地方对60岁以上的老人根据不同年龄段分别给予一定的高龄补贴，并对每年养老金增长比例给予倾斜。同时，不少地方都对60岁以上的老人给予多项优惠甚至免费坐公交、地铁，免公园门票、旅游景点门票等，让退休老人真正感到社会的尊重和友好。不少地区80岁以上的高龄老人，还可以申请一定的高龄津贴。

基本养老金正常调整机构。根据经济社会发展以及平均工资增长和物价情况，政府根据公平和对养老金偏低人员适当倾斜的原则，对退休人员的基本养老金建立正常调整机制，每年按一定比例上涨养老金。

退休人员的社会保障，体现了以下特点。

强制性。国家通过立法强制用人单位和劳动者个人必须依法参加养老保险，履行法律所赋予的权利和义务，缴纳养老保险费。

待劳动者达到法定退休年龄时，可向社会保险部门领取基本养老金，享受基本养老保险待遇，保障退休以后的基本生活。

互济性。养老保险费用一般由国家、企业或单位、个人三方共同负担，并在较高层次上和较大范围内实现养老费用的社会统筹和互济。

普遍性。养老保险的实施范围很大，被保险人享受待遇较长，费用收支规模庞大。因此必须由政府设立专门机构，在全社会统一立法、统一规则、统一管理和统一组织实施。

福利性。社会保险不以营利为目的，实施社会保险完全是为了保障社会成员的基本生活。

社会公平性。社会保险作为一种分配形式具有明显的公平特征。在形成保险基金的过程中和使用的过程中，个人享有的权利与承担的义务并不严格对价，从而体现出一定的社会公平。

基本保障性。社会保险的保障标准是满足保障对象的基本生活需求，因为社会保险的根本目的是保证人们的收入稳定、生活安定，发挥社会稳定器的作用。

社会性。养老保险所涉及的实施范围和保障对象十分广泛，一般在工薪劳动者中实行，甚至在全体国民中实行。

以上特点共同构成了退休人员社会保障的体系，体现了国家对退休人员的高度重视和关心。

四、其他人员的社会保障

其他人员主要指自由职业者、兼职工作者、跨地区工作者以及临时工等，这类人员，也被称为灵活就业者。灵活就业已经成为现代生活的一种重要形式。然而，这种工作方式也带来了一些特殊挑战，尤其是在社会保障方面。由于灵活就业一般都没有固定的工作单位，因此一些灵活就业者缺乏社保缴纳意识和知识，未能及时正确缴纳；还有些临时工作人员由于工作性质，无法享受到长期稳定的社会保障，也由于雇主的原因，未能及时缴纳社保；另外，还有一些跨地区工作者，由于工作地点经常变动，可能面临在不同地区缴纳社保，导致社保缴纳出现混乱或者遗漏。因此，关注和及时参加社会保险，是灵活就业人员必须考虑的一个大问题。

进入新时期，中国各级政府高度重视灵活就业者的现状，设置和联通了一些针对灵活就业者的社会保障制度，目前灵活就业者的社会保障主要有如下几项。

养老保险。灵活就业人员可以选择参加城镇职工养老保险或城乡居民养老保险。城镇职工养老保险适用于无雇主的个体工商户、非全日制从业人员以及其他灵活就业人员，城乡居民养老保险适用于年满 16 周岁且非国家机关和事业单位工作人员的城乡居民。

医疗保险。灵活就业人员还可以参加城镇职工基本医疗保险，这包括单独缴纳城镇职工基本医疗保险费或一并缴纳城镇职工基本养老保险费、城镇职工基本医疗保险费及城镇职工大额医疗补助费。

失业保险。在特定条件下，灵活就业人员还可以领取失业保险金，并且在领取失业保险金期间，允许以工人身份缴纳企业职工基本养老保险费的，不视为重新就业。

此外，不少地区还开展了职业伤残保障，为灵活就业人员提供额外的保障。灵活就业人员还可以通过各种渠道进行参保手续的办理，包括线下到当地社保经办机构、社银合作网点办理，或线上通过国家社会保险公共服务平台等渠道办理。

同时，各级政府还设置了其他一些特殊人员的社会保障机制，全方位织密保障体系。主要有：

社会救济。这是针对生活在贫困线以下的低收入者或者遭受灾害的生活困难者，国家和社会为其提供无偿物质帮助，以维持他们的基本生活需求。

社会福利。是国家为改善和提高全体人员的物质生活和精神生活所提供的福利津贴、福利设施和社会服务。尤其是指向老人、儿童、残疾人等需要特殊关心的人群提供的生活保障。

优抚安置。针对从事特殊工作者及其家属，如军人及其家属，提供优待、抚恤、安置等社会保障措施，对象主要是烈军属、复员退伍军人、残疾军人及其家属。内容包括提供抚恤金、优待金、补助金等，以及举办军人疗养院、光荣院，安置复员退伍军人等。

社会互助。在政府鼓励和支持下社会团体和社会成员自愿组织和参与的扶弱济困活动，具有自愿和非营利的特征。资金主要来源于社会捐赠和成员自愿交费，政府通常从税收等方面给予支持。主要形式包括工会、妇联等群众团体组织的群众性互助互济，民间公益事业团体组织的慈善救助，以及城乡居民自发组织的各种形式的互助组织等。

以上各项社会保障措施，共同构成了其他人员社会保障的主要内容，确保以灵活就业和特殊人群为主的相对弱势的群体得到一定的以医养为主的社会保障。

灵活就业人员的社会保障有如下优点。

缴纳基数灵活。灵活就业人员可以根据自己的经济状况选择合适的缴纳基数，而不是被固定的标准所限制。

养老金逐年上调。随着社会经济的发展，养老金每年都会根据物价等因素进行上调，对于灵活就业人员来说是一种保障。

职工医保待遇较高。相比于城乡居民医保，职工医保的待遇通常更高，可以为灵活就业人员提供更好的医疗保障。

退休待遇高。如果灵活就业人员能够按照规定的时间和金额缴纳社保，他们的退休待遇通常比正规就业人员高。

申请贷款、租房更有优势。在一些情况下，拥有社保账户可以增加灵活就业人员在申请贷款、租房等方面的优势。

灵活就业人员缴纳社保也具有以下缺点。

缴纳基数每年上涨。虽然缴费基数是灵活的，但是每年都会有所上涨，这会增加灵活就业人员的负担。

参缴项目不齐全。相比于正规就业人员，灵活就业人员可能无法参加所有的社保项目，例如，失业保险、工伤保险等。

经济负担重。由于没有稳定的收入来源，灵活人员可能会觉得社保的经济负担过重。

灵活就业女性没有生育待遇。在一些地方，灵活就业的女性可能无法享受到生育保险待遇。

延迟退休。由于缺乏足够的社保缴纳记录，一些灵活就业人员可能需要延迟退休。

收益与投入不成正比。对一些灵活就业人员来说，他们可能会觉得社保的收益与他们的投入不成正比。

随着经济的发展和社会文明程度的提升，我国的社会保障体系，尤其是以医疗和养老为重点的社会保障体系越来越健全和完善，但依然存在着保障范围尚未全覆盖、补助水平偏低、投入不足等问题，为此需要上下联动，进一步花大力气推进社会保障制度建设。要注意从我国人口数量庞大、老龄社会快速来临、各地发展不平衡、城乡差距尚未完全消除的国情出发，统筹各方面的社会保障工作，为实现共同富裕奠定制度基础。

国家实施的社会保障制度，旨在为遇到风险的社会成员提供基本生活保障，给予适当补偿以保障其基本生活，从而防止不安全因素的出现。这有助于社会的稳定和谐。

促进劳动力再生产。劳动者在劳动过程中可能会遭遇各种意外事件，导致劳动力再生产过程的中断。社会保障在这种情况下可以为劳动者提供必要的救治以及经济补偿和生活保障，使得劳动者得以恢复和继续生产。

实现社会公平。人民的文化水平、劳动能力等方面存在差异，会导致收入上的差距。社会保障通过强制征收保险费并聚集成保障基金，对收入较低或失去收入来源的社会成员进行补助，从而提高其生活水平并在一定程度上实现社会的公平分配。

推动社会发展进步。完善的社会保障体系有利于解决人们的基本生存问题，进而促进社会的发展和进步。同时，随着社会保障体系的健全和完善，人们的生活越来越社会化，也使得人们有更多的精力去关注社会和提高自身素质，从而促进人的全面发展和社会文明程度的提高。

体现制度的优越性。一个国家和地区社会保障的发展和健全，直接体现了该社会制度的优越性和先进性。

长期以来，中国共产党和政府始终坚持为人们服务，坚持以人为本，从以人民为中心的高度，做好各个阶段、各个层面人群的社会保障工作。新中国成立初期，我国的社会保障制度从无到有，迈出坚实步伐，先后从劳动、医疗、养老、教育等方面入手，探索和逐步建立社会保障体系。1949 年到 1980 年，是中国社会保障体系建设的重要时期。在医疗保障方面，新中国成立初期，医疗保障体系基本不存在，人民的医疗需求举步维艰。在中国共产党领导下，新中国逐渐建立起医疗体系，1951 年，我国推出了"医疗工作座谈会决议"，确定了国家对医疗事业的责任，并倡导医疗服务与农村社队经济有机结合。此后，国家逐渐设立了农村卫生所、县级医院等机构，为广大城镇、农村居民提供基本的医疗卫生服务。1951 年，我国颁布《中华人民共和国劳动保险条例》，是我国第一部包括工伤等社会保险在内的国家法规。1958 年，进一步推出了城市医疗保障制度，解决了城市工人的医疗保障问题。此后，中国还陆续建立了新农合、城镇居民医保等保险制度，形成了较为完善的医疗保障体系。

在养老保障方面，我国政府在新中国成立初期开始探索有关保险制度，通过法律法规逐步完善，建立了工人、农民各类人群的养老保险制度。1951 年中国成立了第一个全国性的职工养老保险制度，为工人提供养老保障。1958 年，国家推进建立了农村社会养老保险制度，着手解决农民的养老问题。

1992 年中国改革开放转型后，进一步对新中国成立以来的医疗、养老等社会保障制度进行了梳理、改革和完善，正式初步建立社会保障体系和制度。尤其是中国共产党十八大以后，进入新时期，随着经济社会各方面发展，现代文明进一步提高，以医和养为主体的社会保障工作全方位得到提升。2017 年 10 月 18 日习近平同志在中国共产党第十九次全国代表大会报告中指出，要加强社会保障体系建设，要加快建立覆盖全民、城乡统筹、权责清晰、保障适度、可持续的多层次社会保障体系。在习近平同志讲话精神的指导下，我国的社会保障体系建设进入了快车道，实现了质的飞跃。

目前我国建立的社会保障制度主要包括以下几方面。

一是社会保险制度。这是社会保障体系中的核心部分，包括养老保险、医疗保险、工伤保险、生育保险和失业保险。这些保险旨在保障劳动者在养老、患病、伤残、生育和失业时的基本需求。

二是社会福利制度。广义上与社会保障同义，狭义上是指国家或社会在法律和政策范围内向全体公民普遍地提供资金帮助和优化服务的社会性制度。它包括福利津贴、福利设施和社会服务的提供，特别是针对老人、儿童、残疾人等需要特殊关心的人群。

三是社会救济制度。当个人或家庭因自然灾害或其他经济、社会原因无法维持最低生活水平时，国家通过国民收入的再分配提供无偿物资帮助，以保障其最低生活水平。

四是社会优抚制度。对有特殊贡献的军人及其眷属实行的具有褒扬和赈恤性质的社会保障制度，包括优待、抚恤、安置等。

五是社会互助。在政府鼓励和支持下，社会团体和社会成员自愿组织与参与的扶贫济困活动。具有自愿性和非营利性的特征。

此外，社会保险还包括五险一金，即养老、医疗、工伤、生育、失业保险和住房公积金。我国的社会保障制度经过几十年的努力，体系建设取得突破性进展、覆盖范围持续扩大。

第二节 中西医结合的科学手段

中国是世界四大文明古国之一，也是唯一一个继承发展、延续至今、没有中断的文明国家。它以超大的人口规模、广袤的领土疆域、悠久的文化传统和深厚的文化底蕴成为东方文明的代表，并以中国古代朴素的哲学思想为基础，结合儒、释、道，杂糅墨、法、农及阴阳，全面发展，形成了独特的中医文化体系。

中华医药，源远流长，是中华民族的瑰宝，在几千年的临床实践中积累了丰富的经验，形成自己独特的理论体系，其中蕴含的整体观、治未病思想、辨证论治的诊断方式、大医精诚的人文精神等，为中华民族绵延不绝、繁衍昌盛提供了重要保障，使中华文明在"大灾大疫"来临之时得以平安度过，避免了像古代罗马文明、古代印第安文明等因鼠疫、天花等大规模烈性传染病而衰亡的命运，使中华民族在长期的历史发展过程中一直保持发展态势。近年来，中医药在参与全球突发公共卫生事件治理中发挥的重要作用，日益得到国际社会的关注和认可，在建设人类卫生健康共同体中发挥出重要的作用。

一、传承中药的治病良方

中医药学脱胎于古代哲学思想，萌于春秋之前，发端于战国之中，诸子蜂起、百家争鸣、兼容并包，为中医药思想的演进提供了博采众长的沃土。及至秦汉,《黄帝内经》《难经》《神农本草经》和《伤寒杂病论》四部医典著作逐步奠定了中医药文化的理论基础。魏晋、隋唐至宋金时期,《素问》《伤寒论》《金匮要略》《针灸甲乙经》《诸病源候论》《千金翼方》《千金要方》及《外台秘要》等典籍依次校订完善,逐步架构起中医药文化的理论体系和实践基础。金元时期产生了刘完素的"寒凉派"、张从正的"攻下派"、李东垣的"补土派"及朱丹溪的"滋阴派"四大流派。之后,明清温病学的出现进一步完善了中医药体系。

自鸦片战争以来,随着西医在中国广泛地传播,形成中医、西医并存的局面。一些医家逐渐认识到中西医各有所长,所以试图把两种学术加以融会贯通,逐渐形成了中西医汇通学派。代表人物有唐宗海《中西汇通医书五种》、张锡纯《医学衷中参西录》等。当西方科技文化大量涌入,与此相应的是社会和医药界对传统的中国医药逐渐有了"中医""中药"之称,对现代西方医药逐渐称为"西医""西药"。

民国时期,中国处在半殖民地半封建社会,科技发展缓慢,由于国民政府对中医采取消极的政策,阻碍了中医药的发展,因而引发了中医药界的普遍抗争。尽管困难重重,但在中医药学术工作者的奋发进取中,中医药仍然有所发展。

新中国成立之初,一直存在着两种截然对立的倾向。一是有些人对中医抱着一种历史虚无主义的态度,说中医"不科学",中药"不卫生"。二是在中医界内部，有些人把中医神秘化，认为中医"百病皆治""完美无缺"，不需要用现代科学也不能用现代科学方法来加以整理和研究。

1954 年，毛泽东主席作出重要批示："中药应当很好地保护与发展。我国的中药有几千年历史，是祖国极宝贵的财产，如果任其衰落下去，将是我们的罪过；中医书籍应进行整理……如不整理，就会绝版。"[1]同年，他又指示："即时成立中医研究院。"于是，在全国范围内调集名医，于 1955 年 12 月成立了中国中医研究院，毛泽东还接见了第一任院长鲁之俊。

毛泽东还说："中西医比较起来，中医有几千年的历史，而西医传入中国不过几十年，直到今天我国人民疾病诊疗靠中医的仍占五万万以上，依靠西医的则仅数千万（而且多半在城市里）。因此，若就中国有史以来的卫生教育事业来说，中医的贡献与功劳是很大的。"[2]

2016 年 12 月 6 日，国务院发表《中国的中医药》白皮书。白皮书指出，中医药发展上升为国家战略，中医药事业进入新的历史发展时期。

中医药既是中华文明的重要载体，又在人民健康事业中发挥独特作用。习近平总书记在多个场合都对中医药给予了高度评价，

[1] 华钟甫、梁峻：《中国中医研究院院史(1955—1995)》，中医古籍出版社，1995 年，第 4 页。
[2] 游和平：《毛泽东对中医药情有独钟》，《党史博览》2007 年第 11 期，第 4—8 页。

在国内外推广中医药。

2010 年 6 月 20 日，习近平出席澳大利亚皇家墨尔本理工大学中医孔子学院授牌仪式时指出："中医药学凝聚着深邃的哲学智慧和中华民族几千年的健康养生理念及其实践经验，是中国古代科学的瑰宝，也是打开中华文明宝库的钥匙。"[1]

2016 年 8 月 19 日，习近平出席全国卫生与健康大会时讲话："要着力推动中医药振兴发展，坚持中西医并重，推动中医药和西医药相互补充、协调发展，努力实现中医药健康养生文化的创造性转化、创新性发展。"[2]

党的十八大以来，党中央、国务院高度重视中医药事业，将中医药定位为"独特的卫生资源、潜力巨大的经济资源、具有原创优势的科技资源、优秀的文化资源、重要的生态资源"[3]，近年来已成为高质量融入共建"一带一路"机制、推进健康丝绸之路建设、助力构建人类卫生健康共同体的重要组成部分。

2023 年 10 月 18 日，第三届"一带一路"国际合作高峰论坛在北京举行，多项中医药项目列入"一带一路"高峰论坛务实合作项目清单。目前，中医药已传播至 196 个国家和地区，针灸在

[1] 杜尚泽、李景卫:《习近平出席皇家墨尔本理工大学中医孔子学院授牌仪式》,《人民日报》2010 年 6 月 21 日,第 1 版。

[2] 王洪龙、李金莹、周艳芬、薛华、肖敏:《习近平中医药文化观及其思想启示》,《中医药管理杂志》2023 年第 16 期,第 1—3 页。

[3] 《求真务实 传承创新 开创中医药事业发展新局面——在中国中医科学院成立六十周年纪念大会上的讲话》,《中国中医药报》2015 年 12 月 28 日,第 1 版。

113 个国家获得许可，其中 29 个国家设立了相关法律法规，20 个国家将针灸纳入医疗保险体系，还有部分国家健康保险体系覆盖其他中医药疗法。中国政府同 40 多个国家和地区签署了专门的中医药合作协议，海外建立的中医医疗机构达 8 万多家，各类中医从业人员约有 30 万。建设了一批中医药国际合作基地和 31 个国家中医药服务出口基地，为中医药高质量国际合作打下了坚实基础，推动国际标准化组织成立中医药技术委员会（ISO/TC249），制定颁布了 102 项中医药国际标准。[1]

　　早在 1971 年 7 月 17 日，美国《纽约时报》资深记者詹姆斯·赖斯顿（James Reston）在北京采访期间不幸患阑尾炎，在周恩来总理的关心下立即入住北京协和医院，用常规麻醉法进行阑尾切除手术。手术很顺利，但术后出现腹部严重不适，经征得本人同意，针灸医师为他施行了不到 20 分钟的针刺及艾灸，不出 1 小时，腹部胀痛明显减轻直至痊愈。在赖斯顿住院期间，《纽约时报》于 7 月 26 日在头版转 6 版（几乎整版）发表了他的著名纪实报道《现在让我告诉你们我在北京的阑尾切除手术》，详细描述了接受针灸治疗的过程。[2] 此文被公认为是美国针灸热的导火索。

　　1972 年春，美国总统尼克松访华团抵京时指名要看针刺麻醉手术。在有关方面安排下，由美国防部长黑格将军率美国代表团

〔1〕 陈晶：《2023，中医药高质量发展奋进之年》，《人民政协报》2024 年 1 月 31 日，第 6 版。
〔2〕 吴根诚：《谈中国针灸术传向美国的一段史实》，《中国针灸》2022 年第 12 期，第 845—846 页。

和美国新闻媒体共 30 余人，其中有尼克松总统私人医师，原美国海军医院教授到北京第三医院，观摩了著名胸外科专家辛育龄医生主刀的针刺麻醉手术。手术前，美国代表团和新闻界人员先同病患见面，检查病人是否在术前接受过任何麻醉药物，当确定病人未接受麻醉药物后，即随同病人进入手术室，亲眼观看中国医生在无影灯下为病人开胸切肺不用麻药。从接受穴位针刺、捻针诱道，到开胸手术，看到病人始终清醒平静，没有痛苦表情，反复询问病人在手术中的感觉，并将病人在手术中呼吸、心率、血压等数据全部做了摄影和记录。尼克松总统私人医生说："中国的针刺麻醉在美国医学界早有传闻，但多数人都不相信。今天我有幸亲眼看到了针麻肺切除手术的全过程，看到了针麻镇痛的良好效果，这一技术是真实的。"一位美国记者也说："我不再认为针刺麻醉是神话了。"[1]

目前，美国已有 48 个州（47 个州以及华盛顿特区）通过了《中医针灸法》，每个州都有中医诊所，数量有 8000 多家，有执照的针灸师约 4 万人。洛杉矶、旧金山、纽约等大城市中医诊所数量成百上千。美国一些港口，几乎都有中药材进口，质量上乘、加工精细。2019 年 3 月 27 日，美国科学家在《科学报告》杂志上发表论文，证实中医几千年前就已发现并用于精准治疗人体"经

---

[1] 辛育龄：《记尼克松访华团参观针麻手术》，《中国中西医结合杂志》1998 年第 9 期，第 515 页。

络"的存在。美国《国家地理》杂志也发表了耶鲁大学的研究成果，认为中医正在改变现代医学，未来尖端的治疗方案将诞生于中医。[1]中医在德国被视为贵族疗程，德国大约每15000人中就有一家中医或针灸诊所，德国大约1/3的西药房销售中药，500多家西医医院设有中医门诊部。英国约有3000家中医诊所，其中在伦敦就有1000多家，针灸医师7000多名。法国约有2800家针灸诊所，荷兰约有1600家中医诊所，澳大利亚约有3000多家中医诊所和近3000家针灸诊所。中医医疗机构遍布全世界160多个国家和地区，可谓是星罗棋布，每年为数以千万计的各国患者提供卫生保健服务。

古往今来，日本民族都在不断吸收先进的外来文化。医学亦从学习中国开始，逐渐消化吸收，最终将其日本化。公元前210年中医学传入日本后被称为汉方医学，汉方医学在学术理论和治疗实践方面均与中医学一脉相承，其中尤以《伤寒论》对日本汉方影响深远。1986年以来，日本医疗保险一直保持应用的颗粒剂共148种，源自中国20种中医古籍的处方数为126种，占比高达85.14%。其中仅汉代张仲景的处方就有71种之多，包括《伤寒论》42种，《金匮要略》29种，比例高达48%。而出自日本本土作者

---

[1] 陈文玲、张瑾:《充分发挥我国中医药独特优势 新形势下应加快构建中西医并重的医药卫生体制》,《学术前沿》2021年第12期,第64—83页。

的仅有 10 种医籍的 22 种。[1]

公元前 2 世纪，中医药已传入朝鲜半岛。北宋时，中医药学成为朝鲜医学的主流。1986 年 4 月，韩国国会通过《医疗改正案》，将其中的"中医学"改为"韩医学"。"韩医"提法首次正式以法律认可的形式出现，开始了一系列将中医改为韩医申报世界遗产的操作。2014 年 7 月 31 日，《东医宝鉴》被包装成总结"韩医学"精华的集大成之作，被第九届世界记录遗产国际咨询委员会载入世界文化遗产名录。"韩医"概念提出前后，"韩医"事业得到了较快发展。例如，1980 年韩国领取执照的韩医师仅 3015 人，到 1985 年就增加到 3789 人，到 2006 年已发展到 5000 余人。韩医学院由 1986 年的 5 所增加到 2006 年的 10 所，培养的人才深受欢迎。韩医院和韩医诊所也如雨后春笋般发展起来。在全球医药品市场规模快速增长的背景下，韩国政府把医药品产业作为国家朝阳产业，采取各种扶持政策全力提升产业竞争力。

据韩联社 2016 年 5 月 23 日报道：2015 年韩国医药品出口额同比增长 28.5%，达 23.08 亿美元，创历史新高，且大量出口日本、中国。[2]

据不完全统计，在中国历史上曾经暴发的大规模瘟疫，仅有

---

〔1〕 梁永宣：《日本汉方颗粒剂的发展历程及与中国医学之渊源》，载陈玉梅、江风艳主编：《中医药历史与文化(第二辑)》，中国社会科学出版社，2022年。

〔2〕 孙晓：《"汉医""韩医"之繁荣对供给侧改革背景下中医药事业发展的启示》，《中国中医药现代远程教育》2019年第12期，第58—60页。

记载的就有 300 多次。中华民族的繁荣历史一直伴随着与疫病的抗争。由于中医的有效预防和治疗，中国历史上从未出现过类似西班牙大流感、欧洲黑死病、全球鼠疫等一次瘟疫造成数千万人死亡的悲剧。从东汉医圣张仲景的《伤寒论》到明清温病四大家不难看出，中医药在急性传染病的防治中从未缺席，研究早、认识到位。从疫病未发之时的预防，到疫病流行之时的辨证论治，逐步形成了一套较为完备的中医药防治体系。

中国金元时期著名医学家李东垣创立了补土论，并创制了补中益气汤，为后世树立了扶正以祛邪的典范。《东垣试效方》中对金泰和二年（1202）流行的一次疫病进行了记载："时四月，民多疫疬，初觉憎寒体重，次传头面肿盛，目不能开，上喘，咽喉不利，舌干口燥，俗云大头天行。亲戚不相访问，染之，多不救"，李东垣用普济消毒饮进行治疗，"全活甚众"[1]。

在与传染病的角力中，中医所做的贡献造福全人类，其中尤以天花防治最为突出。天花于 1 世纪传入中国，由于中医很早就有"以毒攻毒"的免疫学思想，到宋代中医研究采用人痘接种法预防天花，将患过天花病人的疱浆挑取出来，阴干后吹到健康人鼻孔中，接种上天花后就不再感染。到明清，已有以种痘为业的专职痘医和几十种痘科专著，清初张琰《种痘新书》对其家族祖

---

[1]〔金〕李杲：《东垣试效方》，上海科技出版社，1984年，第12页。

传种痘行为进行了记载。[1]清代政府还设立"种痘局"，专门给百姓普及种痘，可称是全球最早的官方免疫机构。中医人痘接种法后来流传到俄罗斯、朝鲜、日本等国，又经俄罗斯传到土耳其及欧洲、非洲国家。[2]人痘接种法传入英国后，启发了西医医学家琴纳于1796年发明牛痘接种术[3]，后又传回中国和世界各地，人类免疫史上的这一成功，包含了中医所贡献的智慧。

中医药在21世纪初的"非典"疫情中也作出了巨大贡献。广州邓铁涛老中医团队用中药治疗73例"非典"病人，创造了"零死亡、零转院、零感染、零后遗症"的奇迹。[4]北京小汤山采用中医治疗680例"非典"病人,也大大降低了死亡率,将全球"非典"11%的死亡率改写到1.18%，工作人员感染率为零。[5]

在新冠病毒感染防治中，中医药逆行而上，发挥了重要作用。2020年2月，中国工程院院士张伯礼、北京中医院院长刘清泉教授率领近209名医护人员进驻武汉江夏方舱医院。作为武汉首座以中医为特色的方舱医院，主要采用纯中医药治疗。医院于2月14日开舱，3月10日休舱，运行26天，共收治新冠病毒感染患

[1] 〔清〕张琰：《种痘新书》卷三，江东书局，1912年，第16页。

[2] 李经纬：《中国古代医学科学技术发明举隅》，载中国中医研究院编《中国中医研究院三十年论文选》，中国古籍出版社，1985年，第413页。

[3] 傅维康主编：《中国医学史》，上海中医学院出版社，1990年，第360页。

[4] 冼绍祥、陈坚雄、黄可儿、方宁：《"抗非"十年回顾》，《中国中医药报》2013年8月6日，第3版。

[5] 魏荣、冯超英、于峰、王庶：《小汤山医院680名SARS患者药物治疗分析》，《中医药临床杂志》2004年第5期，第407—409页。

者 564 人，治愈出院 392 人，剩下的患者因为休舱转出到其他医院。

二、普及中医药治病科学知识

中医药文化是中华优秀传统文化的重要组成部分，是中华民族上千年智慧的结晶，也是中华民族的血脉，对于中华民族的繁衍昌盛功不可没。

党的十八大以来，以习近平同志为核心的党中央高度重视中医药文化传承，先后下发了《"十四五"中医药文化弘扬工程实施方案》等，把中医药的发展提高到了国家发展战略层面，推动了中医药文化的教育、传播、传承与发展。2017 年 7 月 1 日，《中华人民共和国中医药法》正式实施，首次从法律层面强调了中医药文化传播的重要性，明确了中医药的重要地位，提出了中医药文化发展的策略方针，在推进中医药文化传播能力建设中发挥了重要作用。

中医药具有几千年的历史，是我国各族人民在几千年生产生活实践及与疾病作斗争中逐步形成并不断丰富发展的医学科学。中医药文化是中华优秀传统文化的重要组成部分，它包含了中华民族几千年来对生命的认识，对预防疾病的思想及方法的呈现，是中医药服务的思想基础与内在精神。

中医药文化的核心价值，主要体现为以人为本、医乃仁术、天人合一、调和致中、大医精诚等理念，包含阴阳五行、天人合一整体观。它不仅具有独特的理念，而且构筑了一种惠及众生的医药文化。

2007 年，由国家中医药管理局联合 22 个部委共同主办"中医中药中国行"大型中医药科普宣传活动。自启动以来，历经四个阶段，2007—2010 年为第一阶段，主题为"传承中医国粹，传播优秀文化，共享健康和谐"，一是举行大型现场公益活动，内容包括专家义诊、健康咨询、科普讲座、文化展示、知识竞答、发放健康科普资料等。二是开展赠书和培训活动，向基层中医人员赠送《乡村中医实用技术》和《社区中医实用技术》，向广大群众赠送《中医药知识普及读本》。三是开展"中医大篷车万里行"活动，深入北京、河北、山西、辽宁、吉林、黑龙江等省市的农村、厂矿、部队、学校和基层医疗单位，送医送药，发放中医药科普宣传资料，慰问贫困家庭、困难职工、残疾人及军烈属等。[1]主办方先后奔赴除台湾省以外的所有省（区、市）共举办各类活动 366 场，直接参加现场的群众达 160 多万人；组织文化科普讲座 324 场，现场受益者达 5 万余人；向各地群众赠送了价值 501 万元的中医药科普图书和价值 1.5 亿元的医疗物资；中医大篷车行程超过 10 万千米，举办社区和乡村医生培训 487 场，培训农村和城市社区中医

---

[1] 王国强:《在"中医中药中国行"大型科普宣传活动新闻发布会上的讲话》,《中医药管理杂志》2007 年第 6 期, 第 387—389 页。

药人员 9.2 万人。[1]2010 年起，中医中药中国行进入第二阶段，立足让基层人民群众得实惠，将活动重心下移，以"进乡村、进社区、进家庭"为主，依托中医院校、基层医疗机构，建立中医文化科普人才团队，中医药文化科普巡讲，健康快车进乡村、进社区、进机关、进学校，为展示中医药特色优势、传播中医药健康文化知识，为基层百姓送医送药送健康，为中医药事业发展营造良好的社会氛围，活动走遍了 31 个省（区、市）、新疆生产建设兵团和香港、澳门、台湾地区。2016—2020 年为中医中药中国行第三阶段活动——中医药健康文化推进行动，以"传播中医药健康文化、提升民众健康素养"为主题，在全国范围内举办形式多样的中医药健康文化知识传播活动，推广中医药的理念、知识、方法和产品，开展中医药健康教育，建设中医药健康文化知识角，普及具有中国特色的健康生活方式；加强中医药科普基地建设，开展中医药文化进校园活动，重视中医传承教育，开展中医药文化专题的"夏令营"，帮助中小学生养成良好的健康意识和生活习惯等。[2]2021年，国家中医药管理局、中央宣传部等五部门联合印发《中医药文化传播行动实施方案（2021—2025）》，部署推动"十四五"时期中医药文化传承弘扬工作。深入挖掘中医药文化精髓，推动中

---

〔1〕 高新军：《中医中药中国行第二阶段活动启动》，《中国中医药报》2010 年 9 月 20 日，第 1 版。

〔2〕 赵维婷、黄蓓：《中医中药中国行中医药健康文化推进行动启动》，《中医药管理杂志》2017 年第 13 期，第 F0004 页。

医药融入生产生活，推动中医药文化贯穿国民教育始终，推进中医药文化传播机制建设等重点任务。中医中药中国行成为迄今为止规格最高、规模最大、时间最长、范围最广、参与最多、影响深远的公益性中医药文化科普宣传活动。

网络技术的迅速发展为中医文化的传播提供了更为广阔的空间，为中医的传承注入了新的形式。长期以来，在中医文化的传播与传承过程中，图书、杂志、报纸、电台及电视等传统媒体一直发挥着媒体优势，在内容上主要以传播中医养生方法、普及中医基础知识为主。如图书类的传统中医十大经典著作《素问》《灵枢》《难经》《神农本草经》《伤寒论》《金匮要略》《华氏中藏经》《针灸甲乙经》《脉经》及《黄帝内经太素》等。

我国中医保健类电视栏目最早起源于20世纪90年代，1998年中央电视台国际频道播出的《中华医药》栏目，是中医药文化第一次正式登上荧屏舞台，面向世界展示它独有的魅力。2009年央视《健康之路》开播，作为一档关注大众身心健康、提升保健意识、倡导健康生活的谈话类服务节目，这也是电视节目首次把目光聚焦在健康养生话题上。节目形式以演播室为主，主持人和嘉宾每期会围绕一个或几个有关卫生与健康的话题展开讨论，现场连线群众咨询医学健康问题，并由专家现场给出医疗建议或是解决办法，获得观众一致好评。同年，北京卫视也推出了同类型的中医保健栏目《养生堂》，以"传播养生之道、传授养生之术"

为宗旨，传播传统中医学和养生学的理念，以"天人合一"为指导思想系统性地为公众传递养生文化、介绍养生技巧。开播十几年来，栏目以极高的专业性、服务性和普及性成为中国电视健康第一品牌栏目和中国最大的全民普及健康课堂。此后，中医保健栏目在各大卫视遍地开花。如浙江卫视健康类脱口秀《健康最重要》，邀请了著名主持人梁冬以及专家嘉宾，主持人以极具个性、幽默风趣的主持风格，展示中医保健文化知识和典籍资料，栏目中所讲的都是大家听得懂用得上的养生科学，权威、科学在这里一点都不会让你觉得高高在上、枯燥乏味，反而显得实用、亲切、生动。

更令人震撼的是由国家卫生健康委员会宣传司支持，国家中医药管理局专业指导，中国人口文化促进会监制，国务院新闻办公室对外推广局作为海外宣推支持的中医药文化系列纪录片《本草中国》《本草中华》以及《本草中国2》的相继播出。以5000年医药文明为题材的《本草中国》2016年5月开始每周五晚在江苏卫视9点黄金档播出。这是国内第一部系统拍摄中医药文化的纪录片，历经数年，摄制组人员足迹踏遍30多个省（区、市），完成了对近50味药材和中药人故事的探寻与记录。通过探寻药材产地，还原饮片炮制技艺，透析医药原理的一系列过程，将传统医学对自然万物的理解概括为符合大众生命体验和认知的处事哲学，从而让枯燥乏味的中医药理论体系及宏大艰深的主题变得柔软而亲民，以独特的叙事手法系统展现中华医药所蕴藏的生命观、自然观和认知观，展示了中华医药文化的博大深邃。2017年《本草中华》也首次登录东方卫视周日黄金时间。《本草中华》以本草为线，药人为纲，向人们诠释了本草中国"天人合一，至臻至善"的境界。不仅有对草本药材发掘的整理，更对围绕这种药材的相关人物进行一定的柔情抒写，或光荣与梦想，或失落与困惑。触碰人物的真实情感，体会他们的喜怒哀乐，感悟平凡生活中的点点滴滴，体现面对生活的境界。不禁让人深深体会到：草木有情，中药不易。《本草中华》巧妙地描写了中国人的生存智慧与生活方式，让这份生存智慧多了一份烟火气，多了一份亲切感。2019年《本草中国2》在央视播出，相较第一季，《本草中国2》拍摄涉猎范围更为广泛，创作团队躬行大地山川，东西横跨3635.2千米，南北纵贯3500千米，辗转全国23省42市县，潜寻51味本草，充分挖掘中医药文化中蕴含的人文之美。《本草中国2》用传统中医药哲学"天、地、人"的思想统领全片，主题为"求医"，强调医者仁心，用51味本草和38剂古方，通过50多位中医大家，巧妙通俗地讲述了40多个贴近大众生活的病例故事，感受他们用仁心呵护生命、用仁术创造健康奇迹，充分彰显"大医精诚"的力量，全方位展现新中国成立70年来中医药传承人毕生坚持从医之道的人生经历，向世界展示中医药本草及中医医术的博大精深。

在信息传播高效、交互自由的今天，数字化＋网络几乎已经成为承载文化传播的主渠道。新媒体以其碎片化特征和多样化特点，融入大众生活的多个细节中，新媒体为中医药文化的传播带来了崭新的机遇。根据中国互联网信息中心发布的第53次《中国互联网络发展状况统计报告》显示，截至2023年12月，我国网民规模达10.92亿人，较2022年12月新增网民2480万人，互联网普及率达77.5%。随着互联网和移动终端的不断发展，健康信息传播平台越发多样，微信公众号、短视频平台、微博、专业医疗客户端等不断发力助推健康传播。

伴随着微信应用的日益成熟，各公立三甲医院愈加重视微信公众号的开通，读者和点赞量逐年攀升。查阅清博大数据平台收录的以发布中医药资讯为主的微信公众号[1]，检索"中医"，得到约15770个结果，广东省中医院服务号、广州中医药大学第一附属医院、河南中医药大学第一附属医院、中山市中医院、中国中医药报官方号、中国中医、北京中医药大学东直门医院、中医育儿经等官方公众号名列前茅，微信传播指数WCI均在1000以上。凡有中医处，皆读文小叔。几年来，"文小叔说"公众号分析了上百种常见病、数百个经典方剂以及传播中医文化的文章，每篇文章的阅读量都在10万+，帮助成千上万的读者获得了更健康的身体和生活方式。"文小叔说"公众号，长期处于中医类公众号榜首，清

---

[1]　清博指数网站：https://www.gsdata.cn/rank/wxrank。

博总榜排名稳居前 100 位左右，微信传播指数 WCI 经常在 1500 以上。还有很多中医文化的公众号如"北京厚朴中医"，有几十万的用户。"罗大伦频道""大伦育儿说""中医赵岩""正安聚友会""卢医"等微信公众号每日更新阅读量多至几万余人，这些公众号运营情况良好，更新速度快、阅读量大，使得中医药理论得以持续地流传开来，培养了大批中医"粉丝"。

以抖音为代表的短视频平台打破传统的静态图文内容呈现模式，以其独特的动态传播优势、便捷的使用体验、现场感、实时化等特点打造出了独特的健康信息传播新模式，契合了受众接触中医药知识视觉化、碎片化的要求。目前，抖音平台上有大量的健康传播类短视频，个人自媒体数量占比 50% 以上。其中，健康传播头部账号主要集中为传统媒体类和专业机构类。北京卫视《养生堂》为扩大影响力、提升节目服务水平，积极转战新媒体平台，从网页到微博、微信、抖音，努力打造新媒体平台传播矩阵。2018 年 6 月 27 日，《养生堂》发布第一条抖音视频，以"为爱你和你爱的人珍惜身体"为口号，在 5 年多的时间里共发布作品 3500 多条，得到 1669 万多名用户关注，成为抖音健康传播类短视频代表性产品之一。人民日报社主办的"健康时报"抖音号关注量是 340 万，国家卫生健康委员会官方抖音号关注量达 518.8 万。

随着互联网＋中医的兴起，涌现了一批专注中医技能培训教育的培训机构，在国家健康产业、职业教育政策扶持下，成功完成对全球 10 余个国家和地区的业务覆盖，积累忠实用户达 1000 余万，并为数百万中医从业者、爱好者提供"灵枢疗法""柔式正骨""气血疏通""能量平衡灸""太极刮痧""补土派脏腑点穴""经筋导引解结术""振荡中医""吉氏推拿""摩骨通筋"及"五运六气"等中医适宜技术的教育服务。

中医"治未病"源自中国传统医学，最早出现在《黄帝内经》，其核心思想包括未病先防、既病防变、已变防渐三方面，是我国卫生界所遵守的"预防为主"战略的最早思想。国家中医药管理局于 2007 年 6 月 24 日正式启动了"治未病"试点工作，紧随其后，国家出台一系列政策保障实施。如《关于积极发展中医预防保健服务的实施意见》《中医医院"治未病"科建设与管理指南（试用）》《基层医疗机构"治未病"服务工作指南（试用稿）》及《国家中医"治未病"重点专科建设要求（2014 版）》等，以上政策制定了较为详细的实施制度和规范细则，从实际出发积极探索区域化"治未病"服务模式，推进中医预防保健体系的构建。

我国首家"治未病"中心于 2007 年 3 月在广东省中医院成立，开始了中医"治未病"领域的创新性探索。2007 年 6 月我国正式启动"治未病"试点工作，以上海市成为全国"治未病"预防保健试点区牵头单位为起点，不断扩大试点范围，在全国 17 个省、自治区、直辖市先后设立 65 个试点地区，成立试点单位 173 家，全面推动建设"治未病"健康工程覆盖网。据不完全统计数据显示，到 2019 年年底全国 76.01% 的县级以上公立中医院设置了"治未病"科室，当年度"治未病"服务人次达 2011.5 万。[1] 目前，中医"治未病"主要提供体质辨识、健康检测、健康咨询、健康教育、慢性病高危人群健康管理。妇女生殖保健及儿童保健等服务，已逐步形成了体质辨识、健康调养咨询及传统疗法"三位一体"的运作模式。广东省有 34 家"治未病"健康工程试点单位，在预防、康复、科普等方面，中医药使用率达 76%。长沙市中医医院"治未病"中心自 2009 年成立以来，年中医"治未病"服务超过 1 万人次。2017—2018 年，北京市 16 个区全部开展中医"治未病"试点，组建了 3 级中医"治未病"专家组和 150 个服务团队，对 18 万慢性病患者等重点人群进行了中医"治未病"健康管理。2020 年，北京市制定了涵盖检查诊断、药膳食疗、饮食调理、运动指导、情志调理及生活方式指导等内容的全方位、基础性的健康指导项目。[2] 加强三甲医院、基层综合医院、基层卫生院的合作交流、整合资源、下沉基层，建立多方参与的中医"治未病"服务体系，使病前预防、病中康复和病后防复成为闭环式管理。

随着政策强有力的推动以及多年来的宣传教育，中医"治未病"的理念已经融入社会的每个角落，人民群众对中医"治未病"的

〔1〕 薛研、吴杰、唐洪俊、刘楠、周峰:《中医"治未病"服务的发展现状与问题探讨》,《中医药管理杂志》2024 年第 3 期, 第 179—181 页。

〔2〕 肖梦熊、孙振革、刘昱含、杨永生、许艳燕、郑格琳:《北京市中医治未病服务项目研究的难点与对策分析》,《中国卫生经济》2020 年第 10 期, 第 36—39 页。

需求日益增加，开展"治未病"服务的保健机构也大批涌现，业务范围主要涉及推拿、按摩、刮痧、足浴等，"治未病"保健市场走向快车道。

三、开办便民就医站馆

人民健康是衡量民族昌盛和国家强盛的重要标准。习近平总书记始终强调要把保障人民健康放在优先发展的战略位置。2016年发布的《"健康中国2030"规划纲要》中，将数字医疗健康上升到了国家战略层面。随后，国务院相继印发《关于促进"互联网＋医疗健康"发展意见》和《数字中国建设整体布局规划》等政策文件，进一步加快数智与医疗的深度融合，规范"互联网＋医疗"发展。

近年来，各地通过不断创新，推动卫生健康信息互通共享。北京市以预约挂号作为切入点，开展卫生健康信息化建设，突出医疗、医保、医药三个应用场景，推进系统集成和数据共享；甘肃省建成1个省级和14个市级全民健康信息平台，全员人口、健康档案、电子病历、健康扶贫、卫生资源五大基础数据实现互联互通。近两年，在浙江看病就诊，患者感受到越来越多的新变化：走进任何一家医院、乡镇卫生院，无须携带医保卡就能体验全流程服务；家里老人看病不便，绑定"医保亲情账户"，就能帮其预约挂号和医保支付；外地患者就医，无须拿着发票回去报销，手机端就能发起报销流程。这些,都得益于医保码（"医保电子凭证"），仅需一部手机，就能体验从预约挂号、费用结算到送药上门的一系列便捷服务。

2023 年 11 月 24 日，国家医疗保障局召开"医保码全国用户超 10 亿"新闻发布会，医保码上线 4 周年，全国用户超过 10 亿人，31 个省（区、市）和新疆生产建设兵团均已支持医保码就医购药，接入定点医疗机构超过 80 万家。从各省份激活情况来看，浙江和青海两省已率先实现全省参保人口的覆盖。目前，浙江省智慧医保系统日均结算量达 250 万人次，位居全国第一，医保码结算率达 46.25%。[1]

近年来，党和政府高度重视中医药卫生事业的发展，出台了一系列政策措施。2019 年，国务院发布《中共中央 国务院关于促进中医药传承创新发展的意见》，提出到 2022 年我国基本实现县级中医医疗机构全覆盖，同时将争取在所有的社区卫生服务中心和乡镇卫生院都建立中医馆并配备中医医师。2021 年，国务院办公厅印发《关于加快中医药特色发展的若干政策措施》，指出重点强化中医医疗服务体系建设，推动省城、市域优质中医资源扩容和均衡布局。尤其是党的二十大对医疗保障工作提出了更加明确的任务要求——遵循"覆盖全民，统筹城乡，公平统一、安全规范、可持续"的原则，健全多层次医疗保障体系，要在我国"建成世

---

[1] 周林怡、朱平：《省智慧医保系统日均结算量全国第一，达250万人次，医保码结算率达46.25% 看病买药，"码"上搞定》，《浙江日报》2024年1月25日，第7版。

界上规模最大的社会保障体系"。2023 年，国务院办公厅印发《中医药振兴发展重大工程实施方案》，强调加大支持力度，加快发展全生命周期的中医药健康服务，并计划到 2025 年建设优质高效的中医药服务体系。2023 年，国家多项政策文件明确加强基层医疗卫生机构中医馆建设。2023 年 4 月 21 日，国家中医药管理局、国家发展改革委、国家卫生健康委联合印发《关于全面加强县级中医医院建设基本实现县办中医医疗机构全覆盖的通知》，对基本实现县办中医医疗机构全覆盖作出部署，夯实基层中医药服务主阵地。2023 年 12 月 7 日，国家中医药管理局召开县级中医医院建设推进会，支持 440 座县级中医医院建设"两专科一中心"，推进三级医院对口帮扶 699 座县级中医医院。2023 年，全国建成 4 万多座基层中医馆，23 个省份中医馆基本实现全覆盖，出台中医馆服务能力提升建设标准和中医馆建设标准，提升基层中医药服务能力，建立 15 分钟医疗健康圈，让群众在家门口享有中医药服务。

上海在全市 16 个区建设 62 个中医特色示范社区卫生服务站（村卫生室），并开展 76 个社区中医药特色专科病建设和 100 个市级名中医工作室基层工作站建设。江苏全面推开基层等级中医馆建设，仅 2023 年就新增建设 83 座五级中医馆。硬件配齐，人才更是重点。吉林省 50% 以上的中医医院设立了住院服务中心，为行动不便的患者提供住院服务，并推广临床中医药膳服务，帮助患者缩短临床康复时间。重庆 96% 的公立中医医院设置了门诊"一站式"服务中心,为患者提供咨询及便民服务,19家中医医院开设弹性门诊,29家中医医院开设夜间门诊。

近年来,各地通过"县聘乡用、乡聘村用"、订单培养等方式,不断充实基层中医药人才队伍。2024年全国中医药局长会上公布的数据显示,2023年,我国新招收了1690名农村订单定向中医专业本科学生,培训了2万余名中医馆骨干人才。例如,陕西省在培训中医馆骨干、基层卫生技术人员基础上,2024年计划对1.1万名乡村医生开展中医药知识与技能培训。初步估算,2023年,中医类医疗卫生机构总诊疗量达到12.8亿人次。[1]

四、构建社区联防医疗保险机制

社会保障不仅是一国经济社会发展的重要标志,也是保障人民生活质量的一项重要公共服务。社会保险是社会保障制度的一个重要组成部分。目前,我国社会保险制度主要包括养老、医疗、工伤、失业和生育五大类,其中,养老保险、医疗保险与人们日常生活密切程度最高,因而受到社会各界的广泛关注。自1956年起我国开始建立医疗保险制度,后续经过一系列改革进程,逐步建立了城镇职工基本医疗保险制度、新型农村合作医疗制度和城镇居民基本医疗保险制度三大基本医疗保险制度,初步形成了覆

---

〔1〕 陈晶:《2023,中医药高质量发展奋进之年》,《人民政协报》2024年1月31日,第6版。

盖全体国民的基本医疗保险体系，有效缓解了我国看病时间长、看病花费高的情况，对于促进全国医疗卫生保障体系的发展、提高我国全民健康素质具有重要意义。

　　我国基本医疗保险制度长期以来实行属地化管理，建立初期实行的是县、市统筹，导致医疗保险医疗服务的覆盖范围主要局限于参保地范畴。随着城镇化进程的加快，人口流动越来越频繁，出现人口流动的常态化趋势。2021 年 5 月发布的第七次全国人口普查数据中，我国人口流动数量已达到了 3.76 亿，在过去的十年间，增长了近 70%。[1]许多人不得已要到参保地统筹区之外的地区就医，异地就医大量增加。参保人在异地就医过程中面临看病贵、报销难等问题。为了解决这些问题，2009 年我国出台了《关于基本医疗保险异地就医结算服务工作的意见》，意味着我国基本医疗保险异地就医直接结算工作正式拉开序幕。2016 年 12 月，全国异地就医联网结算平台正式启动运行，部分参保者在跨省就医时可便捷地实现住院费用即时结算。2020 年 3 月，《中共中央　国务院关于深化医疗保障制度改革的意见》明确提出将异地结算作为"十四五"时期党和政府民生保障领域的重点工作内容之一。据全国范围异地就医数据统计显示，截止到 2023 年 12 月底，全国住院费用跨省联网定点医疗机构达 8.23 万家，全国住院费用跨省直接结算共

〔1〕《国家统计局：第七次全国人口普查主要数据情况》，中华人民共和国中央人民政府门户网站，https://www.gov.cn/xinwen/2021-05/11/content_5605760.htm。

计 1125.48 万人次，减少个人垫付 1351.26 亿元；目前，所有统筹地区都开通了普通门诊费用跨省直接结算服务和高血压、糖尿病、恶性肿瘤门诊放化疗、尿毒症透析、器官移植术后抗异治疗 5 种门诊慢特病相关治疗费用的跨省直接结算服务。截至 2023 年 12 月底，全国普通门诊费用跨省联网定点医疗机构数量为 19.39 万家，门诊慢特病相关治疗费用跨省联网定点医疗机构数量为 5.8 万家，跨省联网定点零售药店数量为 35.24 万家。2023 年 1—12 月，全国门诊费用跨省直接结算 1.18 亿人次，减少个人垫付 185.48 亿元，其中全国门诊慢特病相关治疗费用跨省直接结算 331 万人次，减少个人垫付 33.52 亿元。目前，所有职工医保和居民医保参保人员均可通过国家医保服务平台 APP 和国家医保局微信公众号实现跨省异地就医线上备案。2023 年 1—12 月，通过国家统一的线上备案渠道成功办理备案 804.22 万人次。同时，国家统一的线上查询功能从跨省联网定点医药机构、医保经办机构咨询服务电话、停机公告等大众化信息查询服务，逐步拓展到个人参保地门诊慢特病资格、门诊慢特病跨省联网告知书、个人跨省结算费用等个性化信息查询服务。[1]

我国城镇职工基本医疗保险制度自 1998 年正式建立以来，经过 20 多年的发展，已经成为基本医疗保险制度的重要组成部分，

---

[1] 孙秀艳：《去年跨省异地就医直接结算——减少参保群众垫付超一千五百亿元》，《人民日报》2024 年 1 月 31 日，第 14 版。

对降低就业人群疾病负担、提高就业人群健康水平、维护劳动力价值等起到了关键作用。

党的二十大报告明确指出，人民健康是民族昌盛和国家强盛的重要标志，要把保障人民健康放在优先发展的战略位置，完善人民健康促进政策。通过完善基本医疗保险制度来化解人民群众就医后顾之忧并不断提升健康素质，不仅是推进健康中国建设的重要内容，更是扎实推动全体人民共同富裕和实现中国式现代化的应有之义。基本医疗保险是国家在风险管理领域的基础性制度安排之一，其保障质量关系到每个社会成员的基本权益、关系到社会公平正义和国家的长治久安。

随着我国经济水平和人民生活水平的不断提高，人民群众的健康意识不断攀升，对医疗健康和医疗保障的需求日益增加。2020 年 3 月，中共中央、国务院颁布《关于深化医疗保障制度改革的意见》强调，到 2030 年，全面建成以基本医疗保险为主体，医疗救助为托底，补充医疗保险、商业健康保险、慈善捐赠、医疗互助共同发展的医疗保障制度体系。时至今日，我国不断提高基本医保的医疗保障能力，加快推进商业健康保险的开发。作为补充医疗保险的一种形式，惠民保是在基本医保、大病保险之上的普惠型城市定制保险。惠民保遵循"一城一策"，各地都不一样。甚至名字，全国都可以称呼为惠民保，亦可根据当地特色另取名字。如北京的"北京普惠健康保"、杭州的"西湖益联保"、上海的"沪惠保"、广州的"穗岁康"、安徽的"皖惠保"、吉林的"吉康保"、福建的"惠闽宝"、海南的"海南惠琼保"及广西的"惠桂保"等。

惠民保自 2020 年进入爆发期以来，在全国范围内广泛铺开，市场下沉至二三线城市，覆盖地区和人数不断扩大。在发展过程中，惠民保逐渐形成了以政府部门为指导、保险公司承保、第三方平台公司运营的共同参与发展模式。产品的保障范围逐步增加，保障人群不断扩大，体现出惠民保普惠为民的本质。

惠民保参保条件较为宽松，绝大部分产品不限投保年龄、投保职业和参保人健康状况。同时，产品不断放宽参保条件，除当地医疗保险的参保人可以参保惠民保之外，部分产品允许在当地居住、持有居住证的人员投保惠民保。例如，广州穗岁康、汕头惠民保、成都惠蓉保等。在参保方式上，部分产品开通医保个人账户支付，参保人可以通过医保个人账户支付，或通过产品公众号、第三方平台等其他方式在线投保。一些产品允许个人为直系亲属投保，可使用医保个人账户为配偶、父母和子女购买产品。

从整体上看，惠民保参保人在享受基本医保和大病保险后即可享受惠民保待遇。在医保定点医疗机构就诊时，若发生合理治疗所需的医疗费用，在扣除相应责任的免赔额后，按照相应责任的报销比例分别报销。随着惠民保不断进行产品升级迭代，理赔条件越来越宽泛。市场上大部分为既往症可保可赔的产品，很好地减轻了带病人群的治疗负担。此外，部分惠民保打通了一站式结算，患者出院时惠民保可与医保同步报销，无需患者垫付或向保险公司递交申请材料，使赔付流程更加便民。例如，淄博市政府高度重视惠民保工作，齐惠保连续两年写进淄博市《政府工作报告》中，2021 期产品赔付率达到 98%。2022 年，浙江省出台《关于深化浙江省惠民型商业补充医疗保险改革的指导意见》，明确提出"资金赔付率达到 90% 以上"，浙江省温州益康宝、南太湖健康保、惠衢保产品赔付率均达到 93%，浙丽保、越惠保赔付率分别为 91% 和 90%，均位居全国前列。[1]

在产品定价方面，对所有年龄段采取单一定价的模式成为惠民保定价主流。公开数据显示，惠民保单一定价产品的比例提高，阶梯式定价产品比例下降，2022 年两者比例为 86.59 ：13.41，2023 年两者的比例为 89 ：11，在定价角度上体现了产品的普惠性。2022 年，浙江省医保局发布《关于深化浙江省惠民型商业补充医疗保险改革的指导意见》，明确规定"各统筹区在 100 ~ 150元 / 年的区间内确定基本保费标准，原则上不高于统筹区当年居民人均可支配收入的 0.3%"，使惠民保产品定价不断趋于规范化。[2]

从惠民保产品责任来看，整体上主要分为医保范围内、医保范围外以及特药保障责任，少部分包含罕见病药品责任以及前沿

---

〔1〕　孙洁、黄艺飞：《惠民保可持续发展：挑战及对策建议》，《价格理论与实践》2024 年第 2 期，第 56—62 页。

〔2〕　孙洁、黄艺飞：《惠民保可持续发展：挑战及对策建议》，《价格理论与实践》2024 年第 2 期，第 56—62 页。

治疗项目等。例如，质子重离子和 CAR-T 疗法。2022 年的惠民保产品医保内责任比例有所降低，医保外住院责任比例显著提高，由 2021 年的 27.14% 上升至 2022 年的 40.30%。[1]2023 年达到 51.85%。[2]惠民保不断将医保外的高额项目和药品纳入产品责任中，体现出惠民保不断拓宽保障范围，缓解患者较高个人医疗支出的努力与决心。为了使惠民保得到更多人群的认可，多数城市惠民保为参保人提供健康管理服务。例如，在线咨询、体检、健康科普等增值服务，帮助参保人进行有针对性的健康管理，提升参保人的获得感。可以说，中国已建成世界上最大的基本医疗保险体系。

第三节　防范于未然的思想意识

健康是人的基本权利，是幸福快乐的基础，是国家文明的标志，也是社会和谐的象征。国民健康素质作为生产力发展的基础，对社会经济可持续发展发挥着重要的保证作用。在新时代中国特色社会主义事业推进的关键时刻，党中央强调"人民健康是民族昌盛和国家富强的重要标志"，把健康中国上升为国家战略。为此，

---

〔1〕　许闲:《探索发展到趋向成熟 惠民保助力多层次医疗保障体系完善发展——〈2022 年城市定制型商业医疗保险(惠民保)知识图谱〉解读》,《上海保险》2022 年第 12 期，第 12—14 页。

〔2〕　许闲:《坚持"更普惠"宗旨 探索十大迭代方向——〈2023 年城市定制型商业医疗保险(惠民保)知识图谱〉解读》,《上海保险》2023 年第 12 期，第 12—18 页。

在国家解决好老百姓关心的医疗保障问题的同时，国民更需要树立起防范于未然的健康意识，这对于中华文明建设和提振国民素质将会起到非常积极的作用。

一、关注亚健康

（一）"亚健康"的解读

世界卫生组织（WHO）于 1948 年 7 月对健康这样作出权威定义："健康不仅为疾病和羸弱之消除，而系体格、精神与社会之完全健康状态。"[1]从此有了"健康三维"观念。根据这一模式，健康至少应包含三个层面的含义：一是躯体健康，二是心理健康，三是适应健康。1989 年世界卫生组织又提出了"身体健康、心理健康、道德健康、社会适应良好"四方面的健康新标准（"健康四维"观），首次把道德修养也纳入了健康的范畴，要求健康者不以损害他人的利益来满足自己的需要，具有辨别真与伪、善与恶、美与丑、荣与辱等的是非观念，能按社会行为的规范准则来约束自己及支配自己的思想行为。20 世纪 80 年代中期，苏联的专家提出了介于健康和疾病之间的一种被称为"第三状态"的研究结果，在医学界和体育界产生了深远的影响，在此基础上，20 世纪 90 年代初期，中国学者提出"亚健康"这一名词来指代"第三状态"，意

---

[1]　Escobar JI, Hoyos-Nervi C, Gara M. "Medically unexplained physical symptoms in medical practice: a psychiatric perspective." *Environmental Health Perspectives*, 110 Suppl 4 (2002): 631–636.

指人的身心处于疾病与健康之间的一种健康低质状态，是机体虽无明确的疾病，但在躯体和心理上出现种种不适，从而呈现力不从心和对外界适应力降低的一种生理状态，并把这种状态称为"亚健康状态"。

亚健康是 21 世纪人类面临的一个重要问题。国家权威部门的调查显示，我国的大部分人群都属于亚健康者。亚健康状态有很多疾病的前期症兆，如肝炎、心脑血管疾病、代谢性疾病等。亚健康人群普遍存在六高一低，即心理和体力高负荷、高血压、高血脂、高血糖、高体重、低免疫。据中国睡眠研究会发布的《2021运动与睡眠白皮书》，我国有超过 3 亿人存在睡眠障碍，高出世界平均值 10%，并且呈现出普遍化、年轻化倾向。2022 年 7 月，《柳叶刀》子刊的一篇论文表明，与每晚睡眠健康的学生相比，每晚睡眠不足 9 小时的学生，大脑中负责记忆、智力和幸福感的区域体积更小，这意味着睡眠不足的人的大脑会受到长期伤害。睡眠不足是身体亚健康的反映，也与更严重的心理健康问题有关，如抑郁、焦虑和冲动行为，同时与记忆、解决问题和决策的认知困难有关。世界卫生组织数据显示，全球睡眠障碍率达 27%，在中国，成年人失眠率高达 38.2%，六成以上 90 后觉得睡眠不足，更让人吃惊的是，该数据仍在逐年上升。

近年来随着健康概念内涵和外延的扩展，亚健康的外延也随之有所扩展。有学者认为，根据健康四维观，亚健康可以从四方面来界定。

躯体亚健康：主要表现为不明原因或排除疾病原因的体力疲劳、虚弱、周身不适、性功能下降和月经周期紊乱等。

心理亚健康：主要表现为不明原因的脑力疲劳、情感障碍、思维紊乱、恐慌、焦虑、自卑以及神经质、冷漠、孤独、轻率，甚至产生自杀念头等。

社会适应性亚健康：突出表现为对工作、生活、学习等环境难以适应，对人际关系难以协调，即角色错位和不适应是社会适应性亚健康的集中表现。

道德方面的亚健康：主要表现为世界观、人生观和价值观上存在着明显的损人利己的偏差。[1]

造成"亚健康状态"的原因是复杂多样的，从上述亚健康的内涵可以看出，亚健康状态主要涉及"身""心"两个维度，例如：

社会发展日新月异，使得终身学习成为必然的要求，因此，学习新知识，创造新思维，成为人们越来越重的压力和负担。

社会人际关系日趋复杂，种种利益交织冲突，使得每个人建立和处理人际关系变得更加谨慎和困难。

机械化、形式化的生活和工作、学习，信息变化加速与网络普及，占去了人们的大部分时间，导致人们之间的情感交流变得

---

[1]　参阅李中平、王秀、倪红梅等：《亚健康研究进展述评》，《医学与哲学(人文社会医学版)》2008年第4期，第33—35页。

越来越少，越来越空乏，孤独成为相当一部分人生存的显著特征。

垃圾、工业、噪声及射线等环境污染，严重损害人们的生存环境，宁静祥和的环境往往被喧嚣和污浊所代替。

社会生活的复杂化、多变性，网络世界的五光十色、鱼龙混杂，给人们的恋爱、婚姻、家庭生活的稳定性带来了越来越多的冲击，人们的情感联系薄弱，情感受挫的机会增多，从而降低了人们对情感生活的信心，影响了人们情感生活的质量……

总之，随着现代化生活节奏的加快，社会竞争日趋激烈，人际关系复杂紧张，而使人的心理失衡导致亚健康。此外，"亚健康状态"的形成，还与人们的膳食结构有关，当机体摄入热量过多或营养贫乏时，可导致机体失调；过量吸烟、酗酒，大气污染，长期接触有毒物品等也是造成"亚健康状态"的部分原因。所以，关注亚健康是中华文明建设所需，也是中华文明建设过程中必须通过社会介入与社会治理面对的人民健康课题。

（二）践行健康中国，建设中华文明

健康最根本、最重要的问题，就是观念问题。要想身体健康，观念必须转变。世界卫生组织指出：人类的健康和长寿，60%依靠自己建立的生活方式和心理行为习惯。不良的嗜好会带来诸多问题，有吸烟、酗酒及通宵打牌、下棋、上网等不良嗜好的青少年学生，其机体的抵抗力随之降低，机体的生物节律受到干扰，从而产生各种不适感，网络成瘾也严重影响了青少年的健康状况。

许多专家的研究显示，过度使用网络会增加孤独感和抑郁，孤独的人更容易被网络所吸引，网络成瘾影响青少年身心健康、导致亚健康状态发生的问题，在我们践行健康中国、建设中华文明的当下值得引起重视。

世界卫生组织在 1992 年国际心脏保健会议上，总结了当前世界预防医学的最新成果，提出了《维多利亚心脏保健宣言》，指出健康的四大基石是合理膳食、适量运动、戒烟限酒、心理平衡。

合理膳食。合理安排膳食包括健康的饮食和良好的饮食习惯两大方面。健康的饮食是指膳食中应该富有人体必需的营养，同时还要避免或减少摄入不利于健康的成分。良好的饮食习惯包括按时进餐，坚持吃早餐、睡前不饱食、咀嚼充分、吃饭不分心、保持良好的进食心情和气氛。

适量运动。即增加户外体育锻炼活动，每天保证一定运动量。现代人热衷于都市生活，忙于事业，身体锻炼的时间越来越少，加强自我运动可以提高人体对疾病的抵抗能力。还应及时调整生活规律，劳逸结合，保证充足睡眠，适度劳逸是健康之母，人体生物钟正常运转是健康保证，而生物钟"错点"便是亚健康的开始。

戒烟限酒。医学证明，吸烟时人体血管容易发生痉挛，局部器官血液供应减少，营养素和氧气供给减少，尤其是呼吸道黏膜得不到氧气和养料供给，抗病能力也就随之下降。少酒有益健康，嗜酒、醉酒、酗酒会削减人体免疫功能，必须严格限制。

心理平衡。就是要调整心理状态并保持积极、乐观；广泛的兴趣爱好，会使人受益无穷，不仅可以修身养性，而且能够辅助治疗一些心理疾病。把压力看作生活不可分割的一部分，学会适度减压，以保证健康、良好的心境。此健康方式非常简单，效果甚好。

健康是促进人的全面发展的必然要求，是经济社会发展的基础条件，是民族昌盛和国家富强的重要标志，也是广大人民群众的共同追求。党的十九大作出实施健康中国战略的重大决策部署，强调坚持预防为主，深入开展爱国卫生运动，倡导健康文明生活方式，预防控制重大疾病。二十大报告进一步指出，"要深入开展健康中国行动和爱国卫生运动，倡导文明健康生活方式"。践行健康文明的生活方式是最有效的维护和促进人群健康策略。2021年3月23日，习近平总书记在考察时指出："现代化最重要的指标还是人民健康，这是人民幸福生活的基础。把这件事抓牢，人民至上、生命至上应该是全党全社会必须牢牢树立的一个理念。"[1]实现什么样的发展、怎样实现发展，向来是治国理政的大课题。把人民健康作为现代化建设最重要的指标，深刻表明党和国家高度重视人民健康，坚持把保障人民健康放在优先发展的战略位置，真正坚持"人民至上、生命至上"。因此，在建设中华文明的过程中，

---

[1]《为中华民族伟大复兴打下坚实健康基础——习近平总书记关于健康中国重要论述综述》，《人民日报》2021年8月8日，第1版。

健康中国建设践行了我们党以人民为中心，为人民谋幸福、为民族谋复兴的初心使命，也体现了健康的中国人民才能成为建设中华文明的主体。

二、树立未病先治的防风险意识

（一）怎么理解"未病先治"这个理念？

健康状态分为三种。一是健康无病状态，即人体处于没有任何疾病时的健康状态。二是欲病未病状态，即体内病理信息隐匿存在的阶段，或已经具有少数先兆症状或体征的小疾小恙状态，但尚不足以诊断为某种疾病。三是已病未传状态，即人体某一脏器出现了明显病变，根据疾病的传变规律及脏腑之间的生理、病理关系，病邪可能传入其他脏腑，但病邪尚局限在某一脏腑、未达到难治及无法治疗的状态。

"治未病"是采取预防或治疗手段，防止疾病发生、发展的方法。治未病包含三种意义：一是防病于未然，强调摄生，预防疾病的发生；二是既病之后防其传变，强调早期诊断和早期治疗，及时控制疾病的发展演变，防止其由小到大，由轻变重，由局部到全身；三是预后防止疾病的复发及治愈后遗症。

"治未病"之"治"有非药物治疗与药物治疗之分，可单独或结合运用。首先，"治未病"的最高境界是以非药物疗法养心养生进行健康管理以预防疾病的发生。其次是"已病早治"，包括各种常见病多发病甚至疑难杂症。只要有助于减缓疾病的发展，均符合"治未病"的宗旨。认为"治未病"仅仅就是"未病先防"是不全面的，也是肤浅的。"未病先治"的意义在于，虽然存在各种"未病"，但多数作为健康杀手的慢性病，都可以通过"治未病"的种种措施来预防；而对于传染病，通过打断传染源，就可以有效地控制其流行，指导人们远离疾病。

首先要有好的生活方式。远离疾病是所有人的最大愿望和追求，强壮的体魄和良好的身体指标与日常的生活习惯息息相关，不健康的生活方式会对身体造成一定的伤害，从而引发一系列问题，危害人的身体健康，从而导致社会整体身体素质下降，这种现象在青少年尤其是青年学生中尤为普遍。大学生身体健康调查的数据显示，大学生的身体素质呈逐年下降趋势，最主要的原因是不健康的生活作息以及饮食习惯。现代社会生活绚丽多彩，喝酒、通宵上网、缺乏体育锻炼等不良生活习惯在一定程度上影响了人们的生理健康，进而影响到心理健康。有的学生长期沉溺于上网、打游戏，在网上的冲浪体验中逐渐形成了一种对网络的心理依赖，有的甚至染上网瘾，沉溺于虚拟世界，自我封闭，与现实生活产生隔阂，不愿与人面对面交往。

越来越多的研究表明，不良生活方式是导致慢性病发病持续上升的重要原因。因此，要培养青少年学生良好的生活方式，积极开展健康生活以及疾病防控等方面的主题报告以及演讲等活动，保证学生全面发展，建设健康校园。拥有健康的身体才是学习、工作以及生活最基本的保证，才能在竞争中获得更多的优势。

现代医学的目标不再局限于医治疾病，已由医疗扩展到医疗与预防并举，进而发展到以增进健康，提高生命质量为目标。对亚健康人群的保健指导，加强心理健康教育工作，也是预防疾病的重要环节。为了形成一个健康文明的社会，除了使"未病先治"理念深入人心外，还要高度重视人们的心理健康教育，从他们的心理特征及可能导致的心理问题的本质着手，针对他们出现的心理问题，帮助他们树立正确的世界观、人生观和价值观；使人们对社会、对人生、对事物有正确的认识与了解，并采取积极、适当的心理态度和行为反应，较客观地分析和处理各种事物，保持开阔的胸怀，提高对心理冲突和挫折的耐受能力，使广大人民群众达到真正的身心健康，做到"有病治病，无病防病"，把疾病消灭在萌芽状态。

（二）中医对"未病先治"理念的贡献

中华文化博大精深，中医作为中华文化的一部分，是中华民族的大智慧，是人类文明的大精粹。中医药的生命整体观、身心整体观及天人整体观，与《易经》《道德经》《论语》《庄子》等古典文献的世界观高度一致。中医药追求的"道法自然、天人合一""阴阳平衡、调和致中""三因制宜、辨证论治""大医精诚、悬壶济世"等医学思想和方法论，共同构成中医药文化的核心价值体系，蕴含了中华文化深邃的哲学智慧，反映了中华民族特有的思维方式，体现了中华民族深厚的人文精神，承载了中华优秀传统文化的丰富内涵与鲜明特征。

"治未病"起源于远古，雏形于《周易》，形成于《黄帝内经》。《黄帝内经》明确提出"治未病"的概念，并完善"治未病"的理论体系，后学者多有发挥。古人云："圣人不治已病治未病，不治已乱治未乱。"这是对治病防病与治国防乱的精辟阐述。在古人的思想里，治国要"治未乱"，而治病就要"治未病"。所谓"治未病"就是在人体尚未患病之时，便要做到未雨绸缪，防患于未然，在预防阶段杜绝疾病的发生，可知古人对疾病的预防高度重视，把对疾病的预防与治国防乱相提并论，以提醒人们对未病先防的重视。古人还提出了摄生防病的思想。《黄帝内经》中"正气内存，邪不可干"的论述为历代医家所重视，并通过他们的医学实践加以运用和发挥，使其成为别具特色的预防医学理论。只有强身才能防病，只有重视摄生才能强身。

中医治疗的最高理念之一就是预防、治疗、康复一体化的流程。传统中医认为"药食同源"，也就是说药物和食物并没有明确的分界线，很多材料既可以做果腹之食，也能做治病之药。人们从古代史研究中，基本上可以得出"药"源于"食"的结论。药源于食的说法，可以从《帝王世纪》《世本》等古籍中得到印证。如远古时代有伏羲"尝味百药，而制九针，以拯夭枉"，又有神农"尝味草木，宣药疗疾，救夭仕之命"。故入汉以后，《淮南子·修务训》直接说，神农"尝百草之滋味，水泉之甘苦，令民知其辟就"。正因为如此，在中国传统的饮食和医药理论中，一开始便有了"药食同源"的思想。至今，"食疗"已经被全世界人们所认识。特别是人们发现食物也同药物一样，如果能够科学合理地搭配膳食，全面补充人体所需营养，调节阴阳平衡，便可以有效地防治许多疾病。

中医还用安全有效的道地药材配伍食材做成药膳，从而使其兼具营养食疗的功能。按照中医系列理论汲取膳食营养学的烹饪"营养"，可供不同人群食用，在营养和滋补方面有非常良好的功效，从而达到治病先防病的良好功效，迎合了防治未病的需求。

中医在治未病、养生保健、病后康复、健康辨识、健康管理等方面积累的理论知识和行之有效的实践经验，对于综合调理人的健康状态、遏制慢性病蔓延，具有宝贵价值。近年来国家对"治未病"的理论及临床实践越来越重视，"治未病"的理念得到广泛传播，民众对"治未病"的认知度和认同性有明显的提升。随着健康观念和医学模式的转化，医疗的目的也发生较大的变化。中医"治未病"这个古老而前沿的理念，与现代医学相比，进一步显示了中医学的思维是先进和超前的。

要充分发挥中医辨证论治的整体化、个性化特色和中药复方多靶点、多层次作用优势，针对常见病慢性病等发挥中医和中西医结合优势，推动传统中医药和现代科技交叉融合，让人人享有健康。

中医药学是中华民族的原创科学，"精诚人和"的中医药核心价值观、治未病及养生保健思想，深得广大人民群众信赖，有广泛的群众基础。要发挥中医药独特价值，构建中国特色医疗服务体系，发挥中医药"简便验廉"特色，感知中医的整体性、个性化和中药多靶点、多层次的优势，体味"未病先防、已病防变、瘥后防复"的中医治病精髓，探索中医药未病先治、已病治证、病后调理等预防、治疗、保健、康复理念，积极发挥中医药学在加强人民群众健康服务中的作用。

（三）中医药是中华文明宝库中的瑰宝

中华文明建设是一项久久为功的事业，中医药文化建设是一篇"大文章"。通过中医对"未病先治"理念所作贡献的梳理，证明中医药不仅是中华文明宝库中的瑰宝，也是中华文明智慧成果的集中体现和集大成者，是中华文明宝库当之无愧的"钥匙"，发挥着帮助人们进入中华文明宝库的关键性作用。

当前迫切需要深入挖掘中医药文化的精神内涵和时代价值，加大中医药文化保护传承和传播推广力度，推动中医药文化贯穿国民教育，满足人民群众对中医药的健康需求和精神需求，树立未病先治的防风险意识，加快推动中医药文化海外传播，推动形成有利于中医药文化传承发展的体制机制和社会环境，实现中医药文化高质量发展。

"没有高度的文化自信，没有文化的繁荣兴盛，就没有中华民族伟大复兴。"要充分发挥中医药作为中华文明宝库"钥匙"的独特作用，为中医药振兴发展厚植文化土壤，增强实现中华民族伟大复兴的精神力量，为全面建成社会主义现代化强国作出新的更大的贡献。

总之，不管是我国还是世界上，对于健康的观念都是非常重视的，所以我们在日常生活中也应该提高健康养生的意识，并付诸行动，将治未病的观念贯彻于日常生活中，使自己有一个健康的身体，这样才能高效地工作和生活。我们要进一步弘扬中医药学的健康医学理念，以中为体，中西医结合并重，充分发挥中医优势，助推医疗服务体系建设，走出一条中国式的医疗服务道路。

三、注重日常饮食起居

中国文化博大精深，几千年的文明发展中积淀了很多关于饮食起居的理论，其中最重要的一条即按"天人合一"的观点来顺应天时，养生有道。要根据春夏秋冬的变化特点，在日常生活等多方面做好相应工作，精心调理饮食起居，以适应天气与环境的变化。

明代医学家张景岳说："春应肝而养生，夏应心而养长，长夏应脾而养化，秋应肺而养收，冬应肾而养藏。"即说明了不同的季节，有不同的特点，人的身体要根据季节的变化做适应性的调整，以适应外界环境的变化，保持机体的平衡。例如，《管子》云："秋者阴气始下，故万物收。"所谓秋即民间常说的秋收冬藏，句中"收"字包含了两层含义：一是指金秋时节，正是果实成熟收获的季节；二是指秋季时万花凋零。气候特点表现为温度仍然较高，但白露之后，秋风瑟瑟，早晚温差较大，一场秋雨一场寒，万物会随之凋零。秋季要注意保养阳气，在饮食、起居、保健等方面多加注意，要顺应季节变化，注重养生。[1] 这时候，为了适应秋气的蒸气，人们应较早入睡，调养好气息，保证充足的睡眠，保持精神上的舒缓，平心静气，不急不躁。充足的睡眠不仅能恢复体力和精力，而且能提高机体免疫力。

中国人重视饮食起居，饮食文化构成中国传统文化的重要组成部分。在中国传统文化中，饮食不仅是满足口腹之欲的个人行为，也是礼制精神的实践。中国是文明古国，亦有悠久饮食文化的传承。从沿革看，中国饮食文化分为生食、熟食、自然烹饪、科学烹饪四个发展阶段。如果说在旧石器时代，人们不懂人工取火和熟食，饮食状况是茹毛饮血，那么到燧人氏时代，人们学会了钻木取火，从此熟食，开始有了原始的食物烹调方法，饮食文化从此发端。周秦时期是中国饮食文化的成形时期，以谷物蔬菜为主

---

[1] 宋增新：《秋季养生饮食、起居、保健一个不能少》，《食品安全导刊》2015年第27期，第80页。

食。汉代是中国饮食文化的丰富时期，归功于汉代中西饮食文化的交流，引进很多西域的果蔬，还传入一些烹调方法，如炸油饼等。唐宋是饮食文化的高峰，十分讲究。明清的饮食文化是又一高峰，是唐宋食俗的继续和发展，同时又混入满蒙的特点，饮食结构有了很大变化，面成为宋以后北方的主食，蔬菜的种植达到较高水准，成为主要菜肴，人工畜养的畜禽成为肉食主要来源，满汉全席代表了清代饮食文化的最高水平。

早在秦汉时期，中国就开始了饮食文化的对外传播。通过西北丝绸之路，扩大了中国饮食文化在世界上的影响。据《史记》《汉书》等记载，西汉张骞出使西域时，就通过丝绸之路同中亚各国开展了经济和文化的交流活动。比西北丝绸之路还要早一些的西南丝绸之路，北起西南重镇成都，途经云南到达中南半岛缅甸和印度。这条丝绸之路在汉代同样发挥着对外传播饮食文化的作用。此外，通过海上丝绸之路，鉴真东渡把中国的饮食文化带到了日本。日本人吃饭时使用筷子就是受中国的影响，日本还从中国传入了面条、馒头、饺子、馄饨和制酱法等，"胡麻豆腐""松肉汤"等，至今还列在日本一些餐馆的菜谱上。

进入 20 世纪后，有"中华国粹"之称的中餐在国际餐饮市场占据重要地位。经过一个多世纪的发展，中餐在全世界风行，中国的饮食文化有着广泛的影响。中国饮食文化基因包括中华美食文化、菜系文化、餐饮企业品牌文化等。经过百余年发展，海外中餐在与世界各国、各区域文化融合的过程中不断发展；在固本培元的基础上，兼收并蓄，调和中西，在欧美许多国家深受欢迎，扩大了中国饮食文化在世界上的影响。中国饮食文化之所以能在国内外有如此巨大的影响力，究其原因是具有风味多样、四季有别、讲究美感、注重情趣、食医结合等特点。

风味多样。中国幅员辽阔，地大物博，各地气候、物产、风俗习惯都存在着差异，长期以来，在饮食上也就形成了许多地方风味。中国一直就有"南米北面"的说法，口味上有"南甜北咸东酸西辣"之分，主要是巴蜀、齐鲁、淮扬、粤闽四大风味。

四季有别。按季节而吃，是中国烹饪又一大特征。自古以来，中国一直按季节变化来调味、配菜，冬天味醇浓厚，夏天清淡凉爽；冬天多炖焖煨，夏天多凉拌冷冻。

讲究美感。中国的烹饪，不仅技术精湛，而且有讲究菜肴美感的传统，注意食物的色、香、味、形、器的协调一致。对菜肴美感的表现是多方面的，无论是一个红萝卜，还是一个白菜心，都可以雕出各种造型，独树一帜，达到色、香、味、形、美的和谐统一，给人以精神和物质高度统一的特殊享受。

注重情趣。中国烹饪很早就注重品味情趣，不仅对饭菜点心的色、香、味有严格的要求，而且对它们的命名、品味的方式、进餐时的节奏、娱乐的穿插等都有一定的要求。中国菜肴的取名可谓出神入化、雅俗共赏。菜肴名称既有根据主、辅、调料及烹调方法的写实命名，也有根据历史掌故、神话传说、名人食趣、菜肴形象来命名的。如"全家福""狮子头""叫花鸡""龙凤呈祥""东坡肉"等。

食医结合。中国饮食与医疗保健有密切的联系，主张从饮食中摄取人体所需营养，从而让人体强健，增强免疫力，促进机体功能协调运行，预防生病。几千年前就有医食同源和药膳同功的说法，利用食物原料的药用价值，做成各种美味佳肴，达到对某些疾病防治的目的。

今天，富裕起来的中国人民赋予了饮食起居以许多文化内容，其内涵远远超过了充饥饱腹、遮风避雨的实际内容。饮食本身已经成为一种人生享受，是一种生活方式，而且是一种艺术，具有审美情趣。如何建设饮食文明，客观要求我们把饮食的科学性和道德性有机结合起来，实现饮食的科学性跟饮食的道德性本质的有机统一。"谁知盘中餐，粒粒皆辛苦"，"民以食为天"，"为政之要，首在足食"。杜绝餐饮浪费，建设饮食文明，意义尤其重大。人类的食物来源于大自然，人类的生存离不开大自然的赐予与滋养。饮食的科学性跟饮食的道德性本质是有机统一的。如何让饮食行为更有科学性和道德性？

首先要坚持节俭原则，要进一步规范公务接待行为，大力整治浪费之风，开展"光盘行动"。每当节假日，人们大多喜欢三三两两到餐馆"撮一顿"，或是亲朋好友在家聚餐，又热闹又便于交流感情，但是在满足自身合理消费水平的基础上，对自然的消耗应尽可能少，反对炫耀性消费和奢侈性消费。要树立正确的食物观，倡导敬畏食物、珍惜食物、感恩食物的理念，认识到食物既是大自然的赐予，又是人类辛勤劳动的结晶，从而养成良好的饮食习惯和形成健全的人格。

其次要保障食品的卫生安全。食品安全因为关乎广大人民群众的身体健康，成为老百姓最关心的生活焦点。近年中央电视台的"3·15"消费者权益保护日晚会，曝光了市面上在售的某些梅菜扣肉，生产企业为了最大限度地降低生产成本、尽可能地牟取最大的利润，竟然一直在用猪脖子肉、槽头肉、腺体肉、淋巴肉等一些残渣碎肉作为生产的原材料！又如鸭血是很多食客的涮锅必点单品和炒菜必点单品，但是市面上售卖的有些鸭血，竟然是黑心商家用猪血＋柠檬酸钠＋清水＋氯化钙＋甲醛＋消泡剂合成的！至于每天在菜场售卖的蔬菜，也有许多存在农药超标的问题！

最后要提倡科学文明的饮食方式。要坚持自然绿色原则，多吃从大自然中直接得来的产品；要进一步完善有关饮食行为的法律法规，建立长效机制，对饮食行为进行全面约束规范。现在许多上班族早上都很匆忙，经常没有时间吃早餐，他们觉得反正不饿，也无所谓，久而久之，这些人的健康状况就会每况愈下，肠胃疾病、内分泌疾病会接踵而至。另外，人太饿太渴了，不能暴饮暴食。科学饮食就是在不饿的时候，也要补充一些营养和能量，做到少吃多餐。不要等到太饿了才大吃大喝，这样会给身体埋下隐患。只有均衡的营养才能带给我们健康。随着生活水平的提高，我们的饮食结构也发生了转变，许多人吃大量甚至过量的鱼、蛋和牛奶，但这实际上是心脏病和高血压的直接原因之一。粗纤维可以帮助清除体内的垃圾和毒素，所以在日常生活中一定要注意饮食结构，五谷杂粮第一，果蔬第二，鱼蛋第三，油、糖、盐吃得少，才是正确的饮食结构。

当前，中国经济进入快速发展时期，人民生活水平不断提高，食品卫生安全和科学文明的饮食方式是一个社会文明的体现，也是国家长治久安、稳定发展的基石！群众和政府都加强了食品卫生安全的监管，因此，亟须将饮食纳入法治轨道，倡导科学文明的饮食习惯，保障食品的卫生安全，关乎国家和民族的未来，是国家和社会和谐健康发展的需要。

四、开展每年一度的身体检查

健康是每个人的权利，拥有健康是最大的幸福和快乐。"人民健康是民族昌盛和国家富强的重要标志。"这体现了我们党对人民健康重要价值和作用的认识达到新高度。实施健康中国战略，增进人民健康福祉，事关人的全面发展、社会全面进步，以及中华文明建设，事关"两个一百年"奋斗目标的实现，必须从国家层面统筹谋划推进。

目前，我国已进入全民保健时代，城乡居民无论在职或非在职，都享有接受定期体检的权利，人们每年都乐此不疲地在医院或专门体检机构接受体检，以此让自己对身体安心——即使体检不久后就查出了大病，也很少有人就此怪罪甚至放弃体检。体检的意义在于提早发现身体问题，有些疾病在早期是没有明显身体不适的，但等发展到一定程度，治疗起来就比较困难。

然而，从20世纪20年代就倡导年度体检并让它迅速成为全民意识的美国人，却在进入21世纪后，对此传统提出了疑问，不断有人站出来唱反调，指出常规体检的作用可能并没有预想的那么大，相关的科学依据还不足以证实体检可以帮助没有病症的成年人预防疾病、降低死亡或者致残的概率，甚至认为很多体检程序的价值还有待商榷。另外，在体检过程中，医生听听心肺，摸摸肚子，看看眼睛、鼻子、喉咙、耳朵等都是必备项目，但这些过程对健康人来说没有必要。例如，美国内科学院的研究表明，通过触诊检查子宫瘤的方法就不是很有效，一是触摸不到任何东西并不能证明一切正常，因为肿瘤如果太小的话，仅靠触摸是不易发觉的；如果是恶性肿瘤大到可以用手感触时，可能已经发展到晚期。美国医师协会及其他一些专业团队建议，健康的成年人应该根据自己的年龄、性别和病史，必要的还应按照行业、工种、地区高发病等，每隔一到五年进行一次旨在预防的针对性较强的检查，以此来取代一年一次的例行体检。例如，胃癌一般发生在

40岁以上人群，这个年龄段的人就应重点做胃镜检查；对从事井下、化工等工种的职工就应重点检查与职业多发病相关的项目；有高血压、糖尿病、高血脂和恶性肿瘤等家族遗传史的所有高危人群，就应该每半年到一年做一次体检，体检时重点检查相关项目。

　　每年一度的身体检查并非没有必要。虽然体检不是万能的，不可能检出所有的疾病，现在使用的检查方法，其敏感度及特异性并非100%，疾病的灰色地带，比如，无症状、检查的灰色地带等，都决定了体检的局限性，但是，体检确实是提高人口素质的前提和条件。对体检的重要性和必要性认识不足，特别是有些群众对体检项目抱着无所谓的态度，认为体检既花时间又花精力，有的甚至害怕检查出点问题有可能影响个人形象等，都是不正确的。其实，人们在接受体检时，还能经常接受体检医生针对每一位检查者作出的健康评估和医学指导，比如，生活方式评估，就是对体检者的膳食结构、作息习惯的合理与否作出评价；危险因素清单，是挑出体检结果中的危险数字，指出可能产生的后果；患病风险评价，是结合体检者的膳食、家族病史等提出患病的可能性大小；综述了上面的各项指标后，医生还会给出健康改善建议，提醒体检者在饮食起居等各方面的注意事项。这些都是体检最重要的功能和意义所在。[1]

---

〔1〕　沈多：《每年体检有必要吗》，《IT经理世界》2010年第10期，第113页。

　　世界卫生组织国际癌症研究机构（IARC）于 2021 年 2 月发布了 2020 年全球最新癌症负担数据，统计了全球 185 个国家 36 种癌症类型的最新发病率、死亡率情况，以及癌症发展趋势。这项统计数据显示，2020 年全球新发癌症病例 1929 万例，全球癌症死亡病例 996 万例。其中 2020 年中国新发癌症病例 457 万例，新发癌症人数位居全球第一，占全球 23.7%；由于中国是世界第一人口大国，癌症新发人数远超世界其他国家，2020 年中国癌症死亡病例 300 万例。[1]

　　例如，前列腺癌是老年男性一个常见的疾病，在欧美发病率非常高，在男性肿瘤中排到第一位，在男性肿瘤死亡率排在第二位，仅次于肺癌。在中国，2000—2005 年前列腺癌发病率以每年 12.6% 的速度增长，2005—2013 年增长速度是 4.7%，2000—2013 年平均增速是 7.3%，仅次于甲状腺癌和宫颈癌的增速，是男性患者增速第一的恶性肿瘤。前列腺癌发病率之所以越来越高，是因为患者在早期并无任何症状，只有在体检发现前列腺特异抗原指标（PSA）异常时，再作进一步检查与穿刺后才能确诊。目前几乎所有体检者被发现前列腺特异抗原指标超标时，医院都会在第一时间特别通知该对象要进行复查。为此，受国家卫生健康委员会疾病预防控制局委托与指导，由国家癌症中心发起，联合多学科

---

[1]《世界卫生组织发布 2020 全球癌症数据（全球癌症中心报告）》，绿色健康在线，2021 年 2 月 16 日，http://www.jmtyt.cn/news/gsdt/5637.html。

专家，根据《世界卫生组织指南制定手册》的原则和方法，整合近年来国内外在前列腺癌筛查与早诊早治方面的新进展，同时考虑中国前列腺癌筛查的实际经验，我国制定符合中国国情的前列腺癌筛查与早诊早治指南，近年在城乡对男性体检对象扩大了前列腺癌筛查，旨在规范前列腺癌筛查与早诊早治实践，提升中国前列腺癌防控效果。

又例如，乳腺癌是全球女性中最常见的癌症，每年影响210万女性，是100多个国家女性癌症相关死亡的主要原因。据2020年《临床医师癌症杂志》的全球癌症统计报告，当年中国女性乳腺癌发病率为5.9‰，居全国女性恶性肿瘤发病谱首位（约占中国女性癌症新发病例总数的19.9%）；死亡率为1.66‰，居全国女性恶性肿瘤死亡谱第四位，严重威胁了女性的生理、心理和生命健康。癌症统计报告显示：诊断为早期乳腺癌患者的相对生存率远高于诊断为晚期乳腺癌患者的相对生存率。由于乳腺癌的一级预防尚无良策，因此早期发现、早期诊断和早期治疗是降低乳腺癌死亡率及改善预后的关键。目前，女性接受体检时，如果发现有乳房肿块，会进一步检查了解肿块的大小、性质、质地，是否与周围组织有黏连等，并对腋窝及锁骨上淋巴结进行触诊，观察有无肿大淋巴结，淋巴结是否融合。[1]

---

〔1〕 梁有洋、郝明炫等：《乳腺癌早期筛查和诊断生物标志物研究进展》，《生物工程学报》2023年第4期，第1425—1444页。

随着中国人口老龄化的加速与人均寿命增加，大众的健康保健意识也在不断增强。医疗保障是社会安定和国家安全的重要保障，完备的医疗保障制度可以为人民提供及时、有效的医疗服务，避免因病致贫、因病返贫现象的出现，有利于保障社会安定和国家安全。各国的医疗保健策略逐渐从以疾病为主导向以健康为主导转变，我国提出了从"治疗疾病"向"预防疾病"重点转变的"前移战略"，医学模式也正由生物医学模式转变为"生物—心理—社会—环境"医学模式。开展每年一度的身体检查，无疑是十分必要与重要的，是每一个公民对自身健康关爱的表现，也是公民素质与文明的体现。

第四节　医共体机制的医养民生

2017 年 4 月，国务院办公厅印发《关于推进医疗联合体建设和发展的指导意见》，明确要在县域组建医疗共同体，初步探索县、乡、村各级医疗机构分工协作、三级联动的一体化管理架构，逐步实现区域内医疗资源共享，推动优质医疗资源向基层和边远贫困地区流动。2019 年，国家卫生健康委启动紧密型县域医疗卫生共同体建设试点工作，确定山西省、浙江省为紧密型县域医共体建设试点省，北京市西城区等 567 个县为紧密型县域医共体建设试点县。[1]重点围绕建设责任共同体、管理共同体、服务共同体、利益共同体，更好实现资源下沉和县域整体能力提升等方面开展工作。经过几年的探索，目前我国已建成县域医共体超 4000 个，在 800 多个县级行政区试点建设紧密型县域医共体。[2]在 2019 年县域医共体建设试点工作的基础上，为全面推进紧密型县域医共体建设，2023 年 12 月，国家卫生健康委、中央编办、国家发展改革委、财政部、人力资源和社会保障部、农业农村部、国家医保局、国家中医药局、国家疾控局和国家药监局联合发文《关于全面推进紧密型县域医疗卫生共同体建设的指导意见》，提出到 2025 年年底，力争全国 90% 以上的县基本建成紧密型县域医共体，到 2027 年年底，紧密型县域医共体基本实现全覆盖。该指导意见的发布标志着我国在全面推进紧密型县域医疗卫生共同体建设方面迈出了坚实的一步。它将进一步优化县域医疗卫生资源配置，提升基层医疗服务能力，推动构建分级诊疗、合理诊治和有序就医新秩序，是落实新时代卫生与健康工作方针的具体体现，是产出"人民健康"这个高质量产品的重要一步棋。

总之，在当前深化医疗卫生体制改革的背景下，医共体机制的构建与发展成为提升基层医疗服务能力、优化资源配置、实现

[1] 李芮：《紧密型县域医共体建设试点名单公布》，《中医药管理杂志》2019 年第 18 期，第 76 页。
[2] 申少铁、沈靖然、吴君、刘晓宇：《积极推动优质医疗资源下沉》，《人民日报》2024 年 1 月 19 日，第 19 版。

全民健康覆盖的重要抓手。医共体以县级医院为龙头、乡镇卫生院为枢纽、村卫生室为基础的县乡一体化管理，通过整合县乡两级医疗卫生资源，形成了一个紧密的医疗体系，旨在最大化发挥资源优势和技术优势，逐步提升县域医疗卫生服务质量。在这一进程中，全民共享机制，特别是联防联控与资源共享，成为医共体机制推动民生改善的关键环节。

一、全民的共享机制

联防联控和群防群控及资源共享机制的建立，是医共体在应对公共卫生事件时的有效策略。面对突发疫情或其他公共卫生挑战，医共体通过构建跨部门、跨机构的协作机制，实现了政府部门、医疗机构、社区、企事业单位等多方力量之间的紧密配合。这种机制不仅确保了信息畅通、资源共享，还能够在短时间内形成强大的防控合力，有效遏制疫情的扩散。通过设立相关支持平台、开展定期会议等方式，医共体促进了各部门之间的协调和交流，使得防控工作更加精准、高效。

浙江是全国两个全省区域推进紧密型医共体建设试点省份之一，2017年9月，浙江省在11个县（市、区）开展医共体试点；2018年9月，浙江省县域医共体全面推开；2020年11月，浙江省第十三届人民代表大会常务委员会第二十五次会议通过了《关于促进县域医疗卫生服务共同体健康发展的决定》，以地方立法形式将浙江省三年来改革实践经验进一步固化，以此推动县域医共体建设更加成熟定型。目前，浙江省已有 33 个县（市、区）开展县域医共体建设。[1]

在资源共享方面，医共体通过优化资源配置，实现了医疗资源的合理流动和高效利用。一方面，医共体将优质医疗资源引入基层医疗机构，使得远离县城的居民也能够获得高质量的医疗服务。通过远程医疗、医学影像共享、在线问诊等方式，基层医疗机构得以借助县级医院的优质医疗资源，提高疾病的诊断和治疗能力。另一方面，医共体通过统一规划和管理，避免了医疗资源的重复建设和浪费。医疗机构之间的检查结果互认、设备共享等措施，不仅减轻了患者的经济负担，也提高了医疗资源的利用效率，真正实现了医疗资源的全民共享。例如，2017 年，作为浙江省首批县域医共体试点县之一的德清县，全面铺开医共体改革，在摸着石头过河中逐渐探索出一套"德清模式"，盘活壮大了县域医疗资源。由德清县人民医院牵头组建的武康健康保健集团包括德清县中医院和 8 家分院（乡镇卫生院、社区卫生服务中心）。目前每周都有来自骨科、中医科、神经内科等科室的县级专家定期下沉到乡镇、社区医院坐诊，同时有县级专科医生融入家庭医生签约团队，统筹开展基本医疗、家医签约、慢病管理等工作。除了专

---

〔1〕 吴佳男：《新五大中心——县域医改新画像》，《中国医院院长》2021 年第 22 期，第 26—37 页。

家共享外，武康健康保健集团还建立医学检验、医学影像、心电诊断、病理、消毒供应五大资源共享中心，县域内检查结果互认共享。得益于县域医共体建设，德清县在医院良性发展、居民获益的路上不断向前迈进。[1]

又如龙游县地处浙江省中西部，辖6镇7乡2街道，龙游县人民医院与湖镇镇、横山镇等9乡镇卫生院组成了1+9构架的龙游县人民医院医共体。自2022年9月起，依托"山海"提升工程省级优质医疗资源下沉的优势，基于5G+AR技术开展远程医疗，在龙游县域医共体模式下，进行了多角度、多模式的应用实践。2022年9月—2023年5月，累计远程查房180余人次，指导应用POCUS技术（床旁或即时超声技术）用于患者诊疗10余次，会诊超过30人次。远程查房、远程会诊极大地提高了医共体各分院对于常见病、多发病的诊治能力，提高了针对疑难、危重患者的早期识别和鉴别诊断能力，基层首诊能力得到有效提高，更多的患者留在基层，使分级诊疗制度得到更好落实。同时，通过定时开展的远程查房，可以将省、县两级优质医疗资源充分下沉到底，既有效提高了医共体各分院住院患者诊疗质量，又在一定程度上满足了人民群众寻求优质医疗资源的愿望。[2]

〔1〕 刘嵌玥、郑纯胜、龚杰：《德清打法：外引内联突破"围城"》，《健康报》2024年3月27日，第1版。

〔2〕 郑少军、秦绪常、王瑜婷、程燕东、夏帮博、洪玉才：《龙游县运用远程医疗提升乡镇卫生院服务能力的实践与探索》，《中国农村卫生事业管理》2023年第11期，第811—814页。

此外，医共体还注重科研合作和创新引导，通过推动科研项目的合作开展，共享资源和技术，推动了科学研究的进展。这种合作不仅有助于提升医疗技术的创新水平，也为医疗服务的持续改进提供了有力支撑。同时，医共体还建立了完善的奖励机制，鼓励在体医融合和资源共享领域作出突出贡献的个人和团队，进一步激发了创新活力和积极性。例如，浙江大学医学院附属第一医院托管了宁波北仑区人民医院，挂牌浙大一院北仑分院，率先落实、践行浙江省"双下沉、两提升"政策，形成"大院带县院""县院带乡镇""乡镇带村社"的"北仑模式"医共体，智慧医院建设成效显著的同时促进科技创新进步。2015—2020 年，集团共投入科研经费 2146.14 万元，获得各级科研项目立项 132 项，各级科技奖 22 项，发明专利 4 项、实用新型专利 155 项，共发表论文 600余篇。2017 年 12 月 28 日，全球最具影响力的临床医学类综合期刊《新英格兰医学杂志》刊登了浙大一院北仑分院皮肤科团队题为 Talaromyces Marneffei Infection（《马尔尼菲蓝状菌感染》）的论文，SCI 影响因子达 72.406 分。集团内项目获 2019 年度北仑区科技人才创新奖、2019 年度北仑区科学技术奖一等奖、2020 年度宁波市科学技术进步奖一等奖等。[1]

---

[1] 张幸国、陈史敏、徐春霞、曹力、林莉莉、吕冲：《区域医疗集团北仑模式的探索与实践》，《医院管理论坛》2021 年第 10 期，第 19—21 页。

二、建立三大防护体系

建立三大防护体系是整合医疗资源、实现资源优化配置、提升医疗体系整体应对能力、提高医疗服务的效率和质量、保障人民群众健康的重要举措。

（一）健全预防疾病的控制体系

2020 年 2 月 10 日，习近平总书记深入社区、医院、疾控中心，了解基层疫情防控工作情况，在调研北京市朝阳区疾病预防控制中心时提出："要把全国疾控体系建设作为一项根本性建设来抓，加强各级防控人才、科研力量、立法等建设，推进疾控体系现代化。"[1] 2021 年 5 月 13 日，国家疾病预防控制局在北京挂牌。2023 年 12 月 26 日，国务院办公厅印发《关于推动疾病预防控制事业高质量发展的指导意见》，按照"整体谋划、系统重塑、全面提升"的总要求，提出推动疾控事业高质量发展的指导思想和发展目标，更好发挥疾控事业在国家整体战略中的重要作用。[2] 通过多年的建设和发展，建立了较为完善的疾病监测系统，对各类传染病、慢性病等进行持续、全面的监测，并通过预警系统迅速向相关部门和公众发布信息。

浙江省一直致力于加强预防疾病控制体系的建设，争创国家

---

[1]《湖北胜则全国胜！习近平对疫情防控工作提出新要求》，人民网-中国共产党新闻网，2020 年 2 月 10 日，http://jhsjk.people.cn/article/31580413。

[2] 朱萍、李佳英：《我国疾控体系将迎系统重塑 5 方面 22 条措施推动疾病预防控制事业高质量发展》，《21 世纪经济报道》2023 年 12 月 28 日，第 2 版。

区域公共卫生中心，成立浙江省预防科学院，推进省公共卫生临床中心建设。加强疾控机制规范化建设，全省疾控中心规范化率达 50%。实施山区海岛县疾控能力提升工程，确保山区海岛 32 县实验室检测能力、应急装备配置、流调处理能力规范化水平分别达 90%、90%、100% 以上。健全新发、突发传染病监测体系，加强艾滋病、肺结核、丙肝、麻风病等重大传染病防控，甲乙类传染病报告发病率保持在历史低位。加强卫生应急体系建设，扎实推进各地航空（医学）救援基地和国家海上紧急医学救援基地建设，建设突发公共事件创伤危急重症立体救治中心。[1]

如浙江宁波市原鄞州区疾控中心、原江东区疾控中心均于 2002 年单设挂牌成立；2016 年，因区划调整，合并为鄞州区疾控中心，是疾控体系的核心力量。目前，在医共体模式下，正逐步完善以疾控中心为核心、以医防结合为目标的四层次疾病预防控制体系。区疾控中心受区卫健局的行政管理与市疾控中心的业务指导，同时指导 2 家医共体共同完成疾控任务。2 家医共体除自身预防保健工作外，下辖 20 家前身为卫生院 / 卫生服务中心的分院，完成传染病与突发公共卫生事件报告管理、重点疾病监测管理、免疫规划综合监测管理、健康危害因素监测、健康促进与教育及

---

[1] 王仁元：《强力推进卫生健康现代化建设"九大行动"打造"看病不出省"重大标志性成果》，《政策瞭望》2024 年第 1 期，第 31—34 页。

精神卫生服务等工作，是承担疾控工作的重要力量。[1]

（二）医疗服务的救治闭环

医疗服务的救治闭环是确保患者得到及时、有效救治的关键。经过几年的努力，已基本实现医疗资源共享和优化配置。通过构建紧密医共体医疗网络，确保患者在需要时能够及时获得高质量的医疗服务。加强了基层医疗机构与上级医疗机构的联系与合作，形成分级诊疗、双向转诊的医疗服务体系。具体内容包括：

分级诊疗制度：明确各级医疗机构的诊疗范围和职责，实现医疗资源共享和优化配置，基层医疗机构主要负责常见病的诊断和治疗，而大型综合性医院则负责疑难病症的救治，实现患者的合理分流，确保患者在需要时能够及时获得高质量的医疗服务。如宁波北仑医疗健康服务集团，加强分级诊疗平台建设，实现优质服务资源集约化管理。2018 年年底，北仑区上线了涵盖预约门诊、预约住院、预约检查、出院随访等功能于一体的智能区域分级诊疗平台，实现院区与总院、中医院、妇幼保健院等协同双向转诊。实现病种分类分级管理，制定区域内不轻易外转目录及上下转诊的分级诊疗病种目录，明确集团内不同级别诊疗细则。分级诊疗成效显著。2019 年总院超过 2930 人次的专家下沉到成员单位开展诊疗服务，基层医疗机构门诊急诊总诊疗人次 92 万，同比

〔1〕 宁波市鄞州区委编办评估组：《完善基层疾病预防控制体系的思考——基于对宁波市鄞州区疾控体系的评估》,《中国机构改革与管理》2020 年第 12 期，第 50—55 页。

增长 13.15%。2020 年双向转诊上转总院人次同比增长 25.49%，下转人次同比增长 17.20%。[1]

医疗质量管理：加强医疗质量管理，确保医疗服务的质量和安全。建立严格的质量管理制度，加强医疗人员的培训和管理，减少医疗差错和事故。如浙江省平阳县人民医院医共体实行扁平化管理，内部设立医疗、财务、人力资源、医保、信息、公共卫生、后勤等 14 个管理中心，常态化开展工作。"实现理念同质化、服务同质化和医疗规范同质化"，这是县人民医院医共体的发展方向。通过培训、跟岗，乡镇卫生院医生到县人民医院轮训、进修，县人民医院医生定期到乡镇卫生院带教，慢慢形成一套机制，实现医疗服务同质化。[2]

快速急救响应和转运能力机制：医共体建立了紧急救治中心及完善的急救和转运体系，提高了救治效率和成功率。加强了急救队伍建设和设备配置，确保在紧急情况下能够迅速响应和有效救治，实现院前急救和院内抢救的无缝衔接。如浙江磐安在 2019 年启动县域急救体系建设和能力提升工程，建成了磐安县独具特色的急救体系：急救医疗中心（磐安县人民医院）—急救站（乡镇卫生院）—急救点（村卫生室）。2020 年 6 月，磐安县急救指挥

〔1〕 张幸国、陈史敏、徐春霞、曹力、林莉莉、吕冲：《区域医疗集团北仑模式的探索与实践》，《医院管理论坛》2021 年第 10 期，第 19—21 页。
〔2〕 蔡文杰：《浙江平阳县启动智慧医疗创新基地建设》，《人口与健康》2020 年第 8 期，第 78—79 页。

中心正式成为浙江省院前急救"120"云平台的第一个县级试点。磐安县依托浙江省"政务云"和"浙里办"平台建设"120"云急救指挥平台,开展数字化建设,并以县域医共体的机制优势为基石,有效完善了"医共体+云急救"模式,形成完整救治链。已实现了"报警一键达、单兵远程急救、'110'平台警医联动、交警协同'绿波带'畅行、高速交警协同、村村救、急救志愿者把握急救黄金期、全域抢救室互联、5G急救车联网、上级医院互联"10个应用场景。逐步向县域急救全覆盖、专业医疗精准化、救治体系流程化、全民健康一体化的方向发展。[1]

(三)建立应急物资储备与流通平台

应急物资储备与流通平台是保障医疗救治顺利进行的重要支撑。早在2003年,中华人民共和国国务院令第376号《突发公共卫生事件应急条例》中要求:国务院有关部门和县级以上地方人民政府及其有关部门,应当根据突发事件应急预案的要求,保证应急设施、设备、救治药品和医疗器械等物资储备。2020年7月,卫生健康委、中医药局在《医疗联合体管理办法(试行)》中提出要建立完善医联体(包括县域医共体)内应急物资储备制度。2023年12月,国务院办公厅《关于推动疾病预防控制事业高质量发展的指导意见》中再次强调要加强防控应急物资生产、储备、

---

〔1〕 郑纯胜、李水根、傅妍妍、申屠敏华:《浙江磐安打造"医共体+数字120"新模式》,《健康报》2021年8月31日,第3版。

运输、轮换、处置的协同联动，健全实物储备、协议储备、生产能力储备相结合的防控应急物资储备机制，完善并动态调整防控应急物资目录，合理确定储备规模。[1]在一系列政策指导下，县域医共体均建立了应急物资储备制度，确保在突发公共卫生事件发生时能够迅速调集足够的物资进行应对。此外，医共体建立高效的应急物资调配和流通平台，实现应急物资的快速调配和有效利用。通过与生产厂家、供应商等建立稳定的合作关系，确保在需要时能够及时获得所需的物资。同时，加强应急物资储备与流通的信息化建设，实现信息的实时共享和快速传递。通过建立信息化管理系统，提高应急物资储备与流通的效率和准确性。

综上所述，医共体建立的三大防护体系是一个综合性的体系，提高了医疗体系的整体应对能力，保障了人民群众的健康安全。通过健全预防疾病的控制体系、医疗服务的救治闭环和建立应急物资储备与流通平台，形成合力，共同守护了人民群众的健康安全。

三、实施"管""控""融"的大数据平台

在医共体实施管控融的大数据平台中，"管""控""融"分别代表了不同的核心功能和应用场景，它们共同构成了平台的核心价值和作用。

---

[1]《国务院办公厅关于推动疾病预防控制事业高质量发展的指导意见》，中华人民共和国中央人民政府门户网站，2023年12月26日，https://www.gov.cn/zhengce/zhengceku/202312/content_6922484.htm。

"管"代表了平台对医疗资源和服务的全面管理能力。主要体现在医共体预算的编审管理。包括资金收支监管、智能财务核算、人事薪酬管理、全面资产管理和经济运行分析等相关事项。通过大数据平台，进行事前重预算、事中严监管、事后强分析，实现医共体家底随时看、审管高效办、绩效清晰算、运行增量现。

"控"代表了平台对医疗服务过程的风险控制和监督能力。通过大数据平台，医共体可以实现对医疗服务过程的全面监控和风险控制，确保医疗服务的安全性和有效性。平台可以实时监控医疗服务的各个环节，如诊断、治疗、用药等，发现潜在的风险和问题，并及时采取措施进行干预。又如对药品、药价的购销监管，对病患种类的筛查，建立民众电子健康档案、区域检验质控等，平台可以通过数据分析和预测模型，预测医疗服务中可能出现的问题和风险，通过大数据手段进行科学决策，为公共卫生安全的精准防控，实现病情或疫情报告"分秒直达"。

"融"代表了平台在医共体内各医疗机构之间实现数据共享、业务协同和资源整合的能力。集多种医疗资源于一身，使其产生的效益更大化。通过大数据平台，医共体打破信息孤岛，实现医疗资源的优化配置和高效利用。平台能够整合医共体内各医疗机构的数据，如医共体的影像、检验检查等实现数据的互联互通和共享，为医疗服务提供全面、准确的数据支持。家庭医生签约和分级诊疗平台、基层信息一体化平台、医养融合健康站等，多部门协同推动，工作部署到位，健全了医共体保障体系。

如浙江省余姚市组建以市人民医院、市中医院、市二院和市四院4家市级医院为牵头单位，其他2家市级医院和20家乡镇（街道）卫生院为成员单位的医共体。医共体内，作为成员的大小医院成了"一家人"。一家人主要表现在三统一、三统筹，即统一机构设置、统一人员招聘使用、统一医疗卫生资源配置（医共体内固定资产统一管理、分别建账、共同使用），统筹财政财务管理、统筹医保支付、统筹信息共享（建立了市域共享型卫生信息化平台，实现院前预防、院中诊疗、院后康复的全程连续闭环医疗健康服务）。从机制上打通了"上转下沉"梗阻，使"基层首诊、双向转诊、上下联动、急慢分治"运行机制顺利运行，给医共体区域内的病人就医提供绿色通道，群众在家门口看名医专家不再难。[1]

又如浙江省衢州市6个县（市、区）均以辖区内的县人民医院和县中医院为牵头医院，按照片区就近原则组建12家医共体，"医疗全覆盖"和"20分钟医疗服务圈"基本建成。医共体人力资源、财务、医保、公共卫生、信息化等中心全面实现总院、分院集团化运作、一体化运行、同质化管理。实施账户、预算、资产统一管理，药品、耗材、器械等实施统一采购和全流程信息化管理。[2]

---

[1] 郝慧婕、孙晓宇、王亚楠、周舜、杨彩虹：《医疗服务共同体模式探究——以宁波为例》，《市场周刊》2019年第3期，第184—186页。

[2] 张冬洁：《县域医共体建设的实践探索与路径优化——以浙江省衢州市医共体建设为例》，《西部学刊》2023年第13期，第142—145页。

综上所述，"管""控""融"共同构成了平台的核心价值和作用，帮助医共体实现医疗资源的优化配置、医疗服务的规范管理和风险控制以及医疗机构之间的数据共享和业务协同。

第十章

中华文明发展的社会基础

中华文明的深远历史积淀，为中国式现代化提供了独特的精神遗产与智识资源。中国式现代化的进程，实质上是对中华文明进行时代性赋能与现代化诠释的过程，两者间存在着互构共生的动态关系，而中国式现代化则通过文化的创新性发展与传承，为古老文明灌注了鲜活的时代生命力，催生出一种兼具传统精髓与现代特质的新型文明形态，实现了历史连续性与现代创新性的有机结合。

在铺展中华现代文明建设的壮阔画卷之际，我们追溯着民族厚重的精神根脉与文化土壤，挖掘中华民族文化基因的精髓。中华文化得以繁茂生长，中华民族在全球化背景下的文化自觉与自我超越得以显现。作为中华民族精神的脊梁，民族的自尊性情，不仅仅是对外部挑战的骄傲回应，更是对内心深处仁爱、使命与创新的深刻体现。它源自古圣先贤"仁者爱人"的哲学思想，融合了士人阶层"以天下为己任"的使命感，以及无数志士仁人勇于开拓、不懈追求的胆略与毅力。中华民族的心灵宇宙，是一片深邃而广阔的内在世界，蕴含着丰富的哲学思想与伦理价值，闪耀着利他主义、共克时艰的互助精神，以及对荣辱的深刻认识与明智抉择，如同繁星点点，指引着人们在复杂多变的社会环境中找到道德的北辰，促进了社会的和谐与稳定，也为解决全球性问题提供了东方智慧。在新时代背景下，这种自尊性情转化成为创新驱动发展战略的原动力，鼓励个人与集体不断突破自我，勇攀科技与文化高峰，共同书写着中华文明的新篇章。

　　家国情怀，是中华文明中最为深厚的集体情感，是构建和谐社会和国家繁荣的坚实基石。家与国之间刻骨铭心的牵挂，不仅将个体命运与国家前途紧密相连，还体现了从个人到集体的责任意识与集体行动力。在中华民族的历史长卷中，英雄辈出，从古代的抗敌英雄，到近现代的革命先烈，再到当代的科研工作者、抗疫勇士，他们身上展现出的无私精神，是推动社会进步不可或缺的力量。他们的牺牲与奉献，如同不灭的火种，照亮了民族前行的道路。在构建人类命运共同体的理念指导下，中华民族的家国观念又进一步拓展为对全球和平与发展的深切关怀，为全球文明之发展提供宝贵的思想资源。在全球化与社会快速变迁的今天，这种精神被赋予了新的内涵，激励着人们在科技发展、环境保护、公共卫生等领域作出更大的贡献，共同构建更加美好的世界。为此，面对全球化浪潮的挑战与时代发展的变迁，深入解构驱动民族前行的核心动力机制，发掘民族文化内在促进社会转型与文明跃迁的关键因子，深化对中国现代文明理论内核的精研，对于构筑中国现代文明的理论架构，引领新时期的文艺复兴实践，蕴含着不可估量的学术与实践价值。

第一节　民族的自尊性格

中华民族的自尊心质，深深根植于悠久而深厚的历史文化土壤之中，呈现出一种既坚毅不屈又文雅谦和的精神风貌。这种自尊，不仅仅是对个体尊严的维护，更是对民族历史、文化与成就的深刻认同与自豪。在全球化视野下，中华民族彰显出博大的仁爱情怀、深刻的责任担当意识、前瞻性的创新胆识，以及面对逆境时不可动摇的坚忍精神。这些特质共同构成了中华民族独特的精神标识和文化软实力，它们既是历史的积淀，亦是对时代要求的响应，在不断的自我超越与精进中，映照出古老民族在新时代的蓬勃生命力与宽广发展前景。

一、"普天之下，皆为苍生"

中华民族的自尊，是放眼天下苍生的宽阔胸怀，起步于"推己及他"的观照。对"他者"的尊重，是自尊感不可或缺的肌理，与"普天之下，皆为苍生"的理念密切相关。作为一个历史悠久、文明灿烂的民族，中华儿女自古就以自豪感和尊严感为荣。"普天之下，皆为苍生"，闪耀着中华民族自尊品格中的人性光辉。在中国古代思想中，儒家以"人为贵"的思想彰显人身份的尊贵。《大戴礼记·曾子大孝》有云："天之所生，地之所养，人为大矣。"体现出"以人为本"的洞见。同时，《论语·乡党》中记述当孔子得知马厩被烧后问"伤人乎？不问马"的反应可看出孔子对人的生命安危的重视。孔子认为应以"仁爱之心"修身养性，也宣扬"泛爱众而亲仁"，并主张在交往中彼此尊重体察。孟子则进一步发展对人性的尊重理念，不论是政治上"民为贵，社稷次之，君为轻"的民本萌芽思想，还是"人皆可以为尧舜"（《孟子·告子》）等对个体潜力的强调，都彰显出对人性的尊重。

然而，这种自豪感并非源自对权力的掌控或者统治地位的高低，而更多地来自对自身文化传统、价值观念以及对人类社会的贡献的认同和尊重。这种富于温度的考量，既有中华民族的宏大情怀，亦蕴藏着细腻的人文关怀。在这一理念中，每一个生命都被赋予了尊严和价值，无论是君王还是百姓，无论是华夏儿女还是他国人民，都应当受到平等对待，都值得得到尊重和关爱。这种以人为本的价值观念与中华民族的传统文化息息相关，体现了中华民族深厚的人文情怀和对人类命运的责任担当。

同样，这种自尊感，并非对自己的孤芳自赏，更不是穷尽所能地利己，其中一份重要的功课，便是在"尊他"的过程中获得属于自己的尊严。从人类进化的角度来看，自尊在人类社会漫长的劳动实践中产生与发展而来。一如恩格斯指出的，"劳动的发展必然促使社会成员更紧密地互相结合起来……达到彼此间不得不说些什么的地步了"[1]，在劳动过程中，个体都不可避免地与他者以及社会发生链接，自我在他我中得以证实。中华民族，历来注重尊重他人，将他人的利益与尊严放在重要位置，此种理念表明着民族自豪感不仅仅建立在自身的成就上，也来自对他人的尊重与理解，乃至对一个共同体福祉的关注与追求。

正是这种以人为本、重及尊他的民族品性，经受住了时间与风雨的考验，随中华民族的前行而高歌猛进。这一理念在近现代中国领导集体的实践中得到了深刻的阐释和体现。自新中国成立以来，中国共产党一直秉持着"人民至上"的宗旨。在党的领导下，中国人民团结一心，艰苦奋斗。他们跨越了险峻的山川，践行着初心的承诺，开创了一个又一个历史的奇迹。千百年来，一股温柔而坚韧的力量在中华民族的血脉中恒久地涌动——那就是"普天之下，皆为苍生"的民本思想。

新中国的第一代领导集体，遵循毛泽东主席"为人民服务"的思想，将人作为目的而不是手段来尊重，始终坚持全心全意为人民服务的根本宗旨。在革命斗争和社会建设中，他们始终把人民群众的利益放在首位，倾听人民的呼声，解决人民的困难，努力创造更好的生活条件。领导集体坚持"为人民利益而死，就比泰山还重"[2]的价值观，将自己的一切都归结为人民的利益和幸福。

---

〔1〕 马克思、恩格斯：《马克思恩格斯选集》(第三卷)，人民出版社，2012年，第991页。
〔2〕 毛泽东：《为人民服务》，载《毛泽东选集》(第三卷)，人民出版社，1991年，第1004页。

他们相信，只有对人民有益，自身活得才有价值。

党的第二代领导集体以其深远的眼光和坚定的决心，把握住"以人为本"的精神内核，积极推进改革开放的伟大事业，开启中国特色社会主义的新征程。极大地肯定和激发了人民的主体意识，使人民真正成为国家发展的中坚力量，为社会主义事业的成功发展提供了坚实基础。

第三代领导集体，总结出"三个代表"重要思想，将生存权和发展权视为基本人权，致力于保障人民尊严。正是因为这份关怀，才有了对每一个人的尊严和权利的充分尊重。

第四代党中央领导集体，提出科学发展观的理论精华，并明确提出"让劳动群众实现体面劳动"[1]"要让老百姓活得更有尊严"[2]。这种"以人为本"的发展思想是对人民尊严的高度凝练，相信人民首创精神是党和国家事业发展的强大力量，相信人民群众能够为社会主义建设和自身的美好生活贡献自己的最大价值。

以习近平总书记为核心的第五代领导集体，心系人民，始终奉行以人民为中心的政治立场，坚决主张保障人民的民主权利，让人民真正成为国家的主人。同时，强调人民是价值主体，一切工作都应该为了人民的利益，为了让人民过上更美好的生活。

---

[1] 胡锦涛：《让广大劳动群众实现体面劳动》(2010年4月27日)，载《胡锦涛文选》(第三卷)，人民出版社，2016年，第369页。

[2] 《温家宝：让百姓活得"更有尊严"有三方面含义》，中国政府网，https://www.gov.cn/zlft2010/content_1543374.htm。

中国共产党和中华人民共和国一代又一代领导人凝聚与发展着前人的智慧,将"要让老百姓活得更有尊严"铭刻于心,时时刻刻、方方面面关照着人民的喜与忧,捍卫着群众的尊严。他们深知,人民是决定我们国家前途命运的根本力量,于是,他们将人民的尊严视为至高无上的荣耀,时刻将人民群众放在心中最崇高的位置。在这个充满自豪与尊严的时代里,"以人为本"的理念成为一种信仰,激励着亿万人民为了自己的梦想奋斗,为了国家的繁荣而努力。人们将自己的希望与梦想融入中华民族伟大复兴的征程中,为实现中国梦贡献出了自己的一份力量。这是一段承载着民族自尊与自信的史诗,是普天之下的苍生共同书写的壮丽篇章。

中华民族的自尊性格,在这种以人为本的价值观念中得到了充分的体现和升华。我们不仅看到了中国古代政治哲学的丰富性和复杂性,更看到了新征程上,中华民族对于权力与人民关系深邃的理解与不懈追求。而关切人民的民族自尊感,不仅是一种内向的自我肯定,也不只局限于中华民族内部之间的休戚与共,更是一份外向的世界责任感。

随着全球化的深入发展,人类社会面临着前所未有的挑战和机遇,如何在保障国家安全和发展利益的同时,确保每个人的基本权利和尊严不受侵犯,关注民众福祉,推动社会公正与和谐,是摆在每一个国家面前的重要课题。无论时代如何变迁,关注民众福祉,尊重每个人的价值,始终是社会发展的根本。在世界舞台上，中国始终坚持和平发展的道路，倡导着共商共建共享的全球治理理念，为构建人类命运共同体作出了积极贡献。我们以仁爱与悲悯的胸怀，展露中华民族的自尊与自信，也展现了中国作为一个负责任大国的国际形象和风范。

"普天之下，皆为苍生"，这条看似简单的古训，不仅仅是对过去的回顾，更是对未来的期许。它们提醒我们，无论时代如何变迁，维护国家的统一与稳定，关注人民的福祉与幸福，这两大原则始终是我们共同追求的目标。中华民族将继续秉承"以人为本"的理念，与世界各国携手合作，共同构建一个和平、公正、包容的人类命运共同体，为人类的幸福与进步作出新的更大的贡献。

二、"先天下之忧而忧"

在中华民族的传统文化中，"忧"这一情绪，得到蒸馏与升华，成为难能可贵的民族精神财富。自古以来，"忧国忧民"的理念深植人心，它不仅是一种道德诉求，更是要求个体将对国家、民族及社会的责任扛于肩上。在这种观念引领下，中华民族锻造出了一种坚韧不拔且自尊自强的集体性格。此处，"忧患"并非源自个体荣耀的狭隘情感，而是根植于对民族与家国深沉的敬爱之中，展现出一种超越性的关怀。

"先天下之忧而忧"，是一份浓烈的责任，一种厚实的担当，其精髓在于超越个体私利，将社群乃至国家的整体福祉置于个人利益之上，表达了对全社会、国家乃至全人类命运的深切忧虑与关怀。无论是居庙堂之高，还是处江湖之远，中华民族的"忧"，忧的是天下，忧的是家国，忧心切切，展尽大气的人格与风骨。此乃中华现代文化精神体系之核心价值所在，亦是民族在历史长河中破浪前行的力量源泉，随时间推移而越发显现出其历久弥新的生命力与时代价值。

早在先秦时期，中华爱国主义便在"忧道"的基础上发展起了一种"心忧天下"的精神理念。[1]楚国大夫屈原在《离骚》中发出"长太息以掩涕兮，哀民生之多艰"的感慨；唐代诗人杜甫唱出"安得广厦千万间，大庇天下寒士俱欢颜"[2]的希冀；北宋范仲淹写下了"先天下之忧而忧，后天下之乐而乐"[3]的千古名句；南宋陆游发出"位卑未敢忘忧国"[4]的志向；明清之际的王夫之"旄三间之志"，在深潜之时则向内探求天下兴亡之间的道法；清著名知县郑板桥，则有诗言："衙斋卧听萧萧竹，疑是民间疾苦声。些小吾曹州县吏，一枝一叶总关情。"[5]这些文人士子的诗文，不仅是情感的宣泄，更是对社会现实深度剖析与人文关怀的体现，它们以微观视域映射宏观世界，彰显了知识分子阶层对底层民众困苦

---

[1] 宋振中：《儒家忧患意识浅论》，孔子研究院，2019年9月4日，https://mp.weixin.qq.com/s/y-y0m0EeG1KiuUfautkNkg。

[2] 〔唐〕杜甫《茅屋为秋风所破歌》。

[3] 〔北宋〕范仲淹《岳阳楼记》。

[4] 〔南宋〕陆游《病起书怀》。

[5] 〔清〕郑燮《潍县署中画竹呈年伯包大丞括》。

的深切理解与对国家民族未来的深远思考。其情感色彩虽含蓄灰暗，却因饱含对国家、民众命运的深切挂念而显得厚重。这种"忧国忧民"的情怀，作为一条绵延不绝的精神主线，凝聚为地域性乃至民族性的共同心灵图腾，以多元形式和声音，共鸣于中华民族的精神深处。近代中国，中华民族面临着西方强权的霸凌与掠夺，同时还受到残存封建势力的压迫，但是海角天涯涌现了无数有识之士，他们挺身而出，承担起救国救民的重任。特别在新民主主义革命的壮阔历程中，无数革命先驱将传统的忧国忧民情怀升华为推动时代进步的强大力量。这种深沉的忧虑催化了深刻的理论探索，引领人们在历史的暗夜中寻觅光明之路。随之而来的是，中华民族挣脱了帝国主义与封建主义的桎梏，取得了震撼人心的独立与自由，成功奠基了社会主义新中国，开启了国家历史的新纪元。这一"心忧天下"的精神遗产，再次被赋予新的时代内涵，成为驱动民族复兴与国家发展的重要精神动能。

步入中国特色社会主义新时代，中华民族伟大复兴的战略全局与"两个一百年"奋斗目标的历史交汇，标定了一个前所未有的历史坐标。当前，全球正处于一个百年未有之大变局中，既充满挑战，亦孕育无限机遇。在此关键时刻，深入挖掘并弘扬中华文化中"心忧天下"的深厚底蕴，不仅是对文化血脉的尊崇延续，更是对时代需求的积极响应，体现了对未来发展的深远战略考量。

这一精神的当代传承，要求我们在全球视野下，以高度的文化自觉和历史主动精神，不仅要在理论上深化对国内外形势的科学研判，也要在实践中不断创新社会治理与国家发展的路径模式，确保在复杂多变的国际环境中保持战略定力，稳步推动构建人类命运共同体，从而在新的历史起点上，持续为实现中华民族的伟大复兴注入不竭的精神动力与智慧源泉。

中华现代政治文明的建构，强调对"忧天下"情怀的深切体认。新时代领导集体展现出强烈而深远的历史使命感及忧患意识，将巩固党的执政基础与确保长期执政能力置于核心战略层面，这对广大党员干部而言，不仅是对传统美德的对标、继承与创新发扬，更是实践行动的指南。贯彻以人民为中心的发展思想，意味着将民众的声音作为政策制定的首要导向，民众需求转化为决策的核心依据，全力攻克就业、教育、医疗卫生、住房保障、交通运输、政务服务及养老育幼等领域的难点痛点，确保民众福祉持续增进，幸福感与日俱增。

中国现代科学研究领域，同样呼唤科学家群体怀抱"忧国忧民"的高尚情操。在科技创新的浩瀚星空中，众多科研工作者以超凡的"忧国"情怀与无私奉献，共同绘就了中华民族科技进步的辉煌图谱。他们中，有的在条件艰苦的实验现场，勇敢面对辐射风险，以身许国，探索科研前沿；有的心系农业，深耕杂交水稻技术，为缓解中国乃至全球粮食安全问题作出卓越贡献。更有无数默默无闻的科研人员，他们是创新的领跑者，也是以智慧和汗水浇灌人类福祉的守护者。这些科学界的精英，秉承"先忧后乐"的崇高理念，甘愿成就惊世伟业而隐身人海，是"'干惊天动地事，做隐姓埋名人'的民族英雄"[1]。

新时代的文艺航程，标定了中国文艺发展的历史坐标，要求文艺创作深刻融入"心忧天下"的时代命题，与国家的未来导向、民族的复兴愿景及民众的殷切期盼紧密交织。许多记录时代变迁的精品力作，以深情而细腻的艺术笔触，触及时代的痛点与难点，摒弃片面的欢愉渲染，转而以富有情感的真实质感展现生活全貌。这些作品蕴含着光辉、慈悲、理想与坚忍，直击心灵，切实服务于社会进步与民众福祉。

"心忧天下"虽然是简朴的辞藻，却是一种深邃的宇宙观与世界观的体现，根植于中国文化土壤中的入世情怀，展现了超越个体局限、关注广泛福祉的宏大胸襟。此情怀非孤立存在，而是中华文化长河中一以贯之的精神血脉，历代志士仁人以此为精神内核，塑造了中华民族独特的精神图谱，他们以不同的方式，在各自的历史舞台，无论是通过文韬、武略，或是隐逸、显达，均彰显出"心忧天下"的崇高精神与激昂姿态。

步入全面建设社会主义现代化国家新阶段，面向第二个百年奋斗目标的宏伟蓝图，我们从古老文化传统中汲取力量，见证了

---

〔1〕《习近平在中国科学院第十九次院士大会、中国工程院第十四次院士大会上的讲话》，《人民日报》2018年5月29日，第2版。

前人面对困境时选择忧患意识而非沉溺悲情的坚忍。在新的时代征途中，每个人都是不可或缺的参与者、见证者、建设者和守护者。关注国家前途，思考民族未来，是我们投身新时代的伟大斗争、伟大工程、伟大事业和伟大梦想的内生需求与深切召唤。

在忧虑中，我们得以明晰自身文明的脉络、传统的价值与发展方向，秉持谦逊而不失自信的态度，将个人命运嵌入国家、民族乃至全人类命运的宏大叙事中，共谋"人类福祉"。这一超越国界、种族、信仰的"心忧天下"情怀，激发了人类命运共同体的责任意识与担当精神。在全球性挑战日益严峻的当下，中国秉持这一理念，积极参与国际事务，推动构建人类命运共同体，为应对气候变化、缩小贫富差距、缓解冲突争端等全球问题贡献中国方案与力量，展现了中华民族的尊严与格局。

我们不仅有"忧"己的克制与清醒，更能对人类命运有深切关怀，对世界和平与发展有积极贡献。这正是中华民族不断追求的"心忧天下"的理念所体现出来的真正价值。

三、敢为人先的勇气

"敢为人先"，就是敢于做别人没有做过的事，敢于走先人未踏足的路。《老子》中有"不敢为天下先"之说，所体现的是道家的"无为"与"不争"。然而，随着历史的洪流涌动，君子"有为"之德行超越了"无为"，被时代所需要。从"不敢"到"敢"，就是勇于创新创造、敢于肩负责任的情怀历经传承，通过精神内化，逐步孕育出"敢为人先"的精神境界。这种精神不仅仅是对先贤智慧的继承，更是对时代责任的担当，即敢于挑战传统、敢于创新变革的勇气和智慧，在这种精神的引领下，社会得以不断发展进步，人类文明得以不断推进。

习近平总书记在文化传承发展座谈会上指出："中华文明具有突出的创新性，从根本上决定了中华民族守正不守旧、尊古不复古的进取精神，决定了中华民族不惧新挑战、勇于接受新事物的无畏品格。"[1]纵观5000多年的中华文明史，既呈现出内在逻辑的连续发展，又表现出与时俱进的创新精神。

精美的玉石、青铜、漆器，其光辉早已闪烁于古老的岁月之中。精进的铸铁技术、雕版印刷与活字技术等，均引领着时代的航船。对新材料的探索和应用，对工艺和技术的创新与超越，每一次突破与涅槃，从不是技术与知识的堆砌，而是无数先贤不满足于现状，敢于突破传统束缚的勇气和智慧。孔孟之道，百家之争鸣，经学、玄学、佛学、理学的智慧，唐诗宋词的飘逸，元曲明清小说的纷繁，以及历代建筑、雕塑、书法与绘画，共同织就了中华精神追求的绚烂锦缎。在这片文明的土壤上，我们先祖勇于尝试、敢于创新的智慧，为我们留下了丰饶的物质与精神财富。

---

[1]《习近平在文化传承发展座谈会上强调 担负起新的文化使命 努力建设中华民族现代文明》,《人民日报》2023年6月3日, 第1版。

自鸦片战争的屈辱开始，清代末叶江河日下，中国深陷积贫积弱、被列强欺凌的苦海之中。在这样的历史旋涡中，涌现出一批仁人志士，他们心怀救国救民之志，纷纷挺身而出，敢为天下先，以自己的努力改变中华民族的悲惨命运。从魏源的"师夷长技以制夷"，到洋务运动的"自强不息"，从戊戌变法的维新尝试，到孙中山先生领导的辛亥革命，以及中国共产党于嘉兴红船的诞生，此后带领中国人民走上一条前无古人后无来者的中国革命道路，无不体现了中国人不屈不挠的抗争精神和敢为天下先的勇气。

在中国共产党的领导下，亿万人民团结一心，经历了艰苦卓绝的斗争，最终成功推翻了帝国主义、封建主义和官僚资本主义三座大山。这一伟大的胜利不仅实现了民族独立和人民解放，更为中国的现代化进程开辟了新的篇章。在社会主义基本制度的确立和社会主义建设的推进下，国家的基础得以进一步巩固，为国家的长远发展奠定了坚实的基础。

改革开放政策宛如春风雨露，在党的创新理念引领下，国民生活品质实现了显著跃升，国家经济实力持续增强，全面建设小康社会的宏伟蓝图正逐步变为现实。这一系列斐然成就，归功于对改革创新矢志不渝的承诺、勇于探索尝试的胆识，以及敢为人先的先驱精神。

科技领域内，中国所取得的成就在全球范围内引人注目。从航天技术，到高温超导技术，从人类基因组图谱解析，又到超级杂交水稻，以及高速铁路网络、航空母舰建造等工程技术的巨大成就，无一不是中国创新精神的鲜明例证。在党的坚强领导下，科技工作者们不懈探索未知领域，勇攀科学高峰，为国家科技进步与创新体系的构建作出了不可磨灭的贡献。

经济领域见证了中国同样惊人的变迁。深圳从渔村蜕变成为国际大都会，其作为经济特区的示范作用日益凸显，并进一步成长为先行示范区，引领着国家经济发展的新航向。义乌则由简易的货品交换市场成长为享誉全球的小商品交易中心，吸引着国际商家与消费者的广泛注意。这些经济奇观，彰显了中国人民的勤勉智慧与在党的领导下勇于探索、实践的开拓精神。

每一次事业的辉煌，每一次困境的克服，都源于中国共产党人敢于成为"第一个吃螃蟹的人"的勇气，敢于啃硬骨头、敢于涉险滩的决心。无论面对多大的困难，他们始终敢于为天下先，这种精神已成为中国发展的不竭动力。在党的领导下，中国人民正以这种精神，不断推动着国家向前发展，创造着一个又一个的辉煌成就。

在新时代的征程上，中国正致力于推进"中国式现代化"，这是一项将现代化本质精髓与中国本国特点和文化基因深度融合的创新事业。这一创举不仅体现了中国对于发展道路的深思熟虑，也展现了中国对于人类文明发展路径的贡献。在物质文明方面，中国经济持续健康发展，实现了从贫穷落后到世界第二大经济体的跨越。人民生活水平显著提高，全面建设社会主义现代化国家取得了明显成效。精神文明建设也成效显著，社会主义核心价值观深入人心，中华优秀传统文化得到传承与发展，为现代化注入了精神动力。社会发展方面，中国构建了覆盖全民的社会保障体系，提高了教育、医疗、养老、住房等民生保障水平。同时，中国积极推动生态文明建设，坚持绿色发展，致力于实现人与自然和谐共生。总之，中华文明的建设，扎根于5000多年的中华文明传统之中，在传承与创新的实践中赓续，在敢想敢试、锐意进取的胆识与魄力中蓬勃生辉。

习近平总书记深刻指出："我们坚持和发展中国特色社会主义，推动物质文明、政治文明、精神文明、社会文明、生态文明协调发展，创造了中国式现代化新道路，创造了人类文明新形态。"[1]这条中国式现代化新道路，不仅是我们凭借前辈的努力走出的成功之路，也向世界展示了一种全新的人类发展方式。我们敢于选择一条与西方资本主义不同的发展道路，也敢于在社会主义建设中探索适合自己国情的道路；我们敢于在复杂的国际环境中寻求自身的可持续发展，敢于探索全面协调发展的前瞻理念。党中央统揽伟大斗争、伟大工程、伟大事业、伟大梦想，统筹推进"五位一体"总体布局、协调推进"四个全面"战略布局，推动党和国家事业

---

〔1〕 习近平：《在庆祝中国共产党成立100周年大会上的讲话》，《人民日报》2021年7月2日，第2版。

取得历史性成就、发生历史性变革，不仅成功实现了第一个百年奋斗目标，更是自信地迈向了建设社会主义现代化国家的新征程。

四、不屈不挠的韧性

"上善若水，水利万物而不争"，这是水的韧性。"野火烧不尽，春风吹又生"，这是草的韧性。"千磨万击还坚劲，任尔东西南北风"，这是竹的韧性。柔水之韧，野草之韧，劲竹之韧，都含在中华民族的骨子里。这种韧性，是"知其不可而为之"的勇猛精进，不是死磕，不是做无谓的较量，而是向内集聚信念，向外进发力量，从逆境中反弹。五千载风云，中华民族犹如熊熊炼钢巨炉，面对外来冲击、天降灾祸，都不曾捣灭炽热，只会自化青烟飘散，淬出更坚不可摧的精钢。即使国家屡遭风雨，民族时临绝境，中华儿女不曾畏惧，不曾溃散，从未有过半分苟且贪生之心。我们生于斯，长于斯，承载着中华文明的千年薪火，它以特有的"韧性"绵延整个民族，孕育代代精魂。此韧性，不仅是生存的艺术，更是发展与创造的动力源泉，展现了中华民族在历史变迁中不断自我革新、持续进步的动态平衡能力。此种韧性，在历史长河中，成为中华民族精神特质的核心要素，驱动民族在逆境中复兴，中华民族骨子里的执着与不屈一直延绵，坚定不移地向前推进。

《新周刊》杂志评选"韧"为 2022 年度汉字。"韧"的精神与气质隐藏在中华民族几千年历史文明中，与此同时，"韧"与中国当下社会百态有着密切关联，在中华现代文明中依旧持续地绵延。从国家的宏观治理到企业的未来发展布局，从城市的繁华喧嚣到居民的日常生活，无处不透露着一种顽强持久的"韧性"。这种韧性如同生命的脉络，渗透在大地的每一个角落，乃至我们每个人每天的生活方式、思考动向，也充满"韧性"。

我们的"韧性"，是不惧困顿全力以赴。中国的"天问一号"成功登陆火星，"嫦娥五号"顺利采集月球样本返还地球，中国鲜亮的旗帜与之呼应，一股子韧劲照亮我们探索宇宙的征程。"奋斗者号"潜水器下潜到马里亚纳海沟，再次刷新了世界深潜的纪录，一个深蓝色的梦想，在不言败不言弃的秉性里抽出了枝叶。这些科技创新的成就，不仅仅是对中国科研实力的肯定，更是对中国之"韧"的一次次生动诠释。在科学的道路上，中国从未止步，无论是一次次的失败，还是一次次的挑战，都无法阻挡中国科技创新的脚步。

我们的"韧性"，是拔节起势稳中求进。在经济领域，企业工商界积极响应国家的经济政策，不仅坚定地担起市场主体之责，亦有力地支撑着经济稳定的大局。它们加速推进关键性项目的建设，通过有效的投资，成为推动经济增长的原动力。在能源和粮食供应保障、产业链和供应链的稳定性维护、灾害应对和救援等方面，中国企业始终冲在最前面，热切履行着社会责任。在关键核心技术的研发、节能减排的绿色转型、新兴产业的投资和布局方面，我国取得丰硕成果。面对经济发展环境的复杂、严峻以及不确定性，中国企业稳住脚跟，咬牙而上，逆境之下沉潜深耕，风气之时破浪勇往，以"韧"之姿拥抱未来光景。

我们的"韧"，是改革攻坚步履坚实。面对经济下行压力加大、外部环境波谲云诡，政府出台了一系列改革措施，包括深化供给侧结构性改革、进一步优化营商环境、推动国有企业改革、促进民营企业健康发展等。由此，市场活力和社会创造力在不断迸发，经济在向着高质量发展目标稳步前进。脱贫攻坚、污染防治和防范化解重大风险三大攻坚战矗立在时代眼前。在脱贫攻坚方面，对贫困地区深度聚焦，加大扶贫力度；在污染防治方面，坚决打好蓝天、碧水、净土保卫战，推动生态环境质量持续改善；在防范化解重大风险方面，我们加强金融监管，打好防范化解金融风险攻坚战，确保经济安全运行。此外，暗流涌动的国际形势，亦不曾挫败现代中国。中国积极推进对外开放，举办中国国际进口博览会（CIIE），吸引众多外国公司前来展示它们的产品技术，促进贸易和经济合作。

我们的"韧"，更是每一个个体对生活坚定执着的信念与热爱。在文物保护与修复的学科领域内，专业的文物学者与修复专家，基于对古代艺术与历史的崇高敬意，日复一日，不懈努力，精心剥除时间的覆盖，唤醒沉眠的历史瑰宝；非物质文化遗产的捍卫者，维持着民族文化记忆的生动性，展示了对文化连续性保护的高度使命感与专业素养。此等坚不可摧的精神风貌，在诸多行业领域内均展现出耀眼光芒。例如，在教育战线的末端，乡村教育工作者于偏远地区播种知识；在环境科学与保护的前沿，环保志士面对生态保护的艰巨挑战，表现出了非凡的胆识与坚定承诺，致力于生态系统的平衡与和谐维护，映射出对环境思考的深度与广度。科研领域内，药物研发人员对人类健康事业不懈求索；体育竞技舞台之上，运动员肩负伤痛与荣光，在乒乓球等项目中续写胜利篇章。这些分布于不同专业领域的杰出代表，以其精湛的专业技能与不屈不挠的努力，汇聚成一股强有力的能量洪流，不仅深化了中华文明"韧性"概念的内涵层次，更如同涓涓溪流汇入江河，为民族精神的承继与拓展提供了不竭的动力与鲜活的生命力。

长久以来，中国的历史进程无疑证明了其文化传承的深邃与广博，以及其持续而深远的影响力。中华民族所走过的历程是自强不息、筚路蓝缕、跋山涉水的历程。在此过程中，中华古老的文明融进了不屈不挠、坚韧不拔的基因。而中华现代文明不但没有将其稀释，反而融合进时代的精华，打造出不拘一格的民族"韧性"，这为中华民族走出困顿、生生不息提供蓬勃的支撑力，为中华儿女迈向美好的未来奠定坚实的精神根基。因此，弘扬中华文明，要传承好这份珍贵而持久的民族秉性。

随着时代的发展，今日的中国，已经走出了从前的苦痛和悲情。这不意味着我们将遗忘它们，而是以另一种更为伸展的姿态铭记它们，铭记历史上淬炼出的烈烈韧性。如今，我们的"韧性"绝不是被动反击，而是带着民族自豪感的持久信念，这依赖于国家现实的发展成就，也促进着发展与成就。这种坚韧，不只是书写在宏大的民族叙事上，只是传，只是颂，而是变得更加实在和具体。中华现代文明之"韧"，建立在实际价值上，体现于中华民族在政治、经济、社会、文化等多个领域勇猛精进的努力中，同时也表达于外交领域中恪守原则、独立自主的魄力，与其他文明、民族、国家平等互助共同奋斗的气度，对人类命运共同体未来的关切和追寻。我们民族的"韧性"，不会偏离正道，不会走向偏执与狭隘，而将走向辽阔而明灿的路途。坚韧的英气，是中华文明不可须臾或缺的一股力量。在今天，"韧性"的分量只增不减，催人执着坚守，其重要性体现在个人、家庭、企业、行业的坚持中，在社会、国家稳扎稳打发展的定力中。

第二节　民族的内心世界

中华民族的内在宇宙，是深邃而复杂的。它蕴含着历史的沉淀、文化的滋养、哲学的思考以及对未来的憧憬。在这片精神领地里，我们秉承着"仁"之古训，心怀播撒恩泽的博爱情怀；在风雨同舟的信念中，锻造了患难相依、携手同行的集体凝聚力。我们崇尚的，是那傲骨凌霜、气节千秋的尊贵坚守，犹如松柏之于严冬，愈寒愈青。更有着"舍得"的东方智慧,洞悉得失之间的微妙平衡,展现超然物外的豁达与从容。这一系列内在价值构成了中华民族独特的精神标识,为当今发展提供了强大的内生动力。

一、施恩惠于人

中国传统文化中,"施人恩惠"是一种深层的道德观念和行为准则。这种文化思想,源于中国古代的仁爱哲学,强调人与人之间有情有义的互助与关怀。在墨学文化中,"仁爱"被视为最重要的品德之一,有仁德、慈爱的人,不是仅注目个人自我利益之人,而是时常考量他人需要、以实际行动帮助他人之人。施恩惠于人,则是"仁爱"的具体体现,背后蕴含着无私的爱与广博关怀。当代中华文明建设,与古人的慈惠之德有内在的一致性和历史延续性,并且得到了新的诠释与发展。中华文明倡导社会主义核心价值观,其中包括的"和谐""友善"等元素均展现了中华民族的良善德行,这种德行,是中国当今社会走向美好未来的助推剂。

随风入夜,润物无声。中国共产党人的初心和使命,就是为中国人民谋幸福,为中华民族谋复兴。中国共产党致力于为社会带来更多公平正义的力量,让每个人都能享受到发展的成果,实现自己的梦想。为了实现这一目标,中国不断努力,积极推动改革开放,不断改善民生,致力于提高人民的生活水平。同时,党和政府亦关切文化、教育、医疗等各个领域的发展,通过编织福利的安全网，让广大人民群众沐浴在社会发展的阳光之下。在点滴之行中，国家以纯粹而真诚的恩惠润泽人民。从高远的国家政策出台，到无数从业者的实践，再落实到人民真实而具体的生活之中，在党的领导之下，中国正努力实现这一目标，将施恩惠于人的温暖情怀贯穿于国家治理的始终。

宽和友善，厚德载物。今天，伴随中国日益走近世界舞台中心的脚步，中国文化自信与日俱增，中国软实力也日益赢得国际瞩目，向外展现出和平包容、热忱慈爱的独特东方气质。中国带给世界的绵绵恩惠，是和平的力量与灿烂的希望，是把世界人民的福祉记挂于心。新中国成立以来，我们党秉持对国家的周边外交给予殷切关怀与高度重视的原则，一代代领导人提出的一系列重要战略思想、方针政策，在坚持与邻为善、以邻为伴和睦邻、安邻、富邻方针基础上，与时俱进提出了"亲诚惠容"的周边外交理念。[1] 既为我国自身的发展开辟良好道路，更带有宽厚的德行善念，希冀我国发展更多惠及其他国家，为世界上更多的人民带来幸福。共建"一带一路"机制，是构建人类命运共同体的生动实践，亦是力图惠及各国人民的中国礼物。从东方的雅万高铁到西方的非洲之星铁路，从北方的苏伊士运河拓宽工程到南方的东海岸铁路项目，共建"一带一路"机制如同一根纽带，将世界

---

〔1〕《弘扬亲诚惠容理念，共建美好亚洲家园——王毅在纪念亲诚惠容周边外交理念10周年国际研讨会开幕式上的讲话》，外交部门户网站，2023年10月24日，https://www.fmprc.gov.cn/web/wjb_673085/zzjg_673183/xws_674681/xgxw_674683/202310/t20231024_11167148.shtml。

各地的项目紧密相连。它不仅带给了共建国家铁路、公路、港口等基础设施的改善，更是带来了经济发展、就业增加、文化交流的多元效益。亚投行资金如同甘泉滋润亚洲的基础设施建设，中欧班列如同丝带穿梭于欧亚大陆，这些项目不仅推动了经济的快速发展，也加深了人民之间的相互了解和友谊。再以中国实施一系列援助项目为例，从公路、铁路、港口、电力等基础设施建设到农业发展、教育和卫生领域，埃塞俄比亚的亚的斯亚贝巴至吉布提铁路（埃吉铁路）和非洲联盟的总部大楼能够言说其中的友情故事。中国与亚洲邻国更是保持着积极的合作，我们与老挝合作建设的"中老铁路"，连接着中国云南省昆明市与老挝首都万象，促进了区域互联互通和贸易；我们也曾给予友国巴基斯坦大量援助，尤其在瓜达尔港、斯里兰卡的汉班托塔港等项目的建设中，助力着巴基斯坦的经济发展。中国在巴西、阿根廷等拉美国家的基础建设项目中热切献力。陆续不断的国际合作和援助项目，展现着中国作为负责任大国的国际形象，而这种形象的内在精神支撑则是中华民族"施恩惠于人"的民族心性与哲学智慧。

过去的这些年，世界见证了中国对许多国家和地区的"恩惠"，也同样收获了来自不同国家民族的恩情与惠利。我们与不少国家和地区一同找到了契合的共同点与交汇点，坦诚相待，热忱相处；我们以宽容和平的姿态带动着其他国家和地区的经济、社会发展，从而实现着双赢的局面。我们坚定地站在历史正确的一边，站在人类文明进步的一边，在日新月异的今天，我们带着先辈的良善秉性前行，一步步踏在中国特色的现代化道路之上。而民族内在的慈惠、友善之根脉，是中国式现代化的应有之义。正如习近平总书记指出："中国追求的不是独善其身的现代化，愿同各国一道，实现和平发展、互利合作、共同繁荣的世界现代化，推动构建人类命运共同体。"[1]中国式现代化倡导一种平衡发展的理念，即在坚守世界和平与进步的道路上，同步推动国家的繁荣。这种发展模式注重内外兼修，中国在努力提升自身国力的同时，心系天下，愿为他国的发展提供中国智慧与力量，为全球福祉作出贡献，进而促进全球的和平与繁荣。可以说，在世界的舞台上，中国既是一名勤习苦练的优秀舞者，也能毫无保留地将个人经验传授于他者，用自己的发展节奏引领全球共同前进，实现精彩群舞，共同迈向人类命运共同体的美好愿景。

在追逐现代化的征途上，全球人民怀揣着共同的梦想，渴望拥抱应有的权利。中国在现代化道路上，一直以宽厚的胸怀拥抱世界，用善良友爱的本性对世界深情回馈。我们积极与发达国家合作，同时更热切地助力发展中国家，帮助其更顺利地迈出现代化的步伐。为此，在崭新的时代里，中国声音、中国方案，成为我们为世界用心准备的温情礼物。

---

〔1〕 习近平：《汇聚两国人民力量 推进中美友好事业——在美国友好团体联合欢迎宴会上的演讲》，《人民日报》2023年11月17日，第2版。

全球发展倡议，是一件有关共同发展、共同繁荣的中国礼物。"全球发展倡议为重新聚焦发展议题、凝聚发展共识、完善全球发展治理、加快落实联合国 2030 年可持续发展议程贡献了中国方案和智慧。"中国国家国际发展合作署署长罗照辉委员表示，全球发展倡议提出以来，已得到 100 多个国家和国际组织的支持，联合国专门成立倡议推进工作组，70 多个国家加入"全球发展倡议之友小组"。"中国国家国际发展合作署成立了全球发展促进中心和全球发展促进中心网络，建立全球发展项目库、资金库，积极落实 10 万名研修研讨名额，用好全球发展和南南合作基金，推动倡议落地。期待与更多国家和国际组织一道，同向发力，为加快落实全球发展倡议、完善全球发展治理作出更大贡献。"罗照辉委员说。[1]中国倡议和理念，超越以零和博弈、强权政治为基础的西方传统国际关系理论，为国际关系生态增添了更多和平共荣的内涵，为世界带来中国智慧、中国方案、中国力量。我们将秉持着人类命运共同体的理念，与世界共建持久和平、共同繁荣、清洁美丽的未来。

二、荣誉贵于生命

中国，是统一的多民族国家，随着历史的发展，其多元一体

---

[1] 王远、龚鸣、刘玲玲等：《中国式现代化是走和平发展道路的现代化》，《人民日报》2024 年 3 月 4 日，第 10 版。

的格局逐步形成。中华各民族共同开辟辽阔疆域，谱写绵长岁月歌赋，铸就瑰丽文化，更在波澜壮阔的拼搏奋斗中孕育了一脉相承的民族精魂。同胞共气，家国所凭。突出的统一性，深刻影响着中华各民族融融一体，深刻影响着国土不可分、国家不可乱、民族不可散、文明不可断的共同信念。中华民族的磅礴凝聚力量，离不开中华文明中人们浓烈的民族荣誉感、归属感。

荣誉观作为一种道德意识，是人类道德与文明发展水平的标志。[1]崇尚荣誉，是中华民族的优良传统。很早显现，从古代一直延续至今。儒家早在2000多年前就提出了"仁、义"为标准的荣辱观。针对中国古代荣辱观的基本内涵及其实质，罗本琦、方国根对中国古代的荣辱观进行了进一步的概括和解读："我们大致可以用儒家所倡导的一系列基本伦理范畴——'仁、义、礼、智、信、忠、孝、节、悌、恕、勇、让'等来概括其基本内涵。"[2]荣誉的观念慢慢渗透中华民族，走向中国传统社会的政治、经济、文化等各领域，乃至播撒至社会民间，"荣誉"在个体心灵之中生根发芽，成为中华民族历久弥新的民族精神和传统美德。

千百年来，中国有大批心怀天下、为民请命的仁人志士，有鞠躬尽瘁、死而后已的忠勇之士，有舍生取义、无畏牺牲的烈烈君子，有温良纯质、正气存内的平凡百姓。中华民族的丰功伟绩

〔1〕 王雪莹：《新时代大学生正确荣誉观培育路径研究》，硕士学位论文，扬州大学，2023年。
〔2〕 罗本琦、方国根：《儒家荣辱观大众化的基本路径》，《哲学动态》2014年第8期，第35—41页。

不是所谓的单个"英雄豪杰"铸就的，而是这些千千万万有骨气、有民族荣誉感的人共同创造的。他们深爱国家，因此要为国家争光；他们眷恋乡土，因此要为其夺得荣耀；他们关怀民族，因此要为民族的尊严而战。为了荣誉，赴汤蹈火在所不辞；为了荣誉，生死不顾全力以赴。这种勇猛而热烈的荣誉观，是个体对所在团体的深刻爱恋、浓厚责任体现。也正是因为有中华儿女存于内心的国家民族荣誉感，才有中华民族持久坚固的精气神，才有万众一心殊死一战的力量。

中国人骨子里的荣誉感，不是空洞宏大的话语宣誓，而是在社会各个领域有具体而生动的呈现，在个体身上有精微的展露。在当下的社会主义框架内，我们所倡导的荣誉理念，核心在于全身心致力于民本服务，强调集体意识与宏观视野的并重，鼓励在追求个人价值实现与荣誉的同时，积极贡献于社会公益，服务于广大人民。幸运的是，我们有灿若星辰的中华儿女，能够心怀铮铮荣誉之心，以沉潜谦卑的态度，在实现个人目标的同时造福国家社会，为民族带来荣耀，实现个人荣誉与集体荣誉的完美统一。

科学荣誉精神，深刻诠释了科研人员群体以民族复兴大业为己任，忠诚于科学探索，忠诚于国家使命，忠诚于人民福祉的高尚品质。中国的科学事业，以浓烈的赤子之心与荣誉之魂相托。科研人员群体秉持着对科学的炽热忧爱与深厚的国家忠诚感，他们不仅在各自的专业领域深耕细作，勇攀科技高峰，更矢志不渝地通过科技创新来响应国家的战略需求与驱动社会的全面进步，彰显了将个体智慧与汗水融入国家发展宏伟蓝图的高度责任感与历史使命感。这种精神特质，无疑为中国科技进步与科技自主可控提供了核心推动力，是支撑社会主义新中国在全球科技竞技场中巍然屹立的精神脊梁。这是一份科研工作者向国家深情表白的赤子之心，是对建设强大祖国的无上荣光的追求。他们终其一生致力于科技报国，内心承载的荣誉，超越了物质层面的浅表辉煌，是一种内在的、崇高的科学尊严与国家尊严的体现。对他们而言，荣誉的本质，非外界赋予的头衔、证书或职称所能概括，而是源自对真理不懈追求的坚韧意志，以及为集体、民族、国家未来无私奉献所带来的深层满足。正是得益于这种深植于心的国家与民族荣誉观念，从国防科技的坚不可摧，到航天探索的星辰大海，再到医药卫生的民生福祉以及计算机技术的数字飞跃，各领域的杰出科研工作者，不仅为国家科技进步书写了浓墨重彩的一笔，也极大地提振了国家和民族的自豪感与荣誉感，成为推动社会进步与文明跃升的中坚力量。他们的精神遗产与光辉事迹，持续启迪并激励着新一代科技工作者乃至全体国民，为了实现中华民族伟大复兴的宏伟愿景，不懈探索，勇攀科技高峰。

不只科技领域，祖国的各行各业均彰显了深厚的民族荣誉感，这种实践不仅是对个人职业操守的坚守，更是将集体荣誉置于至高无上地位的体现，彰显了一种超越个体生命价值，追求卓越与贡献的高尚品格。在传统产业的沃土上，工匠们匠心独运，将古老的手艺与现代审美相结合，让传统工艺在新时代焕发出新的生命力。无论是景德镇瓷器的细腻温润，还是苏绣的千针万线，每一件作品都是对民族文化深厚底蕴的传承与致敬，它们不仅展现了匠人的精湛技艺，更是民族自信与文化自觉的象征。教育领域中，教师们以蜡烛之光，照亮学生的知识之路，他们不仅传授知识，更是在塑造灵魂，培养未来社会的建设者和接班人。在他们的无私奉献下，一代又一代青少年成长为有理想、有担当的时代新人，这是对民族未来最长远的投资，也是教育工作者对社会责任的庄严承诺。文化工作者则在守护与创新的双轨上奔跑，他们挖掘传统文化的精髓，同时赋予其时代的新意，通过文学、影视、音乐等多种形式，让民族文化在全球化的浪潮中发声，增强了中国文化的国际影响力，展现了中华民族的文化软实力。这一系列不懈的努力，构建了一个多元、开放而又不失本色的文化生态，让世界看到了一个充满活力与创造力的中国。站在新的历史起点上，随着我国社会主要矛盾的变化，人民对美好生活的向往也逐步从物质层面的追求发展为更高层面的精神追求，这也给社会主义精神文明建设提出了更高的要求。由此，我们需要树立与新时代要求相适应的荣誉理念，以社会主义核心价值观为荣誉核心准则，在所思所行中"以奋斗为荣、以奉献为荣、以担当为荣、以创新为荣"。

近年来，我们党和国家对社会各行业领域的荣誉表彰工作给予更多关注，国家级荣誉体系的建设正迅速推进。2015 年 12 月，全国人大常委会颁布了《中华人民共和国国家勋章和国家荣誉称号法》。2017 年 8 月，中共中央、国务院印发《国家功勋荣誉表彰条例》。2019 年 9 月 29 日，中华人民共和国国家勋章和国家荣誉称号颁授仪式在人民大会堂隆重举行，这是新中国成立以来首次开展的国家勋章和国家荣誉称号集中评选颁授。[1] 受表彰者，是千千万万忠心为党和人民服务的杰出人士代表。通过表彰，中华民族的浩然正气得以肯定，个体的民族意识和爱国精神更为激越。与此同时，我们也看到中国人心中荣誉感的深邃层面，不只是"扬眉吐气"，还关乎温情，关乎梦想，关于一个民族由内而外散发的气度和尊严。现在，我们有国士，有各行业的匠人，以及有担当、有责任、有使命的千万人民，秉持着赤子般的荣誉信仰，将个人志业融入国家，成就民族未来的荣光。在时代前进中，有浮华功利的浪花，有空虚、骄矜的浮沫。而中华民族内心世界中真正的荣誉感，从不追求蝇头微利、蜗角虚名，也从不需要光鲜亮丽的包装，而是以纯粹的心灵实现自我价值与社会价值的融一。中国所信仰的民族荣誉之魂，无疑是澄澈的。新时代国人的荣誉观，汲取中华民族传统美德的精华，融入时代灵气，不虚不躁，朴实

---

[1] 张树旺：《用荣誉凝聚人民矢志复兴的精神力量》，《红旗文稿》2020 年第 17 期，第 38—39 页。

无华。荣誉，变得这样持久、坚固，以及永恒。

三、有舍才有得

"舍得"，是价值的判断，是利益的取舍，是基于现有资源对未来进行决断的思量。追溯其源流，中国儒、释、道之哲学，无一不在"舍得"境界之中。"舍得舍得，有舍才能有得。小舍小得，大舍大得，难舍难得，不舍不得。"中国一句古训，蕴藏了一份跨越时代的智慧；它是中国传统文化的价值符号，是人之为人的处世哲学，更是一种胸怀天下的中国智慧。在中华现代文明的发展中，"舍得智慧"是一束恬淡宁静的光线，无声无息间，指引中华民族作出最有情有义的选择。它教导我们如何在追求个人利益与社会责任之间找到平衡，如何在面对诱惑与考验时守住本心，如何放下偏执与狭隘，拒绝贪婪和自私，如何得到辽阔的人生视野和深厚的幸福感受。

如今的中国，在舍得智慧的指引下，正以更为开放和包容的姿态，迈向全面建设社会主义现代化国家的宏伟目标。会"舍"的中国，目光长远，格局宽大，舍却眼前利益，得到未来春光。会"舍"的中华儿女，心舍爱意，正气浩然，舍却个人小利，得到社会明和。大到国家，小到个体，"舍"不仅是一种智慧的抉择，更是一种对中华民族核心价值观的忠诚践行。它象征着一种无畏的奉献精神，是对更高理想矢志不渝的追求，是一场关乎国家复兴、文明进步的壮丽征程，其价值在于构建一个更加公正、和谐与繁荣的社会结构。

舍得，有中华民族"舍私我，得公利"的牺牲精神。孟子云："生，亦我所欲也；义，亦我所欲也。二者不可得兼，舍生而取义者也。"[1] 在面对危难之时，生命难舍，而正义难得，在生与义的抉择中，古往今来无数仁人志士甘愿舍去血肉之躯，慷慨赴义。徐锡麟"只解沙场为国死，何须马革裹尸还"[2]，文天祥"人生自古谁无死，留取丹心照汗青"[3]，谭嗣同"有心杀贼，无力回天，死得其所，快哉！快哉！"，千古风流里饱含"舍得"万千。中国共产党人在南昌打响中国革命第一枪，后有董存瑞、刘天章、韦一平等革命勇士，无不血荐轩辕，为民族解放牺牲生命。

在新时代，舍得智慧中的"牺牲精神"被赋予新的时代内涵，其不仅仅是豪情纵横地牺牲生命，还有为了崇高的理想和目标，不惧怕困难，舍却私利而得家国大益的情怀，也更多体现在对事业、对人民的无私奉献和对国家发展的坚定承诺上。中国有太多的甘愿牺牲者，以小我的"舍"，换大家的"得"。舍得之间，是天之未丧斯文在兹的中华信念，是虽九死其犹未悔的家国理想。

在中国辽阔的边境线上，有一群默默无闻的英雄——戍边战

---

〔1〕〔战国〕孟轲《孟子·告子上》。

〔2〕〔清〕徐锡麟《出塞》。

〔3〕〔南宋〕文天祥《过零丁洋》。

士，他们站立在雪山之巅，巡逻于荒漠深处，面对着刺骨的寒风与极端的环境挑战，以钢铁般的意志守护着每一寸国土。这份坚守，超越了个人的安危与舒适，是对于国家最纯粹、最清澈的爱。他们用青春和热血书写了一首首无言的赞歌，证明了"只为中国"的崇高信念，是新时代最可爱的人。

在脱贫攻坚这一历史性的战役中，广大的扶贫干部深入偏远山区、贫困乡村，他们中许多人放弃了城市里的舒适生活，毅然决然地投入这场没有硝烟的战争中。他们脚踏实地，用心血浇灌希望，不仅传授知识技能，更激发了贫困地区群众自我发展的内生动力，让绿水青山变成了金山银山。这不仅是一场经济上的脱贫，更是精神上的觉醒，扶贫干部们以实际行动践行了共产党人为人民谋幸福的初心和使命。

教育，作为民族振兴和社会进步的基石，同样见证了无数"舍得人"的无私奉献。他们或是躬耕于三尺讲台的教师，用知识的光芒照亮学生的未来；或是捐资助学者，默默无闻地支持教育事业的发展，帮助那些怀揣梦想却因贫困而受阻的孩子推开大学之门，改写命运。他们深知，教育是阻断贫困代际传递的根本途径，因此，甘愿舍弃个人的名与利，将毕生的心血倾注于下一代的成长，为国家培养栋梁之材。

舍得，有中华民族"取舍有度"的可持续眼光。为了实现更大的价值与成就，常常需要我们放弃眼前的诱惑与短期的利益，坚定地走长远发展的道路，中华文明中不乏这份"舍利得义，平衡有度"的智慧。在中国古代的商业世界，有掌握"舍得"之道的优秀商人，有商祖白圭秉承"人弃我取，人取我与"的理念行商济民，以让为先，先让后得；有陶朱公从商，仗义疏财，从事公益，成就"富而行其德"之美名；有胡光墉以"仁义"为心，大行义举，爱国先驱，终成百年胡庆余堂的盛名。相较于西方商业史上频现的零和博弈与市场割据，当代中国商业环境展现出了一种更为成熟与包容的"舍得"心态。中国企业家群体日益倾向于规避直接竞争的零和陷阱，转而寻求合作共赢的新模式。他们主动放弃对市场份额的狭隘追求，致力于构建共享经济生态系统，通过资源优化配置、优势策略互补，共同推动行业的可持续发展与社会福祉的增进。这一转变不仅体现了对传统智慧的现代诠释，也是全球化背景下中国企业战略思维升级的生动例证，彰显了东方管理哲学在全球化经济舞台上的独特魅力与时代价值。

在现代生态文明建设方面，中国始终坚持绿色发展、循环发展、低碳发展，放弃传统的高污染、高耗能的发展模式，以舍弃短期经济利益，换取生态环境的长远保护。这种舍得智慧表现在对自然环境的尊重和保护，以及对可持续发展理念的坚守。早在中国古代，便有"数罟不入洿池，鱼鳖不可胜食也"的舍得古训，以长远的目光求得稳健不息的生态发展。在推进中国式现代化的进程中，中国坚持人与自然和谐共生，向世界展示了绝不走"先污染后治理"老路的决心,为全球可持续发展作出重要贡献。[1]近年来,中国在发展经济的同时对生态环境的保护予以更多的重视,"绿水青山就是金山银山"理念深入人心。我们不会因为短期的高速发展而抛却自然生态的康健,而是将生态保护放在首位,舍弃那些可能对环境造成破坏的发展机会,选择对生态系统影响较小的发展路径。在中国一些荒漠戈壁地区,太阳能发电与养殖业相结合;在国家公园和自然保护区,生态环境也不断恢复,吸引越来越多游客到来,为当地经济社会发展增添活力。在产业升级的过程中,我们果决地舍弃传统、高污染的生产方式,转而采用更为绿色、低碳的技术工艺,这需要中国企业在短期内承受一定的成本增加和效益降低,但为长期可持续发展奠定了基础。在舍与得的抉择中,中国选择更持久的路途,舍了捷径,却得到洁净发展。

舍得,有中华民族"舍我其谁"的魄力与担当。在需要前进的时候,就要勇往直前,此时须舍去内心怯懦,斩断踌躇思绪,以霸气与勇气打拼一场。在需要沉潜的时候,便要拓展心胸,静定思索,舍却固执与偏见,以仁爱与正义照亮四方。两种殊途同归的意境,有如毛笔书法中的两种笔锋技巧。一为"露锋",势如破竹,气贯长虹;一为"藏锋",厚德载物,豁达包容。一藏一露,"舍得"大字方正圆满。中华血统里的"舍我其谁",是"露锋"的义

---

[1] 沙基尔·拉迈:《中国为全球可持续发展作出重要贡献》,《人民日报》2024年3月13日,第3版。

无反顾、突破进取。无论国家、企业，还是个人在改革开放过程中取舍，皆有汹涌澎湃的先锋势头。然而，当代中国亦不忘以"藏锋"之态展现国际视野，体现舍得之慧。我们深知，和平与发展是全球人类的共同愿望，因此，我们愿意舍自我中心的思维，不把自己的意志强加于人，舍弃预设的成见和偏见，以开放的形态拥抱全球化；我们愿意舍去眼前诱惑与短期绚烂，选择更为和平的对话合作，寻求共赢的解决方案。从这个意义上，中国之"舍我其谁"，面向世界与未来，展现大气与格局，成就共生共荣的大局之"得"。如今，全世界都在感慨中国速度与中国崛起，他们所看到的是向前向上的各种发展数据与指标突破，是一次次创新创造与飞跃，是每一次渡过风雨后胜利的虹桥。而这些惊叹背后，是每一个个体在个我与家国之间作出取舍的抉择，是有理想有梦想有情怀的中国人舍得之间的考量。"舍得"二字，陪伴中国成长久矣，在过去、现代乃至未来，它始终是中国坚定的抉择之灵，也将一直被我们践行与传承。中国的崛起不会一帆风顺，越是面临复杂的大环境，就越需要"舍得精神"的强大支撑。因为在舍得之中，中华民族学会了如何艰苦奋斗，如何忘我奉献，如何取之有度，如何勇敢担当；每一个中国人，学会了不随喧闹的潮流，在舍得中清理、净化自己的内心，不为外在繁华所迷惑捆绑，诚恳地生活。

第三节　民族的献身精神

中华文明历来秉承深厚的牺牲奉献精神，这种精神根植于崇高的爱国主义情感传统之中，体现为宏伟的报国壮志。在生死攸关的严峻考验面前，展现出的是一种超越凡常、彰显英雄本质的气节与决心。当个体命运与国家兴衰紧密交织，进而升华为对人类共同福祉的深切关怀，中华民族的献身精神不仅是一种文化传承的体现，也是国际主义情怀与全球治理责任感的高度融合。

一、爱国的情感传统

"爱国"二字，坚决而赤诚。人之在世，立地顶天，热爱自己的国家和民族，是普天之下各国人民的普遍情感。对每一个中国人来说，爱国，即热爱自己的祖国，是中华民族最基本、最主要的传统美德，亦是每个公民必须遵守的道德准则、必须履行的神圣义务。爱国，是信仰，是本分，是责任，亦是传承。爱国主义，贯穿中华民族 5000 年历史长河，承载华夏儿女与古今志士仁人胸怀天下、忧国忧民、投身报国的深情与理想，是中华民族精神的核心，是中国人民和中华民族同心同德、生死与共的血脉纽带。

中华民族有悠久的爱国主义传统，爱国主义精神在历史的进程中推动中华民族战胜苦难，走向更加凝厚、稳固的命运共同体。早在秦统一中国前，先人便有一种朦胧而强烈的爱国意识萌发，随着历史进程的推展，这种民族性的情愫越发明显。《战国策》中有"周君岂能无爱国哉"的论述,《诗经》中"修我戈予,与子同仇"表达了先秦战士参军卫国的情怀，汉代《汉纪》中提出了"爱国如家"的要求，宋代曾巩留下了"爱国忧民有古风"的诗句。在中国古代，爱国主义是名臣贤士天下兴亡、匹夫有责的真挚情怀，是广大百姓积极改造和开发祖国山河的行动，是将军壮士抵抗外来侵略，维护国家统一的浴血奋战。

近代中国的爱国主义，紧紧围绕"反侵略以救亡，反封建需启蒙变革"[1]。不论是救亡图存的忧患意识、慷慨献身的牺牲精神，还是血战到底的英雄气概，都是这一时期爱国思想的构成要素。近代以来，中华民族的爱国主义精神因中国共产党的诞生与发展，得到不断蒸馏与升华，随着中国共产党走过峥嵘岁月，在传承历史爱国精髓的基础上融合时代灵晕。自中共成立至抗日战争胜利时期，面对民族危亡，"救亡图存"成为中国共产党爱国主义的时代主题和核心要义。[2]解放战争时期，爱国主义更多地体现在中国共产党推崇主张的"争取人民民主"上，凡是热爱和平民主，反对内战以为建设繁荣富强的新中国创造条件的，就是爱国主义者，这一直白果决的判断依据，鲜明地展露着中国共产党"坚守人民

---

〔1〕 王珍、向建华:《新时代继承和发扬中华民族爱国主义传统》,《民族研究》2022年第1期,第14—31页。

〔2〕 王艳、邢盈盈:《中国共产党百年爱国主义内涵演变的历程与经验》,《道德与文明》2021年第4期,第16—24页。

立场"的爱国理念。新中国成立后，对内谋求社会主义发展前途、对外"保家卫国"是爱国主义的主题。到了改革开放新时期，建设有中国特色的社会主义是新时期爱国主义的主题。随着中国迈入新时代的征程，中华民族从站起来、富起来到强起来，新目标、新任务赋予爱国主义新的主题——实现中华民族伟大复兴。

党的十八大以来，习近平总书记在系列重要讲话中，提出了实现中华民族伟大复兴的中国梦。"大力弘扬伟大爱国主义精神，大力弘扬以改革创新为核心的时代精神，为实现中华民族伟大复兴的中国梦提供共同精神支柱和强大精神动力。"[1]中国梦，是国家的梦，民族的梦，也是华夏儿女的梦，国家富强、民族进步、人民幸福的宏大梦想，离不开以爱国主义为核心的民族精神。在爱国主义伟大旗帜的指引下，中华民族与中国人民得以更紧密地团结在党中央周围，个人的梦与国家民族的梦更加深刻地联结，激发着我们全心全意投身中华民族伟大复兴的新时代实践。

中华文明中的"爱国主义"精神是坚固的，但从来都不是固化的，而是"在社会发展的不同阶段、不同时期有不同的具体内容"[2]。回溯中国爱国主义的历史变迁，其具体表现因时代主题的变迁、实践发展的需要而更新，但内核的精神实质则始终不改。一

---

〔1〕《习近平：大力弘扬伟大爱国主义精神 为实现中国梦提供精神支柱》，《人民日报》2015年12月31日，第1版。

〔2〕 江泽民：《江泽民文选(第一卷)》，人民出版社，2006年，第121页。

如翻滚向前的雪球，爱国主义既有内在的坚定核心，又有不断宏阔发展的精神和文化。时至今日，新时代的爱国主义依旧坚持着中华民族根脉里的宝贵文化信仰。可以说，今天的爱国，有一以贯之的家国情怀、坚定不移的人民立场、始终坚守的社会主义方向和日益彰显的天下情怀。[1]

大风泱泱，大潮滂滂。时代潮流生生不息，爱国主义的内涵也在不断丰富。尤其在今天，"爱国"前所未有地具体，前所未有地富于生命力，党和国家对于爱国主义的培养弘扬显示出前所未有的重视。党的二十大，勾画出全面建成社会主义现代化国家、以中国式现代化全面推进中华民族伟大复兴的宏伟蓝图，与此同时，也对深化爱国主义教育提出了明晰的指示。《新时代爱国主义教育实施纲要》指出，"爱国主义是中华民族的民族心、民族魂，是中华民族最重要的精神财富，是中国人民和中华民族维护民族独立和民族尊严的强大精神动力"[2]。于2024年1月1日生效实施的《中华人民共和国爱国主义教育法》，则以法之力，厚植新时代爱国主义精神。其内容涵盖思想政治、历史文化、祖国自然河山、历史文化遗产、国家统一和民族团结、国家安全和国防等，对于传承珍贵的民族精神、凝聚人民心魂具有重要意义。

---

〔1〕 王艳、邢盈盈:《中国共产党百年爱国主义内涵演变的历程与经验》,《道德与文明》2021年第4期,第16—24页。

〔2〕《中共中央国务院印发新时代爱国主义教育实施纲要》,《人民日报》2019年11月13日,第6版。

在新的时代条件下，应如何弘扬爱国主义精神？

首先，新时代爱国主义，须与中国共产党和社会主义相统一，"只有坚持爱国和爱党、爱社会主义相统一，爱国主义才是鲜活的、真实的"[1]。中国共产党，始终沿着社会主义的大方向开展爱国主义的实践，是爱国统一战线的组织者。而爱国主义与社会主义之间则有灵犀契合之处，一方面，爱国主义情感的凝聚为社会主义建设提供更多力量；另一方面，社会主义建设的成果与进步则又助推爱国主义情感的增进。在相辅相成之下，中国共产党在引领国家的社会主义建设中，融注大量爱国主义的情愫，不断注入中国特色，形成中国特色社会主义。爱国，也是爱中国共产党，爱中国特色社会主义。在个体的思想上，将国家、党、社会主义道路牢牢结合，由此迸发出强大的中华民族之凝聚力。

其次，爱国必须把维护祖国统一和民族团结作为重要着力点和落脚点。任何一个中华儿女，都应坚决反对任何形式的分裂国家的行为，维护国家的完整和统一，在任何涉及祖国的国家主权和领土完整的问题上，都必须坚决捍卫国家利益。而中华各民族之间的和谐与团结，是我国社会稳定和经济发展的重要保障。56个民族，要在团结中凝聚爱国力量，守望相助，热切交流，共同维护国家的民族团结。爱国主义的实践，要以筑牢中华民族共同

〔1〕《习近平：大力弘扬伟大爱国主义精神 为实现中国梦提供精神支柱》,《人民日报》2015年12月31日,第1版。

体为主线，不断提高中华民族大团结的思想认同，以坚定的态度护祖国统一，以温柔的情怀促民族团融。

最后，弘扬爱国主义不是口头的自我标榜和对他人的道德绑架，而应是具体的、务实的。人之在世，有梦想与信仰，作为国家的公民，应当意识到个人的发展与国家的繁荣是相互关联的。因此，把个人志向同国家和人民需要结合起来，在自己的志业上发光发热，为国家社会服务，是我们能触及的爱国行动。辛勤的劳动，努力的奋斗，将个人美好青春投入建设祖国河山，在点滴中助人助己，是各行各业共通的爱国之举。弘扬爱国主义，不应只是单一的僵化的行径，而应是多元与包容的。爱国，既可以是"苟利国家生死以，岂因福祸避趋之"的凛然大义，愿意为国家利益荣誉勇往直前，乃至牺牲性命，也可以用温和、平实的方式实现。或是"于无声处听惊雷"，默默付出，坚守本职，不寻名利而为国家的发展和人民的幸福作出偌大贡献；或是"苔花如米小，也学牡丹开"，在日常生活中，脚踏实地把每件平凡的事做好，端端正正行事，浩然正气做人。轰轰烈烈也好，惊天动地也好，微不足道也好，默默无闻也好，只要能将个人的热情和深情与国家的美好未来相连，并为之付出实际恳切的行动，便是新时代爱国的真挚表达。

中华民族的爱国主义情感传统，是中华民族共有的精神家园，永远可以让华夏子女得以滋润，获取前行的浓烈力量。在中华文明建设的道路上，传承和弘扬爱国主义传统，有助于增强中华民族的内在凝聚力，也激励着中华民族向外迸发光芒与正气。

二、报国的鸿鹄之志

人生天地间，忽如远行客。我们从这个世界匆匆而过，但在生命的天平上却有一个砝码，分量深沉。它超越个人名利，跨越血脉亲缘，乃至经住了生死考验，这就是个人与国家的情缘。中华民族有持久而坚韧的爱国传统，这种对祖国的热爱与眷恋，让无数中华儿女倾心以报。国有恩，我们有报国的高远之志，在任何时间、任何领域，中华文明中报效祖国的情愫始终浓烈滚烫。

新民主主义革命时期，中国人民积极投身于争取民族解放的斗争中，以血泪之战报国。五四运动中，中国青年高举马克思主义思想旗帜，在风雨飘摇的祖国河山中开辟民族复兴之途。抗日战争之时，又有数不尽的中华儿女弃笔从戎，为国家而战，以青春与生命报国。

在社会主义革命和建设时期，优秀有志的国人满腔热血投入兴国建设中，响应"祖国需要你们"的国家号召[1]，在各个领域掀起建设家国的浩荡巨浪。社会主义改造如火如荼，我们的人民在工业战线、农业生产中以辛勤劳动为祖国献力；70多万中国志愿

---

[1] 葛光敏：《建党百年视角下新时代青年的角色、使命和修养》，《济宁学院学报》2024年第1期，第8—14页、第22页。

军，舍生忘死，赴往抗美援朝的战场，以辉煌胜利振兴中华国威；为保卫边疆、建设边疆，一批批城市青年将青春投入北大荒，将生机勃发的"北大仓"赠予祖国。

改革开放新时期，中国有怀志报国一代，他们攫住历史机遇，乘开放的时代雄风于各领域大展才能，为推进全面深化改革、发展中国特色社会主义事业作出巨大贡献。身在农村，便成为农村经济改革的有生力量；处于城市，则与时俱进地参与国有企业改革实践。有科技学识在手，为国家科学技术现代化奉献创造与坚守；有商业头脑在身，便在"下海热""经商热"中一展宏图。除此之外，还有抗震救灾、拼搏奥运等各种理想与现实精妙融合的报国之举，绽放于改革开放的春天。

中国特色社会主义步入新时代，在一个全新的明媚年华，祖国在发展中发出新的召唤。从救国，到兴国，再到强国，我们也将以新的姿态为国家贡献自己的光与热。新时代勾勒着新矛盾，解决美好生活需要和不平衡不充分发展之间的矛盾，实现高质量发展是现实的迫切所需，也是国家所望。新时代有新任务等待着中国，科技创新的攻坚克难、生态环境的整治修复、民生发展的短板补足、充分高质的经济发展……无不需要国家各领域人民助力而行。同时，中国也勾画出一幅崭新的时代蓝图：未来五年是全面建设社会主义现代化国家开局起步的关键期，"到2035年基本实现社会主义现代化；从2035年到本世纪中叶要把我国建成富强民主文明和谐美丽的社会主义现代化强国"[1]。因此,正如马克思所言:"作为确定的人,现实的人,你就有规定,就有使命,就有任务……这个任务是由于你的需要及其与现存世界的联系而产生的。"[2]作为中华儿女,应明确自我的人生定位与时代坐标,主动将自己的志业和梦想与新时代的新矛盾、新任务、新蓝图融汇统一,以拳拳赤心爱国,以孜孜行动报国。

角色与使命,从来都不是一个虚邈空洞的口号,而是以生动具体的思考、躬行、坚守来填充,使其有血有肉,丰满充盈。在当代中国,报国之举不是万众瞩目的英雄独属,而是每一个中国人要敢想要敢做的有情实践;每一个微小却不微弱的个体,无论身在何处,都应将爱国心怀放入人生的点滴奋斗中,将个人之梦融注于中国之梦,以丹心报国家。

中国有严谨治学、以科创报国者。例如,当代中国航天人勇攀科技高峰的壮丽诗篇已经家喻户晓,一系列探月工程的背后,是科研团队对未知的勇敢探索和对技术极限的不断挑战。北斗组网,织就了一张覆盖全球的时空网络,让"中国精度"引领世界导航技术的新篇章,其背后蕴含的是科研人员夜以继日的辛勤付出和对精确无误的极致追求。天问奔火,标志着中国深空探测迈

〔1〕《习近平:高举中国特色社会主义伟大旗帜 为全面建设社会主义现代化国家而团结奋斗——在中国共产党第二十次全国代表大会上的报告》,新华网,2022年10月25日,http://www.news.cn/politics/cpc20/2022-10/25/c_1129079429.htm。
〔2〕 马克思、恩格斯:《马克思恩格斯全集》第三卷,人民出版社,2006年,第328—329页。

出了历史性的步伐，这不仅是对火星的科学探索，更是人类对浩瀚宇宙好奇心的深刻体现，体现了中国航天人对未知世界的勇敢征服。在这些辉煌成就的背后，是无数科研工作者默默奉献的身影。他们中有的放弃了海外优渥条件，毅然选择回国，将个人的智慧与汗水播洒在祖国的大地上，为国家的科技进步贡献力量；或深入一线，面对重重困难与挑战，不畏艰难，勇往直前，用实际行动诠释了"科技报国"的深刻内涵。正是这种甘于寂寞、勇于担当的精神，推动了我国在新能源、新材料、生物医学、信息技术等众多领域的突破性进展，使中国在全球科技创新的竞争中占有一席之地。这些科研工作者还承担起了传承的责任，他们以开放的心态和无私的胸怀，积极培养年青一代，通过言传身教，将自己的知识、经验和创新思维传递给90后、00后的青年才俊。在他们的悉心指导下，一批批年轻科研工作者迅速成长，成为推动科技创新的生力军，继续在各自的领域开疆拓土，为实现中华民族伟大复兴的中国梦贡献青春力量。

中国有很多青年才俊以智慧报国，他们肩负着知识探索的使命，深入数学、物理等学科的深层肌理，以深厚的学术底蕴，赋予科研以深远的意义。中国更有日夜坚守，以守护文化遗产报国者。在罗布泊沙漠西北深处，楼兰古城孤寂立于荒原。严酷的自然环境，频繁遭遇盗贼侵扰，楼兰遗址的文物保护困境重重。而有这样一批考古文物工作者，前仆后继地扎根楼兰，于荒芜禁区守候国家与民族的珍贵文化遗产。他们以无言的坚持，守护着人类文明的微光，延续着楼兰守护者的神圣职责。在非物质文化遗产保护领域，同样有一批坚不可摧的守护者，他们是构筑文化长城的中流砥柱。例如，专攻北宋官窑非物质文化遗产的传承人，长年累月地投身于宋代官窑文化的传承与推广事业，视瓷器为中华文明精髓的载体，立志将其影响力拓展至全球范围，增进国际社会对中国宋代陶瓷艺术的理解与尊重。通过他们不懈的文化传承实践，个人的职业生涯与国家文化复兴的大潮紧密融合，共同照亮了中华文明在世界舞台上的辉煌之路。

关山万里，爱国之心不改；千里蹀躞，报国之志弥坚。今日的中华，万千心怀"国之大者"的儿女前赴后继，深潜扎根事业，奋勇建功立业，在祖国辽阔的疆域中倾心投入，以朴素而真挚的爱恋回报国之春晖。也正是这种奋斗的姿态，让对祖国的爱不再抽象，让中国今日的表情和节奏，如此风华，如此昂扬！

三、视天下昌盛为己任

纵观中华文明 5000 年的历史，无论是战火频仍、烽烟四起的民族危亡之际，还是天下太平、国泰民安的安宁祥和之时，都会有一批又一批肩负历史使命和责任的爱国志士，在战火或盛世中保持着对国家、对人民清醒而独立的思考，以天下为己任，以报国为使命。中华民族"胸怀天下"的爱国风骨，世世代代，接续绵延。

"为天地立心，为生民立命，为往圣继绝学，为万世开太平。"这是宋代名儒张载的横渠四句，说尽了士人"修、齐、治、平"的辽阔理想。从上古时代起，中华民族便形成了将个人与社会紧密联系在一起的价值观，这种价值取向，影响了几千年来的中华儿女，成为我们血脉中的精神财富。作为保家卫国的将军，霍去病发出"匈奴未灭，何以家为"的怒吼。即使一生官职不高，陆游亦发出了"位卑未敢忘忧国"的感叹。近有鲁迅的呐喊、秋瑾的求真、蔡元培的美育与包容，梁启超的"十年饮冰，难凉热血"，周恩来的"为中华之崛起而读书"……中华民族百废待兴，内忧外患之际，难能可贵的是，追求自由和进步的华夏儿女对国家命运的感慨和以天下为己任、胸怀崇高理想、肩负主宰天地重任的豪情壮志不曾改变。

是什么让无数仁人志士明知前路渺茫坎坷，却依然义无反顾，一往无前？回答掷地有声：责任。这二字的意义早已渗入中华民族的血脉，成为人民对国家之爱的具体表达。担肩头之责，解国家之忧，家国责任的使命感推动无数生命走向更广阔的原野，推进中华民族走向复兴与昌盛。在中国共产党的领导下，我国实现了第一个百年奋斗目标，建成全面小康社会，历史性地解决了绝对贫困问题，正稳步走在实现中华民族伟大复兴的道路上。置身于灿烂新时代，中华儿女切身感受着"中国速度""中国奇迹""中国之治"，从心底里生发出做中国人的志气、骨气和底气，且日渐增强。但同时，国内外的形势也正发生着深刻复杂的变化，国家之间彼此竞争，又同是一个命运共同体。在这样的背景下，中国的未来将如何发展，与所处于这一时代的人民动向息息相关。今天，我们处在中华民族发展的最好时期，既面临着难得的建功立业的人生际遇，也肩负着"天将降大任于斯人"的时代使命。由此可知，以个体的身份立足于大千世界，但个体绝非仅是孑然一身。个体有与之联结的家庭、民族、国家，甚至一个宏大的时代。个体不仅不只"独善其身"，更有望"兼济天下"。当每个人都把国家的繁荣昌盛视为自己的责任时，就会形成一种共同的目标和价值观，从而促进中华民族的团结和凝聚力；这种胸怀也有助于提高国家的发展速度和质量，增强中华文明的自信力。

磅礴的事业，需要有辽阔的理想信念作为指引。人民有远大的理想、坚定的信念，一个国家、一个民族才能有无坚不摧的前进动力。马克思在中学毕业论文《青年在选择职业时的考虑》中确立了为人类幸福事业而工作的价值取向，此种思考，也是中国共产党、有志的中华儿女所探寻的。"无穷的远方，无数的人们，都和我有关"[1]，我们立志的坐标是祖国，初心是人民。以人民为中心，关切国家与社会的命运，这是中华传统文化的灵魂，更是中

---

[1] 鲁迅：《这也是生活》，载《鲁迅全集》第六卷《且介亭杂文末编附集》，人民文学出版社，2005年，第624页。

华文明生生不息的养料。我们的所思所望，要始终秉持着中华文明"天下观"的胸襟，将具体的奋斗目标与民族复兴的宏伟目标相结合。新时代的中华儿女，要始终坚信中国道路，坚守价值追求，始终以纯粹、赤诚的心灵热爱党与国家；要坚定文化自信，自觉传承中华优秀文化的血脉，增强民族自豪感和自信心；要自觉将个人发展与国家、民族利益融为一体，肩负起在新时代"发展新思想、培育新风气、建立新规则的时代责任"[1]，积极投入共创美好生活的时代大潮中。

以天下为己任的爱国情怀，是旷达舍己精神的崇高外露，但绝不是一个大而无当的抽象议题。对天下负责的质朴本质，就是担当起自己的一份看似微小的责任，为国家的发展助力，体现的是热忱的参与意识和社会责任感。更具体来说，是要个体担负人生事业，面对未知的挑战，坚守自己的岗位；是要个体应用专业学识，攻坚克难，为人民保驾护航。当今的中国，在波谲云诡的大环境中稳健、元气淋漓，离不开社会上有情有义者的身体力行，孜孜耕耘。这种格局表现为不论身处何种领域、何种行业，都义无反顾地用内心感应时代脉搏，把对祖国血浓于水、与人民同呼吸共命运的情感贯穿个人的生命追求中。我们从媒体报道中知道了无数坚守在普通岗位的平凡之人，却以最朴素的实际行动，向

---

〔1〕　王艳、邢盈盈：《中国共产党百年爱国主义内涵演变的历程与经验》，《道德与文明》2021年第4期，第16—24页。

人民、国家诠释"责任"二字的分量。其中有守岛人不改守护疆域的初心，孤独与艰辛不过是护佑祖国的缕缕海风；有筑路人终日在悬崖峭壁上开山拓路，使乡民不为高山阻隔，享受便利畅通的生活福祉；有登山者志于保护大山的纯净生态，甘愿投身高危地区的环保事业，维护祖国明珠珠峰的洁净；有教育工作者心系贫苦儿童的未来，扎根乡村，坚守教育一线，为众多留守学生涂绘知识的蓝天；有驻守艰深高精领域的专业人员，沉潜钻研，在国家需要的关键领域创新有成；有医护工作者以救死扶伤的仁心，替患者抵挡疫病的风刀霜剑……他们都只是在每一个平淡如水的日子里，认真自足地生活，是对己负责的"私德"。与此同时，对党忠诚的"大德"，造福人民的"公德"，更是今天的中华儿女所要具备的道德素养，在心头装一份大写的担当，为全面建设社会主义现代化而贡献涓滴之力。

大道之行，天下为公。"胸怀天下"是对中华优秀传统文化的继承与发扬，是鞭策中华儿女不断开拓进取的精神力量，亦是当今中华儿女"有担当"的大格局所在。时代前进，中国的视野也要与时俱进，这要求我们要具备世界的眼光和全人类的视野。"天下"为全人类共享，"天下之任"为各个国家民族的共同承担。因此，我们不仅要心怀"国之大者"，更要对世界有强烈的责任意识。中国共产党既为中国人民谋幸福、为中华民族谋复兴，也为人类谋福祉、为世界谋共荣。此般心怀，指示引领着中华民族在聚焦当下、纵览古今的同时，还有贯通中外的人文关切。

树木在森林中相依偎而生长，星辰在银河中因辉映而璀璨。中华民族的昌盛繁荣，离不开亿万人民的个人奉献，离不开我们心中根植的"兼济天下"之念。我们对祖国的热爱，讲求热烈的民族情怀与家国担当，这是将整个中华民族团结在一起的心之所系和情之所归。这种担当不是狭隘的、自私的民族保护主义、民粹主义，而是与天下情怀、国际格局贯通。天下苍生的兴衰动向，关乎所有人，新时代中国将放眼中华民族伟大复兴战略全局和世界百年未有之大变局。中华文明的视野与胸襟，不限于一时一事、一国一域，而是在和平、发展、公平、正义的全人类共同价值中践行时代使命。

四、生与死考验的英雄本色

天地间的英雄气概，历经千秋仍威风凛然，犹如星辰照亮历史的夜空。一个充满希望的民族，内生出以无私奉献铸就民族精神基石的英豪；一个欣欣向荣的国家，尊崇那些以创新精神、担当意识推动社会进步的先锋力量。这股英雄气概，不仅仅是力挽狂澜的壮举，更是心灵深处不灭的光芒，它激励着一个民族在逆境中寻觅希望，在顺境中不懈追求，成为连接过去与未来的精神纽带。

在中国5000年历史的宏大叙事中，英雄精神犹如一条恒久不息的血脉，深深浸润并滋养着华夏民族的精神沃土。这些英雄人物或似"老骥伏枥，壮心不已"，凭借岁月磨砺出的深厚智慧与坚韧毅力，潜心耕耘于社会民生领域，无声无息却又至关重要；或如"初生牛犊不怕虎"，以青春洋溢的热情、锐意创新的精神风貌，毅然挺身于改革潮头，有力助推国家的繁荣昌盛。他们不仅是民族精神的传承者与弘扬者，更是国家发展进程中的中流砥柱，乃至时代变革的引领者与推动者。他们是民族精神的火炬手，是国家崛起的脊梁，更是时代变革的驱动者。他们的存在，让我们明白，成为英雄并非遥不可及的梦想，而是敢于挑战、勇于担当、积极进取的人生选择，是一种将个人理想与国家命运紧密相连，将个体价值深度嵌入社会福祉构建过程的高尚价值取向。换言之，英雄主义精神的核心在于个体通过自我超越与奉献，实现与集体、与时代的同频共振，从而在历史的长卷中留下浓墨重彩的一笔。

在生死攸关的严峻考验之中，英雄的本质得以彰显。此时，英雄并不仅是历史叙事中的传奇人物，而更是现实生活中真实存在的个体，他们以坚定的信念、无私的奉献和超凡的勇气，面对生死抉择，揭示出人性中最深沉的力量与最高尚的价值。回顾硝云弹雨的抗日战争年代，伟大的抗战精神如同一座巍峨的精神丰碑，屹立于历史的波澜之上。在这场抵御外来侵略、守护国土家园的宏伟叙事中，中国人民以"天下兴亡，匹夫有责"的深沉爱国主义情怀，展现出视死如归、宁折不弯的英勇气概。面对强敌，他们无所畏惧，凭借坚忍不拔的毅力与决战到底的决心，铸就了中华民族傲骨铮铮、不可征服的钢铁防线。这些抗战英雄，无论是置身于炮火纷飞的前线阵地，还是躬耕于和平静谧的田园乡野，其内心深处皆燃烧着同一盏明灯：全心全意为人民服务。他们以实际行动对"英雄"一词作出了深度诠释，即无私奉献、舍身忘我，为国家和人民的利益义无反顾、踏锋饮血，充分体现了高尚的牺牲精神与崇高的责任担当。

2022 年 9 月 5 日，四川省甘孜州泸定县遭遇 6.8 级强烈地震[1]，社会各界迅速响应，全力以赴展开救援，践行着"人民至上，生命至上"的庄严承诺。消防、武警、民兵、公安等专业救援力量闻令而动，他们在险象环生的环境中义无反顾，以"飞夺泸定桥"式的果敢与决心，为受灾群众开辟生命通道。医护人员争分夺秒，一句句"我可以"汇聚成磅礴力量，他们以医术仁心抚慰伤痛，以无私奉献守护生命。教师们坚守岗位，临危不乱，用坚实的臂膀为孩子们撑起一片安全的天空。他们虽是平凡岗位上的普通人，但在灾难面前，他们以非凡的勇气与坚韧，展现出英雄般的担当，他们是泸定地震中的平民英雄，他们的精神力量如灯塔般照亮黑暗，给予人们希望与勇气。

2022 年 8 月，重庆等地的极端高温引发了山林火灾[2]，消防官兵与"摩托骑士"们携手并肩，共同谱写了一曲英勇抗灾的赞歌。

---

〔1〕 王怀等：《人民至上 生命至上——四川省抗击"九·五"泸定地震七日记》，《四川日报》2022年9月12日。

〔2〕《应急管理部：重庆森林火灾各处明火全部扑灭，全面转入清理看守》，央视网，2022年8月26日，https://news.cctv.com/2022/08/26/ARTIrOINcUATqXVHu7tz23rO220826.shtml。

云南、甘肃、陕西等地的森林消防队伍千里驰援，他们不畏高温炙烤，冲锋在火线最前沿，用血肉之躯抵挡烈焰，以无私无畏的行动诠释了消防战士的忠诚与英勇。同时，那些自发集结的"摩托骑士"，他们来自各行各业，身份各异，却因共同的目标——扑灭山火，紧密团结在一起。他们以摩托车为载体，穿梭在崎岖山路，一次次将救援物资送达火线，为灭火战斗提供了有力保障。他们或许平凡，但他们以行动证明，英雄并非遥不可及的传奇，而是每一个愿意在关键时刻挺身而出、无私奉献的普通人。

一个民族的伟大复兴，离不开每一位平凡人的英雄之举。这些平凡英雄并非高居云端、遥不可及，他们就在我们的日常生活中，是那街头巷尾、田间地头、实验室里、手术台上、边防哨所中的一张张朴实无华的面孔。他们以凡人之躯，怀揣着为人民谋福祉、为社会作贡献的赤诚之心，以实际行动践行着英雄主义的真谛和爱国情怀。他们可能是"烈火英雄"，在熊熊烈焰中逆火而行，用生命守护万家灯火；他们可能是"献血英雄"，以涓滴热血汇聚生命之海，点亮他人生命的希望；他们可能是"战疫英雄"，在病毒肆虐的危难之际，以医者仁心和科技智慧，筑起守护生命的铜墙铁壁；他们可能是"守岛英雄"，在孤寂的海岛上默默坚守，为祖国的边疆安全奉献青春。他们来自各行各业，坚守在各自的岗位上，用平凡书写伟大，用执着诠释忠诚，他们是新时代的真心英雄，是我们身边的楷模。

　　毛泽东曾言：“人民，只有人民，才是创造世界历史的动力。”[1]无论是抗震救灾中的平民英雄，还是山火救援中的“摩托骑士”，他们都是这股强大动力的生动写照。他们用实际行动诠释了“人民的英雄”这一称号，他们身上所展现出的无私奉献、团结协作、勇敢无畏的精神风貌，正是这个时代精神的集中体现。这种精神，源于对家乡的深沉热爱，源于对消防官兵的由衷敬佩，更源于对英雄价值的深度认同。他们让我们看到，英雄并非天生，而是每个人在关键时刻都能展现出的内在光辉。全社会对英雄的尊崇与保护，不仅体现了对正义、良知与奉献精神的尊重，更是对社会主义核心价值观的有力弘扬。

　　随着我国经济社会实力的提升，我们不仅有能力保护英雄、尊崇英雄，更有责任将这种精神发扬光大。英雄精神如同民族图谱上的精神坐标，引领我们在复兴道路上坚定信念、砥砺前行。同时，英雄精神也激发了“英雄的人民”的涌现，他们虽默默无闻，却在各自岗位上辛勤耕耘，关键时刻挺身而出，成为推动社会进步的重要力量。实现中国梦任重道远，需要我们驰而不息付出辛勤劳动和艰苦努力。迈步在新时代的征程上，要始终发扬艰苦奋斗的优良作风，并落实到一点一滴的行动之中，从而汇聚起奋勇向前的强大正能量。新时代的我们应持有“乱云飞渡仍从容”[2]的

〔1〕　毛泽东：《论联合政府》，载《毛泽东选集》第三卷，人民出版社，第1031页。
〔2〕　习近平：《建设开放包容、互联互通、共同发展的世界——在第三届“一带一路”国际合作高峰论坛开幕式上的主旨演讲》，《人民日报》2023年10月19日，第2版。

英雄自信，付出"衣带渐宽终不悔"[1]的英雄努力，坚守"咬定青山不放松"[2]的英雄执着，展现"越是艰难越向前"的英雄本色。

每个历史时期都承载着各自独特的时代使命，每个时代亦呼唤着无数"无名"英雄的涌现。"不怕牺牲，英勇斗争"[3]，此乃英雄之特质。自古以来，英雄们的壮志豪情与深情厚谊在史册中熠熠生辉，其甘愿为国捐躯、大义凛然的精神风貌至今读来仍令人感慨万千。这种舍身成仁的奉献精神穿越时空，至和平时期，已转化为一种平凡而坚定的守护，化为肩负的责任重担，激励着无数新时代英雄继续与祖国同呼吸、共命运。

第四节　民族的家国理念

中华民族的家国观念，深根于"家国同构"的哲学土壤之中，展现出一种浑然一体的家国情怀。其中，"无国何以成家，国盛则家旺"的信条，不仅是历史长河中颠扑不破的真理，也是每个华夏儿女心灵深处不可磨灭的烙印。家，作为社会最基本的单元，与国这一宏大机体血脉相连，同呼吸共命运，构成了一个生生不息、

〔1〕《习近平：做党和人民满意的好老师——同北京师范大学师生代表座谈时的讲话》，《人民日报》2014年9月10日，第2版。

〔2〕习近平：《建设开放包容、互联互通、共同发展的世界——在第三届"一带一路"国际合作高峰论坛开幕式上的主旨演讲》，《人民日报》2023年10月19日，第2版。

〔3〕《人民日报》评论部：《不怕牺牲、英勇斗争——永远把伟大建党精神继承下去、发扬光大》，《人民日报》2021年7月12日，第5版。

荣辱与共的命运共同体。在这样的理念指引下，个体对家国群体的归属感与认同感，超越了单纯的情感依附，升华为一种文化自觉与精神归宿。

一、家国同源

"家"与"国"作为普遍性的社会文化概念，为全球各民族所共有。然而，不同的民族文化语境下，其对"家"与"国"的认知、建构及情感投射呈现出显著的差异性。在中华民族，在中国文化语境中，"家"意识与"国"意识呈现深度耦合状态，可被界定为"家—国"意识。[1]这种个体家庭与国家集体间紧密交织的价值导向与行为模式，构成了中华文化底蕴的核心要素，并被广泛视为中华民族精神特质的鲜明表征。其中，"家国同源"观念尤为凸显。

《说文解字》中对"家"与"国"二字进行了如下诠释："家，居也"，喻示个体安身立命之所；"国，邦也"，象征群体共生共融之地。两者均被理解为人类基于血缘与姻亲关系缔造的生存与繁衍空间，是社会形态萌生与演进的基本单元。尽管学术界对古代中国家庭概念的确凿起源点尚存争议，但也有学者主张，古代中国国家是在"家长制家庭基础之上经由部族融合形成"，并指出"在古代中国，家长制家族组织与国家在一定程度上实现了契合"[2]。也就是说，家

〔1〕　陈望衡：《中华美学的"家—国"意识》，《社会科学文摘》2017年第12期，第115—117页。
〔2〕　转引自陈望衡：《中华美学的"家—国"意识》，《社会科学文摘》2017年第12期，第115—117页。

族组织非但未因国家的出现而削弱，反而在国家诞生后得到强化，原有的家庭结构进一步演化为政治结构的补充构件。此论断揭示了"家国同源"观念生成的关键条件，即氏族血缘关系与政治权力结构的交织融合。[1] 历史地看，传统的"家国同源"观念可被视为中国古代社会特定情境孕育的独特文化结晶，它是中华民族在历经漫长共同生活的过程中积淀而成的一种情感认同与价值范式，深刻彰显了古代政治伦理体系的内在特质。该观念下的家与国，在组织架构、治理机制、核心利益等多元维度上呈现出显著的同源性与互融性特征。由此"形成了身在家中、家境系国、国中有家，身、家、国紧密相连、相辅相成的互动政治关系体"[2]。

在组织结构层面，家庭的等级分明、尊卑有序与国家的君臣关系、官僚层级之间存在明显的对应性，体现了"家"与"国"在权力分配、责任划分等方面的同构性。更为重要的是，"家国同源"观强调家与国在根本利益上的高度一致。两者虽规模有异，但皆以维系社会稳定、促进族群繁衍、保障民生福祉为终极目标，这种目标的一致性构成了家与国之间深层次的利益共生关系。此外，家国间的同源性还体现在文化心理层面，如对集体主义价值观的崇尚、对和谐共处理念的追求等，这些共同构成了古代社会

---

[1] 谢洁:《中国传统"家国同构"观厚植大学生爱国主义情怀的启示》,《教育探索》2024年第3期,第61—66页。

[2] 杨玉强、杨伟荣:《谈"家国同构"概念的当代转换对培育践行社会主义核心价值观的启示》,《思想政治教育研究》2016年第2期,第28—31页。

家国同构的精神纽带。二者在根本利益、文化心理等方面深度交融。这一观念的形成与强化，既是历史演进过程中社会结构、思想文化等多元因素交织互动的结果，也是中华文明独特性的重要体现，对于理解中国古代社会运行机制、价值取向乃至国民精神特质具有深远意义。

这种"家—国"意识在中国文化中占据重要地位，鲜明地揭示了家庭与国家间的内在关联性。值得注意的是，此种关联并非抽象理念的产物，而是深深植根于社会生活实践与个体心理结构之中。在中华文化的语境下，家庭被视为国家的基础单元，个体在家中的角色与责任延展至国家层面，形塑出对国家忠诚与奉献的道德责任。同时，国家也被赋予保护家庭福祉、弘扬家庭伦理、维持社会秩序的期待。这种双向互动、相互构建的关系模式，反映了中华文化中深厚的集体主义倾向与和谐共生理念。

在中国，个体的情感互动与联结现象，自古至今始终植根于家国这一宏观社会结构的微观情境之中。而"家国同源"理念也深刻揭示了个人对家庭之爱与对祖国之忠的辩证统一关系，即个体在塑造高尚人格与追求崇高人生目标的过程中，应秉持以国家利益为先的原则，积极承担起对国家与民族的职责与使命，以此实现为国效力、安邦定国的终极愿景。纵览历史长河，自古至今，从"士不可以不弘毅，任重而道远"的宏伟报国之志，到"常思奋不顾身，而殉国家之急"的英勇献身精神，再到"天下兴亡，匹夫有责"的深沉使命担当，中华儿女在面临国家危难与民族尊严遭受挑战之时，始终展现出坚毅捍卫国家尊严的爱国意志与英勇投身救国事业的崇高壮举。这种恒久不变的精神风貌，生动诠释了中华民族虽历经磨难却薪火相传的高尚民族气节。

"中国传统文化历来提倡将家与国从整体上进行关系建构。"[1]家是立国之基，国乃家之宏观映射，二者构成"家国同源"之理念，始终强调个人、家庭与国家之间价值利益的高度融合与统一，旨在塑造坚固的家国共同体意识。此理念深植"忠孝一体"的公共伦理原则与"天下一体"的共同体哲学思维，持续强化民众对国家的归属感与责任意识，促使社会成员秉持"苟利社稷，则不顾其身"[2]之信念，展现出为国奉献、反对分裂的高尚品质与全局观念，有力提升了古代社会的家国凝聚力与民族向心力。这种个体与集体共生、小家与大国交融的理念，经过历史沉淀，已成为中华民族特有的家国情怀与民族精神基因，成为中华民族共同体成员普遍认同的价值共识。

"传统中国国家治理具有试图打通心理'伦理'与'治理'的鲜明特质"[3]，牢固的家国关系建立在人类本性中的孝道与理性忠诚交融的情感基石上，形成了稳固的家国联结。这种深深植根于

---

〔1〕 李振跃：《厚植家国情怀 培育精神家园》，《光明日报》2020年1月14日，第6版。

〔2〕 出自〔东汉〕马融《忠经·百工章》。

〔3〕 孔新峰：《"家国同构"的家国之理》，《人民论坛》2020年第17期，第134—135页。

个体内心的纽带，具备强大的社会整合作用与凝聚力，不仅有力维系了家国共同体的持久稳定，更进一步巩固了个体的身份认同感。它深化了人们对家庭的眷恋、对乡土的挚爱与归属，以及对"大一统"理念的尊崇，使之在心理层面上更为坚如磐石。

历经岁月洗礼，这种深厚的家国情怀已内化为华夏子孙捍卫家国完整、传承不息的忠诚与守护精神，在近代国家遭受耻辱、民众陷入苦难、文明面临蒙尘的历史关头，成为仁人志士抵御外侮、救亡图存、保家卫国的精神支柱；在中国革命、建设与改革的历程中，它更是激励着中华民族自立自强、锐意进取，实现了从"站起来"到"富起来"，再到"强起来"的历史性跨越。这种源自家庭与社会生活，自然而然生发的爱与敬之情感，是古代"家天下"时期构建道德伦理体系、巩固社会治理基础的重要依托。而在新时代背景下，培养深厚的爱国主义情怀依然离不开深厚情感底蕴的支撑。传统的"家国同源"观念，凭借其强大的感召力与深远的历史影响力，对于传承家国情怀、激发爱国情感，仍展现出无可替代的时代价值。

迈入新时代，个体，仍置身于家国共同体的脉络中，家国利益紧密交织。深化家国情怀的培养，引导个体树立以国家为先、矢志报国的价值评判与抉择标准，是新时代弘扬爱国主义精神的核心要务。鉴于"家国同源"理念在培育社会成员家国共同体意识方面与新时代爱国主义教育在价值判断、价值取舍及价值目标上的高度契合性，我们在新时代爱国主义教育实践中，需要充分挖掘并运用其中蕴含的无私奉献、舍己为公的集体主义精神内核。由此，提升中华民族成员的身份认同感，构筑坚实的文化心理基石，同时为其自觉捍卫国家利益、矢志追求共同理想提供强有力的精神支柱。

随着时代演进与社会实践深化，中华文明"家国同源"观念中的"爱国如家"价值导向与"舍我其谁"的报国担当精神，已由传统的"修齐治平"理念成功升华至"致力于成为勇担民族复兴重任的时代新人"。在当下推进中国特色社会主义建设，实现中华民族伟大复兴的历史征程中，构建并巩固广泛的爱国主义统一战线，以及激发每一位中华儿女自觉承担家国责任、矢志投身民族复兴伟业，依然是新时代爱国主义情怀培育的核心要素。在此背景下，适时借鉴现代价值观对"修齐治平""兴家立国"等传统思想进行适应性转化显得尤为重要。也正是通过这样的转化，我们得以有效挖掘中华优秀传统文化的精髓，从而为中华文明的建构注入超越个体主义、崇尚家国情怀的深层精神动力。

二、没有国哪有家

在中华民族历史的宏大叙事中，"没有国，哪有家"这一富含哲理的命题，不仅以其精练而深邃的表述揭示了国家与家庭之间无法割裂的内在纽带，更以一种掷地有声的方式强调了国家安全对于家庭福祉的决定性意义。国家安全，作为国家生存与繁荣的基石，其稳固与否直接影响到每一个家庭能否享有安宁与福祉。

中国共产党在百年的历史征程中，面对复杂多变的国内外局势，积累了深厚的安全发展治理智慧，其实践成效充分证实：一个稳定、安全的环境是实现中华民族伟大复兴这一宏伟愿景的坚实依托与必要前提。自新中国成立以来，国家安全议题始终居于历届领导集体治国理念的核心地位，构成其战略决策的关键维度。党的十八大以来，我国立足于实现中华民族伟大复兴战略全局和世界百年未有之大变局，在开创国家安全工作新局面的战略部署基础上重视总体国家安全观这一重大命题。国家安全的保障，对于提高人民群众获得感、幸福感、安全感以及建设社会主义现代化国家、走出一条中国特色国家安全道路有着重要意义。

国家安全是家庭福祉的基础保障。一个国家的安全状况，包括政治稳定、领土完整、经济安全、社会秩序、信息安全等多方面，构成了家庭得以安身立命的外部环境。当国家安全得到充分保障时，家庭能够在一个和平、有序的社会环境中生活，免受战争、冲突、恐怖主义等外部威胁的侵扰。也只有在国家安全的大背景下，每一个"小家"的成员才能享有基本的生命权、财产权以及追求幸福生活的权利，从而实现个体价值，提升家庭福祉。

首先，国家安全的核心要素之一——政治稳定，为家庭营造了和谐安定的社会氛围。政治稳定意味着国家政权稳固，政策连续，法律制度完善且有效执行，避免了政局动荡、权力真空等现象对社会秩序的冲击。在这样的环境下，家庭成员能够安心从事生产、学习、工作等活动，无需担忧突如其来的政治变故对个人生活造成颠覆性影响。历史经验表明，政治动乱往往伴随着民生凋敝、社会失序，严重侵蚀家庭福祉，如"二战"时期的欧洲大陆，大量家庭因战争烽火而流离失所，生活陷入困顿。时至今日，尽管"和平与发展"仍为全球主旋律，但国际斗争态势依旧严峻。从全球视角审视，近期俄乌冲突的军事升级加速了世界格局的演变，美国《竞争法案》中大幅提升军事科研经费预算的举措及其对未来美军的战略定位，尤其是针对我国的明确指向，以及日韩两国参与北约峰会对亚太地区安全格局可能产生的影响等一系列表现，均凸显出在全球化复杂多变的安全环境中，迫切要求加快统筹总体国家安全观的进程。

其次，经济安全作为国家安全的关键组成部分，关乎家庭的经济状况与生活质量。经济安全意味着国家经济体系稳健，抵御内外经济风险能力强，能够为家庭提供持续、稳定的经济支持。在全球化进程的复杂环境中，金融危机、贸易冲突、能源供应波动等经济风险因素交织并存，对我国公民个体的经济安全构成潜在挑战。对此，我国政府已采取一系列强有力的措施，以确保公民个人经济安全。社会主义市场经济最基本的要求是保证经济主体的安全，即维护经济主体的财产安全和信息权益。"帮助公民树立良好的经济安全意识，规范自身的经济活动交互行为，严肃打击受己身私欲蛊惑扰乱社会经济安全的恶劣行径。此外，当前各国对于数据的依赖因数据缺乏安全性而面临越来越大的威胁。"[1]我国通过运用宏观经济调控手段，如财政政策、货币政策及其组合策略，从而为家庭提供一个稳定且可预期的宏观经济环境。这种环境有利于保障家庭收入的稳定增长，降低失业风险，以及维持健康的消费水平，从而夯实家庭经济安全的基础。

再次，制定并实施前瞻性的产业政策，旨在引导产业结构优化升级，培育新兴产业，增强产业链供应链韧性，降低特定行业风险对家庭经济的传导效应。例如，通过推动科技创新、绿色转型、数字化改造等战略，我国旨在构建更具竞争力和抗风险能力的现代产业体系，为家庭创造更多高质量就业机会，提升家庭收入结构的多元化与稳定性。

最后，完善的社会保障体系是构筑家庭经济安全防线的重要支柱。我国致力于构建覆盖全民、城乡统筹、权责清晰、保障适度、可持续的多层次社会保障体系，包括但不限于养老保险、医疗保险、失业保险、最低生活保障等制度安排。此类制度设计旨在为家庭提供必要的风险缓冲，减轻因疾病、失业、老龄化等因素导致的家庭经济压力，增强家庭应对经济风险的能力与信心。

---

〔1〕 "Data Security Governance" [EB/OL].IRI, November 3, 2020, http://www.ir.com/blog/vldb-operations/data-security-governance.

　　社会秩序与信息安全同样是国家安全的重要组成部分，它们共同构筑起家庭生活的安全屏障。社会秩序良好，意味着犯罪率低、公共服务高效、社会矛盾妥善化解，家庭成员的人身、财产安全得到保障，能够在公平、公正的社会环境中自由发展。信息安全的保障，则意味着个人隐私、数据安全不受侵犯，家庭在网络空间中的合法权益得到维护。在信息化社会，网络犯罪、信息泄露等问题日益突出，一个能有效保障信息安全的国家，无疑为家庭提供了更为安全、安心的生活环境。因此，我国为给人民提供安居乐业的生活，其首要任务之一是防范极端主义与恐怖主义之渗透，以巩固公众的安全感。自"平安中国"建设体系与机制日趋成熟以来，我国在社会建设领域取得全面进展，经济蓬勃发展，国内社会长期保持和谐稳定态势。"国家统计局调查显示，近年来，全国群众安全感逐年上升，2020年达98.4%，2021年上半年达98.56%。"[1] 然而，步入后疫情时代，全球经济增速放缓，财政支出压力增大，加之全球范围内大规模反恐演练活动的减少，使得暴力恐怖主义威胁呈现出新的动态。具体表现为：恐怖袭击事件的发生频率呈上升趋势，分裂国家领土的图谋越发明显，以及制造意识形态动荡的风险显著提升。面对此种形势，我国应秉持预防为主、综合治理的反恐策略，强化情报预警、边境管控、网

---

[1] 董凡超：《全国群众安全感持续提升 平安中国建设续写奇迹》，《法治日报》2022年3月2日，第1版。

络监管等关键环节，严厉打击境内外恐怖势力的勾连活动。同时，通过深化社区治理、促进民族团结、加强宗教事务管理、开展反恐宣传教育等措施，从源头上遏制极端思想的传播，构建全民参与、群防群治的反恐防线。此外，积极参与国际反恐合作，推动建立公正合理的国际反恐新秩序，共同应对跨国恐怖主义威胁，为维护全球和平与安全贡献力量。

"落实总体国家安全观，坚持共建共治共享方向，聚焦影响国家安全、社会安定、人民安宁的突出问题。"[1]尤为关键的是，需在军事安全、科技安全、文化安全和社会安全这四大支柱领域持续深耕，它们不仅跨越了传统安全与非传统安全的界限，各自对应着多元战略诉求，更为国家整体利益构筑了坚实屏障，同时也为国内每一个微观"细胞"——家庭，以及家庭中的每一位成员，营造出稳定、安宁的生活环境。首先，通过推进军事现代化进程，以构建持久和平局面，实现全球范围内的普遍安全与共同安全，这是对军事安全维度的深度诠释。其次，强化文化安全建设，以助力我国文化强国战略的实施，提升国家文化安全的维护能力，确保文化之根深扎、文化之魂永续。再者，维护社会大局和谐稳定，以促进政治稳定，旨在实现人民安居乐业、社会秩序井然、国家长治久安的理想图景，这是社会安全维度的核心要义。总之，国

---

[1]《习近平对平安中国建设作出重要指示强调 全面提升平安中国建设水平 不断增强人民群众获得感幸福感安全感》，《人民日报》2020年11月12日，第1版。

家安全对家庭而言，既是生存与发展的基础保障，满足其物质与精神需求，又是塑造积极家庭价值观的重要依托。概言之，国家安全与家庭安宁、国家繁荣与家庭幸福之间存在着密不可分的逻辑关联。只有国家强大，家庭才能安宁；只有国家昌盛，家庭才能幸福。这一铁律，无论时代如何变迁，始终熠熠生辉，指引着我们珍视家国之情，共筑国家安全的长城。

三、国兴则家兴

家庭作为社会的基本构成单元，与国家构成了一个宏观与微观交织的共生体系。"国之隆盛，家之兴焉"，这是植根于每位华夏儿女心中的共鸣。在此架构下，国家的繁荣昌盛不仅是宏观经济稳定、社会治理高效、文化软实力提升的综合体现，而且为家庭层面提供了坚实的物质基础和和谐的社会环境。同样，家庭的幸福安康，作为社会福祉的直接反映，不仅关乎个体成员的成长与发展，其累积效应也直接助力于社会稳定、价值观传承及人力资源的优化配置，进而成为推动国家持续发展的重要动力源泉。因此，国家与家庭之间存在着一种互为因果、相互赋能的关系，它们在动态平衡中相互促进，共同铸就了社会整体的繁荣与进步。

回溯过往，国家兴衰与家庭福祉之联动效应显而易见。国家的兴盛与衰败与民众家庭的福祉之间存在着一种微妙而深刻的相互作用，这种联动效应在历史长河中屡见不鲜。以清末至民国初期为例，这一时期国家政局动荡不安，外患内乱频仍，清廷的衰弱与民国初建的混乱直接导致了经济的严重衰退和社会秩序的崩溃。民间生活因此陷入了前所未有的困境，家庭作为社会的基本单元，首当其冲地承受了战乱带来的分离、贫困与生存的艰难，这不仅体现在物质生活的极度匮乏上，更深深影响了精神文化的传承和社会伦理的维系，清晰地映射出国家命运与家庭安危之间不可分割的联系。反观1978年中国实施改革开放以来的历程，这一重大的国家宏观策略调整，不仅标志着中国发展路径的根本转变，也开启了国家现代化建设的新篇章。改革开放的春风不仅吹活了国民经济，推动了GDP的持续高速增长，也为亿万家庭的生活带来了翻天覆地的变化。从农村家庭联产承包责任制的推行，极大激发了农民的生产积极性，提高了农业产出，到城市国有企业改革，促进了产业结构的优化升级和新兴产业的蓬勃发展，再到教育、医疗、住房等社会保障体系的逐步完善，大大缓解了民众的后顾之忧，提升了全民的生活安全感和幸福感。随着市场经济体制的确立和完善，就业机会亦大幅增加，城乡居民收入水平显著提升，消费结构和消费能力发生了质的飞跃，从基本温饱到追求更高层次的精神文化生活，家庭的生活质量实现了历史性的跨越。

家是最小国，国是千万家。"国兴家旺"的理念，不仅是对历史经验的精练总结，亦是对未来图景的积极展望，在全球化背景之下，当代中国用实践对其生动地诠释着。其中，脱贫攻坚战无疑是最具说服力的鲜活例证。它不仅深刻体现了国家繁荣与家庭兴旺之间的内在联系，还彰显了一个大国对于全民福祉的坚定承诺与实践智慧。自 2012 年始，中国政府发起了一场前所未有的减贫战役，这场战役不仅在规模上史无前例，其精准施策与深度介入的策略更是开创了全球减贫工作的新模式。至 2020 年终，圆满完成了现行标准下农村绝对贫困人口的全面脱贫，区域性贫困问题得到有效解决。这一壮举，从根本上扭转了无数家庭的命运轨迹，教育与健康不再受限于经济条件，特色产业的培育激活了家庭经济的内生动力，实现了由外部援助到自我发展的质变。

从易地搬迁扶贫，解决"一方水土养不起一方人"的难题，到产业扶贫，依托地方资源发展特色经济，激发贫困地区内生活力，再到教育扶贫与健康扶贫，打破贫困代际传递的恶性循环，每一步都精准对接贫困根源，力求从根本上拔除穷根。尤为值得一提的是，在此过程中，教育与健康的改善成为打破贫困链条的关键。大量教育资源被投到贫困地区，新建校舍、引进优质师资，确保每一个孩子都能享受到公平而有质量的教育，从而为他们未来改变命运打下坚实基础。同时，通过完善医疗卫生体系，提供基本医疗保障，减轻因病致贫、因病返贫现象，确保了贫困家庭成员的身体健康，为家庭的持续发展提供了必要条件。此外，特色产业的培育与发展是这场战役中的又一亮点。政府鼓励并支持贫困地区根据自身自然条件与文化传统，发展茶叶、中药材、乡村旅游等特色产业，这些举措不仅激活了当地的经济潜力，还促进了农民增收，增强了家庭经济的自我造血能力。从依赖外部援助到实现自我发展，这一转变标志着中国脱贫攻坚战略的成功，也是"国兴家旺"理念在实践中取得的重大成就。

此外，科技领域内，尤其在"互联网+"、人工智能（AI）、第五代移动通信（5G）技术的迅猛推进下，不仅催化了国家经济结构向高端化的深刻转型，还为家庭生活带来了前所未有的变革性影响。在线教育平台、远程医疗服务体系，以及智能家居解决方案的广泛渗透，极大地拓宽了高品质资源的可获取边界，显著提高了家庭生活的质量和幸福指数。在此进程中，众多中国高科技企业在全球通信领域的杰出表现，不仅有力支撑了国家在全球科技创新版图中的领先地位，增强了国家的国际话语权与竞争力，同时也通过创造稳定且高收益的就业机会，直接惠泽了数以万计员工的家庭，实现了从"国之兴旺"到"家之繁荣"的微观传导。这一进程，正是国家发展动能与家庭福祉提升之间正向反馈循环的鲜活例证，深刻诠释了宏观战略与微观福祉间的良性互动关系。

生态文明建设与可持续发展策略的推进，乃是对"国泰民安"理念的深远诠释与实践。近年来，中国显著增强了对自然生态系统保护的投入，通过卓有成效的蓝天、碧水、净土防御行动，环境质量的提升效果斐然。这一系列环保举措不仅直接提升了民众的生活福祉，更促成了一种生态资本向经济价值的转化过程：昔日的青山绿水如今成了宝贵的自然资源，其内嵌的生态服务功能被有效挖掘并市场化。具体而言，这种转变促生了绿色经济的新业态，比如，生态旅游与有机农业的蓬勃发展，它们作为环境友好型产业的典范，为乡村地区的家庭收入多元化提供了新路径，实现了环境保护与经济增长的双赢格局，或谓之"绿色双收"。这一进程不仅体现了生态系统服务功能的经济外部性内部化，也反映了通过创新性地利用自然资产来驱动经济社会发展模式转型的战略智慧，进一步彰显了中国在追求全球经济竞争力的同时，对生态文明建设的坚定承诺与实践。

总而言之，"国兴则家兴"不仅是一种理念的倡导，更是在实践中不断被验证的真理。它不仅仅是对个人与国家命运紧密相连的朴素认知，更是指导我们行动的灯塔，照亮着在新时代背景下实现中华民族伟大复兴的征程。在全球化日益加深的今天，国际竞争日趋激烈，国与国之间的较量已不再局限于军事或经济单一维度，而是涵盖了科技、教育、文化、环境等全方位的综合国力比拼。它要求中国必须从战略高度出发，以全局视野审视国家的发展路径，并关切国中每一个具体的"家"，"家"中每一个人。

深化体制改革，破除制约创新发展的体制机制障碍，激发市场和社会活力，是提升国家竞争力的关键一环。正如改革开放以来的经验所示，每一次重大的体制突破，都为国家发展注入了强大的动力，也为千千万万个家庭带来了翻天覆地的变化。同时，注重社会公平与正义，完善社会保障体系，确保发展的成果能够更加公平地惠及全体人民，让每一个家庭都能在国家发展的浪潮中感受到实实在在的温暖与幸福。唯有如此，才能确保每个家庭在这片繁荣的土地上共享和平、富裕与尊严，实现真正意义上的家国同兴。

四、家国群体的归属与认同

中华民族，作为拥有悠久历史与深厚文化底蕴的民族共同体，其内在的家国情感纽带与集体认同感始终绵延不断、历久弥新。这种情怀内含并超越一般意义上的爱国情感，体现着中华民族成员对家园、故土、国家、民族的眷恋爱戴、情感归属、包容胸怀、价值认同和忠诚捍卫，以及对家国使命、家国一体、家国共在的深刻认知、体悟和践行。[1] 不仅是巩固民族统一、推动社会发展的关键动力，也是确保中华文明薪火相传、历久弥新的核心支柱。

中华民族的家国认同观念，深深植根于其博大精深的历史文化土壤之中，展现出一种与西方个体主义文化显著不同的社会哲学。西方文化倾向于以个人为核心，强调家与国的二元分离结构，

---

[1] 田旭明：《习近平关于家国情怀重要论述的精髓要义》，《马克思主义研究》2020年第12期，第51—61页。

"中国文化以家族为本位,注意个人的职责与义务"[1],而且依据特有的伦理准则将家与国紧密联系在一起,追求家国同构。在中国传统的文化语境中,家与国并非互为外在的独立实体,而是"在结构组成上是一体同构的,在利益关系上是互利共存的,在价值追求上是荣辱与共的关系"。家庭被视为国家的微观模型,国家则是家庭的宏观延伸,二者在社会结构与治理理念上实现了逻辑上的内在统一与外在拓展。

自近代以降,中华民族之"大家庭",历经磨难、衰微与滞后之困境,实现了由站立、富裕至强大的历史跨越,驱动亿万"小家庭"步入追寻美好生活之广阔坦途,家国情怀于兹得以深刻升华。究其根本原因,就在于中国共产党的领导和中国特色社会主义道路的开辟。中国未来的发展和命运与中国共产党和中国特色社会主义也必将密不可分。随着中国经济的飞速增长和社会结构的深刻转型,中华民族的家国观念经历了全面而深刻的内涵重构。当中华民族迈向新时代,传统的家国认知框架被突破,融入了文化自信的重建、中华民族伟大复兴理想的追求,以及在全球化大潮中对国家身份与国际定位的深度反思与战略定位。这一过程展现了一种独特的发展路径,即在尊重并挖掘历史文化底蕴的基础上,形成了一种前瞻性的、面向全球化未来的开放性国家认同理念,

---

[1] 张岱年、程宜山:《中国文化精神》,北京大学出版社,2015年,第51页。

体现了对内凝聚力与对外适应力的双重提升。

面对社会结构的快速变迁，强烈的家国情感成为巩固国民团结、维护社会和谐稳定的基石，促进了社会结构的紧密耦合与情感共鸣的深化。弘扬家国意识，为中华优秀传统文化的保护、承继及创新性发展提供了强大的哲学支撑与精神动力，是构建文化自信心的坚实基础。在全球化视角下，中华民族深厚的家国观念成为国家软实力的关键构成，不仅塑造正面的国际形象，还为推动国际合作、达成互利共赢铺设了稳固的通道。

在全球一体化加速推进与信息爆炸的当下，社会转型的步伐空前加快，多元思想激烈交锋，个体价值观与集体身份认同之间的张力日益增大。在此情境下，深厚的家国情怀不仅是情感归属的港湾，更是社会凝聚力与持续稳定性的关键源泉。它犹如一条无形的纽带，将亿万国民的情感紧密相连，构筑了确保国家长期稳定与社会和谐发展的坚固基石。因此，在新时代中华民族伟大复兴历史进程中，家国情怀不能式微，必须"把爱国之情、报国之志融入祖国改革发展的伟大事业之中、融入人民创造历史的伟大奋斗之中，从自己做起，从本职岗位做起，为实现'两个一百年'奋斗目标、实现中华民族伟大复兴的中国梦贡献智慧和力量"[1]。家国情怀蕴含个人对家庭的深厚情感与对国家的忠诚热爱的完美融

〔1〕《习近平对黄大年同志先进事迹作出重要指示 强调心有大我、至诚报国，把爱国之情、报国之志融入祖国改革发展的伟大事业之中、融入人民创造历史的伟大奋斗之中》，《人民日报》2017年5月26日，第1版。

合，这种双重视角激发个人在追寻个人幸福的同时，铭记对社会和国家的责任担当，从而在宏观社会架构与微观个体行为之间实现了深度联结与共识加强。

面对复杂多变的国际环境，中国在维护自身国家利益的同时，积极倡导构建人类命运共同体的理念，主动参与全球经济治理、气候变化合作等国际事务，展现出负责任大国的形象。例如，通过"全球发展倡议"提出中国方案，致力于解决全球发展不平衡不充分问题，这不仅是中国智慧的国际表达，也是对全球共同挑战的积极回应。在这一过程中，家国情怀的内涵也在不断地丰富与升华。它不再局限于对故土的眷恋或对族群的认同，而是升华为一种超越国界的人类命运共同体意识。中华民族，以其深厚的历史文化底蕴和对和谐共生理念的坚持，正向世界展示着一种更为宽广的家国情怀——关怀全人类的共同福祉，积极参与全球治理，致力于构建一个更加公正、和平与可持续发展的世界秩序。这种情怀，既是对世界和平与发展的深切责任感，也是对人类文明进步的崇高追求，体现了中华民族面向未来的开放胸襟与历史担当。

保护并创新发展传统节日、民间艺术、历史遗迹等文化遗产，是对家国情怀的实际践行，也是推动文化传承的鲜活例证。春节期间，鞭炮声不仅唤起家庭团圆的温情记忆，还通过如春晚、电子红包等现代形式，为古老节庆习俗注入创新活力；剪纸、泥塑、京剧等非物质文化遗产，在融合现代设计理念与数字技术创新的过程中，展现出前所未有的璀璨光芒，不仅实现了传统文化在当代社会语境下的新表达，也为全球文化的多元交流搭建了平台，凸显了中国文化软实力的独特韵味与开放融合的特质。在此进程中，得益于家国情怀的深厚底蕴，中国叙事与声音更显醇厚与共鸣；家庭这一富含文化特色的社会基本单元，在中华文明建设与社会发展的历史进程中，扮演了复杂而正面的文化角色，它不仅关系到个人的道德养成，还涉及国家的昌明隆盛，为世界文化多样性的图谱增添了浓墨重彩的一笔。

弘扬家国意识，这一深植于中华民族文化基因中的理念，不仅是连接个人情感与国家命运的精神纽带，也是推动社会进步与文明发展的重要驱动力。它不仅仅激发了民众对于中华优秀传统文化的深厚自豪感与强烈归属感，更像是一股不竭的源泉，滋养着社会各界积极参与到传统文化的守护与创新传承之中。从古至今，家国情怀如同一条穿越时空的长河，流淌在每一代华夏儿女的心田，从历史经典的"修身、齐家、治国、平天下"理念中，我们看到了个体修养与国家兴亡的紧密相连；这种跨越时代的家国意识，为新时代背景下构建文化自信提供了深厚的哲学根基与不竭的精神动力。

总之，我们当以拳拳之心，共筑国家强盛之基，以不懈奋斗，守护家庭幸福之源。在追寻中华民族伟大复兴的壮阔征途中，我们不仅致力于国家宏图的磅礴飞跃，亦不忘细枝末节中家庭温馨的滋养，真正实现家与国的和谐共鸣。秉持这份信念，我们将在历史的长河中镌刻下家国同兴的璀璨篇章，让个人梦想与国家愿景交相辉映，携手开创一个兼具温度与高度的新时代。

后　记

2023 年 6 月 2 日，习近平总书记在北京出席文化发展座谈会时提出："在新的起点上继续推动文化繁荣、建设文化强国、建设中华民族现代文明，是我们在新时代的文化使命。"[1]总书记的话高瞻远瞩，为新时代的社会发展指明了前进的方向。如何把握时代先机，奋发有为，是需要我们去认真学习、深入思考和研究的。于是，就将我们的研究成果整理成册，以飨读者。

本通论从中华文明发展的思想入手，涉及社会、文化、经济、科技、教育、艺术、体育、民生等诸多领域，展示泱泱华夏文明发展的轨迹。为弘扬中华优秀精神，进一步推进中华现代文明建设，普及大众学习，为社会提供参考。

开展中华文明发展研究，是一项开创性、探索性的大课题。站在新时代的起点，本书是立足于研究中国实际、放眼中国田野、构造中华文明自主理论体系所作的有益尝试。中国科学院院

---

[1] 《习近平在文化传承发展座谈会上强调 担负起文化使命 努力建设中华民族现代文明》，《人民日报》2023 年 6 月 3 日，第 1 版。

士杨德仁教授对我们的研究出版项目很关注，并给予了很高的评价。光明日报出版社的领导及编辑，为本书的出版倾注了大量心血；杭州出版社的领导和编辑，也为该书的出版给予了支持。在此，均深表谢意！

本书由浙江省文史研究馆牵头组织馆员进行课题的系列研究。北京、上海、陕西、浙江、云南、湖南等地的一些知名专家、学者参与了本项目。王其银先生、舒新珠女士在课题组的编撰工作中给予了帮助。沈琦先生为本项目实施提供了资金支持，对本研究成果的面世作出了很大的贡献。

本书选题由徐海荣研究员策划。直接参与本书撰稿的有：徐海荣（撰写全书章节目大纲、引言及全书统稿、改稿等），张敏杰、庞鑫（撰写第一章，其中张敏杰撰写第一节的第一至第二小节，庞鑫撰写第一节的第三至第四小节及第二、第三、第四节），张敏杰（撰写第二章），徐烨成（撰写第三章），徐疌（撰写第四章），张敏杰、李成平、钟兆盈、周海鸣（撰写第五章，其中张敏杰撰写第一至第二节，李成平撰写第三节，钟兆盈撰写第四节，周海鸣撰写第五节），黄迎周（撰写第六章），肖爱玲、高昊飞、全怡、高瀚华、孙晓璇（撰写第七章），郝汉（撰写第八章），潘海生、李成平、陆雅英（撰写第九章，其中潘海生撰写第一节，李成平撰写第二节和第四节，陆雅英撰写第三节），胡丁羿（撰写第十章），姚霖（撰写后记）。因全书是一个有机整体，在最后统稿时，有些章节撰稿者亦发生些变化。

从 2024 年 2 月起，历经数月夜以继日的奋力拼搏，《中华文明发展通论》一稿终于完成。成为学术界、文化界、教育界、经济界、出版界等各界人士团结协作，努力进取的一个良好示范。是他们勇于承担社会责任的一种真实写照，亦是对社会所作的一种奉献。我们希冀对于推进中华文明的发展，有所裨益。但因时间紧、任务重，舛误之处难免，故本项目的研究还待持续和完善。不尽如人意之处，望多赐教。

编者

2024 年 9 月

图书在版编目（CIP）数据

中华文明发展通论 / 徐海荣, 沈琦主编 . -- 北京：
光明日报出版社 , 2024. 9. -- ISBN 978-7-5194-7773-8

Ⅰ . K203

中国国家版本馆 CIP 数据核字第 2024PP6615 号

中华文明发展通论

ZHONGHUA WENMING FAZHAN TONGLUN

主　　编: 徐海荣　沈　琦

策　　划: 徐海荣

责任编辑: 章小可　　特约编辑: 沈　倩　夏斯斯

责任校对: 郭玫君　　特约校对: 陈铭杰

责任印制: 曹　净　　美术编辑: 苏晓东

出版发行: 光明日报出版社

地　　址: 北京市西城区永安路 106 号，100050

电　　话: 010-63169890（咨询），010-63131930（邮购）

传　　真: 010-63131930

网　　址: http://book.gmw.cn

E - mail: gmrbcbs@gmw.cn

法律顾问: 北京市德恒律师事务所龚柳方律师

印　　刷: 浙江海虹彩色印务有限公司

本书如有破损、缺页、装订错误，请与本社联系调换，电话: 010-63131930

开　　本: 710 mm×1000 mm　　1/16

印　　张: 64.75

字　　数: 800 千字

版　　次: 2024 年 9 月第 1 版

印　　次: 2024 年 9 月第 1 次印刷

书　　号: ISBN 978-7-5194-7773-8

定　　价: 198.00 元